와우패스JOB
www.wowpass.com/JOB

미스터뱅 은행권 필기대비
경제/금융상식
핵심이론서

류수환 저

글머리에

2016년부터 국제적 이슈가 되기 시작한 4차 산업혁명, 2017년도에 시작된 우리나라에서의 인터넷전문은행 출범, 우리은행을 시작으로 2017년 말에 불거진 은행권 채용비리 문제는 국내 은행권의 채용문화에 상당한 변화를 가져오는 계기가 되었다.

큰 기업들은 각 기업별로 자체적인 평가방식을 도입하여 필기시험에 활용하고 있으나, 금융공기업 일부, 은행권에서는 "논술, 약술, 객관식 상식시험" 정도를 필기시험이라고 할 수 있다. 2015년부터 도입되기 시작한 NCS(직업기초능력)의 경우에는 상대적으로 다른 시험에 비해 공부를 한다고 해서 문제의 답을 맞힐 수 있는 확률이 낮은 관계로, 계속 연습하면서 "자료 해석역량과 순발력"을 키워나가는 훈련이 필요하다. 그러나 객관식 상식에 대한 부분은 너무도 광범위하고 공부할 분량이 많아 실제로 이에 맞는 최적의 교재가 나왔던 적도 없으며, 그저 객관식 모의고사 문제집 정도만 취업시장에 보이고 있는 현실이다.

"객관식 금융상식 시험은 어떻게 준비해야 합니까?"

이 질문은 객관식 시험을 앞둔 지원자들이 필자에게 가장 많이 하는 질문이다. 또한 채용비리 문제가 불거지기 이전부터 우리 취업시장에 항상 있어왔던 이슈였다. 필자는 그때마다 객관식 상식 시험은 범위를 잡고 공부하기가 어려우니, 특별히 공부할 건 없고 평상시 신문, 뉴스, 학교에서 공부했던 경제학 원론, 경영학 원론, 시중에 나와 있는 간단한 문제집, 금융자격증 기초 문제 정도로 공부하는 게 최선일 것이라고 답을 하곤 하였다. 필자도 말은 저렇게 했지만, 취업준비생들의 입장에서 저 답변을 듣고 공부하기가 상당히 막연했을 것이라 생각된다.

"어떻게 하면 취업준비생들에게 객관식 시험에 대해 효율적이고 모범적인 공부를 추천할 수 있을까?"

이 질문이 필자로 하여금 이 책을 만들게 한 계기가 되었다. 필자의 경우에는 은행에서 5년 넘게 인사담당을 하면서 신입행원 채용 계획부터 최종 합격자 발표에 이르기까지 채용 전에 대한 과정을 담당해왔다. 인적성검사나 필기시험 평가과정에 대해 외부업체에 용역을 맡겨 보기도 하였고, 그 자료들을 활용해서 지원자들을 서류전형, 면접 등을 통해 평가하는 전체 과정을 총괄하였던 경험이 있다. 이 경험을 바탕으로 어떻게 하면 은행권, 금융권, 금융공기업 쪽으로 취업 준비하는 취업준비생들을 도울 수 있을지 고민한 끝에 이 책을 집필하게 된 것이다. 5년 넘게 경제신문 기사를 정리하면서 모아놓았던 필자가 직접 적었던 글들을 집대성하여 이 책을 만들게 되었고, 이 책은 기본서 1권, 객관식 문제집 1권으로 구성되어 있다.

이 책을 만들면서 가장 큰 고민은 세 가지였다.

첫째, 은행권, 금융권 취업준비생들이 얼마나 넓게 알아야 할지에 대한 "범위"의 문제였다. 알기 시작하면 한도 끝도 없는 영역을 어떤 범위로 한정지어 취업준비생들에게 전달할 수 있을지에 대한 고민이었다.

둘째, 한 가지를 알더라도 얼마나 "깊이"있게 알아야 할지에 대한 "난이도와 깊이"의 문제였다. 예를 들어 대출이라면, 양도담보, 가용담보, 근담보, 포괄근담보, 상계, LTV와 DTI에 대한 실제 계산과정 등 대출과 관련된 용어나 개념들에 대해 어느 정도까지 알아야 하느냐에 대한 고민이었다.

셋째, 살아있는 내용을 어떻게 전달해 줄 수 있을지에 대한 고민이었다. 블라인드 채용과 열린 채용을 하는 현 시대적 상황에서는 시시각각 변하는 시사적인 지식이 되어야 하고, 그게 산 지식이라는 생각으로 이 책을 집필하게 되었다.

다음은, 필자도 겪었듯이 채용하는 입장에 대해서도 고민을 해 보았다.

어느 정도의 "넓이"가 있는 지식, 어느 정도의 "깊이"가 있는 지식, 취업 후에도 활용할 수 있는 "유용성"은 각 기업의 인사담당자들 입장에서도 항상 고민이었고, 원하던 내용이었을 것이라 생각된다.

이 책은 취업준비생들에게 가장 적절한 공부의 범위, 가장 적절한 난이도, 가장 유용한 살아있는 지식을 전달해 주는 최적의 교재가 될 수 있을 것이라 감히 자부한다. 취업준비생들이 이 책으로 공부했을 때 적어도 은행을 포함한 금융권, 금융공기업 수준에서는 "최적의 기본서"라는 평을 내릴 수 있도록 최선을 다해 집필하였다.

"과연 어느 정도의 난이도, 어느 정도의 넓이로 책을 구성할 것인가?"

"얼마나 효용성이 있는 정보로 책을 구성할 것인가?"

이 두 가지 고민은 지금까지 그랬듯이 앞으로도 계속될 것이다. 또 상식이라는 부분에는 상당히 시사적인 내용도 포함되기 때문에 이 책은 계속 시사적인 내용에 맞게 업데이트될 것이다. 취업준비생들에게 도움이 되어야 하고, 객관적인 평가기준으로 채용해야 하는 기업들에게도 도움이 되어야 하며, 우리 전체에게 도움이 되어야 한다는 작은 사명감으로 이 책을 만들게 되었던 만큼, 이 책을 보게 되는 취업준비생들은 여러 관점에서 작게나마 도움을 받게 되길 바란다.

마지막으로 이 책을 만드는 데 도움을 주신 취업준비생 김상우 군을 포함한 여러 취업준비생 여러분, 교정과 출판에 도움을 주신 와우패스(유비온) 출판팀 여러분들에게 감사를 드리며, 취업준비생들의 파이팅을 바란다.

저자 류수환

이 책을 120% 활용하기 위한 TIP

본 책은 5년 넘게 모아놓았던 경제신문 기사와 필자가 직접 적었던 글들을 집대성하여 집필한 책이며, 기본서 1권, 문제집 1권 총 2권으로 구성이 되어 있다.

기본서는 "금융일반과 글로벌 경제", "국내 경제와 사회", "국내 금융과 은행", "은행업무와 직무지식" 총 네 편으로 구성되어있다. 취업준비생 입장에서는 아무래도 4편인 "은행업무와 직무지식"부분의 난이도가 높을 것으로 예상되니, 기본서는 그에 맞게 공부하기 바란다. 또 논술형이나 서술형 공부가 필요한 분들도 기본서 공부에 충실하면 충분히 도움이 될 수 있을 것이라 보인다.

문제집은 기본서와 동일한 순서로 구성되어있고, 문제들의 평균 난이도는 공부를 위해서 "중-상급" 수준으로 맞춰져 있다. 처음 은행권 취업준비를 하는 취업준비생들은 문항들의 난이도가 조금 높을 수 있으니, 기본서부터 차근차근 공부하는 것이 가장 효율적인 방법일 것이다.

■ **책을 120% 활용하기 위한 TIP**

1. 가능하면 **기본서**를 먼저 공부한다.
2. **기본서**를 한 파트씩 공부한 후에 **문제집**에서 해당 파트의 객관식 문제를 풀어본다.
3. **문제집**에서 틀린 문항은 관련 자료나 **기본서**의 내용을 통해 꼭 다시 점검하고 공부한다.
4. **문제집** 공부를 다 마친 경우에는 다시 **문제집**에서 틀렸던 문항들 위주로 2회독을 한다.
5. **문제집**에는 각 문항별로 "상, 중, 하"의 난이도 표시가 되어있으니, 각 문항의 난이도를 확인하고 자신의 실력을 검증해 보도록 한다.

차례

Contents

/ PART 1 / 금융일반과 글로벌 경제

CHAPTER 01 금융일반과 글로벌 경제
- 01. 화폐의 역사와 화폐제도 … 14
- 02. 달러와 기축통화 … 19
- 03. 세계경제포럼(World Economic Forum, WEF, 다보스 포럼) … 22
- 04. 국제유가(1) : 국제 유가 변천 과정과 배경 … 24
- 05. 국제유가(2) : 원유의 가격결정과 3대 원유 … 28
- 06. 국제유가(3) : 국제유가의 변화와 우리나라 경제 … 31
- 07. 안전자산의 대명사 "금"(1) : 금의 수요와 공급과 금 가격의 변화 … 34
- 08. 안전자산의 대명사 "금"(2) : 금 투자와 금 가격 결정요인 … 39

CHAPTER 02 미국편
- 01. 미국의 연방준비제도와 FOMC … 43
- 02. 미국의 금리구조와 변화 추이 … 45
- 03. 미국 금리결정의 주요 변수 … 47
- 04. 트럼프노믹스와 글로벌 경제 … 48
- 05. 자유무역주의와 보호무역주의 … 50
- 06. 무역장벽과 관련된 용어들 … 51
- 07. 미국의 강달러 현상과 달러인덱스 … 53
- 08. 미국의 금리인상 정책이 글로벌 경제와 우리 경제에 미치는 영향 … 55
- 09. 미국의 강달러 현상과 신흥국 위기설 … 57
- 10. 미국의 금융규제 : 전업주의와 겸업주의 … 60
- 11. 미국을 둘러싼 다자간 협상 TPP vs. RCEP … 62

CHAPTER 03 중국, 일본편
- 01. 중국의 양회와 중전회 … 65
- 02. 중국의 AIIB와 일대일로 사업 … 66
- 03. 중국의 환율제도 … 68
- 04. 일본의 정치와 선거제도 … 70
- 05. 플라자 합의와 일본의 잃어버린 20년 … 72
- 06. 아베노믹스 1단계 … 74
- 07. 아베노믹스 2단계 … 76
- 08. 엔화와 안전자산 … 78

CHAPTER 04 유럽, 중동, 북한편
- 01. EU와 유로존(Euro Zone) … 80
- 02. 이스라엘과 팔레스타인 분쟁 … 81
- 03. 시리아내전과 중동 분쟁 … 87

04. 이슬람 금융의 이해 89
05. 북한의 경제시스템 92
06. 북한의 금융시스템 95
07. 4·27 판문점 선언과 북한의 경제개방 방식 98

/ PART 2 / 국내 경제와 사회

CHAPTER 01 국내 정치와 경제
01. J노믹스의 주요내용 102
02. 사회적 금융, 포용적 금융, 임팩트 금융 103
03. "뉴베를린 선언" 주요내용 105
04. AEC와 우리나라의 신 남방정책 107
05. 파리클럽과 런던클럽 108

CHAPTER 02 국내 경제상황과 거시변수
01. 정부의 재정과 국가결산 111
02. GDP와 1인당 국민소득 114
03. GDP 경제지표의 한계와 비욘드 GDP 116
04. 우리나라 수출 상황과 주요 변수 119
05. 국부펀드 122
06. 본원통화, 통화유통속도, 통화승수, 예금회전율, 유동성함정 123
07. 경기순환이론과 현실의 경기변동 126
08. 인플레이션, 디플레이션, 디스인플레이션, 리플레이션, 스태그플레이션 128
09. 필립스곡선과 현실경제 129

CHAPTER 03 국내 산업
01. 대기업집단 지정 제도의 변화 133
02. 피터팬 증후군 135
03. 우리나라의 제조업 136

CHAPTER 04 외부 경제 환경
01. 부정청탁 및 금품 등 수수의 금지에 관한 법률(약칭, 김영란법) 138
02. 징벌적 손해배상 제도 139
03. 집단소송제도 141
04. 우리나라의 법인세 143
05. 우리나라의 소득세 144
06. 우리나라의 부가가치세 145
07. 공유경제(Sharing Economy) 147
08. 기업 구조조정 제도 150

차례 Contents

CHAPTER 05 국내 사회 이슈 및 트렌드
01. 주요 사회지표 — 152
02. 신 지니계수와 소득불평등 지표 — 157
03. 중산층 기준과 중앙값 — 159
04. 노인연령기준 상향조정 논란 — 161
05. 욜로, 워라밸, 소확행 — 163
06. 미투, 위미노믹스, 펜스룰 — 164
07. "OO슈머"들의 소비 트렌드 — 165
08. 긱 이코노미(Gig Economy) — 168
09. 최저임금 인상 — 170
10. 주 52시간 근무제 — 172
11. 경제, 시사분야 주요 개념 정리 — 175

/ PART 3 / 국내 금융과 은행

CHAPTER 01 은행권의 외부 규제와 환경
01. 대외법령과 정책 규제 — 186
02. 전업주의와 겸업주의 — 191
03. 베일인 제도, 베일아웃 제도 — 193
04. 법정 최고금리 인하 — 195
05. 은산분리(1) – 은행의 주인은 누구인가 — 197
06. 은산분리(2) – 장단점 및 우리나라 변천과정, 해외사례 — 201
07. 방카 25%룰과 펀드 50%룰 — 203
08. IFA 제도와 금융시장 — 205
09. 예금자보호(1) : 예금자보호제도와 예금보호 — 208
10. 예금자보호(2) : 예금보험료, 예금자보호 안내와 설명의무 — 216
11. IFRS9와 IFRS17 — 219
12. 자본시장법과 금융투자업무 — 221
13. 초대형IB와 증권회사의 발행어음 업무 — 225

CHAPTER 02 금융 및 통화정책
01. 한국은행 통화정책 — 228
02. 한국은행 기준금리 — 231
03. 유동성함정과 통화정책 전달경로 — 232
04. 통화 안정을 위한 통화안정채권 — 235
05. 우리나라의 통화스와프 — 238
06. 미국과의 금리역전 현상과 우리나라 금리정책 — 239
07. 화폐개혁(리디노미네이션) — 241

CHAPTER 03 환율제도와 외환시장

01. 달러 페그제   244
02. 재정환율과 엔화 환율   246
03. 고환율(평가절하)은 반드시 수출에 유리한가   248
04. 환율조작국   250
05. 위안화 직거래 시장과 시장조성자은행   253
06. 우리나라의 외환보유액   255
07. 환율 안정을 위한 외국환평형기금   256

CHAPTER 04 가계부채

01. 우리나라 가계부채 현황과 문제점   260
02. 정부의 가계부채 억제 대책 : 자본규제 3종 세트   264

CHAPTER 05 부동산과 주식시장

01. 8·2 부동산 대책의 주요내용   267
02. 9·13 부동산 대책의 주요내용   269
03. 아파트 후분양제 도입 논란   272
04. 부동산 공시가격, 표준지, 개별주택, 공동주택 개념   274
05. 분양가 상한제   276
06. 부동산 보유세와 거래세 논란과 토지공개념   279
07. 주거용건물의 여러 가지 형태   281
08. 주식시장(1) : 주식 용어 및 개념정리   282
09. 주식시장(2) : 주요 지표 정리   287
10. 주식시장(3) : 미국, 중국, 일본의 주식거래소   289

CHAPTER 06 은행권의 경영과 해외진출

01. 금융지주사 및 은행 경영성과   292
02. 은행권의 대기업대출과 중소기업대출   293
03. 시중은행과 지방은행의 차이점 및 지방은행의 수도권 진출   295
04. 국내 은행의 해외(동남아) 진출   297

CHAPTER 07 4차 산업혁명과 미래의 금융

01. 블록체인과 미래의 금융   300
02. 인공지능, 빅데이터, 블록체인과 은행   303
03. 인터넷전문은행 경영의 방향성   305
04. 크라우드 펀딩의 종류와 개념   307
05. P2P금융(대출)   310
06. 가상화폐 이슈와 정책적 방향성   313

차례

Contents

/ PART 4 / 은행업무와 직무지식

CHAPTER 01 은행 일반

01. 은행의 구분 및 종류	316
02. 은행의 기능과 역할	319
03. 상업은행과 투자은행	320
04. 지방은행, 특수은행, 저축은행, 상호금융기구	321
05. 기타 금융관련 기관 또는 기구	324
06. 은행의 역사와 변천과정	325

CHAPTER 02 은행업무 개괄

01. 은행의 조직	329
02. 은행의 회계와 수익구조	341
03. 바젤과 자산건전성	351
04. 은행 업무에 대한 감독과 규정	352
05. 지점단위의 수익성	354
06. 금리(이자)의 결정과 고시	356
07. 은행의 예금(대출)이자의 적용과 계산	359
08. 통화량과 은행	364
09. 주식, 채권과 금리	365
10. 물가, 경기와 금리	367

CHAPTER 03 수신 및 자금관리 업무 기초지식

01. 은행의 수신(예금) 업무 소개	370
02. 예대율, 예대마진, 순이자마진	378
03. 금리 변동과 예대마진	379
04. 은행의 신탁업	384
05. "시재(時在)"의 의미와 시재 과부족	386
06. 지급준비율과 지급준비금	388
07. 은행권 수수료 도입 논란	389
08. 은행권의 기관영업 : 서울시금고 선정 사례	390
09. 코코본드와 BIS비율	393
10. ELS, ELF, ELD, ELT, ELB, ETN	396

CHAPTER 04 여신업무 기초지식

01. 은행의 자산건전성 분류	400
02. 적격대출의 개념과 정책금융	402
03. 적격대출과 관련된 MBS, 커버드본드	404
04. 당좌거래와 어음할인 업무	406

05. 은행의 지급보증 거래 유형   411
06. 담보의 종류   413
07. 부동산 등기사항증명서(부동산 등기부등본)   416
08. 연대보증 제도   421
09. 양도담보 : 육류담보대출 사건 사례   425
10. 가계대출금리로 본 대출금리의 구조   427
11. 가계대출금리로 본 대출금리의 종류   431
12. 기한의 이익과 기한의 이익 상실   433
13. 대출 연체이자   435
14. LTV, DTI, 신DTI, DSR, RTI, LTI   441
15. 중도상환수수료   447
16. 여신업무 관련 주요 용어정리   448

CHAPTER 05 외환 및 수출입 업무 기초지식

01. 환율의 결정과 환율의 종류   456
02. 신용장과 은행의 수출입업무   462
03. 은행과 수출입거래의 흐름   463
04. 은행과 수출입래의 흐름 : 사례 설명   466
05. 은행의 신용장 업무 용어정리   471

/ 부록 / 2019년 주요 이슈

PART 01 금융일반과 글로벌 경제   480
PART 02 국내 경제와 사회   486
PART 03 국내 금융과 은행   495
PART 04 은행업무와 직무지식   523

/ 부록 / 경제/경영/금융 테마21 (계산문제 대비) 핵심이론요약 및
         출제예상 시사용어 테마5

PART 01 경제/경영/금융 테마21 (계산문제 대비) 핵심이론요약   540
PART 02 출제예상 시사용어 테마5   563

PART 1
금융일반과 글로벌 경제

금융일반과 글로벌 경제

1. 화폐의 역사와 화폐제도

1) 고대 ~ 1800년대

지금은 그리스가 유로화를 사용하고 있지만 고유의 그리스 화폐인 "드라크마화"는 인류 역사상 가장 오래된 화폐 중 하나로 알려져 있다. "드라크마"는 원래 "한손에 가득히"란 의미로 6가닥의 쇠꼬챙이를 가리킨다고 한다. 이후 중세시대까지 각국의 화폐는 금, 은 등의 무게나 부피와 관련된 통화가 주를 이루었다. 영국의 "파운드"는 그 자체가 무게를 나타내는 의미이며, 독일의 "마르크"도 무게 단위인 1/2파운드를 의미하는 용어라고 하며, 이탈리아의 "리라"도 무게를 의미하는 단위라고 한다. 중세시대에는 보유하고 있는 은이나 금을 근거로 화폐를 발행하고 교환하는 은본위제, 금본위제(일부), 금/은 양본위제를 사용하거나, 직접적인 은화, 금화를 사용하기도 하였다.

은이 금보다는 유통물량이 풍부하고 대중성이 높다는 측면은 있지만, 1800년대 전후로 각국에서 대규모 은광의 개발과 발견은 은의 가치를 떨어뜨리는 요인이 되었고, 은본위제보다는 금본위제라는 통화 교환제도가 부상하게 되었다. 근대시대로 들어서면서 증기기관의 발명 등 1차 산업혁명을 주도하였던 영국을 중심으로 근대사회에 맞는 새로운 화폐제도와 환율제도가 정착되기 시작하며, 영국은 1819년에 보유 중인 금 보유량 범위 내에서만 영국의 화폐인 파운드를 발행하겠다는 금본위제로의 시작을 발표한다.

이후 1800년대에는 추가적인 은광발견 등으로 은의 가치가 떨어지고, 세계정치 경제를 주도하고 있던 영국의 금본위제로의 전환이 각국의 금본위제로의 전환을 불러오게 되었고, 1870년대부터는 프랑스, 벨기에, 스위스, 이탈리아 등 유럽 주요 국가들이 금본위제로 전화하였고, 1900년에는 미국도 금본위제를 채택하게 되었다. 근대 세계 금융의 역사에서 금본위제는 그 시작이었다고 할 수 있으며, 1800년대에는 영국의 파운드화를 중심으로 한 금본위제의 시대였다고 할 수 있다.

2) 1900년대 초기

1910년대에 제1차 세계대전을 거치면서 막대한 전쟁비용을 마련하기 위해 글로벌 강대국들은 금보유량 범위 내에서 파운드 등 자국의 화폐를 발행해야 했지만, 전쟁에 참여하고 있던 현실에서는 지켜지기 어려운 규칙이었다. 금본위제 실시 이후 1800년대에 전 세계 교역수단의 60% 수준까지 차지하였던 파운드를 사용하던 영국도 마찬가지였다. 1800년대 금본위제의 중심 국가였던 영국에서 가장 먼저 규칙을 어기게 되었던 것이다. 1914년에 발발하여 1918년 독일의 항복으로 종전된 1차 세계대전은 영국, 프랑스, 러시아 등의 연합국과 독일, 오스트리아 동맹국과의 대규모 전쟁이었다.

1914년 1차 세계대전이 발발하면서 영국도 금태환(파운드화와 금의 교환)을 중지하였으며, 1800년대부터 이어져 온 금본위제도가 위기를 맞게 된다. 특히, 1929년 미국의 대공황을 거치는 세계 경제대공황 시대를 맞게 되면서 각국은 금의 보유량만큼만 화폐를 발행한다는 규칙을 지키지 못하게 되면서, 금본위제의 위기가 찾아오게 되었다. 이런 금본위제의 위기는 2차 세계대전까지 이어진다. 2차 세계대전은 1939년부터 1945년 일본의 항복으로 종전이 된 세계 대전으로 세계 금융사에서도 중요한 자취를 남기게 된다.

3) 2차 세계대전과 브레튼우즈 체제

독일, 이탈리아, 일본을 중심으로 한 동맹국(전범국)과 미국, 영국, 프랑스, 러시아(당시 소련) 등을 중심으로 한 연합국 간의 전쟁으로, 1차 세계대전 및 대공황을 거치면서 무력해지고 있는 파운드화 중심의 금본위제 통화제도를 재구축할 필요를 느껴, 미국의 뉴햄프셔주에 있는 "브레튼우즈"에서 2차 세계대전 연합국인 44개국이 참가하여 연합국 통화금융회의를 가지게 된다. 당시 2차 세계대전의 최고 역할을 하였던 미국이 헤게모니를 잡으면서 기존의 파운드화 중심의 금본위제를 미국 달러중심의 금본위제로 바꾸게 된 것이다.

미국은 1944년 브레튼우즈 회의를 통해 글로벌 기축통화로 달러화를 출범시키며 금 1온스에 35달러를 교환해 줄 것이며, 미국이 보유하고 있는 금 보유량 범위 내에서만 달러화를 발행하기로 하였다. 이 회의가 브레튼우즈 회의이고, 파운드화 중심의 금본위제에서 미국 달러화 중심의 금본위제로 바뀌게 된 통화체제를 "브레튼우즈 체제"라고 한다. 이때부터 영국중심의 글로벌 교역질서는 미국 중심으로 바뀌게 되고, 미국 달러화는 글로벌 기축통화로서의 지위를 얻게 된다. 브레튼우즈 회의의 결과로 국제통화기금(IMF)과 국제부흥개발은행(IBRD)이 출범하게 된 계기가 되는 부수적 효과도 있었던 역사적인 회의였다.

문제는 미국이었다. 문제는 미국이 2차 세계대전 이후 미국 달러화를 세계 기축통화로 등장시키는 데에는 성공하였지만, 금 보유량 범위 내에서 달러화를 발행하기로 한 약속을 끝까지 지켜낼 수 있을지에 대한 의문이었다. 금본위제는 태생적인 특성상 정부에서 통화확장정책을 사용하기는 어려우며 태생적으로 긴축정책 위주로만 많이 사용할 수 있었을 것이다. 정치와 선거라는 속성을 생각하면 평상시에 금보유량 100% 이내에서 통화를 발행하기도 어려웠을 것이며, 경제 활성화를 위해서 100% 달러화를 발행 중인 상황에서 확장정책을 추가로 실시하기가 어려웠을 것이라는 것이다.

미국 달러화 중심의 금본위제에도 위기가 찾아오게 되었다. 2차 세계대전 이후 "팍스 아메리카나"를 외치던 미국은 강대해지는 소련(현재 러시아)의 군비확장에 대응하는 글로벌 군사적 균형에 맞대응하기 위해 달러자금이 추가로 소요되었을 것이며, 잠재적 위험요소인 이슬람과 산유국 중심의 아라비아반도 주위의 중동 각국의 정치적 분쟁과 전쟁에 최대 강대국인 미국이 참여하게 되면서 소요되어지는 재정부담, 기축통화인 달러화의 확산을 위한 글로벌을 향한 계속적인 달러화의 공급 필요성 등은 미국이 브레튼우즈 체제의 약속을 지키기 어렵게 만드는 중요한 이유들이 되었을 것이다.

결국, 1971년에 브레튼우즈가 출범한지 25년이 조금 더 지난 시점에 25년 동안 달러화를 금보유량보다 추가로 발행해왔던 미국은 당시 닉슨대통령이 "금태환 불가"라는 브레튼우즈 체제 포기선언을 하게 되었다. 브레튼우즈 체제는 각국의 화폐가 달러와 금을 매개로 한 고정환율 체제를 의미하는데, 고정환율 체제의 본산(本山)인 미국이 이를 포기하게 된 것이다. 이로써, 1800년대부터 이어져 온 금본위제, 25년여간 이어져 온 달러중심의 금본위제가 막을 내리고, 금이라는 매개없는 순수화폐의 시대가 열리게 된다.

금융사에서 또 하나 중요한 변수역할을 하고 있는 곳은 중동지역인데, 중동지역 분쟁은 팔레스타인 지역 내 이스라엘(유대인 민족)과 아랍(이슬람)민족 간의 분쟁, 이슬람 민족 중에서도 시아파와 수니파의 분쟁의 역사이다. 1차 세계대전 이후 독일에 의해 핍박받던 이스라엘은 결국 나라도 없어지고 전 세계에 뿔뿔이 흩어져 살게 되지만, 2차 세계대전 이후 이스라엘(유대인 민족) 지지국이었던 미국과 영국 등의 도움으로 현재 이스라엘 지역에 국제연합(UN)의 인정하에 독립국가로서 들어서게 된다.

이에 반하는 이슬람세력과의 전쟁이 발발하게 되면서 중동전쟁은 시작되는데, 1차 중동대전이 이스라엘의 독립에 반대하는 팔레스타인 지역 내에서 이스라엘과 이슬람 세력과의 전쟁이었고, 1948년에 일어났다. 이후 1950년대 영국과 이스라엘 등 연합군의 시나이반도 침공 사건을 2차 중동전쟁이라고 하며, 1960년대 이스라엘의 이집트, 이라크, 시리아 등 국가와의 전쟁을 3차 중동전쟁이라고 하고, 역시 3차 중동전쟁의 연장선상에서 1973년 이스라엘과 이집트 등 아랍국가 연합군과의 전쟁을 4차 중동전쟁이라고 한다. 이렇게 4차에 걸친 중동전쟁은 종교적, 민족적 배경을 가지고 있는 전쟁이다.

글로벌 기축통화를 보유하고 있던 미국은 친 서구주의를 표방하는 유대인 민족인 이스라엘에 대해 전통적으로 우방국이었다. 유대교와 기독교의 관계상 영국도 마찬가지이다. 이런 미국과 영국의 협조 속에 이스라엘이 국가로서 다시 독립할 수 있었으며, 이스라엘을 진앙지로 한 중동전쟁에 미국의 입장에서는 이스라엘을 지원하지 않을 수가 없었던 것이 1950~1970년대까지의 중동을 바라보는 미국의 입장이었을 것이다. 세계 속으로 뿔뿔이 흩어진 유대인들이 미국 내에서도 정치, 경제, 군사, 문화적인 면 등에서 굳건한 입지를 차지하고 있었기 때문이기도 하였을 것이다.

문제는 미국의 중동전쟁 개입 시기는 브레튼우즈 체제에서 1, 2, 3차 중동전쟁을 겪었으며 닉슨 대통령이 브레튼우즈 체제의 붕괴를 선언한 1971년 이후에 4차 중동전쟁이 발발하였다. 브레튼우즈 체제의 붕괴는 이런 중동전쟁 참여로 인한 미국의 재정적자를 메우기 위한 달러화의 발행도 큰 이유가 되었을 것으로 전문가들은 바라보고 있다. 당시 미국은 브레튼우즈 금본위제하에서 금도 많이 보유하고 있긴 하였지만, 그보다 더 많은 양의 달러화를 찍어내고 있었던 것이라고 해석될 수 있는 것이다.

> **참고** 1~4차 중동전쟁
> - **1차 중동전쟁(1948년)** : 아랍과 이스라엘의 전쟁, 2차 대전 이후 이스라엘의 독립으로 인해 아랍권이 이스라엘을 공격한 전쟁으로 "이스라엘 독립전쟁" 또는 "팔레스타인 독립전쟁"이라고 부른다.
> - **2차 중동전쟁(1956년)** : 이집트가 수에즈 운하의 국유화를 선언하자, 수에즈 운하에 대한 소유권을 가지고 있던 영국, 프랑스, 이스라엘이 이집트를 공격하면서 발생한 전쟁이다. "수에즈 전쟁"이라고도 부른다.
> - **3차 중동전쟁(1967년)** : 이집트와 시리아 등 아랍 국가들이 이스라엘 공격 의지를 다지자, 이스라엘이 선제공격으로 이집트 등 아랍권에 공격을 함으로써 발생하였고, 6일만에 전쟁이 종료되었다고 해서 "6일 전쟁"이라고도 한다.
> - **4차 중동전쟁 (1973년)** : 이집트와 시리아가 영토회복을 위해 이스라엘을 공격하면서 발생한 전쟁으로 "라마단 전쟁" 또는 "욤-키푸르 전쟁"이라고도 한다.

4) 브레튼우즈 체제의 붕괴와 킹스턴 체제

IMF(국제통화기금)는 미국 중심의 브레튼우즈 회의결과 생겨난 국제기구인데, 1976년 자메이카의 수도 킹스턴에서 열린 IMF 회의에서는 각국이 중앙은행을 통해 고정환율제도와 함께 변동환율제도에 대해 적극적인 개입을 하며, 각국의 고정환율제도 시스템에서 변동환율제도, 페그제 환율제도 등의 변화된 환율제도를 용인하고 적극적으로 장려한다는 결론을 내리게 된다[1].

브레튼우즈 체제가 미국의 약속 불이행으로 인해 붕괴되면서 킹스턴 체제가 들어서게 되었으며, 킹스턴 체제에서는 금, 은 등의 한정자원을 매개로 한 화폐발행이 아니라 순수한 각국 중앙은행의 역할로 어떤 자산에도 연동되지 않는 순수화폐를 발행하는 시스템으로 변화하게 되었다. 이 변화도 화폐의 역사와 금융사에서 중요한 의미를 지니게 되는데, 각국의 경제부흥과 자국이익을 위해서는 어떤 경우에도 연동되지 않은 화폐의 발행은 증가할 수밖에 없는 속성을 가지게 되고, 결국 화폐가치와 실물자산 가치를 초과하는 "버블현상"의 발생은 필수적일 수밖에 없다는 점일 것이다.

5) 새로운 경제대국의 등장과 플라자합의

이렇게 1971년 닉슨 대통령의 브레튼우즈 체제 붕괴선언 이후 각국은 기존의 시스템과는 달

---

[1] 이렇게 브레튼우즈 체제에서의 고정환율체제가 1976년 IMF의 킹스턴 회의를 통해 변동환율제, 페그제 환율제도 등으로 다양화되는 변화체제를 "킹스턴 체제"라고 한다.

리 상대적으로 자유로운 화폐발행을 할 수 있게 되었으며, 글로벌 교역량도 증가하고 있던 시기였다. 각국은 자국 수출상품의 가격경쟁력을 향상시키기 위해서는 자국 통화량을 더 많이 찍어낼 수밖에 없는 유혹을 뿌리치지 못하면서 글로벌에서는 자유무역을 위주로 한 교역량 확대와 통화량 증대가 이루어지던 시기였다. 또한, 2차 산업혁명(기계화) 이후 기계, 전자, 자동차산업 등이 호황을 맞던 시기였다. 무역분야에서 1970~1980년대 사이에 글로벌에서 가장 큰 주목을 받은 국가는 일본과 독일이었다.

일본과 독일은 자동차, 전기, 전자, 정밀기계 등의 분야에서 다른 어떤 나라들도 따라오지 못할 정도로 경쟁력을 가지고 있었고, 전 세계 여행객들은 독일은 "자동차", 스위스는 "시계", 일본은 "전자제품"이라고 할 정도로 특화된 업종을 보유하고 있던 시기였다. 여기에 반해 미국은 이런 나라들에 비해 특별히 경쟁력을 가지지 못한 상태로, 무역시장에서 경쟁력이 이들 나라에 비해 뒤처지고 있던 시기였다. 무역시장에서 일본과 독일의 막대한 무역흑자, 또 당시 1달러에 260엔대까지 떨어지던 엔화 가치하락 현상으로 무역시장에 추가적인 날개를 달고 있던 상황이 1985년까지 전개되고 있었던 것이다.

미국의 경우 1970년대 후반은 중동전쟁 등 전쟁참여로 인한 재정악화, 무역시장에서의 경쟁력 상실, 2차에 걸친 오일쇼크 등으로 달러가치가 떨어지고 있던 시기였다. 이런 경기침체 상황 속에서 달러화가치의 하락(=물가상승 =인플레이션 시기)을 막기 위해 미국은 기준금리를 연 20% 수준까지 인상하는 긴축정책을 사용하게 되고, 다시 달러화 가치는 급속도로 상승하기 시작하였다. 1980년대에 들어 달러가치 상승으로 글로벌 자금은 미국으로 향했고, 상대적으로 다른 무역경쟁국이었던 일본이나 독일의 경우에는 자국 화폐가치 하락의 혜택을 추가적으로 향유하기도 하였다.

"쌍둥이 적자"라는 표현은 국가의 재정적자와 무역수지 적자가 동시에 일어나는 경우를 의미한다. 미국의 경우 기축통화국으로서 재정적자는 만성적인 고질병이 되어있었고 재정적자보다는 무역수지 적자를 방지하기 위한 노력을 더 많이 기울이던 나라였다. 무역수지 개선을 위해 최근 트럼프노믹스라는 보호무역주의도 등장하게 되고, 환율조작국, 슈퍼301조 등의 개념들도 미국에서 나오게 되는 것이다. 그만큼 미국은 무역수지에 신경을 많이 쓰고 있으며, 무역수지 개선을 통한 경제부흥과 일자리창출 등에 노력하는 나라였다고 할 수 있다. 그러나 1980년대 미국은 중동전쟁 등으로 인한 재정적자 폭이 커지면서, 일본과 독일 등의 무역시장 제패로 인한 무역수지도 사상최악의 상황으로 치닫고 있는, "쌍둥이 적자"가 폭을 역대급으로 키우고 있던 시기였다고 할 수 있다. 미국의 입장에서는 이를 타개하기 위한 대책이 필요한 상황이었으며, 1985년 당시 공화당 소속 대통령이었던 레이건은 선진5개국가(G5) 재무장관회의를 개최하여 달러가치를 절하시킬 것을 궁리하게 된다. 이 논의가 "플라자합의"의 시작이었던 것이다.

1985년 9월 미국의 플라자호텔에서는 미국, 일본, 독일 등 G5 재무장관이 만나 달러화에 대해 특히 일본의 엔화와 독일의 마르크화 가치를 상향조정하기로 합의하는데, 이를 "플라자합의"라고 한다. 플라자합의는 글로벌 경제사, 금융사에서 역사적인 사건으로, 이후 일본은 일부 정책적인 실패를 겪으면서 "잃어버린 10년, 잃어버린 20년"을 지나 현재까지도 잃어버린 시간을 회복하지 못해, "아베노믹스"라는 나름대로 강력한 정책으로 플라자합의로 인한 일본의 경제침몰을 회복하기 위한 노력을 하고 있는 것이다.

2. 달러와 기축통화

브레튼우즈 체제는 미국의 달러화를 기축통화로 하여, 금 1온스를 35달러에 고정시킨 고정환율제 시스템으로, 미국이 전 세계 통화의 중심이 되는 달러중심의 금본위제를 말한다. 글로벌 각국은 보유하고 있던 금(또는 달러)을 언제든지 미국으로 가져가면 반대로 달러(또는 금)를 교환(태환)해 주는 제도이다. 이렇게 전 세계 각국에서 무역, 통상분야 등에서 공통으로 사용되는 통화를 "기축통화"라고 부른다.

기축통화라는 표현은 미국의 예일대 교수였던 "트리핀"교수가 "키 커런시'(key currency)"라고 이름을 붙였으며, 현재 국제적으로 통용되는 주요 통화로는 미국의 달러화, 유럽의 유로화, 영국의 파운드화, 일본의 엔화 등을 들 수 있다. 이 중에서도 미국의 달러화가 제1의 기축통화이며, 일본도 엔화를 기축통화로 만들기 위해 노력했던 적이 있었고, 최근에는 중국도 위안화를 기축통화로 만들기 위해 노력하고 있지만, 미국의 달러화처럼 제1의 기축통화가 되기 위해서는 몇 가지 조건을 갖추고 있어야 한다.

첫째, "교환성", "안정성", "신뢰성"을 말할 수 있다. 전 세계 어디에서든 교환이 가능해야 하고, 국제 외환시장에서 수요와 공급을 충분히 커버할 수 있을 정도의 화폐 공급의 안정성이 있어야 하며, 해당 통화에 대한 국제적 신뢰도가 있어야 한다. 미국의 달러화는 아프리카 오지 국가에서도 글로벌 화폐로 인식하며 교환이 가능해야 하며, 미국은 달러화를 얼마든지 공급할 수 있는 여력을 갖추어야 하고, 국제 무역결제나 금융시장에서 수요와 공급이 꾸준히 존재해야 하며, 미국이라는 나라와 해당 통화에 대해 믿고 매입, 매도할 수 있는 신뢰도가 있어야 하는 것이다.

둘째, 통화를 발행하는 나라의 자본시장이 안정되고 발달해 있어야 한다. 화폐라는 것이 화폐 자체만으로 국제 거래에 사용되기보다는, 해당 국가에 대한 신뢰를 밑바탕으로 해서 국제결제에 활용되다 보니, 글로벌에서 인정하는 선진국 중에서 기축통화를 발행해야 하는 것이다. 현재 미국 달러화 이외에 국제거래에 많이 사용되는 유로, 파운드, 엔화 등의 경우에도 해당화폐의 발행국들이 모두 선진국들이라는 공통점을 가지고 있다. 이렇게 해당 화폐를 발행하는 나라가 안정적인 금융시스템을 가지고, 글로벌의 선진 금융시장에 속해 있어야 그 통화를 기축통화로 만들어낼 수 있는 것이다. 물론, 정치, 경제, 군사적인 면에서 모두 해당하는 표현이다.

미국의 경우 1944년 달러화 중심의 금본위제인 "브레튼우즈 체제"를 실시하게 되었으나,

1950~1960년대의 중동전쟁, 유가인상, 베트남 전쟁 등 재정적자 상황을 거치면서 보유하고 있던 금만큼 달러를 찍어내야 한다는 브레튼우즈 체제의 약속을 더 이상 지키지 못하고, 보유 중인 금보다 달러를 더 많이 찍어내는 약속 불이행 상황을 만들게 되었다. 결국 1971년 미국 닉슨 대통령은 "금-달러 태환"을 더 이상 하지 못한다는 브레튼우즈에 대한 포기선언을 하게 되었다. 각국에서 금을 가져와도 더 이상 달러를 교환해주지 못하며, 달러를 가져와도 더 이상 금으로 교환해주지 못한다는 선언이었다. 이는 곧 달러화의 기축통화로서의 지위에도 상당한 위협이 되었다.

미국의 입장을 생각해 보면, 기축통화가 되기 위해서는 달러를 무한정에 가까울 정도로 많이 찍어내야 할 것이다. 미국 내에서만 달러화가 통용되는 것이 아니라 글로벌 각국에서 달러화가 융통이 되기 위해서이다. 이렇게 달러화를 많이 찍게 된다면 어느 정도가 미국 내에서 머무를 것이며, 어느 정도가 해외로 나가게 될 것인지에 대한 예측도 필요하고, 미국 내의 경제상황도 기축통화라는 특성상 상당한 영향을 받을 수밖에 없을 것이다. 이렇게 글로벌 기축통화가 되기 위해서는 대량 공급으로 인한 자국 화폐가치의 일정부분 하락을 감수할 수밖에 없게 된다. 국내에서 통용되는 달러화와 해외에서 융통되는 달러화에 대한 수급조절까지도 함께 해야 하는 것이다.

역사적으로 보았을 때 가장 고전적인 기축통화는 "금"이었을 것이다. 금은 어디에서도 통용되며, 안정성과 신뢰성, 교환성을 모두 갖추고 있기 때문이다. 이후 중세시대의 종료와 산업혁명으로 근대시대로 넘어오면서 영국의 파운드화가 기축통화 역할을 담당하였고, 1차 세계대전 이후 영국의 쇠락과 미국의 부상으로 2차 세계대전 종료와 함께 브레튼우즈 체제를 맞으면서 미국의 달러화가 글로벌 기축통화가 되었다. 2010년 이후 중국의 위안화가 다시 미국의 달러화에 대해 도전하는 상황이 연출되기도 하지만, 향후 위안화가 글로벌 기축통화가 될 수 있을지에 대해서는 미지수라고 할 수 있다.

■ 기축통화와 세뇨리지 효과

브레튼우즈 체제 이후 미국은 기축통화 보유국으로 글로벌에서 달러화가 대량 유통되기 위해서는 달러를 무진장 발행해야 하는 상황인 것이다. 우리나라도 마찬가지지만 액면금액을 가지고 있는 지폐나 동전은 실제 그 지폐나 동전을 발행하는 데 들어가는 비용과 동일하지 않은 것이 보통이다. 예를 들어 100달러짜리 지폐를 발행하는 데 들어가는 실제 비용이 10달러라고 치면, 90달러의 차액이 발생한다는 것이다. 중앙은행이 100달러 지폐를 발행해서 유통을 시키게 되면 중앙은행의 화폐발행 차익이 발생한다. 이를 "세뇨리지 효과"라고 하고, 우리말로는 "주조차익"이라고 표현한다.

예를 들어 100달러에 대한 노동의 대가로 지불되는 100달러짜리 지폐는 궁극적으로 올라가면 중앙은행의 10달러에 해당하는 비용으로 귀결된다. 그러면 90달러만큼의 차액이 발생되는데, 이 90달러는 중앙은행의 "주조차익"으로 잡히게 된다. 즉, 화폐의 액면가액과 실제 화폐발행 비용과의 차액이 생기며, 이 차익이 생기는 효과를 "세뇨리지 효과"라고 한다. 결국 10달러의 비용을 들여서 100달러짜리 지폐를 만들어 낸 것이고, 100달러짜리 지폐를 동일한 100달러짜리 노동, 교환 등의 가치에 사용하게 된 것이다. 이런 세뇨리지 효과는 각국이 화폐를 발행하는 중앙은행에서 발생하며, 특히 기축통화국에서는 더욱더 크게 발생하게 될 것이다.

각국의 중앙은행은 액면가격이 큰 화폐를 만들수록 세뇨리지 효과가 크게 나타날 것이며, 계속해서 화폐를 발행하여 차익을 늘리고자 하는 유혹에 빠질 수도 있게 될 것이다. 미국 같은 기축통화국에서는 전 세계에서 유통되는 달러를 발행해야 하는데, 여기서 생기는 세뇨리지 효과는 미국의 부에 큰 영향을 미칠 수도 있다. 미국으로 수입하는 물품에 대해 미국 중앙은행이 발권을 해서 대금을 지급한다면, 미국은 수입하는 물품을 공짜로 획득하는 것이나 다름이 없기 때문이다. 그래서 이런 세뇨리지 효과는 기축통화를 보유하고 있는 나라에서 누릴 수 있는 엄청난 특권으로, 각국이 기축통화국이 되고자 하는 이유 중의 하나가 되고 있는 것이다.

중세 봉건영주는 자신의 성내에서 화폐주조에 대한 배타적 독점권을 갖고 있었다고 한다. 당시 화폐주조를 통해 영주의 수입을 확보하는 세뇨리지(seigniorage)가 있었던 셈이다. 세뇨리지는 그 어원이 봉건영주(seignior)를 의미하는 프랑스어에서 나온 용어이다. 현대 국가에서의 세뇨리지는 화폐발행권을 가진 중앙정부가 독점적으로 누리며, 글로벌 경제에서는 미국과 같이 기축통화를 보유한 나라가 화폐주조 차익, 즉 세뇨리지 효과를 누리게 된다. 미국은 손쉽게 달러를 찍어 세뇨리지 효과를 누리며, 풍부해진 유동성은 외국으로 나가 달러 가치의 하락(인플레이션, 물건 가치의 상승)을 가져오게 되는 것이다. 이렇게 세뇨리지 효과는 주최측에서는 긍정적인 요인이 있지만, 상대방의 측면에서는 화폐가치의 하락이라는 폐해를 제공하게 된다.

■ 기축통화와 트리핀의 딜레마

미국의 경우 세계에 기축통화인 달러를 계속 공급하기만 하다보면 재정적자와 함께 달러화의 가치는 필연적으로 떨어질 수밖에 없을 것이다. 반면, 경상수지 흑자 등으로 미국으로 달러화가 많이 유입되는 상황을 감안한다면 국제 유동성은 고갈되는 방향으로 가고 세계경제가 흔들리게 될 것이다. 이렇게, 기축통화국인 미국의 입장에서는 달러의 가치를 안정시키기 위해 무역흑자를 계속 낼 수도 없고, 세계유동성의 안정적인 공급을 위해 달러화를 계속 풀기만 할 수도 없는 상태에 이르게 되는데, 이런 상황에 대해 미국 예일대 교수였던 로버트 트리핀이 미 의회연설에서 발표한 내용이 바로 "트리핀의 딜레마"이다.

트리핀의 딜레마는 기축통화의 딜레마라고도 할 수 있는데, 미국의 재정적자와 달러가치의 하락, 반대의 경우 미국의 경상수지 흑자와 세계 유동성의 고갈 사이에서 계속 안정적인 사이클을 유지하며, 세계 금융시장이 유지가 되어야 하는데, 이러한 조절은 세계경제와 각국의 경제상황에 따라 그 조절이 절대 쉽지만은 않을 것이다. 이런 기축통화국의 딜레마와 달러화 기축통화의 불안정성을 보완하기 위해서 IMF에서는 SDR이라는 특별인출권 제도를 두고, 유사시 세계 금융시장의 안정화에 기여하기 위해 노력하고 있는 것이다.

미국은 세뇨리지 효과를 위해서 기축통화국으로서의 지위를 충분히 활용하고자 할 것이며, 이런 상황이 지속되는 한 미국의 달러화 발행은 증가할 수밖에 없고, 미국의 재정적자는 발생할 수밖에 없을 것이다. 과연 얼마나 재정적자가 발생해야 적절할 것인지, 재정적자와 달러 발행량의 증가로 인한 달러 가치의 하락, 그리고 반대의 경우에는 경상수지 흑자와 글로벌에서의 달러의 고갈상태는 서로서로 동전의 앞뒷면처럼 붙어다니는 결과를 가져옴으로써, 이 중간에서 기축통화국은 적절한 정책적 판단과 행동이 필요한 상황이 오게 되고, 기축통화국의 지위를 지속시키기 위해서는 이런 딜레마를 극복해 나가야 하는 것이다.

3. 세계경제포럼(World Economic Forum, WEF, 다보스 포럼)

다보스 포럼은 원래 공식명칭이 "세계경제포럼(WEF, World Economic Forum)"으로, 독일태생의 유대인으로 제네바대학교 교수를 지낸 "클라우스 슈밥"이 1971년도에 설립한 비영리재단이다. 스위스 제네바에 본부를 두고 있고 세계 각국의 기업과 단체들이 가입하고 있는 국제기구로, 매년 1월 회원국가의 대통령이나 총리, 장관, 대기업 최고경영자 등의 유력인사들이 참여하는 민간회의 성격을 지니고 있다. 이 회의에서 각국의 정치지도자와 경제지도자들은 회의와 토론을 통해 매년 정해지는 주제 하에 의견과 비즈니스 구상을 공유하고, 글로벌 경제의 해법을 구상하기도 한다.

최근의 다보스포럼 주제는 아래와 같다.

- 2012년 : "고장난 자본주의에 대한 반성"
- 2013년 : "불굴의 역동성"
- 2014년 : "세계의 재편" – 미국, 유럽발 리스크 지속에 대한 문제 대두
- 2015년 : "새로운 글로벌상황" – 2014년에 이어 큰 맥락을 계속 이어가는 주제
- 2016년 : "제4차 산업혁명의 이해"
- 2017년 : "소통과 책임의 리더십(responsive and responsible leadership)"
- 2018년 : "분절된 세계 속 공동의 미래 창조(Creating a Shared Future in a Fractured World)"

위의 주제들 중에서 우리에게 가장 익숙한 주제는 아마도 2016년 주제인 "제4차 산업혁명의 이해"에 대한 내용이었을 것이다. 1차 산업혁명은 증기기관의 발명과 함께 18세기 후반에 있었고, 2차 산업혁명은 전기의 발명에 의한 대량생산체계가 갖춰진 20세기 초반에 있었고, 3차 산업혁명은 인터넷, 디지털, 통신, IT의 발달을 계기로 한 20세기 중반이었다면, 4차 산업혁명은 3차 산업혁명을 기반으로 바이오, 인공지능, 블록체인, 3D프린트, IoT, 빅데이터, 무인자동차 등의 기술을 응용하는 시대가 될 것이라는 관점이었다.

당시 이 주제로 다보스 포럼에서 다루어진 2개월 후 우리나라에서는 세기의 바둑대결이라고 하는 이세돌 9단과 알파고의 바둑 대결이 있었고, 이세돌 9단은 다섯 판을 두어 1승 4패라는 결과로 알파고에 무릎을 꿇는 사건이 있었다. 실제로 4차 산업혁명은 2016년을 기점으로 세계적으로도 급속히 확산되었으며, 우리나라에서도 2016년도부터 급속히 인식의 전환이 이루어지게 되었다고 할 수 있다. 또한 당시 4차 산업혁명은 노동력의 종말, 국가 간의 양극화 심화라는 극단적인 부정적 요인을 예고하기도 하여, 글로벌 각국들이 풀어나가야 할 과제를 던지기도 하였다.

2016년도는 전 세계가 4차 산업혁명에 몰입했던 한 해였고 우리나라의 경우도 마찬가지였다. 특히, 금융권에 닥쳐올 4차 산업혁명의 변화에 관심을 가지면서 변화에 적응하기 위한 준비를 했던 한 해였다고 할 수 있다. 2016년 3월 세계적 관심사였던 구글의 인공지능 "알파고"와 이세돌 9단과의 세기의 바둑대결을 시작으로, 금융권에서도 인터넷전문은행, 홍체인식 기술의 개발, 비대면채널 확대 등 전통적인 오프라인 위주의 금융권 비즈니스 구조가 변화되는 한해였다고 할 수 있다. 또한, 이런 변화는 앞으로 계속 이어질 것으로 보이며, 은행을 포함한 금융권에서도 꾸준한 변화가 이어질 것으로 보인다.

2017년의 경우에는 다보스포럼의 핵심주제는 2016년 브렉시트 결정으로 인한 EU지역의 변화와 11월 트럼프 대통령 당선 이후 강화되고 있는 보호무역주의 정책, G2 국가인 중국의 부상 등에 대한 세계적 논의가 필요하다는 "소통과 책임의 리더십(responsive and responsible leadership)"이었다. 2017년 다보스 포럼에서는 4차 산업혁명의 본격화, 보호무역주의 확산, 성장둔화와 불확실성 증폭, 포퓰리즘, 기후변화 대응 실패와 폭력 및 충돌에 대한 경제적 손실이 주요 이슈로 다뤄졌지만, 우리에게 2016년 다보스 포럼의 주제처럼 강력한 메시지를 전달하지는 못했던 것으로 보인다.

2018년 다보스 포럼의 주제는 "분절된 세계 속 공동의 미래 창조(Creating a Shared Future in a Fractured World)"이다. 기술개발 속도가 빨라지고 4차 산업혁명이 급속히 진전되는 가운데 글로벌 국가들은 양극화의 몸살로 분절되고 있으며, 이에 대한 공동의 미래를 창조해야 한다는 의지의 표현이 담겨있는 주제라고 할 수 있다. 2018년 다보스 포럼 기조연설은 인도의 모디 총리가 "분열된 세계에서 공유될 수 있는 미래의 창조"라는 주제로 하였고, 1월 26일 폐막 연설은 2017년에 대통령 취임식 때문에 참석하지 못했던 트럼프 대통령이 하였다. 트럼프 대통령이 보호무역주의, 글로벌을 향한 거친 표현 등으로 글로벌에서 신뢰를 깊게 받지 못하고 있는 가운데 연설을 하게 된 것이다.

2010년 이후 세계적 회의체인 다보스포럼에서 가장 주목을 받았던 해는 2016년도였던 것으로 보인다. 2016년도 주제의 경우 4차 산업혁명에 대한 내용이었으며, 시기적으로 가장 세계적 이목을 끌어 모았던 회의였다고 할 수 있다. 그러나 2017년과 2018년 다보스포럼에서는 2016년을 제외한 나머지 회의에서와 별반 차이가 없는 구체적 실천방안 없는 회의와 공허한 논의 속에서 이루어지고 있다는 평가를 받고 있다. 공동의 목표하에 모여, 공동의 시각으로 공동의 미래를 열어나가는 구체적인 노력과 고민 없이, 각국의 입장만을 되풀이하고 확인하는 형식적인 회의에 머물 수 있다는 것은 우려스러운 부분이라 할 수 있다.

4. 국제유가(1) : 국제 유가 변천 과정과 배경

먼저 국제유가 장기 추이를 보도록 하자.

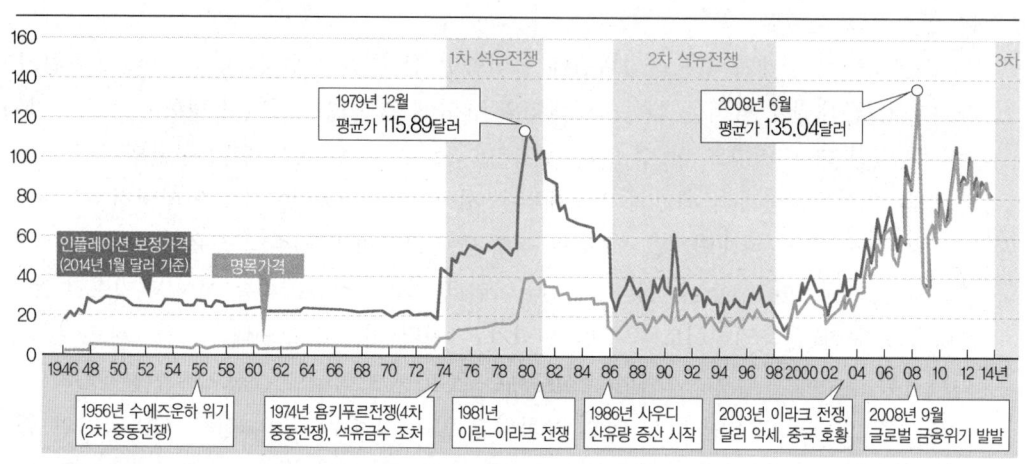

▲ 1945년 이후 국제 원유가격 변화(단위 : 달러)

위의 그래프[2]는 1940년대부터 2010년대 중반까지 약 70여 년간 장기간의 국제유가 변동추이를 보여주는 그래프이다. 1970년대 이전에는 유가가 상당히 안정적이었으나, 1974년 욤키푸르 전쟁(4차 중동전쟁)으로 인해 유가는 급격히 상승하기 시작한다. 중동전쟁은 1940년대부터 종교적 이질성 때문에 민족 간의 대립으로 계속 있어왔으나, 1~4차 중동전쟁이 이집트가 이스라엘을 공격하면서 발생하였고, 4차 전쟁까지 계속 이집트 등 중동권의 연속되는 패배로, 4차 전쟁 패전 이후 OPEC은 석유가격을 인상하고 수출을 전면 금지하게 되면서, 당시 석유가격이 급등하는 사태를 겪는다. 이것이 유명한 1차 석유파동이다. 1970년대 당시 정치, 경제적 혼란을 겪던 이란은 1976년 석유생산 감축과 수출 중단을 선언하며 1978년~1981년까지 지속적인 유가상승을 겪게 되는데 이를 2차 석유파동이라고 한다.

1차 석유파동 이전에는 배럴당 3달러 선에 머무르던 석유 가격이 1차 석유파동을 거치면서 10달러대 초반까지 상승하였으며, 2차 석유파동을 거치면서 1980년대 초반에는 40달러대까지 상승하게 된 것이다. 이후 국제정세의 안정과 함께 급격히 석유 가격은 안정세를 취하였고, 1990~2000년대 초반까지 다시 배럴당 20달러대를 하회하는 안정된 가격을 유지하지만, 2000년대 이후 본격적인 고유가 시대가 열리게 된다. 이는 다시 격화되는 중동 정세와 2008년 글로벌 금융위기와 이라크 전쟁을 거치면서 석유 가격이 1배럴당 130달러를 상

---

2) 자료 : 한겨레신문

회하는 시대가 열리게 된 것이다. 2008년 두바이유가 140달러대를 기록한 이후의 석유 가격은 2014년 셰일가스 혁명 시기를 거치면서 다시 안정세를 찾기도 하였으며, 이후 50~100달러 사이로 가격대를 유지하고 있는 상황이다.

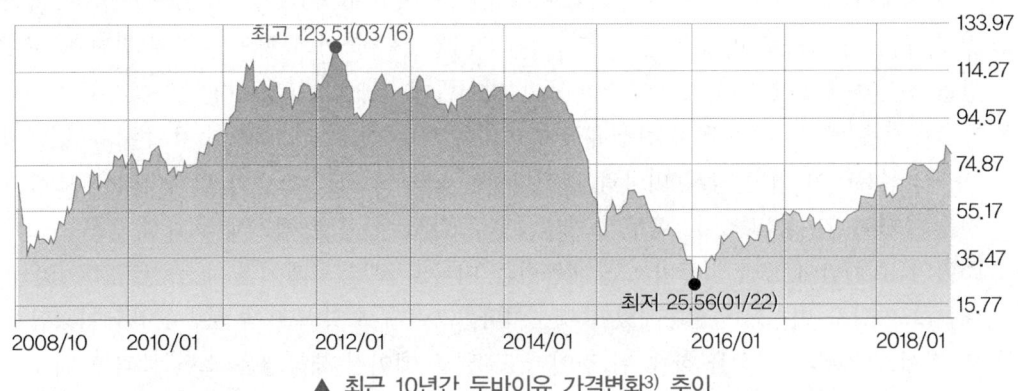

▲ 최근 10년간 두바이유 가격변화[3] 추이

석유가격의 변화를 알기 위해서는 2차 세계대전까지 거슬러 올라가야 한다. 1945년 2차 세계대전 종전과 함께 그 전의 금본위제에서 미국 달러화를 기축통화로 하는 브레튼우즈 체제가 출범하였고, 금 1온스에 35달러를 바꿔주는 금환본위제 통화제도를 시행하게 된다. 미국의 달러를 글로벌 기축통화로 하면서, 미국은 금을 보유하고 있는 범위 내에서 1온스당 35달러를 발행할 수 있게 된다. 그러나 이후 베트남전쟁(1960~1975년) 등 미국의 달러 공급량은 금 보유량과 관계없이 찍어내야만 했고, 1971년 미국의 닉슨 대통령은 금환본위제의 브레튼우즈 체제를 결국 포기하고 만다. 이후 미국은 달러의 지위를 유지하기 위해서 금환본위제(골드달러) 시대에서 오일달러 시대로의 변화를 도모하게 된다.

당시 1차 석유파동의 배후에는 "빌데르베르크 컨퍼런스(Bilderberg Conference)"라는 조직이 있었다. 미국과 유럽의 열강들의 정치경제적 이익을 위해 만들어진 빌데르베르크 모임의 1973년 회의 안건이 유출되는 사고가 있었고, 보안이 철저했던 이 회의에서 유출된 내용에는 당시 "석유가격 400% 인상, 중동전쟁 발발, 오일달러 회수방안" 등이 포함되어 있었다고 한다. 1973년 빌데르베르크 회의에 참석했던 미국 대표는 헨리 키신저, 석유재벌이었던 로버트 앤더슨, 금융재벌이었던 바론 에드먼드 로스차일드, 데이비드 록펠러 등이었고, 독일 재무장관, 영국 노동당 대표 등이 참석하여 당시 석유가격을 인상시키고, 판매대금은 달러로 거래하며, 판매대금을 미국의 은행으로 입금해야 한다는 조건이 회의에서 결정되었다.

이렇게 되면 중동 산유국의 입장에서도 4배 넘게 뛰는 석유가격으로 이점을 볼 수 있었고, 석유판매 대금은 미국의 은행으로 입금하고 얼마든지 달러 또는 기타 통화로 인출하면 된다. 나쁠 게 없었고, 미국의 입장에서는 닉슨 체제로 인해 권위를 잃었던 달러가 석유거래에 사

---

3) 자료 : 네이버 금융

용되면서 잃었던 권위를 되찾음과 동시에, 하락하던 달러가치를 안정시키고, 은행으로 입금된 달러재원을 토대로 다시 제3국에 대해 투자재원으로도 활용할 수 있게 되는 것이다. 이 밀약의 고통스런 결과는 고스란히 산유국도 아니고 글로벌 열강이 아닌 제3국들에게로 전이되게 되었던 것이다. 이 밀약의 결과로 중동 산유국이었던 이집트는 이스라엘에 전쟁을 일으켰고, 패전의 결과로 미리 각본에 짜여있던 OPEC 산유국과의 협의를 거쳐 감산 및 수출중단을 선언하게 되었으며, 1차 석유파동이 일어나게 되었다는 것이다.

1, 2차 석유파동의 결과로 중동 산유국이 이익을 보는 건 미국으로서도 용납할 수 있었지만, OPEC 산유국이 아닌 당시 미국과 냉전시대를 거치고 있던 소련이 반사이익을 보게 되는 것을 용납하기는 어려웠다. 핵무기 개발, 우주 탐사, 글로벌 정치세력 확장 등을 도모하던 소련의 1980년대 중반 고르바초프 대통령과 미국의 로널드 레이건 대통령(1981~1989) 시대는 그야말로 미-소 냉전체제였기 때문이다. 그런데 오일쇼크 덕분에 산유국이었던 소련의 경제가 활황과 성장을 하게 된 것이다. 로널드 레이건 대통령은 소련 붕괴를 위해 다시 은밀한 글로벌 석유가격의 인하정책을 추진하게 되면서 2차 석유파동 이후 1985년을 전후해서 석유가격은 10달러대로 떨어지게 된다. 이 여파로 소련은 경제적 타격을 입게 되고 "페레스트로이카"라고 하는 개혁과 개방정책으로 위기를 타개해 보려고 하지만, 결국 극복하지 못하고 1991년 소련(소비에트 연방) 체제는 무너지고, 러시아로 재탄생하게 되었다.

그런데 이제는 중국이 다시 문제가 된 것이다. 이렇게 10달러대로 떨어진 석유가격의 가장 큰 혜택을 받게 된 나라가 중국이었던 것이다. 중국도 산유국이긴 하지만 거대한 영토의 개발과 "세계의 공장"이라는 지위를 유지하기 위해서는 엄청난 양의 석유를 수입(중국은 세계 2위 석유 수입국가)해야 하는데 석유가격 인하가 가장 반가웠던 상황이었고, 중국은 2000년대 초반까지 저유가를 향유하면서 성장과 발전을 거듭하게 된다. 이때 발생한 사건이 2001년 9·11테러 사건인데 9·11 테러 이후 미국의 조지 W. 부시 대통령(43대, 아들 부시, 2001~2008)은 2002년 이라크 전쟁을 일으키게 된다. 이로 인해 석유가격은 다시 40달러대를 넘으면서 본격적인 2000년대 고유가 시대를 맞이하게 된다. 이라크 전쟁은 당시 "악의 축"으로 지칭했던 테러 배후국으로 지목된 이라크에 대한 보복이기도 하였지만, 석유 가격을 둘러싸고 있던 정치경제학적 배후가 있기도 하였다는 시각인 것이다.

1991년 러시아 대통령으로 보리스 옐친이 부임하고 현재는 푸틴 대통령이 러시아를 장기집권하면서 미국과 힘의 균형을 이뤄가고 있다. 이렇게 1980년대부터 2000년대 초반까지 석유가격을 둘러싼 국제적인 정치경제학적 입장을 보면 미국의 입장에서는 석유 가격이 오르면 소련(현재는 러시아)이 고개를 들게 되고, 석유가격을 내리면 중국이 고개를 드는 풍선효과가 나타나게 되는 것이다. 물론 국제유가는 생산국들과 소비국들의 공급과 수요에 의해서 결정되지만, 국제유가를 둘러싼 전쟁과 강대국들 간의 음모 등 정치경제학적 요인이 개입되면서 2010년 이후부터 2014년 초반까지는 80~110달러 사이에서 등락을 거듭하며 나름대로 안정적인 상황을 유지하였다.

위의 그래프를 보면 2014년 중반부터 2016년 1월 1배럴당 26달러 수준으로 수직 낙하나는 국제유가 시대를 볼 수 있을 것이다. 이때 논란이 되었던 것이 "셰일가스 혁명"이었다. 셰일가스란 현재의 화석연료인 석유가 시추되는 지층보다 더 깊은 지층(셰일층)에서 생산되는 석유인데, 2014년도 하반기 미국이 이 셰일층에 있는 석유시추를 성공하면서 국제 석유시장에서는 일대 혁명적인 변화가 시작되게 된다. 사우디 등 산유국들은 생산량을 축소하지 않고 가격을 떨어뜨림으로써, 미국 셰일가스업체들의 경영난과 업체들의 고사를 유도하겠다는 전략을 가지고 있었지만, 미국 셰일가스 업체들의 신기술과 시추기술에 대한 생산 시스템 등이 갖춰지면서, 미국 셰일가스 업체들의 고사보다는 전통적인 산유국들이 먼저 타격을 입히고자 하는 상호 간의 "치킨게임"이 벌어지게 된 것이다.

> **참고** 빌데르베르크 모임(빌데르베르크 회의)
>
> 1954년 네덜란드의 빌데르베르크 호텔에서 유럽 각국과 미국의 거대 자본가 등 유명인사들이 모여 첫 회의를 하였다고 해서 "빌데르베르크 모임(Bilderberg Conference)"라고 부른다. 이 회의는 미국과 서유럽을 중심으로 운영하며 일체의 언론보도 등을 금지하는 엄격한 비밀 회의체를 추구하고 있다.
>
> 이런 성향으로 인해 온갖 추측이 난무하며, 실제 G7 회의보다 글로벌 영향력이 강한 조직이라고 암암리에 인정되고 있는 회의체이다. 1954년 이후 매년 미국과 서구 유럽사회의 영향력있는 저명인사들이 장소를 바꿔가면서 회의를 하고, 가장 최근인 2017년에는 미국의 버지니아주에서 열렸고, 홈페이지도 운영하지 않는다.
>
> 1970년대 1차 석유파동과 관련된 문건 유출로 1차 석유파동의 주범으로 인식되기도 하였으며, 1990년대 발칸반도 분쟁도 이 회의에서 음모가 이루어졌다는 비난을 받고 있다. 빌 클린턴 전 미국 대통령과 영국의 토니 블레어 총리가 당선되기 전에 빌데르베르크 회의에 초청되기도 하여 이들의 당선에도 음모가 있었다는 추측이 나오기도 하였으며, 2015년도 오스트리아에서 열렸던 회의에서는 푸틴 대통령에 경고를 보내기 위해 국제유가 하락유도가 의제였다고 분석된 바 있다.

> **참고** OPEC(Organization of Petroleum Exporting Countries, 석유수출국기구)
>
> 국제 산유국들의 발언권과 권리 강화를 위해 1960년에 결성한 국제 조직으로, 산유량을 조절함으로써 국제 석유가격을 조정하고 회원국들의 협력을 강화한다는 목적으로 설립되었다. 1960년 당시 원유가격 하락을 방지하기 위해 이라크, 이란, 사우디아라비아, 쿠웨이트, 베네수엘라 등 5개국 대표가 이라크 바그다드에서 모여 결성되었다. 이후 회원국들은 추가로 늘어나 2018년 현재 14개국으로 운영되고 있으며, 회원국들 간의 원유 생산량 조절을 통한 원유 가격을 결정하는 데 주요 목적이 있다고 할 수 있다. 또한 비 회원국들의 가격 경쟁, 회원국들의 이익 도모를 위해 카르텔 활동도 하고 있다.
>
> 2018년 현재 14개 회원국은 아래와 같다(OPEC 홈페이지 자료).
> - 아프리카(5개국) : 알제리, 앙골라, 나이지리아, 리비아, 적도 기니

- 남아메리카(2개국) : 베네수엘라, 에콰도르
- 중동(6개국) : 이란, 이라크, 쿠웨이트, 사우디아라비아, UAE(아랍에미리트), 카타르
- 아시아(1개국) : 인도네시아

5. 국제유가(2) : 원유의 가격결정과 3대 원유

원유의 전 세계 매장량은 2015년 기준으로 약 1조 7천억 배럴 수준으로 추정되며, 이 규모는 현재 소비 수준으로 향후 약 50~60년 정도 사용할 수 있다고 한다. 글로벌에서 매장량이 가장 많은 1위~5위 국가는 베네수엘라가 약 3,000억 배럴로 1위, 사우디아라비아가 약 2,700억 배럴, 캐나다가 약 1,700억 배럴, 이란이 약 1,600억 배럴, 이라크가 약 1,400억 배럴 순으로 매장이 되어있다. 그다음은 쿠웨이트가 약 1,000억 배럴, 러시아도 약 1,000억 배럴, UAE도 약 1,000억 배럴, 리비아는 약 500억 배럴, 나이지리아가 약 400억 배럴로 6위~10위 매장량을 보유하고 있는 국가들이다. 이 중에 베네수엘라의 경우 매장량만 보면 글로벌 경제선진국에 들어야 하지만, 친 공산주의 정치성향과 부정부패, 경제난, 격심한 인플레를 겪고 있는 상황이다.

한편 원유에 대한 수요는 장기적으로 산업 발전, 경제 생산성 증가와 같은 수요 증가 요인도 있고, 친환경 정책과 전기자동차 등 대체에너지 개발이라는 수요 감소 요인도 존재하지만, 꾸준한 소폭의 증가세를 이어갈 것으로 전망하고 있다. 세계 석유 수요 1위 국가는 미국으로 글로벌 1년간 수요량의 약 20%를 차지하며, 2위는 중국으로 12%, 그다음은 일본, 인도, 러시아 순이며, 우리나라의 경우 글로벌 10위권 수요국가로 8위권에 자리 잡고 있다. 글로벌 전체 수요량에서 OECD 국가들이 50%, 비 OECD 국가들 전체가 약 50%로 양분하여 수요를 형성하고 있다. 그만큼 선진국들이 원유에 대한 수요가 크다는 것을 의미한다.

국제 원유시장에서는 수백 종류의 원유가 거래된다. 판매자와 구매자 간의 협상에 의해 원유가격이 결정되지만 가격 결정에 기준이 되는 "기준가격"이 있다. 기준가격은 3대 공급원(3대 유정, 3대 원유)으로 불리는 미국의 서부 텍사스산 원유(West Texas Intermediate, WTI), 유럽의 북해산 브렌트유, 아시아의 두바이유이다. 미국, 유럽, 아시아지역을 대표하는 3대 원유가격은 다른 유종의 원유들이 거래되는데 있어서 기준가격이 되며, 예를 들어 "몇월 몇일자 두바이유 가격 + 0.01%"라는 식으로 기타 유종들의 가격이 결정되고 있다. 이 유종들은 미국, 아시아, 유럽의 각 지역을 대표하여 생산량과 거래량이 많고, 비 독점으로 거래되며, 가격형성과정이 투명하다는 이유로 3대 유종이 선정되어 거래되고 있다.

원유의 질(Quality)은 유황의 함유량과 물과의 비중을 두고 주로 표현하는데, 유황의 경우에는 악취, 부식의 원인이 되기도 하고, 정제하는 과정에서 유황을 제거하는 데 있어서도 장애가 발생하는 요인으로 유황을 많이 함유하고 있는 고유황 원유보다는 저유황 원유 쪽이

질이 좋다고 평가한다. 원유 속에 섞여 있는 다른 액체의 비중이 많으면 원유가 무거워지고, 원유 속에 다른 액체 성분이 덜 섞여 있으면 원유 비중이 높아 비중이 가벼워진다는 속성을 활용하여, 원유비중이 높아 가벼운 경질유(輕質油), 중간 정도의 중질유(中質油), 원유 속에 액체성분이 많아 비중이 무거운 중질유(重質油)의 세 종류로 구분하며 경질유 쪽이 질이 좋은 원유로 알려져 있다. 또한 당연히 가격도 질이 좋은 쪽이 비싼 것이 정상이다.

1) WTI(미국 텍사스산 원유)

WTI는 주로 뉴욕상품거래소(NYMEX)와 미주지역 석유시장에서 거래되는 모든 원유의 가격을 결정하는 기준 유종이다. WTI는 미국의 서부 텍사스주와 뉴멕시코주 동남부 등지에서 생산되며 파이프라인을 통해 운송된다. 원유 공급이 해상이 아닌 육로 방식이기 때문에, 운송비 영향으로 가격이 비싼 편이다. 일반적으로 바다에서 채취하는 원유는 바로 해상운송이 가능하기 때문에 가격이 저렴하지만, 육상에서 채취하는 원유는 운송장비 및 시설로 인해 비싸게 원가산정이 된다. WTI도 파이프라인으로 운송되는 관계로 비싸게 가격 책정이 되며, 또 "저유황 경질유"의 대표적인 고급 원유로 알려져 있다.

2) 북해산 브렌트유

북해산 브렌트유는 영국과 노르웨이 사이의 북해지역 유전인 브렌트, 포티스, 오세베르크, 에코피스크의 네 곳에서 생산되는 원유로 전통적으로 유럽지역과 아프리카 지역 원유가격의 기준이 된다. 주로 런던 대륙간거래소(ICE)에서 거래되며, 유럽과 아프리카 지역의 원유 생산량과 거래량이 많기 때문에, 현재 전 세계 원유 거래량의 2/3 정도가 브렌트유를 기준으로 가격이 산정된다. 브렌트유는 바다에서 추출하는 방식으로 수송이 용이하다는 측면이 있고 이로 인해 가격이 WTI에 비해 상대적으로 낮게 책정된다. 원유의 질(Quality)은 "저유황 경질유"로 분류되고 그 정도는 3대 유종 중 WTI 다음으로 퀄리티가 높은 유종이다.

3) 두바이유

두바이유는 중동의 아랍에미리트(UAE)에서 생산되는 원유로 오만 원유와 함께 사우디, 이란, 쿠웨이트 등 아시아지역 시장에서 거래되는 원유 가격의 기준이 된다. 선물은 주로 두바이상품거래소(DME)에서 거래되며, 현물은 주로 싱가포르 석유현물시장(SGX)을 통해 거래된다. 그러나 상당 부분은 주로 실제 수요자와 공급자 간 장기 공급계약 형태로 거래가 이루어진다. 대부분의 중동산 원유가격은 두바이유 가격에 연동되며, 우리나라 수입 원유는 아시아지역에서의 수입이 가장 많은 관계로 국내 유류 가격도 두바이유 가격변동의 영향을 가장 크게 받는다. 원유의 질(Quality)은 "고유황 중질유(中質油)"로 분류되며, 3대 유종 중 유황 성분이 많고, 원유와 액체의 비중이 3대 유종 중에서는 액체 비중이 높은 편이다.

우리나라가 두바이유에 의존하는 비중이 높다는 것은 "두바이유 가격 기준"을 사용하여 각

나라에서 수입하는 수입량이 70~80%를 차지한다는 의미이며, 직접적으로 두바이산 원유를 70~80% 수입한다는 의미가 아니라는 것을 이해하여야 한다. 우리나라의 원유 수입은 두바이유 가격을 기준으로는 중동지역에서 약 85%, 기타 아시아 지역에서 약 10% 정도 수입하고 있고, 미주와 유럽, 아프리카 지역에서도 3~5% 수입하고 있다. 두바이유를 많이 수입하는 이유는 생산량, 거래량이 많은 점, 거래시장과 가격형성이 투명한 점 등이 있으며, 또한 중질유(中質油)는 경질유와 달리 정제를 하면 휘발유부터, 등유, 경유, 벙커C유, 피치 등 각종 석유정제물이 나오며, 이 또한 우리나라의 산업구조에 쓰임새가 있기 때문이라고 한다. 이렇게 수입되는 원유를 화학처리 및 정제과정을 통해 휘발유 등 각종 부산물이 재탄생한다. 가스, 석유화학제품, 항공기용 항공유, 일반 휘발유, 산업용 및 가정용 등유, 운송용 디젤유(경유), 난방유, 산업용 벙커C유, 선박용 디젤유, 윤활유, 아스팔트, 파라핀에 이르기까지 각 분야에 원료로 사용되는 정제제품들이 재탄생하는 것이다. 이 중에 가장 일상에서 친근하게 다가오는 것이 휘발유일 것이다. 우리나라 휘발유는 SK, GS 계열사에서 자체 정제시설로 정제하여 자체 브랜드로 주유소로 공급되는데, 휘발유 가격은 싱가포르 현물시장의 국제 제품가격을 기준으로 정해진다. 국내에서 판매되는 휘발유는 유가와 관계없이 세금이 60% 정도 부과되며, 휘발유에 부과되는 세금은 휘발유 가격을 중심으로 부과되는 "종가세"가 아니라, 유가와 관계없이 리터(L)당 부과되는 "종량세"이다.

> **참고** 세계 3대 석유 거래소
>
> 세계 석유제품은 뉴욕 상품거래소, 런던 대륙간거래소, 싱가포르 석유 현물시장의 세 곳에서 주로 거래된다. 뉴욕 상품거래소와 런던 대륙간거래소는 "선물"위주의 시장이고, 싱가포르 석유 현물시장은 "현물"위주의 시장으로 주로 두바이유 및 정제된 휘발유, 항공유 등 석유제품들이 거래되고 있다.
>
> 1. 뉴욕 상품거래소(NYMEX)
>   뉴욕상품거래소(New York Mercantile Exchange, NYMEX)는 뉴욕에 있는 세계 최대의 상품선물 거래소로, 석유와 관련해서는 주로 서부 텍사스산 원유(WTI)가 거래되고 있다.
>
> 2. 런던 대륙간거래소(ICE)
>   런던 대륙간거래소(Inter Continental Exchange, ICE)는 기존의 런던 국제석유거래소(IPE)를 2001년도에 인수한 글로벌 합작기업으로 주로 북해산 브렌트유를 선물로 거래하고 있다.
>
> 3. 싱가포르 석유현물시장(SGX, Singapore Exchange)
>   싱가포르 석유현물시장(Singapore Exchange)은 주로 아시아산 두바이유가 현물로 거래되는 시장이며 또 휘발유, 항공유를 포함한 석유를 정제한 석유제품들이 현물로 거래되는 시장이다. 두바이유의 경우 선물거래는 주로 아랍에미리트 연방의 두바이 상품거래소(DME, Dubai Mercantile Exchange)를 통해 거래된다.

6. 국제유가(3) : 국제유가의 변화와 우리나라 경제

최근 10년간 우리나라와 관계있는 두바이유 가격[4]의 흐름을 보도록 하자.

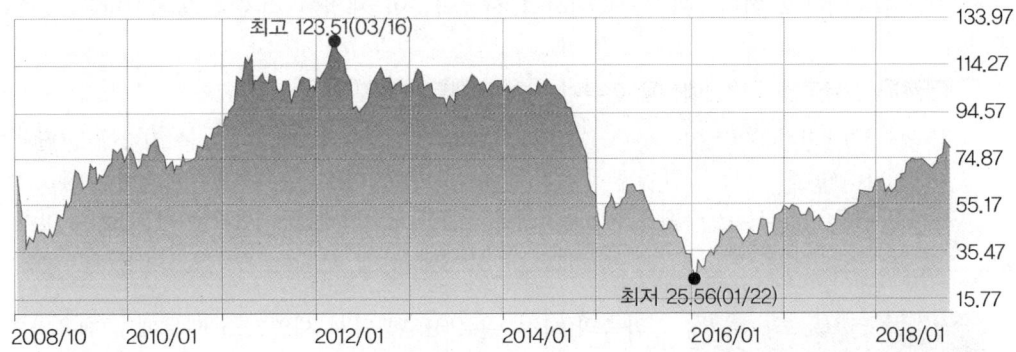

글로벌 금융위기 이후 안정세를 찾았던 국제유가는 2009년~2014년 사이에 60~110달러 사이의 안정시기를 거쳤으며, 2014년 중반 이후는 미국의 셰일가스 생산 혁명과 함께 국제유가가 다시 수직 낙하하는 시대를 겪었다. 우리나라에서도 2014년부터 2016년까지 저유가시대를 경험하면서, 저유가가 경제에 미치는 영향에 대해서도 경험으로 학습한 바 있다. 이후 셰일가스 업체들과 산유국들과의 치킨게임이 약화되면서 현재 다시 국제유가는 2009년 글로벌 금융위기 종료시기와 비슷한 추세로 조금씩 상승하는 상황을 보여주고 있다. 최근 60달러대와 70달러대를 돌파하면서 유가상승에 대해 우려하는 시각이 나오기도 한다. 이렇게 국제유가의 하락과 상승은 각국의 입장에 따라 경제적 영향을 미치게 될 수밖에 없고, 이에 대한 대응방안도 마련해 가야 할 것으로 보인다.

글로벌 정치경제적인 입장에서 앞에서도 보았듯이 강대국 입장을 유지해야 하는 미국의 상황에서는 유가 상승은 러시아에 이익이 되고, 유가 하락은 중국에 이익이 되는 딜레마 상황임을 보았다. 이런 관점에서 현재의 유가 상승 분위기는 중국보다는 러시아 쪽에 도움이 되는 상황이라고 할 수 있다. 또 정치경제학적인 입장에서는 현재의 유가상승 분위기가 관세와 무역전쟁을 불사하는 미국과 중국 사이에서, 미국이 중국을 견제하기 위한 음모론(?)적인 요인이 있을 수도 있다는 해석이 나오기도 한다. 정치경제학적인 배경에서는 미국이 중국을 견제하기 위해서는 글로벌 동조세력과 함께 유가상승을 유도해야 하고, 러시아를 견제하기 위해서는 글로벌 동조세력과 함께 유가하락을 유도해야 하는 상황인 것이다.

결국 유가 상승은 글로벌 경제에서 러시아와 산유국들의 손을 들어주게 되고, 유가하락은 중국과 제3국들의 손을 들어주게 되는 것이다. 산유국들의 상황을 보도록 하자. 가장 많은 석유 매장량을 가지고 있는 베네수엘라의 경우 국가 재정 운영의 거의 90% 이상이 석유 수출에 의존하는 나라이다. 경제 생산 활동이 석유 수출 하나밖에 없는 이런 나라에서 국제유가의 하락은 경제 파탄에 이르는 지름길이 될 수밖에 없다. 이런 의미에서 각 석유 수출국

---

[4] 자료 : 네이버금융

들은 자국의 재정이 적자가 나지 않는 손익분기점(BEP)이 되는 국제 유가 수준을 가지고 있다. 베네수엘라 같은 나라는 1배럴당 120달러를 상회하고 있고, 사우디 같은 나라는 100달러대 수준이라고 한다. 이 가격 이하면 산유국들이 재정이 적자로 돌아선다는 것이다.

> **참고** 산유국들의 균형예산을 이루기 위한 국제유가 수준
>
> 사우디아라비아가 배럴당 106달러, 이라크 81달러, 베네수엘라 125달러, 나이지리아 120달러 수준이다(2016년도 기준). 현재 국제 유가가 배럴당 60~70달러에서 움직이고 있다는 점을 감안하면 이들 산유국들은 국제유가의 추가적인 상승을 도모하게 될 것이라는 점을 알 수 있다.

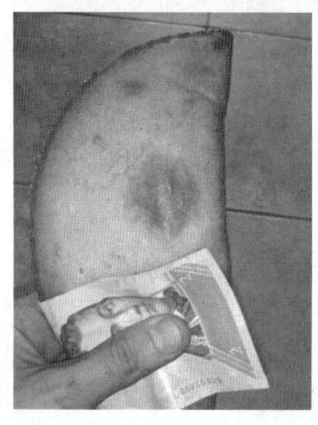

좌측의 사진[5]은 2015년 당시 셰일가스 때문에 국제유가의 폭락을 경험하게 된 베네수엘라에서 경제파탄의 직격탄을 맞은 상황을 보여주고 있다. 베네수엘라의 통화인 "볼리바르" 화폐가치가 수직 낙하하고, 냅킨보다 못한 화폐가치를 사진으로 보여주고 있는 것이다. 좌측의 사진은 당시 길거리에서 음식을 사서 냅킨으로 쥐는 것이 아니라, 볼리바르 지폐를 냅킨처럼 사용하는 사진이다. 이렇게 국제유가에 의존하는 정도에 따라 각국의 이해관계가 첨예하며, 이런 상황에 대해 산유국들은 OPEC 회원국, 비회원국, 셰일가스 생산국 등의 입장으로 갈리며, 유가에 영향을 미치는 생산량 조절, 가격조절에 생사를 걸고 집중하고 있는 것이다.

우리나라의 경우에는 국제 원유가격이 올라도 문제이고, 내려도 문제인 경제구조를 가지고 있다. 그 이유는 크게 원유를 활용한 수출주도형 구조를 가지고 있다는 점과, 주요 교역 대상국들이 원유 산유국들을 중심으로 형성되고 있다는 점을 들 수 있다. 이 두 가지 요인이 상호 트레이트 오프(Trade-off) 현상을 일으키면서 국제유가 변동에 아주 민감한 반응을 보일 수밖에 없는 경제구조가 되고 있는 것이다.

우리나라의 입장에서 국제유가 상승이 미치는 긍정적인 요인으로는 산유국들의 경기회복과 수요회복에 따른 투자나 수출회복세가 나타날 수 있다는 점이 있다. 특히, 현재 국내에서 구조조정 작업을 마무리하고 있는 해양플랜트산업, 조선·해운업 등에 숨통을 트일 수 있을 것이라는 분석이다. 반면, 부정적인 요인으로는 유가라는 원가상승 요인으로 세계 경제가 침체되어 있는 상황에서 기업들의 비용인상으로 인한 수익성 악화와 공공요금 등 물가상승이 우려스러운 부분이다. 또한 관련된 업종의 희비가 있어 우리나라의 입장에서는 전체적으로 "위기이자 기회"가 될 수 있다는 분석이다.

반대로 유가하락도 우리나라에 긍정적이거나 부정적인 영향을 미치게 된다. 먼저 유가하락

---

[5] 자료 : 연합뉴스, 2015년 8월

이 긍정적인 영향을 미치는 부분은 항공, 자동차, 신재생에너지 등 원유를 순수하게 원자재 비용으로만 인식하는 업종들에 혜택이 돌아가고, 이런 업종들을 중심으로 경제에 활력을 가져올 수 있다는 부분이다. 또 일반 소비자들의 경우 물가안정에도 기여할 수 있다. 반대로 타격을 받는 산업은 석유, 화학, 정유 등 원유생산 및 유통관련 업종과 조선, 건설 등 중동지역 건설관련 업종이다. 유가하락으로 인해 중동지역 산유국들의 경제가 악화되면서 건설수요 등도 함께 줄고 있기 때문이다.

원유를 활용한 수출주도형이라는 것은 석유화학제품 수출, 석유탐사 등 조선업의 해상 플랜트 수출이 전체 수출에서 큰 비중을 차지하고 있다는 점이다. 조선업에서는 단순한 선박 건조보다는 원유채굴 등의 해상 플랜트 수출이 많고, 해운업도 글로벌 상위권 수준을 유지하고 있지만 모두 원유를 필요로 하고 있으며, 기타 정제된 원유를 활용하는 플라스틱, 반도체, 기계화학, 정유 등 대부분의 중화학 공업에서 원유를 주요 원료로 활용하고 있어, 이런 부분에서는 국제유가가 상승할수록 비용구조가 커지게 되고 우리나라의 수출경쟁력이 약화될 수밖에 없는 구조를 가지고 있는 것이다.

한편 주요 교역 대상국들이 산유국이라는 점은 중동의 사우디아라비아, 이집트, 러시아, 미국, 중국 등 대부분의 수출 상대 국가들이 원유 생산 국가들인데, 국제유가가 하락하면 이들 나라의 GDP를 중심으로 한 경제력이 약화되고 수입물량이 줄어들 수밖에 없다. 결국 우리나라 수출 대상국들이 수입을 줄이게 되면 우리나라의 수출 자체가 타격을 받게 되는데, 이들 국가들이 경제력에 주로 의존하는 것이 원유 수출이고 그만큼 원유가격이 올라야 이들 국가들이 경제력이 커지고, 또 수입 물량도 늘어나게 될 것이다. 그런 구조에서는 우리나라는 원유가격이 올라야 수출 규모가 커질 수 있다는 구조를 가지고 있는 것이다.

이렇게 우리나라는 원유가격이 올라야 수출 규모가 커질 수 있는 구조, 또 원유 가격이 내려야 생산비용 절감을 할 수 있는 구조의 동전의 양면의 구조를 정확하게 가지고 있는 나라로, 국제유가의 흐름에 아주 민감하게 반응할 수밖에 없는 것이다. 거기다가 실제로 우리나라는 자원부족 국가로 에너지 수요물량의 거의 100%를 수입에 의존하고 있기 때문에, 국제유가 흐름에 더욱 민감할 수밖에 없다. 항상 위에서 언급한 두 가지 효과가 어느 쪽이 더 크냐에 따라 국제유가 변동은 우리 경제에 도움이 되는 쪽으로 영향을 미치기도 하고, 피해를 주는 쪽으로 영향을 미치기도 한다.

사우디아라비아 같은 산유국의 입장에서만 보면 국제유가가 오르는 것이 당연히 자국에 도움이 되겠지만, 우리나라 같은 경제구조를 가지고 있는 나라의 입장에서는 적정 유가를 유지하는 것이 경제에 도움이 될 수 있는 것이다. 그런 차원에서 거시적으로 우리나라의 경제구조를 보았을 때, 국제유가의 적정 가격대는 배럴당 최하 40배럴에서 최대 60배럴대 수준까지가 적절한 수준이라고 전문가들은 말한다. 현재 60달러대를 상방 통과하는 수준이 발생하고 있는데, 이런 식으로 유가상승이 이어진다면 우리나라 입장에서 다시 수출 부진, 원가 상승, 생산 위축 등의 부작용이 발생할 수 있을 것이라 보인다.

> **참고** "오일쇼크"와 "역오일쇼크"
>
> 유가 상승으로 인하여 경제에 부정적인 영향을 미치는 경우를 "오일쇼크"라고 한다. 글로벌 경제와 우리나라는 1970년대와 1980년대를 거치면서 1, 2차 오일쇼크를 거쳐 왔다.
> 반대로 유가 하락으로 인해 경제에 부정적인 영향을 미치는 경우를 "역오일쇼크"라고 한다. 이는 유가하락이 산유국 경제에 부정적인 영향을 미침으로써, 산유국들의 경제활동이 위축되고, 위축된 산유국들의 경제활동은 다시 글로벌 수요부진을 불러오고, 산유국들은 해외에 투자되어있던 자금들을 회수함으로써 글로벌 경제에 악영향을 끼치게 된다. 또, 산유국뿐 아니라 에너지 수입국의 경우에도 마찬가지로, 유가하락 → 제품 생산비용 하락 → 제품 판매가격 하락으로 이어져 수출기업들의 생산성을 떨어뜨리게 되고, 판매가격의 하락은 디플레이션을 일으키는 원인으로 작용하게 되기 때문이다. 결국 수입액이 줄고 수출액도 줄어 경제가 위축되는 방향으로 움직여 유가하락이 경제에 부정적인 영향을 미치게 된다.

7. 안전자산의 대명사 "금"(1) : 금의 수요와 공급과 금 가격의 변화

금은 글로벌 금융시장 및 투자시장에서 대표적인 안전자산으로 꼽힌다. 희소성에 대한 가치와 어디서든 현금화가 가능한 유동성의 특징을 동시에 가지고 있기 때문이다.

국내 금값의 최근 10년간 변동[6]을 보도록 하자.

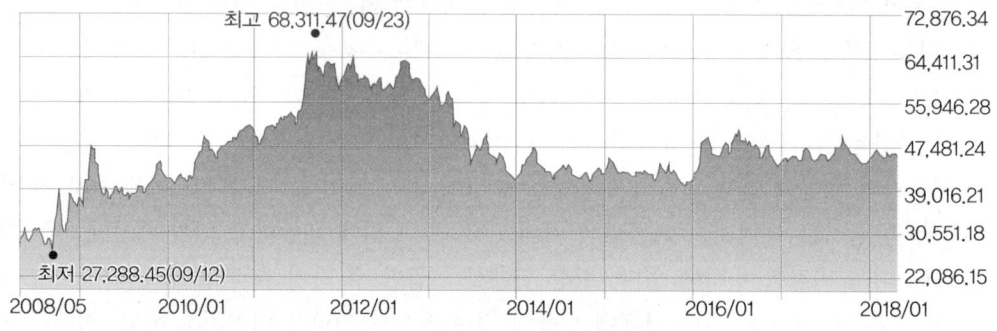

금의 일반적인 매매단위인 한 돈은 3.75g이고, 위의 그래프는 금 1g당 가격이다. 2008년 9월에 1g당 26,000원 수준이었고, 그 이후 계속 상승하여 2011년 9월에는 최고 68,311원을 기록하였다가 다시 2014년 이후에는 4만 원대에서 안정세를 찾고 있다. 1g당 가격이기 때문에 일상생활에서 말하는 한 돈은 약 15~20만 원으로 가격이 형성되고 있다는 것이다. 국제적인 요인으로 인해 변동이 심하기도 하지만, 상대적으로 원유, 주식, 환율에 비해 금값은 상당히 안정적이라는 면을 위의 그래프를 통해 볼 수 있다.

---

6) 자료 : 네이버 금융

이번에는 최근 10년간의 국제 금 시세를 보도록 하자. 국제적으로 금, 백금 등의 귀금속에는 그냥 "온스(Ounce)"가 아니라 "트로이온스(Troy Ounce)"라는 중량단위를 사용한다. 일반 중량단위인 1온스는 28.3495g이지만, 귀금속에서 사용되는 1트로이온스는 31.1035g로 계산된다. 토로이온스는 1500년대 영국에서 유래된 중량 계산법이며, 귀금속에 한해 사용되고 있다.

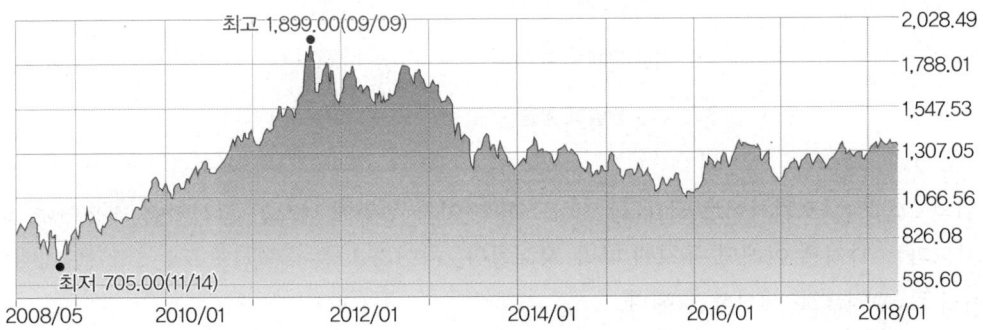

위의 그래프7)를 보면 국내 금 시세와 비슷한 시세의 흐름임을 볼 수 있다. 이번에는 국제 금 시세와 국내 금 시세를 환산해 보도록 하자.

> 국제시세 : 1트로이온스 = 31.1034768g = 1,317.00달러
>   2018-4-27, 신한은행 기준,
> 환율 : 1달러 = 1,076.50원
>
> 위의 자료로 역산을 해 보면 아래와 같이 국내 시세가 계산되는 것을 알 수 있다.
>
> U$1,317.00 × 1,076.50 = ₩1,417,750.50 (1트로이온스 당 원화가격)
> ₩1,417,750.50 / 31.1034768 = ₩45,581.73705 (1g 당 원화가격)
> ₩45,581.73705 × 99.9% = 45,577.18 (순도 99.9%의 금 1g 당 원화가격)

위의 표8)를 보면 4월 27일 당일의 1g 당 국내 금시세가 45,577.18원으로 포털사이트에 고시되는 과정을 알 수 있다. 또 포털사이트를 보면 국내에서 금을 사고파는 가격을 추가로 조회할 수 있다. 일반적으로 달러를 사고팔 때와 마찬가지로 일반인이 금을 팔 때는 싸게 팔고, 살 때는 비싸게 사게 된다. 금을 사고 팔 때에도 계좌거래로 사고 팔 때와, 직접 현물을 사고 팔 때의 가격차이가 다르다.

---

7) 자료 : 네이버 금융
8) 신한은행 사이트 : https://bank.shinhan.com/index.jsp#020707040000

고시가격	
계좌 (고객입금 시)	46,032.95원
계좌 (고객출금 시)	45,121.41원
실물 (고객이 살 때)	47,856.03원
실물 (고객이 팔 때)	43,298.33원
기분 국제 금 (t oz.)	1,317.00달러
기준 원달러 환율	1,076.50원

위의 그림[9]은 포털사이트 국내 금 시세조회 페이지 우측에 나오는 고시가격 내용이다. 금을 사고파는 가격은 아래의 규칙에 따라 정해진다. 차이가 나는 금액(1% 또는 5%)은 매매상의 수수료 수익으로 해석하면 된다.

> 47,856.06원 (일반인이 현물로 금 1g을 살 때의 가격, 기준가격 대비 +5.00%)
> 46,032.95원 (일반인이 계좌로 금 1g을 살 때의 가격, 기준가격 대비 +1.00%)
> **45,577.18원 (1g당 국내 금 기준가격)**
> 45,121.41원 (일반인이 계좌로 금 1g을 팔 때의 가격, 기준가격 대비 -1.00%)
> 43,298.33원 (일반인이 현물로 금 1g을 팔 때의 가격, 기준가격 대비 -5.00%)

현재 국내에서 금 시세를 고시하는 곳은 많다. 각 민간 사이트나 사설 거래소에서 자체적으로 고시하는 자료이다. 대표적으로 삼성 귀금속현물거래소, 순금나라, 한국금거래소, 금시세닷컴, 골드뱅킹을 취급하는 은행 등이 있지만 모두 각각의 금 시세를 제공하고 있고, 통일된 금 시세를 고시하지는 않는다. 따라서 현재 우리나라는 매일 매일의 금값을 알 수 있는 공인된 대표가격은 없는 상황이다. 그러다 보니 사설 거래소, 사이트 등에서 각각의 고시가격을 제시하고 일반 소비자들은 공인된 신뢰도가 떨어지는 가격체계에서 거래를 할 수밖에 없는 상황이다. 대표적으로 서울의 종로지역에 있는 금방 골목에서는 OO 거래소에서 운영하는 고시가격을 제시하고 있긴 하지만, 이 역시 공인된 대표가격은 아닌 것이다.

이런 점을 방지하고 장외에서 음성적으로 거래가 많이 되는 금 거래를 양성화시키기 위해 정부는 2014년에 한국거래소(KRX) 내에 금 현물시장을 개설하여 운영 중이다. 국내에서 유일한 국가공인 금 거래 시장으로 KRX금시장을 만들었지만, 아직 거래량이 많지 않아 대표가격을 산정해 내기에는 역부족인 상황이다. KRX금시장에서는 하루 평균 거래량이 2017년 기준으로 약 23kg 수준이며, 금액으로는 약 10억 원 수준이다. 반면 국내의 금시장 규모

---

[9] 자료 : 네이버금융, 2017년 4월 27일

는 일평균 600kg(250~300억 원) 수준으로 추정되며, KRX금시장은 이런 음성적인 거래를 양성화시키기 위해 출범하였지만, 아직은 효과가 미미한 수준이다.

한정된 자원인 금은 국제적으로 생산을 하는 곳이 있고 필요(수요)로 하는 곳이 있을 것이다. 역사적, 문화적으로 중국, 홍콩, 인도지역은 금에 대한 가치를 최고로 부여하며, 금을 숭배하다시피 하는 나라로 알려져 있다. 실제로 중국은 금 생산국으로서도 유명하지만 인도와 홍콩의 경우에는 금 생산이 별로 없어 세계 최대 금 수입국으로 알려져 있다. 금 생산은 중국이 연간 약 460톤으로 세계 1위이며, 호주가 약 280톤으로 2위, 러시아가 약 270톤으로 3위, 미국이 약 210톤으로 4위, 페루가 약 170톤으로 5위를 차지하고 있다. 그 뒤로는 남아프리카공화국, 캐나다, 멕시코, 인도네시아, 브라질 등이 뒤따르고 있다. 이런 식으로 글로벌에서 1년에 약 4,000~4,500톤의 금이 공급되고 있다.

금의 수요에는 크게 두 가지 부분이 있다. 가공수요(장식용+산업용)와 투자수요 부분이다. 장식용 가공수요는 보석, 쥬얼리, 개인들의 소장용으로 수요가 되는 부분이고, 산업용 가공수요는 전자기기나 부품 등에 금이 원재료로 들어가는 부분을 말한다. 산업용 가공수요보다는 장식용 가공수요가 월등히 많다고 한다. 실제로 금의 수요 중에서 큰 부분은 가공수요 중에서도 장식용 가공수요(쥬얼리 수요)와 각국 중앙은행이나 정부, 또는 기업들의 투자수요가 크게 나타나고 있다. 연간 글로벌에서 장식용 가공수요는 약 2,000~2,500톤 수준이며, 투자수요는 약 1,100~1,200톤 규모이다. 나머지 수요는 산업용 가공수요 등이다.

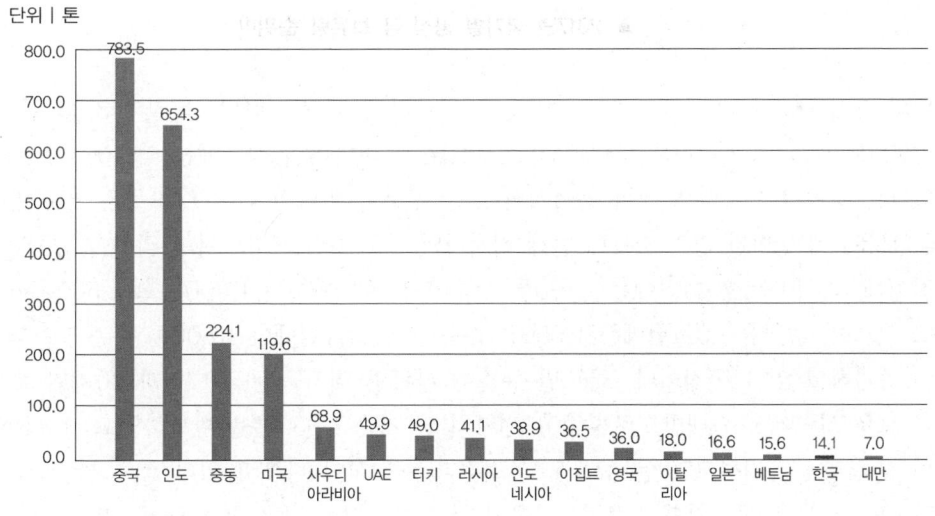

▲ 2015년 국가별 금 주얼리 수요량[10]

위의 그래프는 세계 금 위원회(World Gold Council, WGC)의 2015년도 자료이다. 금의 주요 수출국은 생산이 많이 되는 국가들로 주로 호주, 러시아, 미국 등이며, 중국의 경우에

---

10) 자료 : "2015. Q4 Gold Demand Trends" WGC

는 생산량(연간 약 460톤)보다 위의 그래프에서 나타나는 쥬얼리 수요량(연간 783톤)만 보더라도 부족한 상황이며, 최대 수입국으로 부상하고 있다. 역대 최대 수입국은 쥬얼리 수요(장식용 가공수요)로 유명한 인도였는데, 최근에는 중국이 인도를 누르고 최대 수입국으로 부상하고 있다는 소식이 들리기도 한다. 금의 최대 수입국으로는 중국, 인도 등이 순위를 차지하고 있다. 위의 쥬얼리 수요(장식용 가공수요) 외에 정부나 중앙은행 차원의 투자수요도 큰데, 이는 각국의 금 보유고로 나타나고 있기도 하다.

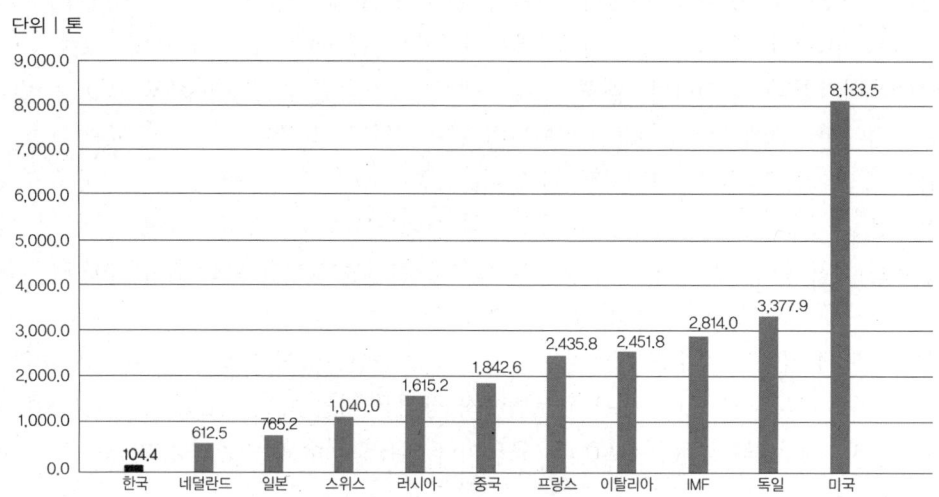

▲ 2017년 국가별 공식 금 보유량 순위[11]

위의 그래프를 보면 미국이 약 8,100톤을 보유하고 있다고 한다. 독일이 3,300톤, IMF가 2,800톤, 중국이 1,800톤, 러시아가 1,600톤, 우리나라의 경우에는 약 100톤을 보유하고 있다는 것이다. 투자수요에서 눈여겨봐야 할 부분이 있다면 다른 나라들은 2010년대 이후 금 보유고에 변화가 거의 없는데 반해 러시아와 중국의 금 보유고가 급격히 증가하고 있다는 점이다. 러시아는 2014년에는 1,100톤 수준에서 2017년에는 1,600톤으로 500톤이 증가하고 있으며, 중국은 2014년에는 1,050톤 수준에서 2017년에는 1,800톤 수준으로 약 800톤이 증가하고 있다는 점이다. 글로벌 뉴스에 따르면 러시아는 2017년과 2018년 초에 걸쳐 금 보유고를 계속 확대함으로써 2018년 1월 말 기준 1,850톤을 확보하였고, 1,840톤 수준의 보유고를 유지하고 있는 중국을 앞질렀다는 소식이 나오고 있다.

각국의 금 보유고는 외환 보유고, 미국의 국채 보유고와 같은 원리로 해석할 수 있다. 순수하게 시장가격의 변화로 인한 차익을 바라고 보유고를 확대하는 측면보다는, 각국의 미래의 불확실한 경제, 금융상태에 대비하기 위해 "전략적 안전자산"으로 보유고를 확대하고 있는 것이다. 이는 1997년 우리나라의 IMF 사태를 떠올려보면 바로 이해가 될 수 있다. 당시 우

---

11) WGC, 2017년 2월 기준임.

리나라는 국가적 차원에서 집집마다 금 모으기 운동을 펼쳐 외환보유고를 조금이라도 늘리기 위해 노력했던 기억이 있기 때문이다. 또한 중국이나 러시아의 경우 미국의 트럼프 대통령의 돌발적인 정치적 대응에 준비하기 위한 대응이라고도 할 수 있을 것이다. 이런 차원에서 미국이 보유하고 있는 금 보유고(8천 톤)는 엄청난 재원이라 할 수 있으며, 우리나라의 경우에도 추가적인 금 보유고를 늘려야 한다는 지적이 나오기도 한다.

8. 안전자산의 대명사 "금"(2) : 금 투자와 금 가격 결정요인

먼저 금 투자에 대한 방법을 보면 아래와 같다.

1) 실물 금에 투자하는 방법(골드바 구매 등)

돌잔치 때 선물로 사는 금반지는 물론, 금목걸이를 사는 것도 실물 금을 구매하는 것이다. 그런데 이런 유형은 투자가치보다는 사용가치에 의미를 두는 것이 대부분이고 실제로 실물자산인 금에 투자하는 경우는 은행, 보석상 등 온·오프라인 상에서 정형화된 상품인 골드바를 구매하는 것이다. 장점은 직접 현실적으로 금을 소유하는 것에서 오는 만족감과 안전함이 있고, 시세차익에 대해서는 비과세가 된다. 그러나 수수료가 비싸고 구매 시 금 시세에 대하여 부가가치세 10%가 추가로 붙는다. 즉, 실물제작비, 가공비, 매매수수료에 추가로 부가가치세가 더해져서 원가보다 비싼 가격에 구매하게 된다. 그리고 직접 보관하기 때문에 분실, 도난의 위험도 있다.

2) 금 통장(골드뱅킹)

실물 금이 아니라 종이 또는 전자통장으로 된 증서로 금의 매입을 확인하게 된다. 일부 시중은행을 통해서 거래할 수 있는데 순도 99.9% 금을 0.01g 단위까지 거래가 가능해 소액투자를 할 수 있는 장점이 있다. 그러나 거래수수료가 매입과 매도 시 1%씩 붙고 시세차익에 대해서는 15.4%의 배당소득세가 부과된다. 골드 시세 차익에 대해 배당소득세를 부과하는 것이 합당한지에 대해 법적으로 논란이 많았고 대법원까지 가기도 하였지만, 결국 정부는 2017년도에 관련 세법 개정으로 2018년도부터 시세 차익에 대해 15.4%의 배당소득을 부과하는 쪽으로 결론을 냈다. 거래 중에 은행으로부터 실물 인출도 가능한데 인출 시에는 인출수수료를 고객이 부담해야 한다.

3) 금 펀드

금을 실제로 사고파는 것이 아니고 금 관련 기업이나 금 지수에 연동되는 선물에 투자하는 상품이다. 때문에 가입이 편하고 전문 펀드매니저에게 운영을 맡기게 돼서 크게 관리할 것이 없다는 장점이 있다. 다만 골드바와 마찬가지로 매매차익에 대하여 배당소득세 15.4%가 붙고 때문에 금융소득 종합과세 대상에도 포함된다. 금 펀드는 은행과 증권회사에서 가입할 수 있다.

4) 한국거래소(KRX) 금시장을 통해 투자하는 방법

KRX금시장은 2014년 3월 한국거래소 내에 개장한 우리나라 최초의 금 현물시장이다. 금의 수요자와 공급자가 가격과 품질에 대한 신뢰를 가지고 안정적으로 금 거래를 할 수 있게 정부에서 승인하여 한국거래소에서 개설하였다. 한국거래소 금시장에서는 주식거래와 같이 금에 대해 매매를 하게 된다. 실물 인도요청을 하지 않으면 한국예탁결제원이 금을 보관하기 때문에 분실염려가 없다. 실물 금을 찾는 것이 아니라면 당장 부가가치세를 내지 않아도 되고, 시세차익에 대해서는 비과세 혜택을 받는다. 순도 99.9%의 금을 최저 1g 단위로 거래할 수 있고, 거래 시에는 0.3~0.5%의 거래수수료가 부과된다. 2014년부터 거래를 시작하고 있지만 아직 일반인들에게 거래 수단으로서 상용화되지는 못하고 있는 것으로 보인다.

금가격 결정요인에 대해서는 아래와 같이 설명할 수 있다.

첫째, 수요와 공급이라는 측면에서 검토해 볼 수 있다. 경제학의 기본이론인 가격은 수요와 공급에 의해 결정된다고 했을 때, 금값이 오른다는 것은 그만큼 공급에 비해 수요가 많다는 것이고, 반대로 금값이 내린다는 것은 공급에 비해 수요가 부족하다는 것이다. 수요와 공급이라는 대전제를 두고 봤을 때, 희소성을 가진 금이라는 광물의 가격은 향후 안정적인 수요가 있는 한 급격히 하락할 이유는 없을 것이라고 장기적인 전망을 우선적으로 해 볼 수 있다. 실제로 전문가들은 장기적인 차원에서 금에 대한 글로벌 수요는 계속 있을 수밖에 없고, 금에 대한 공급은 한정적이라는 점을 들어 희소성의 원칙으로 금의 가치는 계속 상승할 수밖에 없을 것이라고 예측한다.

둘째, 대체재의 차원에서 금값의 결정을 설명할 수 있다. 투자자(수요자)의 입장에서는 안정적인 금에 투자를 할 것이냐, 국채나 예금 등의 금리상품에 투자할 것이냐에 대한 투자 대체재 관계로 설명하는 것이다. 이 말은 국채수익률, 예금이자율이 올라가는 금리 인상이 이루어지는 시기에는 금리상품으로 투자가 몰려 금에 대한 수요를 떨어뜨리게 된다는 것이다. 그만큼 금값은 하락할 것이고, 그 반대로 국채수익률, 예금이자율 등의 금리가 하락하는 시기에는 금의 수요가 높아져 금값이 상승하게 된다는 것이다. 이런 투자대체상품들의 수익률 예상은 금값을 결정짓는 변수로 작용하게 되는 것이다.

셋째, 조금 더 구체적으로 실질금리가 금값을 좌우하는 중요한 요인이 된다는 설명이다. 실질금리는 명목금리에서 물가상승률을 차감한 지표인데, 실질금리가 상승하면 투자자들은 금리를 좇아 은행이나 채권시장으로 몰려갈 것이고, 그러면 당연히 금값은 떨어지게 될 것이다. 이렇게 실질금리가 어떻게 움직이느냐에 따라 금값이 변동된다는 설명도 이론적으로 충분한 설득력을 가지고 있다. 즉 투자대체 상품으로 시중의 금리가 상승하면 금값은 하락하고, 시중의 금리가 하락하면 금값은 상승하게 된다. 금리와 금값은 반대방향으로 움직이는 관계를 가지고 있다.

넷째, 바로 위에서 이야기한 물가상승률에 따라 금값이 변동할 수 있다는 설명이다. 명목금리가 안정적인 상황이라면 물가상승률이 높을 때, 즉 인플레이션이 심할 때 실질금리는 낮아지게 될 것이다. 실질금리가 낮아지면 투자자들은 금리상품(예금, 채권)보다는 금이라는 투자처를 찾게 되고, 금의 수요를 높여 금값을 상승시키게 된다는 설명이다. 반대로, 물가상승률이 낮을 때에는 금값을 하락시키게 될 것이다. 물가상승률이 높아지는 시기에 실질금리가 하락하게 되어 투자자들은 금으로 수요가 몰리는 현상이 발생하고, 반대로 물가하락 시기에는 투자자들이 은행이나 금리상품으로 수요가 몰리게 된다.

다섯째, 주요국의 통화가치에 따라 금값이 변동된다는 설명이다. 금과 함께 대표적인 안전자산인 미국 달러화, 일본 엔화 등과의 상관관계로 설명하는 것이다. 미국 달러화 가치가 향후 올라갈 것이라는 전망이 있을 때에는 글로벌 투자자들은 상대적으로 더 수익률이 좋을 수 있는 달러화에 투자를 할 것이고 그만큼 금값은 하락하게 될 것이다. 이렇게 주요국의 통화가치에 대한 전망이 금값을 결정짓는 데 영향을 미치기도 한다. 일반적으로 안전자산들이 동일한 방향으로 움직일 때도 많지만, 특별한 경우 한 가지 안전자산(예를 들어 달러)이 가치변동이 심할 때 다른 안전자산(예를 들어 금)은 같은 방향이 아니라 반대 방향으로 움직이는 성향이 있다.

여섯째, 안전자산과 위험자산의 투자성향에 따라 금값이 변동될 수 있다는 설명이다. 대표적인 안전자산이라고 할 수 있는 금과 대표적인 위험자산이라고 할 수 있는 주식과 부동산의 투자성향의 차이다. 위험자산이 선호되는 시기 즉, 주식시장 호황기나 부동산시장 호황기에는 그만큼 안전자산의 수요가 줄어 금값이 하락하게 되고, 반대로 주식시장이 하락하거나 부동산 시장 침체기에는 금값이 상승하는 요인으로 작용한다는 것이다. 이는 글로벌 경기의 변화에도 영향을 받게 되어, 경기 상승기와 안정기에는 위험자산이 선호되는 반면, 경기 하락기나 불안정한 시기에는 안전자산들이 선호되는 경향을 띠게 된다.

일곱째, 금은 희소성이 있는 광물자원이기 때문에 생산과 소비에 대한 지정학적 요인에 의해 금값이 결정될 수 있다는 설명이다. 금의 최대 생산지는 남아공, 중국, 호주 등이고, 최대 소비국은 중국, 인도 등이다. 이들 나라의 경제상황이나 정치적 안정상태, 지정학적인 요인이 금값을 결정짓는 요인이 될 수 있다는 것이다. 일례로 중국의 춘절 등 금수요가 증가하는 시기에는 국제 금값도 인상되는 경향을 보이기도 한다. 원유의 경우에 중동의 지정학적 리스크가 원유가격에 결정적인 영향을 미치는 것과 동일한 원리이다. 다행히 금 생산국들은 중동처럼 지정학적 리스크가 큰 지역이 없다는 것도 금이 대표적인 안전자산으로 꼽히는 이유가 되기도 한다.

여덟째, 경제성장이 되면 금값도 함께 상승하는 경향을 보인다. 경제성장은 경제주체들의 소득수준의 상승을 불러오게 되고 그만큼 실질 구매력을 상승시킨다. 이는 꾸준한 물가상승과 함께 한정자원인 금에 대한 구매력 증가도 가져오게 된다. 물가상승은 또한 실질금리를 떨어뜨리게 되어 금에 대한 수요를 증가시키게 되는 계기가 되기도 한다. 당연한 이야기가 될 수 있지만, 경제성장 시기에는 전반적인 경기 호조로 인해 금값도 상승하는 쪽으로 움직이게 되며, 반대로 경제성장이 둔화되는 시기나 경기가 후퇴하는 시기에는 전반적인 구매력 감소와 물가하락이 나타나며 금보다는 금융자산 투자로 수요가 몰리게 되기도 한다.

글로벌 상품시장에서 전문가들은 향후 금값이 단기, 중기적으로 계속 상승추세를 이어갈 것으로 전망하고 있다. 일반적으로 물가와 금 가격은 같은 방향으로 움직인다. 물가상승은 그만큼 실질금리를 떨어뜨리는 요인으로 작용할 것이고, 실질금리의 하락은 금에 대한 수요증가로 이어져 금값이 상승하게 된다는 것이다. 지금 글로벌에서는 각국들이 경기부양을 위한 부양책을 종료하고 물가상승을 우려하는 긴축정책이 나오는 상황에 이르렀다. 충분히 공급된 화폐는 향후 물가상승을 어느 정도 불러올 것이고, 이는 금값의 안정적인 상승세를 견인할 것이라는 예측으로 연결되고 있다.

반면, 금값이 단기, 중기적으로 하락할 수도 있다는 측면에는 두 가지 이유가 있다. 첫째, 유동성함정 등의 영향으로 경기부양책을 썼는데도 불구하고 소비나 투자의 활성화로 이어지지 않고 물가상승도 이루어지지 않을 경우에는 금값은 상승할 요인이 꺾이면서 정체나 하락으로 돌아설 수 있다는 분석이다. 둘째, 단기적으로 금값이 하락할 수도 있다는 예측에는 미국의 금리인상이라는 변수가 있다는 점을 설명한다. 미국의 금리인상은 상대적으로 투자처를 금리상품으로 옮기게 만들 수 있어, 금에 대한 수요를 그만큼 떨어뜨릴 수 있기 때문이다.

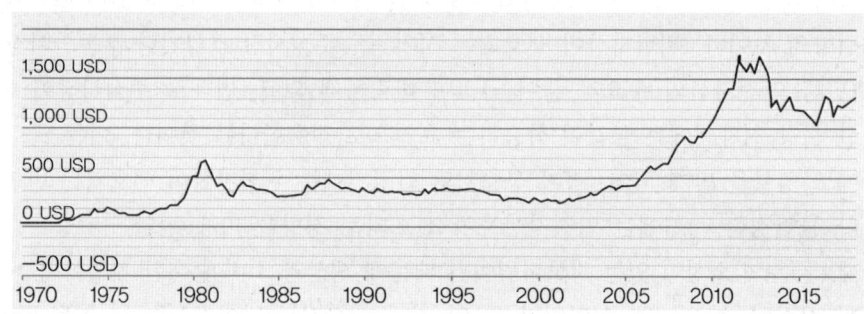

위의 그래프12)는 1970년 이후 현재까지의 국제 금값의 변화를 보여주는 그래프이다. 1트로이온스당 미국 달러로 1970년에 36달러 수준이었지만 2018년에는 1,320달러대 수준에 도달해 있다. 약 50년간 35배 가까이 상승한 것이다. 물론 단기간의 급격한 상승은 조정을 불러와 금값이 하락하는 시기도 있었지만, 시장에서는 희소성의 자원에 대해 수요가 꾸준하다는 전제하에 장기적으로는 상승할 수밖에 없을 것이라는 예측을 내리고 있다. 2000년대 이후 미국의 양적완화로 달러가치의 하락은 반대로 금값의 상승을 불러왔으며, 2014년을 전후하여 양적완화의 종료는 다시 금값의 하락을 부추겼다. 단기와 중기적으로 금값은 변동할 수 있지만, 장기적으로는 꾸준한 상승세를 이어갈 것이라는 예측이 가장 일반적 예측이라고 할 수 있다.

---

12) 자료 : WGC, 2018년 4월

미국편

1. 미국의 연방준비제도와 FOMC

미국의 중앙은행 시스템인 연방준비제도(Fed)는 연방준비제도이사회(FRB), 연방공개시장위원회(FOMC), 12개의 연방준비은행, 연방준비은행이사회 등 네 개의 조직으로 구성된다. 연방준비제도는 1913년 연방준비법에 의거해서 설립된 미국의 중앙은행제도로 ▲완전고용과 물가안정 달성을 위한 통화정책 수립 ▲금융시장의 안전과 건전성 확보를 위한 금융기관 감독 및 규제 ▲미국 정부·금융기관·외국기관에 금융서비스 제공 등을 책임지고 있다.

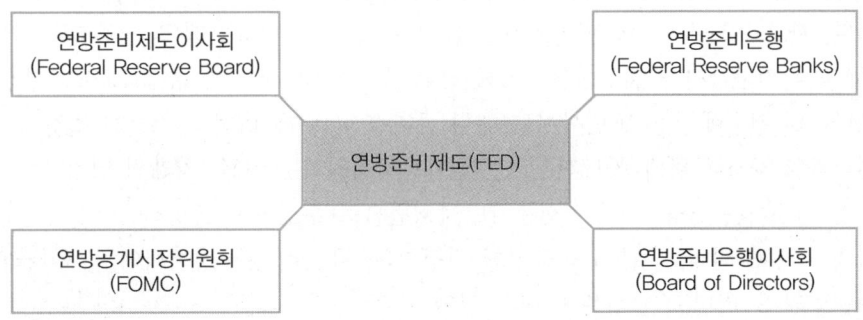

연방준비제도이사회(또는 위원회, FRB)는 일반적으로 '연준'이라고도 불리며, 각 연방은행의 운영에 대한 관리 및 FOMC가 의결한 통화금융정책을 수행한다. 연준은 7명의 위원(의장, 부의장 포함)으로 구성되며, 의장과 부의장의 임기는 4년(재임가능), 나머지 5명 이사들의 임기는 14년(재임불가)으로 하고, 7명 모두 대통령이 임명한다. 현재 '파월'이 의장을 맡고 있다. 연준의 역할로는, (1) 미국의 전반적인 통화정책을 수립, 집행하고, (2) 12개 연방준비은행을 감독하며, (3) 미국의 물가안정과 고용증대 및 세계 금융시장의 안정성을 강화하기 위한 달러화의 공급량을 조절하며, (4) 통화공급 조절수단으로 시중은행이 연방준비은행에 빌리는 자금의 이자율을 조정하고, (5) 시중은행이 연방준비은행에 의무적으로 예치해야 하는 지급준비율을 결정하는 등의 역할을 담당한다.

각 연방준비은행(Federal Reserve Banks)은 은행권을 직접 발행하며, 가맹은행의 법정지급준비금 보관, 가맹은행에 대한 상업어음의 재할인, 공개시장조작 하는 등의 역할을 한다. 연방준비은행은 연준과 FOMC에서 결정된 통화정책을 각 지구 단위별로 시행하고, 각 지구의 금융기관을 감독, 규제한다. 12개의 각 연방준비은행 중에서는 재무성의 대리인으로 내외의 공적결제를 시행하는 뉴욕연방은행의 발언권이 가장 강하다.

연방준비은행이사회(Board of Directors)는 각 연방준비은행 소속으로 연방준비은행의 은행장을 선임하고 감독하는 업무를 담당하며, 지역별로 각계에서 선임된 9명의 이사로 구성된다.

연방공개시장위원회(FOMC)는 연준과 협력하여 화폐공급의 한도를 결정하는 등 통화금융정책의 방향을 결정한다. FOMC는 연준 위원 전원과 뉴욕 연방은행 총재 1명, 교대선출 연방은행 총재 4명을 포함하여 총 12명으로 구성된다. FOMC 의장은 연준 의장이, 부의장은 당연직으로 영향력이 가장 큰 뉴욕연방은행 총재가 맡는다. FOMC 회의는 6주에 한 번씩 개최되는데, 여기에서 미국과 세계경제의 동향을 살피고 금융시장의 안정을 위한 기준금리를 결정한다. FOMC(Federal Open Market Committee)는 기준금리를 결정하고 또한 본원통화의 공급을 조절하는 공개시장조작에 대한 의결권을 행사하는 연방준비제도에서 금리 및 통화정책 결정의 핵심적 역할을 담당하고 있는 기구이다. 우리나라의 한국은행 내 금융통화위원회와 같은 역할을 하는 기구이다.

FOMC에서는 기준금리 결정을 포함한 중요한 의사결정을 위하여 1년에 총 8번의 회의가 개최된다. 매 6주마다 1번씩 개최되기 때문에 특정월은 FOMC 회의가 없기도 하다. 이렇게 1년에 8번 기준금리를 결정하는 국가는 미국뿐 아니라 일본과 유럽(EU)도 마찬가지이다. 우리나라의 경우에는 2016년까지는 매월 금리결정(1년에 12번 기준금리 결정)을 하였지만, 선진국과의 공조를 위해 2017년부터는 금융통화위원회는 매월 1차례씩 열지만, 그중에 기준금리를 결정하는 금융통화위원회는 1년에 8번으로 수정하여 운영하고 있다.

미국의 FOMC 일정, 일본의 금융정책 결정회의, 유럽의 통화정책회의, 우리나라의 금융통화위원회의 2018년도 일정은 아래와 같다.

■ 2019년 미국, 일본, 유럽, 우리나라의 기준금리 결정회의 일정

구분	1차	2차	3차	4차	5차	6차	7차	8차
미국	1/29	3/19	4/30	6/18	7/30	9/17	10/29	12/10
일본	1/22	3/14	4/24	6/19	7/29	9/18	10/30	12/18
유럽	1/24	3/7	4/10	6/6	7/25	9/12	10/24	12/12
한국	1/24	2/28	4/18	5/31	7/18	8/30	10/17	11/29

> **참고** 베이지북
>
> 미국의 연방준비제도이사회(FRB)는 1년에 8번 연방공개시장위원회(FOMC, Federal Open market Committee)를 개최한다. FOMC는 우리나라의 한국은행 금융통화위원회와 같이 미국의 기준금리를 결정하는 중요한 회의체인데, 이 회의를 마친 후 발간되는 미국의 경제동향종합보고서를 베이지북이라고 한다. 따라서, 미국의 베이지북은 1년에 8회 발간되며, 표지가 베이지색이라고 해서 베이지북으로 불려진다.

> **참고** 매파 Vs 비둘기파
>
> 흔히 보수, 진보라는 용어로도 해석되어질 수 있는데, 그것보다는 강경파냐 온건파냐에 따라 불리는 용어로 해석하는 편이 나을 것 같다. "매파"는 어떤 정책적인 부분에 있어서 "강경, 보수"를 의미하고, "비둘기파"는 역시 어떤 정책적인 부분에 있어서 "온건, 진보"라는 의미로 해석할 수 있다.
>
> 경제나 금융정책의 실행이라는 측면에서 보면, "매파"는 "물가안정"을 중시하는 입장을 말하고, "비둘기파"는 "경제성장"을 중시하는 입장을 대변한다. 따라서 매파는 물가안정이 중요하니 금리인상, 통화량 축소에 의견을 많이 내는 입장이고, 비둘기파는 경제성장이 중요하다 보니 금리인하, 통화량 확대 쪽으로 의견을 많이 내는 입장을 말한다.
>
> 미국의 경우 양적완화 실시의 대명사로 불리는 벤 버냉키 연준의장의 경우 대표적인 비둘기파로 분류되는 경우였다. 그 이후 연준의장으로 부임한 옐런 의장의 경우에는 매파도 비둘기파도 아닌 중도파 인물의 경우이다. 우리나라의 경우에도 현재 한국은행 총재인 이주열 총재는 역시 매파도 중도파도 아닌 중도파 인물로 알려져 있다.

2. 미국의 금리구조와 변화 추이

미국의 기준금리는 정식명칭으로 "연방기금금리"라고 한다. 연방기금금리(Federal Fund Rate, FFR)는 미국 내 민간 은행 간의 단기 유휴자금의 거래 또는 연준과 민간은행 간에 단기자금의 대차거래에 기준이 되는 금리로 우리나라의 콜금리와 같은 개념이라고 할 수 있다. 연방준비위원회(FRB)에서는 연방기금금리를 결정하고, 연방기금금리가 미국의 기준금리가 된다. 연방기금금리는 우리나라의 한국은행 기준금리와 같이 모든 거래에 기준이 되는 금리로 금융시장에서 작동하게 된다.

우리나라의 경우 기준금리를 특정 금리로 확정짓는데 반해, 미국에서는 구간대로 정해져 있다. 현재 미국의 연방기금금리는 2018년 12월 금리인상으로 연 2.25~2.50%이다. 금리 하단대인 2.25%를 "레포금리(또는 역레포금리)"라고 하고, 금리 상단대인 2.50%를 "초과지준금리"라고 한다.

"레포(REPO) 거래"는 우리나라의 환매조건부채권(RP) 거래와 동일하다. 미국의 연방은행이 발행한 환매조건부 채권을 시중은행에 팔고 시중의 유동성을 흡수하거나 시중에 유통되는 연방은행의 RP를 다시 환매(매입)하는 과정을 레포(REPO) 거래라고 하고, 시중은행들이 발행한 RP를 연방은행이 매입하거나 환매(매도)하는 과정을 "역레포(Reverse REPO) 거래"라고 한다. 미국에서 금리를 인상한다는 의미는 금리 하단 대의 레포거래 또는 역레포거래 시에 발생되는 금리를 연 0.25%포인트 인상한다는 의미이다. 금리 인상(또는 인하) 단위는 항상 0.25%포인트 단위로 움직인다. 우리나라에 비유하면 한국은행의 환매조건부채권거래금리가 미국의 레포금리, 역레포금리에 해당한다고 할 수 있고, 이 금리가 연방기금금리의 하단금리에 해당한다.

"초과지준금리(IOER, Interest-rate On Eexcess Reserves)"는 우리나라의 콜금리와 비슷한 개념이다. 미국에서도 우리나라와 같이 민간은행은 연방은행에 지급준비금을 예치하는데, 민간은행들이 예치해야 할 지급준비금을 상회하여 예치하고 있는 경우에는, 그 초과분을 다른 부족한 민간은행으로 빌려줄 수 있도록 하고 있다. 또 빌려주지 못하는 경우에는 연방은행에서 초과되는 지준금에 대해 이자를 지급하도록 하고 있다. 이렇게 민간은행의 초과되는 지준금에 대해 연방은행이 지급하는 금리, 또는 초과되는 지준금을 다른 지준금이 부족한 민간은행에 빌려줄 때 적용되는 금리가 "초과지준금리"이다. 이 금리가 연방기금금리의 상단대를 구성하며 현재 2.50%로 결정되어 있다.

미국의 기준금리를 공식명칭으로 "연방기금금리"라고 하며, 2018년 12월 미국 연방기금금리 인상 후의 주요 각국의 기준금리 상황을 보도록 하자.

미국	일본	유럽	중국	한국
연 2.25% ~ 2.50%	연 -0.1%	연 0%	예금 연 1.50% 대출 연 4.35%	연 1.75%

일본, 유럽, 우리나라의 경우에는 단일금리로 기준금리를 구성하고 있다. 그러나 미국과 중국은 기준금리가 두 가지로 나누어 진다. 미국은 상단금리(초과지준금리)와 하단금리(레포금리)로 나뉘어있고, 중국의 경우에는 예금기준금리와 대출기준금리로 나누어져 있다. 중국의 경우에는 예금과 대출 기준금리를 기준으로 현재 민간은행에서는 예금과 대출 시에 중국 정부에서 정한 상하한선 범위 내에서 예금과 대출을 자유롭게 책정하고 있다. 중국은 2015년 10월부터 현재의 금리를 계속 유지하고 있고, 일본은 2016년 1월 -0.1%로 기준금리를 정한 이후 계속 동결하고 있고, 유럽도 2016년 3월 0%(제로금리)를 결정한 이후 현재까지 계속 동결하고 있는 상황이다.

2010년 이후 미국 금리인상 추이를 먼저 보도록 하자.

시기	기준금리
~ 2015. 11	0.00 ~ 0.25%
2015. 12 ~	0.25 ~ 0.50%
2016. 12 ~	0.50 ~ 0.75%
2017. 03 ~	0.75 ~ 1.00%
2017. 06 ~	1.00 ~ 1.25%
2017. 12 ~	1.25 ~ 1.50%
2018. 03 ~	1.50 ~ 1.75%
2018. 06 ~	1.75 ~ 2.00%
2018. 09 ~	2.00 ~ 2.25%
2018. 12 ~	2.25 ~ 2.50%

미국은 글로벌 금융위기 이후 2015년 11월까지 제로금리를 유지했지만, 2015년 12월 첫 금리인상을 포함해서 2018년 12월 금리인상이 아홉 번째 금리인상이 되는 셈이다.
아래 그림은 미국 기준금리 변동추이를 나타내는 그림이다.

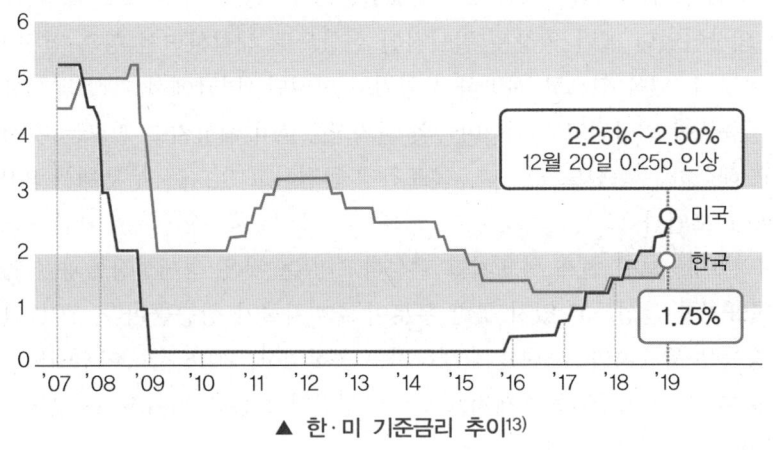

▲ 한·미 기준금리 추이[13]

3. 미국 금리결정의 주요 변수

미국이 금리인상을 결정하는 데는 국내외 다양한 거시경제 변수들을 고려하겠지만, 미국 내 경제 변수로 중요하게 고려하고 있는 세 가지를 언급하자면, 경제성장률, 고용시장(취업률, 실업률) 동향과 물가상승률이라는 세 가지 변수이다.

첫째, 경제성장률(GDP성장률) 변수를 들 수 있다. IMF에서 제시하는 선진국의 평균 경제성장률 목표치는 2017년 발표 자료에 의하면 2.2~2.3% 수준이다. 미국의 2017년 연간 경제성장률은 2.5% 수준으로 IMF에서 제시하는 선진국 평균 성장률을 상회하게 되었다. 이어 2018년도 마찬가지로 발표기관에 따라 다르지만 2.2~3.0%의 성장률을 예측하고 있으며, 2018년 6월 기준 미국의 연준은 2018년 말 경제성장률 목표치를 2.8%로 예측하고 있다. 이렇게 경제성장률이 안정적인 흐름을 유지하고 있다는 것은 이후 발생하게 될 물가상승을 미리 예방하는 차원에서 금리인상의 신호로 고려하고 있는 것이다.

둘째, 경제성장과 밀접한 관련이 있는 변수 중에 하나로 실업률(고용률)에 대한 검토이다. 실업률은 지난 미국 대선 때부터 트럼프 대통령의 주요 공약사항이기도 하였던 중요한 지표이다. 미국에서는 실업률 목표를 완전고용수준이라고 할 수 있는 4.5~5%대 수준으로 보고 있다. 미국의 실업률 통계치는 2016년도에 4.6% 수준으로 완전고용이라고 할 수 있는 수준으로 유지되고 있으며, 2017년도에는 4.1%대까지 떨어지면서 더욱 안정된 고용시장의 흐름을 보여주고 있는 상황이다. 2018년 6월 기준 미국의 연준에서는 2018년 말 실업률 전망치

---

13) 자료 : 한국은행, 미국연방준비제도이사회

를 3.6%로 예측하고 있을 정도로 안정적인 상황을 보이고 있다.

셋째, 소비자 물가상승률 지표이다. 연준에서는 기준금리 인상에 대한 미국의 물가상승률 기준치를 2.0%로 보고 있는데, 2016년과 2017년에는 목표치인 2.0% 수준을 달성하지는 못하였다. 2017년 연말 기준 미국 물가상승률은 1.7~1.8% 수준으로 파악된다. 이에 대해 당시 연준 의장이었던 옐런 의장은 일시적인 현상으로 해석하면서 향후 안정적인 물가상승 기조로 이어질 수 있을 것으로 전망하고 있기도 하지만, 미국에서 가장 달성하기 어려운 지표로 물가상승률이 언급되고 있다. 미국의 물가상승률이 예상치를 밑도는 것에 대해 딜레마 현상이라고 해석하는 측면도 있으나, 목표치에 근접하고 있다는 부분에서 의미를 찾아보아야 할 것이라 보인다.

이 세 가지 지표를 보면 현재 목표치를 달성하고 있는 것은 경제성장률과 실업률(고용률)이며, 아직 목표치를 달성하고 있지 못한 부분이 소비자물가 상승률이다. 2017년 말까지 소비자물가 상승률은 목표치인 2%대를 달성하지는 못하였고, 2018년도 이후에도 트럼프 행정부를 중심으로 추가적으로 각종 경제지표들은 안정적인 흐름을 보여줄 수 있을 것이라는 견해가 지배적이다.

4. 트럼프노믹스와 글로벌 경제

■ 트럼프노믹스 주요 경제정책

재정	• 1조 달러 기반 시설투자 • 오바마케어 폐지 : 건강보험상품 경쟁시켜 의료보험 단가 개선 • 소득세, 법인세 감세 : 상속세 폐지, 최고세율 하향조정
통화 / 금융	• 금융규제 강화법 "도드-프랭크 법안" 폐지 • 회계감사원에 연방준비제도 통화정책 감시권한 부여
통상	• TPP 철회, NAFTA 등 기존 FTA 재협상 • 중국 45%, 멕시코 35% 관세부과 • 중국에 대해 지식재산권 침해 제재 강화 • 환율조작에 대해 강경 대응 : 중국 환율조작국 지정
산업 / 고용	• 규제완화를 통해 미국 화석연료 산업 재기 유도 • 강력한 이민 통제 : 멕시코와의 국경에 장벽 설치, 불법 이민자 일자리 차단
한국 관련	• 한미 FTA 재협상 • 한국의 수출품에 대해 수입규제 강화 • 환율 감시 및 원화절상 압력

당시 트럼프 당선자가 후보자 시절에 했던 대선공약은 많았지만, 주요 경제정책 관련된 공약을 보면 위의 표를 통해서 간단히 볼 수 있다.

첫째, 불법 이민자 추방 및 이민통제정책에 대해 보도록 하자. 미국 내 보수 성향인 보고 자료에 따르면 미국 내 모든 불법 체류자를 추방하고 재입국을 금지하려면 약 4천억~6천억 달러 정도의 비용이 필요하고, 그 여파로 실질 GDP가 1조 달러 이상 감소할 것으로 추정된다고 결과를 발표한 바 있다. 이런 이유로 공화당 중에서도 일부 계열에서는 이민자 추방을 적극적으로 반대할 수 있을 것이고, 공화당 의원들 가운데 얼마나 많은 인원이 트럼프 노선을 따를 것인가에 따라 정책의 실현 여부가 결정될 것으로 보인다. 현실적으로 실행되기 위해서는 많은 난관이 따른다는 분석이 지배적이라는 것이다.

둘째, 보호무역이라고 불리는 "반 통상정책"은 표심을 사로잡은 주요 공약이었던 만큼 트럼프 정부로서도 좀 더 강력하게 추진해 나갈 가능성이 높은 정책기조라고 당시 평가가 있었다. 미국의 동북부 러스트벨트(Rust Belt)라고 불리는 오하이오, 펜실베니아, 미시간, 위스콘신주는 노동계층 밀집지역으로 전통적으로 반 공화당 지역이었지만, 2016년 대선에서 관행을 깨고 트럼프를 선택했던 지역이다. 특히 이런 지역을 중심으로 일자리 창출과 노동자 권익 향상을 위한 보호무역 공약의 이행을 요구할 가능성이 높아 보인다. 중국의 환율조작국 지정문제, 중국과 멕시코산 물품에 대한 관세 상향조정, 북미자유무역협정(NAFTA)을 비롯한 무역협정의 폐기 혹은 재협상, 한미 FTA 재협상, TPP 문제 등 각종 공격적인 정책들이 실행될 수 있는 상황이다.

이런 트럼프의 반 통상정책에 대해 일부 자유무역을 옹호하는 미국의 연구기관에서는 트럼프의 공약에 따라 자유무역 기조가 후퇴할 경우 미국은 경기침체와 4백만 개의 일자리가 사라질 수 있다는 보고서를 발표한 적이 있다. 물론, 당시 트럼프 당선인의 예측대로 보호무역이 미국 내 일자리를 창출해 내고, 미국인들을 우선적으로 보호할 수 있는 정책일 수도 있지만, 글로벌 무역질서에서 미국의 이러한 보호무역 정책은 혼란과 무역전쟁을 비롯한 주요 강국들의 보복적인 정책을 만들어 낼 수 있다는 점에서 상당히 우려스러운 부분이라 할 수 있다.

셋째, 세율 인하 공약이 실행될 경우 일시적 경기부양 효과는 있겠지만, 이로 인해 발생하는 국가부채가 향후 10년간 약 5조 달러에 달하는 등 반대급부가 따를 것으로 예상된다고 전문가들은 예측한 바 있다. 트럼프 정부는 1980년대 당시 공화당 정부였던 레이건 정부의 감세정책에서 힌트를 얻어 친 기업정책의 일환으로 법인세 감면을 주장하고 있고, 또 실제로 이렇게 법인세를 감면해 줌으로써 해외로 나가는 기업들의 미국 내 환류(리쇼어링)를 강력히 추구함으로써 미국 내 일자리 창출, 국부증대에 기여할 수 있을 것으로 기대하고 있다. 감세정책은 기업들의 법인세뿐만 아니라, 소득세, 상속세 등 개인과 관련된 세금에도 적용함으로써, 1980년대의 레이거노믹스에 대한 향수를 보여주고 있는 부분이라고 할 수 있다.

넷째, 정부 재정지출 확대와 대규모 공공사업에 대한 투자이다. 트럼프는 후보시절부터 미국의 공항, 도로, 댐과 같은 인프라가 낙후되어가고 있다는 점을 여러 차례 지적한 바 있고, 이를 개선하겠다고 약속하였다. 약 1조 달러가 거론되는 등 막대한 예산을 공공사업에 투자하겠다고 공언했는데, 이는 세금감면과 더불어 경제성장률을 끌어올리기 위한 트럼프노믹스의 핵심이 될 수 있을 것으로 보인다. 문제는 재원이다. 트럼프식 예측대로 감세와 기업 리쇼어링으로 재원이 전부 마련되지는 못할 것으로 보이며, 결국 국가부채로 이어질 수 있다는 점은 부담스러운 부분이라고 할 수 있다. 그러나 정부지출 확대에 대한 공약은 대선당시 민주당 클린턴 후보 진영과 동일한 경제정책으로 이 정책을 실천해 나가는 데에는 정치적인 부담은 크지 않을 것으로 보인다.

5. 자유무역주의와 보호무역주의

보호무역주의와 자유무역주의에 대한 글로벌에서의 역사적인 변천과정은 시대에 따라 변화되어왔다.

"보호무역주의"는 협의의 의미로는 자국의 기업과 산업을 보호하기 위해 보조금을 지원해주고 무역장려정책 등 정책적 지원을 하는 것으로 해석되지만, 광의의 의미로는 타국과의 무역관계에서도 자국의 산업이나 기업들을 보호하기 위해 타국으로부터 수입되는 수입품에 대해 세금을 부과(관세)하거나, 수입금지 조치를 하는 등의 자국 산업보호를 위한 무역거래에서의 적극적 제한조치 등의 개념으로도 해석할 수 있다.

"자유무역주의"는 역시 협의의 의미로는 자국의 산업이나 기업에 대해 어떤 식으로든 정책적 지원이나 보조금 등을 지원해 주지 않고 자유경쟁을 통해 산업을 성장시켜 나가는 정책을 의미하며, 광의의 의미로는 타국과의 무역거래에서도 상호 세금(관세)을 폐지하며, 수입금지 품목 등의 선정을 하지 않는 등, 국제적으로도 자유로운 무역을 통해 무역을 장려하고 자국과 상대국의 경제적 성장을 도모할 수 있는 정책으로 해석한다.

자유무역주의와 보호무역주의는 시대적 상황에 따라 역사적으로 계속 변화되어온 무역정책이다. 중세시대에는 자국 산업을 보호하기 위한 보호무역주의가 유행하다가 산업혁명을 거치면서 자유무역주의로 기류가 변화되고, 다시 19세기부터 후발 선진국들의 보호무역주의가 유행하다가 2차 세계대전 이후 GATT체제하에서 자유무역주의가 정착하게 되었다. GATT는 2차 세계대전 이후 1947년에 스위스 제네바에서 23개국이 관세철폐와 무역증대를 위해 GATT(관세 및 무역에 대한 일반협정)에 조인한 자유무역을 위한 각국의 협정이며, 1995년에 세계무역기구(WTO)가 GATT체제를 대신하며 출범하고, GATT체제는 막을 내리게 되었다. GATT와 WTO 체제 하에서도 글로벌 각국은 보호무역에 대한 끈을 놓을 수는 없었다. 특히 신흥국, 후진국에서는 선진국과 관세 없이 동등하게 무역하게 되면 자국의 산업이 경쟁력을 가질 수가 없기 때문에 어떤 식으로든 자국의 자체적인 경쟁력을 위해서, 관세 등 어떤 방법으로든 보호무역에 대한 향수를 가지고 있었으며, 1970년대 이후 개발도상국에 대한 선진국의 상대적 경쟁력 약화현상, 석유파동 이후의 세계경제 침체, 선진국의 실업률 증가 등의 영향으로, 선진국에서도 다시 보호무역주의에 대한 향수가 생기게 되었고, 선진국들을 중심으로 한 보호무역시대로의 회귀현상을 "신보호무역주의"라고 부르게 되었다.

최근에 등장하는 신보호무역주의라는 개념도 영국, 미국 등을 중심으로 한 개념이다. 영국은 브렉시트 결정으로 EU라는 무역단일체로부터의 탈출과 함께 자체적인 무역정책 결정체로서 재탄생하게 될 것이며, 미국의 경우 기축통화국으로서 계속적인 재정적자, 무역적자 등을 감내해야 하는 상황에서 자국 산업의 보호에 대한 향수와 함께, 트럼프 대통령 집권 후 대선 후보시절부터 공약으로 외쳤던 위대한 미국 건설을 위한 보호무역주의 강화라는 슬로건을 더욱 강하게 실천해 가고 있는 상황이라 할 수 있다.

6. 무역장벽과 관련된 용어들

"관세"란 물건을 수입하는 수입국에서 수입품에 대해 부과하는 세금을 말한다. 수입물품이나 수입상품이 수입국에서 생산하여 국내 소비하는 동등한 자국 상품에 비해 가격이 많이 낮을 경우, 수입국 내에서 자국 상품의 가격경쟁력을 갖추기 위해 수입품에 부과하는 수입국에서의 세금을 말한다. 우리나라가 말레이시아의 쌀을 수입하는데 500%의 세금(관세)을 부과한다는 것은 그만큼 우리나라에서 수입쌀과 국산 쌀과의 가격경쟁력을 확보함으로써, 국내 쌀 산업을 보호하기 위한 것임을 알 수 있다. 관세는 소득세, 법인세, 부가가치세 등과 함께 국세를 구성하는 세목이며, 수입국에서 납부를 받으므로 수입국의 국가재정수입원이 된다.

"관세장벽"은 수입국에서 수출국의 상품에 대해 관세를 부과함으로써 수입국의 산업이나 기업을 보호하는 정책이다. 미국이 우리나라의 쏘나타 자동차를 수입한다고 해보자. 쏘나타의 수출가격은 대당 3천 달러라고 하자. 미국에서 한국산 쏘나타에 대해 50%의 관세를 부과한다면 현대자동차는 미국으로 수출할 때 쏘나타 한 대당 1,500달러의 세금을 내고 미국에서 판매를 해야 하는 것이다. 그러면 현대자동차는 미국 현지에서 최소한 4,500달러 이상의 가격을 책정해야 수익을 보게 된다. 미국이 예를 들어 GM이나 포드 등 자국의 자동차산업을 보호하고 경쟁력을 키워주기 위해서는 이렇게 관세라는 제도를 활용해서 무역장벽을 만들어주고 그 결과 보호무역을 할 수 있다는 것이다. 이건 반대로 우리나라의 경우에도 마찬가지이다.

"비관세장벽"이라는 개념은 자국 산업을 보호는 하지만, 관세 이외의 다른 정책들로 장벽을 만들어주는 정책을 의미한다. 현대자동차가 의도적으로 낮게 가격이 책정하였다고 판단하여 가격을 올리라고 압박을 한다든지, 정부 대 정부의 차원에서 환율개입 등에 대해 압박을 한다든지, 미국으로 진출한 현대자동차 미국법인에 대한 세금인상, 세무조사 실시를 한다든지, 수입 상품에 대한 검역이나 검사기능을 대폭 강화한다든지 기타 여러 가지 다양한 방법들을 통해 쏘나타 수입에 대한 관세 이외의 다른 방법들을 통해, 미국 내 자동차 산업을 보호하기 위해 사용하는 장벽(조치)을 비관세장벽이라고 한다. 이 역시 우리나라의 경우에도 입장을 바꾸면 마찬가지이다.

"상계관세", "반덤핑관세", "세이프가드", "보복관세"에 대해 알아보기로 하자.

예를 들어, 한국에서 자동차산업을 의도적으로 성장시키기 위해 한국정부에서 현대자동차에 쏘나타 1대를 생산할 때마다 500달러에 해당하는 지원금을 주기로 했다고 하고, 한국이 미국으로 자동차를 수출하는 데에는 관세는 별도로 없다고 하자. 그러면 쏘나타 한 대를 생산함으로써 현대자동차는 한국정부로부터 500달러를 지원받았기 때문에, 기존에는 미국으로 수출할 때 대당 3,000달러를 받아야 하지만, 이제는 2,500달러만으로도 수출을 할 수 있을 것이다. 그러면 미국에서는 쏘나타 1대가 미국에서 기존 정상적인 제품보다 저렴한 가격으로 수입되어 자국의 차종들과 경쟁하게 될 것이고, 미국 내 시장이 쏘나타로 잠식되는 상황이 올 수도 있을 것이다. 미국에서는 이런 상황을 용납하려 하지 않을 것이고, 이런 상품임이 경쟁업자(포드, GM 등)에 의해 신고가 되거나 관계당국의 조사를 통해 인정되어진다면, 정부차원에서 해당 상품에 대해 벌칙적 관세를 부과하게 된다. 수입국에서 부과하는 이런 관세는 수입국의 자국 산업 보호를 위함이 목적이고, 수입국이 자국 산업의 경쟁력을 동등하게 유지(상계)하라는 의미에서 "상계관세"라고 한다. 물론, 수출(수입)이 반대가 되는 경우에도 마찬가지 경우이다.

"반덤핑관세"는 수출국이 수입국의 특정 산업에 대하여 시장점유율을 확대한다는 악의적 의도로 자유무역이라는 취지와 어긋나게 수출품의 가격을 부당하게 낮춰서 수출(덤핑수출)하는 경우에 수입국이 수입품에 대해 부과하는 관세이다. 위의 예에서 현대자동차가 미국의 자동차시장의 점유율 확대라는 목적으로 쏘나타 한 대당 2,000달러로 손해를 보면서까지 수출을 한다고 가정하면, 미국에서는 이에 대한 신고와 검증을 거쳐 한국이나 다른 나라들에 비해 지나친 가격인하라는 점이 확실하다면 쏘나타에 대해 다시 "반덤핑관세"라는 명목으로 관세를 부과하게 된다.

"세이프가드"는 아예 특정품목에 대해 수입국에서 수입제한조치를 한시적으로 또는 기간을 두고 정하는 경우이다. 이는 수입국에서 특정 품목의 수입이나 공급이 급증하여 수입국의 특정산업에 대해 가격변동 등의 요인으로 위험한 손실상황이 예측될 때, 수입국은 해당상품에 대해 세이프가드 조치를 발동할 수 있는 긴급 수입제한조치를 취할 수 있는데, 이를 "세이프가드"라고 한다. 예를 들어 위의 예에서 미국은 한국과 일본 등으로부터 자동차수입이 지나치게 많이 이루어지고 있다면 쏘나타 등에 대해 세이프가드 조치를 취할 수도 있는 것이다.

"보복관세"는 두 나라 간의 무역에 있어서 A국(수입국)이 B국(수출국)의 수출품에 대해 형평성에서 어긋나는 관세를 부과할 경우, B국도 A국의 수출품에 대해 그에 상응하는 관세를 부과하는 보복적 관세를 의미한다. 미국이 우리나라의 쏘나타에 부당한 관세를 매긴다면, 우리나라도 미국의 포드자동차에 대해 보복적 관세를 부과할 수 있다는 것이다. 또, 최근 미국의 경우 미국을 떠나는 기업들에 대해 미국을 떠난 후 다시 미국으로 재수출하는 경우에도 고율의 보복관세를 부과하겠다는 트럼프 대통령의 발표가 있었다. 어떤 경우이든 특정국가, 또는 특정 기업에 대해 보복적인 무역관세를 부과한다면 광의의 의미로 보복관세라고 할 수 있다.

7. 미국의 강달러 현상과 달러인덱스

통상 우리나라에서는 미국 달러화의 가치를 원-달러 환율로 평가한다. 원-달러 환율이 상승하면 달러가치가 올라가고 원화가치가 떨어진 것(원화절하)으로 평가하고, 반대로 원-달러 환율이 하락하면 달러가치가 내려가고 원화가치가 올라가는 것(원화절상)으로 평가한다. 그러나 환율이라는 것이 해당국가와의 상대적인 가치에 의해 평가되기 때문에, 우리나라에서 원-달러 환율이 상승한다고 해서, 다른 모든 나라에서 해당국가 통화와 달러의 환율이 같이 상승하는 것은 아닐 것이다. 즉, 원-달러 환율이 상승한다고 해서, 위안화-달러 환율이 상승한다는 것도, 엔-달러 환율이 상승한다는 것도 아닐 것이다. 그 환율들은 각각 그 나라의 통화와 달러화와의 상관관계에 의해서 결정되기 때문이다.

미국을 제외한 나머지 국가들은 자기나라 통화의 가치를 상대 비교할 때 미국의 달러화대비 비교를 한다. 미국의 달러화가 기축통화이기 때문이다. 즉 우리나라는 원화가치의 변화를 평가할 때 달러대비 원화환율의 변화를 보고 원화가치의 변화를 평가한다는 것이다. 그러나 이렇게 비교대상이 되어주기만 하는 미국 달러화의 경우에는 항상 개별국가들과 상대평가로 결정되기 때문에 글로벌에서 인정하는 공통적인 달러가치의 변화에 대해서는 측정할 방법이 없다. 이런 불편과 폐단을 제거하기 위해서 만들어낸 지표가 "달러인덱스"라는 지표이다. "달러인덱스"는 기축통화인 미국 달러화의 가치가 어떻게 변화하는지 글로벌에서 개별국가와의 상대비교가 아니라, 글로벌에서 가능한 한 절대적인 기준으로 인식할 수 있는 지표로 만들어낸 것이다. 달러인덱스는 1973년 3월부터 만들어졌으며, EU의 유로, 일본 엔화, 영국 파운드, 캐나다 달러, 스웨덴 크로네, 스위스 프랑의 6개 통화를 경제규모에 따라 비중을 달리하여 가중 평균하여 계산하고 이를 미국 달러화와 비교해 지표로 만들어낸다. 미국 달러화의 비교기준치로 6개 통화의 가중평균치가 활용되는 것이다. 달러인덱스 지표는 미국 FRB에서 매일 발표한다. 1973년 3월의 비교지수를 100으로 하여 그 이후로는 매일 매일 3월의 100이라는 지수에 상대적으로 달러가치가 어떻게 변화하는지를 보여주고 있다.

최근 5년간의 미국 달러인덱스 지수변화14)를 보도록 하자.

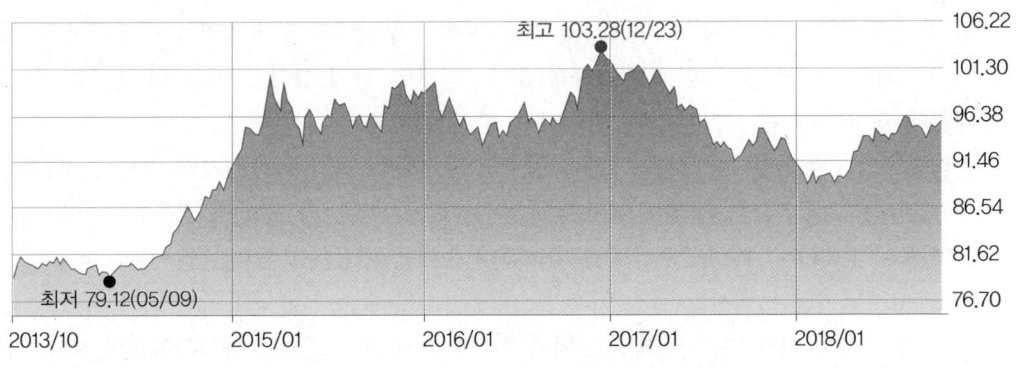

---
14) 자료 : 네이버 금융

달러인덱스는 2014년 1월에 79.12를 기록하여 달러가치가 최근 5년간 가장 낮았다는 의미이며, 2014년 중반 이후 달러가치가 올라가기 시작한다. 이는 미국의 양적완화 종료와 금리인상에 대한 기대감이 작용하였던 것이다. 이후 2015년 1월 양적완화 종료직후 금리인상에 대한 기대감이 절정을 맞으면서 달러인덱스는 더 이상 상승을 멈추고 박스권을 형성하면서 2016년까지 90~100 사이의 변화를 반복하고 있다. 이후 2016년 후반에 들어 미국의 대선과 "강한 미국"을 공약으로 내건 트럼프 대통령 당선 이후 다시 상승하여 2016년 12월 23일 최근 5년 사이 최고점인 103.28을 기록한다. 2017년 들어서는 트럼프 대통령의 유화정책과 통상이익 확대를 위한 약달러 정책 등이 반영되면서 다시 하락세로 돌아서있는 상황이다. 2018년 초에는 달러가치 하향 안정세가 잠시 있었으나 4월 이후 중국과의 무역전쟁이 가시화되면서 미국 달러화 가치는 다시 상승하는 추세를 보이고 있다.
다시 최근 1년간의 미국 달러인덱스 지수변화를 보도록 하자.

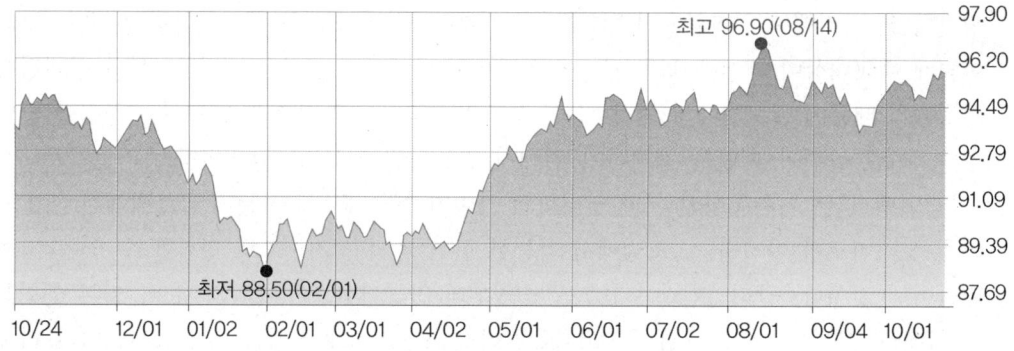

위의 그래프15)는 2017년 10월경부터 2018년 10월경까지의 변화를 보여주고 있다. 미국의 무역전쟁, 약달러 정책 등이 반영되면서 달러인덱스는 2018년 2월에 88.50까지 하락을 거듭하다가 2018년 4월 중순 이후 작은 박스권을 상향 돌파하면서 달러가치가 높아지고 있음을 볼 수 있다. 2018년 8월에 연중 최고점인 96.60 수준을 기록하기도 하였고, 90~100 사이에서 등락을 거듭하고 있다. 물론 앞으로 달러가치를 나타내는 달러인덱스는 계속 우상향 할 수도 있고, 다시 하락할 수도 있으며, 현재의 구간대에서 박스권을 형성할 수도 있다. 이런 미래의 변화는 미국의 외환, 통상 정책, 글로벌 경제 상황 등에 따라 변화될 수 있기 때문에 정확하게 예측해 내기는 힘들다고 할 것이다.
달러인덱스가 올라간다는 것은 그만큼 미국의 달러화의 가치가 올라가고 있다는 것이고, 다른 나라 통화는 그만큼 가치가 떨어지게 될 것이다. 우리나라 원화의 경우에는 최근 원-달러 환율이 1,050~1,150원 구간대를 횡보하며 등락을 거듭하고 있다. 엔-달러 환율의 경우에도 2016년 6월 브렉시트 결정 이후 1달러에 100엔 수준까지 엔화의 가치가 올랐으나, 트럼프 정부 출범 이후 다시 엔화의 가치가 떨어지면서 2017년 3월 이후 1달러에 100~110엔

---

15) 자료 : 네이버 금융

사이에서 등락을 보이고 있다. 중국 위안화의 경우 관리변동환율제로 인민은행에서 매일 달러화 환율을 고시하지만 현재 1달러에 6.5~7.0위안 수준으로 무역전쟁 여파와 함께 위안화도 강세와 약세를 거듭하고 있는 상황이다.

현재 미국의 강달러 현상이 나타나고 있는 배경에는 가장 큰 이유로 미국의 금리인상을 꼽고 있다. 미국 기준금리 인상은 양적완화 종료 이후 2015년 12월부터 금리를 인상하기 시작하여 2018년까지 단계적으로 인상해 왔다. 현재 연 2.25~2.50%의 금리수준을 보이고 있으며 우리나라와는 금리역전 현상이 0.75%포인트 나타나고 있는 상황이다. "금리는 화폐의 가격"이라는 정의에 따라 금리가 높아진다는 것은 그 화폐의 가격(가치)이 높아지는 현상이다. 미국의 금리인상은 미국 달러화의 통화가치가 높아지는 현상으로 신흥국에 투자되어 있던 달러자금이 금리가 높아지고 있는 미국으로 회귀하는 현상이 나타나는 계기가 된다.

2000년대 금융위기 이후 저성장, 경기침체를 겪었던 글로벌 경제는 미국이 가장 빨리 경기 회복세로 돌아서고 있으며, 아직 다른 나라들은 미처 준비가 되어있지 않은 상황인데 미국만 경기호전 현상으로 물가가 올라가고 있고, 고용률은 완전고용 수준을 유지하고 있고, 지나친 경기낙관을 우려하는 금리인상의 시기가 오고 있는 것이다. 또한 미국이 2018년에 이어 2019년에도 연방기금금리를 계속적으로 인상할 수 있다는 가능성도 미국 달러화 가치 상승에 큰 몫을 하고 있다. 경제상황에 따른 미국의 금리인상이 불러오는 강달러 현상, 그리고 정치, 통상 분야에서의 정책적인 약달러 추구 정책이 가져올 약달러 현상이 맞물리면서 향후 미국 달러화가치는 변화를 만들어갈 것으로 보인다.

8. 미국의 금리인상 정책이 글로벌 경제와 우리 경제에 미치는 영향

미국의 금리인상에 대한 뉴스는 글로벌 각국들이 촉각을 곤두세우고 있는 "빅뉴스"라고 할 수 있다. 지구촌을 이끌고 있는 미국이라는 거대한 나라의 통화정책이 그만큼 글로벌 경제에 미치는 영향이 지대하다는 의미일 것이며, 그만큼 각국들이 미국에 의존하는 의존도가 높다는 것을 의미하기도 한다. 현재 미국의 금리는 2.25~2.50%로 정해져 있다. 이렇게 미국의 금리가 인상되는 것이 글로벌 경제와 우리나라 경제에 미칠 영향에 대해 보도록 하자.

먼저 글로벌 경제에 미칠 영향을 보도록 하자.

첫째, 미국의 금리인상은 미국 달러의 가치가 높아지고 상대적으로 다른 나라 통화의 가치가 하락하게 됨을 의미한다. 이로 인해 신흥국의 경우 달러 자본유출로 인한 금융위기가 발생할 수 있는 가능성이 높아진다는 점을 우려할 수 있다. 미국에서 2008년 금융위기와 함께 양적완화를 통해서 늘어난 통화량이 신흥국으로 유입된 규모는 약 6조 달러(약 7천조 원) 수준이며, 이는 글로벌 금융위기 이전에 신흥국으로 유입되었던 달러자금의 약 2.5배 수준이라고 한다. 미국에서의 금리인상으로 인한 긴축정책은 글로벌 머니무브 현상을 불러올 수 있으며, 이로 인한 우리나라, 중국, 터키, 베네수엘라, 브라질 등 신흥국들의 자금유출로 인한 금융위기 가능성이 가장 우려스러운 부분이라고 할 수 있다.

둘째, 미국의 금리인상은 달러부채를 가지고 있는 신흥국가의 국가채무 문제와 함께 신흥국 기업들의 기업채무가 우려스러운 상황이 도래될 수 있다. 3년을 넘어가는 장기부채는 아직 상관성이 높지 않지만, 1년 이내에 상환을 약속한 단기부채의 경우에는 높아진 달러가치로 인해 그만큼 환전 및 상환부담이 증가하기 때문이다. 국제결제은행(BIS)에 따르면 2017년도에 신흥국 기업들이 상환해야 할 달러 단기부채는 약 1,200억 달러(약 150조 원) 수준에 이른다고 한다. 그동안 글로벌 저금리와 미국 양적완화로 인해 신흥국들과 신흥국의 기업들이 달러부채를 많이 키워왔던 것이 화근이 될 수도 있다는 의미이다.

셋째, 미국의 금리인상이 글로벌 경제에 미치는 영향으로는 원자재가격 하락을 부추겨 원자재 수출이 주력인 신흥국들의 경제상황을 악화시킬 수 있다는 것이다. 국제시장에서 대부분의 원자재들은 달러로 결제가 이루어지는데, 달러가격의 상승은 상대적으로 원자재 가격의 하락을 가져오게 되고, 이게 신흥국들의 경제에 부담으로 작용하게 되는 것이다. 다행히 원자재 수요까지 줄어드는 직접적인 원인보다는 교환가치인 화폐(미국 달러)의 가치상승으로 인한 간접적인 원자재 가격 하락요인이 발생하게 되어, 직접적으로 원자재 수요가 감소하는 글로벌 경기후퇴 상태의 지속이라고 보기는 어렵다는 것이 다행스러운 일이다.

다음은 우리나라 경제에 미칠 영향을 보도록 하자.

첫째, 우리나라의 경우에도 마찬가지로 신흥국과 다르지 않은 자본유출 문제에 대비해야 한다. 우리나라의 경우 2015년 12월 미국의 금리인상으로, 2015년 6월부터 2016년 2월 사이에 빠져나간 외국인 투자자금은 약 207억 달러에 달한다고 한다. 이는 2008년 금융위기 당시 우리나라에서 빠져나간 달러자금의 60%에 해당하는 수준으로, 2016년 이후 계속되는 미국의 금리인상은 향후에도 어느 정도의 자금이탈이 계속되어질 것임을 예견하고 있는 상황이라고 할 수 있다. 이는 주식시장에도 영향을 미치고, 신흥국과 마찬가지로 달러자금 유출은 우리나라 통화가치를 떨어뜨리게 되고, 자산가치가 하락하게 되면서 경제적인 부분에서 충격을 피할 수 없게 된다.

둘째, 실물시장이나 부동산 시장에 미칠 영향도 작지 않을 것이라 전망된다. 일반적으로 긴축정책이란 금리인상 등으로 해당국가의 화폐 가치를 높이게 되고, 이와 교환대상인 실물의 가치를 떨어뜨리는 정책이다. 미국의 금리인상도 마찬가지이며, 금리인상이 앞으로 2~3차례 지속될 경우 금리역전 현상의 폐단을 우려할 수 있는 우리나라에서도 금리인상을 실시할 수밖에 없다면, 원화가치도 높아지고 상대적으로 실물의 가치가 떨어질 수 있다는 우려가 나온다. 그런 차원에서 2016년부터 나온 우려는 "2017년도의 부동산 시장 위축"이라는 이슈였던 것이다. 금리가 높아지면 대출이 어려워지고, 그만큼 부동산 시장의 위축이라는 상황이 올 수 있다는 것이다. 2018년 이후 부동산 시장의 위축 현상도 어느 정도 예견되어지고 있다는 것은 바로 이런 맥락인 것이다.

셋째, 수출입 등 무역거래에 대한 분야이다. 업종별로는 석유화학, 자동차, 가전, 기계 등

유가나 신흥국 경기에 영향을 받는 업종의 경우에 부정적인 영향이 미칠 수 있다는 분석이 나오고 있다. 물론, 미국 금리인상은 미국을 주요 수출대상으로 한 자동차 등 일부업종의 수출 분야에서는 직접적으로 긍정적인 효과도 있을 수 있지만, 글로벌 신흥국들의 경기불안으로 인한 전반적인 업종의 수출전망이 불투명해질 수 있다는 것이 우려스러운 상황인 것이다. 우리나라가 미국만을 수출대상국으로 하지 않고 있는 만큼, 미국 금리인상으로 인한 신흥국들의 경기불안은 그런 신흥국들을 주요 대상으로 하고 있는 우리나라의 수출 분야에서도 긍정적이지 못한 영향을 미칠 것으로 전문가들은 내다보고 있다.

넷째, 가계부채 문제이다. 우리나라의 가계부채는 2018년 9월말 기준 1,500조 원을 기록하고 있다. 우리나라 GDP대비 80%대 이상의 가계부채를 기록함으로써 국제기구들이 제시하고 있는 위험수준에 다다르고 있는 것이다. 또한, 그중에서는 자영업자 부채, 한계가구 부채, 저소득층 가계부채, 변동금리 대출 등 금리인상 시기에 추가적인 대출이자 상환부담에 있어서 특히 취약한 구조를 가지고 있는 상황이다. 우리나라 변동금리 대출은 전체 대출의 약 70% 수준으로 대출이자가 1%포인트 상승하면 한해 대출 이자로만 약 7조 원~8조 원이 더 지출되어야 하는 것이다. 이와 함께 저소득층, 한계가구, 생계형 자영업자 대출 등 대출금리 인상에 취약한 차주들의 재무적 건강상태가 우려되는 상황이라고 할 수 있다.

9. 미국의 강달러 현상과 신흥국 위기설

아르헨티나라는 나라가 현재의 상황이 된 것은 어제오늘 일은 아니라고 할 수 있다. 멀리 거슬러 올라가면 1930년대 미국의 대공황으로 경제위기가 함께 닥치는 아르헨티나에서는 정부무능의 이유로 군부가 쿠데타를 일으켜 정권을 장악한다. 이후 1983년까지 민간정부와 쿠데타로 인한 군부정부간 정권쟁탈이 계속 발생하며 민심은 악화되고, 경제는 악화되고, 부정부패와 비리는 만연해지게 되었다. 1900년대 초기 세계 7대 경제대국, 스페인어를 사용하는 가장 영토가 넓은 나라, 자원부국이었던 아르헨티나는 군부 정치와 부정부패로 급속히 정치적 신뢰도가 추락하는 계기가 되었던 것이다. 2차 세계대전 이후 아르헨티나의 군부정부는 나치 전범을 은닉해주면서 독일이 보유한 기술 도입과 막대한 검은 자금이 군부로 흘러 들어갔다는 이야기는 유명한 이야기로 남아있다.

1990년대 이후 군부는 더 이상 집권하지 않았지만 정치 불신, 부정부패, 대외부채 증가로 인해 계속되는 아르헨티나는 계속되는 통화가치 하락을 맞았고, 통화가치 하락은 곧바로 인플레로 이어지게 된다. 예를 들어 어제 100페소를 주고 볼펜 한 자루를 산 것이 오늘은 200페소가 되는 것이 인플레이고 통화가치가 하락하는 것이다. 통화가치의 하락은 상대적 교환 대상인 물건이나 상품의 가치를 상승시키고, 통상 인플레를 물가가 올라가는 현상이라고 이해하는 것과 동일한 개념이 되는 것이다. 1990년대 아르헨티나는 인플레와 재정적자를 막아보기 위해 국영기업의 민영화 작업을 하게 되는데, 여기서도 부정부패, 리베이트가 만연하면서 군부가 종식된 이후 민간정부에서도 별반 다른 정치상황을 보여주지 못하고 있었다. 이후 우리나라에서도 닥쳤던 IMF 구제금융은 아르헨티나도 비껴가지 못했으며, 아르헨티나는 당시 310억 달러에 대해 구제금융을 받았었다. 우리나라가 국민들의 금 모으기 운동과 같은 뼈를 깎는 국민적 노력으로 IMF 위기를 극복해왔던 것과 달리, 아르헨티나는 대외부채를 돌려막기 식으로 만기 연장, 다른 대외 채무를 빌려서 상환해야 하는 대외부채를 상환하는 등, 위기에도 위기감 없는 아르헨티나식 대처를 하게 된다. 이런 현상으로 대외부채는 더욱 증가할 수밖에 없게 되고, 대외부채가 많다는 것은 그만큼 그 나라의 통화가치, 국가 신뢰도는 하락할 수밖에 없는 악순환의 과정을 반복하게 되면서, 위기상황은 호전의 기회를 맞지 못하고 더욱더 수렁 속으로 빠져들게 된다.

아르헨티나 GDP는 약 6,500억 달러 수준으로 세계 20위권에 있으며, 1인당 GDP는 1만 5천 달러 수준으로 세계 50위권에 있다. 이런 아르헨티나에 대해 IMF에서는 2017년 말에 "경제상황이 좋다"는 평가와 함께 2018년도에는 경제가 2.5% 정도 성장할 것이고, 무역수지 적자상황을 벗어나지는 못하겠지만 GDP대비 4.4% 수준으로 호전될 것이며, 인플레이션율도 2017년도 20%대에서 10%대로 호전될 것이라고 전망한 바 있다. 이런 아르헨티나가 2017년 4월 이후 미국의 강달러 현상에 대해 급격한 경제상황 악화를 보이면서 통화가치 절하(인플레 심화), 금융위기에 이를 정도로 외환시장 상황이 악화되고 있는 것이다. 이는 이미 약해질 대로 약해진 경제체력에 약간의 외부 충격이 발생해도 주저앉아버리는 체질적인 문제라고 진단할 수 있다.

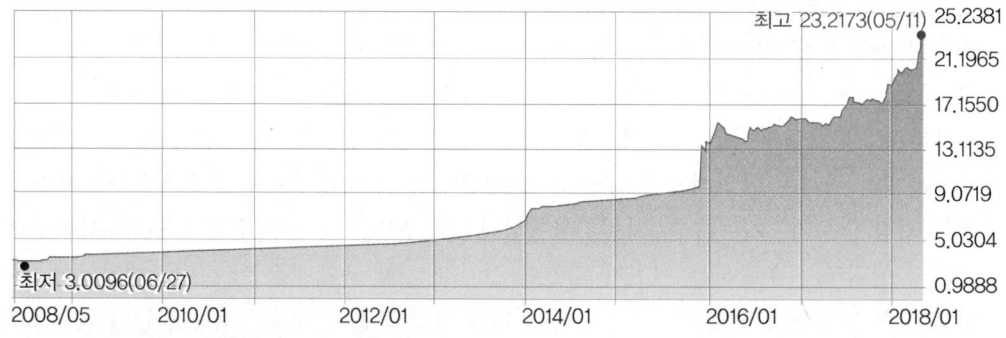

위의 그래프16)는 아르헨티나 페소화와 미국 달러화의 최근 10년간의 환율그래프이다. 인플레에 시달리던 아르헨티나 정부는 1991년부터 2001년까지 메넴 전 대통령은 인플레이션을 잡기 위해 미국 달러화와 1:1의 고정환율제를 사용하였다. 결과적으로 통화가치 하락과 인플레는 어느 정도 막을 수 있었지만 대내외 수출 경쟁력을 잃은 기업들과 공장들이 문을 닫기 시작했으며 기초 경제체력이 무너지기 시작하였다. 2002년에 다시 경제를 살리기 위해 고정환율제를 포기하고 달러화 대비 1:10이라는 권고기준으로 환율을 유지하고자 하였지만,

---

16) 자료 : 네이버 금융

인플레와 페소화에 대한 불신과 달러화에 대한 신봉 현상은 막을 수 없었고, 민간 영역에 달러화 암거래 시장이 우후죽순 생기면서 페소화 가치는 계속 떨어지게 되었다.

2015년 12월에는 아르헨티나 정권교체가 이뤄지면서 현재의 마우리시오 마크리 대통령이 집권하게 된다. 마크리 대통령은 국민들의 광적인 달러 수집 현상을 없애기 위해 전임 대통령이었던 크리스티나 대통령 시절에 개인들의 달러거래를 제한하였던 외환규제 조치를 풀게 되었고, 그 결과 페소화 가치는 순식간에 40% 가까이 평가 절하되었다. 기존의 공식 환율 시장(1:10)과 암환율 시장(1:15 또는 그 이상)이 존재하였던 부작용을 완화시키고 왜곡된 경제시스템의 부작용을 없애기 위해 외환 시장의 투명성을 강화한다는 차원에서 취한 조치였다. 이후 페소화와 달러화 교환 시장은 투명성이 강화되기는 하였지만 꾸준히 페소화 가치하락 현상은 이어지면서 2018년 초에는 1달러에 20페소까지 떨어지게 되었고, 2018년 5월에는 다시 급격한 페소화 가치 하락현상을 보이게 된다.

아르헨티나의 현재 외환보유고는 600억 달러대인데 2018년 5월에 IMF에 "구제금융(bailout loan)"이라는 용어가 아니라 "예방적 유동성 지원(precautionary credit line)"이라는 용어로 300억 달러의 지원을 요청한 상태이다. 국가 위기로 인식되는 것을 원치 않는 아르헨티나의 내심이 보이는 내용이며, 외환위기에 대한 사전조치로 유동성을 확보하기 위한 조치라는 의지의 표현이라 볼 수 있다. 아르헨티나는 국가부채가 GDP 대비 한때 180%까지 올라갔던 2000년대 초반의 상황도 있었지만, 현재는 약 50% 수준인데 GDP가 6,500억 달러 수준인 점을 감안하면 약 3,500억 달러 수준의 국가부채로 추정해 볼 수 있다. 문제는 이 중에서 국내부채가 아니라 대외부채가 약 60% 정도를 차지하며 대외의존도가 높은 상황이라는 점이다.

아르헨티나의 2018년 상반기 사태는 미국의 강달러 현상이 가장 직접적인 외부충격이었고, 내부 약해질 대로 약해진 경제상황이 근본적인 문제였다고 할 수 있다. 기존에 페소화 가치가 하락하면서 달러화에 대한 신봉이 이루어지고 있는 상황이었고, 정치적으로 경제적으로 향후 나아질 것이 별로 없다는 국민들의 불신감이 팽배해진 상황 속에서, 미국 달러화 가치의 급속한 가치 상승은 아르헨티나의 기업, 국민 누구 할 것 없이 달러화에 대한 초과수요가 발생하게 되고, 페소화에 대한 가치 하락 현상이 발생하게 된 것이다. 정부 차원에서 외환보유고를 풀어 페소화 가치 하락을 막아보려 했지만 오히려 역효과만 불러오며 달러화 사재기는 더 심해지게 된 것이다. 실제로 아르헨티나에서는 페소화는 현재 거의 사용되지 않고, 달러화가 사용된다고도 한다.

이런 아르헨티나의 상황은 인근의 브라질, 터키 등 신흥국으로 어떻게 전이될 것이냐에 따라 신흥국 발 위기설이 현실화될 수도 있을 것이라 보인다. 아르헨티나 정부차원에서의 IMF에 대한 300억 달러 차관요청에 대한 결과, 미국 금리인상의 속도는 2018년 신흥국 금융위기설에 대한 주요 변수가 될 것이며, 신흥국발 위기설은 결국 달러화대비 신흥국들의 통화가치 하락, 금융자산 가치 하락이 가져오는 위기라 할 수 있다. 우리나라의 경우 최근 판문점 선언 이후 북한의 비핵화 이슈로 인해 원화가치의 안정화, 원화가치 상승이라는 한쪽의 방향성과 미국 달러가치 상승과 신흥국 통화가치 하락, 금융자산 가치 하락에 따라 원화가치 동반 하락이라는 또 한쪽의 방향성이라는 두 방향성의 크기에 따라 원화 가치의 방향이 결정되어질 것으로 보인다.

> **참고** 이머징 마켓(Emerging Market)
>
> 신흥시장이라고도 불리며 선진국시장에 대비해 금융시장과 자본시장 부문에서 떠오르는 시장이라고 불리는 개발도상국들의 시장을 말한다. 우리나라를 포함해서 중국, 대만, 인도 등 동남아시아 국가들, 브라질, 칠레, 멕시코, 아르헨티나 등 남아메리카 국가들, 체코, 폴란드, 러시아 등 동유럽 국가들이 포함된다. 브릭스(BRICS)로 불리는 브라질, 러시아, 인도, 중국, 남아프리카공화국, 넥스트 일레븐(Next Eleven)으로 불리는 한국, 멕시코, 베트남, 이란, 이집트, 터키, 인도네시아, 필리핀, 파키스탄, 방글라데시, 나이지리아 등도 모두 이머징 마켓에 포함되는 국가들이다.
>
> 이머징 마켓은 특정한 국가들을 5개, 10개 이런 식으로 선정하는 용어는 아니지만, 대체로 인구는 4천만 명 이상이면서 1인당 국민소득이 1만 달러대에 머무르는 국가들로 성장 가능성과 잠재력이 강한 국가들을 총칭하는 개념이다. 우리나라도 1인당 국민소득이 3만 달러대에 근접해있지만 이머징 마켓에 포함되는 이유는 남북관계, 정치수준, 복지수준 등으로 아직 코리아 디스카운트 현상이 국제사회에 남아있기 때문인 것으로 해석된다.

10. 미국의 금융규제 : 전업주의와 겸업주의

미국의 금융규제에 대한 정책과 법안의 변화를 보기 위해서는 1900년대 초기로 거슬러 올라가야 한다. 현재 우리가 알고 있는 미국의 연방은행, 연방준비제도는 1913년 민주당 출신이었던 윌슨 대통령 때 연방준비법에 의해 만들어지게 된다. 이후 1929년 주식시장의 붕괴와 경제 대공황은 미국 경제에 엄청난 충격을 주게 되는데, 상업은행의 주식투자 허용에 문제가 있다는 점을 개선하고 상업은행과 투자은행 사이의 업무규제를 위해 1933년 역시 민주당 출신이었던 루스벨트 대통령 시절에 금융규제 법안으로 "글래스-스티걸법"이 만들어진다.

1) 글래스-스티걸 법안(Glass-Steagall Act)

"글래스-스티걸 법안(Glass-Steagall Act)"은 은행(상업은행)은 증권회사(투자은행) 업무를 금지하고, 증권회사(투자은행)는 은행(상업은행) 업무를 금지한다는 내용이 핵심인 법안이다. 법안을 발의한 의원의 이름을 따서 만들어진 법안으로, 카터 글래스 의원과 헨리 스티걸 의원은 1929년 미국에서 발생한 주가 폭락과 경제대공황은 상업은행(CB, Commercial Bank)의 나태하고 방만한 경영과 이를 규제할 수 있는 제도적 장치가 없었기 때문에 발생했다고 주장했다. 이에 투자은행(IB, Investment Bank)과 상업은행을 분리해 상업은행이 고객의 예금을 재원으로 주식투자를 할 수 없도록 하였으며, 은행과 증권회사의 겸영은 물론 계열관계도 맺지 못하도록 하였다. 결국 글래스-스티걸 법안은 1929년 대공황을 계기로 상업은행과 투자은행(증권회사)의 업무영역을 구분 짓는 전업주의 규제가 강화된 것이라 할 수 있다.

2) 글램리치-블라일리 법안(Gramm-Leach-Bliley Act)

이후 미국에서는 작은 규제들이 만들어지기도 하지만, 다시 금융규제가 완화되는 겸업주의 방식으로 전환되는 계기가 이루어지는 시점이 1999년 "글램리치-블라일리 법안(Gramm-Leach-Bliley Act)"이 나오면서부터이다. 당시 클린턴 대통령과 옐런 그린스펀 연준의장 시기로 글램리치-블라일리 법안은 은행, 증권, 보험사의 상호 경쟁을 활성화시키고, 상업은행과 투자은행의 겸영을 가능하게 만들어준 법안이었다.

1999년 글램리치-블라일리 법안의 시행과 함께 기존의 글래스-스티걸 법안은 폐지되었으며, 이런 상업은행과 투자은행의 겸영은 대형 금융회사의 탄생을 가져오게 되었고 월가의 번성이 시작되는 계기가 되었다고 할 수 있다. 또한 대형 금융회사들은 자신들의 무분별한 파생상품 투자 등을 통해 후일 2008년 월가의 탐욕이 부른 글로벌 금융위기의 단초가 되었다고 해석하기도 한다. 즉 미국에서의 글램리치-블라일리 법안은 미국의 글로벌 금융경쟁력을 강화하기 위해 대형 금융회사의 탄생을 유도하고, 미국이 주도하는 금융제일주의 시대를 만들기 위해 만들어진 법안이라 할 수 있다.

3) 볼커 룰(Volcker Rule)과 도드-프랭크 금융개혁법(Dodd-Frank Wall Street Reform and Consumer Protection Act)

이런 글램리치-블라일리 법안으로 월가는 번성하였으나 필연적으로 2008년 서브프라임 모기지 사태와 월가의 탐욕이 부른 글로벌 금융위기가 다시 재현되었고, 당시 미국 대통령이었던 오바마 시절에 연준 의장이었던 폴 볼커(Paul Volcker)의 제안으로 2010년 1월에 "볼커 룰(Volcker Rule)"을 발표하게 된다. 볼커 룰은 2008년 금융위기를 계기삼아 금융기관의 위험투자를 제한하고 금융회사의 대형화를 억제하기 위해 만들어진 금융기관 규제법안 중의 하나이다. 이후 볼커 룰은 자체적으로 시행되지는 않았으며, 2010년 7월에 일명 "도드-프랭크 금융개혁법(Dodd-Frank Wall Street Reform and Consumer Protection Act)"에 편입되어 의회를 거쳐 시행된다.

도드-프랭크 금융개혁법은 오바마 정부에서 2008년 글로벌 금융위기 사례를 재발하지 않게 하기 위해 제정한 광범위한 금융규제법으로 2010년 7월 발표되었으며, 대형은행의 자본확충을 의무화하고, '시스템적으로 중요한 금융기관(SIFI)'을 지정하여 스트레스 테스트를 하도록 규정하고 있으며, 금융회사의 부실방지를 위한 금융감독 당국의 권한을 강화하였다.

도드-프랭크 금융개혁법은 1930년대에 시행하였던 상업은행과 투자은행의 업무영역 분리를 강조한 글래스-스티걸 법안의 부활이라는 평가를 받기도 한다. 즉, 2010년 시행된 도드-프랭크 법안으로 미국은 다시 전업주의가 강화되는 경향을 보이게 된다.

트럼프 대통령 당선 이후 미국의 공화당 정부에서는 오바마 대통령 시절 대표적인 금융규제법안이었던 도드-프랭크 법안 수정작업에 골몰하고 있다고 한다. 세부적인 법률안 내용까지는 정확하게 몰라도 되고 정치적인 이유도 있겠지만, 도드-프랭크 법안의 개정은 상업은행과 투자은행의 기능은 활성화하되, 큰 의미에서 상업은행의 업무영역과 투자은행의 업무영역을 명확하게 구분 짓는 글래스-스티걸 법안을 재도입하자는 의미로 해석되기도 한다. 도드-프랭크 법안의 일부 개선과 함께 글래스-스티걸 법안의 부활로 전업주의를 더 강화하는 쪽으로 미국은 정책적인 방향성을 가지고 있는 것으로 보인다.

11. 미국을 둘러싼 다자간 협상 TPP vs. RCEP

다자주의 무역협정 중에 환태평양지역을 중심으로 한 대표적인 무역협정이 TPP(환태평양경제동반자협정)이다. TPP는 미국 오바마 정부 시절 한국을 제외한 상태에서 미국, 일본, 캐나다, 호주 등을 포함한 총 12개 국가 사이에서 추진되었던 자유무역협정이다. 미국은 트럼프 대통령 당선 이후 자유무역보다는 보호무역을 우선시하는 정책을 내세우게 되고, TPP 조약 탈퇴를 선언하였다.

이후 TPP는 일본이 주도하여 다시 조약협정을 진행하였고, 2017년 11월에 베트남 다낭에서 미국이 빠진 11개 국가가 "점진적, 포괄적 TPP(CPTPP)"를 구성하였고, 약칭 "CPTPP(TPP11)" 구성에 합의하고, 2018년 3월 공식서명을 거쳐 2019년 상반기 발효를 앞두고 있다. 당초 미국을 포함한 TPP의 경우 GDP규모 30조 달러(37.5%)로 EU연합 GDP규모 19조 달러를 넘어선 최대 자유무역협정이었지만, 미국의 탈퇴로 11개 국가는 GDP규모 10조 달러(12.9%) 수준으로 축소가 될 전망이다. 또한 교역규모도 미국 포함 시에는 전 세계 교역의 25%를 차지하지만, 미국을 제외하면 15% 수준에 그치는 수준이다.

> **참고** 미국을 제외한 CPTPP 11개 회원국 명단
> 일본, 캐나다, 멕시코, 페루, 칠레, 뉴질랜드, 호주, 브루나이, 말레이시아, 싱가포르, 베트남

미국은 2018년 2월 트럼프 대통령의 "조건부 TPP 복귀"발표가 있었고, 미국의 므누신 재무부장관은 CPTPP 회원국들과 고위급 물밑 협상이 이루어지고 있다는 암시를 한 바 있다. 표면적으로 미국은 미국에 더 나은 조건을 만들 수만 있다면 다시 복귀할 것이라고 선언하고 있지만, 내면적으로는 여러 가지 암시를 하고 있다는 분석이 나오고 있다. 결국 미국은 TPP에 복귀할 것이라는 결론에 대한 예측과 함께, 탈퇴 당시에는 오바마 지우기에 대한 정책적

판단이었다면 지금은 이미 시간이 많이 지났고 오바마 지우기 효과는 더 이상 필요 없다는 분석, 미국과 일본의 밀월 유대관계 강화, 중국을 견제하기 위한 미국의 추가조치로 TPP 복귀를 하게 될 것이라는 해석이 거론되고 있는 상황이다.

반면, 아시아지역에는 중국이 주도하고 있는 "역내포괄적 경제동반자협정(RCEP, Regional Comprehensive Economic Partnership)"이 있는데, RCEP는 동남아시아 국가연합(ASEAN) 10개국(인도네시아, 말레이시아, 필리핀, 싱가포르, 타이, 브루나이, 베트남, 라오스, 미얀마, 캄보디아)과 한국, 중국, 일본, 인도, 호주, 뉴질랜드를 합쳐, 총 16개국의 다자간 자유무역협정을 말한다. 우리나라 및 아시아지역 신흥국을 포함한 거대한 경제벨트지만, 참여국가가 많으면 그만큼 협상에서 타결될 교집합을 찾아내기가 어려워지는 속성이 있다 보니, 현재 RCEP 협정은 다소 지지부진한 상태였고, TPP와 RCEP에 동시참여 중인 국가(일본, 호주, 뉴질랜드, 말레이시아, 싱가포르, 브루나이, 베트남)들이 TPP협상에 우선권을 두고 있어 늦어지고 있지만, 중국이 주도하여 현재 조속한 타결을 촉구하고 있는 상황이다. RCEP는 2012년 11월에 16개국 정상이 협상 개시를 선언했고, 2015년 말 타결을 목표로 하였으나 실패하고 현재도 계속 타결을 시도하고 있는 중이다. RCEP는 인구 34억 명의 거대 경제권으로 GDP 규모로는 22조 달러(전 세계의 30.6%)를 차지하고 있고, 교역규모는 전 세계의 28.9% 수준을 차지하고 있어 일본주도의 TPP11에 대응할 수 있는 충분한 경제규모를 가지고 있는 무역 자유구역이다. 브렉시트 이전까지는 자유무역주의가 흥행을 하면서 당시 TPP 타결이 유력시되자, RCEP도 그에 대항하기 위해 협상의 속도를 높이기도 하였다. 이런 RCEP이 미국 대선과 함께 TPP의 속도부진과 함께 순수한 경제적인 이해관계를 넘어 정치적인 갈등구조로 이어지면서 협상의 실타래를 아직 풀지 못하고 있는 상황이다. TPP와 RCEP에 함께 소속된 나라들은 일본, 호주, 뉴질랜드, 말레이시아, 싱가포르, 브루나이, 베트남 등 7개국이 있고, 이들 국가들은 RCEP과 TPP11의 속도에 공통의 관심을 보이고 있는 상황이다. 이는 RCEP과 함께 남미 지역 국가들과의 무역관계도 중요시하고 있다는 의미이기도 하며, 이런 다자간 무역협정에 대한 관심은 각국의 경제적 정치적 이해득실을 고려한 전략적 판단이라고 보인다. 결과적으로 RCEP은 참가국이 16개국이라는 거대한 규모로 각국의 이해관계를 통일시키기 어렵다는 측면이 있고, 또 각국의 정치, 사회적인 상황이 상이하여 조건을 일치시키기 어렵다는 측면이 있어 계속 난항을 겪고 있지만, RCEP 조기타결을 위한 참여국 정상들의 선언자체는 계속 추진 중인 상황이다.

> **참고** 아세안 경제공동체(AEC)
>
> 아세안 경제공동체(AEC, Asean Economic Community)는 1967년 5개국으로 창설된 동남아시아국가연합(ASEAN)이 현재는 10개국을 아우르는 공동체를 구상한다는 취지로, 참여하는 국가들은 총 10개 국가(싱가포르, 필리핀, 인도네시아, 태국, 말레이시아, 베트남, 캄보디아, 라오스, 미얀마, 브루나이)로 이루어져 있다. 인구는 약 6억 명 수준이며 GDP규모로는 2조

달러 수준을 차지한다. 이들 나라들은 경제상황, 국가경제 규모, 인구분포, 산업구조 등에서도 편차가 큰 편인데, 이들 국가 중에 여러 변수들의 규모나 경제력이 상위권이면서 주목을 받을 수 있는 국가는 그래도 싱가포르, 필리핀, 인도네시아, 태국, 말레이시아, 베트남 정도로 꼽을 수 있다.

AEC는 동남아시아국가연합으로 출범한 기구가 확대된 만큼, 중국, 일본, 인도, 우리나라 등 아시아지역 주요 국가들이 AEC에는 참여하고 있지 않아 큰 반응을 나타내고 있지는 않지만, 그래도 참여하는 각 나라들이 서로서로 부족한 부분을 보완하는 정책으로 AEC를 성공적으로 출범시킨다면 주위의 국가들에게 충분히 위협적인 경제공동체가 될 수도 있을 것으로 보인다. 그러나 각 국별 정치, 경제, 안보 등 현안문제들이 다르고, 이들 국가들을 리더해 나갈 정치, 경제적인 리더국가가 없다는 점 등은 AEC의 향후 전망에도 긍정적으로 작용하고 있지 못한 상황이라 할 수 있다.

CHAPTER 03 중국, 일본편

1. 중국의 양회와 중전회

중국은 공산당이 권력을 잡고 있는 사회주의 국가이다. 공산당 총서기(주석)는 5년 임기제로 중임이 가능하여 현재 10년을 임기로 하고 있는 중이다. 현재 총서기로 재임 중인 시진핑 주석은 2012년에 선임되어 2017년 전반부 5년의 임기를 거친 후, 다시 당의 재신임을 받아 후반부 5년의 집권과 함께 2022년에 다음 총서기를 선출하는 것이 기존의 중국 헌법에서 규정하고 있는 내용이었다. 이 규정은 1982년 덩샤오핑이 주석의 2연임 상한선을 설정한 이후 2018년까지 지켜져 왔으나, 2018년 3월 전인대를 거쳐 중국은 총서기의 중임제를 철폐함으로써 현재 시진핑 주석의 임기는 별도로 정함이 없는 상태로 바뀌었으며, 장기집권이 가능한 상태가 되어있다.

이에 반해, 공산당이 아니라 행정부의 수반은 "국무원 총리"라고 하는데, 현재 리커창 총리가 임무를 맡고 있다. 주석이 선임된 다음 해의 전인대에서 주석이 지명하고 전인대에서 동의를 통해 임명되는 국무원 총리는 역시 10년을 임기로 하고 있다. 리커창 총리는 원자바오 국무원 총리에 이어, 2013년에 선임되어 2023년까지 임기를 마치게 된다. 행정부의 수반은 사회주의의 특성상 주석(공산당 총서기)보다는 서열상 아래지만, 행사의 성격에 따라서는 국가를 대표하기도 한다. 실제로 과거 한·중·일 3국 정상회담에서는 박근혜 대통령, 아베 총리, 리커창 총리가 정상회담을 나누기도 하였다.

중국은 이렇게 "공산당(黨)"과 "행정부(政)"의 "당, 정" 이원체계로 집권이 이루어지는 정치 지도체계를 가진 나라이다. 당연히 권력이나 의사결정의 최고점은 "당"이 "정"보다 상위에 위치하고 있다. 공산당을 중심으로 매년 전체회의를 개최하기도 하고, 행정부(국무원)를 중심으로 매년 회의를 개최하기도 하는데, 공산당을 중심으로 매년 개최하는 전체회의(공산당 전체회의)를 "중전회"라고 하고, 행정부(政)에서 매년 3월에 개최하는 전체회의를 "양회(두 개의 회의)"라고 부른다. 이렇게 "당"과 "정"이 쌍두마차 역할을 하면서 중국이라는 거대한 국가를 통치하고 있는 것이다.

"공산당 중앙위원회 전체회의"라고 불리는 "중전회"는 전반부 임기 5년 동안 총 7번 열리고, 후반부 임기 5년 동안에도 7번 열린다. 이를 1중전회, 2중전회, 3중전회… 7중전회 등으로 부르고 있다. 중전회는 "중앙위원회 전체회의"의 줄임말이다. 지난 2015년 10월에 시진핑 정부의 5중전회가 열렸고, 2016년 10월에는 6중전회가 열렸고, 2017년 10월에는 7중전회와 함께 후반부 5년 1중전회까지 열렸다. 이후 2018년 2월에는 후반부 임기 5년의 2중전회와

3중전회까지 개최한 상황이다. 이 중에서도 중요성이 부각되는 중전회는 매 집권 시마다 5중전회가 중요도가 높다. 5중전회가 중요한 이유는 5중전회 때, 향후 5개년간 경제정책에 대한 주요 방향성 등 국민경제, 경제정책에 대한 주요내용이 다루어지는 회의이기 때문이다.
통상 1중전회 때는 당서기(주석) 선출 및 지도부를 구성하고, 2중전회에서는 정부운영을 책임질 국가직 인사문제에 대한 결정을 하고, 3중전회에서는 지도부 5년간 시행할 주요 정책에 대한 의사결정을 하게 되고, 4중전회에서는 공산당 건설의 주요 방침과 당 정책 등에 대한 의사결정을 하게 되고, 5중전회에서는 향후 5개년간 주요 경제정책과, 국민경제에 대한 주요 의사결정을 하게 되고, 6중전회는 특별한 고정안건은 없는 회의로 진행하며, 7중전회는 차기 당대회 및 지도부 선출 준비 등으로 이뤄진다.

행정부(국무원)가 주최하는 "양회(兩會會)"는 "전국인민정치협상회의(정협, 政協)"와 "전국인민대표대회(전인대, 全人大)"의 두 회의를 말하는 것이고, 통상 전인대 개최 이틀 전쯤에 정협이 개최되어지는 시스템을 취하고 있다. 중국의 양회 중에서 정협은 자문회의 성격으로 주변국이나 세계로부터 큰 이목을 받고 있지 못하고 있지만, 전인대는 주요 경제정책이나 국가적인 정책을 의결하는 회의로 중요한 기능을 수행한다. 전인대는 우리나라의 국회와 같은 행정의결기구로서 역할을 하며, 바로 직전 공산당 전체회의(중전회)에서 다루었던 계획을 의결, 결정하는 프로그램으로 운영된다.

2. 중국의 AIIB와 일대일로 사업

AIIB(Asian Infrastructure Investment Bank, 아시아 인프라 투자은행)는 중국이 주도하는 국제금융기구로 2013년 시진핑 주석이 제안하고 2014년도에 설립을 공식 선언하였고 2016년 1월에 공식출범하였다. 글로벌 정치경제적인 관점에서 미국과 일본 주도의 ADB에 대응하기 위한 중국의 포석으로 AIIB가 출범하게 되었으며, 현재 자본금은 총 1,000억 달러로 운영 중이다. 우리나라는 2015년 3월에 가입을 결정하고 참여국으로 납입자본금 7.5억 달러를 부담하고 있으며, 미국과 일본은 가입하지 않고 있다. AIIB의 주된 활동 및 목표는 아시아 지역의 사회간접자본 건설에 필요한 자금 지원을 통한 인프라 구축을 목표로 하고 있다.

> **참고** ADB(Asia Development Bank, 아시아 개발은행)
> 1965년에 개설된 아시아 개발은행은 아시아 지역의 빈곤해소, 지역 내 개발과 투자촉진, 기술원조 공여, 국제기관과의 협력 등을 통해서 아시아 지역의 경제성장과 경제협력 증진 등을 주요 목표 및 활동범위로 하고 있다. 아시아 개발은행에 많은 자금을 투자한 미국과 일본이 각각 15%대의 지분율을 가지고, 설립 이후 계속 중요한 역할을 담당하고 있다. 우리나라도 지분율은 5%대를 가지고 있으며 1997년 외환위기 당시 40억 불의 원조를 받기도 하였다. 현재 ADB의 주축을 이루는 미국과 일본은 대항마라고 할 수 있는 AIIB에는 가입을 하지 않고 있다.

AIIB 설립 및 운영을 통해 중국은 세계 금융질서에서 중요한 역할을 하고 국가적 위상을 높이고자 하고 있으며, ADB의 주요 주주로 있는 미국과 일본을 제외한 독일, 프랑스, 영국, 이탈리아 등 유럽 국가, 아프리카 국가까지 가입을 하고 있다. 당시 우리나라는 미국의 사드(THAAD) 설치, 기존의 ADB 가입 상황 속에서 추가적인 중국 주도의 AIIB 가입에 대한 타당성, 명분 등 외교적으로 어려운 상황 속에서 2015년 3월에 가입을 최종 결정하였다. 현재 AIIB 가입 국가는 아시아 지역 총 36개 국가, 아시아 지역 이외의 국가 총 18개 국가를 합쳐서 54개국에서 참여 중이다.

AIIB는 2016년 1월 공식출범 이후 2016년 6월부터 2017년 5월까지 약 1년에 걸쳐 파키스탄, 타지키스탄, 방글라데시, 인도네시아, 아제르바이잔 등 총 13개 프로젝트에 대해 약 22억 달러의 융자를 제공하고 있다. AIIB 단독으로 융자심사 및 지원을 실시한 건도 있고, ADB(아시아 개발은행)나 WB(세계은행)와 협조하여 융자를 진행한 건도 있다. 분야별로는 아시아 지역의 에너지 투자 비중이 가장 높고, 국가별로는 아제르바이잔에 대해 투자한 금액이 6억 달러로 가장 크다. 또한 중국이 추진하는 "일대일로" 프로젝트가 본격화될 경우에 더욱 활발한 투자 활동에 예측되고 있다.

> **참고** 일대일로(一帶一路)
>
> 중국의 "일대일로(一帶一路)" 프로젝트는 당나라(육상)와 명나라(해상)의 실크로드를 재현하는 "신실크로드 재현 프로젝트"라고 할 수 있다. 시진핑 중국 국가주석이 2013년 가을 중앙아시아와 동남아시아를 순방하며 제시한 중국발 신실크로드 구상이다. 중국에서 아시아와 중동을 거쳐 유럽 및 아프리카로 이어지는 육상과 해상 교역로에 도로, 철도, 항만 등 인프라를 구축해 경제 성장의 동력으로 삼고, 아시아 지역의 위상(특히 중국의 위상)을 높이겠다는 의지가 담겨져 있다. 2016년 1월 출범한 중국 주도의 AIIB는 이런 중국의 신실크로드 정책에 유용하게 활용되어질 전망이다.

중국의 입장에서는 거대한 프로젝트로 "일대일로" 사업을 계획하고 있는데, 이를 중국이 주축이 되지 않은 WB(세계은행)나 ADB(아시아 개발은행)의 힘을 얻어서 사업을 진행하기에는 국가적인 이익 차원에서도 비효율이었을 것이다. 그런 차원에서 국제적 공조하에 중국이 주도로 만든 기구가 AIIB인 것이다. 향후 AIIB가 아시아 지역에서 가장 큰 프로젝트로 참여하게 될 사업이 일대일로 사업이다. 향후 아시아 지역의 인프라 투자수요는 2030년까지 약 15년에 걸쳐 총 26조 달러, 1년으로 환산하면 연간 약 1.7조 달러의 투자가 필요한 상황이다.

향후 AIIB는 중국의 일대일로 프로젝트가 성공적으로 출범에 성공하고 안정적으로 사업이 진행될 경우 국제기구로서의 위상은 물론, 중국의 국가적 위상까지도 높일 수 있는 기회가 될 수 있을 것이다. 문제는 그 이후의 문제이다. 일대일로 프로젝트가 단기성 프로젝트가 아닌 장기간의 프로젝트이긴 하지만 일대일로 프로젝트 이후의 아시아 지역에서의 위치를 격상시킬 수 있는 연속적인 프로젝트가 필요한 상황인 것이다. 현재 AIIB에서의 장기적 고민은 여기에서 출발한다고 할 수 있다. 시진핑 정권 이후에도 계속해서 AIIB가 아시아 지역에서 주도권을 가진 국제기구로서의 입지가 필요한 것이다.

AIIB를 바라보는 국제사회에서의 관점은 크게 두 가지이다. 하나는 중국의 국가적 위상 강화라는 정치경제학적 관점이고, 또 하나는 아시아 지역이 글로벌 경제에서 차지하는 위상을 격상시키는 데 있어서 AIIB의 적극적 지원과 협조라고 할 수 있다. 미국 트럼프 대통령의 파리 기후협약 탈퇴 선언과 함께 글로벌 리더십이 위축되고 있는 가운데 중국은 파리 기후협약에 대한 1순위 책임국가로서의 지위를 강화해 가고 있고, 2017년 AIIB 총회를 통해서 또 다시 아시아 지역에서의 맹주 지위를 강화하게 될 것이라 보인다. 또 중국에 이어 12억의 인구 대국, AIIB 2대 주주 국가인 인도에 대한 글로벌 국가들의 관심이 주목을 받게 될 것이라 보인다.

우리나라의 입장에서는 단기적으로는 중국의 일대일로 프로젝트에 대한 적극적인 참여와 함께 중기적으로 아시아 시장에서의 입지 강화가 중요할 것으로 보인다. 건설과 ICT 산업을 중심으로 한 중국 주도의 일대일로 비즈니스에 대한 적극적인 참여는 우리나라의 입장에서 경제적인 관점에서의 목표가 될 수 있을 것이라 보이며, 정치와 외교적인 관점에서는 미국과 일본 주도의 ADB, 트럼프 대통령의 미국 내 정치적 위상의 변화를 관찰함과 동시에, 장기적인 관점에서는 AIIB를 중심으로 한 아시아 지역에서의 역할 강화에 대한 초석을 마련하는 기회를 만들어 가는 것이 중요한 포인트가 될 수 있을 것이라 보인다.

3. 중국의 환율제도

환율제도는 크게 고정환율제도와 변동환율제도로 나뉘고, 변동환율제도는 다시 자유변동 환율제도와 관리변동 환율제도로 나눌 수 있다.

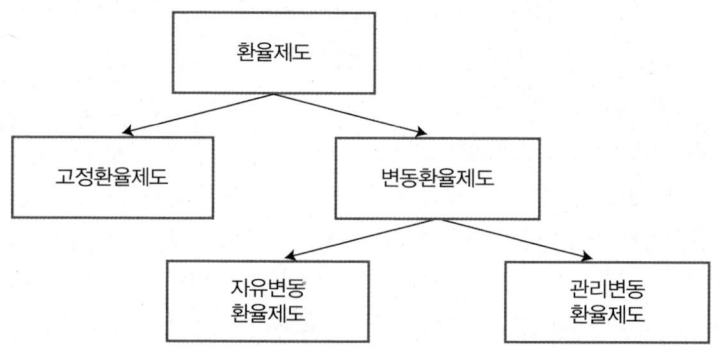

관리변동 환율제도는 고정환율제도와 자유변동 환율제도의 중간단계의 개념으로, 정부나 금융당국에서 환율변동에 인위적으로 일정수준 개입할 수 있도록 함으로써 환율의 안정을 도모하기 위하여 운영된다. 우리나라와 미국을 포함해서 시장경제를 표방하고 있는 대부분의

국가들은 자유변동 환율제도를 채택하고 있지만, 중국은 위안화 환율의 안정을 위해 관리변동 환율제도를 취하고 있다. 중국의 환율제도를 "관리변동 환율제도"라고 표현하기도 하고, "준 변동환율제도"라고 표현하기도 한다.

"복수통화 바스켓 제도"로 운영되는 중국의 관리변동 환율제도는, 과거에는 달러화를 포함한 6개국 통화를 기준으로 인민은행에서 당일의 위안화 환율을 발표하였지만, 지난 2015년 12월에 중국의 위안화가 IMF의 SDR에 편입된 직후, 복수통화국가를 6개국에서 13개국으로 늘리는 조치를 취하게 되었다. 다만, 국가를 늘리더라도 각 국가의 통화별 비중치를 어떻게 조절하느냐에 따라 위안화 환율은 다분히 인위적인 결정이 가능하기 때문에, 중국의 환율결정은 아직도 국제 금융시장에서는 어느 정도 투명성을 띠지 못한 베일에 가려진 결정이라는 점을 특징이라고 할 수 있다.

중국의 외환시장은 달러화, 유로화, 파운드화, 엔화 등 13국 통화에 대해 중국 내 위안화 직거래 시장을 통해 해당통화 국가별로 선정된 시장조성자 은행들이 해당국 통화와 중국의 위안화 거래를 하고, 거래의 매수호가 매도호가의 중간가격을 인민은행에 통보한다. 그러면, 인민은행이 13개국 통화에 대해 매수, 매도호가의 중간가격을 취합해 각 통화별로 가중평균 중간가격을 결정하고 고시함으로써 위안화 환율이 결정된다.

> **참고** 중국의 환율결정 통화바스켓 13개국 통화
> 미국 달러, EU 유로, 일본 엔, 영국 파운드, 홍콩 달러, 호주 달러, 뉴질랜드 달러, 싱가포르 달러, 스위스 프랑, 캐나다 달러, 말레이시아 링깃, 러시아 루블, 태국 바트

예를 들어 달러화와 위안화 환율의 경우 달러화 시장조성자 은행으로 선정된 은행들이 매일 아침에 각각 매도, 매수호가 중간 가격을 인민은행에 보내면, 인민은행이 이를 평균해 달러화와 위안화 환율의 중간가격으로 달러 환율을 결정하는 것이다. 이렇게 결정된 해당 국가와의 당일자 환율에서 국가별로 당일 하루에 움직일 수 있는 상한선, 하한선을 정해놓고 변동하는 제도를 취하고 있다. 예를 들어 미국 달러화의 경우 이렇게 결정된 환율에서 ±2%로 일중변동폭을 가지고 있고, 유로화의 경우에는 ±3%, 최근에 중국에서 거래되기 시작한 원화의 경우에는 ±5%로 일중변동폭을 정해놓고 있다.

이렇게 결정되고 운영되는 중국의 환율제도는 2016년 브렉시트 이후 불안한 금융시장을 반영해 투명성을 강화하고, 위안화 국제화라는 큰 틀에서 위안화 환율의 결정이 좀 더 투명하고 국제적인 신뢰도를 가질 수 있도록 개선하려는 움직임이 보이고 있다. 중국의 환율결정제도가 개선된다면 어떤 방식으로 개선될 수 있을 것인지 알아보도록 한다.

첫째, 각국 통화별 위안화 환율결정에서 반시장적 요소로 주목되는 일중변동폭을 확대하거나 통일할 수 있을지에 대한 문제이다. 일중변동폭은 당일 환율의 상·하한 제한폭으로 달러화 대비 위안화 환율은 ±2%, 유로화 대비 위안화 환율은 ±3%, 원화 대비 위안화 환율은

±5%로 정해져있다. 위안화의 국제화와 국제적 신뢰도를 높이기 위해서는 주요통화 대비 위안화 환율을 고정시켜 놓고자 하는 중국 당국의 의도로 인해, 일중변동폭 제한이 심한 달러화나 유로화의 경우 현재 일중변동폭을 더 확대해야 위안화 환율결정의 투명성을 높일 수 있는 방법이 될 것이라고 조언한다.

둘째, 위안화 환율의 중간가격을 결정하는 데 있어서 투명성을 높여야 한다는 지적이다. 현재 각국 통화와 위안화 환율의 중간가격 결정방식은 인민은행 산하 외환거래센터의 개입 소지가 크다는 것이며, 이는 각 통화별 시장조성자 은행들이 외환거래센터에 제출한 개별 중간가격은 공개되지 않은 채 이를 평균한 중간가격 결과치만 고시되기 때문이다. 외환거래센터가 중간가격을 임의적으로 수정해 평가절하 폭을 키우거나 낮추는 방법이 얼마든지 가능하다는 것이다. 우리나라나 다른 선진국들이 거래 은행별 중간가격을 투명하게 공개하는 것에 비하면 후진적인 정책인 것이다.

셋째, 각 통화별 시장조성자 은행들의 호가제시를 현재보다 좀 더 적극적으로 유도해야 한다는 방식도 거론되고 있다. 중국 내 외환시장은 달러화와 위안화 거래만 충분한 거래량으로 거래가 이루어지고 있을 뿐, 유로화, 파운드화, 엔화 등 다른 글로벌 통화들은 거래량이 달러화에 비해 현저히 떨어질 정도로 거래비중이 낮은 것이 현실이다. 이런 상황에서 달러화를 제외한 통화들의 거래는 해당 시장조성자 은행들의 호가제시도 활성화되지 않고 있어서, 외환거래센터가 각 통화별 시장조성자 은행들의 호가제시를 매일 일정 횟수 이상 의무화한다거나, 좀 더 호가제시 제도를 활성화시키는 방법도 거론되고 있는 것이다.

중국은 2015년 위안화의 SDR편입, 2016년도에는 SDR채권 발행에 대한 의지피력 등으로 위안화 국제화에 많은 신경을 쓰고 있는 모습이다. SDR편입 심사에서 2015년도에는 통과되어 편입에 성공했지만, 그로부터 5년 전에 심사인 2010년도 심사에서는 위안화의 불투명한 환율 결정방식이 주된 이유로 해서 SDR 편입에 실패했던 경험도 가지고 있다. 이런 중국이 위안화 국제화와 글로벌 시장에서의 위상을 높이기 위해서는 반드시 거쳐야 하는 것이 위안화 환율결정 방식의 투명성 제고라는 점이고, 최근 중국은 이런 글로벌 시각에 부응하기 위해 어떤 식으로든 위안화 환율 결정방식을 개선하려는 모습을 보이고 있는 것이다.

4. 일본의 정치와 선거제도

일본은 양원제를 선택하고 있는 국가이다. 글로벌 선진국들 중에서 양원제는 미국, 일본, 프랑스, 영국 등이 선택하고 있으며, 전 세계적으로는 약 70여 개 국가에서 채택하고 있는 의회제도이다. 우리나라의 경우에도 제2공화국(1960~1961년)에서 민의원(하원)과 참의원(상원)을 두고 양원제를 실시했었던 적이 있다.

양원제란 의회가 두 개(상원, 하원)로 구성되어있고, 각 원에서 각각 독립하여 결정한 내용이 두 원에서 모두 일치하는 경우에 전체 의원의 의사로 간주하는 의회제도이다. 따라서,

국회를 두 파트로 나눠서 국정을 처리함으로써 국정을 처리하는 데 있어서 보다 신중한 의사결정을 할 수 있다는 장점을 가진다. 반면, 의안심의가 지연되거나, 국고가 이중으로 낭비된다는 점, 책임소재가 불분명할 수 있다는 점, 정부에 대해 권한이 나뉘어 있는 의회의 지위가 약화될 수 있다는 점 등은 단점으로도 작용하는 부분이다.

일본의 양원제는 하원(중의원)과 상원(참의원)을 두고, 중의원에서 입법사항을 먼저 심사하고, 이것을 다시 참의원에서 통과시키는 역할을 분담하고 있다. 중의원(하원)의 권한이 일반적으로 참의원(상원)보다 크고, 중의원이 1차로 심의, 통과한 법률안이 참의원에 의해 거부되었을 경우에는 중의원 2/3의 찬성으로 법률 성립도 가능한 제도를 취하고 있다. 일본에서는 참의원 선거는 "통상(通常)선거" 또는 "개선(改選)"이라고 부르며, 중의원 선거는 "총선(總選)"이라고 부른다.

일본의 중의원(하원)은 현재 총 465석이고 임기는 4년이며 중도에 총리의 해산권한에 의해 해산이 가능하다. 따라서 임기가 4년이라고 하더라도 총리의 국회해산권에 의해 중의원은 해산될 수 있기 때문에 4년이라는 임기가 보장되는 것은 아니다. 현재의 중의원은 2017년 9월 아베총리가 해산을 한 후 2017년 10월 22일 총선이 치러져 구성되었다. 향후 임기는 4년으로 2021년까지로 되어있다.

일본의 참의원(상원)은 총 242석(정원 242석)이고 임기는 6년이며 중도에 총리의 국회해산권에 의해서도 참의원은 해산하지 않으며 임기를 6년간 보장받게 된다. 242명 중에서 121명씩 나눠서 교대로 3년마다 한 번씩 선거를 한다.

의원내각제인 일본은 중의원 다수당의 총재가 총리로 지명된다. 아베 총리는 2012년 12월 중의원 선거에서 자민당이 당시 전체 480석 가운데 294석을 차지하면서 다수당의 총재로서 총리로 지명되었다. 아베 정권을 "아베 연립정권"이라고 하는데, 이는 현재 아베총리 소속인 자민당과 공명당을 합쳐 연립여당을 구축하고 있다고 해서 아베정권을 "아베연립정권"이라고 부르기도 한다. 반면, 이에 대항하는 야당으로는 민진당, 공산당, 사민당, 생활당 등이 있다.

2018년 기준 일본의 국회의원 수 현황은 아래와 같다.

구 분	연립여당 의석수 (자민당 + 공명당)	야당 의석수	합 계
중의원 (정원 465석)	313석	152석	465석
참의원 합계 (정원 242석)	146석	96석	242석
합계	459석	248석	707석

일본은 중의원 465명, 참의원 242명으로 총 707명의 국회의원이 있으며, 헌법을 개정할 수 있는 개헌규정을 2/3선으로 규정하고 있다. 개헌선을 넘기기 위해서는 각 원에서 2/3 이상의 찬성이 있어야 한다. 현재 중의원에서는 연립여당 의석수가 313석으로 2/3선인 310석을

웃돌고 있어, 연립여당은 중의원에서 개헌 의석을 만족하고 있는 상황이며, 2016년 7월에 치러진 121명의 참의원 선거 결과 참의원 수는 146명으로 2/3를 넘지 못하고 있다. 그러나 개헌에 찬성하는 소수 야당의 참의원 수를 더하면 2/3선인 162선을 가까스로 넘기게 될 것으로 보인다.

일본은 2차 세계대전 패전 후 1947년에 미국 등 승리국의 영향을 받아 현재의 평화헌법을 만든 뒤 한 번도 개헌을 하지 않았다. 그만큼 개헌을 위한 조건이 까다로운 이유도 있다. 일본에서 헌법을 개정하려면 세 가지 조건을 갖추어야 한다. 첫째, 중의원 100명, 참의원 50명 이상이 동의하에 개헌안을 국회에 상정하고, 둘째, 중의원과 참의원에서 각각 재적의원 2/3 이상의 찬성에 따라 개헌안을 국민투표에 부쳐, 셋째, 18세 이상 전 국민의 국민투표에 의해 국민 과반이 찬성으로 개헌이 이뤄진다.

아베 총리는 집권 이전부터 현행 일본 헌법은 일본이 점령당한 시대에 점령군의 의지로 인해 만들어진 헌법이라고 하며 개헌을 주장해 왔으며, 임기 중에도 개헌에 대한 직간접적인 표현을 계속해 왔었다. 일본의 헌법을 "평화헌법"이라고 부르는데, 일본의 평화헌법은 1947년에 2차 세계대전 종전 후 패전국 지위로서 만들어진 헌법인 것이다. 평화헌법이라고 불리는 이유는 전범국(전쟁을 일으킨 나라)이자 패전국으로서 전쟁을 포기하고, 전력을 포기하고, 교전권을 부인하는 내용이 담긴 일본 헌법 제9조의 영향인데, 아베 총리를 포함한 연립 보수정당에서는 이 내용을 수정하여 일본을 보통국가로 만들고 자주헌법을 만들어야 한다고 주장하고 있는 것이다.

보수주의 정당의 지도자인 아베총리나 보수우파적인 일본 정당들의 입장에서는 일리가 있는 내용일 수 있지만, 일본 국민들의 정서는 헌법 개정에 대해서 그렇게 찬성을 하고 있지는 않은 것으로 보인다. 일본 내에서는 현재의 평화헌법을 개정할 필요가 없다는 여론이 2015년도에 48%에서 2016년도에는 55%로 늘어난 상황이다. 2017년 10월 총선에서는 예측대로 연립여당이 개헌선을 넘겨 승리할 것이라는 점에는 크게 이견이 없었지만, 향후 개헌에 이르기까지는 국민적인 여론 공감대 조성이라든지, 야당에 대한 설득작업, 국제적인 입장 등을 고려하면 일사천리로 개헌작업이 이루어질 것으로는 보이지 않는다.

5. 플라자 합의와 일본의 잃어버린 20년

1980년대 초 당시 글로벌 경제상황은 석유파동과 유가상승으로 인한 생산차질, 중동전쟁으로 인한 미국의 재정적자폭 확대로 미국은 글로벌 최대강국의 지위가 내려가고 있는 상황이었고, 일본은 쏘니, 산요, 후지, 토요타, 혼다 등의 전기, 전자, 자동차 업종 등의 성장에 힘입어 미국을 뛰어넘는 경제력을 가질 수 있다는 기대심리가 확산되는 상황이었다. 이런 상황에서 글로벌에서 최고의 정치적, 경제적, 군사적 영향력을 행사하고 있던 미국은 G5(미국, 영국, 프랑스, 독일, 일본) 국가와 함께 미국 뉴욕의 플라자호텔에서 G5 재무장관 회담을 열게 된다.

전쟁, 유가상승 등으로 가치가 오를 대로 오른 미국의 달러화와 재정적자로 허덕이던 미국은 세계경제와 세계평화를 위해 달러화가 이렇게 올라가는 것은 바람직스럽지 않으니, 미국을 제외한 나머지 국가들의 화폐가치를 상승시켜 미국의 달러가치의 상대적인 하락을 용인해 줄 것을 요구하게 되고, 그 주요 대상 국가는 독일과 일본이었다. 독일과 일본은 미국의 추가적인 압력이나 미국과의 상호우호적인 관계의 유지, 군사적 영향 등을 감안하여 미국의 이런 요구를 들어주며 자국 화폐가치를 상승시키기로 합의하게 되는데, 이를 1985년 9월에 이루어진 "플라자합의"라고 한다.

일본의 "잃어버린 10년" 또는 "잃어버린 20년"이라고 표현하는 시기의 단초가 된 사건이 바로 이 "플라자합의"인데, 이후 일본 엔화는 기존에 1달러당 240엔대 수준이었던 것이 합의 이후 3년 만에 1달러당 120엔대까지 100% 정도 절상되는 시기를 맞게 된다. 이제는 슈퍼달러가 아니라 엔고현상이 발생된 것이다. 이런 엔고 현상은 일본 수출경쟁력의 하락으로 이어져 일본의 수출기업들은 국제무대에서 가격경쟁력을 상실하게 되고, 수출주도형 국가인 일본은 이로 인해 극심한 경기침체의 시작을 맞게 되었던 것이다.

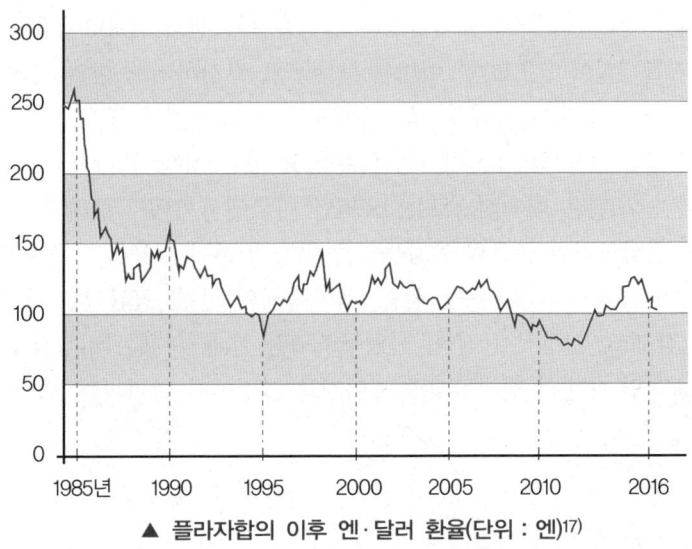

▲ 플라자합의 이후 엔·달러 환율(단위 : 엔)[17]

80년대 후반의 엔고 현상을 겪으면서 일본은 90년대에 들어 경기를 다시 살리기 위해 금리인하 정책을 사용하는데, 이로 인해 시중에 풍부해진 유동성은 소비와 투자를 통한 경기활성화를 위해 사용되어지지 않고 부동산으로 몰리면서 부동산 시장에 거품을 만들게 된다. 부동산 시장을 중심으로 한 인플레이션이 나타나자 다시 일본정부는 금리를 인상하게 되는데, 이때 대출을 통해 부동산에 투자했던 개인들과 기업들의 파산이 이어지게 되고, 여기서부터

---

17) 자료 : 한국은행

일본 경제는 장기침체로 들어서게 된다. 그로 인한 부실채권 문제가 일본경제의 성장을 저하시키며 일본은 장기불황의 늪으로 진입하게 된 것이다.

이후 일본의 모든 정책은 디플레이션 탈출에 초점이 맞춰졌으나 미완에 그쳤다. 일본의 보수정권은 경기를 부양하기 위해 지속적으로 노력했지만 그 효과는 일시적이었으며 개혁을 위한 시간만 낭비하는 결과를 초래했다. 또 경기부양과정에서 일본정부의 재정적자가 크게 악화됐는데 이는 장기적으로 일본의 경제체질을 약화시키고 성장가능성을 더욱 축소시키는 결과를 초래하게 되었다.

결국 일본의 장기침체에 대한 시발점은 1980년대 당시까지 글로벌 경제에서 최고의 질주를 하고 있던 중에 1985년 9월 플라자합의 때부터 시작되었다고 할 수 있고, 이후 일본 국내 경제상황에 대한 진단과 처방의 과정에서 잘못된 경제정책들의 실수연발이 불러온 결과라고 할 수 있다. 아베총리 부임이후 아베노믹스로 장기불황에 대한 탈출을 다시 시도하고 있지만, 일본의 이러한 불황에 대해 전문가들은 잃어버린 20년을 넘어서 "잃어버린 30년"으로 달려가고 있다고 보기도 한다.

"일본화(Japanization)"라는 표현은 일본을 닮아간다는 의미로, 1980년대에 호황을 누리던 일본경제가 1990년대부터 저성장과 디플레이션이 장기화되는 불황현상을 겪게 되는 일본의 경제현상을 닮아 장기불황기조가 이어지는 현상을 의미한다. 1990년대부터 2010년대까지 일본의 이 시기를 "잃어버린 20년"이라는 표현으로 묘사하기도 한다. 잃어버린 20년을 벗어나기 위한 정책적 선택이 아베총리의 아베노믹스이고, 현재 많은 노력을 하고 있지만 아직 아베노믹스에 대한 성과와 평가는 양분되고 있는 상황이다.

일본의 잃어버린 20년은 대외적으로는 1985년 미국에서 열린 "플라자합의"라는 협상에서 엔화의 가치를 절상하라는 글로벌 열강들의 압박을 일본이 수용하면서 시작하게 되는데, 이후 일본에서는 엔화가치의 지속적인 상승, 정부정책의 실패, 공급기반 약화, 내수침체와 수출의존적인 성장구조, 재정적자 심화, 산업구조조정 실패, 부채 관리정책 실패, 부동산 정책 실패 등의 연속적인 대내적 정책실패로 이어지는 과정에서 잃어버린 20년 체제가 굳어지게 되는 결과를 낳게 되었다고 볼 수 있다.

6. 아베노믹스 1단계

일본은 2012년도 아베총리가 부임한 이후 "잃어버린 20년"이라는 저성장시대를 종언시키기 위하여 "아베노믹스"라는 타이틀로 경제성장 정책을 실시하게 된다. 통화정책, 재정정책, 구조개혁, 산업정책 등 모든 수단과 방법을 가리지 않고 경제를 살리겠다는 것이 아베총리의 의지이고, 이런 경제정책을 "아베노믹스"라고 한다. 아베노믹스를 구성하는 세 가지 항목을 화살이라는 표현에 빗대어 설명하는데, 이 세 가지 화살은 모두 일본 경제를 살리기 위해 쏘아진 상태이고, 계속 추가적인 보조화살들이 쏘아지고 있는 상황이다.

첫 번째 화살은 무제한 양적완화(통화공급량 확대)를 통한 "적극적인 통화정책"을 의미한다. 아베가 2012년 말 집권한 직후인 2013년 초에 일본은행(일본 중앙은행) 총재인 구로다 총재는 매년 60~70조 엔 규모의 유동성을 금융기관에 공급하겠다고 발표했다. 중앙은행의 통화공급은 주로 민간 금융기관이 보유하고 있는 국채를 사들이고 본원통화를 대가로 공급하는 방법으로 통화량 확대정책을 사용하고 있다. 2017년까지 통화공급량 확대정책을 계속 유지해 온 일본은 2018년부터는 통화공급량 확대량을 축소할 계획을 가지고 있는 상태이다. 이런 통화정책의 전달경로는 크게 두 가지 전달경로를 염두에 두고 실시하였다고 볼 수 있다. 첫째, 시중의 금리를 낮춰 대출과 소비, 투자증대, 주식시장 활성화 등을 통한 경제 활성화와 저물가(소비침체)상태에서 안정적인 물가상승률을 유지(소비 정상화 및 수요증대)하도록 하는 실물경제에 대한 전달경로이고, 둘째, 통화팽창이 엔화의 가치를 떨어뜨림으로 인해 대외적인 무역시장, 무역분야에서 경쟁력을 가지고 수출을 활성화시켜 경제를 살리겠다는 전달경로이다.

두 번째 화살은 대규모의 재정적자를 무릅쓰고 정부의 재정지출을 통한 공공지출을 확대하는 "확장적 재정정책"을 의미한다. 1990년대부터 잃어버린 20년을 거치면서 힘들었던 시기를 거친 일본의 기업들은 "자라보고 놀란 가슴이 솥뚜껑 보고 놀라는 것"처럼, 첫 번째 화살을 쏘아올린 효과인 금리인하에도 불구하고 대출을 받지 않고 과잉채무에 대한 두려움과 경계심 때문에 활력적 투자가 일어나지 않는 것에 대한 일본 정부의 2차적인 대응전략이라고 할 수 있다.

즉, 민간에서 대출하지 않고 은행에 묻혀있는 자금을 정부에서 대출받아 민간에 다시 과감한 공공지출을 확대한다는 것인데, 이때, 정부에서 대출을 받는다는 것이 다시 국채를 발행하여 민간은행에 매각하고 매각대금을 정부재원으로 공공지출에 투자를 하는 것이다. 이 과정에서 2014년 4월, 과도한 재정지출을 지양하고 건전한 재정수입 재원을 마련하기 위하여 "소비세 인상"이라는 카드가 나오는데, 이 소비세 인상으로 첫 번째 화살로 인한 경제 불씨 살리기, 두 번째 화살로 인한 공공지출 확대에 다시 찬물을 얹는 결과를 가져오게 된다.

세 번째 화살은 구조개혁과 규제완화 등 일본 경제의 장기적인 성장 잠재력을 높이기 위한 "공격적인 성장정책"을 말한다. 해외인재에 대한 과감한 유입정책을 통해 노동력 분야에서의 구조개혁을 이루어내고, 로봇산업과 사물인터넷, 빅데이터 등의 4차 산업혁명과 IT분야를 육성하여 산업구조를 개혁해 나간다는 것이다. 세 번째 화살에 대한 방법론으로 2014년도에 법인세율 인하를 통해 기업경쟁력을 강화하고자 하였지만 명확한 실적이 나타나지 않았고, 2015년도에는 추가로 노동 분야와 IT분야를 중심으로 개혁정책을 발표하기도 하였다.

7. 아베노믹스 2단계

2012년 12월 아베총리가 부임한 이후 "잃어버린 20년"이라는 저성장시대를 종언시키기 위하여 "아베노믹스"라는 타이틀로 경제정책을 실시하게 된다. 아베노믹스 1단계라고 하는 내용은 완전히 종결된 내용이 아니라 계속 진행 중인 상태이지만, 2012년 12월부터 2016년 5월까지를 1단계 기간으로 보고, 2016년 하반기 이후 아베노믹스 2단계를 본격 추진 중이다. 1단계 아베노믹스의 주요 성과를 보면, 종합적으로 장기간의 경기부진, 후쿠시마 대지진 등으로 침체되어 있던 경제 분야의 활력을 제고하고 정치적 안정에도 기여하였다는 평가를 내릴 수 있다. 명목 GDP, 실질 GDP는 모두 아베노믹스 시행 이전보다 대폭 상승하고 있으며, 닛케이 주가지수도 2012년 말 10,000포인트대에서 2018년 초에는 23,000포인트대까지 상승하고 있고, 환율은 1달러당 80엔대에서 현재는 1달러당 110엔대를 기록하고 있고, 실업률도 2012년 말 4.3%에서 2017년 말에는 2.7% 수준으로 20여 년 만에 최저 실업률을 기록하고 있다. 또 기업의 수익성도 엔화약세의 영향으로 글로벌 금융위기 이전의 수준을 회복하고 있다.

그러나 아베노믹스 1단계에서 한계를 드러낸 점은, 물가상승률을 최소 1%, 목표치는 2%대까지 끌어올리지 못하고 있다는 점이 가장 아쉬운 상황이다. 2013년 4월에 물가상승률 목표치를 2%대로 잡은 이후, 2014년에 소비세 인상이라는 패착으로 인해 다시 소비둔화와 저물가 상황을 겪었으며, 현재는 2%대의 물가상승률 목표달성을 연기에 연기를 거듭하여 2018년까지 달성하겠다는 계획을 가지고 있는 상황이다. 또한, 임금인상률이 아베노믹스 시행 이전 수준만큼 아직 회복되지 못하고 있으며, 기업의 수익성 개선과 함께 소득수준의 미회복은 소득분배의 질을 악화시키는 계기가 되기도 하였다. 이와 함께 적극적 재정정책 실시로 인한 재정상황 악화도 한계점으로 꼽는다.

이렇게 아베노믹스 1단계는 아직 구조개혁과 성장전략 등 진행 중인 상황이긴 하지만, 성과와 한계점을 함께 드러내면서 전반적으로 성공 쪽으로 좀 더 평가가 이루어지는 상황이다. 아베노믹스 2단계는 2015년 9월 자민당 의원총회에서 언급된 이후, 향후 저출산, 고령화 등 구조적 문제와 낮은 잠재성장률과 함께 인구구조의 변화를 주요 배경으로 언급하면서 2016년 6월에 50년 뒤에도 인구 1억 명이 활발하게 활동하는 "1억 총활약 사회" 실현을 목표로 구체적인 계획을 수립하고 있다.

첫째, 2단계 첫 번째 화살로 "강한 경제"를 만들겠다는 것이다. 기존의 1단계에서 과감한 금융완화 및 적극적 재정정책 등을 포함하면서 수요와 공급의 선순환을 통해 2022년에는 GDP 600조 엔을 달성하겠다는 목표이다. 현재 일본의 실질 GDP는 약 525조 엔 수준이다. 이를 위해 1단계에서 한계점을 드러내고 있는 임금, 소득증가와 함께 규제개혁 등을 통해 소비증가와 지역경제 활성화를 도모하며, 다시 기업의 수익성 향상과 함께 GDP 증가라는 선순환 구조를 만들어 가겠다는 것이다.

둘째, 2단계 두 번째 화살은 "육아지원" 정책이다. 2015년 말 기준 일본의 출산율은 1.41명 수준으로 1990년대에 1.5명 이하로 내려온 출산율이 20년 넘게 정체상태로 머물러 있는 상황이지만, 2026년까지 출생률을 1.8명으로 끌어올리겠다는 계획을 세우고 있는 것이다. 출산율 상승을 위해서는 청년 고용안정, 소득개선, 육아 및 교육환경 개선, 직장과 가정의 양립 정책 등이 기본적으로 이루어져야 하며, 비정규직 근로자 처우개선과 서비스산업 생산성 제고, 여성 경제활동 지원 등 구체적인 정책들이 발표되고 있다.

셋째, 2단계 세 번째 화살은 "사회보장" 정책이다. 고령화 사회의 진전과 함께 고령자에 대한 간병 환경을 개선하고 노인 취업 확대 등을 통해 고령 인구 친화적인 사회를 건설하여 2026년에는 고령 가족을 간병하기 위해 직장을 그만두는 간병 이직을 제로(0)로 만들겠다는 것이다. 2015년 기준 일본의 연간 간병 이직자는 10만 명 수준이라고 한다. 이를 위해서는 간병 기반조성 및 간병 인력확보, 부양가족 지원, 노인들의 자립지원 등을 기초로, 사회복지 정책을 강화해 나가는 정책을 실시해 나가겠다는 계획이다.

	강한 경제(新제1의 화살)	육아지원(新제2의 화살)	사회보장(新제3의 화살)
목표	• GDP 600조 엔(2022년 목표)	• 희망 출생률 1.8명(2026년 목표)	• 간병이직 제로(2026년 목표)
당명 과제	• 성장력 약화 • 지역경제 위축 • 개인소비 부진	• 결혼여건 개선 • 출산·육아 여건 개선	• 간병환경 정비 • 건강수명 연장
기본 방침	• 아베노믹스 1단계 지속 • 생산성 혁명 촉진 • 신규 유망산업 창출·확대 • 임금, 가처분소득 증가	• 청년고용안정, 소득개선 • 육아·교육환경 정비 • 직장과 가정의 양립	• 간병기반 및 인력 확보 • 부양가족 지원 • 노인 자립 지원
주요 정책	• 관민전략프로젝트 10 • 규제·제도 개혁 메커니즘 도입 • 혁신 창출 및 인재 발굴 • '개혁 2020' 프로젝트 • 최저임금 인상 등	• 무기계약직 전환 확대 등 비정규 근로자 처우개선 • 서비스산업 생산성 제고 • 보육서비스 개선 및 보육인력확보 • 여성 경제활동 지원	• 간병인력 확보 및 처우개선 • 시간외 근무 제한 • 간병상담센터 등 지원기관 설립 • 노인 취업 촉진

▲ 아베노믹스 2단계의 주요내용[18]

위에서 언급한 1단계의 아베노믹스와 2단계 아베노믹스의 성공적 완수를 위해서는 향후 1단계에서 한계점을 드러내고 있는 민간소비 증가 촉진 문제와 물가상승률 목표치 미달성 문제, 소득수준이나 임금수준 상향 문제, 재정건전성 확보 문제 등과 함께 2단계 아베노믹스로 계속 이어지는 구조개혁과 규제완화 문제, 노동생산성 향상 및 임금개혁 문제, 일본경제의 외연을 확대하기 위한 대외개방 확대문제 등은 아직도 풀어나가야 할 과제로 언급되고 있다.

---

18) 자료 : 한국은행

8. 엔화와 안전자산

2016년 6월 브렉시트 결정과 동시에 글로벌 금융시장에서 엔화가치가 급격히 상승했던 기억은 지금도 생생하다. 당시 아베 총리는 아베노믹스를 통해 4년간 엔화가치를 떨어뜨려 왔는데, 브렉시트 결정으로 4시간 만에 4년간의 노력이 물거품이 되는 상황을 겪었고, 글로벌에서 이슈화 되었던 것이다. 당시에도 일본 엔화는 안전자산이라는 이유로 글로벌 금융위기 시마다 엔화가치는 상승하는 과정을 겪게 되었고, 2017년 하반기 북한의 괌 포위사격 위협으로 일본의 영공을 미사일이 통과한다는 위험 상황에도 불구하고 엔화가치는 또 상승하고 있었던 것이다.

전통적으로 일본 엔화가 글로벌 금융시장에서 안전자산으로 인식되며 이런 변화를 겪어야 하는 이유를 보도록 하자.

첫째, 일본이라는 나라 자체는 국가부채가 높은 상황이지만, 일본 기업과 국민들은 채무에 허덕이는 것이 아니라 알짜배기 부자들이라는 점이다. 일본은 1990년대 이후 "잃어버린 20년"이라는 경기침체와 불황기를 겪고 있는 나라이다. 또 이런 경기부양을 위해 적자재정 정책을 고수하다 보니 일본의 국가부채는 일본 국내총생산(GDP)의 250% 수준을 차지하고 있는 나라이다. 글로벌 투자자들은 일본의 국가부채를 보고 엔화의 가치를 평가하는 것이 아니라, 1991년 이후 25년 동안 세계 1위의 대외 순채권국 지위를 유지하고 있고, 일본 정부는 부채가 과다한 편이지만, 일본 기업과 국민들은 그동안 수출로 벌어들인 자금을 해외에 엄청나게 빌려주고 투자해 놓고 있다는 것이다.

"대외 순자산"이라는 것은 국가와 민간의 모든 대외채권에서 모든 대외채무를 차감한 금액인데, 2016년 말 기준 일본의 대외 순자산은 약 350조 엔(3조 5,000억 달러) 수준이라고 한다. 그만큼 일본이라는 나라에서 대외국가로부터 빌린 자금보다, 일본이라는 나라에서 대외국가에 빌려준 금액이나 투자하고 있는 자금이 많다는 것이다. 대외 순자산 기준으로 일본은 세계 1위의 최대 채권국인데, 2위는 독일(1조 6,200억 달러)이고, 3위는 중국(1조 6,000억 달러)이다. 이들 2위와 3위인 나라에 비해 일본의 순 채권액은 약 2배 수준인 것이다. 대외순자산은 순수한 국가차원에서의 채권, 기업이나 민간의 채권액을 모두 합한 것이다. 일본의 거대한 대외 순자산 규모가 형성되는 과정에서 중요한 역할을 하는 경제주체가 "와타나베 부인"이다. "와타나베 부인"은 일본의 중상류층을 형성하는 중년이후의 여성들이 일본 엔화를 해외 자산 등에 투자하는 개인투자자들을 말하는데, 투자 자본은 개인 소유자본일 수도 있고, 일본에서 낮은 금리로 엔화를 빌려 외화로 환전한 뒤 해당국가의 고금리 자산에 투자하기도 한다. 와타나베 부인은 일본의 저금리라는 특수성을 바탕으로 등장한 개인 외환투자가들로, 국제 금융시장이 불안한 상황을 맞으면 이들이 해외 투자 자금을 회수해서 다시 엔화로 바꾸게 된다. 이들의 자금 규모가 수십조 엔(수백조 원)에 이르며, 이런 현상도 위기 시 엔화가치를 상승시키는 요인으로 중요하게 분석되고 있다.

둘째, 외환보유액 기준으로 일본은 세계 2위를 기록하고 있다. 일본의 외환보유액은 2017년 말 기준 약 1조 2,000억 달러를 보유 중인 것으로 발표되고 있다. 중국이 약 3조 달러 수준으로 세계 1위의 외환보유액을 보유하고 있고, 그 뒤를 이어 일본이 2위의 자리를 지키고 있다. 한때, 중국도 4조 달러 수준으로 외환보유액을 유지하였지만, 2016년 초 글로벌 투기자본의 위안화 가치하락에 대한 공격으로 위안화 가치방어를 위해 달러를 시장에 약 9천억 달러 수준으로 풀었던 결과, 현재 중국은 3조 달러 수준의 외환보유액을 유지하고 있다. 그러나 일본의 경우에는 1조 2천억 달러 수준의 외환보유액을 거의 변함없이 일정하게 유지하고 있는 것이다.

셋째, 일본은 경상수지를 1981년부터 현재까지 약 30년이 넘도록 연속 흑자를 기록하고 있는 나라라는 점이다. 일본의 경상수지는 불황에 시달리던 잃어버린 20년 안에서도 항상 흑자를 기록하였다. 1981년 이후 30년이 넘도록 일본은 월별로는 적자를 기록하기도 하였지만 항상 연간 개념으로는 매년 흑자를 기록하고 있으며, 2017년도의 경우 일본의 경상수지 흑자액은 약 22조 엔 수준으로 2008년 글로벌 금융위기 이후 최고치를 기록하고 있다고 한다. 2013년에는 동일본 대지진의 여파로 경상수지가 2조 엔대로 급격히 추락하기도 하였지만, 그 이후 다시 꾸준히 증가하고 있으며 이 경상수지 흑자 규모는 그대로 일본 외환보유액의 축적 재원이 되기도 한다. 아직 최종집계 및 발표가 되지는 않았지만 2018년에도 일본의 경상수지는 흑자는 계속 이어질 전망이다.

넷째, 글로벌 국제 금융시장에서의 엔화의 유동성이 풍부하다는 점이다. 무역거래, 자본거래 등 글로벌 금융시장에서 엔화의 거래는 세계 3위를 기록하고 있다. 글로벌 금융시장에서 3대 기축통화에 들고 있는 것이다. 미국 달러화가 약 40%, 유로화가 약 20%, 엔화는 약 10% 수준으로 글로벌 금융시장에서 거래되고 있다. 글로벌 유동성이 그만큼 높은 통화라는 의미이고, 그만큼 어떤 경우에도 엔화가 고갈이 되어 거래가 되지 않을 일은 없을 것이라는 점을 보여주며, 유동성이 풍부한 통화라는 강점으로 안전자산으로서의 명맥을 이어가고 있는 것이다.

이런 점들이 일본 엔화가 글로벌 안전통화로서 인정받고 있는 이유라고 할 수 있다. 글로벌 3대 안전자산이라 하면 첫째가 미국 국채, 둘째가 일본 엔화, 셋째가 금을 칭한다. 그만큼 일본 엔화는 세계 3대 안전자산으로 위치를 확고히 하고 있으며, 글로벌 정치, 경제 위기 시마다 안전자산에 대한 선호도가 높아지면서 엔화의 가치는 상승하게 되는 것이다. 다른 나라의 위기 시에 일본 엔화의 가치가 상승하는 것은 일견 이해가 될 수도 있지만, 직접적으로 일본의 위기 시에도 일본 엔화의 가치가 상승하는 현상은 금융 전문가들에게도 아이러니한 현상이라는 반응을 보이기도 한다. 이론적으로 충분히 설명할 수는 없지만, 그럼에도 불구하고 일본 엔화는 전통적으로 안전자산이라는 지위로 위기 시마다 선호도가 높아지고 있다.

CHAPTER 04 유럽, 중동, 북한편

1. EU와 유로존(Euro Zone)

"EU(European Union)"는 "유럽연합" 또는 "유럽공동체"라고 부른다. 1993년 창립되었으며 영국의 탈퇴로 현재는 27개국으로 구성된다(현재 영국은 탈퇴 이행과정으로 완전한 탈퇴국은 아니지만 일단 탈퇴국으로 산정하였다). 유럽 내 단일시장 구축, 단일통화 실현을 통해 유럽의 경제와 사회적 발전을 촉진하고, 공동방위와 공동 외교안보 정책을 통해 국제무대에서도 유럽의 지위를 확고히 만들고자 하는 목적으로 만들어진 연합이다.

"유로존(Euro Zone)"이라는 용어는 유럽공동체(EU) 내에서 EU가입 여부와는 별개로 유로화를 국가 통화로 사용하는 나라들을 말한다. 현재 영국을 제외한 27개 EU회원국 중에서 19개국은 유로화를 국가 통화로 사용하고 있으며, 8개국은 각자의 통화를 사용하는 비유로존 국가로 구성된다.

> **참고** EU와 유로존 국가들
>
> - EU 회원국 중 유로화 사용국가(19개국, 유로존 국가) : 그리스, 네덜란드, 독일, 룩셈부르크, 몰타, 벨기에, 스페인, 슬로바키아, 슬로베니아, 아일랜드, 에스토니아, 오스트리아, 이탈리아, 키프로스, 포르투갈, 프랑스, 핀란드, 라트비아, 리투아니아
> - EU 회원국이지만 유료화를 사용하지 않는 국가(8개국) : 덴마크, 스웨덴, 불가리아, 체코, 헝가리, 폴란드, 루마니아, 크로아티아
> - 유럽지역 내 EU 비회원국(5개국) : 노르웨이, 리히텐슈타인, 스위스, 아이슬란드, 영국
> - EU에 속하지 않으면서 유로존에 속하는 유로화 사용지역 : 안도라 공국, 코소보, 생 마르땡, 몬테네그로 등
>
> **참고** 유럽중앙은행
>
> 1993년 단일시장체제가 출범한 '유럽연합(EU)'은 통화의 통화단위로 유로화를 사용하고 있다. 유로화는 1995년 EU 정상회의에서 출범하기로 합의한 이후, 2002년까지 과도기 및 시범사용기간 등을 거침으로써 유럽의 단일통화로 정착하게 되었는데, 유럽중앙은행(ECB, European Central Bank)은 이런 유럽연합 체제 하에서 유로화에 대한 단일통화정책 및 유럽연합의 통합 금융정책, 물가안정이라는 목적을 수행하기 위해 2000년에 독일 프랑크푸르트에 설립하였다.

> **참고** 솅겐조약
>
> 벨기에, 프랑스, 독일, 네덜란드, 룩셈부르크 등 5개국이 1985년에 조인한 솅겐조약은 유럽 각국이 공통의 출입국 관리정책을 사용함으로써 국경시스템을 최소화하고, 조약에 가입한 나라들 간에 인적, 물적 이동을 자유롭게 함을 주요 내용으로 하고 있다. 솅겐조약에 가입한 나라들은 EU와는 별개로 출입국 관리정책을 단일화하고 있으며, 훗날 EU 창립에도 영향을 준 조약이라고 할 수 있으며, EU 가입은 하지 않았지만 솅겐조약에만 가입한 나라들도 있다.
>
> **참고** 리스본조약
>
> 정식 명칭은 "유럽연합 개정조약(EU reform treaty)"으로, 2007년 당시 EU 27개국 정상들이 포르투갈의 리스본에 모여서 서명하였다고 해서, "리스본 조약"이라 부른다. EU에 대한 헌법적 지위를 가지고 있는 조약으로, EU의 경제공동체, 정치적 통합을 목표로 한 조약이다. EU에 대한 가입과 탈퇴 등 EU에 대한 모든 규정을 담고 있는 조약으로 EU 각국의 비준을 거쳐 2009년 12월부터 정식 발효되었다.

2. 이스라엘과 팔레스타인 분쟁

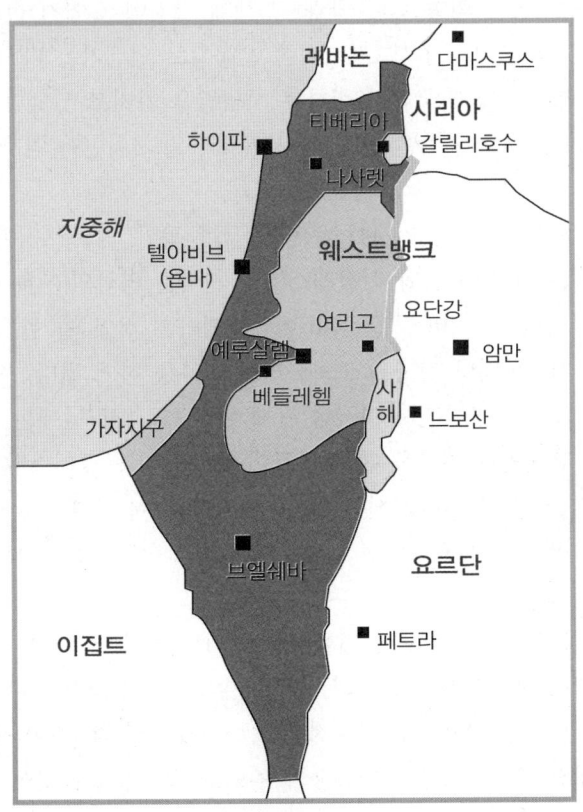

위의 지도에는 보이지 않지만 레바논 지역의 헤르몬 산에서 발원하여 갈릴리 호수를 거쳐 남으로 흘러 사해로 접어드는 강의 이름이 "요단강"이다. 성경에서는 지중해와 요단강의 서쪽 지역 사이를 "가나안 땅"이라고 불렀다고 한다. BC 1300년경 모세에 의해 이집트 지역을 탈출한 유대인은 가나안 지역에 정착하여 이스라엘 왕국을 세웠지만, 여러 전쟁들을 거치며 최종적으로 AD 70년경에 로마제국에 의해 멸망하면서 이때부터 유대인들은 영토를 잃고 세계 각지로 흩어지게 된다. 이후 로마제국의 박해로 인해 가나안 지역에는 이슬람 세력이 영토를 차지하고 거주하게 되었다.

이슬람교는 AD 622년에 마호메트(무함마드)가 메카(사우디아라비아 남쪽)에서 메디나(사우디아라비아 북쪽)로 근거를 옮기는데 이를 "헤지라"라고 하며, 주로 사우디아라비아 반도를 근거지로 하면서 종교활동을 하였고, 메카, 메디나는 이슬람교의 2대 성지로 알려져 있다. 이후 무함마드의 승천과 관련하여 예루살렘 황금의 사원이 등장하면서 예루살렘은 메카, 메디나에 이은 제3의 성지가 되었다. 이슬람교 창시자인 무함마드는 아브라함의 서자로 추방을 당한 이스마엘의 후손으로, 결국 조상인 아브라함의 성지 예루살렘을 탈환하고자 함이 예루살렘을 둘러싼 유대인과 이슬람민족 간의 입장이다.

이스라엘 왕국의 몰락으로 전 세계로 흩어져 살던 유대인들이 다시 선조들의 땅인 가나안 지역으로 돌아가고자 하는 운동이 "시오니즘 운동"이며, 이는 1900년대 초기에 있었다. "시온"은 약속받은 땅이라는 의미로, 유럽과 전 세계 각지에 흩어져 살던 유대민족은 당시 각 지역에서 부를 축적하고 있으면서, 시오니즘 운동으로 언젠가는 다시 돌아가야 할 땅, 다시 돌아가서 유대인의 나라를 건국해야 한다는 사명감을 가지고 있었다. 2천년 가까이 흩어져 살던 유대인들에게는 시오니즘 운동이 1차 세계대전을 거치면서 역사의 회오리 속으로 빠져들게 된다.

1차 세계대전은 영국, 프랑스, 러시아의 연합3국과 독일, 오스트리아, 이탈리아의 동맹3국 간을 주축으로 하는 전쟁인데, 당시 팔레스타인 지역은 영국의 지배하에 있었고, 영국의 팔레스타인 주재 관리였던 "맥마흔"은 1915년에 "맥마흔 선언"을 통해 팔레스타인을 포함한 독립국가 건설을 지지할테니 전쟁을 도와달라는 발표를 하게 된다. 이 선언으로 팔레스타인 지역은 나중에 독립을 기약하면서 영국을 돕게 된다. 또 1917년에는 영국의 외무장관인 "밸푸어"가 미국 내 유대인과 미국을 전쟁에 끌어들이기 위해 팔레스타인 지역에 유대인 민족국가 건설을 지원한다는 "밸푸어 선언"을 하게 된다. 1차 세계대전 중에 있었던 영국의 이 두 가지 모순된 선언은 2차 세계대전 이후 팔레스타인-이스라엘 영토분쟁의 직접적인 이유가 되었다.

1차 세계대전은 영국을 중심으로 한 연합국의 승리로 끝났고, 시오니즘 운동은 속도를 내며 전 세계 이스라엘왕국의 후손들이 팔레스타인 지역으로 조금씩 이주를 하기 시작하면서 팔레스타인 지역에는 유대인들의 숫자도 점점 늘어나게 되었다. 이후 2차 세계대전이 발발하였고, 2차 세계대전 종료 후 미국과 영국의 주도로 국제연합(UN)이 1945년에 출범하였다.

UN 관할로 1947년까지 팔레스타인 지역을 어떻게 해야 할지 고민하다가 이스라엘과 팔레스타인의 56:44 영토 분할독립안을 만들게 되었다. 이스라엘은 찬성을 하였지만 팔레스타인이 반대를 하면서 무산되었고, 이 사이에도 계속 팔레스타인 지역에서는 다시 모인 유대인과 팔레스타인 간의 내전, 분쟁이 잦았다.

1948년 5월, 이스라엘은 UN의 분리독립안을 근거로 텔아비브에서 이스라엘 독립선언과 건국을 공식화하고, 이는 즉시 팔레스타인 및 인근의 이집트, 요르단, 이라크 등 아랍국가들에 의해 팔레스타인 지역의 이스라엘 건국을 용납할 수 없다는 전쟁의 원인으로 작용하게 되었다. 이스라엘 독립, 건국선언과 함께 발발한 이 전쟁은 1949년 3월까지 이어지게 된다. 이 전쟁이 "제 1차 중동전쟁"이며 이스라엘 측에서는 이 전쟁을 "이스라엘 독립전쟁"으로 불렀고, 아랍 측에서는 "팔레스타인전쟁"으로 불렀다. 약 10개월간의 전쟁으로 이스라엘을 함락시키지 못한 아랍민족은 UN의 권고로 철수하게 되었고, 결국 팔레스타인 지역에 미국, 영국의 배경을 업은 이스라엘이 국가로서 존재하게 된 것이다.

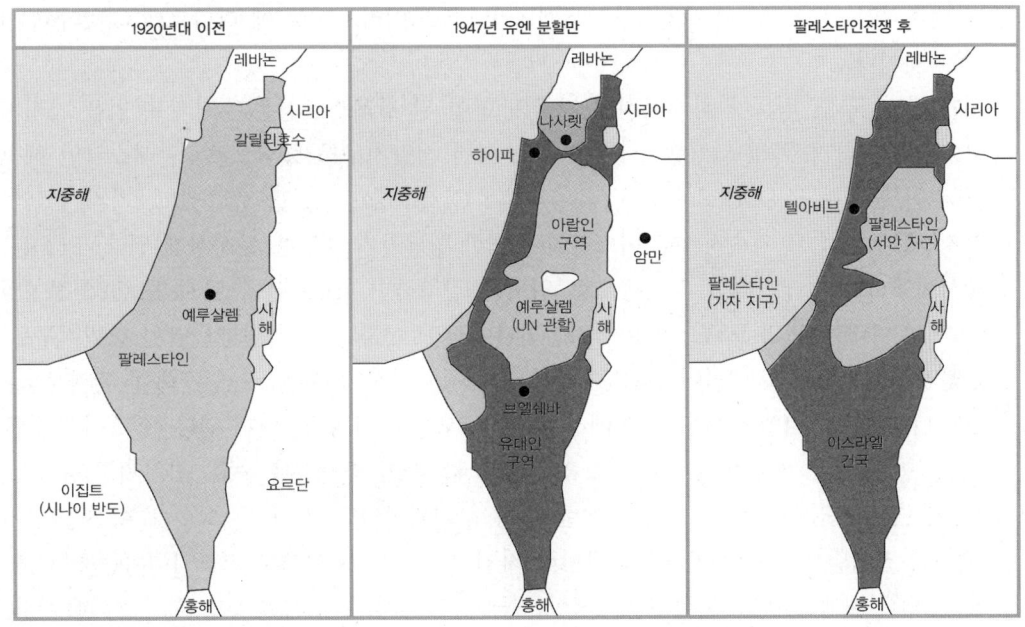

위의 지도는 1920년대 팔레스타인 지역, 1947년의 UN분리독립안, 그리고 마지막은 1949년 제 1차 중동전쟁 종전 후 팔레스타인 지역의 변화를 보여주고 있다. 짙은 부분이 유대인(이스라엘) 지역인데 UN분리독립안에서는 예루살렘은 UN이 관할하는 지역으로, 팔레스타인은 팔레스타인 지역의 서쪽 일부와 동북부 일부를 인정하는 방향으로 정하였고, 전쟁이 종료된 후에 팔레스타인 민족은 서쪽의 가자지구, 사해를 낀 동쪽의 서안(West Bank)지구를 차지하게 된다. 당시 UN에서는 팔레스타인을 UN의 공식국가로 인정하지 않고 이 두 지역을 팔레스타인 자치지구라고만 표현하고 있었다.

제1차 중동전쟁 이후 인근의 아랍국가들도 1950년대를 거치며 중세적 왕국문화와 제국주의 체제에서 근대적 국가개념으로 탈바꿈하는 계기가 되었으며, 이후 이스라엘(팔레스타인 지역)을 두고 제4차 중동전쟁까지 치르게 된다. 또 팔레스타인은 1964년 이스라엘 축출과 팔레스타인 독립을 위한 팔레스타인 해방기구(PLO)를 조직하게 되며, 이후 계속 팔레스타인 독립, 잃어버린 영토와 주권 회복을 위해 내전이 일어나게 되었고, 이스라엘도 이스라엘의 입장하에서 자국의 영토를 지키기 위한 분쟁의 역사가 펼쳐지게 된다.

팔레스타인 입장에서 생각해 보면 "마른 하늘에 날벼락"이라는 표현도 부족할만큼 어이가 없는 일이 아닐 수 없다. 당시 미국과 영국이 주도하는 국제연합(UN)은 미국에서 많이 활동하였던 유대인들의 정치적 입김, 미국과 영국의 전통적 우호관계, 종교적 배경을 바탕으로 이스라엘 측에 유리하지 않을 수 없었던 것이라 평가할 수 있다. 미국-영국-이스라엘을 낀 밀월관계의 결과라는 것이다. 또 당시 UN에서는 팔레스타인이 유대인을 저지하기 위해 히틀러를 도왔다는 내용이 언급되면서 공식적으로 UN이 이스라엘을 우회적으로 도왔으며, 이런 정치적인 입장에서 이스라엘의 건국(1948년 5월)이라는 결론에 다다르게 되었다고 인식되는 것이다.

내가 살던 국가, 영토가 하루아침에 적국의 땅이 된 팔레스타인은 수단과 방법을 가리지않고, 조국을 찾기 위해 노력했을 것이다. 1964년 서안지구를 중심으로 "팔레스타인 해방기구"라는 불리는 "PLO(Palestine Liberation Organization)"를 만들었고, 가자지구와 서안지구를 바탕으로 지속적으로 이스라엘에 대한 영토찾기 내전을 불사하게 된다. PLO는 국제사회에서도 팔레스타인 자치정부로 입지를 강화하며, 1974년에 당시 PLO 의장이었던 "야세르 아라파트"의 노력으로 아랍정상회담에서 PLO를 유일한 팔레스타인 합법기구로 인정받았으며, 1974년 12월에는 UN에서도 PLO를 "정식 옵서버"로 인정하게 된다.

1993년에는 이스라엘과 PLO 사이에서 유명한 "오슬로 협정"을 맺게 된다. 이스라엘과 팔레스타인이 상호 실체를 인정하고 테러중단과 팔레스타인 자치정부 수립, 가자지구 등에서 이스라엘 군의 단계적 철수 등을 규정한 협정에 서명하였던 것이다. 오슬로 협정을 근거로 1996년 팔레스타인은 자치기구가 아니라 자치정부가 되었다. 팔레스타인에서는 PLO를 거쳐, 1990년대에 "하마스"라고 하는 저항운동단체가 자리잡게 되었으며, 하마스는 2006년에 팔레스타인 자치정부의 집권세력이 되면서, 더욱 더 강력한 팔레스타인 독립, 해방운동을 전개하게 된다. 하마스는 오슬로 협정을 인정하지 않으며 자체적으로 이스라엘을 축출하고 독립된 아랍국가를 건설한다는 것을 목표로 하고 있고, 서방에서는 테러단체로 지목할만큼 폭력성이 강한 조직이다. PLO 의장이었던 아라파트 사망 이후 아파파트의 후계자인 압바스(이스라엘에 우호적인 입장)가 서안지구를 중심으로 집권하고 있는 데 반해, 하마스는 가자지구를 거점으로 하면서 이스라엘과 강한 대치를 이어가고 있었다. 따라서 최근까지 분쟁은 주로 이스라엘에 우호적인 서안지구가 아니라 가자지구의 하마스 세력과 많이 일어나고 있다.

이스라엘의 총 900만 명의 인구 중에 약 200만 명 정도는 아랍계 국민이라고 한다. 정치적 수도는 예루살렘으로 정하고 있고, 분쟁으로 인해 행정수도를 텔아비브로 정하고 있어, 각국의 대사관들은 모두 텔아비브에 있다. 이스라엘 주둔지역이라고 해서 반드시 유대민족만 거주하는 것은 아니며, 반대로 가자지구와 서안지구에도 이스라엘 민족이 일부 살고 있다. 역사적으로 지역을 기반으로 내려온 흐름에서 자기 민족 주둔지로 이주하지 못하고 사는 국민들도 있다.

팔레스타인은 현재 UN이 인정하는 독립국가로 인정받지는 못하지만, 국제사회에서 국가로서 인정받기 위한 노력을 지속적으로 전개하고 있다. 2011년 10월에는 이스라엘과 미국이 팔레스타인의 유네스코 회원국 가입을 반대하였지만, 유네스코로부터 유엔 산하기관 최초로 정회원 국가 지위를 인정받기도 하였다. 이 일을 계기로 UN 산하기관에서 팔레스타인을 국가로서 인정하는 시초가 되었던 것이다. 또 2012년 11월에는 유엔 총회에서 옵서버 국가로서의 지위를 획득하였다. 이전까지는 "단체(entity)"에서 이때부터는 "국가(state)"로 승격되어 독립국가로 인정받을 수 있는 교두보를 확보하게 된 것이다. 옵서버국가는 유엔의 국제회의 참여권과 국제형사재판소 제소권을 가지게 된다.

2017년 1월 미국 대통령에 당선된 트럼프는 텔아비브에 있던 미국의 이스라엘 대사관을 예루살렘으로 옮길 것이라고 발표를 하였고 2018년에 대사관을 이전하였다. 이는 이스라엘을 강력한 우방으로, 또 이스라엘의 수도는 텔아비브로 남을 수도 있지만, 예루살렘이 이스라엘의 주된 영토임을 국제사회에 공언한 것이나 다름없는 일이다. 트럼프의 이런 정책은 단기적으로는 팔레스타인 지역의 분쟁을 격화시킬 수밖에는 없을 것이다. 팔레스타인 지역에서의 이스라엘과 팔레스타인 분쟁은 중동지역 이슬람민족 내에서의 시아파, 수니파 분쟁과는 달리 역사, 종교, 영토라는 좀 더 큰 개념에서의 분쟁이며, 그래서 팔레스타인 지역을 "중동의 화약고"라고 부르기도 한다.

국제연합(UN)의 산하기구로 "G-77(Group of 77)"이라는 기구가 있다. 1964년 UN의 무역개발회의(UNCTAD) 총회 후에 77개 개발도상국의 모임으로 출발하였다고 하여 붙여진 이름이지만 G-77은 현재 130개국이 넘게 활동하고 있으며, 전 세계 인구의 80% 이상을 차지한다. 주로 개발도상국을 대상으로 경제적 이익을 도모하고 선진국으로 이전할 수 있는 발판을 마련하기 위해 만들어진 기구로 북한을 포함한 개발도상국들이 참여하고 있는 기구이다. 우리나라의 경우에는 1964년 창립멤버로 가입하였다가 이후 1996년에 OECD로 가입하면서 G-77에서는 자동 탈퇴하였다.

팔레스타인은 2019년 1월부터 G-77 의장국을 맡게 된다. 당연히 이스라엘은 적극적인 반대의사를 비치고 나왔다. 2012년 당시 UN옵서버 국가로 선정될 때 강력하게 반대의사를 비쳤던 이스라엘과 미국의 입장에서는 이번 의장국 선정도 달갑지 않은 결정일 것이다. 이렇게 팔레스타인의 국제사회에서의 국가로서의 인정속도가 빨라지게 되면 향후 유엔 정식 회원국으로 가입할 가능성도 높아질 수 있고, 이스라엘과의 영토분쟁을 공식적으로 문제삼거나 이스라엘과의 충돌이 한층 더 격화될 가능성도 커질 수 있기 때문에 팔레스타인의 국제화에 강력한 견제를 보이고 있는 것이다.

> **정리** 이스라엘과 팔레스타인 분쟁의 약사(略史)
>
> - 시오니즘(zionism, 19세기 후반~) : 유럽 및 전 세계에 흩어져 있던 유대인들이 팔레스타인에 독립국가를 건설하자는 운동이다.
> - 맥마흔 선언(1915년) : 영국의 관리였던 맥마흔이 1차 세계대전 중이었던 1915년에 팔레스타인을 포함한 독립국가 건설을 지지할테니 전쟁을 도와달라고 한 발표로, 나중에 맥마흔 선언과 "밸푸어 선언"으로 인해 팔레스타인 지역 분쟁의 결정적인 원인이 되었다.
> - 밸푸어 선언(1917년) : 1차 세계대전 중 영국의 외무장관인 밸푸어가 미국 내 유대인과 미국을 전쟁에 끌어들이기 위해 팔레스타인 지역에 유대인 민족국가 건설을 지원한다는 약속을 한 선언이다. 1차 세계대전 중 영국의 모순된 두 선언은 2차 세계대전 이후 팔레스타인-이스라엘 영토분쟁의 직접적인 이유가 되었다.
> - 유엔의 분할독립 결의(1947년) : 영국의 팔레스타인 위임통치령을 분할하여 유대국가와 아랍국가를 창설하고, 예루살렘은 국제 신탁통치 지역으로 만들기로 결정한 결의이다. 이 결의에 따라 이스라엘은 1948년 5월에 건국하였고, 팔레스타인 지역의 아랍인들은 이 결의를 거부하였다.
> - 1차 중동전쟁(1948년) : 아랍과 이스라엘의 전쟁. 2차 대전 이후 1948년 5월 이스라엘이 UN 결의를 기반으로 하여 건국 선포를 하였고, 아랍권이 곧 바로 이스라엘을 공격한 전쟁으로 이스라엘은 "이스라엘 독립전쟁"이라고 부르고, 아랍계에서는 "팔레스타인 전쟁"이라고 부른다.
> - 2차 중동전쟁(1956년) : 영국으로부터 독립한 이집트가 독립 후에도 영국이 관리하던 수에즈 운하의 국유화를 선언하자 영국이 프랑스와 이스라엘과 함께 이집트를 공격하면서 발생한 전쟁이다. "수에즈 전쟁"이라고도 부른다.
> - 3차 중동전쟁(1967년) : 이집트와 시리아 등 아랍국가들이 이스라엘 공격 의지를 다지자, 이스라엘이 선제공격으로 이집트 등 아랍권에 공격을 함으로써 발생하였고, 6일만에 전쟁이 종료되었다고 해서 "6일 전쟁"이라고 부른다.
> - 4차 중동전쟁(1973년) : 이집트와 시리아가 영토회복을 위해 이스라엘을 공격하면서 발생한 전쟁으로 "라마단 전쟁" 또는 "욤 키푸르 전쟁"이라고도 한다.
> - 오슬로 협정(1993년) : 이스라엘과 팔레스타인해방기구(PLO) 사이에 상호 실체를 인정하고 테러 중단과 팔레스타인 자치정부 수립을 용인하며, 가자지구 등에서 이스라엘 군을 단계적으로 철수한다는 협정이다.
> - 유엔 안보리 결의(2002년) : UN에서 팔레스타인을 사상 처음으로 국가로 명시하며, "이스라엘과 팔레스타인 양측이 안전하고 공인된 국경 안에서 공존하는 비전을 지지한다"고 결의하였다.

- 중동평화로드맵 서명(2003년) : 미국, 이스라엘, 팔레스타인은 팔레스타인 독립국가를 창설하는 것을 골자로 하는 "중동평화 로드맵"에 서명하였다.
- 하마스 집권세력 등장(2006년) : 팔레스타인 내 급진무력단체인 하마스 세력이 자치정부에서 집권하면서 서안지구는 온건파가 집권하고, 가자지구는 급진파인 하마스 세력이 주도하게 된다.
- 팔레스타인, UN 산하기구인 유네스코 회원국 가입(2011년) : 이스라엘과 미국이 팔레스타인의 유네스코 회원국 가입을 반대하였지만, 유네스코로부터 유엔 산하기관 최초로 정회원 국가 지위를 인정받았다.
- 팔레스타인, UN총회에서 옵서버 국가로 격상 : UN에서 인정하기로 "단체(entity)"에서 "국가(state)"로 승격되어 독립국가로 인정받을 수 있는 교두보를 확보하게 되었다. 옵서버국가는 유엔의 국제회의 참여권과 국제형사재판소 제소권을 가지게 된다.
- 미국의 이스라엘 대사관, 텔아비브에서 예루살렘으로 이전(2018년) : 트럼프 대통령의 전격 발표로 2018년 대사관이 예루살렘으로 이전되었고, 이전 당시에도 유혈충돌이 있었다.
- UN, G-77 의장국으로 팔레스타인 선정(2018년) : 이스라엘과 미국의 반대에도 불구하고 2019년 1월부터 임기가 시작되는 G-77 의장국으로 팔레스타인이 선정되었다.

3. 시리아내전과 중동 분쟁

시리아는 고대시대부터 유구한 역사와 전통을 이어온 나라이다. 공식 통계가 잡히는 2010년대 초반까지 인구는 약 2,200만 명, 국가 GDP는 500~700억 달러 수준의 국가였으나, 현재는 오랜 내전의 영향으로 인구도 50% 이상이 난민이 되거나 내전으로 사망하여, 인구는 약 1,200만 명 선으로 추정되고, 경제규모는 약 1/10 정도로 감소하여 100억 달러도 채 되지 않는 상황으로 알려져 있다. 1인당 국민소득은 내전 전에는 2,500달러 수준이었으나 내전에 시든 현재는 500달러 수준으로 알려지고 있다.

민족의 역사는 고대로 거슬러 올라가서 BC 10세기(지금으로부터 약 3천 년 전)부터 현재의 시리아 지역과 이라크 지역을 관통하며 흐르는 유프라테스강, 메소포타미아 평야를 중심으로 문명이 발달하였으며, 서쪽으로는 지중해를 두고 있어 동서 교통의 요지, 경제중심지로 발달하였다. 현재 수도인 다마스쿠스(아랍어로 다마시크)는 사막 중간의 오아시스 지역으로 고대 구약성서부터 이슬람교 시대에 이르기까지 정치, 종교, 문화도시로 유명한 도시이다. 이런 시리아 지역은 고대부터 강대국들의 침입에 시달려야 했으며, 역사적으로 아시리아 제국, 바빌로니아 제국, 페르시아 제국, 알렉산더 제국, 로마 제국, 이슬람 제국, 몽골 제국, 투르크 제국(터키 제국) 등의 지배를 받아왔다.

근현대 이후는 1차 세계대전 이후 프랑스의 통치를 받았으며 2차 세계대전 이후 프랑스로부터 독립하였고, 언어는 아랍어를 통용어로 사용하고 영어와 불어를 10% 범위 정도에서 사용한다. 종교는 전체 인구의 약 90%는 이슬람교, 10%는 기독교를 믿고 있다. 90%의 이슬람교를 믿는 국민들 중에서 수니파는 74%, 시아파가 13%, 기타 소수 종교가 3% 정도를 차지하고 있다. 정치는 아랍 사회주의를 표방하는 사회주의 체제를 지향하는 나라이며, 인근에는 시리아로부터 분리 독립한 레바논을 우방국가로 두고 있고, 이스라엘과는 적대적 관계를 유지하고 있으며, 이라크와는 우호적, 적대적 관계를 반복하며 관계 개선에 노력하고 있고, 위쪽으로 터키는 한때 우호적 관계였던 적도 있었으나, 현재는 정치, 종교적인 면에서 적대적 관계가 되어 있다.

시아파	• 국가 : 이란(이란은 시아파의 종주국으로 불리고 있음) • 지역 : 이라크 일부, 예멘 일부, 시리아 일부, 아프가니스탄 일부
수니파	• 국가 : 사우디아라비아(사우디아라비아는 수니파의 종주국으로 불리고 있음), UAE, 오만, 터키, 이집트, 수단, 리비아, 소말리아, 파키스탄 • 지역 : 이라크 일부, 예멘 일부, 시리아 일부, 아프가니스탄 일부

▲ 중동지역 시아파와 수니파 분포[19]

위의 표를 보면 시리아는 소수인 시아파 중에서도 소수분파인 알라위파 출신의 "바샤르 알 아사드" 대통령이 아버지 "하페즈 알 아사드" 대통령에 이어 40년 이상 장기집권하고 있으며, 대다수 국민들은 수니파를 신봉하고 있다. 전 세계적으로 이슬람교 중에서 수니파가 약 80% 이상을 차지하고 있는 상황에서, 시아파의 맹주국이라고 할 수 있는 이란과의 관계를 우호적으로 맺고 있으며, 사회주의 체제와 정치, 경제, 군사적 이유로 러시아, 중국과도 우호적인 관계를 맺고 있다. 특히 러시아는 사회주의 체제를 따르는 시리아와 이란, 이라크와 함께 "러시아–시리아–이란–이라크(RSII) 군사동맹"을 맺고 있으며, 시리아 서부의 "타르투스" 항구에 해군기지를 운영하고 있다.

2010년 말 튀니지에서 발생한 튀니지 혁명(재스민 혁명)은 독재정권에 반대한 민주화 혁명으로 아프리카 및 아랍지역의 독재정권에 맞서는 민주화 혁명의 시초가 되었다. 재스민 혁명의 바람은 아랍지역에 영향을 미치면서 "아랍의 봄"이라는 민주화 혁명으로 번져 나갔고, 시리아에서는 2011년 3월 독재정권에 반대하는 구호를 외친 학생들을 억류하면서 시작되었다. 이후 군사적 억압과 시위 시민들의 학살에 내전이 시작되었으며, "재스민 혁명"에서 "아랍의 봄"으로 이어지는 민주화 혁명의 원인 이외에도, 아사드 정권의 소수 시아파에 반하는 다수 수니파 국민들의 반기, 경제적 빈곤과 부패에 대한 반기 등의 복잡한 원인들이 배경이 되었고 이렇게 기나긴 내전이 시작된 것이다.

시리아 정부군(아사드 대통령과 시아파 정권)을 지원하는 나라들은 인근의 시아파 맹주국인 이란과, 시리아로부터 분리 독립한 시아파 정권의 레바논, 시리아의 사회주의 정부 탄생에 도움을 주고 군사적 우호관계에 있는 러시아, RSII 동맹국인 터키 등이다. 중국과 북한도 시리아와 국교관계를 가지고 있고, 사회주의 체제 국가라는 점 등으로 우회적으로 시리아

---

19) 전 세계 이슬람교도 가운데 수니파가 전체의 85%를 차지, 나머지는 시아파

정부군을 지원하는 모양새를 갖춰가고 있다. 러시아는 시리아에 군대를 파병하고 있으며 공식적으로 시리아 정부군과 함께 반정부군에 대한 공격을 감행하고 있는 상황이다. 다른 나라들은 필요시 군대지원, 무기 수출 등 소극적인 지원형태를 보이고 있다.

시리아 반정부군을 지원하고 있는 나라들은 시리아 정부에 적대적인 미국을 비롯하여 아랍지역의 수니파 맹주국이자 미국의 최대 동맹국인 사우디아라비아, 이란과 적대적인 이스라엘, 미국의 서방 동맹국들인 영국, 프랑스 등이다. 2017년에도 정부군의 민간인에 대한 사린가스 화학무기 공격에 대해 미국은 시리아 정부군을 향해 미사일 발사 등 공격을 감행하였으며, 2018년 4월에도 화학무기 공격에 대해 영국, 프랑스 등 연합군 차원에서 정부군의 화학무기 연구센터에 대해 미사일 공격을 감행하였다. 또 최근 일본도 미국의 동맹관계를 감안하여 미국 등 연합군의 미사일 공격을 지지한다고 발표하고 나선 상황이다.

조금 애매한 관계가 터키, 터키의 쿠르드 민병대, 시리아 지역을 거점으로 활동 중인 IS 조직이다. 터키는 전통적인 미국의 우방국으로 미국의 핵무기를 터키 공군기지에 보관하고 있으며, 중동 지역을 향한 미국의 군사기지를 터키에 주둔하고 있을 정도이다. 이런 터키는 자국 내 불법 테러조직으로 인식되고 있는 소수 국경의 "쿠르드 노동당"과 시리아의 "쿠르드 민병대"에 대한 소탕을 공식화하고 공격하고 있다. 한편 쿠르드 민병대는 시리아 북부지역에서 미국과 연합하여 정부군에 대항하는 우호적인 관계를 유지하고 있어, 미국과 터키가 쿠르드족, 쿠르드 민병대를 사이에 두고 갈등을 겪게 된다. 또 IS와 미국은 적대적이지만 수니파 급진주의인 IS는 시리아 정부군에 대해 공격을 하며 시리아에서는 미국과 같은 입장을 취하고 있는 상황이다.

시리아는 7년여에 걸친 내전으로 인구 2,200만 명 중 약 1,300만 명 가까이가 난민으로 시리아를 떠나거나 사망하고 있다. 2015년에는 시리아를 떠난 난민의 배가 지중해에서 난파하여 3살배기 어린아이 "아일란 쿠르디"가 지중해 해변에서 죽어있는 사진이 전 세계적으로 화제가 되기도 하였다. 현재 시리아에서는 국제기구인 "화학무기 금지기구(OPCW)"에서 조사단이 파견되어 화학무기 사용에 대해 조사 중이며, 내전은 종식될 기미를 보이지 않은 채 이어지고 있는 상황이다. 시리아는 경제적으로도 동방과 서방을 잇는 지정학적 요충지이고, 종교와 정치, 군사적인 관점에서도 전략적 요충지로 인식되고 있다. 이런 연유로 미국과 러시아 등 열강들이 시리아를 두고 포기할 수 없는 대결을 이어가고 있는 것이다.

4. 이슬람 금융의 이해

세계의 금융은 크게 두 갈래로 나누어져 있다. "서방금융"이라고 하는 우리가 현재 활용하는 금융시스템과 우리에게는 다소 생소하지만 "이슬람금융"이라고 하는 금융시스템이다. 이슬람 금융은 주로 이슬람문화권에서 종교적인 배경을 가지고 지금까지 활용되는 금융시스템으로 서방금융의 실패사례(금융위기 등)가 발생할 때마다 이슬람금융이 재차 주목을 받으면서 그 세력은 점점 확장해 가고 있는 추세이다.

이슬람 금융은 서방금융에 비해 차이점이자 특징을 가지고 있다. "돈의 속성", "실물 경제와의 관계", "금융거래의 윤리" 세 가지다. 첫째, 이슬람에서 돈은 교환의 매개일 뿐 거래될 수 있는 상품이 아니다. 둘째, 모든 거래는 실물 경제여야 한다. 항상 실제 거래가 있어야 하고 각각의 금융거래를 뒷받침하는 실제 자산이 있어야 한다. 셋째, 윤리성인데 거래가 사회에 해로운 결과를 초래해서는 안 된다. 이 세 가지 특징이 크게 서방금융에 비해 이슬람금융이 가지고 있는 특징이라고 할 수 있다.

서방금융에서는 돈은 거래될 수 있는 상품으로 취급하고 있다. 은행은 돈을 사용하는 대가로 마진을 붙여 대출이나 예금업을 영위하고 있고, 파생상품과 같은 무형자산에 대한 거래도 성립할 수 있다. 하지만 이슬람 금융에서는 리바(Riba, 이자)를 받는 것을 금지하고 있다. 돈은 단지 가치의 교환과 측정을 위한 매개일 뿐이고, 실물거래를 뒷받침하는 보조수단일 뿐이라는 인식 때문이다. 이슬람 율법체계인 "샤리아(sharia)"에 이렇게 정하고 있지만, 최근 이슬람 국가들 사이에서는 샤리아에 대한 해석을 융통성 있게 하고 있어, 서방금융과의 큰 차이는 없다고도 한다.

이자는 돈을 자체의 상품으로 보고 있다는 것이며, 이슬람에서는 이자 대신 수익이나 손실을 공유하는 체계를 따른다. 서방금융에서는 리스크를 돈(화폐)의 수요자에게 부담을 일방적으로 지우는 반면, 이슬람 은행은 리스크를 수요자와 공급자가 동시에 부담하는 체계인 것이다. 화폐 자체로 거래되는 것이 아니라, 실물이나 자산을 수반하여 금융거래가 이루어지는데, 여기에는 리스크를 공동부담한다는 원칙을 가지고 있는 것이다.

예를 들어 한 기업이 자금 조달을 필요로 한다면 사람들은 기업에 돈을 선금으로 주고 사업의 수익과 손실을 나눌 수 있다. 사업의 리스크를 공유하는 방식이다. 또는 사람들은 기업이 사용할 자산을 구매해 일단 빌려준 후 연불(deferred payment, 대금을 나중에 지불하는 방식)로 마진을 남겨 팔 수 있다. 표면적으로 서방의 대출 거래와 같은 것으로 보일지 모르겠지만 리스크가 실물 경제와 직접적으로 연관돼 있고, 공동 부담을 한다는 점에서 차이가 있다. "이자"라는 개념이 아니라 "수익의 공유와 분배" 개념이 적용되고 있지만, 근본적인 부분에서는 별반 차이가 없다고도 할 수 있다.

궁극적으로 이슬람금융과 서방금융의 단절은 없다고 할 수 있다. 이슬람금융은 이슬람금융대로 장점을 가지고 있고, 서방금융은 서방금융 대로 장점을 가지고 있다는 것이다. 다만, 시스템이 다를 뿐이다. 이런 관점에서 서방금융이 가지지 못하는 이슬람 금융에 대한 교훈이나 시사점은 "채무자와 채권자의 리스크에 대한 공유", "금융사고의 원천적 방지"라는 차원에서 배울 점이 있어 보인다. 서방금융에서 금융사고와 부실이 생기는 원천은 화폐를 하나의 상품으로 보기 때문에 발생하는 것이라는 점이다.

이슬람 인구는 전 세계 인구 약 70억 명 중에 20억 명 정도 수준이며, 가장 많은 인구가 거주하는 국가는 중동국가가 아니라 인도네시아, 인도 등 아시아 국가들이다. 현대화된 이슬람 은행은 1970년대부터 중동지역과 아시아 지역을 중심으로 설립되고 운영되었으며, 이슬람 국가 안에서는 이슬람은행과 서방은행(예 : Citi, HSBC 등)들이 공존하고 있다. 국민들이 니즈에 따라 이슬람은행을 이용하기도 하고 서방은행을 이용하기도 한다. 우리나라의 경우에도 우리은행, KEB하나은행 등이 중동지역에 진출해 있으며, 또 아시아 지역에도 진출해 있다.

이슬람 은행들의 금융기법이 서방은행들의 금융기법과 "원칙론"적인 측면에서 달리하고는 있지만, 최근 이슬람 국가들이 이슬람 율법체계인 "샤리아"에 대해 융통성을 가진 해석을 함으로써 서방금융과 이슬람금융이 혼합되는 양상을 띠기도 한다. 대표적인 이슬람 금융기법 중에 하나인 "무리바하"라는 거래구조도 무늬만 이슬람 금융이지 실질적인 의미에서는 서방금융과 차이가 없다고 하여 이슬람 세계 안에서도 율법학자들 사이에서 율법에 어긋날 소지가 있다고 논란이 되고 있다고 한다.

우리나라의 우리은행이 2016년 1월에 카타르 이슬람은행과 1,000만 달러 금융거래를 성사시켰고, 대우건설은 2017년 4월에 카타르 은행과 1억2,500만 달러 자금조달 거래를 성사시킨 것도 모두 "무라바하"라는 이슬람 금융거래 구조를 통해서이다. 우리은행의 경우 이슬람 은행은 우리은행에 1,000만 달러를 차입해서 런던 상품시장의 원자재(백금)를 구매하였다가 즉시 매도해 버리고 매도자금으로 계약기간 동안 자금운영을 한 뒤 만기에 우리은행과 수익을 분배한다는 거래구조를 가지고 있다.

이슬람 금융을 언급하면 "수쿠크", "할랄" 등의 용어들이 떠오르게 된다. 수쿠크는 이슬람 채권을 말하며, 할랄은 이슬람 율법에서 허용되는 모든 것을 의미하는데, 주로 음식, 문화콘텐츠, 의료와 미용분야 등에서 활용된다. 우리나라에서는 2011년에 국내에서도 발행과 거래를 허용하는 법률안을 만들기 위해 시도했다가 정통 기독교인들의 반발에 무산되었으며, 할랄 산업에 대해서는 CJ제일제당, 웅진식품 등 국내 식품가공업체들을 중심으로 국제적 공인도가 있는 할랄 인증기관에 인증을 받는 등 활발한 진출을 도모하고 있다.

우리나라의 경우 최근 사드 문제로 인해 중국 관광객들이 많이 줄어들자, 동남아시아와 중동 국가들에 대한 여행비자 확대 등 적극적인 이슬람권 문화의 유입에 박차를 가하고 있기도 하다. 금융권에서는 우리은행이나 KEB하나은행 등의 중동진출과 이슬람 금융기법을 활용한 금융거래, 산업계에서는 대우건설의 경우와 같이 이슬람은행을 통한 글로벌 자금조달, 여행이나 식품업계에서는 할랄 산업 인증과 할랄 산업 진출 등, 향후 규모가 확대되는 이슬람 문화와 이슬람 지역에 대한 새로운 시각을 정립해 가야 할 때라고 보인다.

5. 북한의 경제시스템

1950년대 한국전쟁 이후 북한은 사회주의 계획경제 시스템을 기본으로 통치해 왔다. 계획자(국가 또는 당)에 의해 모든 경제 생산요소(토지, 노동력, 자본 등)가 통제되고, 생산품은 역시 계획자에 의해 분배가 되는 경제시스템이다. 이런 시스템에서 가장 먼저 변화를 가지고 온 부분이 먹는 부분(농업 부분)이었다. 북한은 남한과 달리 지역, 지형, 기후적인 측면에서 곡물 생산량이 많지 않기 때문에, 자급자족 농업이 불가능했던 것이다. 여기에서 나오는 부분이 대외거래가 나오게 된다. 곡물을 수입하게 되는 것이다. 북한이라는 계획경제체제 하에 지역마다 시장이 만들어지고, 곡물을 비롯한 물품들이 판매가 되고, 시장의 가격이 형성이 되는 과정을 거치게 되면서 "계획경제"라는 틀이 무너지기 시작한 것이다.

1990년대에 들어 북한은 경제위기의 시기를 맞게 된다. 이 시기를 1994년 즈음으로 보는데 북한을 둘러싼 "러시아발 위기"와 "중국발 위기"라는 두 가지 위기가 발생한다. 러시아 위기는 1980년대 말 사회주의 체제의 붕괴와 함께 러시아가 출범하면서 기존에 북한 대외거래의 50% 이상을 차지하였지만, 1990년대 중반 러시아 시대에서는 교역량이 1/10 수준으로 줄면서 북한의 계획경제 대외부문에 영향을 미치게 되었던 것이다. 중국발 위기는 북한의 주요 곡물(옥수수 등)의 수입국이 중국이었는데, 1994년을 기점으로 중국의 옥수수 생산 감소와 북·중 관계 악화로 곡물 수입이 1/3 이하로 하락하게 된 것이다.

이런 경제위기는 북한 계획경제 시스템에 신뢰를 무너뜨리게 되는 중요한 계기가 되었으며, 북한은 1990년대 농업, 제조 등 생산 분야에 차질을 빚게 되고, 그동안에는 통제되었던 암시장을 묵인할 수밖에 없었으며, 이렇게 기존에 금지되었던 시장문화가 서서히 자리잡게 되는 계기가 되었다. 그 결과 1996년 북한 외무성의 당국자는 "북한 경제를 회생시키는데 필요하다면 그간의 경제원칙에서 벗어나 국제시장에 적극적으로 참여하는 등 경제정책 전반을 재검토할 수 있다"고 언급하는 등 북한의 경제구조는 변화의 문턱 앞에 서게 된다. 이후 1997년에는 나진선봉 특구에 대해 배급제도 폐지, 노동자 급여 자체적 결정이라는 경제 실험이 이루어지게 되었다.

1998년에 개정된 북한의 신(新) 헌법에서는 "독립채산제", "원가", "가격", "수익성"이라는 용어들이 처음으로 등장하였고, 대외무역의 주체를 기존에는 국가만이 수행할 수 있었으나 국가와 사회협동단체로 확대하였고, 협동농장에 대한 경작권을 전 주민에게 허용하는 등 통제와 계획이라는 개념에서 한발 물러선 시장경제 요소를 반영하게 되었다. 이런 북한 경제체제의 변화는 1997년에 "가격법" 제정, 1998년에는 "농업법" 제정, 1999년에는 "인민경제계획법" 제정 등의 과정을 거치며, 2001년에 "김정일의 경제지시"에 의해 "시장을 부정하는 것이 아니라, 시장에 근거한 계획경제"라는 새로운 경제관리 모형을 만들어 내게 되었다.

시기	주요 내용
'95년 말부터 '00년	330만 명 이상의 목숨을 빼앗아 '고난의 행군'으로 불리는 대기근 이후 배급제가 붕괴되면서 일반 주민들이 중국 국경 부근에서 불법 무역거래를 시작
'02년 7월	개인 경작지 확대, 기업소 독립채산제 강화, 물가 및 임금의 현실화 등 시장경제적 요소를 도입한 '경제관리개선조치'를 단행하였으나, 초인플레이션의 결과로 효율성은 제한적
'09년 12월	가구당 10만 원 한도 내 구권과 신권을 100 : 1 비율로 교환하는 갑작스러운 화폐개혁 조치로 주민들의 혼란과 불신이 극대화
'13년	수확 쿼터의 30% 및 추가 생산량의 전부를 농민이 가져가는 농업개혁 단행
'14년 3월	농민의 몫을 수확 쿼터의 60%까지 인상하였으며, 기업의 근로자 임금 결정권 및 시장에서의 상품 매매를 허용

▲ 북한 내 시장경제 등장 과정[20]

2011년 말 김정일 사망과 김정은 집권이 시작되면서 김정은 위원장은 2013년부터 "핵-경제 병진 노선"이라는 정책적 기조로 군사적인 분야에서의 강국 건설과 함께, 경제 분야에 있어서도 인민이 풍족할 수 있는 국가발전을 이루어가겠다는 발표를 하였다. 이후 6차례에 걸친 핵실험, 대륙간 탄도미사일 발사 시험을 통해 내부적으로 핵 분야에 있어서 완성도를 높여왔지만, 화폐개혁 실패 이후 북한의 원화보다 달러화나 중국의 위안화가 북한에서 더 신뢰도 높게 거래되는 현상이 발생하고, 막대한 군사비 지출로 인한 경제 성장률 둔화, 미국 등 글로벌 경제제재로부터의 경제 난국 극복 등 경제 분야에서의 어려웠던 상황을 결국 막아내지는 못하였다고 전문가들은 평가한다.

북한의 경제개발은 2011년 김정일 위원장 생존 당시 경제개발 10개년 계획을 발표하였다. 김정은 위원장의 경제발전 집중 정책도 이 계획을 토대로 이루어지고 있다. 당시 경제개발 10개년 계획의 주요 핵심 내용은 첫째, 자원개발 및 산업단지 조성 등 산업측면, 둘째, 철도, 도로, 항만 등 인프라(SOC) 개발측면, 셋째, 금융 및 외자유치 등 금융측면의 3대 분야로 정해졌다. 또 1991년 나진-선봉(나선) 지역 경제특구 지정, 2000년대 이후 신의주 경제특구, 금강산 경제특구, 개성공업지구 등 외화획득을 위한 중앙단위 경제특구 개발을 시도하였지만 현재는 개성공단 폐쇄, 금강산 관광 금지조치 등 모두 흐지부지한 상태이고, 지방단위에서도 약 20개에 가까운 경제특구를 계획하고 있다.

경제특구 개발 및 건설작업은 경제발전과 국방비용 획득을 위해 외화벌이를 위한 계획이었으며, 이에 따라 나선(나진-선봉)지역은 중국, 러시아 등과의 무역 특구, 신의주 지역은 중국과 아시아 지역에 대한 경제특구, 개성공단은 공업지역, 금강산과 원산지역은 관광특구로 개발한다는 계획이었다. 실제로 개성공단 폐쇄 이전 북한 노동자에게는 북한 원화로 급여가 지급된 게 아니라 달러화로 지급되었으며, 금강산 관광에서도 관광객들은 달러화를 사용하였다. 노동자가 개성공단 임금으로 받은 달러화를 은행을 통해 국가로 반납하면 국가에서

---

20) 자료 : IBK경제연구소

다시 북한 원화로 노동자들에게 지급하는 절차를 거쳤던 것이다. 북한의 달러화에 대한 애착으로 해외는 물론 북한 내에서도 달러화 벌이를 확대하고 있으며, 실제로 북한에서는 북한 원화보다도 중국 위안화와 달러화가 더 많이 통용되고 있다고 한다.

2011년 12월 김정일 위원장 사망 이후 20대 후반의 나이로 권좌에 오른 김정은 위원장은 이후 2013년 "핵 건설, 경제 건설 병진 노선"을 채택하면서 핵 개발과 사회주의 경제체제 안정화를 위해 노력해 왔다. 2015년 이후 핵 건설이 후반부로 들어서면서 김정은 위원장은 군부의 세력을 약화시키고, "사회주의 문명강국"이라는 슬로건으로 경제와 인민 중심주의로 전환하는 모양새를 갖춘다. 2013년부터 경제개발구법을 제정하여 중앙 및 지방 단위 총 20여 개의 경제특구 개발을 시도하였으며, 평양의 여명거리 조성, 마식령 스키장, 미림 승마구락부, 문수 물놀이장 등 위락시설을 보수하고 다양한 소비문화를 강조하기도 하였다. 이런 노력들은 국제사회와 어깨를 나란히 할 수 있는 정상국가를 만들겠다는 열망으로 볼 수 있다. 이런 변화는 어렸을 때 스위스에서 학창생활을 보낸 김정은 위원장의 과거에서도 유추해 볼 수 있다. 어린 나이에 서구 문명의 혜택의 절정을 맛본 김정은 위원장이 북한이라는 영토에서 새로운 꿈을 꾸고 있는 것이라고 전문가들은 해석하기도 한다. 한편 김정은 위원장의 군부 힘 빼기 작업은 관련자들의 숙청과 인사이동을 거쳐 단행되었으며, 2016년 최고 군부 통치기구였던 "국방위원회"를 폐지하고 대신 최고 정책지도 기관인 "국무위원회"를 신설하였다. 현재 남한(우리나라)과 북한에 설치된 정상 간 핫라인도 우리는 청와대, 북한은 국무위원회에 연결되어 있다. 또한 김정은 위원장은 국무위원회를 신설한 2016년 6월 국무위원회 위원장으로 보임하였다. 이런 변화는 군대는 위력의 조직이 아니라 국토를 지키는 보위자로서의 역할을 수행하는 조직으로의 변화를 의미하는 것으로 해석된다.

북한 인구는 약 2,500만 명으로 남한의 1/2 수준이다. GDP는 36조 원 수준으로 남한의 1,700조 원에 비해 1/40에 불과하며, 1인당 국민소득은 150만 원 수준에 불과하여 남한의 3,200만 원 수준에 비해 1/20에 불과하다. 수출과 수입은 각각 35억 달러, 30억 달러 수준으로 둘을 합한 무역 총액은 65억 달러 수준이다. 남한이 수출 5,000억 달러, 수입 5,000억 달러로 1조 달러의 무역규모를 가지고 있는 것에 비하면 약 130배가 차이가 나고 있다. 1인당 국민소득의 경우 남한이 약 3만 달러로 글로벌 186개 국가 중에 20위권대에 위치하고 있는데 반해, 북한은 1천 달러를 조금 넘기고 있으며 글로벌 186개 국가에서 150위권에 머무르고 있다. 경제성장률은 마이너스 성장을 할 때도 있지만 평년에는 매년 1%대에 머물러 있는 상황이다.

북한의 산업구조는 광공업 35%, 서비스업 30%, 농림어업 25% 수준으로 구성되어 있다. 우리나라(남한)가 1970년대에 1인당 국민소득이 1천 달러대에 머무르고 있었고, 수출과 수입을 합한 무역 총액이 100억 달러 미만에 머물렀으며, 산업구조가 광공업, 서비스업, 농림어업의 순으로 구성되었던 점을 고려해 보면 현재 북한 경제의 수준은 남한의 1970년대 상황과 비슷한 수준을 보이고 있다고 할 수 있다. 이런 북한이 "사회주의 계획경제"에서 "시장을 인정하는 계획경제"로 변화하였고, 다시 "사회주의 시장경제"로의 변화를 계획하고 있는 것으로 보인다. 북한 내부적인 변화의 요인도 충분히 있었겠지만 미국을 포함한 글로벌 사회에서의 경제제재에 대한 반응이 나오고 있는 것으로 보인다.

북한의 정치, 군사, 경제, 사회, 법규 등 벤치마킹의 대상이 되는 곳은 바로 중국이라고 할 수 있다. 중국이 1970년대에 덩샤오핑(등소평)의 개혁, 개방정책으로 사회주의 시장경제를 받아들였던 것처럼, 현재의 북한이 지향하고 있는 바가 "사회주의 시장경제"체제로의 전환을 모색하고 있는 것으로 보인다. 단 정치적 안정체제가 보장되어야 하며 이를 위해 젊은 김정은은 중국 방문, 남북 정상회담, 북미 정상회담 등 굵직굵직한 국제적 행사를 맞이하고 있다. 남한(우리나라)에 흡수 통합되는 통일을 계획하고 있다고는 보이지 않으며, 독립 국가로서 글로벌에 당당한 국가적 지위를 인정받고자 하고 있다고 보인다.

이런 배경으로 북한의 김정은 위원장은 2018년 4월 21일, 노동당 전원회의 결정문을 통해 기존의 "핵-경제 병진노선"을 종료하고 핵실험 중단, 풍계리 핵실험장 폐쇄, 대륙간 탄도미사일 발사 중단을 발표하였고, 대신 "경제건설 총력 집중"이라는 노선을 결정하였다. 이에 대해 중국, 남한(우리나라), 일본, 미국 등 글로벌 각국은 환영의 입장을 표시하였고, 지난 4월 27일의 남북 정상회담에 이어 6월 북미 정상회담 등을 통해 북한의 완전한 비핵화에 대한 계속적인 압박과 협상이 계속될 것으로 보인다. 이와 함께 국제사회의 대북제재 해제, 경제지원 강화, 국가적 독립성 보장 등이 협상의 주요 논제가 될 것으로 보인다.

북한의 핵문제 해결, 경제적 개방과 시장경제 체제로의 전환의 모습은 역사적으로 보면 당연하다고 볼 수도 있지만, 우리나라의 입장에서는 역사적인 사건이 아닐 수 없다. 위에서도 언급하였지만 아쉽게도 통일 대한민국의 그림은 아직 보이지 않지만, 한반도에 두 개 국가가 공존하며 평화라는 그림을 그리고 있는 것이다. 금강산 관광사업과 개성공단 재개는 향후 시간문제로 보이며, 평화정착에 의한 DMZ 지역의 변화, 남북 교역과 경제협력 확대, 북한에 대한 인도적 지원 확대 등 다양한 경제분야 프로젝트들이 진행되어질 것으로 보인다. 또한 남한(우리나라) 내부적으로도 북핵 리스크로부터 벗어나 원화가치 상승, 주식시장 활성화, 해외자본의 국내투자 확대 등이 나타날 것으로 보인다.

6. 북한의 금융시스템

북한의 금융시스템을 이해하기 위해서는 우선 1945년 해방, 1950년 한국전쟁 이후의 북한 금융제도의 변화과정에 대해 먼저 알아보도록 하자.

북한은 1945년 8월, "산업 및 은행 국유화 법률" 채택하였다. 이후 1946년 1월에 중앙은행으로 우리의 한국은행에 해당하는 "북조선중앙은행"을 설립하였고, 1946년 4월에는 우리의 농협은행과 비슷한 "북조선농민은행"을 설립하였고, 1946년 11월에는 이 두 곳 은행을 제외한 나머지 모든 은행과 금융기관을 폐지하였다. 이후 한국전쟁을 거쳤으며 1958년에는 북조선농민은행을 북조선중앙은행과 통합하여 중앙은행을 일원화하였고, 1958년 11월에는 우리의 수출입은행과 성격이 비슷한 "조선무역은행"을 만들어 국제보험 업무를 도입하였다. 1970년대 이후에는 1978년에 조선금강은행, 조선대성은행을 설립하였고, 1980년에는 조선룡악산은행, 국제신용은행 등을 설립하지만, 이들은 각각 무역, 대외결제 등 특성화 은행으로 일반적인 상업은행의 기능과는 사뭇 다른 기능을 가지고 있다. 이후 1987년 조선락원 금융회사, 1988년 고려은행, 1989년 조선합영은행을 설립하였다. 1991년 나진-선봉지구 특구개발을 위해 외국인 투자를 유치하기 위해 1992년 외국인투자법을 제정하였고, 이후 네덜란드 자본인 ING, 홍콩계 자본인 페레그린 사와 나선지구에 합작은행을 설립하기 위해 노력하였으나 무산되었다.

2000년대에 들어와서는 2002년 김정일 위원장 당시 "7·1 경제관리 개선조치" 단행으로 계획경제 시스템 기조하에 시장경제 기능을 상당히 용인하는 실리주의 노선을 선택하였으며, 이후 2004년 중앙은행법 개정, 2006년 상업은행법 제정을 통해 북한의 금융에 대해 상당한 개방 가능성을 국제사회에 인식시키기도 하였다.

북한의 금융기관은 중앙은행인 조선중앙은행, 대외거래를 전담하는 일부 국유 은행들, 합영법과 외국인투자은행법이 제정된 이후 외국인 투자를 위한 일부 은행들이 있다. 조선중앙은행은 평양에 본점을 두고 전국적으로 약 230여 개의 지점이 있다고 한다. 조선중앙은행은 중앙은행으로서의 기능과 상업은행으로서의 기능을 동시에 수행하며, 북한에 별도의 민간 소유의 상업은행은 없다. 북한은 중앙은행이 상업은행의 기능을 함께 수행하는 "단일은행제도"를 따르고 있다는 것이다. 조선중앙은행의 중앙은행으로서의 기능은 발권, 통화조절 등의 업무를 하며, 상업은행의 기능으로서는 입출금, 신용거래도 담당한다. 북한에는 단기금융시장, 채권시장, 증권시장과 같은 자본시장은 존재하지 않는다.

북한에서는 금융의 기능을 "국가가 화폐자금을 계획적으로 융통하는 과정에서의 경제관계"로 정의한다고 한다. 이는 국가 위주의 계획경제 기능에 금융은 보조적 수단으로 자체적인 생산성이나 부가가치성은 인정하지 않는다는 것을 의미한다고 볼 수 있다. 이런 원칙으로 금융제도를 운영하다 보니 조선중앙은행의 단일은행제도 시스템을 따르게 되고, 국가로서의 재정지출이나 분배는 대부분 조선중앙은행을 통해 개인이나 기업소(우리의 기업)에 분배가 되고 있다. 국유자본인 재정지출을 통해 분배되는 과정에서 은행이 필요하고, 이 기능은 조선중앙은행이 담당하고 있으며, 국가 재정의 분배과정에서 생기는 거래는 현찰 지급방식이 아니라 대체입금 방식을 활용한다고 한다.

북한에서는 사유재산 자체는 원칙적으로 금지하고 있지만, 2000년대 이후 시장 자본주의 기능이 선별적으로 도입되면서 사유재산을 암암리에 인정하게 되고, 자금의 수요와 공급에는 이자도 있다. 주민이 은행에 저금을 할 때에는 정해진 연 이자율에 따라 이자도 지급한다. 그러나 주민들은 저금보다는 현찰 보유를 좋아하며, 신뢰도가 떨어지는 북한 원화보다는 중국 위안화나 미국 달러화를 선호한다고 한다. 반면 대출기능은 국가 차원에서의 계획에 의해 지방단위 또는 기업소에 대해 계획된 대출기능은 이루어지고 있지만, 민간에서의 대출 기능(은행의 대출 기능)은 원칙적으로 금지되고 있다고 한다. 이렇다 보니 민간영역에서의 불법적인 사금융이 발생하고 있다고 한다.

구분	시기	내용
1차 화폐개혁	1947년 12월	• 일제강점기 발행, 통용되던 화폐 중 보조화폐 제외한 전 화폐 일대일 비율 교환 • 1949년 5월 이후 새 보조화폐 발행, 1949년 8월 15일 이후 조선중앙은행 발행 화폐만 통용
2차 화폐개혁	1959년 2월 13일	• 한국전쟁으로 인한 인플레이션 방지, 새로운 재정 금융 토대 구축 및 새 경제개혁 실시에 따른 투자 재원 확보 목적
3차 화폐개혁	1979년 4월 7일	• 금액 제한 없이 일대일 비율 교환 • 기관, 기업소, 협동단체는 보유 화폐를 은행에 입금한 후 필요한 만큼 새 돈을 받음
4차 화폐개혁	1992년 7월 15일	• 화폐제도 공고화, 화폐 유통 원활화 목적 • 100원, 50원, 10원, 5원, 1원 등 5종 중앙은행권 발행 유통 • 신·구권 교환 비율 일대일
5차 화폐개혁	2009년 12월 1일	• 권력 세습 공고화 및 체제 단속 목적, 인플레이션 방지 • 신·구권 교환 비율 100대 1, 가구당 교환액수 제한

▲ 북한 화폐개혁 사례[21]

북한은 2009년 12월에 가장 최근의 5차 화폐개혁을 단행하였다. 당시 구권과 신권의 교환 비율을 100:1로 했다는 의미는 구권 100원을 신권 1원으로 바꿔준다는 의미이다. 그러나 가구당 교환액수가 10만 원 범위 내에서 제한되어 있었다. 그러다 보니 10만 원이 넘게 보관하고 있던 주민들의 경우 피땀 흘려 모아놓은 돈이 하루아침에 휴지조각이 되는 사례가 발생하게 되고, 인플레이션 방지를 위해 실시한 화폐개혁이 오히려 인플레이션 유발(북한 화폐의 신뢰도 하락으로 인한 화폐가치의 하락)을 가져오게 되면서, 실패한 화폐개혁으로 결말을 맺고 담당책임자는 숙청되고 만다.

1990년대 이후 나진-선봉지구, 2000년대에는 금강산 관광 특구와 개성공단, 또 중국 등에서 암암리에 들어오는 중국 위안화화 미국 달러화들이 상대적으로 북한 원화에 비해 신뢰도가 높아지면서, 주민들 사이에서는 북한 원화를 위안화나 달러화로 바꿔 보관해 놓으려는 현상이 발생하게 되고, 북한의 장마당 등 시장에서도 공공연히 위안화와 달러화가 선호되며 거래되기도 한다. 당국에서도 이런 현상을 묵인하게 되었고, 공공연하게 북한은 북한 원화보다 중국 위안화와 미국 달러화가 더 많이 통용되는 사회가 되고 있다고 한다. 이런 현상을 "위아나이제이션(Yuanization, 위안화 현상)"과 "달러라이제이션(Dollarization, 달러화 현상)"이라고 한다.

---

21) 자료 : 통일부

북한은 "환율"을 "다른 나라의 화폐단위로 표현된 한 나라 화폐단위의 가격"이라고 규정하며, 여느 나라와 다름없이 정상적인 환율의 개념으로 정의하고 있다. 그러나 환율의 결정은 대부분의 국가처럼 자유변동 환율제도가 아니고, 중국과 같은 관리변동 환율제도도 아닌, 국가가 결정하고 조선중앙은행이 아닌 조선무역은행이 발표하는 고정환율제도를 채택하고 있다. 북한의 정부조직인 재정성에서 주요국 환율을 결정하며, 중앙은행인 조선중앙은행이 고시하는 것이 아니라, 무역과 외환을 전담하는 조선무역은행이 발표하고 있다. 발표하는 환율의 종류는 고정환율을 기초로 현찰매매율, 전신환매매율 등을 발표한다. 2017년 자료로 대미 달러 환율은 1원당 100~110원 사이에서 정해지고 있다.

7. 4·27 판문점 선언과 북한의 경제개방 방식

> **참고** 2018년 4월 27일 판문점 선언 주요 내용
>
> 1. 상호교류 활성화 등 남북관계 개선
>   1) 민족자주 원칙 확인, 상호 관계 개선과 발전의 전환적 국면 열어가기로 한다.
>   2) 고위급 회담 등 대화와 협상으로 정상회담 합의문제 실천에 노력한다.
>   3) 당국간 협의와 민간교류 협력위해 남북 공동연락사무소를 개성에 설치한다.
>   4) 다방면적인 협력, 교류, 왕래 활성화와 민족공동행사를 추진하고, 국제경기에 공동 출전한다.
>   5) 적십자 회담, 8월 15일 이산가족 상봉 문제에 대해 협의하고 해결한다.
>   6) 10·4 선언의 합의내용에 대한 사업을 추진하고, 경의선 철도와 도로를 연결한다.
>
> 2. 군사적 긴장상태 완화와 전쟁위험 실질적 해소
>   1) 일체의 적대행위를 전면 금지하고 비무장지대를 평화지대로 전환한다.
>   2) 서해 북방한계선 일대를 평화수역으로 만들고 어로활동을 보장한다.
>   3) 국방부장관 회담, 군사당국자 회담을 자주 개최하고, 5월중에 장성급 군사회담을 개최한다.
>
> 3. 항구적이며 공고한 평화체제 구축
>   1) 어떠한 무력도 상호 사용하지 않는 불가침 합의를 재확인하고 엄격히 준수한다.
>   2) 군사긴장 해소와 신뢰가 구축되는데 따라 단계적으로 군축을 실현한다.
>   3) 올해 안에 종전선언 후 정전협정을 평화협정으로 전환하고, 남북미 3자 회담 또는 남북미중 4자 회담을 적극 추진한다.
>   4) 완전한 비핵화를 통해 핵 없는 한반도 실현과 이를 위해 국제사회의 지지와 협력에 적극 노력하며, 문재인 대통령은 가을에 평양을 방문한다.

북한의 경제개방은 중국과 베트남 방식을 벤치마킹하고 있다고 연구결과들이 나오고 있으며, 전문가들도 중국, 베트남 방식, 또는 혼합적인 독자적 방식에 대해 연구하고 있다.

중국의 경제개방은 마오쩌둥의 공산당 혁명과 공산정권 수립 이후 1978년부터 덩샤오핑에 의해 주도되었다. 당시 중국은 해외 자본을 유입시키고 중국식의 사회주의를 정착시키기 위해 1978년에는 국영기업의 경제적 이윤추구를 인정하며, 1979년에는 "중외합작기업법"을 제정해 선전, 주하이, 산터우, 샤먼 지역 등을 경제특구로 지정하였고, 외국인 투자자의 자유로운 기업 활동을 보장하였다. 이런 중국식 개방정책과 거대한 중국시장의 개방은 글로벌을 열광하게 만들었고, 1979년 개방정책 도입 이후 1983년 외국인의 중국 투자금액이 6억 달러였던 것이 1995년에는 380억 달러로 폭증하는 계기가 되었다.

1970년대 후반의 중국 1인당 국민소득은 1천 달러가 채 되지 않았으며, 현재 북한의 1인당 국민소득이 1천 달러를 갓 넘어서는 정도인 점을 감안하면, 경제발전 단계도 개방, 개혁시기가 비슷한 상황이다. 또 세계 경제 질서도 1980년대 당시 오일쇼크와 미국과 러시아의 냉전체제로 불안정했던 시기였고, 현재도 미국과 중국의 통상마찰, 신 냉전 구도가 형성되고 있는 점 등이 비슷한 환경적 요인으로 언급되고 있다. 당시의 거시적 환경하에서 중국의 개혁과 개방은 1950년대부터 1970년대까지 마오쩌둥의 사회주의 혁명과 내부적 역량과 결속력을 강화한 이후의 점진적인 개방이었다는 특징을 가지고 있다.

이런 중국식 개방정책에 대해 북한의 김정은 위원장이 달갑지 않은 면도 몇 가지 있다. 첫째, 구소련과 동유럽의 사회주의 몰락이 있었던 1980년대를 거쳐 1992년 중국이 한중수교를 함으로써 북한을 고립시켰던 과거, 둘째, 1990년대 북한의 흉작으로 수백만 명의 기아와 아사자가 나왔을 때 중국이 큰 도움을 주지 못했던 점, 셋째, 김정일 위원장 사망 이후 장성택 등 친 중국 인사들을 동원해 친중 정권을 도모하려 했던 점은 김정은 위원장으로서 중국과 거리감을 두고 독자노선을 추구하게 된 결정적 배경들이 되고 있다. 또한 현재 시점에서 친 중국노선으로 중국식 경제개방을 추구한다면 미국이나 서구식 자본주의 진영으로부터 견제와 균형의 묘미를 잃어버릴 수 있다는 점도 중국식 개방정책에 대한 거부감을 주고 있다고 한다.

베트남의 개방정책에는 "도이 모이 정책"이라는 중요한 키워드가 있다. 베트남은 북베트남(공산진영)과 미국의 원조를 받는 남베트남 지역의 전쟁으로 1960년부터 1975년까지 약 15년 이상 전쟁을 치렀던 나라이다. 전쟁은 북베트남 공산진영이 승리하였고, 미국의 퇴전과 함께 베트남 공산정권이 1976년 수립되었다. 전후 인도차이나반도의 경제적, 정치적 혼란과 어려움을 거쳐 1986년 베트남 공산당 정권은 "쇄신"이라는 의미의 "도이 모이 정책"을 슬로건으로 하여, 공산당 1당 체제를 유지하면서 사회주의적 경제발전을 위한 정책적 노력에 들어간다. 중국과 달리 정부(공산당)에서 직접 외국기업과 투자자를 선정하고, 공산당(베트남 정부) 위주의 개혁개방 정책을 이끌어 간 것이다.

베트남 전쟁은 미국이 참전한 전쟁 중 미국이 승리하지 못한 유일한 전쟁으로 유명하다. 물론 우리나라도 당시 미국을 도와 베트남 전쟁에 참전하였다. 미국의 패전과 함께 당시 미국과 우호적이지 않은 상황에서 도이모이 정책으로 글로벌 투자는 쉽게 이루어지지 않았다.

도이 모이 정책으로 개혁과 해외 투자를 개방하였지만, 추가적으로 베트남은 1992년 헌법 개정을 통해 시장경제를 도입하였고, 1995년에는 미국과 다시 국교를 수립함으로써, 베트남의 개혁과 개방은 이후 사회주의 국가로서 중국에 이어 또 하나의 모범적인 사례가 되고 있다. 이렇게 체제는 사회주의지만 개혁과 개방에 성공한 베트남은 현재 동남아시아 지역에서 미국과 가장 우호적인 정치, 경제관계를 맺고 있는 나라로 발전해 왔다.

베트남의 1980년대 1인당 국민소득도 900달러대 수준으로 현재의 북한과 크게 다르지 않다는 점에서 경제 환경적 요인은 비슷하다고 할 수 있다. 또 베트남식 경제개방 정책이 자주 거론되는 데에는 중국과 같이 오랜 기간 내적 역량 강화보다는 강력한 공산당 집권 하에 당(정부)이 총체적 중심이 되는 경제개방 정책을 실시하였기 때문에, 현재 북한의 상황과 좀 더 가까울 수 있다고 분석되고 있다. 또 베트남식 경제개혁, 개방은 주위의 세력 국가(미국, 중국, 러시아, 일본, 대한민국 등)와 힘의 견제와 균형, 경제적 원조가 더 수월할 수 있다는 정치 경제학적 요인도 있다고 할 수 있다. 즉 북한이 중국보다 베트남식을 선호한다고 해야 미국도 경제적 원조에 더욱 우호적일 수 있다는 것이다.

북한의 경제개혁, 경제개방이 곧 눈 앞에 펼쳐질 수 있을 것이라는 예측이 2018년 4월 남북정상회담과 판문점 선언을 통해 예고되고 있다. 어떤 방식을 택하더라도 개인적인 차원에서 김정은 위원장은 유년 시절을 스위스 등 서구 자본주의 사회 속에서 자랐던 점, 김일성과 김정일 위원장 시대에 비해 개혁과 개방에 대한 북한 내부적 요구가 급박하다는 점, 글로벌 경제 제제와 압박이 한계에 다다르고 있다는 점은 이런 예측을 더욱 현실성 있게 뒷받침 해 주고 있다. 이런 환경과 시대적 요구 속에서 중국의 덩샤오핑이라고 하는 입지전적인 개혁, 개방에 성공한 사회주의 혁명가가 되기 위해 고민하고 있다고 전문가들은 분석하고 있다.

북한의 개방방식에서 중국식으로 갈 것인지, 베트남식으로 갈 것인지는 크게 두 가지 관점에서 바라볼 수 있는 사안이다. 첫째, 국제 정치와 경제에 어떤 보완, 견제, 균형의 묘미를 살릴 것인지, 둘째, 체제보장과 강력한 사회주의 국가의 안정을 위해 당(정부)의 역할을 어떻게 가져갈 것인지에 대한 내용이다. 이 두 가지 측면으로 생각해 보면 북한은 강력한 집권 체제 하에서 개방을 할 수 있는 베트남식 개혁 개방 정책으로 국제사회의 견제와 균형의 중심점이 될 수 있도록 북한의 개방 기회를 만들어갈 것이라고 예측하고 있는 것이다. 그런 관점에서 중국식보다는 베트남식(강한 정부 지휘방식)의 경제 개방, 경제 개혁 정책이 우위에 있을 것으로 전문가들은 예측하고 있다.

PART 2
국내 경제와 사회

국내 정치와 경제

1. J노믹스의 주요내용

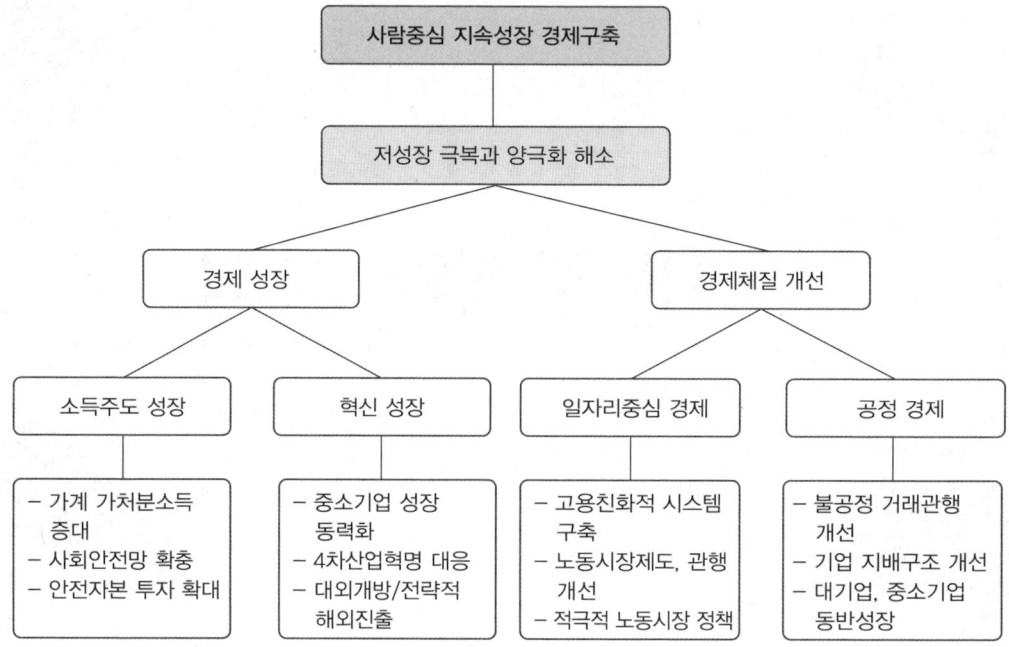

문재인 대통령 당선 후 2개월 후인 2017년 7월에 정부에서는 "새 정부 경제정책 방향"을 발표한 바 있다. 문재인 정부에서의 새로운 경제정책을 "J노믹스"라고 부르고 있는데, J노믹스의 핵심은 "사람중심 경제, 지속성장 가능한 경제를 구축"하겠다는 것이다. 이를 위해 "저성장 극복과 양극화 해소"를 말할 수 있고, 이는 다시 "경제성장"과 "경제체질 개선"이라는 두 축을 두고 있다. 경제성장을 위해서는 "소득주도 성장"과 "혁신 성장"을 추진해 가기로 하였으며, 경제체질 개선을 위해서는 "일자리 중심 경제"를 정착시키고, "공정한 경제구조"를 확립하겠다는 것이다.

첫째, 경기활성화와 경제기반 강화를 위해 가장 중요한 "소득주도 성장"이다. 소득주도 성장을 위해서는 가계의 실질 가처분 소득을 증가시키고, 사회안전망을 확충하며, 인적자본에 대한 투자를 확대한다는 계획을 세우고 있다. 국민들의 입장에서 가장 실질적인 차원"으로 와닿는 문제가 가계 가처분소득 증가에 대한 문제인데, 이를 위해 첫 단추로 2018년도 최저시급을 7,530원으로 획기적으로 인상한 바 있으며, 임기 내에 최저시급 10,000원을 달성하 겠다는 계획을 세우고 있다. 또한 주거비, 의료비, 교통비, 통신비, 교육비 등 핵심생계비 경감, 근로장려세제 확대, 실업안전망 투자 확대, 생애주기별 맞춤 소득지원제도 운영 등을 하부 과제로 두고 있다.

둘째, 혁신성장은 중소기업 성장 및 경쟁력 강화, 4차 산업혁명 시대에 대한 대응, 대외 개 방 확대의 세 분야로 나눌 수 있다. 중소기업 기반을 강화하기 위해서는 중소기업 졸업유예 기간(현행 3년) 연장을 포함한 협력과 혁신 생태계를 구축하기 위한 방향성을 가지고 있으 며, 4차 산업혁명 시대에 대한 대응으로는 대통령 직속으로 4차 산업혁명 위원회를 신설하 고, 4차 산업혁명 R&D 확대, 공유경제 종합계획 마련, 네거티브 규제원칙 마련, 핀테크와 공유경제 등 융복합 서비스 육성 등의 계획을 세우고 있다. 또한 글로벌 성장과 대외개방성 을 확대하기 위해 계속적인 대외협력 채널을 강화해 나갈 계획을 세우고 있다.

셋째, 일자리 중심 경제로 체질을 개선해 나가야 한다는 방침을 세우고 있다. 공공부문이 모범 고용주가 되어 선도적인 역할을 하기 위해 일자리 추경예산을 집행하고 있으며, 비정규 직 제도 개선과 차별 철폐, 하청 근로자에 대한 처우 개선, 임금체불 근절을 위한 제도적 장치 마련, 성별/연령별 맞춤 취업지원 강화 등 세부적인 계획을 세우고 있다. 일자리 중심 경제는 문재인 정부에서의 초기 주요 사업과제로 일자리 중심 국정운영 인프라를 구축하고 모든 정책수단을 일자리 중심으로 재설계하는 등 강력한 드라이브를 걸고 있는 핵심적인 정 책이라고 할 수 있다.

넷째, 공정한 경제체질을 만들어가겠다는 방향성이다. 대선 후보시절부터 강조해온 적폐 청 산과 불공정한 사회구조를 개혁, 개선해 나가야 한다는 것이다. 이를 위해 불공정한 거래 관행 근절, 기업 지배구조 개선, 동반성장 촉진 및 골목상권 보호 강화, 사회적 경제 활성화 등의 방안을 두고 있다. 초기 공정거래위원장 인선을 통해 불공정 거래관행과 사회경제적 적폐 청산을 위해 정책의 방향성을 뚜렷하게 추진하고 있으며, 사회적 약자인 "을(乙)"을 보 호하기 위한 "을지로위원회" 등 양극화 해소와 공정한 경제체질을 강화해 나간다는 강력한 정책적 방향성을 가지고 정책을 실천해 가고 있다.

2. 사회적 금융, 포용적 금융, 임팩트 금융

"사회적 금융"에 대한 정의는 다양하게 내릴 수 있겠지만, "사회적 가치를 실천하고 창출하 는 금융"이라는 의미로 간단하게 정의를 내려 볼 수 있다. 글로벌 사례에서 볼 수 있는 시초 는 1980년 네덜란드에서 설립된 트리오도스 은행, 1983년 마이크로 파이낸스를 실천했던 방글라데시의 그라민 은행에서 효시를 찾아볼 수 있다. 사회적 금융은 사회적 가치를 "실천" 하고 "창출"한다는 차원에서, "실천"을 위주로 운영되는 "포용적 금융", "창출"을 위주로 운영되는 "임팩트 금융"으로 나눠볼 수 있다. 최근 사회적 금융에 대한 해석의 범위는 더욱 크게 볼 수도 있다는 의견들도 전문가들 사이에서 나오고 있다.

"포용적 금융"은 사회적 금융 중에서도 주로 "사회적 가치를 실천하고 소외된 약자를 배려하는 금융"으로 정의를 내려 볼 수 있다. 2000년대 초반 ADB에서 "포용 금융"이라는 용어를 사용한 이후, 2010년 서울 G20 정상회의에서 "금융 포용"이라는 용어가 다시 사용되었고, 2017년 7월 독일에서 열린 G20 정상회의에서도 포용적 금융이 화두가 되기도 하였다. 포용적 금융은 주로 약자를 배려하고, 소외계층에 대해 금융적 지원방안을 통해 지원하는 따뜻한 금융을 언급하는 개념이라고 할 수 있다.

"임팩트 금융"은 "사회적 가치를 추구하는 기업에 투자하여 적절한 이윤과 함께 사회적 가치를 함께 창출하는 금융"으로 정의 내려 볼 수 있다. 용어는 2007년 미국의 록펠러 재단에서 처음 사용되었다고 하며, 방글라데시의 그라민 은행처럼 사회적 가치를 실천하면서 적은 이윤을 창출해 내는 금융활동이 좁게는 임팩트 금융에 포함될 수 있을 것이다. 글로벌에서는 가장 왕성한 은행 활동을 벌이고 있는 네덜란드의 트리오도스 은행이 대표적인 사례이며, 우리나라에서도 대표적인 임팩트 금융의 사례로 서울시 산하 "한국 사회투자"라는 재단의 활동을 들 수 있다.

> **참고** 임팩트 투자, 임팩트 비즈니스
>
> "임팩트 투자"란 투자하는 대상이 사회적, 환경적인 문제를 해결하는 가치적인 분야에 투자를 하면서, 일정 수준의 투자수익도 창출할 수 있는 투자를 총칭하는 표현이다. 사회와 환경적인 분야에 긍정적인 영향을 미치는 사업에 투자를 한다고 해서 이른바 "착한 투자"라고도 불린다. 사회적 가치를 추구하는 단체나 기업에 투자를 하여 사회적 가치를 창출, 실천하며 투자자는 장기간의 안정된 수익을 추구할 수 있는 투자를 말한다.
>
> "임팩트 비즈니스"는 기업들이 주체가 되어 임팩트 투자를 바탕으로 사회적, 환경적 문제를 해결하고 새로운 사업기회를 창출해 나가는 모든 비즈니스 활동을 총칭하는 표현이라 할 수 있다. 특히 빈곤층, 저소득층, 사회경제적 하위계층을 주로 대상으로 하게 되며, 글로벌에서도 전 세계 인구의 70% 이상인 40억 명 이상의 거대한 시장을 대상으로 할 수 있어 성장 가능성도 높다고 평가되고 있다.

글로벌에서는 사회적 금융(임팩트 금융)에 대한 사례로 가장 최초의 임팩트 금융 은행이라고 불리는 네덜란드의 "트리오도스 은행"을 사례로 들고 있다. 트리오도스 은행은 1980년에 설립하여 사회, 환경, 문화적 가치를 창출하는 자금수요에 대해서만 자금을 공급하고 있으며, 현재 자산총액은 한화 기준으로 약 16조 원, 당기순이익은 약 400억 원 수준을 유지하고 있다. 이후 1983년 방글라데시에서 무하마드 유누스가 만든 "그라민 은행"은 마이크로 파이낸싱과 사회적 취약계층에 대한 소액 금융지원으로 유명하다.

국내의 사회적 금융의 경우에는 주로 포용적 금융이라는 개념을 우선으로 실천되고 있다고 할 수 있다. 임팩트 금융은 작게라도 수익을 추구하는 데 반해 포용적 금융은 수익보다 배려와 지원을 우선시한다는 측면으로 해석해 볼 수 있다. 금융권에서는 소외계층, 빈곤계층을 위한 연체이자 감면, 법정 최고금리 인하, 연체된 부실채권 소각처리, 노약자와 빈곤, 소외계층을 위한 은행들의 서비스 확대, 봉사활동 등의 형태로 포용적 금융이 실천되고 있다. 그 외 소외계층, 약자 지원을 위한 "장발장 은행", "주빌리 은행" 등도 포용적 금융의 사례라고 할 수 있다.

반면 국내 임팩트 금융의 사례로는 2000년에 비영리 조합으로 만들어진 마이크로 크레딧 전문기관인 "신나는 조합", 이후 "사회연대은행", "희망키움뱅크", "미소금융재단" 등의 사례가 있으며, 서울시 산하 재단법인 "한국사회투자" 등을 사례로 들 수 있다. 주로 취약계층에 대해 금융을 지원하는 임팩트 금융(마이크로 파이낸스) 분야와, 사회적 가치를 추구하는 기업에 대한 투자(임팩트 투자) 분야로 나눠 볼 수 있다. 또 2017년에는 노무현 정부 당시 경제부총리를 역임했던 이헌재 전 부총리가 "임팩트금융 추진위원회"를 발족하여 임팩트 금융 활성화에 힘을 싣고 있는 상황이다.

3. "뉴베를린 선언" 주요내용

"국민의 정부"라고 불리는 김대중 정부(1997~2002)부터 우리나라 대통령들은 남북문제, 북핵문제, 통일문제 등에 대한 선언적 효과를 위해 독일을 활용해 오고 있다. 김대중 대통령의 베를린 선언 이후 노무현 정부에서는 없었지만, 이명박 대통령의 독일 방문과 정상 회담, 박근혜 대통령의 드레스덴 선언에 이르기까지 세계적 통일의 상징국가인 독일에서 지구촌 마지막 분단국가인 우리나라의 통일구상에 대한 발표들이 이어졌던 것이다. 2017년 취임 1년 차 당시 문재인 대통령의 베를린 쾨르버 재단 초청 연설은 원조격인 김대중 대통령의 베를린 선언과 유사한 점이 있어 "뉴 베를린 선언"이라고 부르고 있다.

2000년 김대중 대통령은 독일 방문과 베를린 선언을 통해 "한반도 평화정착"이라는 대북관계에 대한 메시지를 전달하였다. 이후 2000년 6월에 김대중 대통령은 북한을 방문하여, 한국전쟁 종전 이후 57년 만에 처음으로 김정일 국방위원장과 남북 정상회담을 가지게 되었다. 북한 방문을 마치고 나온 선언이 "6·15 공동선언"이다. 당시 김대중 대통령과 김정일 국방위원장이 공동으로 사인한 "6·15 공동선언문"은 5개 항목의 골자가 있으며, 그 내용은 아래와 같다.

> 1. 통일 문제는 우리 민족끼리 힘을 합쳐 자주적으로 해결한다.
> 2. 통일을 위한 남한의 연합제안과 북한의 연방제안의 공통점을 인정하고 함께 노력한다.
> 3. 이산가족과 비전향 장기수 문제를 인도적으로 해결한다.
> 4. 서로 힘을 모아 민족경제를 발전시키고, 다른 분야에서도 교류해 신뢰를 쌓는다.
> 5. 이 사항을 실천하기 위해 빠른 시일 안에 남북 대화를 마련한다.

이후 노무현 정부(2002~2007)에서는 위의 6·15 공동선언의 연장선상에서 한국전쟁 종전

후 김대중 대통령에 이어 두 번째로 남북정상회담이 열리게 되는데, 이때가 2007년 10월이었다. 2007년 10월 4일에 평양에서 열린 노무현 대통령과 김정일 국방위원장의 정상회담과 그 결과 정상선언이 이어지는데, 이 내용이 "10·4 정상선언"이다. 10·4 정상선언은 6·15 공동선언의 연장선상에서 3개 영역에서 합의를 이루었으며, 그 3가지 영역은 아래와 같다.

1. 통일문제 논의를 위한 남북한 각 분야의 접촉면 확대와 6·15공동선언 이행을 통한 남북한 통일문제의 자주적 해결
2. 서해평화수역 조성 등 한반도 군사적 긴장완화와 북핵문제 해결을 통한 항구적 한반도 평화체제 구축
3. 민족경제, 문화, 인도주의 협력사업의 교류와 협력 강화를 통한 공동번영과 균형적 발전 협력

김대중 대통령의 국민의 정부, 노무현 대통령의 참여정부 시대에 이어, 문재인 정부에서도 문재인 대통령은 G20 정상회의 참여를 위해 독일을 방문하였고, 베를린 쾨르버 재단의 초청 연설을 하게 되는데, 이 내용이 김대중 대통령의 베를린 연설과 흡사한 점이 있어, 언론에서는 "뉴 베를린 선언"이라고 부르기도 한다. 문재인 대통령의 뉴베를린 선언은 북한의 미사일 도발 바로 직후에 있었기 때문에 그 의미가 더 크다고 할 수 있으며, 역대 대통령들처럼 독일이라는 상징적 국가를 활용한 통일구상, 한반도 정책 구상의 발표라는 점에서 의미가 있다고 할 것이다.

문재인 대통령의 "뉴 베를린 선언"에서는 한반도의 냉전구조를 해체하고 항구적인 평화정착을 위한 우리나라 정부의 정책 방향성으로 다섯 가지를 언급하고 있다.

첫째, 한반도에서 대한민국이 추구하는 것은 오로지 한반도의 평화이다. "6·15 공동선언"과 "10·4 정상선언"으로 돌아가 통일을 추구하기 전에 우선적으로 평화가 정착되어야 한다. 대한민국은 북한 정권의 붕괴를 바라지 않으며 인위적인 흡수 통일을 추구하지 않는다.

둘째, 북한 체제의 안전을 보장하는 범위 내에서 한반도 비핵화를 추구한다. 북핵문제의 근원적 해결이 한반도에 필요하며, 이를 위해 북한은 남·북 간 대화, 북·일 간 대화, 북·미 간 대화를 통해 국제적 관계를 회복해 가야 한다.

셋째, 한반도의 항구적인 평화체제를 구축해 가야 한다. 60년 넘게 이어지고 있는 불안한 정전체제의 종식과 평화협정이 필요하며, 모든 남북 합의는 정권이 바뀌어도 계승되도록 하는 남북 합의의 법제화를 통해 한반도 평화를 제도화해야 한다.

넷째, 평화체제 내에서 남북한이 함께 번영하는 한반도의 새로운 경제 지도를 그려가야 한다. 북핵문제가 진전되면 "한반도 신경제지도"의 실천을 통해 평화가 구축된 한반도 내에서 남북한이 공동 번영할 수 있는 신경제지도가 실행될 수 있도록 해야 한다.

다섯째, 비정치적 교류협력 사업은 정치나 군사적 상황과 분리해서 일관성 있게 추진해 가야 한다. 문화 교류, 스포츠 교류, 이산가족 문제, 인도적 지원문제 등 비정치적 협력사업은 정치적, 군사적 상황과 분리해서 일관성 있게 추진되어야 한다.

4. AEC와 우리나라의 신 남방정책

아세안 경제공동체(AEC, Asean Economic Community)는 1967년 5개국으로 창설된 동남아시아국가연합(ASEAN)이 10개국으로 확대되어 2015년 12월 출범하였다.

> **참고** AEC 참가국 10개국 명단
> 싱가포르, 필리핀, 인도네시아, 태국, 말레이시아, 베트남, 캄보디아, 라오스, 미얀마, 브루나이

10개국 공동체의 인구는 총 6억 3천만 명 수준이며, GDP규모는 2조 6천억 달러 수준이다. AEC 10개국에 한국, 중국, 일본, 인도, 호주, 뉴질랜드 6개국을 합쳐 RCEP이라는 경제공동체가 진행 중이며, RCEP 경제공동체의 주요 핵심 공동체가 AEC 10개국이다.

> **참고** 경제공동체별 경제규모
> - 미국을 포함한 TPP(12개국)의 GDP 규모 : 약 30조 달러
> - 미국을 제외한 CPTPP(11개국)의 GDP 규모 : 약 10조 달러
> - NAFTA 3개국의 GDP 규모 : 약 23조 달러
> - EU 28개국(영국 포함 시)의 GDP 규모 : 약 19조 달러
> - EU 27개국(영국 제외 시)의 GDP 규모 : 약 16조 달러
> - RCEP 16개국의 GDP 규모 : 약 22조 달러
> - AEC 10국의 GDP 규모 : 약 2조 6천억 달러

AEC의 경우 GDP 규모나 교역규모 등 경제규모는 글로벌에서 두각을 나타내는 상황은 아니지만, 중장기적인 성장 잠재력 부분에서 지구촌 어느 지역보다 관심이 집중되는 지역이라고 할 수 있다.

가장 큰 네 가지 매력 포인트는 인구, 국민들의 평균연령, 자원 부국, 연 5%대의 높은 경제성장률이라는 점이다. 경제공동체 전체 인구는 6억 3천만 명으로 중국, 인도에 이어 지역별 인구가 가장 많은 지역으로 꼽히고 있으며, 국민들의 평균연령이 평균 20대로 발전과 성장 가능성이 잠재되어 있는 지역이라는 점이다. 우리나라의 평균 연령이 41세 수준이라는 점을 감안하면 AEC 지역은 젊은이들의 경제공동체라는 특징을 가지고 있는 것이다. 경제성장률은 ADB 발표 자료에 의하면 2010~2020년까지 연평균 5.6% 수준이라고 평가하고 있으며, 각종 천연자원이 풍부한 자원부국 지역으로 꼽히고 있기 때문이다.

이런 이유로 글로벌 각국은 AEC 지역으로 투자가 집중되고 있으며, 중국의 일대일로 프로젝트와 함께 추가로 투자유망 지역으로 주목을 받고 있는 상황이다. 한때 정치, 사회, 문화적인 분쟁지역, 언어의 이질성 등이 부각되면서 화합과 공동체 결성이 미뤄지기도 하였고, 특별한 리더 국가가 없어 공동체 출발에 혼란을 겪기도 하였지만, 참여하는 각 나라들이 서로서로 부족한 부분을 보완하고 통합하는 과정을 거쳐 AEC를 성공적으로 출범시켰고, 주위

의 국가들에게 충분히 위협적인 경제공동체가 될 수 있는 상태로 성장하고 있고, 앞으로도 성장 잠재력이 상당한 시장으로 자리매김을 하게 되었다.

우리나라의 상황에서 "신 남방정책"이라고 불리는 글로벌 경제정책의 주요 타켓 지역이 바로 AEC 지역이다. 신 남방정책은 문재인 정부에서 표방한 새로운 남방 외교, 통상정책이다. 지금까지는 주로 미국, 중국, 일본, 유럽 등 G4 지역을 위주로 통상, 외교 정책을 펼쳐오면서 상대적으로 아세안 지역을 제대로 공략하지 못하고 있다는 점, 중국의 외교, 군사, 문화, 여행, 통상, 금융 등 전 방위적인 사드 보복으로 인해 어려움을 겪었던 우리나라의 상황에서 중국을 벗어나 타 지역을 대상으로 한 정책적인 대안을 찾아야 한다는 점이 맞아 떨어지면서, 새롭게 아세안(AEC) 지역이 두각을 나타내고 있는 것이다.

아세안 지역과 우리나라의 교역 상황을 보면, 우리나라에서 생산된 부품으로 완제품을 만드는 생산 기지의 상당수가 아세안 지역에 있으며, 이로 인해 아세안 길거리에서 자동차와 휴대폰 등 한국산 제품을 찾는 것은 어렵지 않은 일이라고 한다. 한국은행 자료에 따르면 아세안 지역은 2016년 말 기준으로 우리나라 전체 수출의 27.2%를 차지하며, 중국에 이어 두 번째로 큰 비중을 차지하고 있다. 교역 규모도 급성장하고 있어, 2000년 우리나라의 아세안 지역 수출이 201억 달러, 수입 159억 달러였던 상황이, 2014년에는 수출 846억 달러, 수입 534억 달러로 크게 늘어나고 있다. 또한 우리나라의 무역 흑자 규모도 2000년 5억 달러에서 2014년 312억 달러로 역시 크게 증가하고 있는 상황이다.

우리나라의 아세안 지역을 대상으로 한 신 남방정책의 핵심가치 키워드는 "3-P"로 표현할 수 있으며, 그 세 가지는 "사람(People)", "평화(Peace)", "번영(Prosperity)"을 의미한다. 우리나라와 아세안 지역과의 마음과 마음이 이어지는 "사람 공동체", 안보 협력을 바탕으로 한 아시아 지역 평화에 기여하는 "평화 공동체", 상호 호혜적 경제 협력관계를 바탕으로 지역 공동의 번영을 추구하는 "상생과 번영 공동체"를 만들어 가겠다는 계획이다. 이를 위해 산업통상자원부, 외교부 등 정부 차원에서도 아세안 지역 투자를 전제로 한 범 정부협의체 구성 및 산업체와의 연계 활동을 계획하고 있다.

5. 파리클럽과 런던클럽

국내의 경우 예를 들어 삼성전자, 현대자동차 등 기업에 대출을 해준 은행들을 채권은행이라고 표현한다. 국가적인 차원에서도 마찬가지이다. 채무국이 있고 채권국이 있는데, 채무국들에 대해 채무를 탕감해 줄 것인지, 탕감해 주지 않고 디폴트(국가부도)로 결론을 낼 것인지 등에 대해 주요 채권국들이 모여 논의를 하게 된다. 채무국들의 국가부채 문제에 대해 논의하고 의사결정을 하는 주요 채권국들의 협의체를 "파리클럽"이라고 한다. 파리클럽은 공식적인 국제기구는 아니며, 비공식적인 국가 간 협의체로 이루어지고 있다.

파리클럽의 기원은 1950년대 부채국가였던 아르헨티나에 대해 채권국들이 프랑스 파리에 모여서 당시 아르헨티나의 국가부채를 탕감해주기로 결정한 적이 있었는데, 이 모임이 모태가 되어서 오늘날의 파리클럽으로 발전하게 되었다. 현재 정회원 국가는 전 세계에서 우리나라를 포함해 총 22개 국가로, 그중 러시아와 2017년 1월에 가입한 브라질을 제외한 나머지 20개 국가는 모두 OECD 회원국이다. 우리나라의 경우에는 2016년 7월 1일, 파리클럽 가입 전에는 파리클럽 특별회원국으로 파리클럽에서 의안에 대해 특별한 초청이 있을 때에만 참여하는 지위를 가지고 있었다.

2017년 6월에 박근혜 전 대통령 때 올랑드 전 프랑스 대통령과의 정상회담을 통해, 그 자리에서 파리클럽 가입에 대한 논의가 나왔으며 우리나라는 정식으로 파리클럽에 가입할 의사가 있음을 보여주었다. 통상 정회원국 모두의 동의를 얻어 파리클럽에 가입하게 되며 가입하는데 걸리는 기간도 일정기간 걸렸던 과거의 사례와는 달리, 우리나라의 파리클럽 가입결정은 속전속결로 이루어지게 되었고, 가입의사 타진 1개월도 되지 않은 2016년 7월 1일 자로 파리클럽에 정식적으로 정회원국가로서 가입하게 되었다.

파리클럽에 가장 최근에 가입한 나라들은 러시아(1997년)와 이스라엘(2014년)에 이어 우리나라(2016년)와 브라질(2017년)이다. 러시아가 19번째로, 이스라엘이 20번째로 가입하게 되는데, 1990년대 이후로 21번째 가입국인 우리나라와 22번째 브라질에 이르기까지 단 4개 국가만이 가입하였을 정도로 진입장벽도 낮지 않다고 할 수 있다. 파리클럽은 1950년대 설립 이후 약 90여 개 국가에 대해 약 400여 건 정도의 채무조정 문제를 다뤄왔다. 가장 최근에 파리클럽에서 국가채무에 대해 조정문제를 다뤘던 사례는 쿠바였다. 쿠바는 파리클럽으로부터 85억 달러의 국가부채를 탕감받았으며, 미국을 포함한 유럽의 주요 채권 국가들과의 관계정상화에도 성공하게 되었던 것이다.

국가 간의 채무문제를 다루는 국제적인 협의체는 두 부류가 있다. 하나는 "파리클럽"이고, 또 하나는 "런던클럽"이다. 파리클럽은 위에서 설명한 것처럼, 국가부채 등 공적부채를 다루는 국가와 정부차원에서의 협의체이고, 런던클럽은 민간은행들이 특정 국가나 특정 외국기업에 대해 공여해준 자금이 문제가 되었을 때 민간 채권은행들이 모여 문제가 된 대출자금에 대해 협의하는 기구를 말한다. 이때 민간은행들은 런던에서 국가나 은행, 또는 기업들에 대한 채권조정 논의를 런던에서 런던클럽을 통해서 하고 있다. 즉, 런던클럽은 상업적 채무를 다루고 있고, 파리클럽은 국가부채(공적 채무)를 다루는 조직이다.

우리나라가 파리클럽에 가입함으로써 얻을 수 있는 기대효과로는 크게 (1) 정회원 국가로 회의에 참여함으로써, 대외 공적채권에 대한 회수가능성을 높일 수 있다는 점, (2) 채무국의 부채조정에 대한 회의참여를 통해 우리나라의 발언권을 높일 수 있다는 점, (3) 채무국들에 대한 경제적인 문제나 그 나라 상황으로 봐서는 민감할 수도 있을 재정상황, 연체상황, 신용현황 등에 대한 정보들을 확보할 수도 있다는 점, (4) 국제사회에서 우리나라의 인지도가 높아질 수 있다는 점 등을 들 수 있다.

2017년 말 기준 우리나라의 경제규모는 GDP기준으로 세계 11위를 기록하고 있고, 우리나라가 외국으로 빌려준 금액의 잔액은 약 8,000억 달러(약 900조 원) 수준이다. 우리나라의 대외 채무금액은 약 4,000억 달러(약 470조 원)이며, 순 대외채권(대외채권-대외채무) 금액은 4,000억 달러(약 470조 원) 수준이다. 우리나라는 1997년 IMF 당시 600억 달러 수준의 대외 채무 국가였으나, 2000년도에는 250억 달러로 순 채권국가로 수지가 개선되었고, 2016년도에는 순 대외채권이 4,000억 달러 수준으로 순 대외채권 금액은 조금씩 증가하고 있는 상황이다.

우리나라의 파리클럽 가입은 글로벌에서 우리나라가 채무국이 아닌 주요 채권국가의 그룹에 포함됨을 인정하는 것이다. 1990년대 IMF사태를 맞으면서 채무국가로서의 지위와 국가부도의 위기까지 몰렸던 우리나라의 과거 경험을 생각해 보면, 약 20년 만에 대대적인 국가인지도에 변화를 가져오게 되는 계기가 될 것이라 예측된다. 현재 22개국으로 파리클럽은 운영되고 있지만 우리나라도 정회원국으로 입지를 강화하고 대외적인 영향력 확대와 국가적인 차원에서의 대외 채권, 채무에 대한 리스크 관리, 대외 전략에 대한 정보의 활용 등이 기대되는 상황이라 할 수 있다.

국내 경제상황과 거시변수

1. 정부의 재정과 국가결산

정부의 재정은 크게 통합재정수지와 관리재정수지로 나타낸다. 통합재정수지는 정부의 총수입에서 총지출을 뺀 단순 재정수지이고, 관리재정수지는 통합재정수지에서 미래세대를 위해 제외해야 할 수입부분인 국민연금수입, 건강보험료 등 4대 보험 수입을 차감한 순수입금액을 나타내는 재정수지이다. 관리재정수지는 순수한 재정수지를 나타내는 지표로 통상 국가의 재정을 파악하는 중요한 지표로 활용되고 있다. "균형재정"이라는 표현이 나오는데, 이는 통합재정수지로 판단하지 않고 관리재정수지로 판단하며, 나라마다 다르지만 일반적으로 관리재정수지가 그 나라의 GDP 대비 +/−0.5% 이내에 들어가면 균형재정을 이루고 있다고 해석한다.

구분	'16년 결산 (A)	'17년 예산 (B)	'17년 결산 (C)	증감 전년 대비 (C−A)	증감 예산 대비 (C−B)
1. 총수입	401.8	423.1	430.6	28.8	7.5
2. 총지출	384.9	410.1	406.6	21.6	△3.5
3. 통합재정수지(1−2) (GDP대비, %)*	16.9 (1.0)	13.0 (0.8)	24.0 (1.4)	7.1 (+0.4%p)	11.0 (+0.6%p)
4. 사회보장성기금수지 (GDP대비, %)*	39.6 (2.4)	41.9 (2.5)	42.5 (2.5)	2.9 (+0.1%p)	0.6 (△0.0%p)
5. 관리재정수지(3−4) (GDP대비, %)*	△22.7 (△1.4)	△28.9 (△1.7)	△18.5 (△1.1)	4.2 (+0.3%p)	10.4 (+0.6%p)

* '17년 명목 GDP 전망 : (예산)추경 1,688.5조 원, (결산)1,713.5조 원

▲ 2017년 재정 수지 결산(조 원)[22]

위의 표를 보면 2017년 정부의 총수입은 423.1조 원, 총지출은 410.1조 원으로 총수입은 2016년 대비 28.8조 원 증가하였고, 총지출도 2016년 대비 21.6조 원 증가하였다. 총수입에서 총지출을 단순 차감한 재정수지가 "통합재정수지"인데, 우리나라의 2017년도 통합재정수지는 24.0조 원이었고 2016년도 통합재정수지 16.9조 원 대비 7.1조 원 증가한 결과를

---

22) 자료 : 기획재정부

보여주고 있다. 관리재정수지는 -18.5조 원으로 발표되었고, 2016년도 22.7조 원 적자에서 18.5조 원 적자로 4.2조 원 정도 개선된 수지를 보여주고 있다.

국제적인 기준으로 비교되는 국가재정의 건전성 기준은 관리재정수지로 일반적으로 판단하는데, 2017년도 우리나라의 명목 GDP가 1,713조 원 수준임을 감안하면 관리재정수지가 GDP에서 차지하는 비중은 -1.1% 수준이 된다. 2016년도 GDP 약 1,600조 원에 관리재정수지가 -22.7조 원으로 비중이 -1.4% 수준이었던 것을 감안하면 관리재정수지의 개선 상황을 보여주고 있음을 볼 수 있다. 그러나 국제적으로 인정되는 +/-0.5% 기준을 보면 건전재정을 이루고 있다고는 보기 어려운 상황이라고 할 수 있다. 통상 재정적자, 재정흑자라고 말하는 것은 관리재정수지를 말하는 것으로, 관리재정수지의 적자는 그만큼 국가채무를 증가시키는 요인으로 작용하게 된다.

구분(단위 : 조 원)	2015년	2016년(A)	2017년(B)	증감(B-A)
통합재정수지	-0.2	+16.9	+24.0	+7.1
관리재정수지	-38	-22.7	-18.5	+4.2
관리재정수지/GDP	-2.4%	-1.4%	-1.1%	-

다음은 우리나라 국가채무를 보도록 하자. 지방자치제를 실시하고 있는 우리나라의 경우 협의의 국가채무는 중앙정부의 채무와 지방정부의 채무를 합한 채무를 말하며 이를 보통 "국가채무(D1)"라고 한다. D1에서 비영리 공공기관의 채무를 포함한 개념을 "일반정부부채(D2)"라고 하고, 다시 D2에서 비금융 공기업의 부채까지 포함된 개념을 "공공부문부채(D3)"라고 한다. 우리나라에서 이렇게 D1, D2, D3로 나눠서 국가채무를 발표하는 것은 2014년에 IMF의 권고를 받아들이면서부터이다(위의 자료는 직접적인 국가와 관련된 D1 자료까지만 발표되었던 자료이다).

구분(단위 : 조 원)	2014년	2015년	2016년	2017년
중앙정부채무(A)	503.1	556.5	591.9	627.4
지방정부채무(B)	30.1	34.9	35.0	33.3
D1 (A+B)	533.2	591.4	626.9	660.7

통상 OECD국가들은 D2부채가 GDP에서 차지하는 비중으로 국가채무의 건전성을 평가하며, OECD국가들의 평균 D2부채가 GDP에서 차지하는 비율은 110%대 수준이다. 우리나라의 2017년도 명목 GDP가 1,713조 원 수준임을 감안하면 D1 채무의 GDP대비 비중이 38.6%대 수준이며, 비영리공공기관 채무가 2016년도 기준으로 약 90조 원 수준임을 감안하면, D2 채무의 GDP대비 비중도 43.8% 수준으로 OECD국가의 평균 국가채무 대비 상당

히 양호한 수준이라고 할 수 있다. 이 이유로 IMF 등 국제기구에서는 우리나라의 저성장 극복책 대안으로 국가채무를 늘리라고 조언을 하기도 한다.

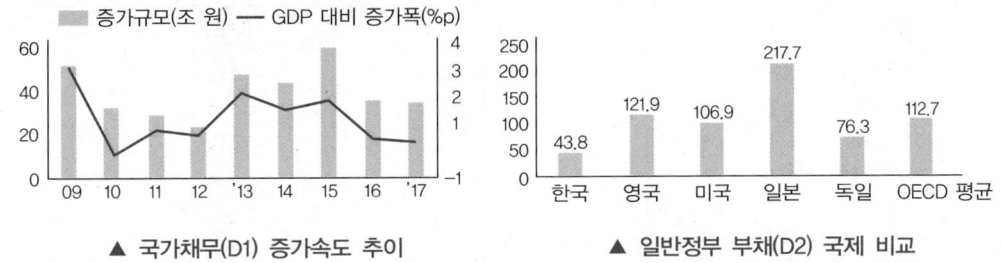

▲ 국가채무(D1) 증가속도 추이   ▲ 일반정부 부채(D2) 국제 비교

위의 그래프23) 좌측은 국가채무(D1)의 증가속도를, 우측은 일반정부부채(D2)에 대해 국가 간 비교(2016년 자료 기준)를 나타낸 그래프이다. 국가채무(D1)가 증가하고 있지만 그 증가속도는 줄어들고 있으며, 일반정부부채(D2)의 경우 2016년도 기준 우리나라가 43.8% 수준으로 일본 217.7%, 영국 121.9%, 미국 106.9%에 비해 아주 양호한 상황을 보여주고 있다. 그나마 선진국 중에서 독일이 76.3% 수준으로 양호한 일반정부부채 수준을 보여주고 있다. 또 2016년도 기준 OECD 평균 일반정부부채(D2) 수준은 112.7% 수준임을 볼 수 있다. 국가채무, 국가부채를 언급할 때는 용어에 신중을 기해야 한다. "국가채무"와 "국가부채"가 다른 개념이기 때문이다. 위의 D1, D2, D3도 마찬가지이다. D1은 "국가채무", D2는 "일반정부 부채", D3는 "공공부문 부채"라고 하여 "채무"와 "부채"라는 표현을 각각 달리 사용하고 있다. "채무"개념은 실제 갚아야 할 원리금, 타인으로부터 명확한 금전거래를 통해 상환을 약속한 금액을 말하며, "부채"는 채무 개념보다 넓은 의미에서 명확하지는 않지만 장래에 언젠가는 부담으로 작용할 금액까지 포함한 개념을 말한다. 이렇게 "채무"라는 개념은 직접적인 금전의 대차거래(빌려주고 빌리는 거래)를 통해 명확히 발생한 개념이며, "부채"는 명확하지는 않으나 장래에 언젠가는 갚아야 할 모든 금액까지를 포함한 개념으로 이해하면 된다. 이 개념을 국가의 관점으로 확장하면 "국가채무", "국가부채"라는 용어도 해석이 가능해야 할 것이다. 우리나라의 국가채무(D1)는 2017년도에 660.7조 원이라고 했지만, 여기에 장래에 언젠가는 갚아야 할 장래에 예상되는 채무라는 개념을 더하면 "국가부채"개념이 나오게 된다. 장래에 언젠가 부채로 다가올 금액 중에 우리나라에서 가장 큰 계정이 "연금충당부채"라는 계정이다. 우리나라의 2017년도 국가 대차대조표에서 부채계정 총계 금액은 1,555조 8천억 원이다. 이 안에 직접적인 채무를 제외한 "연금충당부채"가 845.8조 원이다(다음 표24) 참고).

---

23) 자료 : 기획재정부, OECD Economic Outlook('17.11), 한국은 정부 발표 D2 기준(43.8%)
24) 자료 : 기획재정부

(단위 : 조 원)

	'16년(A)	'17년(A)	증감(B-A)
■ 부채 총계(1+2)	1,433.1	1,555.8	122.7
1. 국공채 등(①+②)	513.1	533.1	20.0
① 국·공채(a+b+c)	508.8	528.8	20.0
a. 국채	595.0	626.8	31.8
b. 공채	25.6	22.2	△3.4
c. 자기국·공채	111.8	120.2	8.4
② 차입금	4.3	4.3	-
2. 발생주의 부채(③+④)	920.0	1,022.7	102.7
③ 연금충당부채	752.6	845.8	93.2 [1]
④ 기타부채	167.4	176.9	9.5 [2]

1) 공무원연금충당부채(74.8조 원), 군인연금충당부채(18.4조 원) 증가
2) 주택도시기금 청약저축(5.4조 원), 퇴직수당충당부채 등 기타 발생주의 부채(4.1조 원) 증가

위의 표를 보면 "연금충당부채"라는 개념이 등장하는데, 연금충당부채는 현재 공무원연금, 군인연금 등 국가연금 수급자와 재직자에게 지급해야 할 연금액을 현재가치로 추정한 금액을 말한다. 2017년 말 잔액은 846조 원 수준이며, 2016년 대비 약 93조 원 정도 증가하면서, 부채 증가의 가장 큰 이유로 꼽히고 있다. 군인, 공무원 수의 증가도 원인이 있지만, 미래 지급가치를 현재가치로 할인하는 과정에서 저금리 시기에 할인율도 낮아진 것이 현재가치를 오히려 부풀리는 효과를 낳았기 때문이라고 분석된다.

결국 우리나라의 경우 직접적인 국가채무(D1)는 약 660.7조 원 수준으로 GDP대비 차지하는 비중은 38% 범위에서 움직이고 있지만, 국가채무의 증가속도는 그렇게 안정적인 수준이라고만 말할 수는 없는 상황이다. IMF나 국제기구 등에서는 우리나라의 저성장 상황을 극복하기 위해 국가채무를 늘려도 좋은 방법이 될 것이라고 권고하고 있지만, 권고를 받아들이는 우리나라의 상황에서는 조금이라도 대외채무보다는 국내채무나 기타 통화정책적인 방법을 통해서 저성장 상황을 극복하려는 노력이 필요한 상황임에는 틀림이 없다고 할 수 있다.

2. GDP와 1인당 국민소득

1인당 국민소득(1인당 GNI) 3만 달러를 선진국 진입의 기초 조건이라고 보통 이야기를 하고, 1인당 국민소득 5만 달러는 선진국 그룹에서 평균 이상의 상위권에 해당하는 국민소득 수준으로 "선진국 중의 선진국"임을 의미하는 수준이라고 한다. 실제로 선진국들의 집합체라고 할 수 있는 OECD 35개국 중 동유럽, 중남미 일부 상대적인 저소득 국가들을 제외한 상위 25개 국가들의 평균 1인당 국민소득 수준이 약 5만 달러 수준이라고 한다.

> **참고** OECD 35개 회원국 명단(대한민국 가입 1996년 기준으로 작성)
> - 1996년 이전 가입 : 오스트리아, 벨기에, 덴마크, 프랑스, 그리스, 아이슬란드, 아일랜드, 이탈리아, 룩셈부르크, 네덜란드, 노르웨이, 포르투갈, 스웨덴, 스위스, 터키, 영국, 독일, 스페인, 캐나다, 미국, 일본, 핀란드, 호주, 뉴질랜드, 멕시코, 체코 (26개국)
> - 1996년 가입 : 헝가리, 폴란드, 대한민국 (3개국)
> - 1997년 이후 가입 (가입 순서별) : 슬로바키아, 칠레, 슬로베니아, 이스라엘, 에스토니아, 라트비아 (6개국)
>
> (주) 아시아 지역에서는 터키, 이스라엘, 일본, 대한민국의 4개국이 가입하고 있으며, 대한민국은 29번째로 가입함. 중국, 인도 등의 경우에는 OECD 회원국이 아님. 35번째 가입국인 라트비아는 2016년에 가입함.

우리나라는 2006년도에 1인당 국민소득 2만 달러대로 진입하였으며 2017년도에는 29,745달러로 12년째 2만 달러 수준을 벗어나지 못하고 있는 상황이다. 우리나라의 1인당 국민소득 추이를 보도록 하자.

연도	2006년	2007년	2008년	2009년	2010년	2011년
1인당 소득	20,795	22,992	20,419	18,256	22,105	24,226
연도	2012년	2013년	2014년	2015년	2016년	2017년
1인당 소득	24,600	26,070	27,892	27,171	27,561	29,745

위의 표(단위 : 달러)를 보면 우리나라는 12년째 1인당 국민소득 2만 달러대에 머물러있음을 볼 수 있다. 그러나 선진국들의 경우를 보면 미국은 1987년에 2만 달러에 진입한 이후 1996년에 3만 달러대로 진입하면서 9년이라는 소요기간이 걸렸고, 일본은 1987년부터 1992년까지 5년, 독일은 1990년에서 1995년까지 5년, 스위스는 1986년에서 1988년까지 2년, 스웨덴은 1987년에서 1992년까지 5년이 걸렸다. 가장 짧은 스위스는 2년이 걸렸고, 가장 길었던 미국의 경우 9년 정도가 소요되었던 것이다. 우리나라가 2018년도에 3만 달러대로 진입하면 12년이 걸리는 셈이며, 이렇게 다른 나라들에 비해 좀 더 오랜 기간이 걸린 이유는 글로벌 금융위기, 저성장이라는 요인이 작용하고 있는 것으로 분석된다.

글로벌에서는 "30-50클럽"이라는 개념이 있다. 인구 5,000만 이상 되는 국가 중에 1인당 국민소득이 3만 달러 이상인 나라를 말하는 것으로, 현재 미국, 일본, 영국, 독일, 프랑스, 이탈리아로 6개국이 30-50클럽에 속한다. 만약 우리나라가 이 30-50클럽에 가입할 수 있다면 세계에서 7번째로 가입하는 나라가 될 것이다. 2016년 기준으로 우리나라의 1인당 국민소득은 세계 29위 수준이라고 한다. 그러나 2017년도에도 국민소득 3만 달러를 달성하지는 못하였기 때문에 순위의 급격한 변동은 없을 것이라 보이며, 2018년도에 3만 달러를 상회하게 되면 순위변동도 예측해 볼 수 있다. 통상 "부유한 나라"라는 기준은 "1인당 국민소득"의 크기로 결정되며, 모나코가 1위로 기록되고 있다.

2017년에 달성한 1인당 국민소득 29,745달러는 원화 기준으로는 3,363만 원 수준이다. 가계 기준으로 "가계총처분가능소득(PGDI)"라는 개념이 있는데, 가계의 소득에서 세금과 사회보장기여금 등을 차감한 금액으로, 개인이 자유롭게 처분할 수 있는 소득을 말하며, 실질적으로 개인들의 주머니 사정을 보여주는 지표로 사용된다. 2017년 1인당 PGDI는 16,573달러(1,874만 원) 수준이다. 1인당 월 156만 원(1,874만 원/12개월) 수준이며 3인 가족 기준으로는 468만 원 수준이 된다. 실제 처분 가능한 평균 금액이 3인 가족 기준으로 세후 468만 원 수준이라는 것이다. 1인당 PGDI도 2016년 대비 원화기준으로 4.1% 정도 증가는 하고 있지만, 형평성에 대한 문제에서 실제 체감되는 수치라고 하기는 어려울 것이라 보인다.

3. GDP 경제지표의 한계와 비욘드 GDP

> - GDP(Gross Domestic Product, 국내총생산) : 한 나라에서 생산된 총 생산을 말하는데, 내국인, 외국인 구분없이 대한민국 영토를 기준으로 계산된 총 생산활동을 포함하는 개념이다.
> - GNP(Gross National Product, 국민총생산) : 영토와 관계없이 그 나라의 국민이 생산한 총 생산을 말하는데, 대한민국 국민이 세계 각지에서 생산활동을 거친 총 생산량을 말한다. 1990년대 이후로 GNP는 경제용어에서 크게 사용되지 않고 있다.
> - GNI(Gross National Income, 국민총소득) : 대한민국 국민이 세계 각지에서 소득을 올린 국민 총소득의 개념이고, 1인당 국민소득은 GNI를 인구수로 나눈 금액이다.

우리나라의 경우 2017년도 GDP는 약 1조 5,400억 달러(약 1,700조 원)로 세계 11위 수준으로 기록되고 있다. 글로벌에서 GDP가 높은 순서는 미국, 중국, 일본, 독일, 영국, 프랑스, 인도, 이탈리아, 브라질, 캐나다가 10위권에 있으며, 1위는 당연히 미국으로 약 19조 3,000억 달러 수준이며, 10위에 있는 캐나다의 경우 1조 6,000억 달러 수준이고, 우리나라보다 한 계단 아래에 있는 12위 국가인 러시아의 경우에는 1조 5,200억 달러대의 수준에 있다. 우리나라의 1인당 국민소득으로 평가되는 1인당 국민소득은 2017년도에 29,700달러 수준을 기록하고 있어, 3만 달러에서 300달러가 부족한 상황이다.

GDP라는 경제지표는 각 경제주체들의 생산에 대한 부가가치를 합한 개념으로, 경제의 규모의 성장속도를 알 수 있는 대표적인 경제지표로 사용되어왔다. 한 국가에서 1년간 생산된 재화와 서비스의 가치를 합한 금액으로, 소비, 투자, 정부지출 그리고 순수출(수출-수입)을 합산해 산출한다. GDP라는 지표가 만들어진 것은 1932년 경제학자인 쿠즈네츠에 의해 처음 만들어졌으며, 이후 1940년대에 케인스와 리처드 스톤에 의해 경제지표로 탄생하게 된다. 이후 세계경제에서 각국들이 공용으로 사용할 수 있는 지표로 UN차원에서 활용하게 되었다.

이렇게 GDP는 1930~1940년대 생산을 강조하던 시대적 배경 하에 탄생하게 되었지만, 글로벌에서 경제의 축이 제조업에서 서비스업으로 이동하면서 GDP가 놓치는 부분이 늘어나고 있다는 것이다. 예를 들어, 시장에서 거래되는 경제활동은 GDP에 계산되지만 주부들의 가사노동이나 육아에 대한 가치는 제외된다. 반면 환경을 파괴하는 활동조차 경제활동으로 분류돼 생산적인 일로 기록되기도 한다. 이런 GDP는 최근 디지털 시대로 진입하면서 변화하는 경제활동에 대한 지표로 활용하는데 한계가 있다는 지적이 나오고 있는 것이다.

GDP라는 경제지표에 한계가 있다고 언급하는 대표적인 경제학자는 2001년 노벨경제학상 수상자인 스티글리츠 미국 콜롬비아대 교수이다. 그는 다른 학자들과 함께 2011년에 『GDP는 틀렸다』라는 책을 펴내기도 하였으며, 양적인 측정에만 치중하는 GDP라는 지표에 질적인 측면을 추가해서 수정해야 한다는 이론적 근거를 주장하고 있는 것이다. 질적인 부분은 국민들의 실질소득과 소비, 그리고 행복을 결정하는 주요 요소이며 단순한 경제규모를 넘어 국가의 경제발전과 사회적 다양성까지 종합적으로 판단할 수 있게 하는 것으로, GDP는 이런 부분을 반영하고 있지 못하다는 것이다.

이렇게 GDP라는 경제지표가 한계를 가지고 있다는 근거에 대해 살펴보고자 한다.

첫째, 시대적인 부분을 들 수 있다. GDP는 생산과 성장을 주요 가치로 삼고 있던 시대에 탄생한 경제지표로, 그 시대에는 GDP가 경제지표로서 중요한 역할을 하였지만, 지금은 GDP를 넘어서는 실질적인 가치를 산정할 수 있어야 한다는 주장이 있다. 지금처럼 빠르게 변화하고 있는 디지털 시대에 경제지표로서 활용하기에는 역부족이라는 내용으로, 현재의 상황에 맞는 또는 미래의 상황에 맞을 경제지표로서 개선, 수정이 되어야 한다는 것이다. GDP는 70년 전에 만들어진 성장시대의 지표로 지금은 경제의 축이 성장에서 분배와 공유라는 가치를 가지고 있는 시대이니만큼 거기에 맞는 지표개발이 필요하다는 것이다.

둘째, 측정 및 집계방식이 성장시대 위주의 "양적인 측면"만 강조함으로써, "질적인 측면"을 측정하지 못하고 있다는 문제이다. 비중이 커진 서비스업은 부가가치 산정에서 논란이 끊이지 않는 부분이다. 예를 들어, 온라인쇼핑은 소비자의 편의성을 증가시키지만, 시설투자 비중을 줄여 GDP가 하락하는 요인으로 작용하고 있고, 또, 국민의 행복 증진이나 환경훼손 문제 등 성장의 질적 측면을 가늠하는 데 한계가 있다는 것이다. 우리나라의 경우 GDP순위는 세계 11위에 있지만, UN이 발표하는 "세계행복보고서"에 따르면 한국인의 행복지수는 2017년도에 155개 조사국 중에서 56위에 그쳐 2016년에 이어 계속 56위를 차지하고 있으며, 2015년도의 47위 수준보다는 하락하고 있는 상황이다. 이런 점들이 GDP가 반영해주지 못하고 있는 부분이다.

셋째, 모바일 앱, 공유경제과 같은 새로운 산업생산의 부가가치가 상당부분 반영이 되고 있지 못하다는 점도 문제점으로 지적되고 있다. 예를 들어, 스마트폰 앱(App)을 통해서 숙소를 확인하는 숙박 공유업체인 에어비앤비는 전 세계적으로 확산되고 있는 추세이다. 그러나 등록된 대다수 숙소는 아직 우리나라에서는 현행법상 법적근거가 없는 상태이며, 법적인 근거가 없는 생산행위는 GDP 집계방식에서 제외되기 때문에, 이런 부분들도 GDP에는 반영되고 있지 못하다는 것이다. 공유경제, 유튜브 강의 등의 사례처럼 디지털 시대로의 변화에 따라 시대적인 변화상을 GDP가 반영해 주지 못하고 있다는 지적인 것이다.

넷째, 시기적 문제점이 있다. 글로벌 경제는 최근 저성장이라는 큰 벽에 마주하고 있어, 각국들이 성장률 정체와 둔화라는 문제점을 가지고 있는 상황이다. 우리나라에서도 정부와 한국은행, 민간 연구원 등에서 경제성장률 발표를 하고 있지만 적중하고 있지 못하며, GDP로서 국민들에게 희망과 가능성을 제시해 주기 어렵다는 부분이 현재의 시기적인 상황이라고 할 수 있다. 이런 상황에서 GDP라는 경제지표에 의존하지 말고, 대안을 제시해 줄 수 있는 대안지표의 개발이나 사용은 의미 있는 일이라고 할 수 있다.

현재 국제연합(UN)차원에서도 GDP를 대체할 수 있는 경제지표 개발에 공감하고 있는 상황이며, 일본의 경우에는 일본은행(BOJ)에서 최근 개인들의 소비동향을 보다 정확하게 집계하기 위해 2016년 5월부터 "소비활동지수"라는 지표를 새롭게 발표하고 있다. 이는 기존에 일본 정부에서 매월 발표하는 "가계조사"가 정확한 소비동향을 파악하는데 한계가 있다고 판단한 데 따른 것이다. 이렇게 각국들도 변화하는 시대에 맞는 새로운 지표들의 개발에 공감하는 만큼, GDP라는 경제지표도 현실의 상황에 맞는 수정안의 도출도 충분히 긍정적으로 검토해 보아야 할 문제인 것이다.

현재 GDP 경제지표의 수정안 또는 대안으로 제시되고 있는 지표들로는 여러 가지가 있다. "인간개발지수(HDI, Human Development Index)"는 UN 산하기관인 UNDP(유엔개발계획)에서 매년 각국의 교육수준, 국민소득, 평균수명 등을 조사해 인간개발 성취정도를 평가하는 지수이다.

"국민행복지수(GHN, Gross National Happiness)"는 부탄에서 개발된 지표로 환경보호, 사회적 가치, 올바른 통치구조, 평등하고 지속적인 사회경제 발전정도 등을 중심으로 지표화 하고 있다.

이외에도, OECD에서 웰빙의 정도를 평가한 지수로 "더나은삶지수(BLI, Better Life Index)", 미국의 민간연구소에서 개발된 환경, 사회적 가치활동, 복지 등을 중심으로 측정하는 "참진보지수(GPI, Genuine Progress Indicator)" 등이 있다.

4. 우리나라 수출 상황과 주요 변수

2010년 이후 우리나라의 수출입 규모 변화 추이[25]를 먼저 보도록 하자.

연도	수출	증가율	수입	증가율	무역규모	증가율
2010	4,664	–	4,252	–	8,916	–
2011	5,552	19.0%	5,244	23.3%	10,796	21.1%
2012	5,479	−1.3%	5,196	−0.9%	10,675	−1.1%
2013	5,596	2.1%	5,156	−0.8%	10,752	0.7%
2014	5,727	2.3%	5,255	1.9%	10,982	2.1%
2015	5,267	−8.0%	4,365	−16.9%	9,632	−12.3%
2016	4,954	−5.9%	4,062	−6.9%	9,016	−6.4%
2017	5,737	15.8%	4,784	17.8%	10,521	16.7%

우리나라는 2011~2014년 사이에 무역규모 1조 달러를 넘어섰다가 2015년과 2016년에는 다시 9천억 달러대로 떨어지는 시기를 겪었고, 다시 2017년에 1조 521억 달러 수준으로 회복하면서, 3년 만에 다시 1조 달러 무역 규모 국가로 복귀하였다. 1조 달러를 복귀하는데는 수출이 5,737억 달러를 기록하고, 수입이 4,784억 달러를 기록하면서 수입규모도 전년 대비 17.8%가 증가하였고, 수출 규모도 전년인 2016년 대비 15.8% 증가하고 있다. 반면 2015년과 2016년에는 글로벌 저성장과 국제 정세 등의 영향으로 9천억 달러대 무역규모를 보여주고 있다. 우리나라 수출 규모 글로벌 순위는 2017년 기준 세계 6위 수준이다.

참고로 2017년도 우리나라 수출 수입에서 금액 비중이 큰 각 네 항목[26]을 보도록 하자.

	구분	2016	2017	증가율
수출	반도체	622	979	57.4%
	선박해양구조물 및 부품	343	422	23.1%
	자동차	402	417	3.8%
	석유제품	265	350	32.0%
수입	원유	443	596	34.5%
	반도체	366	412	12.5%
	반도체 제조용 장비	88	193	120.5%
	천연가스	122	156	28.4%

---

25) 자료 : 한국무역협회, 단위 : 억 달러
26) 자료 : 한국무역협회, 단위 : 억 달러

2017년도 우리나라 수출입 규모(무역 규모)가 1조 달러를 넘어선 데는 반도체 산업이 주요 원인이었다고 할 수 있다. 2018년에는 2017년 대비 4% 이상의 수출 목표를 세우고 있는 만큼 4%의 목표를 무난히 달성한다면 2018년 우리나라 수출 규모는 약 6,000억 달러를 기록하며, 연간 무역 규모도 1조 1,000억 달러대를 넘보게 될 것이라 예측된다. 그러나 이런 장밋빛 예측과는 별개로 위험요소도 상존하고 있는데, 2018년도 우리나라 수출 경기 주요 이슈로 현대경제연구원에서 발표한 내용을 중심으로 7가지 내용을 간단하게 보도록 하자.

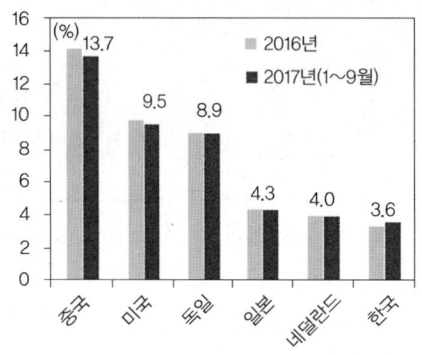

▲ 수출 규모 세계 순위[27]

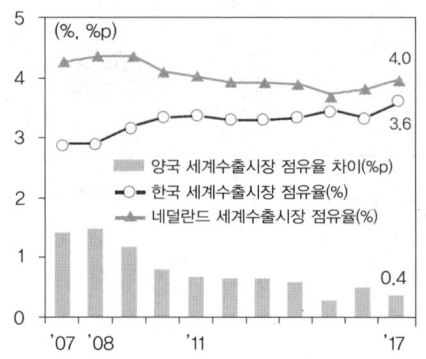

▲ 한국, 네덜란드의 세계수출시장 점유율[28]

첫째, 세계 5대 수출 강국에 도전하는 한 해가 될 것이라는 점이다. 세계 수출 순위는 "중국 > 미국 > 독일 > 일본 > 네덜란드 > 대한민국" 순으로 우리나라는 2017년 말 기준 세계 6위에 랭크되어 있다. 2017년 9월까지의 자료를 보면 5위인 네덜란드가 전 세계 수출 물량의 약 4.0%의 비중을 차지하고 있으며, 우리나라는 3.6%의 점유율을 차지하고 있다. 위의 그래프[29] 우측 그래프를 보면 네덜란드는 글로벌 수출 점유율 추이가 정체되고 있는 반면, 우리나라는 약하나마 우상향하는 추세를 보여주고 있어, 2018년도가 글로벌 수출 5위로 올라서는 한해가 될 수 있을 것이냐에 대한 관심이 무역계에서는 관심으로 떠오르고 있는 것이다.

둘째, 2018년은 신흥국 중심의 수출 확대가 나타날 수 있는 한 해가 될 것이라는 전망이다. IMF는 2018년 세계경제 성장률 전망을 3.7% 수준으로 하고 있다. 이는 2017년 성장률 전망치였던 3.6% 수준과 유사한 수준이다. 지역별로는 2018년은 신흥국의 경제성장률을 4.9%로 전망하며, 2017년 전망치였던 4.6%보다 0.3%포인트가 더 높게 전망하고 있다. 우리나라는 신흥국에 대한 수출비중이 약 57% 수준으로 선진국에 대한 수출 비중인 43% 수준보다 높은 상황이다. 그만큼 신흥국에 대한 수출 비중이 높고, 신흥국 경제성장이 두드러질 수 있다는 전망은 우리나라 수출 시장에도 긍정적인 신호라고 해석할 수 있는 것이다.

---

27) WTO(금액 기준)
28) WTO(2017년은 1~9월 기준)
29) 자료 : 현대경제연구원

셋째, 2018년에도 계속 지속될 것으로 예측되는 G2(미국, 중국) 무역 리스크가 변수로 떠오르고 있다는 점이다. 미국의 경우 2018년 1월부터 세탁기, 태양광 제품에 대한 세이프가드 조치를 발표하고, 다보스 포럼에서도 보호무역주의를 강조한 트럼프 정부, 또 한미 FTA 재협상 문제로 압박이 예상되는 미국 보호무역에 대한 조치들이 주요 복병 중에 하나이며, 중국도 미국의 조치에 대한 맞대응이 관심 대상으로 조명되고 있다. 우리나라의 경우 이런 G2 국가에 대한 수출비중이 높아 이에 대한 적극적인 대응과 개선책을 마련해 나가는 것이 중요한 한 해가 될 것이라 예측되고 있다.

넷째, 원화 강세에 대한 부분이다. 원달러 환율은 2017년도에는 주로 1,100원 대에서 변화 추이를 보여주고 있었으나, 2018년에는 1,000~1,100원 사이에서 움직이고 있다. 원 엔 환율도 현재 2017년 하반기부터 100엔당 1,000원을 깨고 하락하여 현재 980원 대 수준에서 움직이고 있다. 원화가치가 주요국 대비 상승하는 원화가치 상승 요인이 2018년 수출 시장의 주요 복병으로 떠오르고 있으며, 원엔 환율이 2018년 2월 초 현재 980원 대로 형성되고 있는데, 원엔 환율이 1% 하락할 때(원화가치 상승) 수출은 0.32% 줄어드는 효과를 가져 올 것으로 분석되고 있다.

다섯째, 유가의 변화가 우리 수출시장에 미칠 영향이다. 2015년 말~2016년 초에 배럴당 40달러대 이하로도 형성되었던 국제 유가는 그 당시를 단기저점으로 하여, 2016년 이후부터는 꾸준히 상승세를 나타내고 있다. 국제 유가의 상승세는 OPEC 회원국들의 감산 합의에 대한 이행 비율이 높아지고 있고, 감산이 연장되고 있으며, 중동지역의 지정학적 불안이 계속되면서 나타나고 있다고 할 수 있다. 국제 유가의 꾸준한 상승은 우리나라 수출에도 긍정적, 부정적 요인을 동시에 가져올 수 있지만, 적정 유가대(50~60 달러 수준)를 넘어서게 되면 단기적, 장기적 시차에 따라 부정적 영향을 미칠 수 있는 만큼, 국제 유가에 대한 변수가 올해 주요 수출시장 변수로 언급되고 있다.

여섯째, 반도체 시장에 대한 전망과 반도체 수출에 지나친 의존도를 언급할 수 있다. 위에서도 보았듯이 2017년 우리나라 수출 상승을 이끌었던 가장 큰 요인이 반도체 수출 분야였는데, 이는 2018년에도 일단은 이어질 것으로 보인다. 그러나 반도체 품목에 대한 지나친 의존도로 말미암아 반도체 시장의 호황세가 꺾이게 된다면, 우리나라 수출도 타격을 받을 수밖에 없게 되는 것이다. 반도체 수출 사이클을 추정해 보면 4차 산업혁명 등의 영향도 있어 아직은 반도체 경기의 확장국면이 계속되는 상황이라고 할 수 있지만, 영원히 지속될 수는 없는 만큼 이후의 상황에 대한 대비책도 마련해 나가야 하는 과제를 안고 있는 것이다.

일곱째, 떠오르는 8대 신산업에 대한 관심이 증가하고 있는 상황이다. 4차 산업혁명의 영향으로 8대 신산업이 떠오르고 있다고 하는데, 8대 신산업은 차세대 반도체, 차세대 디스플레이, 에너지 신산업, 바이오헬스, 항공우주, 첨단신소재, 전기자동차, 로봇 분야이다. 우리나라에서도 이 8대 신산업이 두각을 나타내면서 특히 차세대 반도체 분야가 압도적으로 수출이 늘어나고 있는 상황이다. 국가적인 지원과 함께 2018년에도 이 8대 신산업 분야가 어떤 방향성으로 성장세를 확대해 나갈 것이냐에 대한 문제는, 우리나라 수출 증가에 큰 견인차 역할을 할 수 있을 것으로 전망된다.

5. 국부펀드

국부펀드란, 한 나라의 자산(國富)을 불리기 위해 설립한 특수 목적 기관을 뜻하기도 하고, 해당 기관에서 운용하는 운용기금을 뜻하기도 한다. 국가의 경우 재정집행과 함께 재정흑자의 경우, 국가단위의 수출 잉여금(외환보유액) 등으로 펀드나 주식, 부동산 등에 투자해 자산을 불려나가는 행위를 하게 되는데, 이런 용도로 사용되어지는 운용자금 또는 그 운용기관을 '국부펀드'라고 부른다. 즉, 국부펀드란, 국가적 차원에서의 잉여자산이나 유휴자산을 투자행위를 통해 투자수익을 목적으로 운영되는 공공기관을 의미하거나, 해당 투자운용기금 자체를 의미한다.

국부펀드는 크게 "상품"을 기초로 한 펀드와 "비상품"을 기초로 한 펀드로 나뉠 수 있다. 원유수출대금으로 조성되는 자금을 운용하는 목표로 1953년에 설립된 쿠웨이트투자청(KIA)이 상품펀드를 바탕으로 한 국부펀드의 원조라고 할 수 있다. 이 외에도 상품펀드는 아부다비투자청(ADIA), 두바이투자청(ICD) 등이 대표적인 경우이다.

우리나라와 같이 원유나 천연자원이 부족한 국가들은 "비상품"으로 투자재원을 마련하는데, 수출대금(외환보유액)이나 재정수입대금, 공공기금 등으로 마련된다고 하여 비상품 펀드로 분류할 수 있다. 비상품 펀드로 분류되는 국부펀드는 중국의 중국투자공사(CIC)가 대표적인데, 전체적인 국부펀드 규모로 보면 아랍에미리트의 아부다비투자청이 세계 1위 규모이고, 2위는 노르웨이의 글로벌 연금펀드, 3위는 사우디아라비아의 사우디통화청, 4위는 중국의 중국투자공사 등이 있다.

우리나라의 경우 "한국투자공사(KIC, Korea Investment Corporation)"가 국부펀드에 해당한다. 한국투자공사는 한국투자공사법에 의하여 2005년도에 설립되었으며, 외환보유액 및 공공기금을 효율적으로 운용함으로써 국가자산을 증대시키고 금융산업 발전에 이바지함을 목적으로 설립된 공기업으로, 정부와 한국은행, 공공기금 등에서 위탁받은 자산의 효율적인 운용을 주요업무로 하고 있다. 이런 업무와 함께 글로벌 채권이나 주식, 펀드 등에 대해 직간접적인 투자업무를 주로 취급한다.

일부 선진국들을 중심으로 국부펀드가 자본시장 교란과 자산시장의 버블 등의 원인을 제공할 수 있다는 우려감을 표출하며 국부펀드를 규제해야 한다는 주장을 하고 있기도 하다. 그러나, 이는 그간 선진국들이 주로 이머징 국가에 투자를 해오다 이젠 반대로 이머징 국가의 국부펀드가 선진국 자산에 투자하는 방향으로 움직이자, 이에 불안감을 표현하는 행위로 자국의 주요 핵심기업 및 자산이 이머징 국가에 귀속되어질 수도 있다는 불안감의 심리로 해석할 수 있는 부분이다.

오히려 국부펀드는 자산운용 방법과 규모를 보더라도 글로벌증시에 유동성을 공급하여 자본시장에 순기능적인 측면을 기여한다는 전문가들의 견해가 지배적이라고 할 수 있다. 향후 우리나라의 경우에도 글로벌시장과 경쟁하는 수준의 금융기관의 육성과 한국투자공사를 중심으로 한 국부펀드에 대한 육성 및 성장 등 금융산업의 글로벌화에 진전이 필요한 대목이라고 할 수 있다.

우리나라의 경우 한국투자공사는 한국투자공사법에 의해 2005년 7월에 "정부와 한국은행, 공공기금 등으로부터 위탁받은 자산의 운용업무를 효율적으로 수행하여 금융산업 발전에 기여"함을 설립배경으로 하여 만들어졌다.

구분		순자산가치	투자비중**
전통자산	주식	555	41.4
	채권	456	34.0
	기타*	137	10.2
	소계	1,148	85.6
대체자산	헤지펀드	47	3.5
	사모주식	65	4.9
	부동산, 인프라스트럭처	78	5.8
	현금동가	3	0.2
	소계	193	14.4
합계		1,341	100.0

(단위 : 억 달러, %)

* 기타는 물가연동채권, 원자재, 현금, 혼합형 등으로 구성
** 순자산가치 기준

▲ 한국투자공사의 2017년도 투자자산 배분현황(단위 : 억 달러, %)[30]

6. 본원통화, 통화유통속도, 통화승수, 예금회전율, 유동성함정

통화승수, 통화유통속도의 개념을 이해하기 위해 먼저 "화폐발행 잔액"과 "본원통화"에 대한 개념을 이해해야 한다.

중앙은행(우리나라의 경우 한국은행)에서 태초에 화폐를 발행하여 시중에 유통시켰다고 해보자. 그러면 그 화폐는 민간에서 소비되는 부분과 은행으로 예치되는 부분이 있을 것이다. 은행은 예치되는 예금 부분에 대해서는 다시 일정 비율로 지급준비금을 한국은행에 재예치하게 될 것이다. 화폐발행 잔액은 한국은행에서 화폐를 발행하여 유통시켰으나 그 유통량 중에서 시중은행을 포함한 민간 부분에 남아있는 잔액을 말하며, 본원통화는 그야 말로 한국

---

30) 자료 : 한국투자공사

은행이 발행하여 유통시킨 화폐의 총량을 의미한다. 이 두 개념의 차이는 시중은행이 다시 한국은행으로 재예치하는 지급준비금의 차이가 있다.

> - 본원통화 : 중앙은행이 화폐를 발행하여 민간에 유통시킨 총량
> - 지준예치금 : 민간 유통 화폐 중에서 시중은행으로 통해 중앙은행으로 재예치되는 금액
> - 화폐발행 잔액 : 본원통화 중에서 민간부문에 남아있는 화폐의 총량

그렇다면 본원통화에 대해 아래와 같은 공식으로 이해해 볼 수 있을 것이다.

> - 본원통화 : 시중에 유통되는 통화량 전체(민간 보유 현금 + 금융기관 보유 현금 = 화폐발행 잔액) + 중앙은행이 예치중인 지급준비금

통화승수와 통화유통속도, 요구불예금 회전율에 대한 공식을 정리해 보자.

> - 통화 승수 = 통화량(M2) / 본원통화
> - 통화유통속도 = 국내총생산(GDP) / 통화량(M2)
> - 요구불예금 회전율 = 요구불예금 지급액 / 요구불예금 잔액

위의 공식들은 시중의 통화량, 또는 은행에 예치되어있는 예금을 활용하여 시중(민간 + 금융기관)에서의 통화 유통속도를 측정하는 대표적인 지표들이다. "통화승수"는 한국은행의 통화공급량이 시중의 통화량(M2) 전체로 변화하는 과정에서 얼마나 빠른 속도로 변화하고 있는지를 나타내는 지표이고, "통화유통속도"는 우리나라 GDP를 만들어 내는데 있어서 통화량 한 단위가 얼마나 기여하고 있는지를 나타내는 지표이고, "요구불예금 회전율"은 요구불예금 중에서 얼마나 인출(지급)이 일어나고 있는지를 측정하여 회전율로 평가하는 지표라고 할 수 있다.

2017년 말 자료로 우리나라 화폐발행 잔액은 약 110조 원 수준이다. 시중(민간 + 금융기관)에 존재하는 현금을 다 모아서 계산하면 110조 원이 나온다는 얘기이다. 여기에 한국은행에 예치되고 있는 시중은행들의 지급준비금 총액은 약 45조 원 수준이다. 그러면 우리나라 본원통화는 약 155조 원이라는 계산이 나오게 된다. 2017년 11월 기준으로 통화승수가 16.2였다고 하니, 역으로 환산하면 우리나라 총 통화량(M2)의 규모도 계산해 볼 수 있다. 그러면 우리나라 총 통화량(M2)은 약 2,500조 원 수준이 된다는 것이다.

실제로 2017년 12월 기준으로 우리나라 통화량(M2)는 2,527조 원 수준으로 발표가 되고 있다. 2016년 말 기준으로 우리나라 통화승수가 약 17.0 수준이었으니, 2017년에는 통화승수도 작게 하락하고 있는 추세임을 보여준다. 통화승수는 한국은행이 1원을 발행해서 유통시켰을 때 시중에 유통과정을 통해 얼마만큼의 승수효과를 나타내는지에 대한 지표이고, 1

원 발행이 2017년 11월 기준으로 16.2원이 되어 시중에 유통이 되고 있다는 의미인 것이다. 그리고 이 지표가 줄어들고 있다는 것은 그만큼 시중에 돈이 유통되는 속도가 떨어지고 있다는 의미인 것이다.

다음은 우리나라 GDP와 통화량과의 관계를 보도록 하자. 우리나라 GDP는 2017년도 1조 5,400억 달러 수준이다. 2017년 연평균 원-달러 환율이 1,130원 수준이었으니, 우리나라 GDP를 원화로 환산하면 약 1,700조 원 규모가 된다. 통화량(M2)로 나눈 지표가 통화유통속도이다. 그러면 우리나라 통화유통속도는 2017년 말 기준으로 통화량(M2)를 2,500조 원 수준이라고 했을 때 대략적으로 0.68이라는 결과가 나온다. 1990년도 통화유통속도는 1.51 수준이었고, 이 지표가 하락하여 2016년 말 기준으로는 0.70 수준이었으며, 2017년도에도 0.68 수준으로 소폭 하락하고 있다는 의미이다.

통화유통속도가 하락하고 있다는 것을 실물시장에서 이론적인 해석을 해 보면, 분자인 GDP가 감소하거나 분모인 M2가 증가하는 경우에 발생할 수 있다. 우리나라의 경우에는 M2는 매달 사상최대치를 경신하며 높아지고 있지만 GDP가 M2 증가속도를 따라가지 못하고 상대적으로 적게 상승하고 있는 것이 주요 원인이라고 할 수 있다. 이를 금융시장에서 해석해 보면, 통화량이 시중에 최대치로 공급되어도 공급된 화폐가 소비나 투자에 사용되지 않고 다시 은행으로 잠겨있거나 유통되지 않고 어딘가에 저장되고 있다는 데서 생기는 결과라고 할 수 있다.

또한, 본원통화량도 계속 늘어나고 있음에도 불구하고 통화승수가 내려가고 있다는 것은 본원통화가 늘어나는 속도보다 통화량(M2) 증가속도가 늦다는 의미로 해석할 수 있다. 그만큼 은행에서 민간으로 통화량이 유통되는 량이 확대되지 못하고 있다는 이야기이다. 통화유통속도나 통화승수는 같은 방향으로 움직이게 되는 것이 보통인데, 통화유통속도와 함께 내려가고 있다는 의미는 그만큼 시중에 돈(통화량)이 돌고 있지 않고, 또 그만큼 경제 활성화에 기여하고 있지 못한 경기정체 상황을 그대로 반영하는 결과라고 할 수 있다.

"유동성 함정(Liquidity Trap)"이란, 투자촉진, 물가상승, 소비촉진 등의 정책적인 목적을 가지고 시중에 통화량을 증가하였음에도 불구하고 시중에 풀린 통화량이 투자, 소비, 물가상승 쪽으로 기여하지 못하고 함정(Trap)에 빠져 정책적 목표를 달성하지 못하고 있는 상황을 말한다. 지금처럼 본원통화량, M2는 늘어나고 있지만 이런 변화가 소비, 투자, 물가인상 등으로 전이되지 못하는 그런 상황을 설명할 수 있는 경제용어이다. 이는 경제주체들의 미래에 대한 불확실성으로 인해 소비나 투자활동을 꺼리는 데 주된 이유가 있다고 할 수 있다.

통화승수 하락, 통화유통속도 하락, 예금회전율 하락, 유동성 함정 등 이런 현상들은 현재 우리나라 경제상황을 그대로 나타내 주는 용어들이라고 할 수 있다. 글로벌 저성장의 여파가 지속되고 있으며 아직 회복기로 접어들지 못하고 있는 경제상황을 설명해 주고 있으며, 경제주체들의 미래에 대한 낙관적인 청사진 부재와 함께 미래에 대한 불확실성이 겹쳐 일어나는 경제적 현상이라고 할 수 있다. 미래에 대한 경제주체들에게 명확한 청사진을 제시해줄 수 있는 정책적인 비전제시를 만들어가야 하고, 글로벌과 공조하여 저성장을 극복하기 위한 4차 산업혁명 등을 통한 새로운 경제 패러다임의 구축으로 글로벌 경제를 견인해 나가야 한다는 과제가 남아있는 것이다.

7. 경기순환이론과 현실의 경기변동

경제학 원론 수준에서 경기순환 주기는 그래프로 보면 아래와 같다.

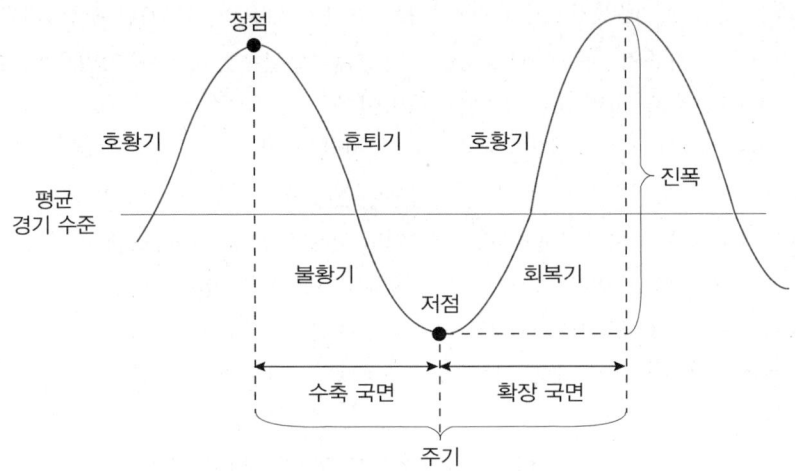

정점에서 다음 정점 또는 저점에서 다음 저점까지의 기간이 "1주기"가 되며, 가로축은 "평균 경기수준" 또는 "잠재성장율 수준"을 나타낸다. 저점을 지난 경기는 회복기 ⇨ 호황기 ⇨ 정점 ⇨ 후퇴기 ⇨ 불황기 ⇨ 저점을 만들게 된다. 경제학 원론 수준에서 이런 경기순환을 설명하는 이론은 크게 세 가지 정도가 있다.

첫째, 장기 주기의 경기순환이론을 설명하는 "콘드라티예프 파동"이다. 러시아(구, 소련)의 경제학자인 콘드라티예프는 1920년대에 스탈린 정권에서 자본주의 경제는 최소 40년, 최장 70년 정도의 기간 내에서, 평균 50년 정도의 주기로 경기가 저점과 고점 사이에서 변동한다는 이론을 제시하며, 불황기 뒤에 호황기가 다시 올 수 있음을 이론적으로 제시하였던 것이고, 이는 사회주의 정부체제에서 자본주의 경제가 멸망하지 않고 영속할 수 있다는 이론적 설명으로 공산주의를 지향하는 스탈린 정권에서 미움을 받게 되어 결국 처형을 당하게 되기도 하였다. 콘드라티예프 파동은 주기는 50년 정도이며, 콘드라티예프 파동에서 경기변동에 영향을 주는 요인으로는 인구변동, 투자, 전쟁, 신산업, 기술혁신 등의 다양한 요인이 영향을 준다고 설명하고 있다.

둘째, 중기 주기의 경기순환이론을 설명하는 "주글라 파동"이 있다. 1800년대 후반 프랑스의 경제학자인 주글라는 영국, 프랑스, 미국의 주기적인 경기변동을 조사하고 규명하기 위해 자료를 분석한 결과 일정한 주기에 걸쳐 경기가 변동한다는 사실을 발견하였고, 그 주기는 주로 8년~10년 정도에 한 번씩 변동한다는 이론을 제시하였다.

셋째, 단기적인 경기순환이론으로는 "키친파동"이 있다. 1920년대 미국의 경제학자인 키친이 이론을 제시하였는데, 키친은 당시 영국과 미국의 경제상황을 조사, 분석한 결과 40개월을 주기로 경기가 순환과정을 일으킨다고 하여, 당시 "주순환(Major Cycle)"으로 받아들이고 있던 유럽식 주글라 파동을 대신하여, 미국식 "소순환(American Cycle)"으로 명명되어 있다.

> **참고** **쿠즈네츠 파동**
> 미국의 경제학자 사이먼 쿠즈네츠(1901~1985)가 국민소득 통계조사를 통해 발견한 파동으로 경기순환 주기는 약 20년 내외로 하고 있다.

경기는 순환하고, 저점을 거친 경제는 다시 회복기와 호황기를 맞이하게 된다는 것이 경제학에서 설명하는 이론적인 정설이다. 지금 글로벌 경제와 우리 경제도 마찬가지이다. 글로벌 경제를 콘드라티예프 파동에 비유하면 지금은 겨울(불황기)에 접어들어 있는 시기라고 한다. 콘드라티예프 파동에서는 봄, 여름, 가을, 겨울로 설명되는데, 겨울이 지나 봄이 올 것이고, 다시 여름, 가을, 겨울이 오게 된다. 각 계절은 약 10~20년 사이의 주기로 진행된다고 한다. 그렇다면, 현재 글로벌 경제는 콘드라티예프 파동에서는 겨울이 진행되고 있는 중이며, 이런 저성장이 최장 10년 정도는 더 이어질 수도 있다는 것이다.

그러나 일부에서는 현재의 경제가 가장 저점을 지나고 있는 상황으로 "턴업(Turn-Up)"을 곧이어 할 수 있을 것이라는 예측도 있다. 이는 글로벌 경제가 저성장이 지속되고 있는 가운데, 글로벌 경제의 가장 중심에 있는 미국이 턴업(Turn-Up)의 신호탄을 보여주고 있다는 분석이 나오고 있기 때문이다. 다른 나라들은 마이너스 금리, 재정지출 확대 등 저성장을 탈출하기 위한 갖가지 대책을 쏟아내고 있는 가운데, 미국이 경제안정과 물가, 실업률 지표 등에 있어 턴업 과정을 보여주고 있고, 이런 신호는 글로벌 각국이 턴업으로 전환하는 중요한 신호탄이 될 수 있다는 분석인 것이다.

또, 한편으로는 최근의 저성장은 경제학 이론에서 제대로 설명하지 못하는 엘(L)자형 장기 저성장의 기조가 될 것이라는 분석도 있다. 이는 글로벌 저성장의 장기화와 함께, 계속되고 커지기만 하는 불확실성, 서브-프라임 모기지 사태, 세계경제의 일본화, 글로벌 고령화, 파생상품 문제 등 새로운 시장의 패러다임에 대한 실험과 그에 따른 부작용이 곳곳에서 불확실성과 암초로 작용하고 있다는 점 등이 계속 부정적인 요인으로 작용할 것이라는 예측이다. 이는 미국경제의 일시적 턴업과 관계없이, 글로벌 경제는 장기불황으로 이어질 수 있다는 예측이며, 콘드라티예프 파동에서 해석하면 겨울이 10~20년이 아니라, 20~30년이라는 길고 긴 겨울이 될 수 있다는 예측인 것이다.

8. 인플레이션, 디플레이션, 디스인플레이션, 리플레이션, 스태그플레이션

■ 디플레이션(Deflation)

물가상승률이 (−)상태인 상황을 말한다. 물가가 내려간다는 이야기인데, 1,000원짜리 볼펜이 다음날 950원이 되는 현상이 이런 디플레이션 현상이라고 설명할 수 있다. 웬만한 현실 경제에서는 이런 경우는 잘 나타나지 않는 것이 보통이지만, 현실 경제에서 이런 상황이 나타나고 있는 부분이 있다면 현재의 부동산시장을 예로 들 수 있다. 집값이 내려가는 상황이 대표적인 예이다. 이렇게 한 분야의 가격이 내려간다고 해서 경제전체적인 디플레이션이라고 보지는 않으며, 이렇게 집계가 된 전체적인 물가가 비교시점대비 내려가는 현상을 디플레이션 현상이라고 하며, 이런 경우는 쉽게 나타나지는 않는다고 설명할 수 있다.

■ 디스인플레이션(Disinflation)

물가가 상승하기는 하지만 그 상승률이 체감하는 현상을 디스인플레이션이라고 한다. 볼펜을 예로 들면 1,000원짜리였던 볼펜이 이번 달에는 1,100원으로 오르고, 다음달에는 1,130원이 되면서 그 증가율이 낮아지고 있는 현상을 예로 들 수 있다. 현실 경제는 경제규모의 지속적인 상승과 적절한 수준의 화폐공급량의 확대를 기본적으로 전제할 때, 물가도 상승하는 것이 정상이라고 할 수 있다. 그러나, 화폐경제의 성장률에 비해서 물가의 상승률이 낮아지는 경우에 그 경제에 경고사인을 주게 되는 현상을 디스인플레이션이라고 할 수 있는데, 현재 우리나라 경제상황도 이런 디스인플레이션 상황이라고 할 수 있다.

■ 인플레이션(Inflation)

전반적으로 물가가 올라가는 현상을 의미한다. 위에서 언급한 디스인플레이션도 엄밀하게 말하면 인플레이션에 속할 수 있지만, 경제주체가 물가인상에 대해 체감하는 상황이 시간이 갈수록 일정수준 또는 심해지는 상황을 들어 인플레이션 시기라고 한다. 또한, 인플레이션은 물건의 가치가 올라가는 만큼 화폐의 가치가 하락한다는 의미도 동일하게 포함한다. 우리나라의 경우 전형적인 인플레이션 시기는 1970~1980년대의 경제개발 시기라고 할 수 있는데, 그 시절에는 자고 나면 땅 값이 올랐다고 한다. 이런 인플레이션이 심각해지는 상황을 "하이퍼 인플레이션(Hyper Inflation)"이라고도 한다.

■ 스태그플레이션(Stagflation)

경기침체(Stagnation) 상황에서 물가가 인상(화폐가치 하락)되는 인플레이션(Inflation)이 동시에 진행되는 상황을 말한다. 우리나라에서 최근에 스태그플레이션 상황으로의 진입에 대한 소식이 자주 들리고 있다. 우리나라가 경기침체 시기는 부인할 수 없겠지만, 물가상승 현상까지 겹치면서 이런 이슈가 부각되고 있으며, 최근 우리나라는 물가상승 요인 중에 원유가격, 이상 기후, 계절적 요인 등으로 물가상승은 나타나고 있지만, 환율이나 비용인상 등의 구조적인 면에서 물가상승 요인은 아직 나타나고 있지 않다는 점에서 스태그플레이션 상황이라고 장담하기는 어려운 상황이다.

■ 리플레이션(Reflation)

디플레이션(저물가) 상황에서 경기가 회복국면으로 접어들면서 디플레이션으로 회귀할 가능성은 낮아지고, 인플레이션으로 진입하기 위한 초기 상황을 말한다. 경기침체 상황 속에서 인플레이션 현상이 나타나는 것을 "스태그플레이션"이라고 한다면, 경기가 호조되는 신호를 보이는 상황 속에서 인플레이션 현상이 나타나는 것을 "리플레이션"이라고 한다. 이는 인플레이션 시기로 가기 위한 전 단계이며, 경기침체 국면을 벗어난 상황을 말하는 것으로, 현재 국내 상황을 긍정적인 측면에서는 "리플레이션" 상황이라 표현할 수도 있을 것이다. 전 세계적인 물가상승 기류와 함께 국내경제도 물가상승에 대한 압박이 있는 상황이지만, 경기회복에 대한 신호의 강도에 대해서는 의문의 여지가 있다고 할 수 있다.

■ 스태그네이션(Stagnation)

중장기적인 경기침체 상황을 말한다. 보통 실질 경제성장률이 0% 수준에 머무르거나 마이너스(-)일 때를 말한다. 경기침체, 불황의 상태로 이는 수요가 부족해서 발생하는 경우도 있지만, 공급량이 많아서 발생하는 경우도 있고, 이 두 가지 요인이 동시에 원인으로 작용하는 경우도 있다. 통상 스태그네이션 시기에는 디플레이션(저물가) 현상이 동반하며, 2010년 이후 글로벌 저성장과 함께 각국과 함께 우리나라도 경기침체(스태그네이션) 현상을 맞이하고 있다. 최근 우리나라는 정치적인 이슈와 함께 경기침체 현상이 더 심화된 경우라고 할 수 있으며, 스태그네이션 상황속에서 물가가 하락하는 것이 보통인데 역으로 물가가 상승하는 상황을 "스태그플레이션"이라고 한다.

최근 국내 경제는 저물가 상황인 디플레이션 상황은 아니며, 경기침체(스태그네이션) 상황을 벗어나는 징후를 보이고 있느냐에 따라, "스태그플레이션"이냐, "리플레이션"이냐로 생각해 볼 수 있다. 스태그플레이션은 엄격히 경기침체가 진행되는 상황에서 물가가 상승하는 현상이며, 리플레이션은 경기가 나아지는 신호를 보내는 상황에서 물가상승이 일어나는 경우를 말하기 때문에, 긍정적인 측면에서는 우리나라의 현재 상황을 리플레이션 상황이라고 보는 경우도 있고, 부정적인 시각으로는 스태그플레이션 상황으로 인식할 수도 있을 것이다. 향후 경제의 방향성을 감안한다면, 리플레이션으로 인식하는 편이 훨씬 긍정적일 것이라 보인다.

9. 필립스곡선과 현실경제

경제학에는 가계, 기업, 정부 등 경제주체들의 최적의 경제적 선택과 각 주체들의 효용극대화를 위한 미시경제학 분야가 있고, 거시적 변수인 물가, 임금, 성장률, 금리, 환율 등의 균형을 통해 거시적 경제 균형을 도모하는 거시경제학 분야가 있다. 거시경제학 분야에서 "임금이 오르면 실업률은 어떻게 될까?" 등의 질문은 거시경제학자들에게는 잠을 이루지 못할 정도로 가슴 뛰는 연구과제였을 것이다.

20세기 영국의 경제학자 윌리엄 필립스는 1861년부터 1957년까지의 영국의 실증적 통계자료로부터 임금상승률과 실업률과의 상관관계를 나타내는 통계적 추정 그래프를 완성하여 1958년에 필립스 곡선을 발표하게 된다. 아래 그림을 보자

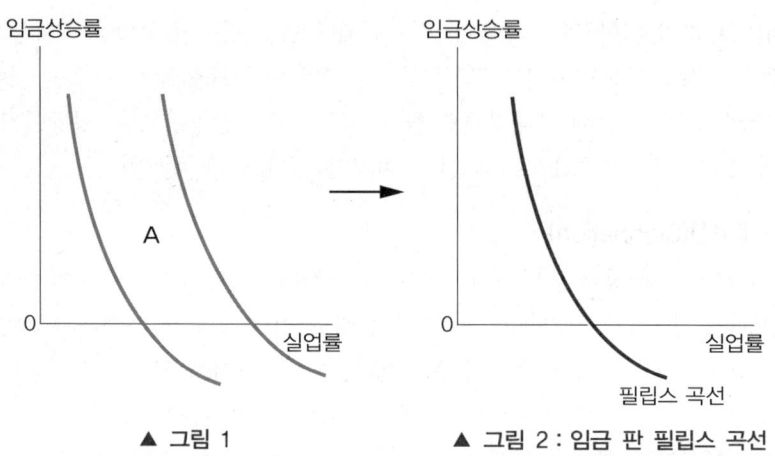

▲ 그림 1   ▲ 그림 2 : 임금 판 필립스 곡선

예를 들어 1861년에 영국의 임금상승률과 실업률을 나타내는 좌표 값을 위의 [그림 1]에서 마크하고, 또 1862년, 1863년… 이런 식으로 약 100년간의 실증치를 마크해 보니 대부분의 좌표 값이 [그림 1]의 두 포물선 사이의 영역인 A 영역 안에 위치하더라는 것이다. 이를 통계적 기법으로 추정한 곡선이 [그림 2]의 "필립스곡선(Phillips Curve)"이다.

먼저 임금상승과 물가상승률과의 관계를 보자. 이론적으로는 임금이 상승하면 물가도 상승한다는 것이 정설인데, 그 이유는 크게 두 가지로 볼 수 있다. 첫째, 고용주의 입장에서 일정한 순이익을 보장하는 수준에서 상승된 임금을 지불하기 위해서는 최종 생산품의 단가를 인상하여 전체 매출액을 키워야 하기 때문이다. 둘째, 임금이 상승하면 근로자의 입장에서는 소득이 증가하고, 소득의 증가는 소비 시장에서 수요의 증가로 이어져 물가의 상승을 가져오게 되는 이유이다.

그렇다면 기술혁신이나 시장의 다른 외생변수에 의한 오차는 있겠지만, 일정한 경제모델에서 필립스곡선의 Y축인 "임금상승률"이라는 변수는 "물가상승률"이라는 변수로 대체해도 별 무리가 없을 것이다. 그러면 아래와 같은 그래프가 다시 도출된다.

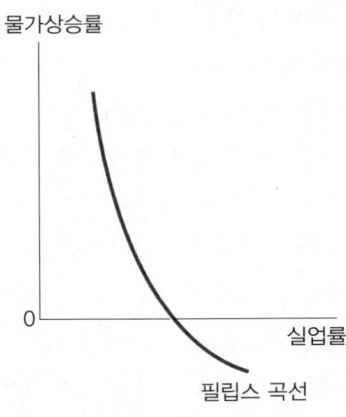
▲ 그림 3 : 물가 판 필립스곡선

이번에는 물가상승률과 실업률과의 관계를 보도록 하자. 실증자료는 물가가 상승하면 실업률이 하락하고, 물가가 하락하면 실업률이 상승하는 관계를 보여주고 있다. 물가가 상승한다는 것은 인플레이션이 발생하고 있다는 것이고 즉 인플레이션이 심해지면 실업률이 하락한다는 이야기이다. 또다시 다른 이야기로 한다면 고용을 증대시키고 실업률을 내리기 위해서는 물가상승을 어느 정도 용인을 해야 한다는 것이다. 필립스곡선은 또 반대로 물가를 잡기 위해서는 실업률이 어느 정도 높아질 수밖에 없다는 관계를 보이기도 한다. 즉 물가가 내려가면 내려갈수록 경제가 활력을 잃고 고용이 불안하며 실업률이 증가하는 실증치를 보여주고 있다는 것이다.

현실 경제에서는 물가는 물가대로 안정화시켜야 하며, 실업률은 낮추어야 하는 것이 경제정책 당국의 목표일 것이다. 그러나 경제학 이론에서는 필립스곡선을 들어 물가와 실업률간의 상관관계는 상충되는 관계(Trade-Off)로 두 마리 토끼를 모두 잡지는 못하며 하나를 위해서는 다른 하나를 어느 정도 포기해야만 하는 관계를 보여주고 있다.

원래 영국의 필립스라는 경제학자는 신고전학파 경제학자로 고전학파 경제학의 원조인 아담 스미스의 "보이지 않는 손"에 의해 시장은 자율적으로 정화되고 움직인다는 고전학파 경제학의 이론을 승계하고 있는 학자였다. 이런 시장자율의 경제학 사조에 반하여 생겨난 것이 1929년 미국의 대공황과 함께 나타난 케인스 경제학인데 케인스 경제학은 시장자율보다는 정부의 적절한 개입과 정책적 결정이 시장의 효율성을 더욱 향상시킬 수 있다는 이론적 토대를 마련하게 된다.

임금 판 필립스곡선 [그림 2]는 원래 필립스가 만든 것이나, 케인스 경제학의 대표학자인 폴 새뮤얼슨이라는 미국의 경제학자가 물가 판 필립스곡선 [그림 3]으로 재해석하여 미국의 경제정책에 활용하게 된다. 미국의 옐런 FRB 전 의장은 미국에서 아이비리그에 해당하는 브라운 대학을 졸업하고 예일 대학교에서 경제학 박사 학위를 받았다. 대학교 때부터 케인스 경제학이 너무 좋아 케인스 경제학의 신봉자가 되었다고 한다. 옐런 의장은 오바마 민주당 정부 시절에 임명되었고, 미국은 전통적으로 민주당은 케인스 경제학 성향이 강하고, 공화당은 신고전파(통화론자) 성향이 강하다.

미국의 상황을 보도록 하자. 미국은 현재 실업률은 완전고용이라고 할 수 있는 4%대에 안정적으로 들어와 있다. 그러나 물가상승률이 목표치에 미달하여 계속 저물가 상황에 직면해 있는 상황이다. 연준은 물가도 곧 목표치에 도달할 것이라 보고 미리 기준금리를 인상하였지만 아직 그 결과는 아직 미지수로 남아있는 상황이다. 결국 필립스곡선 이론대로 미국 경제가 움직인다면 안정적 고용률을 유지하고 있는 현재 상황에서는 물가도 안정적인 상승흐름을 보여주고 있어야 하는데, 물가상승이 이론처럼 움직이지 않고 있다는 것이다.

그래서 일각에서는 필립스곡선 이론이 무너지고 있는 것이 아니냐는 반론이 나오고 있기도 하다. 미국 내에서도 실업률과 물가와의 상관관계에서 물가상승률이 이론처럼 움직이지 않는 이유에 대해 학계나 정책 당국에서 고민하고 연구하고 있지만, 그 이유가 중앙은행의 통화정책이 일반인들에 의해 예측가능해지면서 효과가 반감하고 있다는 이유도 있고, 물가인상을 위해서는 아직 실업률을 좀 더 낮춰야 한다는 반론도 있고, 세계화 등으로 인해 미국 내의 상황으로만 거시경제 변수가 움직이지 않는다는 반론도 있다고 한다.

현재 미국은 안정적인 물가상승률이라는 변수에 목이 마른 상황이다. 어떻게 하면 완전고용(실업률 4%대)과 함께 안정적인 물가상승률을 동시에 달성할 수 있을지에 대한 고민이다. 우리나라의 상황을 보면 실업률이 높은 상황으로 실업률도 내려야 하는 상황이고, 물가상승률은 높여야 하는 상황이다. 즉 필립스 곡선 이론대로 한다면 현재 우리나라의 해당 좌표값으로부터 일정 수준 좌측으로 이동해야 한다는 의미이다. 만약 우리나라도 현재의 추경 등으로 인한 일자리 창출 정책과 함께 실업률이 내려간다고 하더라도 물가상승률이 안정적으로 상승하지 않는다면 미국과 같은 상황에 빠질 수 있지만, 일단은 실업률 하락이 우선인 상황으로 판단된다.

국내 산업

1. 대기업집단 지정 제도의 변화

먼저 "대기업"과 "대기업집단"의 차이를 알아야 한다. 우리나라에서 대기업이란 중소기업, 중견기업이 아닌 기업들을 대기업이라고 일반적으로 정의하고 있으며, 대기업의 정의에 대해 별도로 규제하고 정의하는 법은 존재하지 않는다. 중소기업과 중견기업에 대한 정의를 하고 있으며, 그 범위를 넘어서는 경우를 대기업으로 인정하고 있는 것이다. 우리나라의 대기업은 일반적으로 단일회사로서 상시근로자 수가 1천 명 이상이거나, 자산총액이 5천억 원 이상이거나, 자기자본이 1천억 원 이상이거나, 3년간 평균 매출액이 1천5백억 원 이상인 기업들을 일반적으로 대기업으로 보고 있다.

대기업집단이라는 것은 단일회사가 아니라 계열회사를 가진 "집단"이라는 표현이 들어가는데, 계열회사 전체 합계 자산규모가 5조 원 이상인 경우를 대기업집단으로 분류하고 있다. 통상 그룹이라는 표현으로 지주회사, 계열회사 등이 포함된 기업집단의 개념이다. 대기업집단을 과거에는 재벌, 재벌집단, 그룹 등의 표현을 많이 사용했는데, 용어의 통일과 용어에 대한 이미지 문제로 대기업집단이라는 표현으로 사용되고 있다.

현재 우리나라에서 대기업집단을 규제하는 법률은 공정거래위원회 주관의 공정거래법에서 규제하고 있다. 대기업집단으로 지정되면 계열사 간 상호출자제한, 일감몰아주기 규제, 계열사 간 상호지급보증 금지, 출자총액 제한, 공시의무, 총수일가 사익편취 규제 등의 규제를 받게 되는데, 이런 규제는 대기업집단에 대한 경제력 집중을 막기 위해 만들어진 규제이다. 우리나라의 대기업집단 신규진입 요건은 계열사 포함 자산규모가 5조 원 이상이 되면 신규로 대기업집단으로 진입하게 된다. 현재까지 우리나라는 매년 4월 1일 자로 대기업집단에 신규편입 또는 제외되는 대기업집단에 대해 심사하고 발표하고 있는데, 2016년 4월 1일 자로 자산규모가 5조 원 이상인 곳들인 하림, 카카오, 셀트리온 등의 기존의 중견기업그룹들이 포함되었다. 이에, 이들 기업들은 대기업집단에 대한 신규진입 및 규제적용에 대해 형평성이 맞지 않다는 점을 부각함과 동시에 사회적으로는 역시 형성성과 공정성에 대한 비판 여론이 거세지면서, 공정거래위원회에서 자산규모를 5조 원에서 10조 원으로 상향조정하는 공정거래법 시행령 개정안을 내놓고, 대기업집단 심사기준일도 매년 4월 1일에서 5월 1일로 변경하게 되었다.

이런 결과로 2016년 대기업집단으로 신규 진입한 하림, 카카오, 셀트리온 등은 모두 대기업집단에서 제외됨으로써 대기업집단으로서의 규제적용을 받지 않게 됨과 동시에, 다른 상당

수 기업들도 대기업집단에서 제외되는 일이 벌어지게 되었다. 대기업집단 지정기준도 변화되어 왔는데, 2002년 노무현 정부 때는 자산총액 2조 원 이상으로 정했다가, 2008년 이명박 정부에 와서 자산규모 5조 원으로 상향조정하게 되었고, 2016년도 박근혜 정부에서 다시 자산규모 10조 원으로 상향조정이 된 것이다. 2018년 지정제도 변경에서는 기존의 총 65개 대기업집단에서 자산규모 5조 원~10조 원 사이에 있는 민간기업이 총 25개 집단이 대기업집단에서 제외되고, 공기업집단도 대기업집단에서 제외시켰는데 총 12개 공기업집단이 제외되었다. 그래서 총 37개 기업집단이 대기업집단에서 제외되었다.

2016년 대기업집단 지정기준 개정의 배경으로는 첫째, 그동안의 국가전체적인 경제규모 증가(GDP기준 2007년도 1,043조 원에서 2015년도 1,559조 원으로 상승)와 둘째, 최근 신규 편입된 카카오, 셀트리온, 하림 등의 기업집단과 삼성, 현대자동차그룹 등의 규제적용의 상호 형평성 문제, 셋째, 최근 분위기가 익고 있는 규제완화와 규제개혁 바람에 동승하여 대기업집단에 대한 규제완화로 해당 기업들의 보다 공격적인 경영으로 경제 살리기 바람을 일으키고자 하는 점, 넷째, 우리나라의 기존의 큰 문제점이었던 중소기업들의 피터팬 증후군을 일부 해결해 줄 수 있는 방안이 될 수 있다는 점 등을 가장 큰 배경으로 꼽을 수 있을 것이다.

여기서 한 가지 알아 두어야 할 점은 은행을 포함한 금융회사는 대기업집단에 포함되지 않고 제외된다는 점이다. 우리나라의 금융 산업은 대표적인 규제업종으로 대기업집단에서 제외되더라도 충분히 규제가 이루어지고 있고, 또 순수한 민간의 자기자본으로 운영되는 것이 아니라 자산이 국민들의 예금과 대출 등으로 이루어지기 때문에 순수한 사유자산이 아니라는 점이 제외사유이다. 사모펀드들도 국민의 자산으로 운영되는 곳이라 규모와 관계없이 제외되며, 단, 미래에셋, 교보생명의 경우처럼 전업 금융계열사가 아닌 부동산, 서점 등 비 금융 계열사를 가지고 있는 경우에는 대기업집단 지정대상에서 제외되지 않는다. 따라서 2018년 5월 1일 기준 심사 및 선정 결과를 보면 금융회사로 상호출자제한 기업집단(자산규모 10조 원 이상)에 미래에셋, 한국투자금융, 교보생명보험이 포함되어 있으며, 공시대상 기업집단(자산규모 5조 원 이상)에는 메리츠금융이 포함되어 있다.

2018년 대기업집단 지정기준이 개정되는 데 따라 기존의 총 65개 대기업집단 중에서 공기업집단 12개와 민간 기업집단 25개를 합쳐 총 618개 기업이 대기업집단 규제대상에서 제외가 된다. 공기업은 그렇다 하더라도 민간기업 중에서는 자산규모 5조 원~10조 원 사이에 있었던 하림, KCC, 한국타이어, 코오롱, 동부, 이랜드, 아모레퍼시픽, 하이트진로, 금호석유화학 등 누구나 대기업으로 인식하고 있던 기업들이 제외된다. 분명히 대기업집단 지정에 대해서는 시대의 변화에 따라 함께 개선되어야 함에는 이견이 있을 수 없다. 또, 경제 활성화를 위한 노력도 충분히 수긍할 수 있다. 결국 다시 경제 활성화냐, 경제민주화냐에 대한 논란으로 귀결될 수 있지만, 경제 활성화와 경제민주화를 동시에 추구할 수 있는 보다 더 정교한 대기업집단제도 지침이 마련되어야 할 것이라 보인다.

2. 피터팬 증후군

우리나라의 기업분류 기준은 소기업 → 중소기업 → 중견기업 → 대기업의 순서로 생태계가 구성이 되어있다. 기업의 비즈니스 활동을 강화하고 창업을 장려한다는 취지에서, 또 자원이 부족한 국가에서 제조업이나 유통업 등의 업종에 대한 창업, 성장을 지원한다는 차원에서 창업초기의 소규모 형태 기업에 대해서는 보호주의 정책으로 각종 세제나 규제완화 등의 지원을 해주고, 대기업 쪽으로 성장을 하게 되면 반대로 규제가 강화되어지는 보호주의 정책을 사용하고 있는 대표적인 나라가 우리나라라고 할 수 있다. 이런 차등화된 보호주의 기업정책으로 인해, 규모를 점점 키우기 보다는 혜택을 받을 수 있는 아랫단계의 기업구조 형태에 머물고자 하는 현상을 "피터팬 증후군"이라고 표현한다.

우리나라는 중소기업 100만개 당 7개(0.0007%)가 대기업으로 성장한다는 통계를 가지고 있다. 이는 산업구조의 고도화에 따른 진입장벽의 증가나 기술개발의 문제 등 다른 요인들도 있을 수 있지만, 초기단계의 기업구조(소기업, 중소기업 등)에 대한 지원정책 강화와 성장 후 기업(중견, 대기업 등)에 대한 규제강화라는 이유가 크게 작용하고 있는 것으로 볼 수 있다. 이렇게 피터팬 증후군은 각 기업단계별 장벽구조를 만듦으로 인해서 성장사다리를 제거하게 되는 현상을 낳게 된다. 기업의 규모가 커지는 과정에서 세제혜택, 규제완화 혜택을 추가로 계속 지원받기 위해서 기업을 분할하고, 재 창업을 하는 등의 과정을 보여줌으로써, 계속 작은 규모의 기업으로 남아있고자 하는 현상을 발생시키게 되는 것이다.

그럼으로써, 우리나라에서는 1~4인의 영세 업체 비중이 82%에 육박하는데 비해, 미국은 49%, 일본은 60% 수준을 보이고 있다. 이런 현상으로 인해 생산성이나 규모의 경제가 상대적으로 열악한 중소기업의 비중은 높고, 생산성이나 규모의 경제효과가 상대적으로 높은 대기업의 비중은 낮은 추세가 계속돼 우리 산업 전체의 생산성을 떨어뜨리고 있다는 점이 계속 지적되고 있다. 우리나라 기업의 99%가 중소기업에 속하지만 한편으로는 상위 일정규모 이상의 대기업집단이 전체 GDP의 70%가 넘는 양극화 현상까지 부추기고 있는 것이다.

피터팬 증후군의 근본적인 치유를 위해서는 위와 같이 규모별로 차등화된 지원정책을 순차적으로 폐지하고 지원정책의 일관성을 가지게 됨으로써, 근본적인 치유를 도모할 수 있지만, 위에서도 언급한 것처럼 현실적인 벽에 부딪히는 것을 문제 삼지 않을 수 없는 상황이다. 중소기업에 대한 지원도 없애고 시장 자율기능에 맡기거나, 중소기업에 대한 지원과 중견, 대기업에 대한 지원규모를 비슷하게 유지함으로써 규모별로 지원의 크기를 동일하게 유지하는 것이 가장 바람직한 근본적인 해결책이 될 수 있지만, 소규모 경제주체에 대한 보호 차원에서 중소기업에 대한 혜택을 줄일 수도 없는 상황이다.

3. 우리나라의 제조업

통계청에서 발표한 "2017년 연간 산업 활동 동향" 자료에 따르면 2017년 12월 제조업 평균 가동률은 11월 대비 0.8%포인트 하락한 70.4%로 2017년 연중 최저치를 기록하였으며, 연간 평균 가동률도 IMF 위기가 있었던 1998년(67.6%) 이후 가장 낮은 71.9%를 기록하였다. 크게 문제점을 지적하자면 첫째, 외환위기 이후 가장 낮은 제조업 가동률을 보이고 있다는 점을 언급할 수 있고, 둘째, 2010년 이후 우리나라 제조업 평균 가동률이 지속적으로 하락하고 있다는 점을 들 수 있다.

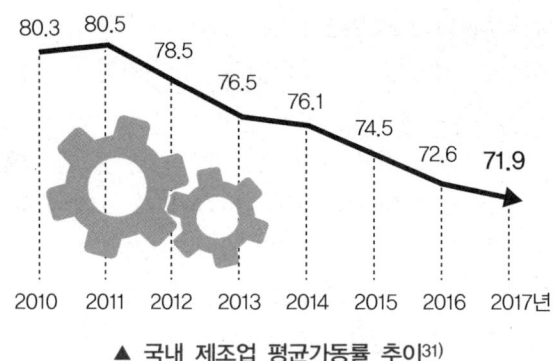

▲ 국내 제조업 평균가동률 추이[31]

제조업 평균 가동률은 삼성전자와 현대자동차 등 국내 주요 3,400개 기업이 생산능력에 대비해 실제로 제품을 얼마나 생산했는지를 측정한 지표이다. 2017년 제조업 평균 가동률이 71.9%라는 의미는 국내 기업들이 제품 100개를 생산할 수 있는 설비를 갖추고 있지만 실제로는 71.9개만 만들고 있다는 의미이다. 이는 다시 두 가지 문제점을 언급하게 한다. 첫째, 과잉설비를 하고 있는 것은 아닌지에 대한 문제점이고, 둘째, 과잉설비가 아니라면 생산과 제조 자체가 하락하고 있다는 점에 대해 문제를 제기해 볼 수 있을 것이다.

일단 2017년 전체 산업 분야에서의 생산은 2016년 대비 2.4% 증가하였다. 또 제조업 분야에서의 생산 측면만 보면 역시 2016년 대비 0.5% 증가하고 있다. 전체 산업분야에서의 생산도 증가하고, 제조업 생산도 전년 대비 증가하였지만, 제조업 평균 가동률은 하락하고 있다는 것이다. 이는 제조업을 제외한 기타 분야의 생산이 두드러지게 상승하고 있다는 의미이며, 또한 가동률은 하락하고 있지만 생산은 증가하고 있다는 것을 의미하는 것이다. 통상 제조업 가동률은 80% 수준을 안정적인 가동률 상황이라고 해석하고 있다.

생산 분야에서 조사대상 업종은 광공업, 제조업, 서비스업, 도소매업인데, 광공업 생산은 전년대비 0.6% 상승, 제조업 생산은 전년대비 0.5% 상승, 서비스업 생산이 전년대비 2.5% 상승, 도소매업 생산이 전년대비 1.4% 상승하고 있다. 우리나라에서 2017년도에 서비스업

---

31) 출처 : 동아일보(단위 : %, 자료 : 통계청)

생산이 가장 큰 성장을 보여주고 있다는 것이고, 상대적으로 제조업의 경우에는 상승은 하고 있지만 그 기여도는 미미하다는 것을 알 수 있다. 서비스업은 주로 금융, 보험, 보건, 사회복지 분야에서 성장세가 두드러진 한 해였다고 할 수 있다.

제조업 가동률이 71.9%로 2016년(72.6%) 대비 0.7%포인트 하락하였고, 2010년 이후 계속 하락추세를 이어가고 있다는 점은 국가적인 차원에서 일단 문제점으로 인식하고 원인 파악 및 대책 수립이라는 과정을 거쳐야 할 것으로 보인다. 일단 2017년의 경우 제조업 가동률이 하락한 원인으로는 글로벌 저성장 여파와 수출 부진에 빠진 자동차 산업과 구조조정 여파를 거쳤던 조선업, 해양 플랜트 등의 국가 주요 산업을 중심으로 생산이 줄어들었던 이유가 가장 큰 이유로 지적되고 있다.

GDP에서 차지하는 비중이 크다는 점, 고용 유발효과가 크다는 점, 원재료산업과 유통업 등 제조업을 중심으로 한 전후방 연계효과가 크다는 점은 제조업이 국가 기간산업으로 중요도를 가지는 이유라고 할 수 있다. 올해 1인당 국민소득 3만 불, 경제성장 3%를 확신하고 있는 한 해니만큼 기간산업인 제조업에 대해서도 가동률을 상승시킬 수 있도록 제도적 보완장치 마련이 필요할 것이라 보인다. 그러나 수출 상황, 자동차 산업, 국내 소비 등 만만치 않은 경제상황을 종합적으로 고려해 볼 때 올해 제조업 가동률이 변곡점을 맞아 상승 전환할 수 있을지에 대해서는 의문을 제기하게 된다.

향후에도 전통적인 굴뚝 제조업 분야(자동차, 철강, 조선, 해양플랜트 등)에서는 가동률이 급속히 상승 전환될 것이라는 장밋빛 기대는 어려울 것으로 보인다. 굳이 긍정적인 측면을 들어 해석해 본다면 우리나라도 전통적인 제조업 위주에서 서비스업과 4차 산업혁명 분야로의 산업 인프라 전환 시점을 맞아 내부적인 진통을 겪고 있는 상황이라고도 해석해 볼 수 있다. 문제는 인프라 전환 보다는 양대 산업(전통 제조업과 서비스업)이 동시에 안정성을 찾는 방법을 강구해야 할 것이며, 4차 산업혁명 시대로의 산업 인프라 전환을 서둘러서 산업 공백을 최소화시킬 수 있을지에 대한 고민이 필요한 시기라 할 수 있다.

서비스업도 고용유발 효과는 우수한 업종이지만, 제조업의 고용유발 효과와 전후방 산업 연관효과 등을 감안하면, 제조업을 등한시할 수 없는 것이 우리나라의 시대적인 상황이다. 다른 선진국들의 경우에는 해외로 나간 기업들이 유턴할 수 있는 "리쇼어링 정책"을 적극적으로 실시하고 있지만, 아직 우리나라는 그런 정책적 노력이 뚜렷하게 보이지 않는 상황이다. 해외로 진출했던 우리나라 기업들에 대해 유턴의 의사를 물어봐도 적극적으로 유턴에 응하겠다는 기업은 아주 미미한 상황이다. 국내 제조업의 안정적 성장은 국내 GDP에서 차지하는 비중이나 최근의 양질의 일자리 창출이라는 측면에서도 아주 중요한 부분인 것이다.

외부 경제 환경

1. 부정청탁 및 금품 등 수수의 금지에 관한 법률(약칭, 김영란법)

농축산업 종사자들의 반대시위와 무수한 여론에도 불구하고 우리나라에서 "부정청탁 및 금품 등 수수의 금지에 관한 법률(약칭 김영란법)은 2016년 9월 28일부터 법적용이 되어졌고 법적용 1년이 넘어 다시 일부 개정을 해야 한다는 여론에 밀려 일부 시행령 개정안을 내놓았다. 시행령 개정안의 핵심은 3-5-10 규정을 3-5-5규정으로 개정하는 방안이었다. 식사 3만 원은 그대로 두고, 선물 5만 원도 그대로 두고, 경조사비 10만 원을 5만 원으로 인하하는 안건이다. 단, 농축수산품과 화훼분야에 한해 선물 5만 원, 경조사비 5만 원을 각각 10만 원씩으로 상향조정하자는 의견인 것이다.

개정안의 핵심은 경기활성화와 농가소득 향상을 도모해야 할 시점인데, 김영란법으로 인해 특히 농수축산업 종사자들의 매출 축소와 이익 축소가 심각할 수 있다는 판단에서 이루어진 것이다. 개정은 김영란법 자체를 개정하는 것이 아니라, 하위규정인 대통령 시행령을 개정하는 건으로 국회의 동의절차까지는 거치지 않아도 되기 때문에, 2017년 11월에 권익위원회에서 1차 전원위원회에서는 부결되었으나, 다시 12월 안건 재상정과 재심의 과정을 거쳐 가결시키게 된다. 그러나 이렇게 예외조항을 두면 다시 추가적인 예외조항이 발생할 수밖에 없으며, 법의 근본 취지를 어긋나게 할 수 있다는 점 등으로 애초 법 제정을 추진하였던 김영란 전 권익위원회 위원장은 김영란법 시행령 개정안을 반대하였다고 한다.

이런 우여곡절을 거쳤던 개정안은 2017년 12월, 권익위원회 전원위원회에 11월 부결되었던 동일한 안건으로 재상정되어 개정안 내용을 그대로 가결시켰다. 이로써 김영란법 시행령은 개정될 수 있는 기틀을 마련하게 된 것이다. 개정된 내용은 식사비 3만 원은 그대로 동일하고, 선물비 5만 원은 예외조항으로 농축수산품, 또는 농축수산품으로 원료를 50% 이상 가공하는 가공품에 한해 10만 원으로 예외조항을 두었으며, 경조사비는 10만 원에서 5만 원으로 인하하였고, 다만 경조화환은 10만 원으로 유지하였다. 현금과 화환을 합쳐 10만 원까지 허용함으로써, 예를 들어 현금 축의금 5만 원에 화환 5만 원을 허용하게 된 것이다.

우리는 법률학자도 아니고 법률전문가도 아닌 상황에서 김영란법의 세부적인 내용은 몰라도 되지만, 큰 줄기만큼은 알고 있어야 할 것이다. 김영란법은 이미 법률로서 탄생하게 되었고, 2016년 9월부터 법률로써 공표가 되었고 정식적으로 법률 및 시행령의 모든 체계를 갖춰서 시행되고 있다. 지난 몇 년간의 김영란법에 대한 논란이 법률 제정 과정에 개입했던 국회의원이나 공직자들을 포함하여 누구든지 우리나라와 우리 사회의 더 나은 상황을 가정하면서 고민을 하고 논의를 나눴을 것이지만, 현재 시점에서 아직까지 이렇게 논란이 많은 것은 그만큼 법령과 체계가 불완전하다는 것은 부인할 수 없을 것이다.

김영란법은 만지고 만지다가 김밥 옆구리가 터져버린 법률이 되었다는 평가를 받고 있는 제도이다. 당초 취지를 살려 공직자 윤리에 포커스를 두고 법안을 만들어 시행을 했었어야 하는데, 국회와 정부부처에서의 적용범위에 대한 형평성 논란, 지나친 잣대 도입 등의 문제로 당초보다 취지가 많이 무색해진 속칭 "누더기법"이 되었다는 지적이 많은 것이다. 법률과 제도에 대해 예외조항을 만들어야 할 만큼 농수축산업 종사자들을 배려하는 모양새도 나쁘진 않지만, 궁극적으로 김영란법이 없더라도 부패와 비리가 생기지 않는 건강한 사회를 만드는데 최선을 다해야 할 것이라 보인다.

2. 징벌적 손해배상 제도

먼저 "배상"이라는 용어와 "보상"이라는 용어의 차이점에 대해 먼저 보도록 하자. 피해에 대한 반대급부로 그 피해 부분을 물어주거나 정상화시킨다는 의미에서는 동일한 의미로 인식될 수 있지만, 그 상황이 어떤 경우냐에 따라 쓰임새가 달라진다. "배상"은 주로 "손해"라는 단어와 짝을 이루어 많이 쓰이고, "보상"은 주로 "손실"이라는 단어와 짝을 이루어 많이 쓰인다. 즉, 손해는 배상하고 손실은 보상하는 것이다.

그렇다면, 배상과 보상의 차이는 손해와 손실의 개념차이에 따라 쓰임새를 달리한다고 할 수 있다. "손해"는 고의 또는 합법적이지 못한 결정이나 행동으로 상대방에게 피해를 입힌 경우를 말하고, "손실"은 비고의 또는 고의적이지 않게 상대방에게 피해를 입힌 경우를 말한다. 흔히, 자동차 사고는 경우에 따라 손해배상이라는 용어가 많이 쓰이고는 있지만, 불가항력적으로 제3의 선의의 피해자가 생기는 경우, 그 제3자에게는 손실보상이라는 용어가 쓰이기도 한다.

여기에서도 "징벌적 손해배상"이라는 표현으로, "손해배상"이라는 용어가 쓰이고 있다. 즉, 이 개념은 뭔가 고의적으로나 합법적이지 않은 행동, 또는 합법적인 형식은 갖추었으나 비합법적인 요소를 포함하고 있음을 알고도 모르는 척하는 등, 비합법적이거나 상대방에게 뭔가 손해가 일어날 것이라는 사실을 인지하고서 이루어진 행위로 인한 결과라고 유추해 볼 수 있다. 거기에다가 "징벌"이라는 표현을 사용함으로써, 피해를 본 부분에 대한 정당한 대가를 지불하는 이상의 "징벌"적 성격이 강한 표현이라는 것이다.

우리나라에서도 2015년에는 폭스바겐의 배기가스 조작파문에 대해 "징벌적 손해배상"을 적용해야 한다는 논리, 또 2016년에는 옥시의 가습기 살균제에 대한 호흡기 질환과 사망에 이르기까지의 결과에 대해 "징벌적 손해배상"을 적용해야 한다는 논리가 나온 바 있다. 이는 이 회사들이 고의, 또는 불법적인 행동, 또는 누군가의 피해가 예측됨을 인지하고 있었지만 형식적인 합법성으로 포장한 채, 기업의 영업활동을 하였다는 측면에서 소비자들의 저항에 부딪치고 있는 것이다.

즉, 징벌적 손해배상은 자본주의 사회에서 "소비자들의 인권이나 소비자주권이 향상"되어야 한다는 시대적인 시기성에 대한 측면과 "기업의 사회적 책임"이라는 기업의 도의성 측면이 맞물려, 주로 자본주의 시장경제에서의 기업들에 대해, 법적으로 피해범위를 초과한 징벌적인 추가 배상을 요구하는 법적 절차라고 해석할 수 있다. 소비자 주권과 기업의 사회적인 책임이라는 두 측면의 시대적인 정당성은 이렇게 기업들에게 "징벌적 손해배상"이라는 중과된 벌칙을 가함으로써, 자본주의 시장경제 질서를 유지하기 위한 법적 수단으로 이해할 수 있겠다.

징벌적 손해배상은 가해자가 피해자에게 악의를 품었거나, 또는 악의를 품지 않았더라도 비난을 받아 마땅할 불법행위, 사회적 도의성에 어긋나는 불법행위 등을 한 경우, 민사판결을 통해 가해자에게 실제 손해액을 훨씬 초과할 수 있는 배상금을 판결하는 것을 말한다. 가해자의 행위가 악의적이거나 반사회적인 경우 실제 손해액을 훨씬 초과하는 배상을 판결함으로써, 비슷한 불법행위를 저지르지 못하도록 하고 예방을 하자는 취지에서 영국, 미국 등 일부국가에서 시행하고 있는 법적절차이다.

우리나라에서는 징벌적 손해배상제도가 포괄적인 법원칙에 적용되고 있지는 않지만, 개별법에 대해 제한적으로 운영되고 있는 상황이다. 가장 먼저 도입된 분야가 2011년도에 처음으로 개별법 내에서 징벌적 손해배상제도를 규정화하고 있다. 하도급법에 있어서 원사업자가 하도급자의 기술을 유용하여 하도급자가 손해를 입은 경우 손해의 3배까지 배상하기로 규정한 "하도급법"에 대한 징벌적 손해배상 규정이 바로 그것이다. 이후, "기간제 및 단시간 근로자보호 등에 관한 법률", "개인정보보호에 관한 법률", "신용정보법", "제조물 책임법", "하도급거래 공정화에 관한 법률"등에서 규정되고 있다.

우리나라에서 징벌적 손해배상제도를 포괄적으로 도입하고 있지 않은 이유는 여러 가지 이유가 있을 수 있지만, 두 가지 정도가 큰 이유로 꼽히고 있다. 첫째는, 가해자(기업)는 형사적으로도 영업정지, 과태료 부과 등의 제재를 받게 되는데, 추가적으로 민사적인 징벌적 손해배상까지 부과된다면, 민사적, 형사적인 이중처벌이 부과되는 "처벌의 이중성" 문제가 한 가지 이유이고, 둘째는, 징벌적 손해배상제도 도입 시 기업들의 소송이나 배상에 대한 부담가중으로 "기업들의 투자활동 위축우려와 소비자에 대한 부담전가" 등이 우려된다는 점이다.

우리나라에서 징벌적 손해배상제도를 포괄적으로 도입하고 있지 못하는 이유 중에 또 하나 실질적인 이유로는, 각 사례 사례마다 얼마나 배상금액을 부과해야 할 것이냐에 대한 케이스별 객관적인 기준을 설정하기 어렵다는 점이다. 즉, 판사들의 판단기준에 따라 상대적으로 주관적인 판결결과가 나올 수 있다는 것이다. 이는 법체계의 근본에 대한 문제점인데, 징벌적 손해배상제도를 도입하고 있는 영국, 미국 등의 나라들은 "판례와 사례"를 우선시하는 불문법 위주의 "영미법"을 근간으로 하는 국가들이고, 우리나라는 프랑스, 독일, 일본과 함께 "구체적 법률조항"을 우선시하는 성문법 위주의 "대륙법"을 따르는 나라이기 때문이다.

2011년도부터 우리나라에서는 개별법 위주로 징벌적 손해배상제도를 적용하고 있고, 그때부터 법 조항에 "3배"라는 배상한도를 적용하고 있기 때문에 포괄적인 의미에서 징벌적 손해배상 제도를 법제화시키기는 어려운 현실이며, 개별법 위주로 다른 법률과의 형평성 차원에서 "3배"라는 한도를 역시 2018년 가맹사업법에서도 적용하고 있다. 가맹사업법 법률 시행내용은 대륙법과 영미법이라고 하는 법률적 가치체계보다는 징벌적 손해배상제도의 도입 취지의 필요성이라고 하는 측면이 시대적인 요구와 결합하여 반영된 개별적 법률안 개정의 결과라고 보여지지만, 손해배상의 한계가 "손해의 3배"라고 규정된 부분에 대해서는 향후 실효성 부분에서 계속적인 논란이 발생할 수도 있어 보인다.

3. 집단소송제도

소비자 주권의 입장에서 징벌적 손해배상 제도의 미비점을 가장 잘 보완해 줄 수 있는 법적 장치가 "집단소송제도"이다. 집단소송제의 가장 대표적인 사례가 포털 사이트에서의 개인정보 유출시, 손해배상 소송에 참여하는 소비자들뿐만 아니라 소송에 참여하지 않았던 전체 피해 고객을 상대로 손해배상이 이루어져야 한다는 취지의 제도이다. 이렇게 집단소송제도는 피해 집단을 대표하는 당사자 소수가 소송에 참여하고, 소송의 결과는 소송에 참여한 소수의 당사자뿐만 아니라, 전체 피해자들에게 판결의 효력이 미치는 집단구제제도라고 할 수 있다.

이런 집단소송제의 대표적인 예로는 위에서도 언급한 포털 사이트의 개인정보 유출사고, 전쟁 후유증으로 알려져 있는 고엽제 소송, 성형시술과 관련된 소송, 자동차 리콜 등 자동차 관련 소송, 담배 피해자 소송 등이 대표적인 예이다. 세계적으로 집단소송제가 가장 활발히 시행되고 있는 나라는 미국이며, 주로 영국, 캐나다, 호주 등 불문법의 뿌리 아래 영미법 체계에 있는 국가들이 많이 시행 중이다. 이에 반해, 성문법의 뿌리 아래 대륙법 체계를 도입하고 있는 독일, 프랑스, 우리나라 등에서는 증권분야 일부에 도입하고 있는 등 제한된 영역에 한해 집단소송제도를 허용하고 있는 상황이다.

우리나라도 2005년부터 실시된 증권관련 분야에 집단소송제도를 처음으로 도입하였다. 증권관련 집단소송제도는 주식투자자가 기업의 허위공시, 주가조작, 분식회계 등으로 피해를 입었을 경우, 대표 소송자가 해당 기업을 대상으로 소송을 제기하면, 소송에 대한 판결결과는 피해 집단(주식투자자) 전체에게 효력을 미치도록 법제화한 제도이다. 이웃 나라인 일본 역시 성문법과 대륙법의 체계를 가지고 있기 때문에, "소송당사자 원칙"에 어긋난다는 이유로, 집단소송제도가 활성화되고 있지는 않으며, 2013년도에 소비자 집단소송제도가 도입되어, 지정된 소비자단체만이 집단소송을 제기할 수 있도록 하고 있다.

최근의 가장 대표적인 집단소송에 대한 사례로는, 폭스바겐 수입 자동차의 배기가스 조작문제, 가습기 살균제 사고, 갤럭시 노트7 발화사건 등이 있었고, 가장 최근에는 강원랜드 채용

비리 집단소송, 빗썸의 가상화폐 거래 시 개인정보 유출 사고에 대한 집단소송을 들 수 있다. 이 중에 갤럭시 노트7 발화사건의 경우, 미국과 우리나라에서 동시에 피해자들의 소송이 진행되었다. 미국의 경우에는 집단소송을 허용하는 국가이기 때문에, 대표소송자의 승소판결이 나면 삼성전자에서는 전체 미국 소비자들에 대해 손해배상을 실시하여야 한다. 그러나 우리나라에서는 1차 소송에 참여한 소비자가 500여 명에 불과하였다는 점은 이런 집단소송을 허용하는 국가와 그렇지 못한 국가와의 현격한 차이라고 할 수 있다.

성문법과 불문법 체계와는 별도로 우리나라에서 집단소송제도를 허용하고 있지 못하는 실질적인 이유는 몇 가지로 요약된다. 소비자들의 피해 소송이 남발될 수 있어 사회적 경제적 질서가 파괴될 수 있다는 점, 일부 기획되고 의도된 소송이 증가할 수 있어 법제도의 사회적 효율성이 저해될 수 있다는 점, 소송에 대한 기업의 부담이 폭증하여 이로 인한 기업 활동의 제약과 투자활동 제약, 그리고 궁극적으로 소비자에 대한 부담전가 등의 문제가 있는 것이다. 이런 부분들은 집단소송제와 징벌적 손해배상제도와 크게 다르지 않은 부분이라고 할 수 있다.

그러나 소비자 권익증대라는 거대한 목표에서 볼 때, 집단소송제도 역시 징벌적 손해배상제도의 경우와 함께 좀 더 현실적인 차원에서 법제화에 힘을 실어주어야 한다는 목소리가 의미있게 전달되고 있는 상황이다. 과거 이동통신사와 포털 사이트, 금융회사 등의 해킹 공격으로 인한 개인정보 유출문제, 자동차 배기가스 문제, 가습기 살균제 문제, 갤럭시 노트7 발화사고 문제 등을 거치면서, 기업의 공공적인 책임의무를 강화하는 페널티 규칙을 만들어야 한다는 의견이 커지고 있는 것이다. 기업 활동이 중요한 것은 사실이지만, 그에 대한 제재조항이나 페널티 조항이 없이, 선의의 소비자들의 피해만 증가하고 있다는 점이다.

이런 차원에서 2017년 3월에 있었던 제조물 책임법 개정을 통한 징벌적 손해배상 제도의 확대 시행, 문재인 정부 출범 이후 공정경제를 향한 정책적 의지로 10월에 실시된 가맹사업법 개정 등으로 징벌적 손해배상 제도가 확대되고 있다. 기업의 입장에서는 징벌적 손해배상 문제보다 집단소송제 문제가 더 크게 다가올 수 있는 부분이긴 하지만, 현재 증권분야에서만 도입되고 있는 집단소송제도에 대해서도 확대적용 검토를 해야 한다는 목소리가 커지고 있는 것이다. 생산자(기업)와 소비자, 가해자와 피해자라는 이원적 관계에서 볼 때, "형평성에 맞는 상호 최선의 주의의무와 책임소재 명확화"라는 이슈는 집단소송제와 징벌적 손해배상 제도의 큰 틀이 되고 있는 것이다.

2017년 갤럭시 노트7 소송 참여의 경우만 봐도 1차 소송에서 500여 명이 참여했다는 사실은 우리나라 소비자들의 의식수준이 그만큼 미래지향적이지는 못하다는 점을 반영하고 있다고 봐도 무방할 것이다. "뭐 별 문제 아닌데…"라는 사고방식이 이런 소극적인 소비자들의 대응책으로 나타나고 있는 것이라고 할 수 있다. 반면, "이번 사건으로 인해 다시는 이런 일이 일어나지 않도록 사회적으로 경종을 울려야 해"라는 적극적인 사고방식과 미래지향적인 소비문화에 대한 인식도 필요한 상황이라고 할 수 있다.

우리나라에서는 대륙법 체계를 따르고 있기 때문에 집단소송제도와 징벌적 손해배상제도의 법제화가 그만큼 구조적 차원에서 도입이 쉽지 않다는 점은 위에서도 언급하였다. 이런 상황에서 가장 효율적인 개선대책 중에 한 가지가 독일, 일본 등 대륙법 체계를 따르고 있는 국가들을 벤치마킹해 보는 방법일 것이다. 한편으로는 국민들(소비자)과 기업(생산자)들에 대해 건강한 의식구조와 형평성 있는 생산-소비문화를 정착하는 과정도 필요할 것이다. 경제 살리기라는 명독하에 기업 살리기만 우선이 되어서는 안 되며, 기업도 살아야 하고 소비자도 살아야 하는 형평성 있는 국가적 정책에 대한 철학과 방향성이 우선이 되어야 하는 것이다.

4. 우리나라의 법인세

우리나라의 2016년도 국가에서 거둬들인 국세는 약 242조 원이 된다고 한다. 그 중에서 가장 많은 비중을 차지하고 있는 세금징수 부분이 소득세, 부가가치세, 법인세이고, 소득세가 68.5조, 부가가치세가 약 61.8조, 법인세가 52.1조 수준으로, 이 세 가지 세목을 합하면 총 182.4조 수준으로, 전체 242조 중에서 약 75% 수준을 차지한다. 이 세 가지 세목(부가가치세, 소득세, 법인세)은 우리나라 재정에서 막대한 비중을 차지하는 수준이고, 그만큼 이 세 가지 세목은 정부에서 정책을 집행하는 데 있어서 중요하게 생각하는 세목이라고 할 수 있다. 현행 우리나라의 법인세 과표 구간은 과세기준(세금 납부 전 당기순이익)의 크기에 따라 네 구간으로 나뉜다.

2억 원 이하	2억 ~ 200억 원 이하	200억 ~ 3,000억 원 이하	3,000억 원 초과
10%	20%	22%	25%

현행 우리나라 법인세 최고세율은 세전 순이익이 3,000억 원을 초과하는 기업에 대해 25%의 세율을 부과하는 수준이다. 2017년 말 문재인 정부에서의 법 개정으로 최고세율이 22%에서 25%로 상향조정되었다. 최고세율은 OECD 35개 회원국 중에 10위권 후반에 위치하고 있다. 최고 법인세율이 30%를 넘는 국가들을 보면 미국이 35%로 가장 높고, 그 외에 벨기에, 프랑스, 멕시코 등이 30%를 넘는 최고세율을 유지하고 있다.

먼저 우리나라 법인세 징수 및 납부에 대한 현황을 보도록 하자.

법인세는 기업이 영업활동을 통해 벌어들인 이익(과세표준)에 부과하는 세금으로, 부가가치세, 소득세와 함께 우리나라 재정 수입에서 세 번째로 큰 비중을 차지하는 3대 세목이다. 우리나라 법인세는 과표 구간에 따라 세율이 달라지지만 최고세율이 2000년대 이전에는 30% 이상인 적도 있었지만, 법인세 인하를 통한 기업 활동 보장이라는 글로벌 추세에 따라 그 이후 교체되는 정권마다 법인세율 인하를 통해 직전의 박근혜 정부에서 법인세 최고세율이 22% 수준으로 설정되었지만, 문재인 정부에서 다시 과세표준 3,000억 원 구간대를 만들어 최고세율은 25%로 상향 조정되었다. 법인세수 금액은 위에서도 언급한 것처럼 연 52조 원 수준으로 소득세, 부가세에 이어 세 번째로 많은 세목으로 위치하고 있다.

1980년대 미국의 레이건대통령은 경제학자인 "래퍼"가 만든 "래퍼곡선"을 이론적인 베이스로 하여 "레이거노믹스"라는 경제정책으로 성공적으로 사용한 바 있다. 소득세와 법인세를 인하함으로써, 경제활동에 대한 의욕을 더 올릴 수 있고, 오히려 세율인하가 세수의 증대로 이어질 수 있다는 이론적 근거를 바탕으로 감세정책이 오히려 세수확대에 기여하게 된 것이다. 그 이후 미국 경제에서는 부시 대통령이 다시 2000년대 초반에 소득세와 법인세를 인하하였고, 우리나라도 이런 미국과 다른 선진국들의 법인세 인하 대열에 합류함으로써, 기업의 자유로운 투자활동과 영업활동을 최대한 보장해주는 정책을 사용해오고 있는 것이다. 법인세가 경제에서 차지하는 중요한 이유는 법인세 인하로 기업들에게 자금적인 운용의 여유를 만들어주는 환경적 요인이 우리경제 전체에 미치는 직간접적인 영향(고용, 투자, 소비 등)과의 상관관계에 있다고 할 수 있다. 법인세 인상을 주장하는 쪽에서는 기업의 투자증대나 고용증대는 법인세 인상과는 상관관계가 낮다는 입장을 가지고 있기 때문이며, 그보다 더 중요한 가치(경제민주화 등)를 찾아가야 한다는 논리이며, 법인세 인상을 반대하는 입장에서는 역시 기업의 자유로운 투자, 고용 등이 법인세 인상으로 저해될 수 있고, 오히려 경제활성화에 역행할 수 있다는 점을 우려하고 있는 것이다.

5. 우리나라의 소득세

다음은 매년 마찬가지이지만 국세 중에 가장 비중이 큰 소득세 부분을 보도록 하자.

우리나라에서 현재 소득세 증세가 나오고 있는 배경으로는 첫째, 우리나라의 조세부담률 수준이 2015년 기준 18.5%로, OECD 평균 24.9%에 비해 매우 낮은 수준으로 조세수입을 정상화시킬 방안이 필요하다는 점, 둘째, 현행 2017년 최고구간대 인상 후 우리나라 최고소득세율은 42%이지만, 2016년까지는 40% 수준으로 OECD국가들 중에서 소득세 최고세율 20위대를 기록하고 있어 최고 소득세율이 상대적으로 낮다는 점, 셋째, 사회양극화현상의 심화에 따라 조세의 소득재분배 기능을 강화하여 재정이 소득양극화를 해소하는데 적극적인 역할을 해야 한다는 점, 넷째, 현재 문재인 정부에서 100대 국정과제 수행에 따른 예산확보의 차원에서 "부자증세" 정책 실시의 일환으로 법인세 최고세율 인상과 함께 소득세도 초고소득자에 대한 소득세 증세 논의가 나오고 있는 상황이다.

12백만 이하	12백만 ~ 46백만 이하	46백만 ~ 88백만 이하	88백만 ~ 1억5천 이하	1억5천 ~ 3억 이하	3억 ~ 5억 이하	5억 초과
6%	15%	24%	35%	38%	40%	42%

위의 표는 현행 소득세율 구간이다. 소득에서 필요경비를 차감한 후 과세 표준이 되는 소득금액이 12백만 원 이하는 6%의 소득세를 내고, 소득 금액이 1억5천만 원~3억 원 이하의 경우에는 38%의 소득세를 낸다는 것이다. 현행 최고 구간인 5억 원 초과의 경우 42%로 이

구간은 2017년 하반기에 국회에서 의결하여 2018년부터 시행해 오고 있다.

우리나라에서 소득세 제도가 처음으로 시행된 해는 1934년으로 당시 1종 소득세(법인소득세), 2종 소득세(이자·배당 등 원천과세소득세), 3종 소득세(2종에 속하지 않는 개인소득세로 종합과세대상)로 구분해서 시행되었으며, 1949년 법인소득세가 법인세로 분리되었으며, 1975년도에 지금의 형태인 종합소득세제로 전면 개편되었다. 이후 1994년까지는 납세자의 소득세 자진신고 방식이 아닌 정부가 세액을 결정하고 부과하는 방식으로 운영되었으며, 납세자가 스스로 과세표준과 세액을 계산해 자진 신고하는 현재의 납부방식은 1995년부터 시작되었다.

종합소득세의 세율은 종합소득과세체계를 도입한 1975년에는 최고세율이 70%까지 적용되었으나 이후 계속 세율이 인하되었고, 2005년에는 35%까지 최고세율이 인하되기도 하였지만, 고소득자에 대한 과세 강화를 위해 2014년 귀속분부터 1억5천만 원을 초과하는 과세표준 금액에 38%의 최고세율을 적용하였고, 현재 과세표준 소득구간은 총 6단계로 나누며, 최저세율은 6%, 최고세율은 5억 원 초과 구간에 42%의 세율이 적용되고 있다.

소득세와 관련된 해외 사례를 보면, OECD 35개 회원국의 소득세 평균 과표 구간은 5개 구간으로, 우리나라의 현행 7개의 과표 구간은 그 자체만 보면 OECD 평균수준과 별 차이가 없다고 할 수 있다. 룩셈부르크의 경우 총 19개의 과표 구간으로 가장 많고, 멕시코와 스위스가 11개 과표 구간을 운영하고 있으며, 대부분의 국가들은 4개~5개 사이의 과표 구간으로 운영하고 있다.

최고세율을 보면 스웨덴이 57% 수준으로 가장 높고, 대부분 유럽 국가들이 50%대를 상회하는 국가들로 구성되어 있다. 비 유럽권 국가 중에서는 유일하게 일본이 55% 수준으로 OECD 국가 중에서 3위를 차지하고 있다. 우리나라의 소득세율 수준은 35개 국가 중에서 20위대를 차지하고 있어, 세율순위로만 보면 평균인 43%대보다 낮은 상황이다.

6. 우리나라의 부가가치세

다음은 실 소비생활과 아주 밀접한 부가가치세 부분을 보도록 하자.

부가가치세는 소비에 대해 마지막 소비자가 부담하는 세금으로, 소비자들에게 판매나 영업 활동을 한 사업자가 상품가격에 부가하여 자진신고제로 징수하는 세금으로, 우리나라는 아시아에서 최초로 1977년에 10%의 세율로 부가가치세를 도입하였고, 도입 이후 지금까지 10%의 세율을 유지하고 있다. 면세상품이나 지하경제(현금거래)에 해당하는 일부 거래를 제외한 대부분의 소비는 소비자가 상품가격의 10%에 해당하는 부가가치세를 납부하고 있는 것이다. 그만큼 부가가치세는 국민들의 실생활과 소비에 밀접한 관계를 가지고 있는 세금이라고 할 수 있다.

부가세 신고 대상 사업자는 1978년 당시 88만 명에 불과했지만 경제의 성장과 함께 대상자는 기하급수적으로 늘어났다. 국세청 자료에 의하면 부가세 납부대상 사업자 수는 1985년 127만 명, 1995년 252만 명, 2005년 412만 명, 2014년 635만 명 등 현재는 도입 초기에 비해 약 8배 증가하고 있다. 사업자수의 증가는 세수도 함께 늘리게 되었는데, 부가세수는 시행원년에 5,500억 원 수준이었으나, 1985년 2.9조 원, 1995년 14.6조 원, 2005년 36.1조 원, 2016년도에는 61.8조 원을 기록하며, 세수 200조 원 시대를 여는 데 크게 기여하였다고 할 수 있다.

다른 나라의 경우, 덴마크와 스웨덴이 25% 수준으로 가장 높고, 영국은 20.0%, 스페인 21.0% 등 유럽 주요 국가들은 대부분 20%를 넘는 수준이며, 일본은 5%였던 소비세(부가가치세)를 8%로 올린 뒤 이를 2017년 4월까지 10%로 높이기로 했다가 2019년 10월로 미뤄놓은 상태로 현재 8%를 유지하고 있다. 우리나라는 1977년 부가세를 처음 도입한 이후 현재까지 계속 10%를 유지하고 있는데, OECD 평균 부가세율이 20% 수준인 것을 감안하면 절대적인 기준으로는 낮은 수준이긴 하다. 한편 미국의 경우에는 부가가치세 제도를 운영하지 않고 있다.

부가가치세에 대해서 세수와 관련해서 생각해 보아야 할 부분은, 세율인 10% 수준이 적절한지에 대한 문제라고 할 수 있다. 개도국이나 신흥국 대비해서 우리나라의 부가가치세율 10%는 높은 편이지만, 선진국들에 비해서는 비교적 낮은 수준으로 좀 더 세율을 인상할 여지가 있다는 의견도 있지만, 반대로 부가가치세가 가지는 특징을 들어 부가가체세율의 인상이 불가하다는 입장도 있다.

부가세를 인상해도 된다는 입장은 주로 주요 선진국들보다 세율이 낮다는 점, 주요 선진국들이 부가세율을 올리는 추세라는 점, 증가하는 복지재원을 마련할 주요 재원이라는 점, 저물가시기에 부가세 인상은 적기가 될 수 있다는 점, 부가세 인상이 소득분배에 미치는 영향이 크지 않다는 점, 인상 후 세수 증가분으로 서민경제를 위해 활용할 재원으로 활용하자는 점 등을 들고 있지만, 부가세 인상에 대해 반대하는 입장에서는 현재 재정상황이 부가세 인상을 꼭 해야 할 만큼 위기상황이 아니라는 점, 부가세 이외의 소득세나 법인세 인상이 우선이라는 점, 서민 생활물가에 부담이 된다는 점, 부가세의 역진성 문제 등을 들고 있다.

여기서 부가세의 역진성에 대해서 좀 더 보도록 한다. 부가가치세의 특징은 조세의 역진성과 물가에 직결된다는 특징을 들 수 있는데, 조세의 역진성이라는 것은 부자나 서민이나 상관없이 거래의 단계에서 발생하는 세금을 내야 하는 관계로, 세율을 높인다는 것은 서민에게 더 큰 부담으로 돌아갈 수 있다는 것이고, 또 이렇게 높여진 세율은 구매자 부담의 원칙을 가지고 있는 부가가치세의 특징으로 판매가격의 세율만큼의 인상을 전제로 하고 있고, 그만큼 물가가 상승하는 데에도 직접적으로 영향을 준다는 점이다.

따라서 부가가치세와 관련해서는 부가가치세율의 인상을 통해서 세수의 추가적인 확보를 도모하여야 한다는 의견보다는, 부가가치세의 탈세 부분을 먼저 막아야 한다는 의견이 현실성 있는 의견으로 다가오고 있으며, 지하경제 양성화, 무자료 거래 등을 통한 탈세가 많은 것이 현실인 관계로 이런 부분을 어떻게 막을 수 있을지가 현실성 있는 고민이 될 것으로 보인다. 그리고 우리나라 상황에서 꼭 증세가 필요하다면 법인세율 최고구간 확대나, 소득세율 최고구간 인상 등 전체적인 경제안정화와 서민경제에 부담을 덜 주는 방법이 될 수 있을 것이라 생각한다.

7. 공유경제(Sharing Economy)

공유경제라는 개념은 2008년 글로벌 금융위기 이후 미국의 하버드대학교 로렌스 레식 교수가 만든 개념으로, 현대판 자본주의의 대량생산과 대량소비, 낭비, 개별주의(개인주의) 경제 관념 등의 자본주의 문화의 변화양상에 대비되는 개념으로 만들어지게 되었다. 한번 생산된 제품이나 서비스를 다른 사람들과 함께 공유해서 사용한다는 개념으로, 자동차, 책, 의류, 집(주거지)에 이르기까지 광범위하게 활용될 수 있다. 1차 소비자(판매자) 입장에서도, 2차 소비자(공유 소비자) 입장에서도 효율성을 높인다는 차원에서 자원이나 서비스의 활용을 극대화할 수 있다는 취지에서 최근 많이 활용되고 있는 중이다.

공유경제는 우리 선조들도 즐겨 사용한 삶의 방식이었다. 과거 자신의 노동력을 이웃과 나누는 '품앗이'나 1997년 외환위기 속에서 국민적 열풍으로 일어났던 '아나바다 운동' 등도 공유경제 활동의 하나라고 볼 수 있다. 현재 우리나라에서는 '우버'와 숙박대행업의 일종으로 볼 수 있는 '에어비앤비(Airbnb)'가 가장 주목을 받지만 국내뿐 아니라 세계적으로 공유경제 사업은 무궁무진한 현실이 된 상황이다. 대표적인 예로 '우버'의 경우 개인이 갖고 있는 남는 자원을 활용해 필요한 사람과 함께 나눈다는 점에서 대표적인 '공유경제'로 꼽힌다. 온라인 거래가 오프라인의 실물 거래로 이어지는 'O2O(online to offline)' 비즈니스이기도 하다.

우리나라의 과거에서도 볼 수 있었듯이 경제가 힘든 시기에 함께 나눠 쓰고, 공유하는 형태의 원시적인 공유경제의 모습이 있었다면, 지금은 그런 공유경제의 모습이 아니라 비즈니스 모델로 변모된 공유경제가 정착을 시도하고 있는 것이다. 사용하지 않는 재화나 재원으로 이를 필요로 하는 소비자와 함께 단순히 나누고 공유하는 것도 공유경제의 순수한 목적과 부합하는 일이지만, 이제는 공유경제를 사업모델로 하는 자본주의식 공유경제 모델이 등장하게 된 것이다. 대표적인 글로벌 공유경제의 사례로 우버와 에어비앤비 등을 들 수 있다. 기존에는 대기업들에 의해 성장과 발전을 이뤄온 자본주의 사회에서 제품의 생산과 판매에 치중하였던 사업방식에서는 이런 공유경제 사업모델을 생각할 수가 없었다. "생산과 판매"가 수익의 근원이었던 이들에게 있어 "공유"는 수익의 감소로 직결되기 때문이었다. 그러나 공유경제를 사업모델로 하는 스타트업들의 태동은 자본주의 사회에서의 대기업을 중심으로 한 생산과 판매 위주의 사고방식을 전면적으로 바꿔놓게 되는 계기가 되었던 것이다. 물론, 사업모델을 영위해오던 기존 업체들과의 제도적인 마찰도 있고, 우리나라의 경우 아직 우버 택시는 불법으로 판결이 나면서 합법적인 사업영위를 못하고 있지만, 현재는 전 세계적으로 공유경제 사업모델은 조금씩 확장되어 나가는 추세이다.

우리나라도 다르지 않지만 공유경제 기업들은 전 세계 각국의 정부와 합법, 위법 여부를 판정받으면서 사업을 확장시켜 나가고 있는 추세이다. 우버의 경우에도 합법판정을 받으면서 영역을 넓혀가고 있는 나라들도 있지만, 불법으로 영업을 하지 못하는 나라들도 많다. 우리나라의 경우에도 우버 택시의 경우 2014년에 기존 택시업계의 반발, 제도적 장치 미비, 안전성 등을 이유로 불법판정 받으면서 우버 택시는 우리나라에서 합법적인 영업을 할 수 없게 되었다. 우버뿐만이 아니라 에어비앤비도 가칭 "공유민박법"의 국회표류로 아직 불법으로 남아있다. 우리나라의 경우에는 그나마 "쏘카"라는 자동차 렌탈 관련 공유업체는 도입초기 당시 규제를 넘어 합법적으로 사업 활동을 영위하고 있으며, 우리나라에서 스타트업들을 중심으로 각종 공유경제 비즈니스 모델이 속속 등장하고 있다.

각 나라마다 이렇게 공유경제가 기존 산업모델과 문제를 일으키기도 하고, 안정적인 정착을 하고 있지는 못하는 이유는 크게 몇 가지로 나눠 볼 수 있다.

첫째, 위에서도 언급했듯이, 전통적인 자본주의 성장모델이 "생산과 판매"에 의존해 있었기 때문이라고 할 수 있다. 기존의 제조업을 중심으로 한 대기업들의 생산, 판매를 통한 성장모델이 타격을 받게 된다는 것이다. 우버 택시나 쏘카 등 자동차 렌탈업이 발달하게 되면 우리나라의 경우에도 자동차 제조업종에서 생산이나 판매에 타격을 받을 수밖에 없음은 자명한 사실이다. 이 둘 사이에서 정부나 관계기관에서는 제조업의 손을 들어줘야 하는지, 공유경제의 손을 들어줘야 하는지에 대한 제도적 정치적 판단이 필요한 것이다.

둘째, 기존 산업계와의 마찰과 충돌이다. 우버 택시의 등장은 기존 택시업계와 충돌이 있을 수밖에 없고, 에어비앤비의 등장은 기존 숙박업계와, 쏘카의 등장은 기존 렌터카 업체와 충돌이 있을 수밖에 없다. 이렇게 새로이 등장하는 사업모델이 기존 사업모델의 틈새시장을 공략하는 수준으로 등장하는 것이 아니라, 기존 사업모델에 정면으로 도전장을 내밀면서 들어오게 되기 때문에 생기는 문제점이라고 할 수 있다. 역시 이 상황에서도 정부나 관계기간에서는 기존 산업계와 조율해 나가야 하고, 정책적 방향성을 가지면서 공유경제에 대해 인허가가 이뤄져야 하는 것이다.

셋째, 규제의 문제라고 할 수 있다. 기존 산업모델들은 현재 규제와 관련법규 하에서 진행되어 온 사업모델들이라고 한다면, 새로이 진입하는 공유경제는 아직 공유경제 시스템을 받아들일만한 규제의 완화나 관련 제도의 정비가 부족하다는 점이 문제인 것이다. 에어비앤비 사업은 가칭 공유민박업법의 국회표류로 아직 합법과 불법 사이에서 혼란을 거듭하고 있으며, 관광진흥법 아래 외국인 관광 도시민박업에 한해 합법적으로 인정해주고 있다. 우버택시 역시 도로교통법 등 관련법규의 벽을 넘지 못하였다. 이 역시 기존의 산업모델이 생산과 판매 위주의 산업화사회를 전제로 정비되어온 규제들을 공유경제에 대해 해제해 주자니, 기존 업계와의 형평성과 경쟁에서 문제가 생길 수 있기 때문에 어려운 것이다.

현재 글로벌 스타트업 기업들이 가지고 있는 공유경제의 사업모델이 비난을 받는 부분도 있다. 첫째, 부의 재분배라는 측면에서 보면, 공유경제가 시장을 합리화한다기보다는 해당 서비스와 서비스를 제공하는 사람들의 노동조건을 악화시킬 것이란 지적이 있다. 자원의 효율적 배분이라는 목표에만 집중하다 보니 우버의 경우 운전기사의 노동조건이나 처우, 안전 등에 취약할 수 있고 또 다른 비정규직의 양산을 부추기는 자본주의의 함정이 될 수 있다는 우려가 생기는 것이다. 이렇게 근로자에 분배되는 몫은 적어지고, 이를 운영하는 기업이나 국가로 부가 쏠리게 되는 부의 양극화 현상만 심화시킬 것이라는 지적이다.

둘째, 명칭(Naming) 자체에도 문제가 있다는 지적이 있다. 금전적인 대가를 받고 제공하는 상업적 서비스에 "공유"라는 좋은 이미지의 단어를 사용하는 것은 옳지 않다는 지적인 것이다. 이건 "공유"라는 단어를 지칭해서 실질적으로 상업적 행위를 하는 것으로, 실상은 "공유"가 아니라 "반공유(anti-sharing)"라는 것이다. 이런 관점에서 외국의 언론사들은 공유경제를 지칭할 때 "공유"라는 단어를 쓰지 못하게 하기도 하였다. 공유경제의 상업성을 지적하고, 효율성은 추구할 수 있지만, 순수한 의미에서의 나눔과 배려의 정신을 망각하는 새로운 산업모델의 등장에 불과하다는 지적이다.

이렇게 공유경제는 글로벌 각국에서 정착과 퇴출 사이에서 정부와 관련 산업계 사이에서 줄다리기를 거치면서 현재는 조금씩 비즈니스 확충을 시도해 나가고 있는 상황이다. 미국, 유럽 등의 경우 자국 산업 여건과 사회적 인식 등을 고려해 새로운 법과 제도를 만들어 공유경제 서비스를 허용하는 추세이기도 하지만, 법적 근거가 부족한 상태에서 공유라는 이름으로 도전장을 내밀었던 공유경제 모델의 대표 기업 격인 우버는 네덜란드, 스페인, 프랑스, 독일 등에서는 영업이 금지되기도 하였다.

우리나라의 경우에도 우버 택시 서비스를 사실상 전면 금지하는 '여객자동차 운수사업법 개정안(우버 영업금지법)'이 2015년 5월 국회를 통과하면서, 우버 택시 영업은 우리나라의 경우 불법으로 처리하고 있고, 에어비앤비 사업은 가칭 공유민박업법의 국회표류로 아직 합법과 불법 사이에서 혼란을 거듭하고 있으며, 관광진흥법 아래 외국인 관광 도시민박업에 한해 합법적으로 인정해주고 있다. 우리나라의 경우 공유경제는 소비자의 권익도 중요하겠지만, 그에 앞서 시장의 경제 질서를 우선 고려하는 쪽으로 방향을 잡고 있다는 의미이고, 공유경제라는 이름(Naming)보다는 기존 산업계를 포함한 소비자 등 실질적인 참여주체들의 권익 보호에 포인트를 두고 있다는 의미로 해석할 수 있는 것이다.

세계 각국에서 논란이 많고 방향성도 많이 다른 공유경제 모델은 근로자들의 일자리 창출, 또 노인이나 주부 등의 일자리 창출이라는 차원에서 긍정적인 평가도 있는 만큼 공유경제의 장점을 끌어내기 위해서는 "규제완화"라는 큰 산이 남아있다고 할 수 있다. 소비자의 권익에 반하는 규제, 업종 간 건전한 경쟁을 저해하는 규제, 신산업의 진입에 장벽을 높이는 규제들이 아직 많이 남아있다는 것이고, 공유경제 자체는 소비자의 이익에 부합하지만, 규제가 소비자에게 반하는 규제들로 인해 공유경제가 자리잡고 있지 못한 사례가 많아, 이런 규제들을 해결해야 한다는 것이 큰 산이라는 의미이다.

8. 기업 구조조정 제도

기업 구조조정은 구조를 개선해서 회생의 길로 갈 수도 있고, 구조조정 작업으로 해결되지 않을 경우에는 청산의 길로 갈 수도 있다. 우리나라의 경우 기업 구조조정은 크게 세 가지 형태로 나뉜다. 자율협약, 워크아웃, 법정관리가 그 세 가지이다. 자율협약보다는 워크아웃이, 워크아웃보다는 법정관리가 구조조정의 강도가 강해지는 방향이다.

1) 자율협약(채권단 공동관리)

자율협약이란 경영난, 자금난을 겪고 있는 기업이 채권금융기관과 맺는 협약으로, 기업이 신청하면 채권단이 회생가능성을 진단해 받아들일지 말지를 결정한다. 여기에는 채권단 모두의 찬성이 필요하다.

은행권으로 구성되는 채권단이 기업의 자율협약 신청을 받아들이면 기업과 자율적으로 구조조정 방안을 계획한다. 기존 대출의 만기를 연장해 주거나, 추가적인 자금지원 등이 나올 수도 있다. 자율협약을 신청한 기업도 자산매각이나 인원감축, 대주주의 사재출연 등 자구노력을 기울일 수 있다.

자율협약은 '부실기업'이라는 꼬리표는 붙지 않는 과정으로 시장에 대한 충격이나 기업 이미지 하락에 대한 우려가 적다는 장점이 있지만, 법적 구속력을 가지고 진행하는 구조조정 작업이 아니다 보니 구조조정 작업의 지연현상이나 구조조정이 무산될 수 있다는 단점을 가지고 있기도 하다.

2) 워크아웃(기업개선작업)

워크아웃부터는 관련된 법률에 따라 법률적 구속력을 가지는 구조조정 작업이다. 워크아웃을 구속하는 법규는 기업구조조정촉진법이다. 채권단 자율협약이 은행권으로만 구성되고 채권단의 100% 동의를 얻어 진행되는 구조조정 작업이라면, 워크아웃은 제2금융권도 포함되며 채권단 규모가 커지는 만큼, 채권단 75%의 찬성에 의해 구조조정 작업을 실시하게 된다. 채권단에서 결정하는 조건에 대해 해당 기업은 조건없이 따라야 하며, 기업에 대한 경영권도 채권단에서 행사하게 된다. 역시 구조조정 작업으로는 인적 구조조정, 자산 매각 등 자율협약에서 취하는 구조조정 작업과 동일하지만, 법적 구속력이나 집행력 등에서 자율협약보다는 속도가 빠르고 강도가 세다고 할 수 있다.

기업의 입장에서 자율협약을 우선적으로 신청할 수 있지만, 자율협약이 무산되거나 기업 재무상황에 따라 바로 워크아웃을 신청하기도 한다. 또 상황이 더 심각한 경우에는 바로 법정관리를 신청하기도 한다.

> **참고** 기업구조조정촉진법 (약칭, 기촉법)
>
> 기촉법은 2001년에 한시적인 시한을 두고 처음 만들어진 일몰법(유효기간이 있는 법령)이다. 중간에 유효기간 경과 시마다 연장을 거듭하였고, 마지막 유효기간은 2018년 6월 30일이었다. 현재 유효기일 내 재연장에 대한 입법절차를 거치지 못함으로써 법령으로써의 효력을 상실한 상태이다. 금융당국과 국회 등 전문가들 사이에서는 기촉법에 대한 유용론과 무용론이 팽배한 상황으로 논란이 이어지고 있다.

3) 법정관리(기업회생절차)

법정관리를 구속하는 법규는 "채무자 회생 및 파산에 관한 법률(통합도산법)"이다. 가장 강도 높은 구조조정 단계로, 기업에 대한 경영권은 채권단도 아닌 법원에서 관할한다. 부도나 파산의 위기에 놓인 기업에 대해 법원이 회생을 결정할 것이냐, 청산을 결정할 것이냐에 따라 회생이 될 수도 있고, 청산절차를 밟을 수도 있다.

법원에 의해 법정관리가 결정되면 법원이 선임하는 법정관리인이 회사의 경영권을 대행하며, 법원은 법정관리 신청 기업에 대해 기업의 청산가치와 존속가치를 판단하여 법정관리를 받아들일 것인지부터 결정하게 된다. 받아들이며 법정관리 상태에서 구조조정 작업이 이루어지지만, 받아들이지 않으면 그대로 청산절차를 밟게 된다. 이 기간은 통상 4개월 정도가 걸린다. 과거 STX조선 등 법정관리를 거쳤던 기업들에 있어서 법정관리 결정문제는 은행권에서도 긴장하는 상황일 수밖에 없다. 은행에서는 자산건전성 분류기준에 따라 정상, 요주의, 고정, 회수의문, 추정손실이라는 다섯 단계로 은행권 여신자산의 건전성을 분류하고 있다. 보통 자율협약 단계의 여신에 대해서는 요주의로 분류하며, 워크아웃 단계에 있는 여신은 고정으로, 법정관리 단계의 여신에 대해서는 추정손실로 구분한다. 문제는 충당금이다. 자산 건전성별 충당금 적립기준을 보면 아래와 같다.

구분	정상	요주의	고정	회수의문	추정손실
충당금적립비율	0.85%	7%	20%	50%	100%

이런 충당금 적립기준을 은행감독기준으로 두고 있는데, 문제 기업이 자율협약(요주의) 단계에서, 법정관리(추정손실) 단계로 진행됨으로써, 추가적인 충당금 적립비율이 절대적인 비율 기준으로 93%포인트만큼 증가하게 되는 것이다. 문제 기업들은 보통 은행권에 수조원 이상의 대출을 받고 있는 것이 보통인 점을 감안하면, 은행권으로서도 법정관리 방향으로의 기업회생절차에 달가울 리가 없는 것이다.

그럼에도 불구하고 이렇게 법정관리로 문제기업들이 진행되면 여신을 제공하였던 은행들은 여신금액의 100%까지 충당금을 쌓아야 하며, 충당금 적립액은 그만큼 당기순이익에서 그대로 차감되기 때문에, 해당은행들의 당해년도 수익성은 악화될 수밖에 없다.

CHAPTER 05 국내 사회 이슈 및 트렌드

1. 주요 사회지표

매년 통계청에서 발표하는 "한국의 사회지표"라는 보고서는 1979년부터 매년 작성해 오는 보고서로, 우리나라의 사회상을 종합적으로 살펴보고 경제, 사회분야의 변화를 매 1년을 기준으로 보여주는 자료이다. 세부 항목으로는 인구, 건강, 가구와 가족, 교육, 노동, 소득과 소비, 주거와 교통, 환경, 안전, 문화와 여가, 사회통합으로 나누어 총 11개 항목으로 구분하고 자료를 작성한다. 각 항목별로 중요한 내용을 중심으로 살펴보도록 한다(아래 자료들은 통계청 자료를 참고함).

1) 인구

	총인구	인구 성장률	중위 연령	인구 구성비		
				0~14세	15~64세	65세 이상
2000	47,008	0.84	31.8	21.1	71.7	7.2
2010	49,554	0.50	37.9	16.1	73.1	10.8
2016	51,246	0.45	41.5	13.4	73.4	13.2
2017	51,446	0.39	42.0	13.1	73.1	13.8
2020	51,974	0.31	43.6	12.6	71.7	15.6
2032	52,956	0.00	49.8	11.5	62.5	26.1
2040	52,198	−0.32	53.0	10.8	56.4	32.8
2050	49,433	−0.72	56.4	9.5	52.4	38.1
2060	45,246	−0.97	58.9	9.4	49.6	41.0

▲ 총인구와 인구 성장률(단위 : 천 명, %, 세)

2017년 우리나라의 총 인구는 5천144만6천 명으로 집계되었다. 현재의 인구 성장률로 보면 2031까지는 인구가 증가하지만, 2032년부터는 인구가 감소하는 것으로 조사되었으며, 65세 이상 고령인구가 707만 6천 명(13.8%)으로 0~14세까지의 유소년인구 675만 1천 명(13.1%)보다 처음으로 많아지는 해로 기록되고 있다. 1인 가구 비중은 27.9%, 2인 가구는 26.2%, 3인 가구는 21.4%, 4인 이상 가구는 24.5%로 1인 가구 비중이 가장 높으며, 1인 가구 비중은 2016년 27.2% 대비 증가하고 있고, 4인 이상 가구는 2016년 25.2% 대비 감소하고 있는 추세를 보여준다.

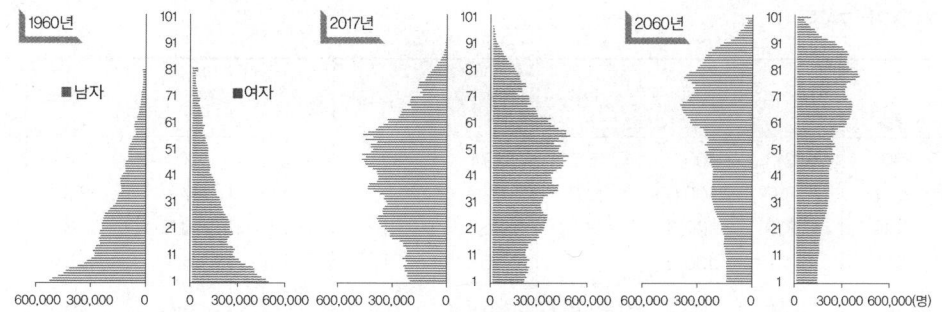

▲ 인구 연령구조의 변화

2) 건강

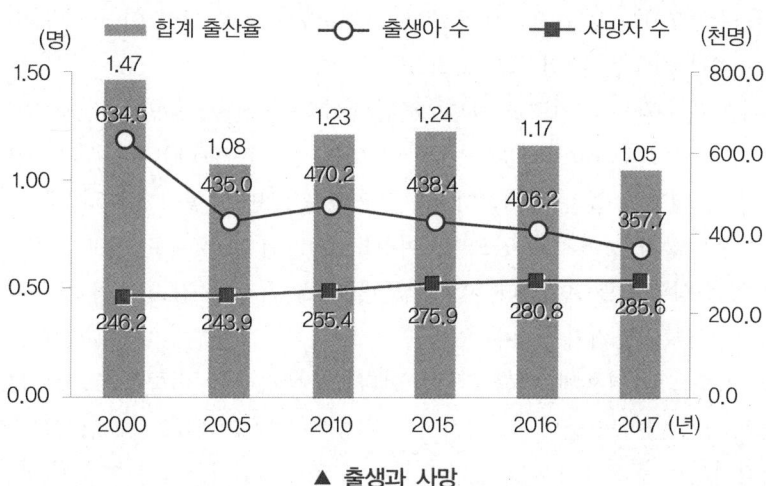

▲ 출생과 사망

2017년 합계 출산율은 1.05명으로 2005년도에 1.08명을 기록한 이후로 가장 낮은 기록을 보이고 있다. 연간 총 출생아 수는 35만 8천 명으로 2016년 대비 4만 9천 명 감소하였다. 기대수명은 2017년 자료가 아닌 2016년 자료로 평균 82.4세(남자 79.3세, 여자 85.4세)로 의료기술 발달의 영향으로 계속 늘어나고 있는 추세이다. 1970년대 우리나라 평균 기대수명이 62.3세 수준이었던 것을 감안하면 약 40여 년에 걸쳐 20년 정도 수명이 늘어난 셈이다. 남성과 여성의 기대수명 차이는 매년 소폭 줄어들고 있는 추세를 보여주고 있다.

	1970	1980	1990	1995	2000	2005	2010	2015	2016	증감 '05 대비	증감 '15 대비
전체	62.3	66.1	71.7	73.8	76.0	78.2	80.2	82.1	82.4	4.2	0.3
남자	58.7	61.9	67.5	69.7	72.3	74.9	76.8	79.0	79.3	4.4	0.3
여자	65.8	70.4	75.9	77.9	79.7	81.6	83.6	85.2	85.4	3.8	0.2
차이(여-남)	7.1	8.5	8.4	8.2	7.4	6.7	6.8	6.2	6.1	-0.6	-0.1

▲ 성별 기대수명(단위 : 년)

3) 가구와 가족

	일반가구	계	1인가구	2인가구	3인가구	4인가구	5인가구	6인이상	평균 가구원수
2000	14,312	100.0	15.5	19.1	20.9	31.1	10.1	3.3	3.12
2005	15,887	100.0	20.0	22.2	20.9	27.0	7.7	2.3	2.88
2010	17,339	100.0	23.9	24.3	21.3	22.5	6.2	1.8	2.69
2015	19,111	100.0	27.2	26.1	21.5	18.8	4.9	1.5	2.53
2016	19,368	100.0	27.9	26.2	21.4	18.3	4.8	1.4	2.51

▲ 가구원수별 가구분포[32](단위 : 천가구, %, 명)

먼저 소규모 가구(1인, 2인 가구)의 증가가 주목되는 부분이다. 2016년 기준 전체 가구 중에서 1인 가구는 27.9%, 2인 가구는 26.2%를 기록함으로써, 4인 이상 가구가 매년 줄어드는데 비해 1, 2인 가구는 매년 증가하고 있다.

혼인 및 이혼 건수와 초혼연령을 보면, 혼인 건수는 1990년 39만9천 건이었지만, 2017년에는 26만4천 건으로 감소하고 있으며, 반면 이혼 건수는 2000년도 이후 매년 10만 건대를 기록하면서 큰 변화가 없는 추세이다. 초혼 연령을 보면 남성이 2017년에 32.9세로 1990년 27.8세에 비해 많이 늦어지고 있으며, 여성도 2017년 30.2세로 1990년 24.8세 대비 많이 늦어지고 있는 상황을 볼 수 있다. 이런 상황들이 모두 인구 감소, 1인 가구 증가의 원인으로도 지목될 수 있은 근거가 될 수 있다.

2016년도 기준으로 결혼에 대해 "해야 한다"고 생각하는 비중은 51.9%(2014년 56.8%), "해도 좋고 하지 않아도 좋다"고 생각하는 비중은 42.9%(2014년 38.9%), "하지 말아야 한다"고 생각하는 비중은 3.1%(2014년 2.0%)로 조사되었다. 반면 이혼에 대해서는 "해서는 안 된다"고 생각하는 비중은 39.5%(2014년 44.4%), "할 수도 있고 하지 않을 수도 있다"고 생각하는 비중은 43.1%(2014년 39.9%), "이유가 있으면 하는 것이 좋다"고 생각하는 비중은 14.0%(2014년 12.0%)로 조사되었다. 전반적으로 결혼과 이혼에 대해 자유로운 의사결정을 하는 방향으로 변화되고 있는 추세를 통계에서도 보여주고 있다.

---

32) 자료 : 통계청, 「인구주택총조사보고서」 각년도, 「2016 인구주택총조사」 2017.8. 외국인가구 제외

4) 교육

	교원 1인당 학생 수				학급당 학생 수			
	초등학교	중학교	고등학교	일반	초등학교	중학교	고등학교	일반
2000	28.7	20.1	19.9	20.9	35.8	38.0	42.7	44.1
2005	25.1	19.4	15.1	15.9	31.8	35.3	32.7	33.9
2010	18.7	18.2	15.5	16.5	26.6	33.8	33.7	35.5
2012	16.3	16.7	14.4	15.4	24.3	32.4	32.5	34.2
2014	14.9	15.2	13.7	14.6	22.8	30.5	30.9	32.4
2016	14.6	13.3	12.9	13.7	22.4	27.4	29.3	30.6
2017	14.5	12.7	12.4	13.1	22.3	26.4	28.2	29.3

▲ 교원 1인당 및 학급당 학생 수[33](단위 : 명)

저출산의 영향으로 아동감소 현상, 학생 수 감소 현상이 심화되면서 초등학교 교원 1인당 학생 수는 2017년 14.5명을 기록하여 2000년 28.7명 대비 거의 반 토막 난 상황을 보여준다. 중학교나 고등학교의 경우에도 큰 차이는 없으며 학생수는 계속 줄어들고 있다. 한 학급당 학생 수도 2017년 초등학교는 22.3명을 기록하고 있어 그 감소폭이 초등학교 > 중학교 > 고등학교 순으로 나타나고 있음을 볼 수 있다.

고등교육기관(대학교) 진학률은 2017년도에 68.9%를 나타내며 대학교 진학률은 매년 떨어지고 있다. 대학교 진학률이 2005년 82.1%, 2010년 78.9%, 2015년 70.8%를 기록하였던 것에 비해, 2017년에 68.9%라는 수치를 기록하였다는 것은, 그만큼 대학교 진학에 대한 현실적 필요성이 사회 전반적으로 대두되면서, 실질적인 사회생활을 위한 취업의 중요성이 강조되고 있음을 보여주는 반면, 정책적인 특성화고 성장 정책의 영향도 일부 있는 것으로 분석해 볼 수 있다.

5) 노동

	고용률				실업률			
	전체	남자	여자	차이(남-여)	전체	남자	여자	차이(남-여)
2010	58.9	70.3	47.9	22.4	3.7	4.0	3.3	0.7
2011	59.3	70.7	48.3	22.4	3.4	3.6	3.1	0.5
2012	59.6	71.1	48.6	22.5	3.2	3.4	3.0	0.4
2013	59.8	71.1	48.9	22.2	3.1	3.3	2.8	0.5
2014	60.5	71.7	49.7	22.0	3.5	3.5	3.5	0.0
2015	60.5	71.4	50.1	21.3	3.6	3.6	3.5	0.1
2016	60.6	71.2	50.3	20.9	3.7	3.8	3.6	0.2
2017	60.8	71.2	50.8	20.4	3.7	3.8	3.5	0.3

▲ 고용률과 실업률[34](단위 : %, %p)

---

[33] 자료 : 교육부·한국교육개발원, 「교육통계연보」 각년도
[34] 자료 : 통계청, 「경제활동인구조사」 각년도

노동 분야에서 가장 먼저 2017년 전체 고용률(15세 이상 생산가능 인구 중에서 취업자 비율)은 60.8%로 소폭 증가하고 있으며, 실업률은 3.7%로 큰 변화가 없는 추세이다. 고용에서 남성은 매년 큰 변화가 없는데 비해, 여성은 소폭 증가하는 추세로 남녀 고용률 격차는 매년 줄어들고 있다.

2016년 임금근로자의 월 평균 근로시간은 182시간으로 근로시간은 매년 조금씩 줄어들고 있는 추세를 보이고 있고, 월 평균 임금은 335만 원으로 매년 조금씩 늘어나고 있는 추세이다. 2016년 임금근로자 중에서 남성의 시간당 임금은 16,819원을 기록하고 있으며, 남성의 시간당 임금을 100원이라고 했을 때, 여성은 68.4원을 받는 것으로 조사되어, 남성과 여성의 시간당 임금 격차는 소폭 줄어들고 있는 것으로 조사되고 있다.

6) 소득과 소비

2016년 우리나라 GDP는 1,637조 원(1조 4110억 달러)으로 원화기준 2015년 대비 4.7% 상승하였고, 1인당 국민소득은 3,198만 원(27,561달러)로 원화기준 전년대비 4.0% 상승하였다.

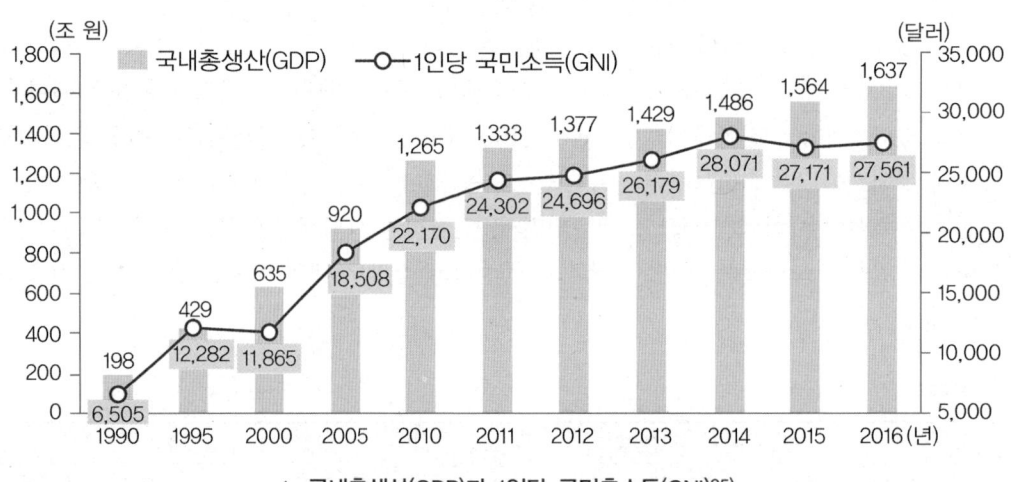

▲ 국내총생산(GDP)과 1인당 국민총소득(GNI)[35]

가구소득 부분에서는 2016년 2인 이상 가구의 월평균 가구소득은 439만 9천 원으로 조사되었으며, 2인 이상 가구의 월평균 소비지출은 255만 원으로 조사되었다. 2017년 3월 말 기준으로 우리나라 가구의 평균 자산은 3억 8,164만 원, 평균 부채는 7,022만 원, 자산에서 부채를 차감한 순자산은 3억 1,142만 원으로 조사되었다.

---

35) 자료 : 한국은행, 「국민계정」

2. 신 지니계수와 소득불평등 지표

먼저 지니계수에 대해 보도록 하자. 지니계수는 미국의 통계학자인 "로렌츠"가 만든 로렌츠 곡선을 응용하여 이탈리아의 통계학자 "지니"가 만든 지표이다.

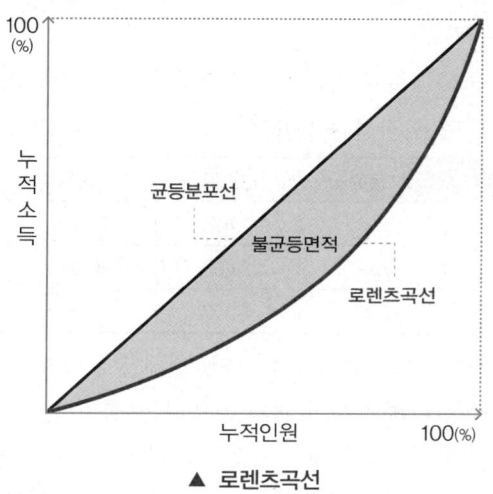

▲ 로렌츠곡선

X축에는 소득의 크기별로 누적인원, Y축에는 소득의 크기별로 누적소득을 두고, 45도선을 우상향으로 그은 것이 "완전균등선" 또는 "균등분포선"이다. 현실에서 실제로 빈곤층부터 부유층까지 누적인구가 분배를 받아가는 좌표들을 찍어 그 선을 연결한 것이 "로렌츠곡선" 이다.

예를 들어보자. 우리나라 GDP가 5,000만 원이고, 총 인구인 5,000만 명이 각각 1원씩 분배를 하였다면, 우리나라의 로렌츠 곡선은 균등분포선과 동일한 좌표값을 나타낼 것이다. 즉, 로렌츠곡선과 균등분포선이 동일한 선이 되는 것이다. 현실적으로는 불가능하지만 이때를 완전평등 사회라고 표현할 수 있다. 반대로, 우리나라 GDP 5,000만 원을 마지막 최고의 부자 한 명이 모두 받아가는 상황을 가정해 보면, 누적인원 100%에 있는 마지막 한 명(최고 부자)이 전체 누적소득 5,000만 원을 다 가져가고, 균등분포선과 달리 로렌츠 곡선은 X축과 동일하게 가다가 마지막 1명에 가서 5,000만 원까지 올라가는 직각(⌐) 모양을 만들 것이다. 지니계수는 균등분포선을 빗변으로 하는 직각 삼각형의 면적(◢)에서 위 그림의 불균등면적이 차지하는 비율을 구하여, 이를 그 사회의 소득분배의 불평등정도를 측정하는 지표로 개발한 것이다. 즉, 위 그림의 불균등 면적이 크면 클수록 지니계수는 높아지고, 그 사회의 불평등도가 높다는 것이고, 불균등 면적이 균등분포선에 가까우면 가까울수록 그 사회의 불평등도는 낮다는 것이다. 그래서 지니 계수는 0과 1 사이 값에서 구해진다. 일반적으로 0.4를 넘어가면 그 사회는 상당히 불평등도가 높은 소득분배구조를 가지고 있다고 해석하고 있다.

우리나라에서는 소득분위는 5분위 또는 10분위로 나누어 사용하고 있다. 맨 하위부터 최상위까지의 소득구간을 각각 10% 또는 20%씩 나눠서 10%씩 나누면 10분위 소득계층이 나오고, 20%씩 나누면 5분위 소득계층이 나온다. 1분위~5분위 또는 1분위~10분위로 나오는데, 5분위 또는 10분위 쪽이 소득이 높은 구간대이고, 1분위는 가장 낮은 소득을 가진 구간대이다. 또, 우리나라는 중산층의 개념을 이렇게 소득구간의 정확한 50% 지점에서 +/-25% 구간대, 즉 전체 소득분포 100이라는 구간대에서 25~75 구간대에 드는 소득구간을 중산층으로 정의한다.

이렇게 나눈 우리나라 소득 5분위 평균소득의 2015년과 2016년 말 연간 소득자료(단위 : 만원)는 아래와 같다(2017년도 자료는 2018년 12월 이후 발표예정).

구분	전체	1분위	2분위	3분위	4분위	5분위
2015년	4,882	891	2,412	3,993	5,958	11,153
2016년	5,010	919	2,463	4,077	6,073	11,519
증감률	2.6%	3.1%	2.1%	2.1%	1.9%	3.3%

위의 표에서 한 가지를 언급하고 넘어가야 한다. 전체 분위에서 소득은 늘어나고 있지만 1분위와 5분위 가구에서 소득의 증가폭이 커지고 있다는 점이다. 1분위 가구의 소득이 증가하는 것은 긍정적인 신호라고 할 수 있지만, 1분위 가구의 소득증가율보다 더 높은 속도로 5분위 가구의 소득증가율이 나타나고 있다는 점은 경계를 해 보아야 할 신호라고 할 수 있다. 그만큼 소득의 불평등도가 커질 수 있다는 신호이기 때문이다.

우리나라에서 소득 불평등도를 나타내는 지표는 몇 가지가 활용되고 있다.

첫째, 위에서 보았던 "지니계수"이다. 한국은행의 "가계금융 복지조사"의 소득분배지표는 국세청, 보건복지부 등의 행정자료와 조사자료를 활용하여 작성되는 방식으로, 2017년부터 통계청, 금융감독원, 한국은행이 공동으로 발표하는 형식으로 바뀌게 되었다. 새롭게 바뀐 "가계금융 복지조사" 방식에 의거한 2011년 이후 우리나라의 지니계수 변화추이[36]는 아래와 같다.

연도	2011	2012	2013	2014	2015	2016
지니계수	0.357	0.352	0.347	0.344	0.341	0.342

둘째, "소득 5분위 배율"이라는 지표가 있다. 5분위 계층의 평균 소득금액을 1분위 계층의 평균 소득금액으로 나누어 배율을 계산하는데, 이는 소득이 가장 높은 계층(5분위)의 소득이 가장 낮은 계층(1분위)에 비해 몇 배 정도가 되냐는 배율을 의미한다. 2011년 이후 우리나라의 소득 5분위 배율은 아래와 같다. 소득 5분위 배율은 값이 클수록 불평등도가 심하다는 것인데, 아래 표[37]를 보면 2011년 이후 불평등도가 낮아지다가 2016년도에 다시 미세하나마 높아지는 현상을 보이고 있다.

---

36) 자료 : 한국은행(가계금융 복지조사) 방식을 적용한 우리나라 지니계수 변화 추이
37) 자료 : 한국은행(가계금융 복지조사) 방식을 적용한 우리나라 소득5분위배율 변화 추이

연도	2011	2012	2013	2014	2015	2016
소득5분위배율	6.92	6.79	6.69	6.53	6.41	6.42

셋째, "상대적 빈곤율" 개념이다. 소득구간대의 중간 값(50%)인 중위소득을 측정하여 중위소득보다 낮은 소득계층인구가 전체 인구에서 차지하는 비율을 가지고 계산한다. 중위 소득구간 미만의 소득을 받는 인구가 전체인구에서 얼마나 차지하고 있는지를 나타내는 지표로, 이를 상대적 빈곤율 지표라고 한다. 우리나라의 상대적 빈곤율은 2015년도에는 17.8%, 2016년도에는 17.9%였다.

넷째, "중산층 비율" 개념이다. 위에서도 언급했듯이 전체 소득구간(100%)의 25%~75% 구간대에 있는 소득을 받는 계층을 우리나라에서는 중산층이라고 하는데, 전체 인구에서 이 중산층 인구가 얼마를 차지하고 있는지를 나타내는 비율이다. 우리나라의 중산층 비중은 67% 내외로 최근 형성되고 있으며 조금씩 높아지고 있는 추세이나, 2016년도에는 65.7%로 2015년도 67.4%보다 1.7%포인트 하락하고 있는 상황이다.

3. 중산층 기준과 중앙값

일상생활 또는 평균값을 찾는 통계적 방법에는 크게 세 가지 방법이 많이 사용된다. 아래 세 가지 기준이다.

1) 평균값(Average 또는 Mean) : 개별 관측치 값을 모두 더해서 관측치 개수로 나눈 값
2) 중간값 또는 중위값 또는 중앙값(Median) : 전체 관측치의 개수를 기준으로 중간에 위치하고 있는 값. 관측치(N)가 홀수 개일 경우에는 "(N+1)/2"의 위치에 있는 값으로 구하며, 관측치(N)가 짝수 개일 경우에는 "N/2" 값과 "(N+1)/2" 값의 산술평균값으로 구한다(이하 "중앙값"으로 통일).
3) 최빈값(Mode) : 관측 중에서 가장 많은 도수를 보이는 값을 최빈값이라고 하며, 최빈값은 표본의 크기가 작으면 없을 수도 있고, 또 최빈값이 두 개 이상일 수도 있다.

이제 아래 예(단위 : 천 원)를 보자. 어느 집단에서 월 소득을 도표로 만든 자료이다.

1	2	3	4	5	6	7	8	9
500	1,200	1,800	1,800	2,000	3,000	4,000	5,000	7,700

이 집단에서는 개인인 1번의 월 소득수입은 50만 원이고, 개인인 9번의 월 소득수입은 770만 원이라는 의미이다. 이 경우에 이 집단의 평균소득은 어떻게 구해야 할지에 대한 고민인 것이다.

첫째, 산술평균(Average 또는 Mean)으로 구해 보면 전체 소득을 모두 더해서, 9명으로 나눈 값이 나올 것이다. 이 집단의 경우 전체 소득의 합계가 2,700만 원이고 구성원은 9명이

므로 산술 평균값은 300만 원이 된다.

둘째, 중앙값(Median)으로 구해 보면 1번부터 9번까지 관측치가 홀수 개이므로, "(9+1)/2"의 위치에 있는 값이 중앙값이 된다. 중앙값은 소득 관측치가 중요한 것이 아니라, 구성원 수를 기준으로 구하는 값이다. 따라서 위의 경우에 중앙값은 200만 원이 된다.

셋째, 최빈값(Mode)은 9명의 소득 중에서 중복되는 값이 어디에 있는지, 얼마나 중복되는지를 보는 방법이다. 3번과 4번이 월 소득 180만 원으로 중복되는 값을 보이고 있다. 어떤 관측치가 가장 여러 번 나타나는 값을 최빈값이라고 하며, 위의 경우에는 180만 원이 최빈값이 된다.

이렇게 세 가지 방법 중에 가장 합리적인 방법으로 통계를 산출하게 되며, OECD와 우리나라 중산층 통계에서는 "중앙값(Median)"을 사용한다. OECD 기준으로 중산층의 정의는 "중위소득(Median)을 기준으로 50~150% 구간의 소득 구간에 있는 집단"으로 하고 있다. 그러면 위의 예에서 중위소득은 200만 원이 된다. 200만 원을 100으로 보았을 때 50~150의 구간에는 100만 원~300만 원에 포함되는 사람들이 중산층에 속한다는 것이다. 위의 예에서는 개인인 2번부터 6번까지의 5명이 중산층에 포함된다고 볼 수 있다.

실제로 2017년도 우리나라의 중위소득 값은 월 452만 원이었다. 452만 원을 100으로 보았을 때 50~150의 구간 대는 226만 원~678만 원이다. 따라서 우리나라에서 월 226만 원에서 월 678만 원의 소득을 받는 국민들이 모두 중산층이 되는 것이다.

우리나라의 2017년도 전체 중위소득은 452만 원이고, 우리나라의 중산층은 226~678만 원 사이의 소득자들을 말한다. 상황이 이렇다 보니 월 678만 원 쪽에 있는 경우는 별 문제가 없겠지만, 월 226만 원 쪽에 있는 경우는 중산층 통계방식에 대해 신뢰를 보내기가 어렵게 될 것이다. 실제로 이 문제는 어제오늘의 문제는 아니며 매년 제기되고 있지만, 현실적으로 개선되지는 못하고 있다.

실제 우리나라에서 설문조사로 심리적인 중산층에 대해 질문을 해 보면, 서울 기준으로 30평형대 아파트를 대출 없이 소유하고 있으며, 최소한 국산 중형차 한 대를 가지고 있는 경우로 답이 많이 나오고 있다. 서울에 30평형대 아파트가 보통 7~10억 원 사이에 있다는 점을 감안하면 평균 순 자산(총 자산-부채) 규모 10억 원 수준을 중산층으로 인식하고 있는 것으로 보인다. 그러나 실제로 이 정도의 순 자산을 보유하고 있으면, 통계에서는 상류층으로 인식을 하게 된다는 것이고, 그만큼 현실과 괴리가 많다는 점을 보여주고 있다.

중앙값은 위와 같이 중산층 통계에서만 사용되는 것이 아니라, 아파트 가격 상승, 하락률 등 부동산 통계에서도 많이 활용된다. 2018년 현재 서울지역의 전체 아파트 중위가격(중앙값)이 7억 1,600만 원 수준이라고 한다. 이 말은 서울에 있는 전체 아파트가 총 999,999개라면 가격을 낮은 쪽에서 높은 쪽으로 일렬로 세워서 500,000번째에 있는 아파트의 가격이라는 의미이다.

4. 노인연령기준 상향조정 논란

우리나라 고령인구 비율은 전체인구에서 만 65세 이상 인구가 차지하는 비율로 나타낸다. 2016년 말 13.5%의 고령인구 비율은 2017년에는 13.8%를 넘어섰고, 고령인구 비율이 14% 미만일 경우에는 "고령화 사회", 14~20% 사이는 "고령사회", 20% 이상으로 넘어서게 되면 "초 고령사회"로 부르고 있다. 우리나라는 2018년에 고령인구 비율이 14.3%를 기록하며 고령사회로 진입하였고, 2026년에는 초 고령사회로 들어설 전망이다. 이와 함께 100세 시대를 맞아 우리나라에서도 노인 연령기준에 대한 논란이 몇 년째 뜨거운 상황이다.

65세를 노인으로 정한 것은 19세기 후반 독일의 1대 재상이었던 비스마르크였다. 비스마르크는 당시 세계최초로 사회보험을 도입하며 공적연금을 받을 수 있는 연령기준을 65세로 결정하였다. 이후 20세기 초까지 당시 독일남성의 기대수명이 70세가 되지 않았던 점을 고려해 보면, 독일은 국민에게 연금을 주지 않으려는 목적으로 노인 연령을 65세로 기준을 정하였던 것으로 해석된다. 그 이후 UN산하 각국들이 이 기준을 받아들이면서 우리나라를 비롯해 세계 대부분의 국가들은 65세를 노인 기준연령으로 적용하고 있다.

현행 우리나라의 노인기준은 특별히 법적으로 정해져 있는 상황은 아니며, 1964년에 박정희 정권하에서 경제개발계획을 추진하면서 유엔 산하 경제사회이사회(ECOSOC)에서의 생산가능 인구를 만 15~64세로 정하고 있는 자료를 가져오면서, 그 이후인 만 65세부터는 생산가능인구에서 제외되는 "노인"의 개념으로 정착시키게 되었다. 우리나라에서 노인기준을 만 65세로 정하고 있는 것은 1964년 이후 현재까지 53년간 지속되고 있는 것이다. 우리나라는 현재 노인기준을 법적으로 명확히 규정하고 있지 않아, 국민연금, 치매검진, 복지정책 등에 대한 연령기준이 조금씩 모호한 상황이다.

우리나라에서 노인기준이 도입된 1960년대에는 평균 기대수명이 53세에 불과했지만, 2016년도 통계의 경우 우리나라의 평균수명은 82세 수준으로 약 50년에 걸쳐 30년 정도의 평균수명이 늘어나고 있는 상황이다. 의료기술의 발달로 인해 실상에서는 100세 시대가 도래하고 있다고 해도 과언이 아닌 상황이다. 이런 측면에서 50년 넘게 지속되어온 만 65세라는 노인 연령기준에 대해 재검토를 해야 한다는 논의가 나오는 것도 지극히 정상적인 상황이라고 할 수 있으며 현실적인 차원에서 어떤 장단점이 있는지, 어떤 풀어야 할 과제들이 있는지에 대해 논의해 보는 과정은 의미가 있다고 할 수 있다.

노인의 기준연령 상향조정에 대해 찬성입장의 논리를 정리해 보면 아래와 같다.

첫째, 노인 복지비용 증대에 따른 국가재정난에 대한 문제이다. 우리나라의 생산가능 인구(만 15~64세)는 현재 3,800만 명 수준으로 이제 정점을 찍고 감소하는 추세로 전환될 예정이다. 생산가능 인구 감소와 노인인구의 증가는 사회적인 비용증대와 비효율을 초래한다는 것이다. 노동력이 부족해 성장잠재력이 낮아지는 것은 물론이며, 국가적인 차원에서 복지부담은 늘어나며, 세대적인 차원에서 생산가능인구의 노년층 부양에 대한 부담도 확대된다.

생산가능인구의 확대와 세대부담이라는 차원에서 노인연령 기준은 상향조정되어야 한다는 것이다.

둘째, 노인연령 기준을 만 70세로 늘리는 것은 결국 노인의 절대적인 숫자는 줄어들 수 있지만, 60대 후반의 인구가 생산가능인구에 편입됨으로써 경제력 증강에도 도움이 될 수 있다는 점이다. 이는 2016년 대한노인회에서 노인연령 5년 상향에 대해 찬성을 표시했던 주요 이유로도 꼽힌다. 결국 만 70세로 5년 상향조정함으로써 국가는 일자리에 대한 부담을 가져야 하고, 60대 후반의 국민들에게도 일자리를 제공해야 하며, 60대 후반의 국민들은 개별적으로 경제활동을 영위할 연령대라는 국민적인 인식이 찬성의 의미로 작용하고 있는 것이다.

셋째, 노인에 대한 연령규정에 대해 사회적인 인식이 바뀔 수 있다는 입장이다. 현재 우리나라의 건강수명은 71세 수준으로 71세까지는 건강한 생활을 유지할 수 있다는 의미이며, 현실적으로도 국민 다수가 65세 수준을 노인으로 인식하고 있지 않다는 점이다. 100세 시대를 맞아 노인에 대한 사회적인 인식이나 고령자들의 건강상태 등을 고려해 볼 때, 노인에 대한 연령기준을 상향조정하는 것이 타당하다는 의견이다. 일각에서는 15~39세까지는 청년, 40~69세까지는 중년, 70세 이상을 노년으로 정하는 의견이 나오기도 한다.

반면, 노인의 기준연령 상향조정에 대해 반대 입장의 논리를 정리해 보면 아래와 같다.

첫째, 노인연령 기준에 임박한 국민 당사자들의 반발에 대한 문제이다. 일본에서도 노인인구 상향조정에 대한 문제를 언급했다가 당사자들의 반발에 부딪쳐 정권이 교체되면서 백지화 된 적이 있었다. 기준에 임박한 연령대의 국민들은 사회적인 혜택과 복지혜택에 대한 기대감이 있었지만 현실화되지 못하는데 따라 상실감과 정부정책에 대한 안티(Anti)성향으로 반발하게 될 수 있다는 것이다. 일본은 다시 노인 기준연령 상향 조정하는 내용에 대해 검토하고 있지만, 연금수령에 대한 이해당사자인 개인들의 의견을 조정하는 과제는 남아있는 상황이다.

둘째, 현재처럼 일자리가 충분하지 않고 부족한 상황에서 노인연령 기준을 상향조정한다면, 결국 젊은 층의 일자리를 빼앗는 결과가 나오게 되고, 65~69세의 국민들에게는 그만큼 질이 낮은 일자리만 제공될 수밖에 없을 것이라는 점이다. 이는 노인 빈곤율을 더 높일 수 있는 계기가 되며, 일본처럼 복지제도가 우수하고 고령층 일자리도 많은 경우에는 상관없지만, 우리나라의 현실에서는 생산가능 인구 증대가 오히려 노년층의 상실감만 더 불러올 수 있어 아직은 시기상조라는 논리이다. 결국 일자리 창출과 복지제도가 우선이 된 후에 연령기준을 상향 검토해야 한다는 논리이다.

셋째, 그래도 아직은 세계 대부분의 국가에서 노인연령 기준을 만 65세로 정하고 있다는 점이다. 현재 OECD 35개 회원국 중에서 우리나라를 포함한 17개국이 연금수령 연령을 65세로 정하고 있다. 일본이나 미국의 경우 만 70세로 상향조정을 검토 중이기도 하지만, 아직은 실행된 나라는 없으며, 이에 대해 부정적인 영향이 많음에도 불구하고 우리나라에서 선두적인 입장에서 상향조정을 해 나갈 필요까지는 없다는 입장이다. 그러나 우리나라의 고령화

속도가 글로벌 어느 나라에 비해서 빠른 상황이라는 점은 이 논리에서 가지는 조금의 부담스러운 점이 될 것이라 보인다.

찬성 측 입장에서는 사회적 인식의 문제, 경제성장 문제, 다음세대에 대한 복지부담문제 등이 주요한 논리로 작용하지만, 반대 측 주장은 우리나라 노인의 취약한 실태(일자리와 복지)가 먼저 고려돼야 한다는 입장이다. 노인연령 상향에 대한 문제는 단순하지 않은 아주 복잡한 문제로 전체 인구, 경제성장률, 국민들의 인식구조, 정책적인 의지 등이 복합적으로 고려되어야 할 문제인 것으로 보인다. 단순히 이웃 나라와 비교할 수 있는 문제는 아니며, 우리나라의 현실에 맞는 정책을 실행해 나가야 한다는 것이다.

결론은 우리나라의 노인복지 수준과 함께 좀 더 치밀하고 세부적인 계획이 실행되어야 한다는 것이다. 소득이나 건강이 모두 중년에 버금가는 노인들도 충분히 많은가 하면, 아직도 최저생계비에 못 미치는 생활에 허덕이는 취약계층의 독거노인도 많이 있다. 우리나라에서는 독거노인만 약 1백만 명이고 이 중 5천 명 정도는 생활고에 끼니도 제대로 때우지 못하는 것으로 전해지고 있다. 무작정 절대적인 기준으로 노인 연령기준을 상향조정하기 보다는 소득, 재산상태 등에 따른 좀 더 세밀한 차별적 지원정책이 필요하다는 것이다.

대안으로는 4년마다 1세씩 노인 연령기준을 상향조정하여 20년 후에는 만 70세로 노인연령기준을 정착시키는 방법도 나오고 있다. 복지정책을 펼쳐야 할 정부의 입장에서는 일단 기준점으로 일정 연령을 결정은 해야 하지만, 위에서 언급한 것처럼 세부적으로만 다가가기에도 어려운 점이 있을 것이다. 사회적 공감대도 필요하고 국가적인 차원에서의 경제성장률 등에 대해서도 검토해야 하지만, 현실적으로는 "양질의 고령 일자리 창출"이라는 생활고 해결정책은 무엇보다 중요한 실질적 정책이 될 것으로 보인다.

5. 욜로, 워라밸, 소확행

"욜로(YOLO)"는 "You Only Live Once"의 준말로, 불확실한 미래를 위해 현재를 희생하기보다는 현재가치를 미래가치보다 높게 두고 현재의 생활을 중요시 여기는 생활 태도를 뜻한다. "소확행(小確幸)"은 작지만 확실하게 실현 가능한 행복을 뜻하며, 불확실한 미래의 행복보다 일상에서 느낄 수 있는 작은 행복을 추구하는 생활 태도를 말한다. "워라밸"은 "Work and Life Balance"의 준말로 일과 삶의 균형을 뜻한다. 바쁘게 움직이는 현대사회에서 직장생활 등 사회생활과 자신만의 시간의 밸런스를 갖춤으로써 여유를 찾고자 하는 현대인들의 생활 태도를 의미한다.

"소확행"이라는 용어는 서울대 소비트렌드 분석센터에서 2018년 우리나라 소비트렌드로 선정된 용어이며, 단어의 어원은 일본의 소설가 "무라카미 하루키"의 에세이 "랑겔한스섬의 오후(1986)"에서 시작되었다고 한다. 무라카미 하루키의 해당 수필에서는 갓 구운 빵을 손으로 찢어 먹을 때, 서랍 안에 반듯하게 정리되어 있는 속옷을 볼 때, 새로 산 정결한 면

냄새가 풍기는 하얀 셔츠를 머리에서부터 뒤집어쓸 때 느끼는 행복과 같이 현대생활 속에서의 바쁜 일상에서 느낄 수 있는 작지만 소소한 행복과 즐거움을 나타내는데 "소확행"이라는 표현이 쓰였다고 한다.

한편 "소확행"은 "미닝아웃(Meaning out)", "케렌시아(Querencia)" 등과 더불어 서울대 소비트렌드 분석센터에서 발표한 2018년 대한민국 소비 트렌드로 선정되기도 하였다. "미닝아웃"은 "의미, 신념"을 뜻하는 "Meaning"과 "밖으로 나오다"는 의미의 "Coming out"의 합성어로, 정치적, 사회적 신념을 생활과 소비로 연결시키는 행태를 뜻한다. 환경보호 용기를 사용하고 있는 식품을 소비한다든지, 옷이나 가방 등에 특정 문양이나 문구를 선호하는 형태로 소비패턴에서 나타나고 있다. "케렌시아"는 자신만의 휴식과 안식을 위한 공간을 의미하는 스페인어로 "귀소본능, 애정"을 의미하는 용어이다.

"욜로"라는 용어는 사실 가장 최근에 나온 용어는 아니고, 이미 3~4년 전쯤에 나온 용어로 그 당시 사회적 이슈가 되기도 한 용어이다. "소확행", "워라밸", "미닝아웃", "케렌시아"라는 용어들은 "욜로"라는 용어에 파생되어 나온 유형이라고 할 수 있다. 즉 이 용어들이 이슈가 되는 배경에는 "욜로"라는 용어가 있다는 것이다. 미래사회에 대한 불확실성, 자본주의 사회에서의 양극화 현상, 계층 간의 이동이 막힌 사회 구조적 문제, 4차 산업혁명의 등장과 함께 점점 세상과 사회의 변화는 빨라지는데, 정작 소외되고 있는 개인들의 모습에서 배경을 찾아야 하고, 한 번밖에 없는 인생에서 개인 스스로가 주인공이 되어보고자 하는 자기애(自己愛)적 표현이라고 할 수 있다.

6. 미투, 위미노믹스, 펜스룰

미투(MeToo) 운동의 기원은 2006년 미국의 사회운동가 타라나 버크가 성폭력을 경험한 유색인종 여성들을 위해 시작한 운동부터 시작되었다고 한다. 그 이후 2017년 10월에 미국의 할리우드 배우 애슐리 주드가 뉴욕타임스에 20년 전 거물 영화제작자인 하비 웨인스틴에게 성추행을 당했다고 폭로하면서 시작되었다. 이후 미국에서는 영화계를 바탕으로 체육계, 정치계에서도 폭로가 이어지고 있으며, 우리나라에서는 2018년 1월 서지현 검사의 과거 검사장에 의한 성추행 폭로를 발단으로 검찰 등 공직사회, 영화예술계, 체육계, 정치권에 이르기까지 계속적인 이슈를 던지고 있는 상황이다.

미투 운동의 본질은 "남성 위주의 권력 사회에 대한 사회구조적 문제점을 지적하고, 여성에 대한 사회적 성적 인식을 바로잡으며, 결국 양성이 평등하고 조화로운 업그레이드된 사회를 만들어가는 데 초점"이 있다고 할 것이다. 그러나 일각에서는 2차 피해, 정치적 해석, 좌파와 우파, 성적인 문제로 전락시키는 왜곡된 해석이 나오기도 하며, 온라인상에서는 바람직스럽지 못한 댓글이나 루머들이 난무하기도 한다. 또 가짜뉴스, 남혐과 여혐 등 적대적 성에 대한 인식, 비난과 혐오 등도 어렵지 않게 찾아볼 수 있다.

2018년 우리나라에서의 미투 운동이 전개되면서 우리 사회에 영향을 미칠 파장들 중에서 주의 깊게 봐야 할 부분들이 있다면, "위미노믹스(Wemenomics)"라는 후폭풍과 "펜스 룰(Pence Rule)"이라는 후폭풍이다.

"위미노믹스(Wemenomics)"는 여성(Women)과 경제(Economics)의 합성어로, 1999년에 골드만삭스에서 맨 처음 사용된 표현이다. 당시 저출산, 고령화에 대한 해법으로 여성의 사회적 활동이 강조되면서 향후 여성의 경제활동이 확대되면서 그만큼 여성의 역할이 중요하게 변화될 것이라는 표현으로 사용되었다. 이 표현이 미투 운동과 만나면서 그동안 남성 중심의 왜곡된 사회, 경제구조에서 차별을 받아왔던 여성들의 사회적, 경제적 지위가 업그레이드 될 수 있을 것이라는 의미로 변화하면서, 경우에 따라서는 남성에 대한 사회적, 경제적 분노와 대립의 의미가 담긴 표현이라고 해석할 수 있을 정도로 사용되어지기도 한다.

우리나라의 경우에는 전통적인 유교사상이 지배하였던 나라로 여성들의 사회적 지위가 다른 선진국들에 비해서도 열악한 상황이었다. 사회생활 속에서 성별 임금격차, 기업이나 공직사회에서의 고위직 여성 비율 등에서 우리나라는 OECD 선진국들 대비해서 열악한 상황이다. 2014년 기준으로 OECD 회원국들의 평균 성별 임금격차가 15%인데 반해 우리나라는 37%라는 수치를 기록하고 있고, 여성 고위직 임원 비율도 OECD 평균 20.5%에 비해 우리나라는 2.4% 수준에 머물러 있다. 이런 위미노믹스 실천의 문제로 문재인 정부에서는 출범과 함께 공약사항이었던 여성 장관 30%라는 내용을 실천하기도 하였다.

7. "OO슈머"들의 소비 트렌드

■ 프로슈머

"프로슈머(Prosumer)"는 "생산자(Producer)"와 "소비자(Consumer)"의 합성어로 생산에 참여하는 소비자를 의미한다. 마케팅에서 주로 사용하는 용어로 생산에 참여한다는 것은 소비자의 의견반영, 사용후기 등을 통해 생산과 유통단계에까지 소비자들이 참여한다는 의미이다. 1980년 엘빈토플러의 "제3의 물결"에서 미래에는 생산자와 소비자의 경계가 허물어진다는 표현에서 유래된 용어로, 생산된 제품을 소비하는 수동적인 소비자에서 제품의 생산, 유통 과정에 직접적으로 참여하는 능동적인 소비자의 모습을 나타내고 있다. 은행에서도 프로슈머를 활용하여 금융상품이나 서비스의 퀄리티를 높이는데 활용하고 있다.

■ 트랜슈머

"트랜슈머(Transumer)"는 "이동(Transition)"과 "소비자(Consumer)"의 합성어로 이동 중인 소비자를 의미한다. 여행, 출장 등의 예전보다 더욱 활성화되면서 기내쇼핑, 공항쇼핑, 호텔쇼핑 등 특정 지역 내에서의 소비행태가 일어나는 것이 아닌, 광범위한 지역과 이동 중의 소비행태를 표현하는 용어이다. 최근에는 인터넷과 정보통신 산업의 발달로 트랜슈머의 개념은 더욱 확대되어 노트북이나 휴대전화 등으로 자유롭게 소비하는 소비자를 많이 접할 수 있다. 은행에서도 모바일뱅킹, 인터넷뱅킹 등은 트랜슈머를 확보하기 위한 서비스라고 할 수 있다.

■ **바이슈머**

"바이슈머(Buysumer)"는 "바이어(Buyer)"와 "소비자(Consumer)"의 합성어로 제품에 대해 구매 여부만을 결정하는 단순 소비자의 행태에서 벗어나, 직접 바이어의 역할을 하면서 구매까지 이어지는 소비자를 의미한다. 인터넷의 발달로 수입업체를 통한 해외상품의 구매가 아닌 소비자들이 직접 해외 시장과 사이트를 통해서 해외직구를 하는 모습을 많이 볼 수 있는데, 이런 유형의 소비자를 바이슈머라고 할 수 있다.

■ **모디슈머**

"모디슈머(Modisumer)"는 "수정하다, 바꾸다(Modify)"와 "소비자(Consumer)"의 합성어로 제조업체에서 일괄적으로 생산해 낸 제품을 구매만 하는 소비자가 아닌, 직접 소비자들이 제품을 개발하고 개별 소비자에 맞게 제품을 활용하는 형태의 소비자를 말한다. 자산만의 기호나 취미, 여가나 개성을 즐기려는 소비자들이 증가하고, 또 개인의 개성이 무엇보다 강조되는 소비시장에서 인터넷의 발달과 함께, 식생활에서는 개인별 맞춤 조리법 등을 통해 색다른 맛과 개성을 연출하는 소비자를 말한다.

■ **소셜슈머**

"소셜슈머(Socialsumer)"는 "사회적(Social)"이라는 표현과 "소비자(Consumer)"의 합성어로 물건이나 제품의 성능이나 가격만 보고 소비하는 것이 아니라, 제품을 생산한 기업의 사회적 기여도, 사회적 가치 등도 판단하면서 소비하는 소비자를 의미한다. 카카오, 커피 등을 완제품으로 생산하는 다국적기업들의 생산국에서의 값싼 노동력 착취, 비사회적인 생산행태 등에 반대하는 분위기가 조성되면서 만들어진 용어이다.

■ **스마슈머**

"스마슈머(Smartsumer)"는 스마트한 소비자라는 표현으로 제품이나 상품, 음식상품 등에 대해 꼼꼼하게 따지면서 소비하는 소비자들을 말한다. 아기를 키우는 엄마들의 분유상품 고르기, 유아용품 구매 등의 행태에서 자주 볼 수 있는 유형이며, 음식점 등에 대한 블로거등의 활동 등에서도 볼 수 있는 형태이다.

■ **폴리슈머**

"폴리슈머(Polisumer)"는 "정책(Policy)"과 "소비자(Consumer)"의 합성어로 우리나라 통계청에서 만들어낸 신조어로, 복지의 사각지대나 빈곤층, 노년층 등의 경우에 긴급하고 적절한 정책적 관심이나 도움이 필요한 소비자계층을 의미한다. 통계청에서는 고령층의 산모, 중년의 치매환자, 문화소외계층, 전기/수도 등의 에너지 빈곤층, 독거노인, 생계를 걱정해야 하는 대학생계층 등을 폴리슈머로 선정한 바 있다.

■ 큐레이슈머

"큐레이슈머(Curasumer)"는 "큐레이터(Curator)"와 "소비자(Consumer)"의 합성어로 생산된 제품에 대해 큐레이터처럼 기존의 제품을 꾸미고 다양하게 활용하는 자신만의 방식을 통해 재창조하는 적극적인 소비자를 의미한다. 건설업의 경우 획일화된 아파트 내부구조를 직접 제공하는 것이 아니라, 수요자가 직접 실내구조를 변화시킬 수 있도록 아파트구조를 만드는 경우도 있고, 스마트폰이나 컴퓨터의 경우 바탕화면이나 기능을 소비자가 직접 재편집, 재구성하여 본인에게 맞는 제품으로 재탄생시키면서 소비하는 소비자들이 있는데 이런 경우를 의미한다.

■ 블랙컨슈머 Vs. 화이트컨슈머

악성소비자를 의미하는 "블랙컨슈머"는 실제 그렇지 않은데도 불구하고 터무니없는 악성 컴플레인을 제기하면서 기업이나 직원들을 곤란하게 만드는 소비자들을 의미하는데, 화이트컨슈머는 그에 반해 선의의 소비자라는 표현의 "화이트컨슈머"는 기업의 발전과 소비자들의 권익을 위해 컴플레인을 제기하기보다는 문제점이 있을 때, 건전하게 제안하고 개선을 요구하는 건강한 소비자를 의미한다.

■ 리서슈머

"리서슈머(Researsumer)"는 "리서쳐(Researcher)"와 "소비자(Consumer)"를 합친 합성어로 자신의 소비분야나 관심분야에 대해 지속적으로 연구하고 탐색하고 조사하는 전문가적인 소비자를 의미한다. 인터넷 등의 발달과 함께 특정분야(핸드폰, 지갑, 가방, 의류, 화장품, 자동차 등)에 계속되는 검색과 연구조사를 통해 전문가라고 할 수도 있을 만큼 지식을 가지고 소비를 하는 소비자들을 볼 수 있는데 이들을 의미한다.

■ 맨슈머 / 마담슈머

"맨슈머(Mansumer)" 소비재상품의 주 소비층이 여성들이었던 반면에 최근에는 구매력이 성장하고 있는 남성소비자들을 많이 볼 수 있는데, 이렇게 사회적 생활상의 변화와 함께 구매력이 커지고 있는 남성소비자들을 일컫는 표현이다. "마담슈머(Madamsumer)"는 제품이나 상품에 대해 직접적인 소비체험을 통해 소비자입장을 대변하는 의견이나 아이디어를 제시하는 구매결정력을 가지는 주부고객들을 의미한다.

■ 트라이슈머

"트라이슈머(Trysumer)"는 "체험하다(Try)"와 "소비자(Consumer)"의 합성어로 광고나 홍보 등을 통한 제품이나 상품의 선택보다는 직접적인 경험과 소비를 통한 소비의사결정을 선호하는 소비자그룹을 의미한다. 모험적이고 체험적인 소비활동을 좋아하는 유형이다.

■ 트윈슈머

"트윈슈머(Twinsumer)"는 "쌍둥이(Twin)"와 "소비자(Consumer)"의 합성어로 실생활이든 인터넷 공간에서든 미리 물건이나 상품을 구매한 사람들의 평이나 후기를 적극적으로 참고하여 구매의사결정을 내리는 유형의 소비자들이다. 특히, 인터넷의 경우에는 직접적으로 눈으로 볼 수 없고 만져볼 수도 없기 때문에, 미리 상품을 구매한 사람들의 구매후기에 많이 의존하는 경향이 있는데, 이렇게 미리 구매한 사람들의 영향을 받아 똑같이 구매하는 경우의 소비자를 의미한다.

■ 페이크슈머

"페이크슈머(Fakesumer)"는 "가짜(Fake)"와 "소비자(Consumer)"의 합성어로 진품소비가 아닌 짝퉁소비를 주로 하는 소비자를 의미한다. 특히 명품이나 가격이 비싼 상품의 경우 모조품이나 짝퉁상품을 주로 구매하면서 소비욕구를 채우는 소비자들을 볼 수 있는데 이들을 의미한다.

■ 크리슈머

"크리슈머(Cresumer)"는 "창조적인(Creative)" 소비자라는 표현으로 기존의 제품을 자신의 개성이나 취향에 맞게 새롭게 재편집, 재제조하면서 소비하는 소비자들을 말한다.

"OO슈머"라는 표현들이 생각보다 많음을 볼 수 있다. 이 중에서도 우리는 최근의 시장상황과 소비자수요의 트렌드를 반영하고 있는 몇가지 용어들에 대해 주목해 볼 필요가 있다. 모디슈머, 스마슈머라는 표현들은 소비자가 현명해지고 있고 각자의 니즈에 맞는 맞춤형 상품들을 선호하는 현상을 대변한다. "DIY"라는 표현도 최근 유행하고 있는 표현인데 "Do It Yourself"라는 표현이다. 음식점이나 카페 등에서 직접 셀프로 요리하고 맛을 체험하는 형태도 이런 추세의 반영이라 할 수 있다.

8. 긱 이코노미(Gig Economy)

언론에 많이 나온 용어 중 하나가 "On-Demand"와 "긱 이코노미(Gig Economy)"이다. "긱 이코노미"는 직업구조에 국한한 의미로 "긱 워크(Gig Work)"라고도 불리는데, 늘 일상생활화 된 "On-Demand" 속에 가려진 고용의 신 개념인 "Gig Economy"는 결코 웃고 넘어갈 용어는 아닌 듯하다. 미래 인류의 직업구조를 바꾸어버릴 수도 있는 현상이 될 수 있음에 따라 이에 대한 의미와 현황 그리고 문제점과 향후 예측을 중심으로 정리해 보도록 한다.
첫째, Gig Economy에 대한 정의이다. "Gig"이라는 단어는 영어사전을 보면 코미디언 등의 공연 또는 일시적인 일이라고 정의되어 있다. 이는 1920년대 미국에서 재즈공연에 필요한 연기자를 공연장 주변에서 단기적으로 채용해 공연을 진행함에 따라 "Gig"이라는 단어가 원래의 뜻인 "공연"에서 추가적으로 "일시적인 일"이라는 의미가 추가되었다고 한다. 결론적으로 긱 이코노미 또는 긱 워크는 최근의 산업의 트렌드인 주문형(On-Demand)에 맞추어 탄생된 새로운 직업구조의 변화로 초단기 임시직을 의미한다. 이미 전 세계적으로 긱 이코노미 형태의 고용은 보편화와 확장되고 있는 추세인데 미국의 경우는 연간 100만 명 이상이 긱 이코노미 형태로 고용되고 있다고 하며 우리나라도 글로벌 추세를 반영하여 향후 확대되어질 전망이라고 할 수 있다.

둘째, 긱 이코노미의 현황을 정리하면 다음과 같다. 긱 이코노미 확산의 대표적인 사례가 미국의 "우버 택시"의 확대이다. 많은 저항과 소송에도 불구하고 우버 택시는 초단기 임시직 형태의 택시드라이버를 고용함으로써 성장을 지속하고 있고 이미 전 세계 70여 개 국가에 진출을 하고 있는 상태이다. 이러한 On-Demand 형태의 산업은 국내에서도 "카카오 드라이버"라는 대리운전 앱과 "배달의 민족" 등으로 알려진 음식 주문형 앱을 통해서 빠르게 확산되고 있다. 기타 홈 케어 시장과 원격진로, 세탁, 숙박, 여행, 법률 및 세무 상담 등 다양한 분야에서 On-Demand 시장이 확산됨에 따라 이와 관련된 전문직과 일반직의 긱 이코노미 형태의 고용이 빈번하게 발생되고 있다고 볼 수 있다.

우리나라의 경우 문재인 정부 출범 이후 최저임금 인상폭을 대폭 인상하여 2018년에는 시간당 7,530원으로 2017년 대비 16% 이상 인상결정을 내린 바 있다. 이 결정 이후 소규모 자영업자들을 중심으로 무인점포, 무인데스크를 운영하면서 기계가 사람을 대체하는 정도도 커지고 있다고 한다. 또한 기술의 발전과 더불어 고속도로에서는 통행료 수납원들이 사라지게 될 "스마트톨링" 프로젝트를 계획하고 있으며, 이마트, 편의점 등 유통업을 중심으로 무인점포 운영이 더욱 확대될 계획이다. 이미 가정방문을 통해 계량기를 검침하는 검침원들은 사라지고 있고, 아파트 경비원도 기계화에 대체되고 있는 등 일자리 감소가 눈에 띄게 나타나고 있다고 할 수 있다.

셋째, 긱 이코노미에 대한 장점과 문제점 등을 정리하면 다음과 같다. 긱 이코노미의 장점은 개인보다는 기업의 입장에서 더 많이 찾아볼 수 있다. 기업의 가장 큰 이슈인 고용에 대한 비용절감과 특정분야의 비효율적인 인력배치를 줄일 수 있다는 장점으로 인하여 많은 기업들이 긱 이코노미, 또는 긱 워크에 대한 관심이 점점 높아지고 있다. 어느 전문가의 말처럼 긱 이코노미는 마치 클라우드 컴퓨터처럼 기업의 입장에서 유연성을 가질 수 있는 제도라고 말할 수 있는데, 이를 통해서 필요인력을 적재적소에 배치하고 관리할 수 있다는 뜻이다. 개인의 입장에서는 퇴직 후에도 새로운 고용형태로 참여할 수 있고 현재 직장에 다니면서 부업 형태로 참여할 수 있다는 장점이 있다.

그러나 이러한 장점의 뒷면에는 늘 문제점이 있듯이 현재까지는 장점보다는 문제점이 더 많아 보인다. 그러면 문제점이 무엇인지를 조금 더 구체적으로 살펴보도록 한다.

첫째, 고용시장과 직업구조의 질적 저하이다. 긱 이코노미를 통한 초단기 임시직의 확대는 통계상 실업률을 낮추는 효과로 나타날 수 있지만, 노동자들이 대부분 임시직 또는 프리랜서 형태로 변화함에 따라 검증되지 않고 장기적으로 안정적이지 못한 일시적 고용이 증가되어 고용에 대한 질이 저하되고 임금하락의 요인이 될 것으로 보인다.

둘째, 복지사각지대의 출현이다. 국내 고용제도에도 4대보험 가입과 퇴직금 등 법적인 안정장치들이 존재하지만 초단기 임시직의 경우 이러한 혜택을 받기 어려운 구조로 변화할 수 있다. 향후에는 정규직과 비정규직이라는 구분보다는 긱(Gig) 고용이냐, 긱(Gig) 고용이 아니냐에 따라 근로의 형태가 나뉠 가능성이 있다고까지 하니, 복지제도에 대한 문제점은 시사하고 있는 바가 크다고 할 수 있다.

셋째, 노동시장에 있어 직업의 대대적인 개편이 올 것으로 예상된다. 단순 업무뿐 아니라 컨설팅, IT, 세일즈, 마케팅 등 많은 분야에서 프로젝트별 주문인력 제도가 형성될 가능성이 높아지게 된다는 것이다. 전문가 프리랜서의 단기 고용을 통해서 프로모션이나 이벤트를 기획하고 전문 세일즈 집단을 통해서 상품을 단기로 세일즈 하며 기업 내에 존재하는 IT기능을 모두 용역업체에 맡기고 프로젝트별 개발을 의뢰하는 등 직업구조 전반에 걸쳐 노동시장의 개편이 이루어질 수 있다고 하겠다. 그래서 향후 10년 이내 기업의 업무 중 절반 이상은 프리랜서를 통해 해결할 것이라는 관측이 제기되기도 한다.

9. 최저임금 인상

한국은행 총재는 2018년 1월 21일 기자간담회에서 2018년 경제성장률과 관련하여 최저임금 인상이 2018년 경제성장에 플러스 요인으로 작용하며, 그 효과에 대해 최저임금 인상은 민간소비 증가율을 0.1%p, 국내총생산(GDP) 성장률을 0.05%p 높일 것이라고 언급한 바 있다. 산업계 현장과 언론에서는 이 발언으로 인해 최저임금 인상이 경제성장에 플러스 요인이 아니라 오히려 마이너스 요인으로 작용할 것이라는 반론과 함께 논란이 크게 일고 있는 상황이다.

임금인상이 실물경제에 미치는 전달경로를 먼저 보도록 하자. 일반적으로 그 전달경로는 아래와 같이 긍정적 요인과 부정적 요인이 있을 수 있는데, 이 두 가지 요인이 동시에 실물경제에 영향을 미치겠지만 어느 쪽이 강하게 영향을 미치게 될지에 대해 실물경제와의 상관관계를 분석하고 그 결과를 현실적으로 예측해 가는 것이 경제학적 이론 근거이다.

> 1) 긍정적 영향 : 임금인상 → 근로자들의 급여소득 상승 → 소비 증가 → 기업들의 생산증가 → 경제성장 촉진
> 2) 부정적 영향 : 임금인상 → 기업들의 비용 상승 → 생산품 단가 인상 → 소비자들의 물가상승 → 소비둔화 → 성장둔화

위의 두 전달경로에서 우리나라 현실의 상황에서는 어느 쪽이 강하게 영향을 미치게 될지가 경제성장에 영향을 미치는 실질적인 효과가 될 것이다. 그런데 한국은행에서는 부정적 영향

보다는 긍정적 영향 쪽으로 손을 들어준 발언을 하였고, 이에 대해 실물시장 현장의 목소리와 언론에서 그렇지 않을 것이라는 전망으로 논란이 되고 있는 것이다.

한국은행에서는 민간소비 증가율을 0.1%로 플러스 예측을 하였고, 이런 효과가 GDP 성장에 기여하는 부분이 0.05%포인트 기여하게 될 것이라고 예측한 것이다. 물론 마이너스 요인도 감안하였을 것이라고 보여지며, 마이너스 요인을 상쇄하고 플러스 영향으로 추가로 영향을 미치는 부분이 +0.05%포인트라고 예측되고 있는 것이다. 또한 한국은행이 이 같은 발표에 뒷받침하기 위해 김동연 경제부총리는 경험치적 근거로 2000년도와 2007년도에 최저임금을 대폭 인상하였을 때, 단기적으로는 마이너스 영향이 있었지만 몇 달 안에 안정세를 되찾았다는 근거를 제시하기도 하였다.

그러나 실물시장에서 나오는 현장의 목소리는 이와는 많이 상반되는 결과를 보여주고 있다. 2000년도, 2007년도와는 상황이 많이 다르며, 최저임금 인상이 경제성장에 미칠 플러스 요인보다는 마이너스 요인이 더 클 것이라는 분석을 내놓고 있는 것이다. 그 근거로는 2000년, 2007년에 비해 최저임금 인상에 영향을 받고 있는 근로자 수의 급격한 증가, 4차 산업혁명으로 인한 고용 축소에 대한 기회비용은 상대적으로 감소하는 현장의 분위기 등이 최저임금 인상에 대한 현장의 실상이 다르다는 점이며, 산업계에서의 어려움을 호소하고 있는 것이다.

실제로 우리나라의 현실에서 2018년 최저임금 인상이 경제성장에 미칠 방향성은 어떻게 될지에 대해서는 사실 누구도 정확히 알 수는 없는 상황이다. 다만 이 상황에서 의미를 둬 보아야 할 부분은 문재인 정부에서 최저임금을 인상한 "목적"에 대해 언급을 해 보아야 한다는 점이다. 2018년 최저임금 인상의 주 목적이 "양극화 해소를 위한 최저시급 근로자 보호"인지, "경제성장"인지, 아니면 이 둘 모두인지에 대해 생각해 볼 일이다. 적어도 2018년 최저시급 인상이 경제성장이 주 목적이 아니었음은 국민 모두가 인지할 수 있을 것이다.

다른 말로 하면 2018년도 최저임금 인상이 경제성장에는 비록 미약하게 마이너스 요인으로 작용할지는 모르지만, 최저시급에 마음고생, 몸 고생을 하고 있는 근로자들의 경제적 상황을 향상시켜 줌으로써, 우리 사회의 심각해지는 양극화 현상을 피하고자 함이 그 주된 목적이 아니었는지에 대한 내용이다. 최저시급이 양극화 해소와 경제성장이라는 두 마리 토끼를 다 잡을 수 있었다면 누가 이를 반대할 수 있을지, 또 더 큰 폭으로 상승시키지 못함이 아쉬운 상황이 되었을 것이라는 점이다.

이런 상황에서 한국은행 이주열 총재의 경제성장에 플러스 영향이 될 것이라는 발언이 문제가 된 것이다. 우리나라 자영업자들, 소기업과 중소기업을 운영하는 경제주체들이 최저시급 인상으로 인한 현장에서의 어려움을 호소하고 있다. 한국은행은 정치적으로 중립을 지켜야 하는 기관으로서 총재가 최저임금 인상이 경제성장에 플러스 요인으로 작용할 것이라는 발표에 대해 두 가지 아쉬움을 표하지 않을 수 없다.

첫째, 정치적인 포지셔닝에 대한 내용이다. 정치적으로 중립을 지켜야 할 한국은행에서 정권에 우호적인 입장으로 발표를 하고 있다는 점이다. 둘째, 한국은행의 자체적인 연구결과 정녕 경제성장에 플러스 요인으로 작용하는 요인이 더 크다면, 좀 더 이론적인 근거를 들어 국민들과 언론, 산업계를 설득해 주었어야 한다는 점이 아쉬운 점이다.

분명 산업계 현장에서 느끼는 체감적인 상황을 보면 플러스 요인보다 마이너스 요인이 더 크다는 점은 두말할 나위가 없는 일이다. 그런 점에서 보면 정부 차원에서는 "경제성장"에는 분명 마이너스 요인이 더 크지만 그 크기를 최소화시키기 위해 정부 차원에서 계속 노력해 나갈 것이며, 대신 우리 사회의 심각한 문제로 심화되고 있는 "양극화 해소"라는 긍정적인 영향을 설명하는 것이 좀 더 솔직하고 국민들에게 설득력 있게 소통이 될 수 있었을 것이라는 아쉬움이 남는 것이다. 그게 아니라면 좀 더 이론적인 근거를 명확하게 제시하면서 경제성장에 플러스 요인이 클 것이라는 점을 설명해 주었으면 좋았을 것이라는 아쉬움이 남는 것이다.

10. 주 52시간 근무제

먼저 2018년 개정 이전 근로기준법 조항을 보도록 하자.

> 제50조(근로시간)
> ① 1주간의 근로시간은 휴게시간을 제외하고 40시간을 초과할 수 없다.
> ② 1일의 근로시간은 휴게시간을 제외하고 8시간을 초과할 수 없다.
> ③ 제1항 및 제2항에 따른 근로시간을 산정함에 있어 작업을 위하여 근로자가 사용자의 지휘·감독 아래에 있는 대기시간 등은 근로시간으로 본다.
> 제53조(연장 근로의 제한)
> ① 당사자 간에 합의하면 1주간에 12시간을 한도로 제50조의 근로시간을 연장할 수 있다.
> 제56조(연장·야간 및 휴일 근로) 사용자는 연장근로(제53조·제59조 및 제69조 단서에 따라 연장된 시간의 근로)와 야간근로(오후 10시부터 오전 6시까지 사이의 근로) 또는 휴일근로에 대하여는 통상임금의 100분의 50 이상을 가산하여 지급하여야 한다.

위의 자료는 개정 이전의 근로기준법 제50조, 제53조 1항, 제56조만 발췌한 부분이다. 제50조 1항에 1주간의 근로시간은 40시간 이내로 정하고 있으며, 제53조 1항에서는 연장근로를 1주에 12시간까지 할 수 있도록 정하고 있고, 제56조에서는 휴일근로에서 대해 급여지급을 통상임금의 150% 이상으로 정하고 있는 항목들을 볼 수 있다. 이 세 조항에 얽힌 해석 때문에 5년여에 걸친 숱한 노동관련 분쟁과 유권해석, 법률적 논란, 사회적 논란이 있었던 것이다. 우리는 통상 하루에 8시간(휴게시간 제외) 근무한다고 하면 오전 9시~12시(3시간), 12시~1시(휴게시간, 식사), 1시~6시(5시간)까지 해서 8시간 근무제로 해석하고 있고, 이 해석이 정설이다. 그리고 이렇게 월요일~금요일까지 5일을 근무하면 주당 총 40시간을 근무하게 되고, 이렇게 제50조 1항의 조건을 충족하게 된다. 거기에 사업장의 특수한 상황을 감안하여 연장근로를 해야 할 경우에는 1주일에 12시간을 더 할 수 있어서 1주일에 총 52시간까지 근무할 수 있다는 것으로 이해할 수 있다.

여기에서 제50조 1항의 "1주"라는 표현에 대한 해석이 두 가지가 있었던 것이다. 첫 번째 해석은 "1주"는 "월~일요일까지의 7일"이라는 해석이고, 두 번째 해석은 "월~금요일까지의 5일"이라는 해석이었다. 이 두 가지 해석의 차이에서 수년간에 걸쳐 노동계, 법조계, 정부, 국회 등 각계의 법률적 해석과 논란이 있었지만, 워낙 이해상관관계가 첨예하며 각 주체별 입장차이가 커서 이에 대해 명확한 기준과 정의를 내리지는 못하였고, 다만 역대 정권의 고용노동부(현재 명칭)에서는 행정부의 유권해석으로 두 번째 해석을 내리고 있었던 것이다. 이 해석대로라면 월~금요일까지 5일간(1주) 40시간을 근무하고, 월~금요일 사이에 필요에 따라 12시간 연장근로를 할 수 있고, 토요일과 일요일은 다시 1일 8시간을 초과하지 않는 휴일근로로 16시간을 추가로 근무할 수 있다는 해석이 나오게 된다. 반면 첫 번째 해석을 따르게 되면 월~일요일까지 7일간 40시간을 근무해야 하고, 그중에 필요에 따라 연장근로를 12시간까지 할 수 있다는 해석이 나오게 된다. 1주를 "월~금"으로 해석하게 되면 1주에 총 68시간까지 근로를 할 수 있다는 해석이고, 1주를 "월~일"로 해석하게 되면 1주에 총 52시간까지 근로를 할 수 있다는 해석인 것이다.

국회에서 상임위원회를 거쳐 본회의를 통과한 내용이 바로 이 내용이다. "1주"라는 해석을 명확히 법제화하여 "월~금요일까지의 5일"이 아니라 "월~일요일까지의 7일"이라는 개념을 명확히 한 것이다. 따라서 1주에 40시간의 정상 근로시간에 추가하여 연장근로 12시간을 허용하고, 휴일근로(토, 일요일)로 별도 1일 8시간의 근로는 인정하지 않음으로써, 1주에 최장 52시간이라는 근로시간을 명확히 법제화한 것이다. 이로써 지난 5년간의 각종 사회적 논란을 종식시키는 결과를 가져오게 되었지만, 긍정적인 측면과 부정적인 측면에 대한 논란은 역시 분분한 상황이다.

참고로 2018년 근로기준법 개정안 주요내용을 보면 아래와 같다.

1	주 최대 근로시간 52시간 적용	300인 이상 사업장, 공공기관	2018년 7월 1일부터(특례 업종서 제외된 경우는 2019년 7월 1일)
		50~299인 사업장	2020년 1월 1일부터
		5~49인 사업장	2021년 7월 1일부터
2	휴일 근로수당	8시간 이내	통상임금의 50% 가산
		8시간 초과	통상임금의 100% 가산
3	30인 미만 사업장 특별 연장 근로	노사 합의로 주 8시간까지 한시적 (2021년 7월 1일~2022년 12월 31일) 허용	

4	관공서 공휴일에 관한 규정, 민간에 적용	300인 이상 사업장	2020년 1월 1일부터
		30~299인 사업장	2021년 1월 1일부터
		5~29인 사업장	2022년 1월 1일부터
5	현행 26개 특례업종을 5개 업종으로 축소	육상운송업(노선버스 제외)·수상운송업·항공운송업·기타 운송서비스업·보건업	
		특례 업종은 근무 후 연속 휴식 시간 최소 11시간 보장 (2018년 9월 1일부터)	
6	연소자 근로시간 축소 15세 이상 18세 미만	주 최대 46 → 40시간으로	

▲ 여야(환노위) 근로시간 단축 합의안[38]

2018년 근로기준법 개정안의 긍정적인 입장에서의 취지는 "근로자들의 저녁이 있는 삶", "신규 일자리 창출"이라고 할 수 있다. 문재인 대통령 선거당시 공약으로도 나왔던 내용이지만 국민들의 저녁이 있는 삶이라는 키워드가 중요한 배경이 되었고, 신규 일자리 창출은 주 52시간으로 근로시간을 명확히 함으로써, 부족한 일손은 새롭게 신규 채용에 나서는 계기가 될 것이고, 각 연구기관의 발표내용에 따르면 개정안의 효과로 약 15만 명이 새로운 일자리를 찾을 수 있을 것이라는 분석을 하고 있다.

반면 부정적인 측면에서는 "기업들의 인건비 부담 증가"와 "근로자들의 급여 감소"라는 키워드가 부각되고 있다. 대기업보다는 300인 미만의 중소기업에서 일손 부족에 따른 추가 채용 등으로 인건비 부담이 가중될 것이라는 분석이며, 인건비 부담 증가는 생산량 감소 또는 제품(상품) 가격인상으로 이어질 것이라는 점이다. 또한 주말근무 인건비가 평일근무 인건비의 1.5배를 규정하고 있기 때문에, 주말근무를 통해 급여생활을 영위해 온 수많은 근로자들의 급여소득 감소로 이어질 수 있다는 예측이 나오고 있는 것이다.

사실(팩트)적인 내용을 위주로 보도록 하자. 주 68시간까지 근무할 수 있는 제도를 주 52시간으로 축소하면 일손부족 현상은 필연적으로 발생할 것이다. 이 일손부족 현상이 추가채용으로 이어진다면 추가 일자리 창출에 도움이 될 것이다. 그러나 기업의 비용부담 증가도 역시 필연적으로 이어질 것이다. 결국 핵심은 "일손부족"에서 "추가 일자리 창출과 생산성 향상"이라는 긍정적인 방향의 변화의 폭과, "일손부족"에서 "기업들의 부담증가와 생산성 감소, 생산량 축소, 가격 인상"이라는 부정적인 방향의 변화의 폭 중에서 우리경제에서는 어느 쪽이 더 크게 나타날 것이냐에 대한 관점이 핵심이라고 할 수 있다.

예를 들어 특정 중소기업에서 갑자기 일감이 몰려 일을 해야 하는데, 기존의 직원들이 주 52시간을 다 사용하고 있다고 해 보자. 이 경우 기존의 직원들을 더 근로를 시키면 기업주가 근로기준법 위반으로 처벌을 받게 될 것이고, 납기가 정해진 일회성 일감을 생산하기 위해 갑자기 근로자를 구하는 것도 쉽지 않을 것이다. 이럴 때에는 기존의 직원들에게 일단 일감

---

38) 자료 : 조선비즈

에 대해 근로를 시키고 차후 주 52시간을 넘어 근무했던 시간만큼 근로시간에서 차감해 휴일을 보장해주는 제도를 "탄력적 근로시간제"라고 하는데, 이 제도를 활용하도록 하는 것이 현재 현실성 있는 대안 중에 하나로 제시되고 있다.

11. 경제, 시사분야 주요 개념 정리[39]

■ CDS 프리미엄(CDS premium)

신용파산스왑(CDS) 약정 시 신용위험을 이전한 대가로 지급하는 수수료를 CDS 프리미엄이라고 하며, 기초자산의 신용리스크가 커질수록 상승한다. 즉, 기초자산의 채무불이행 가능성이 커질수록 이 위험을 커버하기 위해 지급해야 하는 비용은 더 커지는 것이다. 따라서 CDS 프리미엄은 기초자산 발행주체의 신용도를 반영할 수밖에 없는데 이를 활용하여 국제금융시장에서는 각국 정부가 발행한 외화표시 채권의 CDS 프리미엄을 각 국가신용등급 지표로 활용하기도 한다.

■ J곡선효과(J curve effect)

환율이 상승할 때 처음에는 오히려 경상수지가 악화하다가 어느 정도의 시간이 지난 후에야 경상수지가 개선되는 효과를 말한다. 현실경제에서 환율의 상승으로 경상수지가 개선되기까지는 어느 정도의 시간이 소요된다. 환율이 상승하면 국내 수출품의 가격이 하락하는데, 만일 이 가격 하락에 대응하여 수출물량이 증가하기까지 시간이 걸린다면 당분간 가격에 물량을 곱한 수출액은 오히려 감소하게 된다. 이러한 J곡선 효과는 경제 안정화 정책의 효과가 나타나는 데 있어 한계로 작용할 수 있다.

■ 경제활동인구/비경제활동인구/경제활동참가율

군인과 재소자 등을 제외한 만 15세 이상 64세까지의 인구를 생산가능인구라 하며 이중 일할 수 있는 능력과 취업의사를 동시에 갖춘 사람을 경제활동인구라 한다. 경제활동인구는 현재 취업상태에 있는지 여부에 따라 취업자와 실업자로 구분된다.

생산활동 가능인구 중 경제활동인구에 포함되지 않은 사람, 즉 일할 능력이 없거나 일하고자 하는 의사가 없는 사람은 비경제활동인구로 분류된다. 비경제활동인구에는 집안에서 가사와 육아를 도맡아 하는 가정주부, 학교에 다니는 학생, 일을 할 수 없는 연로자와 심신장애자, 구직단념자 등이 포함된다. 한편 생산가능인구에 대한 경제활동인구의 비율을 경제활동참가율이라 한다.

> 경제활동참가율 = 경제활동인구(취업자+실업자)/생산가능인구 × 100

---

[39] 한국은행, 금융감독원, 금융위원회 자료 참고

■ 골디락스 경제(Goldilocks economy)

영국의 전래동화 "골디락스와 곰 세 마리"에 등장하는 소녀의 이름에서 유래한 용어로, 골디락스는 골드(gold)와 락(lock, 머리카락)을 합친 말인 금발머리를 뜻한다. 동화 속 골디락스가 곰이 끓인 세 가지 수프(뜨거운 것, 차가운 것, 적당한 것) 중 아기 곰의 스프같이 너무 뜨겁지도 않고 너무 차갑지도 않은 적당한 온도의 스프를 먹고 기뻐하는 상태를 경제에 비유하여 이보다 더 좋을 수 없는 경제 호황을 골디락스 경제라고 한 것이다. 경제가 너무 활성화되면 인플레이션이 발생하고 경기가 너무 침체되면 실업이 발생하는 것이 일반적으로, 골디락스 경제는 경기과열에 따른 인플레이션도, 경기침체에 따른 실업도 염려할 필요 없는 아주 최적의 상태에 있는 건실한 경제를 말한다.

■ 교토의정서(Kyoto Protocol)와 파리기후협약

1997년 기후변화협약 제3차 당사국총회가 열린 일본의 교토에서 유래된 명칭으로, 1997년 제3차 당사국 총회에서 채택되었고, 2005년 2월 16일 공식 발효되었다. 의무이행 대상국은 총 37개국이다.

한국은 제3차 당사국총회에서 기후변화협약상 개발도상국으로 분류되어 의무대상국에서 제외되었으나, 몇몇 선진국들은 감축목표 합의를 명분으로 한국, 멕시코 등이 선진국과 같이 2008년부터 자발적인 의무부담을 할 것을 요구하였고, 제4차 당사국총회 기간에 아르헨티나, 카자흐스탄 등의 일부 개발도상국은 자발적으로 의무를 부담할 것을 선언하였다. 미국은 전 세계 이산화탄소 배출량의 28%를 차지하고 있지만, 자국의 산업보호를 위해 2001년 3월 탈퇴하였다.

교토의정서의 유효기간은 2020년까지로 2020년 이후에는 파리 기후협약이 교토의정서를 대체할 것으로 보인다. 파리기후협약은 2015년 12월 파리에서 전 세계적으로 지구온난화에 대한 대응차원에서 세계 온실가스의 단계적 감축을 위해, 산업화 이전 시기 대비 지구 평균 기온 상승폭을 2100년까지 2도보다 상당히 낮은 수준으로 유지하기로 하고, 전 세계가 다같이 감축 정책을 이행하도록 한 국제적인 협약이다. 전 세계 195개국이 서명한 협정이지만 2017년 트럼프 대통령은 파리기후협약 탈퇴를 선언하였다.

■ 국제채권

국제채권이란, 통상 발행자가 자국 이외의 지역에서 발행하는 채권을 말한다. 이는 다시 발행지 통화로 발행되는 '외국채'와 발행지 이외의 통화로 발행되는 '유로채'로 나뉜다. 발행지가 우리나라(대한민국)인 경우를 예로 들어보자. 미국의 A회사가 대한민국에서 채권을 발행한다고 하자. 이때 원화로 표시하는 채권을 외국채라고 하고, 원화 이외의 달러나 다른 나라의 통화로 발행하는 채권을 유로채라고 한다. 이러한 경우로 주요 외국채에 대한 명칭은 아래와 같다.

발행주체	발행국가	표시통화	국제채권
외국기업	한국	원화	아리랑본드
		외화	김치본드40)
	일본	엔화	사무라이본드
		외화	쇼군본드
	홍콩	외화(위안화)	딤섬본드
	중국	위안화	판다본드
	미국	달러화	양키본드
	영국	파운드화	불독본드
	호주	호주달러화	캥거루본드
	유럽	외화(달러화)	유로달러본드
	네덜란드	크로네화	렘브란트본드
	뉴질랜드	뉴질랜드달러화	키위본드
	대만	외화(달러화, 위안화)	포모사본드

■ 그레샴의 법칙(Gresham's Law)

"악화가 양화를 구축한다.(Bad money drives out good money)"는 말은 영국의 경제학자 그레샴이 주장한 것으로 이것을 그레샴의 법칙이라고 한다. 실질 가치(금 함유량)가 다른 두 가지 화폐가 같은 액면 가치로 유통될 때, 실질 가치가 높은 쪽(양화)은 별로 유통되지 않고 실질가치가 낮은 쪽(악화)이 널리 유통되어진다는 의미이다.

■ 열등재와 기펜재(Giffen goods)

일반적으로 재화는 수요의 법칙에 따라 가격이 상승하면 수요가 감소하고, 가격이 하락하면 수요가 증가한다. 그러나 예외적으로 재화의 가격이 하락할 때 수요량이 감소하고 가격이 상승할 때 수요량도 증가할 수 있다. 이렇게 수요의 법칙에 위배되는 재화를 기펜재라고 부른다. 기펜재는 열등재의 일종이다. 소득이 증가함에 따라 수요가 감소하는 재화를 열등재라 하는데, 열등재 중에서 열등성이 매우 커서 소득효과가 대체효과의 절대값을 초과하여 가격의 상승이 수요의 증가를, 가격의 하락이 수요의 감소를 가져오는 재화를 기펜재라고 하는 것이다.

■ 롱테일의 법칙

기존에 사소하게 여겼던 개별 틈새제품들이 새로운 수요를 유발하는 시장을 형성하게 되면서, 거대 시장에 맞먹는 집합적 틈새시장을 성장한다고 크리스 앤더슨(Chris Anderson)이 주장하면서 제창된 소비이론이다. 즉, 기존 상위 20%의 제품 및 서비스가 아니라, 소외받던

---

40) 해석 예시 : 외국기업이 한국에서 원화가 아닌 자국 통화(또는 달러)로 발행하는 채권을 김치본드라고 한다.

80%의 틈새제품이 시장을 주도하는 현상을 지칭하면서 80:20의 법칙(파레토의 법칙)과 대비되는 개념이다. 관련 사례로는 아마존닷컴의 주 수익원은 20%의 베스트셀러보다는 오프라인 서점에서는 구하기 힘들었던 긴 꼬리 부분의 80%에서 창출되었다. 또한 구글의 매출 99%를 차지하는 인터넷 광고주는 기존 광고시장에 진출하기 어려운 중소기업체들이 대부분을 차지한다.

■ 밴드웨건 효과(bandwagon effect)

타인의 구매행태를 좇아 본인도 따라하는 소비행태를 밴드웨건 효과라고 부른다. 주식시장이 호황일 때 개인투자자들도 덩달아 주식시장에 뛰어드는 경우, 주가나 부동산 가격의 급락에 보유주식, 부동산을 급매하는 경우 등도 밴드웨건 효과로 설명할 수 있다.

■ 베블렌효과 / 전시효과(듀젠베리효과) / 의존효과

베블렌 효과는 상류층 소비자들에 의해 이루어지는 소비행태로, 가격이 오르는데도 불구하고 일부 계층의 과시욕이나 허영심 등으로 인해 수요가 줄어들지 않고 오히려 증가하는 현상을 말한다. 미국의 사회학자인 베블렌(Veblen)이 1899년 출간한 "유한계급론"이라는 저서에서 유래된 용어이다. 예를 들어 값비싼 귀금속류나 고가의 장신구, 전자제품, 자동차 등에서 베블렌효과의 경우를 찾아볼 수 있다.

전시효과(展示效果, Demonstration Effect)는 듀젠베리에 의해 처음으로 사용되어졌으며 시위효과(示威效果)라고도 한다. 개인의 소비지출은 개인의 소득이나 기호에 따라서만 결정되어지는 것이 아니라, 주위에 많은 다른 사람들의 선택이나 기호에 따라 영향을 받게 된다는 의미이다. 즉, 타인의 소비행동을 모방하려는 사회심리학적 소비성향을 말한다. 예를 들어 농촌지역 중에서도 도시지역과의 경계지역에서는 농촌지역의 생활양식이나 소득에 따라 소비를 결정하는 것이 아니라, 도시지역의 영향을 받게 된다는 데에서 예를 찾아볼 수 있다. 이를 전시효과, 또는 듀젠베리 효과라고 한다.

미국의 경제학자 갈브레이드에 의해 알려진 "의존효과"는 소비재에 대한 소비자의 수요가 소비자 스스로의 필요에 의한 것이라기보다는, 생산자의 광고, 홍보, 선전 등에 의존하여 이루어지게 된다는 현상을 의미한다.

■ 수쿠크(Sukuk, 이슬람채권)

수쿠크는 "이자금지"라는 이슬람 율법을 준수하기 위해 실제로는 금융거래 목적이지만 형식상 실물거래를 이용하여 발행하는 이슬람채권을 말한다. 특정 자산으로부터 취득할 수 있는 수익(실물자산에 대한 전매차익, 임대료 등)의 배당에 관한 권리를 표시하는 증권이며, 무라바하, 이자라, 무샤라카 등 이슬람금융 방식을 응용하여 유통 가능한 채권의 형태로 발행되는 구조화 금융상품이다. 수쿠크 보유자는 기초가 되는 실물자산에 대한 소유권을 가지게 되어 현금에 대한 청구권만을 보유하는 일반채권 보유자와 차이가 있다. 수쿠크 발행을 통해 조달한 자금은 기초자산에 투자해 수익을 추구하며, 투자자에게 정해진 이자가 아닌 돈 수익을 배당금 형태로 지급하게 된다.

■ 스필오버(Spill Over) / 스필백(Spill Back)

스필오버란 한 곳에서 흘러 넘쳐 다른 곳으로 퍼지거나 영향을 미치는 현상을 뜻한다. 경제 용어에서 스필오버는 어떤 요소의 생산활동이 그 요소의 생산성 또는 다른 요소의 생산성을 증가시켜 경제 전체의 생산성을 올리는 효과를 일컫는다. 한나라의 경제정책이 다른 나라에 긍정적 또는 부정적인 영향을 미치게 되는 의미로도 사용되어진다.

스필백은 한 나라의 경제정책의 여파가 다시 그 나라 경제로 돌아온다는 의미로 해석되는 용어이다. 미국 연준은 세계의 중앙은행이 아니라 미국의 중앙은행으로서 통화정책을 풀어 나가겠다고 밝힌 바 있다. 연준의 이런 입장은 신흥국들의 불만으로 이어지면서 신흥국들의 비난을 사게 되었다. 즉, 연준이 빠르게 출구전략을 진행할 경우, 신흥국으로 영향을 미치는 스필오버 현상을 넘어서, 다시 미국으로 부메랑처럼 영향을 미칠 것이라고 하여, 이를 스필백 효과라고 부른다.

■ 엥겔의 법칙(Engels law)

독일의 통계학자 엥겔이 벨기에 노동자의 가계조사를 통해 발견한 법칙이다. 1857년에 당시 작센지방의 통계국장이었던 엥겔은 153세대의 가계지출을 조사한 결과 저소득 가계일수록 소비지출액 중 식료품비가 차지하는 비율이 높고, 고소득 가계일수록 식료품비가 차지하는 비율이 낮음을 발견하였다.

이와 같은 사실들을 "엥겔법칙"이라고 하며, 가계의 소비지출 중에서 식료품비가 차지하는 비중을 특히 "엥겔계수(Engel's coefficient)"라고 한다. 일반적으로 식료품은 필수품으로 소득의 많고 적음에 관계없이 어느 정도는 반드시 소비하여야 하지만 어느 수준 이상은 소비할 필요가 없는 재화이다. 그러므로 저소득 가계라도 일정 금액의 식료품비 지출은 이루어지며, 소득이 증가하여도 식료품비는 그보다 크게 증가하지는 않는다. 이와 같은 이유로 엥겔계수는 소득수준이 높아짐에 따라 점차 감소하게 되는 것이다.

■ 와타나베 부인(Mrs. Watanabe)

와타나베 부인은 저금리의 엔화 자금을 조달하여 고수익의 투자기회를 쫓아 고금리 국가의 금융상품에 직접 투자하는 소액 개인 투자자들을 말한다. 와타나베는 일본에서 매우 흔한 성인데, 와타나베 부인은 급여생활자인 남편의 수입으로 가계 재정을 운영하는 일반 일본 가정주부를 일컫는 용어로서 이후 의미가 확장되었다. 이들의 투자 규모는 상당하여 세계에 유동성을 공급하는 원천 중 하나로 볼 수 있다.

■ 전환사채(convertible bond)

사채로 발행되었지만, 일정 기간이 지난 후 소유자의 청구에 의하여 주식(보통주)으로 전환할 수 있는 사채를 말한다. 채권에 주식으로 전환할 수 있는 선택권(옵션)이 가미된 형태로,

처음 기업이 발행할 땐 보통의 회사채와 동일하지만 일정 기간이 지나 주식전환권이 발동하면 투자자가 원할 때 채권을 주식으로 바꿔 주가상승의 이익을 취할 수 있다. 주식전환권을 행사한 뒤에는 일반 주식으로 취급된다.

전환사채는 수익성이 기대되나 위험이 있어 투자자금 확보에 어려움을 겪는 기업, 채권과 주식의 장점을 모두 취하려는 투자자에게 이용된다. 기업의 입장에서는 주식전환권리를 부여하기 때문에 일반 채권에 비해 낮은 비용으로 자금을 조달할 수 있다. 투자자의 입장에서는 채권과 주식투자의 이득을 동시에 노릴 수 있다. 또한, 기업의 인수합병 과정에서도 활용도가 높으며 이러한 이유로 우리나라 상법은 전환사채의 발행을 인정하고 있다.

■ 정크본드(junk bond)

정크본드란 리스크가 상대적으로 큰 기업들이 자금 조달을 목적으로 발행한 고수익, 고위험 채권을 말한다. 신용도가 낮은 회사가 발행한 채권이므로 원리금 상환 불이행 위험이 큰 반면 일반 채권금리보다 높은 이자를 지급한다. 대기업이 M&A에 필요한 자금을 조달하기 위해 매입하는 기업의 자산을 담보로 발행하는 경우도 있다.

■ 죄수의 딜레마(prisoners dilemma)

"죄수의 딜레마"라는 게임이론은 전략적 상황에 처한 경제주체들의 행동을 분석하는 데 유용하게 활용되고 있다. 담합이 본질적으로 어려운 이유와 사람들이 공공재 건설에 비협조적인 태도를 보이는 이유 등을 이를 통해 쉽게 분석할 수 있다. 어떤 범죄가 물적 증거는 없고 오직 범인의 자백에 의해서만 죄를 입증해야 하는 상황에서 범죄를 함께 저지른 것으로 의심되는 두 명의 용의자가 검거되어 심문을 받게 되었을 때, 두 사람이 각자 합리적이라고 생각하고 취한 행동이 오히려 두 사람 모두에게 바람직하지 않은 결과를 가져오는 상황을 "죄수의 딜레마"라고 한다.

■ 주식워런트증권(ELW, Equity Linked Warrant)

장외파생금융상품거래업무를 인가받은 증권회사가 발행하는 옵션으로 특정 주식이나 주가지수를 기초자산으로 한다. 주식이나 주가지수를 기초자산으로 한 옵션이라는 점에서 거래소 선물시장에 상장된 옵션과 유사하나 ELW는 발행자가 증권회사인 점과 다양한 수익구조로 발행이 가능한 점에서 구분된다. ELW는 ELS와 마찬가지로 파생상품적 성격임에도 2003년 2월 증권거래법시행령 개정 시 유가증권으로 지정되었다.

■ 콜론/콜머니

콜시장에서의 대여자금을 "콜론(Call Loan)"이라 하며, 주요 콜론기관으로는 은행, 은행신탁, 자산운용사 등이 있다. 콜론기관들은 주로 자금운용기관으로서 예금이나 수탁자산을 유가증권 및 대출 등으로 운용한 후 남은 여유자금을 콜론으로 운용하거나 유동성관리 차원에서 일정 금액을 콜론으로 운용하고 있다.

한편 콜시장에서의 차입자금을 "콜머니(Call Money)"라 하며, 주요 콜머니기관으로는 은행, 증권사, 외국은행 국내지점 등이 있다. 증권사는 유가증권 등 자산을 보유하기 위한 재원을 어음발행이나 콜머니를 통해 조달하고 있으며 외국은행 국내지점은 원화자금 수요 일부를 콜머니에 의존하고 있다.

■ 테일러 준칙(Taylor's Rule)

중앙은행이 물가, 경기를 감안하여 단기목표금리를 결정한다는 이론이다. 이에 의하면 중앙은행의 단기목표금리는 목표인플레이션율과 실제인플레이션율의 차이(물가갭)와 생산갭(잠재성장률 – 실제성장률)을 감안하여 각각에 일정한 가중치를 두고 단기금리를 결정한다는 것이다. 즉 중앙은행은 현재 인플레이션율이 목표 인플레이션율보다 높은 경우 금리를 올리고 반대의 경우 금리를 내리며, 또한 실제성장률이 잠재성장률 높게 되면 금리를 올리고 반대의 경우에는 금리를 내리게 된다. 한편 중앙은행이 물가 갭 또는 생산 갭에 두는 가중치는 나라마다 다를 수 있다.

■ 토빈세(Tobin tax)

1970년대 초 미국의 경제학자 James Tobin이 제안한 것으로, 단기성 외환거래에 부과하는 금융거래세를 말한다. 국제투기자본의 급격한 자금 유출입은 이러한 유출입이 일어나는 국가의 외환·금융시장이나 실물경제에 큰 타격을 줄 수 있다. 이러한 부작용을 완화하고 통화위기가 촉발되는 것을 막기 위해 도입된 규제방안 중 하나가 토빈세이다. 그러나 이 제도가 일부 국가에서만 시행된다면 국제자본이 토빈세가 없는 국가로 집중될 수 있으므로 도입 시 국제적 공조가 필요하다.

■ 파레토의 법칙

19세기 무렵 이탈리아의 경제학자인 파레토(Vilfredo Pareto)는 이탈리아 밀라노에 사는 사람들의 부(富)의 분포에 관한 연구를 하여, 20%의 사람들이 전체 부의 80%를 차지한다는 사실을 발견하였다. 즉, 소수가 전체의 대부분을 차지하고 많은 다수가 전체의 일부분밖에 차지하지 못한다는 사실을 발견한 것이다. 이것을 파레토의 법칙(Pareto's Law, 80:20 rule)이라고 한다.

결국 파레토의 법칙은 어떤 결과의 대부분이 특정된 소량의 투입(원인)에 달려있다는 것이므로, 어떤 일을 할 때 선택과 집중을 전술로 사용하면 도움이 된다는 것이다. 말하자면 백화점에서 실시하는 특정 소수를 대상으로 한 VIP 마케팅이 예가 될 수 있다.

■ 팩토링(Factoring)

외상매출채권을 상환청구권 없이 매입하여 이 매입채권을 대가로 전대금융하며 채권만기일에 채무자로부터 직접 회수함을 기본업무로 하는 단기금융제도이다. 팩토링의 거래당사자에는 Factor, Client 및 Customer가 있는데 Factor는 팩토링업무를 주요업무로 하는 금융기관을 말하며 Client는 Factor와 팩토링계약을 체결하는 거래처로서 이 계약에 의해 해당 상거래에서 발생한 외상매출채권을 Factor에게 원칙적으로 전부 양도하여 대금을 지급받으며 Customer는 Client의 판매처로서 Factor에 대해서는 제3채무자에 해당된다.

■ 포이즌필(Poison Pill)

적대적 M&A 위기에 처한 기업이 택할 수 있는 경영권 방어전략 중의 하나다. 대규모 유상증자나 임금인상, 제품 손해배상 확대, 기존 경영진 신분보장이나 거액 퇴직금 지급(황금낙하산) 등의 방법을 통해 의도적으로 비용지출을 늘려 매수자에게 매수로 인해 손해를 볼 것이라는 판단이 들게 함으로써 매수 포기를 유도하는 전략이다. 독약을 삼킨다는 의미에서 "포이즌필"이란 이름이 붙여졌다. 최근에는 기존주주에게 할인된 가격으로 대규모 신주를 발행하여 M&A 기업이 확보한 지분을 희석시킴으로써 인수를 막는 방법이 주로 사용되고 있다.

2004년 말 소프트웨어 개발업체 세계 3위인 오라클이 피플소프트에 인수합병을 제안했을 때 피플소프트는 오라클이 지분 20%를 확보할 경우 자동으로 수백만주의 신주가 발행되도록 정관을 변경한 바 있다. 우리나라에서도 한때 KT&G, 포스코 등 우량 기업들이 외국 기업들로부터 경영권을 위협받으면서 포이즌필을 비롯한 다양한 경영권 방어 장치들을 도입해야 한다는 주장들이 제기되기도 하였다.

■ 풍선 효과(balloon effect)

풍선의 한 곳을 누르면 다른 곳이 불거져 나오는 것처럼 문제 하나를 해결하는 대신에 또 다른 문제가 생겨나는 현상을 말한다. 예를 들어 정부가 부동산 가격 안정화 대책의 하나로 은행권에 대한 주택담보대출 규제를 강화하면 대출 수요가 보험사와 저축은행 등 제2금융권으로 몰리는 현상이 나타날 수 있다. 또한, 특정 지역의 부동산 가격을 억제하면 다른 곳이나 다른 형태의 부동산 가격이 오르는 현상 등도 풍선 효과의 좋은 예이다. 풍선 효과는 부동산 문제뿐만 아니라 사회적인 현상을 설명할 때 이용되기도 한다.

■ 피셔효과(Fisher effect)

1920년대 미국의 경제학자 어빙 피셔(Irving Fisher)가 발표한 이론으로 시중금리와 인플레이션 기대심리의 관계를 설명하는 이론이다. 시중의 명목금리는 실질금리와 예상 인플레이션율(물가상승률)의 합계와 같다는 것으로, 시중의 명목금리가 상승했다면 그것은 실질금리의 상승이 원인일 수도 있고, 예상 인플레이션율의 상승이 원인일 수도 있는 것이다.

■ 하이브리드 채권(Hybrid Bonds)

채권처럼 매년 확정이자를 받을 수 있고, 주식처럼 만기가 없으면서도 매매가 가능한 신종자본증권으로, 우리나라에는 2003년 4월 처음 도입되었으며, 은행의 자본 확충 또는 자본조달을 위해 발행된다. 기업은 저금리로 자본을 확충할 수 있으며, 투자자들은 높은 수익을 기대할 수 있는 새로운 투자수단이다. 하이브리드 채권은 채권과 주식의 특징을 지니며, 일정한 조건하에서 기업이 만기를 연장할 수 있기 때문에 일반채권에 비해서 이자율이 높다. 하이브리드 채권은 사실상 만기가 없어 자기자본으로 분류되기 때문에 은행과 같은 발행자들에게는 매력적이다.

■ 헤지펀드(hedge fund)

헤지펀드란 소수 고액투자자로부터 거액의 자금을 모아 높은 위험을 감수하고 공격적으로 투자하고, 고수익을 추구하는 민간 투자 펀드이다. 헤지펀드는 보통 원금의 몇 배에 달하는 자금을 차입하여 선물이나 옵션 등 파생상품에 투자하는 방식으로 운영되는데 이러한 투자방식의 특성상 레버리지(leverage)가 크게 높다. 헤지펀드는 국제 금융시장을 교란시키는 요인으로 지적되고 있는데 특히 1990년대 후반 아시아 국가들의 경제위기를 가져온 원인 중 하나라는 주장이 나오기도 하였다.

이에 따라 미국, 유럽 등의 금융선진국에서는 헤지펀드에 대하여 일정한 규제를 가하기도 한다. 그러나 긍정적인 측면도 있다. 금융시장의 유동성 제고와 높은 투자수익기회 제공 등으로 금융시장과 투자자의 효용을 높일 수 있다는 점이다.

■ 확정급여형 퇴직연금(DB, Defined Benefit)

"근로자퇴직급여보장법"에 의해 2005년에 도입된 퇴직연금제도의 한 유형으로서 회사는 퇴직금 지급을 위한 재원을 외부 금융기관에 적립하여 적립금을 운용하고 근로자가 퇴직 시 근속연수 등을 고려하여 사전에 확정된 퇴직금을 금융회사가 연금 또는 일시금 형태로 지급하는 제도이다.

■ 확정기여형 퇴직연금(DC, Defined Contribution)

"근로자퇴직급여보장법"에 의해 2005년에 도입된 퇴직연금제도의 한 유형으로서 회사는 퇴직금 지급을 위한 재원을 외부 금융기관에 적립하고 적립금 운용성과에 따라 근로자가 받을 퇴직금이 변동되는 제도이다.

PART 3
국내 금융과 은행

은행권의 외부 규제와 환경

1. 대외법령과 정책 규제

한국은행이나 특수은행 등은 모두 제각각 해당 금융기관의 설립과 관련된 개별 법령을 두고 있다. 그러나 일반적인 시중은행들은 이러한 각각의 규제법령이 있는 것이 아니라, 통합되어진 법령으로 존재한다. 그중에 가장 대표적인 것이 "은행법"이다. 또한, 특수은행들도 모두 이 은행법에 규제를 받고 있는 기관들로, 최초 제정된 시기는 1950년이며, 은행법에서는 주로 은행업을 영위할 수 있는 조건과 지켜야 할 규범적인 내용들을 담고 있다. 예를 들면, 은행법에서는 전국규모의 영업망을 가지고자 하는 시중은행의 경우 설립자본금을 1,000억 원으로 정하고 있고, 전국을 영업구역으로 정하고 있지 않은 금융기관(지방은행)의 설립자본금은 250억 원으로 정하고 있다.

한국은행을 포함한 특수은행에서 준수되어져야 하는 한국은행법, 중소기업은행법, 산업은행법, 수출입은행법 이외에도, 은행법이 있고, 또, 은행법 외에도 은행업과 관련된 외부법령은 무수히 많은데, 외국환업무를 수행할 때 준수되어져야 할 외국환 관리법, 외자도입법 등이 있고, 여신업무를 수행하는 데 있어서는 여신전문금융업법이 있고, 그 외에도 자본시장과 금융투자업에 관한 법률(자본시장법), 보험업법, 금융지주회사법, 한국은행의 은행업 감독규정 등 수많은 법령체계가 있다. 이 중에서 알아두면 도움이 될 만한 내용들에 대해 살펴보도록 하자.

1) 예금보험제도(예금자보호법)

금융기관이 경영부실 등의 이유로 예금자의 예금인출요구에 응할 수 없을 경우 제3자인 예금보험기구가 예금을 지급함으로써 예금자를 보호하고 이를 통해 금융시장의 안정을 유지하고자 도입한 제도이다. 우리나라에서 예금보험기구로는 예금보험공사가 그 역할을 담당한다. 보호대상 금융기관은 은행, 보험회사(생명보험과 손해보험), 투자매매업자와 투자중개업자(증권회사, 자산운용회사, 선물회사 등), 종합금융회사, 상호저축은행, 외국은행 국내지점, 농협은행, 수협은행도 포함된다. 보호한도는 원금과 소정의 이자를 합하여 1인당 최고 5천만 원까지 예금을 보호한다. 농수협의 단위조합 및 새마을금고는 예금보험 가입 금융기관이 아니며, 각 중앙회 및 새마을금고 연합회에서 자체적으로 적립한 기금을 통해 보호하고 있다. 우리나라의 경우 금융기관이 예금보험공사에 예금보험료를 납부하고, 예금지급불능 시 예금보험공사가 고객에게 예금대지급을 주는 구조로 되어 있다.

2) 금융실명제와 차명거래

흔히 "금융실명(제)법"이라는 법은 원래 "금융실명거래 및 비밀보장에 관한 법"의 약식 명칭이고, 이 법은 실지명의에 의한 금융거래를 실시하고 그 비밀을 보장하여 금융거래의 정상화를 꾀함으로써, 경제정의를 실현하고 국민경제의 건전한 발전을 도모한다는 목적하에 만들어지게 되었다. "실명"이라는 표현은 "실제명의"의 줄임말이다.

금융실명제를 설명하기 전에 먼저 비실명거래의 폐해에 대해서 언급이 되어야 하겠다. 비실명거래 시에는 계층 간 소득과 조세부담의 불균형 심화, 재산의 형성 및 축적에 대한 사회적 불신 등으로 사회적인 문제점이 대두되어지고 경제성장에도 장애요인으로 작용하게 되는 측면이 있을 것이다. 이러한 점을 개선하기 위해서 우리나라는 그 전부터 법률로서 검토는 계속되었지만, 1993년 8월에 '금융실명거래 및 비밀보장에 관한 긴급명령'에 의거 체계적인 도입이 시작되었다.

이때부터 은행, 증권, 보험 등 모든 금융기관과 금융거래를 할 때에는 반드시 실제명의를 사용하도록 의무화하고, 금융기관에서는 실제명의 여부를 확인한 후에 거래하도록 규정함으로써, 비실명거래를 금지한다는 취지에는 성공하였을지 몰라도, 차명거래를 현실에서 허용하고 있음으로 인해서 완벽한 금융실명제를 실시하지는 못하고 있다는 평가를 받아왔다. 차명거래도 실명거래라는 이유로 그동안 금융실명제법은 "허명"이나 "가명"에 의한 거래만 규제할 뿐, "합의에 의한 차명거래"는 규제하지 않아 실효성이 떨어진다는 비판을 받아왔던 것이다. 이런 금융실명제법의 허점을 악용한 사례로, 전직 고위 공직자나 대기업 총수, 금융그룹 회장과 관련된 은닉 재산이나 실명제법 위반 행위 등이 속속 나타나게 되고, 이런 사항들을 규제해야 한다는 목소리가 커지면서 금융실명제법은 도입 21년만인 2014년 5월에 일부 개정이 된다. 또한, 4차 산업혁명과 핀테크의 발달과 함께 인터넷전문은행도 도입되면서, 향후 금융실명제 규정도 계속적으로 수정이 될 것으로 보인다.

주요 개정 내용은 재산을 은닉하거나 자금세탁 등의 목적으로 차명계좌를 개설하면 실소유자와 계좌 명의자, 범죄 목적의 차명거래를 중개한 금융회사 직원이 모두 형사 처벌을 받게 된다. 다만 동창회나 종친회, 계 등의 '선의의 차명계좌'는 허용하도록 하였다. 차명계좌에 있는 금융자산은 원칙적으로 명의자 재산으로 추정하기로 하고, 실소유자가 이를 돌려받으려면 소송을 통하도록 하고 있다. 기존에는 대법원 판례에서도 차명계좌의 실소유주에게 소유권을 인정해준 사례가 있었는데, 이를 원천적으로 부정함으로써 타인 명의를 차용하려는 최초의 시도자체를 막자는 것이다. 또, 합의가 있었더라도 차명계좌 소유주가 자신의 재산임을 주장하면 실소유자가 이에 대항할 수 없도록 한 것이다. 2014년 5월에 국회를 통과하고 2014년 11월부터 개정, 시행된 금융실명제법 개정내용은 차명계좌를 금지하는 성격이 강하다고 하여, "차명계좌금지법"이라고도 부르고 있다. 그러나 이런 금융실명제법 개정도 완벽하게 차명거래를 방지하지는 못할 것이라는 주장도 일부 있고, 더 강화된 "차명계좌 사전등록제"를 실시해야 한다는 주장도 나오고 있다.

반면 "도명거래"와 "가명거래"도 있을 수 있는데, "도명거래"는 타인의 명의를 명의자 몰래 도용한 경우이고, "가명거래"는 실제 존재하지 않는 명의를 사용하여 거래를 하는 경우이다. "도명거래"나 "가명거래"는 방지할 수 있지만 실제명의로 거래하는 "차명거래"에 대한 방지에는 현실적으로 한계가 있어 향후 금융실명제법 시행 및 개정 시에도 논의가 계속 되어질 것으로 보인다.

> **참고) 차명계좌(차명거래)**
>
> 타인의 명의를 빌려서 개설한 금융계좌를 차명계좌라고 하고, 주로 탈세, 비자금, 편법증여, 재산은닉, 주가조작 등 좋지 않은 쪽으로 사용되어질 수 있는 계좌이다. 반면, 동문회, 동아리, 친족회 등 각종 모임의 자금 등 선의의 차명계좌도 있을 수 있으며, 현재는 차명거래 금지를 시행해야 완전한 금융실명제를 실시할 수 있다는 배경하에, 정치권을 중심으로 선의의 차명거래를 보호하는 부분을 제외한 차명거래를 원천적으로 차단하기 위해서 2014년 5월 금융실명제법을 개정하게 되었다.
>
> ■ 차명거래이지만 금융실명법 위반에 해당되지 않는 사례
> 1) 계·부녀회·동창회 등 친목모임 회비를 관리하기 위하여 대표자(회장, 총무, 간사 등) 명의의 계좌를 개설하는 행위
> 2) 문중, 교회 등 임의단체 금융자산을 관리하기 위해 대표자(회장, 총무, 간사 등)명의 계좌를 개설하는 행위
> 3) 미성년 자녀의 금융자산을 관리하기 위해 부모명의 계좌에 예금하는 행위
>
> ■ 불법 차명거래에 해당되는 사례
> 1) 채권자들의 강제집행을 회피하기 위해 타인 명의 계좌에 본인 소유 자금을 예금하는 행위(강제집행 면탈)
> 2) 불법도박자금을 은닉하기 위하여 타인 명의 계좌에 예금하는 행위(불법재산 은닉)
> 3) 증여세 납부 회피를 위해 증여세 감면 범위를 초과하여 본인 소유 자금을 가족명의 계좌에 예금하는 행위(조세포탈행위)
> 4) 금융소득종합과세 회피를 위해 타인 명의 계좌에 본인 소유 자금을 예금하는 행위(조세포탈행위)
> 5) 생계형저축 등 세금우대 금융상품의 가입한도 제한 회피를 위하여 타인 명의 계좌에 본인 소유 자금을 분산 예금하는 행위(조세포탈행위)

3) 대부업법과 이자제한법

■ 대부업법

IMF 외환위기 이후 최고금리를 취급하는 사금융에 의한 소비자 피해가 크게 증가하자 정부는 사금융의 양성화를 위해 2002년 "대부업의 등록 및 금융소비자 보호에 관한 법률(대부업법)"을 제정하고 66%의 금리 상한을 설정했었다. 이후 대부업법에서 정한 상한금리는 서민

금융 및 보호를 위해서 꾸준히 인하되어왔으며, 2014년 4월부터 개정된 대부업법 하에서는 금리상한선이 연 34.9%, 다시 2016년 3월부터는 연 27.9%, 2018년 2월 문재인 정부에서 공약실천 방안으로 연 24.0%까지 인하된 상황이다. 대부업법은 은행을 포함하여 금전의 대부를 업(業)으로 하는 모든 금융기관(은행, 저축은행, 등록대부업체 포함)은 이 법의 구속선상에 있게 되고, 대부업법에서 정하는 최고 이자율의 적용을 받게 된다.

■ 이자제한법

"이자제한법"은 금전을 빌릴 때 이자의 최고 한도를 정해 폭리 행위를 방지하고 경제적 약자를 보호할 목적으로 제정된 법률이다. 1962년 법 제정 당시 최고이율은 연 4할(40%)을 넘지 않는 범위 안에서 대통령령으로 정하며, 이를 초과하는 부분은 무효로 하도록 규정했다. 이후 외환위기 시절에 법률이 잠깐 폐지되어지기도 하였으나 꾸준히 법정최고이율을 인하시켜 오게 되는데, 이자제한법에서는 2014년 7월부터 연 25%로 최고금리가 정해졌고, 문재인 정부에서 대부업법 최고금리 인하와 함께 2018년 2월부터 연 24%로 인하된 상황이다. 대부업법 적용대상이 등록된 대부업 영위회사들이라고 하면, 이자제한법은 대부업을 본업(本業)으로 등록하지 않은 미등록 대부업체, 사설 대부업체, 일반 개인 대 개인 간의 거래를 의미하는 사인(私人) 간의 거래에서는 이자제한법의 적용을 받게 된다. 친구들끼리의 금전대차, 명동이나 개인 사채업자, 소규모 미등록 대부업체 등은 이자제한법상 최고금리를 따라야 하는 것이다.

4) 자본시장 통합법

자본시장에 대한 규제를 합리적으로 조정하여 증권사 등 금융회사의 대형화와 전문화를 촉진하고 투자자보호를 강화하기 위해서 만든 법률로, 이 법률의 고유 명칭은 "자본시장과 금융투자업에 관한 법률"로 2008년부터 시행되었으며, 줄여서 "자본시장통합법", "자본시장법"이라고 부르기도 한다.

자본시장통합법의 주요 개념을 정리하자면, 첫째, 자본시장 규제에서 겸업주의와 포괄주의를 도입함으로써 선진화되고 대형화되는 금융회사로의 성장을 도모하며, 둘째, 거래가 되는 금융 투자 상품에 있어서도 포괄주의를 도입하여 시대적인 추세를 따르고 있으며, 셋째, 증권회사, 선물회사, 자산운용회사 등 은행을 제외한 금융투자회사들의 겸업을 허용하고, 넷째, 투자자들에게 설명의무나 투자권유규제를 도입함으로써 투자자보호를 강화하는 데 의미를 두고 있는 법률이다.

5) 은산분리제도와 인터넷전문은행

우리나라의 은행은 국유화와 민영화를 거쳐 왔고, 은산분리는 은행업과 은행법의 역사와 함께해 왔다고 해도 과언이 아니라고 할 수 있다. 우리나라 은행법은 1954년에 처음 시행되면서 당시에는 모든 은행들이 국유화(정부소유)되어 있어, 은산분리에 대한 규정이 필요 없었던 상황이었다. 그러나 우리나라 은산분리 규제의 기원은 1961년 산업자본의 은행소유로 인한 부작용이 나타나자 기업가 소유의 은행주식을 모두 환수하여 은행을 국유화한 "부정축재처리법" 및 은행 대주주의 의결권 한도를 10%로 제한한 "금융기관에 대한 임시조치법"에 기원한다. 이후 은행들은 민영화의 길로 가닥을 잡으면서 1982년 은행법 개정을 통해 은행들에 대한 소유구조를 정하는 '동일인에 대한 주식보유한도' 개념이 등장하게 된다. 은행법에 등장하는 개념은 1982년이 처음이었다고 할 수 있다. 시중은행들의 민영화로 인해 생길 수 있는 사금고화와 대주주 편중여신에 대한 부작용을 막기 위한 조치였던 것이다.

6) 금융지주회사(Financial Holding Company)

현재 우리나라에서 공공기관으로 재 지정된 기업은행을 제외한 모든 은행들은 금융지주회사 소속으로 되어있다. 금융지주회사는 2000년도에 제정된 금융지주회사법에 의해 근거를 가지게 되는데, 지방은행도 마찬가지로 금융지주회사 소속으로 되어있지만 전국에 지점망을 가지고 있는 시중은행들은 모두 금융지주회사를 설립하고 금융지주회사 소속으로 편입하게 된다.

금융지주회사법은 금융지주회사와 그 자회사들의 건전한 경영을 도모하고, 금융산업의 경쟁력을 강화하기 위해서 만들어진 법으로, 글로벌 금융의 대형화, 겸업화, 개방화의 추세에 부응하기 위해 만들어진 법이다. 기존에 금융지주회사 없이 개별기업으로서의 A은행과 또 관계사인 B증권사가 있었다면, 이제 세계무대에서 다른 외국계 대한 금융사와 경쟁하기 위해서 모기업인 특정 금융지주회사의 자회사로서 모기업(금융지주회사)의 실적과 지표로 경쟁을 할 수가 있다는 것이다. 규모의 대형화, 개방화, 은행/증권/보험 등의 겸업화 추세에 발맞추기 위한 법적장치였던 것이다.

2000년도에 이 금융지주회사법이 제정되어진 후에, 은행권에서는 2001년 3월에 우리금융지주가 첫 금융지주회사로 설립되었고, 다음으로 2001년 9월에 신한금융지주, 2005년 12월에 하나금융지주, 2008년 8월에 KB금융지주가 설립되면서 4대 금융지주회사의 설립이 마치게 된다. 그러다가, 2012년도에 농협중앙회가 신용사업과 경제사업을 분리하면서 농협금융지주와 농협경제지주를 설립하게 되는데, 농협금융지주가 다시 우리금융의 우리투자증권을 인수하고, 우리은행 민영화를 위해 우리금융지주를 없애고 우리은행이 존속법인으로 남으면서 우리금융지주는 없어지고, 농협금융지주가 4대 금융지주로 올라서게 된다. 우리은행은 다시 2016년에 부분 민영화에 성공하면서, 금융지주사 체제로의 전환을 위해 노력하고 있다.

> **참고** 금융지주회사법
>
> 금융지주회사와 그 자회사의 건전한 경영을 도모함으로써 금융산업의 경쟁력을 강화하고 국민경제의 건전한 발전에 이바지한다는 취지로 2000년도에 제정된 법률이다. 금융지주회사(Financial Holding Company)란 2000년도 이전에는 금융산업의 과도한 시장지배력이나 산업자본의 금융자본 참여로 인한 사(私)금고화 가능성 등의 문제점으로 인해 우리나라에서의 금융지주회사 설립이 불허되었지만, 2000년 이후 글로벌 경제상황 및 국내 금융기관의 대형화와 겸업화를 통하여 금융기관의 경쟁력을 강화하기 위해 금융지주회사법이 도입되었다. 금융지주회사법도 2000년도 이후 금융환경의 겸업화와 대형화, 개방화가 반영되어지는 대표적인 금융시장에서의 변화이며 우리나라에서는 2001년 3월에 최초로 "우리금융지주회사"가 정부주도로 출범하면서 금융지주시대가 열리게 되었다.

2. 전업주의와 겸업주의

전업주의(專業主義, Specialized Banking)란 분업주의(分業主義)라고도 하는데, 금융기관이 본연의 업무(예금, 대출, 지급결제기능 등) 이외의 주변업무를 엄격히 제한하는 제도로 과거부터 이어져오고 있었지만 최근에는 금융기관 간의 업무영역이 무너지는 추세와 함께 특정 금융기관의 고유업무라고 보기에는 어려운 부대업무나 주변업무들이 많이 등장함으로 인해서 현재는 점점 겸업주의로 진행이 되고 있는 추세이다.

전업주의는 영국과 미국에서 주로 발달이 되어왔으며 미국에서는 은행이 증권회사의 업무에 대해서 겸업하지 못하는 전업주의(분업주의)를 선택함으로써, JP모건, 씨티은행, 뱅크오브아메리카(BOA) 등과 같은 대형은행 외에도 골드만삭스, 메릴린치, 모건스탠리 등의 글로벌투자은행(IB)들이 발전하게 되었다. 우리나라와 일본도 이러한 영미방식의 전업주의를 기본으로 금융제도가 발전되어왔다. 미국의 경우에는 한때 겸업주의를 유지하다가 겸업주의의 폐해, 월가의 탐욕이라고 불리는 서브프라임모기지 사태 이후 전업주의로 방향을 선회하여 현재에 이르고 있다.

미국의 경우 "월가의 탐욕"이라고 불리는 2008년 글로벌 금융위기가 금융회사들의 대형화가 불러온 재앙으로 금융회사들의 대형화, 금융회사들이 자사의 이익을 위해 만들어낸 파생상품들이 금융위기로 번지면서 서브프라임 모기지 사태를 유발하였으며, 이로 인해 당시 연방준비위원회 의장이었던 "폴 볼커"의 제안으로 만들어진 법안이 "볼커 룰"이다. 볼커 룰은 금융회사의 대형화를 방지하기 위해 전업주의를 강화하는 법안이라 요약할 수 있으며, 금융회사에 대한 통제강화, 금융회사의 자산을 활용한 채권, 주식, 파생상품 등에 대해 투자를 제한하는 규제 등이 포함된다.

겸업주의(兼業主義, Universal Banking)란, 전업주의에 반하는 개념으로 대부분의 금융기관이 특정한 또는 핵심적인 업무 이외에 타 금융기관의 금융 업무를 취급하는 것을 허용하는 시스템으로 개념을 설명할 수 있다. 겸업주의는 주로 독일, 프랑스, 스위스를 중심으로 발전되어 왔으며, 그 결과로 도이치뱅크, UBS 등과 같은 유럽의 대형은행을 중심으로 금융 산업이 발전하게 되었다. 아직 그 움직임은 빠르지 않지만 최근에는 글로벌화의 빠른 진전과 함께 경제시스템이 다양화되고 복잡화되어가는 추세에서 금융시스템도 어느 특정한 금융기관의 고유 업무라고 보기에는 무리가 있는 경우가 많아 전업주의 시스템보다는 겸업주의로 이동하고 있는 추세라고 할 수 있다.

우리나라에서는 1980년대 중반까지는 완전한 전업주의가 적용이 되고 있었는데, 1998년 외환위기를 기점으로 변화되기 시작한다. 2000년대 이후 금융회사의 대형화, 글로벌 경쟁력을 갖추기 위해 금융지주회사법이 만들어지고, 증권사나 은행에서도 펀드나 수익증권을 판매할 수 있게 바뀌고, 또 은행에서 보험 상품을 파는 방카슈랑스도 허용되었으며, 은행과 보험사도 증권회사와 같이 자산운용업무를 할 수 있게 되었다. 이러한 겸업화 추세는 꾸준히 확대되어지고 있으며, 그러한 바탕에서 2008년도에 시행된 자본시장통합법은 은행과 증권 업계에 있어서 업권 간의 장벽을 허무는 대표적인 법이라고 할 수 있다.

2008년 당시 자본시장통합법의 주요 요지는 크게 두 가지이다. 첫째, 은행, 증권, 보험 등 업권 간의 벽을 현실적인 수준에서 허물어가면서 금융회사의 대형화를 주도해 나가자는 것이었고, 둘째, 특히 증권회사의 대형화를 추구하고자 하였던 법이었다. 우리나라에서도 메릴린치, 골드만삭스 같은 글로벌 대형 증권회사를 만들어낼 수 있도록 증권사 간의 M&A를 통한 대형화를 독려하고, "OO증권회사"라는 사명이 아니라 "OO금융투자"로 사명을 변경하고, 자산운용회사, 선물회사 등을 통합하여 "금융투자협회"라는 단체를 두게 되었다.

자본시장통합법 시행 이전의 증권사는 선물회사, 자산운용회사와 분리되어 있었기 때문에 본래 투자자들이 주식을 사고파는 업무를 중개하거나 기업의 주식 또는 채권 발행을 주관하는 일부 기업금융 업무를 주된 업무로 다루었지만, 자본시장통합법 시행 이후에는 선물 상품을 중개하기도 하고 직접 자금을 운용하는 자산운용업무도 증권사 안에 둘 수 있게 된 것이다. 또 정부는 대형 투자은행(IB) 육성을 위해 증권사의 신규 업무로 헤지펀드나 기업에 자금을 빌려주는 은행의 고유 업무인 대출업무를 추가로 허용하기도 하였다.

반면, 외부규제나 규정에 따라 개별주의(個別主義, Positive System)와 포괄주의(包括主義, Negative System)로도 나눌 수 있는데, 개별주의는 열거주의(列擧主義)라고도 하며, 원칙적으로 모든 것을 금지한 채, 허용되어지는 종류들만 나열되어지는 시스템이며, 포괄주의란 개별주의와 반대로 제한이나 금지되는 일부 사항을 제외한 나머지 모든 부분을 자유화하는 시스템을 말한다. 개별주의는 포지티브 규제를 의미하며, 포괄주의는 네거티브 규제를 의미한다고 봐도 무방한 개념이다.

이러한 개별주의와 포괄주의도 전업주의와 겸업주의와 같이 조화와 균형이 중요하며, 현재 세계적인 추세는 개별주의에서 포괄주의로 옮겨가고 있는 것 같다. 마찬가지로 우리나라에서의 자본시장통합법이나 금융지주회사법은 이런 개별주의에서 포괄주의로 옮겨가고 있는 시대적인 추세와 전업(분업)주의에서 겸업주의로 옮겨가고 있는 추세를 반영하고 있는 제도적인 조치로 이해하면 좋을 것 같다.

3. 베일인 제도, 베일아웃 제도

2010년 G20 서울정상회의에서 참여한 각국은 "시스템적으로 중요한 금융회사(SIFI)"들이 회생정리계획(Recovery Resolution Plan, RRP)을 작성하도록 하는 제도를 권고하였고, 우리나라도 2017년까지 시스템적으로 중요한 금융회사(SIFI)들에 대해 RRP를 도입하기로 합의하였다. 우리나라에서 SIFI(Systemically Important Financial Institutions)는 "국내에서 시스템적으로 중요한 은행(D-SIB, Domestic Systemically Important Banks)"의 개념으로, KB금융지주, KEB하나금융지주, 신한금융지주, 농협금융지주와 우리은행의 5곳으로 2015년부터 지정되어 있다.

회생정리계획(RRP)의 주요내용 중에는 금융회사(SIFI 또는 D-SIB)의 부실과 정리에 따른 손실을 주주뿐만 아니라 채권자(예금주)도 분담해야 한다는 "베일인(bail-in) 제도"도 포함되어 있다. 베일인 제도는 부실 금융회사(은행)에 공적자금이 무분별하게 투입되는 것을 방지하기 위해 마련된 제도로, 부실금융사(은행)에 투자하고 있는 주주뿐 아니라 채권자(예금주)도 금융회사의 손실을 일정부분 분담하거나 직접 자본참여자가 되도록 하는 금융회사에 대한 구제방식의 일종을 말한다.

반면, 베일아웃(bail out) 제도는 경영상 어려움을 겪는 금융회사가 정부의 구제금융 등으로 회생하는 제도로 전형적인 구제금융 제도를 말한다. 우리나라는 현재까지 베일아웃 제도를 도입하고 있어, 베일아웃 제도에 따라 공적자금이 금융회사에 많이 투입되었지만 아직 회수하고 있지 못한 부분이 상당부분이고, 이를 2017년까지 베일인 제도로 전환 도입하는 데 합의하게 되었던 것이다. 그리고 최근 금융당국은 베일인 제도 도입을 위해 주요 은행과의 공청회, 예외사항 처리기준 등 협의와 준비작업에 착수하고 있는 상황이다.

즉, 베일아웃 제도를 채택하지 않고 베일인 제도를 택한다는 것은 계속 정부가 공적자금(세금)을 투입해 금융회사를 살리기만 할 수는 없다는 취지에서이다. 채권자 손실분담(Bail-in) 제도는 구제금융(Bail-out)제도와 대조되는 개념으로, 2008년 글로벌 금융위기 이후 대형 금융회사가 부실 위험에 노출되었을 때 이에 대해 공적자금이 아닌 채권 투자자들도 손실 분담을 통해 극복하게 하자는 취지에서 생겨난 제도다. 대형금융회사의 부실 발생 시 채권자가 손실을 분담할 수 있도록 채권을 상각 또는 출자전환하는 것이 제도의 골자인 것이다. 다만 베일인 제도 도입을 앞두고 결정해야 하는 부실 시 자본으로 전환되는 채권(예금 등)의 범위 등 세부 방안 결정을 위한 국내에서의 진통은 계속 이어지고 있다. 우리나라도 회원사로 참여하고 있는 금융관련 국제기구인 금융안정위원회(FSB)는 원칙적으로 담보채권이나 보호채권을 제외한 나머지는 전부 베일인 대상에 포함하라고 권고하고 있다. 또 FSB는 금융당국의 재량에 따라 일부 무담보채권이나 비보호채권을 베일인 적용대상에서 제외할 수도 있게 함으로써, 국내 금융당국과 은행에서는 이를 두고 논란이 많은 상태이다.

금융당국은 예금자 보호 대상에 포함되는 예금상품에 대해서만 베일인 적용 제외 대상으로 선정한다는 입장이다. 즉, 요구불 예금, 저축성 예금, 적립식 예금, ISA, 예금자 보호대상 편입 상품 등이 이에 해당하며 보호한도는 5,000만 원이며, 이 상품들에 대해서만 베일인 제도에서 제외되는 상품으로 구성해야 한다는 것이다. 그다음에 논란이 되는 것은 선순위채권이다. 투자자들(국민)이 은행에서 발행한 선순위채권에 투자했을 경우에, 이 채권도 베일인 제도에 포함해야 하는지, 포함시키지 말아야 하는지에 대한 논란인 것이다.

채권에는 선순위채권과 후순위채권이라는 개념이 있는데, 선순위채권은 투자자의 입장에서 발행자(은행)의 위기 시에 모든 것에 우선하여 원금을 상환받을 수 있는 채권이며, 후순위채권은 발행은행의 위기 시 다른 일반채권, 예금채권 등 선순위채권자에 대한 원리금을 지급한 후에야 원리금 지급이 가능한 채권을 말한다. 그만큼 후순위채권은 투자 시 리스크가 크고 대신 금리나 수익률은 높은 것이다. 은행에서 발행하는 코코본드 같은 경우가 대표적인 후순위채권의 형태이다.

베일인 제도(채권자 위험부담제도)에서 보호되어야 할 1순위는 어떻게 될 것인지에 대해 생각해 보도록 하자. 크게 네 가지 부분으로 나눠서 생각해 볼 수 있다. 예금 등 예금자보호대상 상품가입 부분, 선순위채권, 후순위채권, 주식보유자(자본주)로 나눠서 생각해 보면, 은행의 경영위기 시에 공적자금이 투입되지 않는다면 1순위로 책임을 져야 하는 부분이 주식보유자(자본주)일 것이다. 2순위는 후순위채권 투자자이다. 이 부분까지는 별 이견이 없는 상태인 것이다.

3순위로 선순위채권에 투자하고 있는 부분을 베일인 제도에 포함시켜야 할 것인지, 말아야 할 것인지가 현재 문제인 것이다. 그리고 4순위인 예금자 보호대상 상품가입부분은 당연히 베일인 제도에서 제외시켜야 하는 부분으로 이견이 또한 없는 상태이다. 국민들이 은행에 예금해 놓은 금액은 베일인 제도에 예외로 인정되어 은행의 부실 시에도 예금인출이 가능하지만, 투자자들이 은행이나 금융지주회사에서 발행한 선순위채권에 투자를 한다면, 이 부분을 어떻게 해야 할 것인지가 논란의 중심에 서고 있는 것이다.

일부 신용평가회사들은 은행들의 선순위채권이 베일인 제도에서 예외로 인정되지 않는다면, 즉 선순위채권도 경영위기 시 손실을 감수해야 하는 채권으로 분류된다면, 각 은행들에 대한 신용등급도 하향조정을 하지 않을 수 없는 상황이라고 이야기하고 있기도 한 상황이다. 그만큼 은행(또는 금융지주)이 발행하는 채권들이 리스크에 노출되어 있고, 투자에 있어서도 추가적인 주의를 요하기 때문인 것이다. 결국 베일인 제도를 도입한다는 것 자체가 정부의 지원을 받지 않는다는 것이고, 그만큼 신용등급에는 악영향이 있을 것으로 보인다.

4. 법정 최고금리 인하

우리나라에서 대출(금전대차)과 관련된 이자를 결정하는 법률은 두 가지가 있다. 한 가지는 "대부업의 등록 및 금융이용자 보호에 관한 법률(이하 대부업법)"이고, 또 한 가지는 "이자제한법"이다. 먼저 대부업법과 이자제한법에 대해 개념을 이해하도록 하자.

■ 대부업법

IMF 외환위기 이후 최고금리를 취급하는 사금융에 의한 소비자 피해가 크게 증가하자 정부는 사금융의 양성화를 위해 2002년 "대부업의 등록 및 금융소비자 보호에 관한 법률(대부업법)"을 제정하고 66%의 금리 상한을 설정했었다. 이후 대부업법에서 정한 상한금리는 서민금융 및 보호를 위해서 꾸준히 인하되어왔으며, 2014년 4월부터 개정된 대부업법하에서는 금리상한선이 연 34.9%, 다시 2016년 3월부터는 연 27.9%, 2018년 2월 문재인 정부에서 공약실천 방안으로 연 24.0%까지 인하된 상황이다. 대부업법은 은행을 포함하여 금전의 대부를 업(業)으로 하는 모든 금융기관(은행, 저축은행, 등록대부업체 포함)은 이 법의 구속선상에 있게 되고, 대부업법에서 정하는 최고 이자율의 적용을 받게 된다.

현재 대부업법은 일몰법으로 2018년 말까지 적용하기로 결정되어 있어, 그 이전에 국회에서 다시 대부업법에서 정한 최고금리에 대해 법적 절차를 거쳐야 하는 상황이다. 대부업법의 적용을 받는 곳은 은행을 포함한 저축은행, 새마을금고, 사업등록이 되어있는 대부업체 등 법률적으로 대부업을 사업목적으로 등록하고 있는 모든 곳들이 해당된다. 시중은행들의 대출금리 적용도 대부업법상 최고금리를 넘지 못하고, 러시앤캐시, 산와머니 등 등록대부업체들도 대부업법의 상한금리 내에서 대출을 취급해야 한다.

■ 이자제한법

"이자제한법"은 금전을 빌릴 때 이자의 최고 한도를 정해 폭리 행위를 방지하고 경제적 약자를 보호할 목적으로 제정된 법률이다. 1962년 법 제정 당시 최고이율은 연 4할(40%)을 넘지 않는 범위 안에서 대통령령으로 정하며, 이를 초과하는 부분은 무효로 하도록 규정했다. 이후 외환위기 시절에 법률이 잠깐 폐지되어지기도 하였으나 꾸준히 법정최고이율을 인하시켜 오게 되는데, 이자제한법에서는 2014년 7월부터 연 25%로 최고금리가 정해졌고, 문재인 정부에서 대부업법 최고금리 인하와 함께 2018년 2월부터 연 24%로 인하된 상황이다. 대부업법 적용대상이 등록된 대부업 영위회사들이라고 하면, 이자제한법은 대부업을 본업(本業)으로 등록하지 않은 미등록 대부업체, 사설 대부업체, 일반 개인 대 개인 간의 거래를 의미하는 사인(私人) 간의 거래에서는 이자제한법의 적용을 받게 된다. 친구들끼리의 금전대차, 명동이나 개인 사채업자, 소규모 미등록 대부업체 등은 이자제한법상 최고금리를 따라야 하는 것이다.

대부업법 최고금리와 이자제한법 최고금리의 변동내역을 보도록 하자.

대부업법		이자제한법	
		1980년 1월~	제정 (연 40%)
		1983년 12월~	연 25%로 인하
		1997년 12월~	연 40%로 인상
		1998년 1월~	폐지
2002년 6월~	제정 (연 66%)		
2007년 10월~	연 49%로 인하	2007년 6월~	재제정 (연 30%)
2010년 7월~	연 44%로 인하		
2011년 6월~	연 39%로 인하		
2014년 4월~	연 34.9%로 인하	2014년 10월~	연 25%로 인하
2016년 3월~	연 27.9%로 인하		
2018년 2월~	연 24%로 인하	2018년 2월~	연 24%로 인하

일반적으로 최고금리를 인하하게 되면 대출을 받아야 하는 차주들의 입장에서는 좋아할 것이라는 게 상식적인 판단이고, 실제로도 그렇다고 할 수 있다. 그러나 사회전체를 보면 금리인하로 인해 대부업체들의 금리인하로 인한 수익성 악화와 해당 수익성을 보전하기 위한 불법, 지하경제와 사채시장이 더 커질 우려가 있다는 점에서는 우려스러운 부분이기도 하다. 최근에는 대부업체를 소유하고 있는 저축은행 등에서도 고금리 대출을 많이 운용하고 있고, 위와 같은 단점(지하경제 확대)에도 불구하고 연 27.9%라는 금리는 높다고 인식하는 것이 일반적일 것이다.

대부업법상 최고금리를 연 34.9%에서 연 27.9%로 인하한 것이 2016년 3월부터였는데, 이때에도 대부업체들은 수익성 악화, 불법 사채시장 확산 등으로 서민들의 금융거래의 질이 오히려 악화될 것이라는 풍선효과를 많이 제기했지만, 실제 금리인하 이후 저축은행이나 대부업체들의 수익성은 오히려 향상되었고, 당시 제기하였던 부작용들은 현실로 나타나지 않고 있다. 서민들의 금융거래의 안정성과 불필요한 금융비용(대출이자) 부담을 최소화시켜 준다는 의미에서 문재인 정부와 정치권의 더불어민주당을 중심으로 대선 공약에 대한 실천으로 법정최고금리 인하가 이루어지고 있는 것이다.

법정 최고금리 인하가 우리 사회에 미칠 긍정적인 영향은 "서민금융 부담완화"로 대표될 수 있다. 1금융권을 이용하기 어려운 서민들의 금융부담을 완화해 주기 위해서 제도적 금리인 대부업법 최고금리를 인하하고, 사적 금전대차 관계를 규제하는 이자제한법 최고금리를 인하해야 한다는 것이다. 현재 문재인 정부에서는 대통령 임기 내에 이 두 가지 법정 최고금리를 연 20%까지 단계적으로 인하한다는 정책 목표를 세우고 있다. 우리 사회가 경제적으로 양극화되고 계층 이동의 사다리도 끊어지고 있는 상황에서 서민들의 금융부담을 완화해 줄 수 있다는 것은 생활에 실질적인 큰 보탬이 될 수 있을 것이라 보인다.

반면 법정 최고금리 인하가 우리 사회에 미칠 부정적인 영향으로는 크게 두 가지를 생각해 볼 수 있다.

첫째, 대부업체의 수익성 악화를 가져오고 금융생태계의 불안을 초래한다는 것이다. 저축은행도 금융생태계를 구성하는 단위로 건강한 성장이 가능해야 할 텐데, 이들의 수익성을 악화시킴으로써 서민금융, 지역금융 기반을 약화시킬 수 있다는 것이다. 2016년 3월에 대부업법 최고금리를 연 34.9%에서 연 27.9%로 인하할 때에도 이런 주장은 있었지만, 실제로 인하후에 저축은행이나 대부업체들의 수익성을 결과론적으로 조사해 보니, 최고금리 인하에도 불구하고 수익성의 변화는 거의 없었다는 조사가 있었다. 이런 조사 결과로 봐서 수익성 악화로 인한 금융생태계 불안을 초래할 수 있다는 주장은 큰 설득력을 얻고 있지는 못한 상황이라고 할 수 있다.

둘째, 궁극적으로 불법 사금융으로 서민들이 내몰림으로써 서민들의 금융부담이 오히려 가중될 수 있다는 것이다. 대부업법 최고금리를 인하하면 수익성에 부담을 느낀 저축은행 등 2금융권에서는 기존보다 대출상환 가능성, 연체 가능성 등을 엄격하게 심사하여 대출을 실시해야 하는 부담이 있고, 이 부담으로 인해 정작 급전이 필요한 서민들은 저축은행 등 2금융권을 활용하지 못하고 불법 사금융을 이용하게 됨으로써, 궁극적으로 저축은행과 대부업체들의 수익성 악화와 함께 서민금융에도 부정적 결과를 초래할 수 있다는 논리이다. 이 부분이 문제인데, 실제로 2016년 최고금리 인하 이후에도 대부업체들의 수익성 악화는 별 문제가 되지 않았지만, 풍선효과로 인한 불법 사금융의 팽창이 심해졌다는 통계가 있는 만큼 이 부분은 서민금융에 대한 추가적인 보완조치가 필요한 부분이라고 할 수 있다.

해외 사례를 보면 법정 최고금리는 일본(20%), 싱가포르(20%), 말레이시아(18%) 등 우리나라와 비슷한 경제구조를 가지고 있는 인근 비교대상 국가들에 비해 우리나라가 법정최고금리가 높은 것은 사실적인 내용으로 보인다. 이런 관점에서도 법정 최고금리 인하에 대한 정책적 방향성은 설득력을 얻고 있다고 볼 수 있다.

5. 은산분리(1) – 은행의 주인은 누구인가

법치주의와 자유 시장경제를 근간으로 하는 우리나라에서는 상법 등 여러 가지 관련 법 체계 하에서 기업의 설립과 소유구조 등에 대해 규정해 놓고 있다. 홍길동이라는 국민 한 명이 "A전자"라는 기업을 설립하기 위해서는 "주식회사"의 형태로 설립하는 것이 보통인데, 이렇게 주식회사로 설립할 때에는 주식의 주인(주주)이라는 형태로 그 기업의 소유권에 대해서도 결정한다. A전자의 자본금이 1억 원인데 1억 원을 홍길동 씨가 모두 투자한다면 이 A전자는 온전히 홍길동 씨의 개인회사인 셈이고, 홍길동 씨가 100% 주주가 되며, 홍길동 씨는 통상 대표이사이자 소유권을 가지게 되는 것이다.

은행의 주인을 보기 전에 먼저 통상적인 우리나라 기업의 주인을 먼저 찾아보도록 하자. 사례기업은 자본금 규모가 작은 기업들 중에서 주주구성도 단순한 기업의 사례를 통해서 찾아보도록 하자. 사례는 금융감독원 전자공시시스템(dart.fass.or.kr)을 통해서 검색하고 알아볼 수 있다.

주주명	소유주식수(주)	금액(천 원)	지분율(%)
천인■	92,600	463,000	46.30
김민■	50,000	250,000	25.00
천태■	35,400	177,000	17.70
김용■	20,000	100,000	10.00
천영■	2,000	10,000	1.00
합계	200,000	1,000,000	100.00

위의 자료41)는 "주식회사 대동○○"이라는 기업의 2016년도 감사보고서 주석에 나오는 회사의 주주현황 자료이다. 이 회사는 천인○ 씨가 대표로 있고, 1999년에 설립된 비철금속 압연, 압출 및 제조업을 영위하는 기업이다. 위의 그림을 보면 천인○ 씨가 1999년에 자본금 10억 원으로 주당 5천 원짜리로 20만 주 주식을 발행하고, 그중에 본인이 92,600주(46.3%)를 소유하고 있다는 것을 보여준다. 정확하지는 않지만 나머지 주주들도 모두 이 회사의 가족이나 친인척으로 구성되어 있는 것으로 보이며 이 관련인들이 주식을 모두 소유하고 있다는 것을 알 수 있을 것이다. 이렇게 주식회사가 설립되면 주식의 소유권(주주)으로 회사의 실질적인 소유권에 대해 결정이 되는 것이다.

이제 은행권의 경우를 보도록 하자.

(단위 : 주, %)

주주명	소유주식수			소유비율
	보통주	우선주	합계	
정부	290,109,219	44,847,038	334,956,257	50.91
한국산업은행	10,490,000	46,915,282	57,405,282	8.72
국민연금	52,671,895	–	52,671,895	8.01
신영자산운용	12,801,278	–	12,801,278	1.95
한국수출입은행	8,501,153	6,210,000	14,711,153	2.24
기타	185,405,270	–	185,405,270	28.17
계	559,978,815	97,972,320	657,951,135	100.00

▲ [표 1] IBK기업은행 대주주 현황, 2017.12.31.기준

---

41) 자료 : 금융감독원 전자공시시스템

주주명	소유주식수(주)	소유비율(%)
(주)KB금융지주	404,379,116	100.00

▲ [표 2] KB국민은행 대주주 현황, 2017.12.31.기준

위의 두 표42)를 보도록 하자. [표 1]은 기업은행의 2017년 말 주주현황이고, [표 2]는 국민은행의 2017년 말 주주현황이다. [표 1]을 보면 기업은행은 최대주주로 정부, 한국산업은행, 국민연금 이런 순으로 소유비율이 구성되어 있다. 정부가 50.9%의 주식을 보유함으로써 가장 큰 영향력을 행사할 수 있는 주주인 셈이다. 주식 소유비율이 1인이 50%가 넘는다는 것은 어떤 식으로든 나머지 주주들이 담합을 하더라도 최대주주가 될 수는 없다는 것으로, 기업은행은 정부가 최대주주이며 실질적인 주인이라는 것이다. 즉, 기업은행의 주인은 정부인 것이다.

다음은 아래쪽 [표 2] 국민은행 주주현황을 보니 뭔가 이상하다. ㈜KB금융지주가 100% 국민은행의 지분을 가지고 있는 주인으로 보여지고 있다. 현재 증권거래소에 상장된 주식은 "국민은행" 주식이 아니라 "KB금융"으로 국민은행은 KB금융의 자회사일 뿐이다. KB금융지주가 국민은행의 주식을 모두 매입하여 소각하고 대신 KB금융의 주식을 증권시장에 상장해 놓고 있는 것이다. 그렇다면 KB금융의 주인은 누구인지 다시 찾아보도록 하여야 한다.

가. 5% 이상 주주의 주식소유 현황

(기준일 : 2018.03.31)   (단위 : 주)

구분	주주명	소유주식수	지분율	비고
5% 이상 주주	국민연금공단	40,204,583	9.62%	2017.12.31 기준
	JP Morgan Chase Bank	25,755,140	6.16%	2017.12.31 기준
	우리사주조합	1,921,670	0.46%	2018.03.31 기준

주) JP Morgan Chase Bank는 DR예탁기관으로 의결권은 각각의 DR소지자에게 있음

나. 소액주주현황

(기준일 : 2018.03.31)   (단위 : 주)

구분	주주		보유주식		비고
	주주수	비율	주식수	비율	
소액주주	111,818	99.99%	298,192,424	71.32%	2017.12.31 기준

위의 자료43)는 KB금융의 2018년 3월 말 기준 5% 이상 대주주 현황 및 소액주주 현황이다.

---

42) 자료 : 은행연합회
43) 자료 : KB금융 주주현황, 금융감독원 전자공시시스템

KB금융 주식을 5% 이상 가지고 있는 곳은 두 곳으로 국민연금공단이 9.62%, JP모건이 6.16% 소유하고 있다. 우리나라 증시관련 법과 은행법 등에서는 비금융자본이 은행자본을 10%까지는 소유할 수 있고 4%가 초과하는 부분은 의결권은 없는 주식으로 인정된다. 외국인 투자가나 기관투자가가 5% 이상 국내 상장기업에 투자를 할 때에는 공시를 하도록 의무화하고 있다. 나름대로 KB금융의 큰 주인은 국민연금공단과 JP모건인 것이다. 그 외에 우리사주조합이 0.46% 주식을 소유하고 있다.

이 세 곳의 주식소유 비율의 합계는 총 16.24%로 아직 주인을 찾지 못한 83.76%가 남아있는데, 이 중에서 71.32%가 소액주주로 소유되고 있다고 위의 표에서는 보여주고 있다. 소액투자자들은 약 111,818명이 2억 9,819만주를 투자하고 있으며 소유비중은 71.32%인데, 소액투자자 1인당 약 2,600주 정도 투자하고 있다는 것을 개략적인 계산을 통해 알 수 있다. 그래도 찾지 못한 약 12%의 지분은 지분율 5% 이상이 아니라 공시대상이 아닌 기관투자자나 외국인 투자자들이 소유하고 있다고 유추해 볼 수 있다. 이 내용을 보면 KB금융은 기업은행처럼 특정 소유권을 가지고 있는 곳이 없으며, 소액주주들이 주식투자를 하는 과정에서 KB금융의 주식을 사고 또 팔고 하는 과정이 반복된다는 것이다.

다른 은행들도 모두 마찬가지이다. 신한은행도 신한금융지주가 100% 지분을 가지고 있고, KEB하나은행도 하나금융지주가 각각 100%의 지분을 가지고 있고, 이들 금융지주사들에 대한 금융감독원의 공시자료를 조사해 보면 역시 위에 보았던 것처럼 특정 주주를 제외한 대부분의 주식은 소액거래가 되고 있다는 점을 볼 수 있다. 단, 우리은행의 경우 공적자금이 투입된 금융기관으로 아직 민영화가 100% 이루어지지 않고 있으며, 예금보험공사에서 아직 약 18%의 주식을 보유하고 있는 상태이다.

반면, 농협은행의 경우에는 조금 다른데, 농협은행은 은행연합회 경영 자료를 보면 주식을 ㈜농협금융지주가 100% 가지고 있고, ㈜농협금융지주는 다시 농협협동조합중앙회가 100% 지분을 가지고 있고, 농협협동조합중앙회는 전국의 각 지역 회원조합인 지역조합과 품목조합 들에서 100%의 지분을 가지고 있다. 농협은행의 주인은 따지고 올라가면 전국 각 지역의 지역농협조합이 주인이라는 것이다. 이렇게 기업은행, 우리은행 및 농협은행을 제외하면 나머지 은행들은 모두 주식에 대한 지분이 시장에 흩어져 있음을 볼 수 있다. 이것이 "은행은 주인이 없다"는 시장에서의 표현에 대한 설명이다.

우리나라에서는 산업자본이 은행자본을 4% 이상 소유할 수 없다는 은산분리 규제가 적용되고 있기 때문에, 은행들이 이렇게 소액투자자들에 의해 소유권을 분산시켜 놓은 형태로 운영되고 있는 것이다. 만약 은산분리 규제가 없거나 50% 등으로 많이 완화되어 있다면, 위에서 일반 기업에서 본 것처럼 은행들도 실제적인 소유권을 가지는 주인 있는 은행이 될 수 있을 텐데, 그렇게 되면 재벌의 사금고화 등의 문제점들이 발생할 수 있기 때문에 은산분리 규제를 둠으로써 은행경영의 건전화를 도모한다는 명목을 가지고 있는 것이다.

이러한 은산분리의 장점으로는 산업자본과 금융자본의 관계를 정립함으로써, 국가경제적인 기초체력을 안정화시킬 수 있다는 점을 포함해서, 재벌의 사금고화 방지, 건전한 산업의 발전 도모 등 여러 가지 측면이 있지만, 반대로 은산분리를 함으로써, 기간산업인 은행산업에 대한 소유권을 외국자본에게 넘겨주게 되는 단점도 있고, 은행이 특정 주인이 없는 기업으로 남겨지게 됨으로써 발생할 수 있는 방만한 경영이나 시대에 뒤떨어질 수 있다는 점, 주인의식 없는 경영, 관치금융 등도 그 단점으로 지적되어질 수 있다.

> **참고 금산분리와 은산분리**
>
> 금산분리는 산업자본이 금융자본을 일정비율 이하로 소유할 수 있도록 산업자본의 금융자본 유지비율을 규제하는 제도이고, 은산분리는 산업자본이 은행자본을 일정비율 이하로 소유할 수 있도록 산업자본의 은행자본 유지비율을 규제하는 제도이다. 우리나라는 '은행법' 및 '금융산업의 구조개선에 관한 법률(금산분리법)'에 의해 산업자본이 은행자본을 4% 이하로 소유할 수 있도록 규정하고 있으며, 실제로 금산분리라고 하기보다는 은산분리제도를 취하고 있다고 볼 수 있다. 또, 이 금산분리제도는 향후 계속 강화해야 한다는 측면의 주장도 있고, 점차 완화하는 쪽으로 가야 한다는 측면의 주장도 있다.

6. 은산분리(2) – 장단점 및 우리나라 변천과정, 해외사례

은산분리 규제를 찬성하는 입장의 가장 큰 논리는 "재벌의 사금고화 방지를 통한 산업 간 건전한 성장"이라는 논리이다. 은행이 재벌기업의 사금고화가 되는 것을 방지함으로써, 은행산업과 일반산업의 개별적인 건전성하에서 성장할 수 있도록 기회를 마련해 줄 수 있다는 것이다. 정상적인 영업과 경영이 이루어지고 있을 때에는 사금고화가 방지될 수 있으나, 계열기업인 일반기업이 부실화가 되기 시작할 때에는 아무래도 같은 계열사인 은행에 대해 자금활용을 할 수 있는 빌미가 더 생길 수밖에 없다는 것이다. 이로 인해, 부실화가 진행될 때 일반기업과 은행의 동시 부실화도 방지할 수 있게 된다.

반면, 은산분리 규제를 완화해야 한다는 입장에서는 은행에 주인을 만들어줘서 주인 있는 기업으로 성장시키고 중장기적인 비전으로 글로벌 경쟁력을 가질 수 있도록 해야 하며, 정부나 관(官)으로부터의 관치금융 방지 등을 도모해야 하며, 또 자본에 대한 소유가 분산이 되어있다 보니 은행의 경영이나 존립에 문제가 생길 정도로 부실화 되었을 경우 국내 자본이 아닌 외국계 자본으로 인수 합병되는 사례 등으로 보았을 때, 결국 외국자본만 배불려주는 형태가 될 수 있다는 점 등이 은산분리 규제를 완화해야 한다는 주된 논리로 작용한다.

우리나라의 은행은 국유화와 민영화를 거쳐 왔고, 은산분리는 은행업과 은행법의 역사와 함께해 왔다고 해도 과언이 아니라고 할 수 있다. 우리나라 은행법은 1954년에 처음 시행되면서 당시에는 모든 은행들이 국유화(정부소유)되어 있어, 은산분리에 대한 규정이 필요 없었지만, 이후 은행들은 민영화와 국유화를 반복하는 과정을 거치면서, 민영화의 길로 가닥을 잡으면서 1982년 은행법 개정을 통해 은행들에 대한 소유구조를 정하는 "동일인에 대한 주식보유한도" 개념이 등장하게 된다. 시중은행들의 민영화로 인해 생길 수 있는 사금고화와 대주주 편중여신에 대한 부작용을 막기 위한 조치였던 것이다.

"동일인"이라는 개념은 "동일한 1인"으로 볼 수 있는 범위를 정하는 개념으로, 주식을 보유하려는 본인과 그 특수 관계인(본인이 최다 주식소유자로 경영에 참여하고 있는 회사, 그 기업집단에 속한 회사, 의결권을 공동행사하기로 합의하거나 계약한 자)까지 포함하는 개념이다. 이 "동일인"이라는 표현은 은행 업무에서도 특히 여신분야에서 아주 많이 사용되는 개념이다.

1982년 은행법 개정 시 은행에 대한 '동일인 주식 보유한도' 개념이 등장하게 되고, 당시 은행 주식 전체에서 8%까지 보유할 수 있다는 한도가 정해지게 되었다. 이후, 1994년 은행법 개정에서는 동일인 보유한도를 4%로 강화하고, 동일인의 개념에 대규모 기업집단(그룹)을 넣어 재벌에 대한 규제를 강화하게 된다. 이후 은행에 대한 동일인 주식 보유한도를 4%로 유지해 오다가, IMF사태를 거친 이후 2002년 개정된 은행법에서는 동일인 주식보유한도를 4%에서 10%로 완화하되, 그중에서 "비금융 주력자 지분한도"라는 개념을 다시 도입해, 비금융 주력자의 은행 주식소유한도는 4%대로 유지하게 된다.

"비금융 주력자"라는 개념은 동일인으로 볼 수 있는 회사집단이 계열회사로 금융회사와 비금융 회사를 포함하고 있을 수 있는데, 비금융 회사의 자본비중이 25% 이상이거나, 비금융 회사의 자산합계가 2조 원 이상인 경우를 말한다. 즉, 산업자본(대기업집단 포함) 중에서 금융업이 75% 이상의 주된 사업영역이 아닌 일반적인 산업자본을 "비금융 주력자"라고 설명할 수 있다.

2002년 은행법 개정은 동일인에 대해서는 10%까지 은행지분을 소유할 수 있지만, 그중에서 비금융 주력자(금융자본이 아닌 산업자본)의 경우에는 4%까지만 소유할 수 있도록 개정하였던 것이다. 이후, 2009년도에는 비금융 주력자 지분한도가 4%에서 9%로 완화되었지만, 다시 2013년도에는 당시 동양그룹 사태로 인해 비금융 주력자 지분한도를 9%에서 4%로 다시 환원시키는 은행법 개정이 이루어지게 되었다. 현재, 은행법도 이 규정을 그대로 이어오고 있는데, 동일인은 은행지분을 소유할 수 있는 한도로 10%를 정하고 있지만, 비금융 주력자는 4%로 제한하고 있다. 우리나라에서 "동일인"으로 은행 지분을 10%로 소유할 수 있는 개인이나 기업은 현실적으로 없을 것이라는 점을 감안하면, 비금융 주력자에 대한 4% 규제가 실질적인 은산분리 규정인 것이다.

2017년부터 인터넷전문은행 경영을 위한 은행법 개정안들이 국회에서 표류를 하다가 2018년 10월 마침내 국회 본회의를 거쳐 인터넷전문은행에 대한 은산분리 특례법이 2019년 1월부터 시행을 앞두고 있다. 내용은 인터넷전문은행에 한하여 바로 이 "비금융 주력자"에 대한 지분 취득한도를 현행 4%에서 34% 수준으로 완화한다는 것이다. 창의성이나 혁신성을 갖춘 ICT 기업들이 인터넷전문은행의 지분을 소유하고 대주주로서 실질적인 주인이 있는 인터넷전문은행이 되고, 의사결정과정과 경영활동에 참여할 수 있게 함으로써, 인터넷전문은행의 국내 경쟁력은 물론 글로벌 경쟁력을 강화시켜 나가고자 하는 것이 그 배경인 것이다. 이런 은산분리 규제에 대한 해외사례를 보면, 미국이 그래도 은산분리 규제를 가장 확고하게 지키고 있는 나라 중에 한 곳이다. 미국은 25%를 넘지 않는 선에서 은행에 대한 지배력에 따라 5~25% 수준의 은산분리 규제를 두고 있으며, 인터넷전문은행은 이와 별도로 더욱 완화된 규제를 적용하고 있다. 일본도 20% 규제로 20% 이상 산업자본의 소유가 필요할 시에는 감독당국의 승인을 득하도록 하고 있으며, 유럽 국가들의 경우에는 더욱더 완화되어 전반적으로 10~50% 수준의 은산분리 규제를 운영하고 있다. 미국 일본 등이 감독당국의 승인을 얻어 소유를 확대할 수 있다는 점에서 보면 우리나라의 경우가 그래도 가장 엄격한 은산분리 규제를 운영하고 있는 셈인 것이다.44)

구분	소유제한	비고
미국	25%	25% 이상 감독당국 승인 필요
일본	20%	20% 이상 감독당국 승인 필요
EU	10~50%	10, 20, 33, 50% 초과 시 감독당국 승인 필요
스웨덴	50%	–

▲주요국의 은산분리 규제

7. 방카 25%룰과 펀드 50%룰

"방카 25% 룰"은 규제탄생과 함께 지금까지 계속 전문가들과 금융업계 내에서 논란의 중심에 서 있는 내용이다. 지난 2003년부터 은행에서 보험상품을 판매하는 방카슈랑스 상품판매가 허용되었으며, 이후 2005년부터 시행된 "방카룰"은 크게 세 가지이다. 첫째, 방카슈랑스 25%룰인데, 은행에서 보험상품 판매 시 은행에서 연간 판매하는 전체 보험사의 방카슈랑스 상품 매출에서 특정 보험사의 상품판매가 25%를 넘지 못하도록 한 규제이다. 둘째, 한 지점당 2명까지만 방카슈랑스 판매직원을 두게 하였으며, 셋째, 자동차보험, 생명보험, 암보험 등 일부상품 판매는 허용하지 않고 있다.

이 중에서도 가장 논란이 많았던 것이 방카 25%룰이다. 이 제도의 시행 배경은 전업(專業)계 보험회사와 은행계 보험회사와의 공정한 경쟁력 확보를 위한 조치였다고 할 수 있다. 은행에서 판매하는 것인 만큼 은행지점에서 은행계 보험회사(KB생명, 신한생명 등)의 보험상품을 더 많이 판매하고, 전업계 보험회사(흥국생명, 교보생명 등)의 상품을 덜 판매하게 되지 않을까에 대한 공정성 확보차원에서 마련된 것이다.

공정성 확보 차원에서 시작된 방카 25% 룰은 시행이후 계속 전문가들의 논란 속에서 현재까지 이어오고 있다. 제도 시행 이후 한때는 방카슈랑스 매출에서 은행계 보험회사의 매출보다

---

44) 자료 : 이데일리

전업계 보험회사의 매출이 더 높아지는 역차별의 현상이 나타나기도 하였다. 이런 상황 속에서 2015년부터 본격적으로 등장하기 시작한 금융복합점포 운영과 함께 다시 방카 25% 룰은 논란의 중심에 서게 되었다.

현재 우리나라에서 방카 25%룰을 적용받지 않는 경우는 두 경우이다.

첫째, 농협은행이 아닌 개별 단위농축협에서의 방카슈랑스 25%룰은 적용되지 않는다. 농협은행과 단위농협은 별개의 조직이며 농협은행의 복합점포를 제외한 일반 지점들은 위에서도 본 것처럼 방카 25%룰을 적용받지만, 개별 단위농협은 방카룰 자체를 적용받지 않는다. 2012년 농협중앙회의 신용사업, 경제사업 분리와 함께 농협보험의 고객 특수성과 단위농협의 자산규모의 열세상황을 감안하여 방카룰 적용예외 기간을 당초 2017년 3월까지 5년간 유예하였으며, 2017년 3월에 다시 5년을 추가로 유예하여 2022년 3월까지는 방카룰 적용에서 제외된다. 다만 단위농축협 중에서도 자산 2조 원을 넘기는 규모의 단위농축협들은 방카 25%룰의 적용을 받는다.

둘째, 방카 25%룰 적용은 자산규모 2조 원 이상의 금융회사에 한해 적용된다. 새로이 영업을 시작한 인터넷전문은행도 방카슈랑스 적용대상에서 제외되었으나, 2018년 9월 현재 카카오뱅크는 자산규모가 9조 원대, 케이뱅크는 1조 8천억 원대를 기록하면서 카카오뱅크는 방카 25%룰 적용대상이고, 케이뱅크는 아직 적용대상이 아닌 상태로 남아있다. 또한 카카오뱅크는 방카슈랑스 상품 판매를 검토하고 있는 단계이지만, 케이뱅크는 2018년 초부터 방카슈랑스 판매를 시작하고 있고 주요 주주사인 한화생명 상품을 시작으로 제휴 대상 보험사도 확대해가고 있다.

방카슈랑스 25%룰에 대해 은행계 보험사에서 주장하는 근거는 크게 세 가지로 언급할 수 있다. 첫째, 비은행계 보험사는 여러 은행과 제휴를 맺을 수 있지만, 은행계 보험사는 소유구조상 타 은행과 제휴를 맺기 어려운 실정이라는 것이 한가지이다. 둘째, 방카슈랑스 제도를 시행하는 세계 각국의 어느 나라에서도 보험사별 판매비중을 두는 곳은 우리나라밖에 없다는 것이다. 셋째, 소비자의 권익적인 측면에서도 역차별의 요인이 충분히 있다는 점을 들고 있다. 결국 전업계 보험사들의 안정적인 매출확보를 위해 금융소비자들의 선택의 권리를 빼앗고 있다는 것이다.

이에 반해 전업계(비은행계) 보험사들은 방카 25%룰 규제완화나 폐지에 대해 생존권 위협이라는 관점으로 접근하고 있다. 방카슈랑스 업무가 허용되고, 금융지주사별 결속력을 강화하는 현재와 같은 영업환경 하에서 방카 25% 룰은 영업활동의 공정한 경쟁력 확보를 위해서 필수불가결한 조치로, 폐지나 완화는커녕 현행유지나 오히려 강화를 주장하고 있는 것이다. 또 25%룰 폐지는 은행에서의 보험영업이 더욱 확대되는 것이다 보니, 보험영업으로 생활을 영위하는 설계사 입장에서도 25%룰은 유지되어야 한다는 것이다.

방카 25%룰이 방카슈랑스 판매와 관련된 계열사 일감 몰아주기를 방지하기 위한 규제라고 할 수 있다면, 펀드 50%룰은 펀드판매와 관련해서 계열사 일감몰아주기를 방지하기 위해 마련된 규제이다. 은행, 증권사 등 펀드 판매사가 계열 운용사 펀드를 한 해 동안 신규 판매액의 50%를 초과해서 판매하지 못하게 하는 제도로, 2013년 4월에 2년 기한으로 만들어졌으나, 2015년 4월에 다시 2년이 연장되었고, 2017년 4월에 다시 2년이 연장되어 현재 2019년 4월까지 기한을 두고 유지가 되는 규제이다.

펀드 50%룰도 방카 25%룰과 근본적인 핵심문제는 다르지 않다. 금융소비자 권익보호라는 차원에서 보았을 때 찬반양론이 팽팽한 상황이다. 계열사에 충분히 좋은 펀드상품이 있지만 규제에 막혀 고객에게 판매하지 못하는 경우도 있고, 계열사 일감 몰아주기 방지를 통해 진정한 고객 권익보호와 금융업종의 건전한 성장을 도모할 수 있다는 주장도 나름대로 설득력이 있다는 논리이다. 당연히 대형 증권사들은 이 룰을 폐지하면 좋겠지만, 중소형 증권사에서는 빈익빈부익부 현상을 막기 위해 펀드 50%룰을 찬성하고 있는 입장이다. 계열사 일감몰아주기 규제의 일환으로 2018년 45%, 2019년 40% 등 매년 5%씩 규제를 강화하여 2022년까지 펀드판매도 25%까지 강화하기로 하였다.

8. IFA 제도와 금융시장

IFA(Independent Financial Advisor)는 우리말로 "독립투자 자문업자"라고 번역하는데, IFA는 특정 금융회사(은행, 증권사, 보험회사 등)와의 이해관계와 상관없이 금융소비자들에게 투자나 자산관리에 대해 조언과 컨설팅을 해주는 기관(기업) 또는 개인을 말한다. 이는 투자자문업 활성화를 위해 금융위원회에서 자본시장법 개정을 통해 시행하게 되며, 2017년 3월에 금융감독원과 금융위원회는 "투자자문업 제도개선 설명회"를 가졌고, 국회에서 자본시장법 개정안 최종 통과 후 2017년 5월부터 시행이 되고 있는 제도이다.

IFA는 PB나 자산관리업무만을 전담으로 하는 특정 은행과 무관한 별개의 기업이 만들어지거나, 개인이 그러한 동질의 투자자문 활동을 업으로 영위하게 되는 것이다. 또 하나의 직업이 생기는 것과 마찬가지이고, 현재 은행을 포함한 금융회사에 소속되어 근무 중인 PB들이 자기은행의 이익을 위해 근무하는 것과 달리, 독립된 PB업을 영위하는 것과 마찬가지이다. 우리나라에서는 시도되지 않았던 제도로, 금융위원회에서 2015년부터 도입을 준비하여 왔으며, 2017년 5월부터 시행된 것이다.

우리나라에서는 IFA제도를 최근에 와서야 도입하게 되었지만, 글로벌에서는 현재 영국, 미국, 일본 등에서 도입, 운영 중인 제도이다. 대신 우리나라에는 기존에는 "독립"투자자문업자는 아니지만, "일반"투자자문업자는 있었다. 보통 "투자자문사"로 불리는 일반투자자문업자는 일정 법적요건을 갖추어 투자자문업을 영위하고 있는 법인체 기업들을 말하며, "주식종목추천"의 경우가 대표적이다. 또 "투자일임업"이라는 것이 있는데, 이는 고객의 자산을 위임받아 직접적으로 투자를 대행하는 법인체 기업들을 말한다. 경우에 따라서는 투자자문업과 투자일임업을 겸업으로 영위하는 기업들도 많다.

IFA제도의 도입취지는 "투자자의 권익보호"이다. 현재 특정 금융회사(은행, 증권회사 등) 소속 PB들의 경우 자기가 소속된 금융회사의 이익에 부합하는 범위 내에서 고객들과 금융상담을 진행하기 때문에, 이 문제로부터 금융소비자의 권익보호라는 문제가 제기될 수 있고, IFA는 바로 이 문제를 해결해 줄 수 있는 적절한 제도적 장치로 검토되고 있는 것이다. 거기에 현재의 저성장, 취업난 상황 속에서 추가로 직업이 만들어질 수 있다는 시기적인 긍정적 요인이 덧붙여져서 이 제도가 더욱 추진력을 강화하고 있다고 할 수 있다.

IFA제도와 기존 일반투자자문업자, 또 투자권유대행인과의 차이점을 보도록 하자.

구분		독립투자자문업자(IFA)	일반 투자자문업자	투자권유대행인
① 형태		법인(주식회사)	법인(주식회사)	개인
② 자문 대상		-	-	파생상품을 제외한 금융투자상품 투자 권유 위탁
	• 자본금 1억 원 (신설)	펀드, ELS, RP, 예금	펀드, ELS, RP, 예금	-
	• 자본금 5억 원 (현행)	주식, 채권, 파생 등 금융투자상품, 예금 등	주식, 채권, 파생 등 금융투자상품, 예금 등	-
	• 자본금 8억 원 (현행)	5억 원 대상상품+부동산 등	5억 원 대상상품+부동산 등	-
③ 독립성 요건		적용	미적용	미적용
④ 특정 금융회사 제휴		불가	다수회사와 제휴 가능	1개사와 전속계약만 가능
⑤ 독립성 표시		가능(상호, 홍보 가능)	불가(제휴사 표시)	불가(위탁사 표시)
⑥ 자문 수수료		투자자로부터 수취	투자자로부터 수취	-
⑦ 판매사로부터 커미션 등 수취		불가	제한적 기능(사전 고지 의무)	가능
⑧ 판매사로부터 재산상 이익 수취		수취 금지	수취 가능(사전 고지 의무)	수취 가능
⑨ 특이사항		독립성 표시 가능(신뢰 확보)	판매사로부터 커미션 제한적 수취	판매사로부터 커미션 수취 가능
		모든 금융회사 상품 자문 가능	(투권인 대비)다양한 상품 자문 가능	1개사 전속
		금융회사 제휴 제한	(IFA 대비)독립성 미확보 IFA가 아닌 점 사전 고지	-

▲ 독립투자자문업자와 일반 투자자문업자의 구분[45]

차이점 중에 "독립성"이라는 항목이 있는데, 이는 상품들을 권유해야 하는 상품의 제조 금융회사로부터의 독립성을 말한다. 일반투자자문업(FA, Financial Advisor)의 경우에는 금융

---

45) 자료 : 매일경제

회사(은행, 증권회사 등)와 제휴가 가능해, 제휴한 금융회사들을 추천해주고 금융회사들로부터 수수료나 판매 인센티브를 받게 되는 구조이다. 이러다 보니 고객들의 입장에서는 제휴한 곳들의 상품만 추천받을 수 있고, 이 구조에 대한 고객 권익우선이라는 신뢰도에 문제가 생길 수 있으며, 기존의 은행이나 증권회사를 직접 찾아가서 상담을 받는 경우와 별반 다른 점이 없을 수 있다는 점이 문제였다.

IFA는 독립성을 보장하여 각 금융회사들로부터 IFA를 독립시켰으며, IFA는 어떤 금융회사와도 제휴하지 못하며 특정 금융회사로부터 판매수수료나 판매 인센티브도 받지 못하게 함으로써, 독립성을 보장한다는 것이 가장 큰 차이점 중에 하나이다. 이를 통해 고객들이 가장 중립적인 관점과 객관적인 관점에서 자산관리 상담을 받을 수 있게 된다는 점이 장점이다. 그러나 일반투자자문업의 경우에는 금융회사로부터 수수료나 인센티브를 받을 수 있어서 고객들에게는 저렴하게 자문업을 제공할 수 있지만, IFA에서는 오로지 고객들에게만 자문수수료를 받게 하고 있다.

IFA의 수익원을 만드는 기본을 고객들에게서 받는 수수료로 정함으로써, IFA는 금융회사로부터는 일절 인센티브나 수수료를 받지 못하고, 고객들에게만 수수료를 받게 하고 있다. 이 점은 이 점은 IFA의 수익성과 직결되는 중요한 문제로 수수료가 높으면 고객들이 IFA를 찾지 않을 것이고, 수수료가 낮으면 IFA의 수익성이 떨어질 수 있으니 이 문제를 앞으로 어떻게 시행착오를 거치면서 현실적으로 IFA제도가 정착이 되어갈지가 큰 이슈 중에 하나가 될 것으로 보인다. 결국 고객들은 자산관리 상담을 위해 수수료를 아끼거나(일반투자자문업자), 무료로 상담을 받거나(직접 OO증권, OO은행 방문), 수수료를 내면서 IFA를 찾는 3가지 방법 중에 개인에게 맞는 방법을 찾게 될 것이다.

은행의 입장에서 보면 크게 두 가지 측면에서 새로 도입되는 IFA제도에 대해 우려스러운 점을 언급할 수 있다.

첫째, 새로 도입되는 IFA시스템과 가장 경쟁적인 시장형성이 되는 곳이 은행의 "자산관리" 부문이며, PB들의 업무영역이 경쟁적인 환경에 처할 것으로 보인다. 분명하게 IFA제도는 은행의 PB 업무분야와 경쟁상태가 될 것이며, IFA제도가 극단적으로 성공적인 정착이 된다면, 은행권에서는 PB업무의 무용론까지 나올 수도 있는 상황이 도래될 수 있다는 점에서 우려되는 부분이라고 할 수 있다. IFA제도의 정착여부, 로보어드바이저에 의한 자산관리와 함께 PB직무를 수행하고 있는 은행원들에 대한 미래에 대한 은행권의 고민과 연구가 필요한 부분이라고 할 수 있다.

둘째, 기존에 고객들이 직접 은행을 찾아 자산관리에 대해 상담이 이루어질 경우에는 자기은행의 상품이나 제휴 상품들을 추천할 수 있었으며 고객유치에도 별 무리 없는 안정적인 영업구조를 가질 수 있었지만, 새로 도입되는 IFA제도는 "고객 권익우선"이라는 최우선 가치 하에 다양한 금융상품 중에 가장 고객의 입장에서 유리한 금융상품이 IFA들로부터 추천될 수 있다는 점을 감안하면, 상품 경쟁력이 더욱 심해질 것이라는 우려를 할 수 있다. 이를 위해서는 각 은행들이 보다 더 경쟁력 있고 다양한 금융상품을 만들어야 할 것으로 보인다.

9. 예금자보호(1) : 예금자보호제도와 예금보호

■ 예금자보호제도란?

금융기관이 경영부실 등의 이유로 예금자의 예금인출요구에 응할 수 없을 경우 제3자인 예금보험기구가 예금을 대신 지급함으로써 예금자를 보호하고 이를 통해 금융시장의 안정을 유지하고자 도입한 제도이다. 우리나라에서는 1995년 12월 "예금자보호법"이 제정되었고, 이 법에 근거하여 1996년 1월에 예금보험공사가 설립되어 예금보험기구로서 업무를 담당하고 있다.

> **참고** 예금보험공사 (자료 : 예금보험공사 홈페이지)
>
> 1. 설립목적
>   예금보험공사는 금융회사가 파산 등으로 예금을 지급할 수 없는 경우 예금의 지급을 보장함으로써 예금자를 보호하고 금융제도의 안정성을 유지하는 데 이바지 하고자 "예금자보호법"에 의거하여 설립
>
> 2. 주요업무
>   - 예금보험기금 조달
>   - 금융회사 경영 분석 등을 통한 부실의 조기 확인 및 대응
>   - 부실금융회사의 정리
>   - 보험금지급
>   - 지원자금의 회수
>   - 부실관련자에 대한 조사 및 책임추궁

■ "부보(付保)"라는 표현이 무슨 내용인가?

은행 등 금융회사가 예금보험공사에 예금보험을 가입하는 행위를 "부보(付保)"라고 하며, "부보"라는 단어는 일반적으로 "보험에 든다" 또는 "보험에 가입한다"는 의미로 사용된다. 은행 등 금융회사들이 부보 금융회사(보험가입을 한 금융회사)가 되고 이들 금융회사들은 예금보험공사에 일정률로 정해진 보험료를 납부하고 예금자보호제도(보험)에 가입하게 된다. 일반적으로도 생명보험, 화재보험 등 보험에 가입하는 행위를 "부보(付保)"라고 한다.

■ 예금보호한도는?

1995년 예금자보호법 제정 이후 2000년 12월까지는 예금전액을 보호하였지만, 2001년부터는 예금 부분보호제도로 전환되어, 보험금 지급 공고일 기준으로 원금과 소정의 이자를 합하여 예금자 1인당 세전 5천만 원까지 보호하고 있다. 2015년부터는 예금보호대상 금융상품으

로 운용되는 확정기여형 퇴직연금제도 또는 개인형 퇴직연금제도의 적립금을 합하여 가입자 1인당 최고 세전 5천만 원까지 다른 예금과 별도로 보호하고 있다.

퇴직연금은 일반예금과 별도로 노동자의 노후를 대비하는 중요한 재원이 된다는 측면에서 예금자보호의 예외조치가 필요한 부분이라고 할 수 있다. 퇴직연금은 회사가 책임을 지고 자금을 운용하는 확정급여형(DB형, Defined Benefit)과 개인이 책임을 지고 자금을 운용하는 확정기여형(DC형, Defined Contribution)이 있는데, 확정급여형 퇴직연금은 회사가 별도로 책임을 지고 있기 때문에 국가 차원에서 별도로 보장을 하지 않아도 되며 예금자보호대상에서 제외된다.

확정기여형의 경우 개인이 책임을 지고 운용하지만 운용상품이 예금자보호대상 상품으로 운용되는 경우에 한해 보호가 된다는 의미이다. 예를 들어 확정기여형 퇴직연금에 가입하고 노동자가 퇴직연금 재원을 정기예금과 펀드로 나눠 가입했다면, 정기예금 해당분은 보호대상이 되며 펀드 가입 부분만큼은 보호대상이 아니라는 의미이다. 즉, 이 경우에는 확정기여형으로 퇴직연금을 가입하고 퇴직연금 재원을 어디에 투자하느냐에 따라 예금자는 최대 한 곳 금융회사에서 1억 원까지 예금자 보호대상이 된다는 것이다. 현재 우리나라의 퇴직연금은 75 : 25 정도로 확정급여형이 많은 비중을 차지하고 있다.

개인형 퇴직연금은 2012년에 도입된 IRP(Individual Retirement Pension)를 말하는 것으로 역시 예금자보호대상 상품에 투자하는 경우에 한하여 보호되며, 예금자는 최대 한 곳 금융회사에서 1억 원까지 보호를 받을 수 있다는 것이다. 확정기여형 퇴직연금과 개인형 퇴직연금을 합쳐 1인당 최고 세전 5천만 원까지 예금과 별도로 보장된다는 것이며, 확정기여형 퇴직연금 5천만 원, 개인형 퇴직연금 5천만 원, 예금 5천만 원으로 최대 1억 5천만 원까지 보호된다는 의미가 아님을 유의해야 한다.

보호금액 5천만 원은 예금의 종류별 또는 지점별 보호금액이 아니라 동일한 금융회사 내에서 예금자 1인이 보호받을 수 있는 총 금액을 말한다. 이때 "예금자 1인"이라 함은 개인뿐만 아니라 법인도 대상이 된다.

■ 예금 부분보호제도를 시행하고 있는 이유는?

금융회사의 예금을 금액에 관계없이 전액 보호하게 되면 예금자들은 자신의 예금을 맡길 금융회사의 건전성을 살피지 않고 높은 이자를 지급하는 금융회사에 예금을 하게 될 것이다. 한편, 일부 금융회사들은 이에 편승하여 안정성보다는 고수익, 고위험의 불건전한 경영행태를 추구하여 부실화될 가능성이 높아지게 된다. 이러한 사태를 방지하기 위해서는 예금부분보호 제도가 반드시 필요하며, 이 제도를 시행하게 되면 금융시장 참여자의 도덕적 해이를 방지할 수 있고, 금융회사의 경영 내실화를 유도하여 시장규율을 확립할 수 있게 된다. 참고로, 미국, 캐나다 등 대부분의 금융선진국들도 예금부분보호제도를 시행하고 있다.

■ 은행 상품 중에서 보호되는 상품과 보호가 되지 않는 상품은?
1. 보호가 되는 상품
    - 보통예금, 기업자유예금, 별단예금, 당좌예금 등 요구불 예금
    - 정기예금, 저축예금, 주택청약예금, 표지어음 등 저축성예금
    - 정기적금, 주택청약부금, 상호부금 등 적립식 예금
    - 외화예금
    - 예금보호대상 금융상품으로 운용되는 확정기여형 퇴직연금제도 및 개인형 퇴직연금 제도의 적립금
    - 개인종합자산관리계좌(ISA)에 편입된 금융상품 중 예금보호 대상으로 운용되는 금융상품
    - 원본이 보전되는 금전신탁 등
2. 보호가 되지 않는 상품
    - 양도성예금증서(CD), 환매조건부채권(RP)
    - 금융투자상품(수익증권, 뮤추얼펀드, MMF 등)
    - 특정금전신탁 등 실적배당형 신탁
    - 은행 발행채권
    - 주택청약저축, 주택청약종합저축 등

■ 투자매매업자, 투자중개업자 등 증권, 자산운용회사에서 보호가 되는 상품과 보호가 되지 않는 상품은?
1. 보호가 되는 상품
    - 증권의 매수 등에 사용되지 않고 고객계좌에 현금으로 남아있는 금액
    - 자기신용 대주담보금, 신용거래계좌 설정 보증금, 신용공여담보금 등의 현금 잔액
    - 예금보호대상 금융상품으로 운용되는 확정기여형 퇴직연금제도 및 개인형 퇴직연금 제도의 적립금
    - 개인종합자산관리계좌(ISA)에 편입된 금융상품 중 예금보호 대상으로 운용되는 금융상품
    - 원본이 보전되는 금전식탁 등
2. 보호가 되지 않는 상품
    - 금융투자상품(수익증권, 뮤추얼 펀드, MMF 등)
    - 선물 옵션거래예수금, 청약자예수금, 제세금 예수금, 유통금융 대주담보금
    - 환매조건부채권(RP), 증권사 발행채권
    - 종합자산관리계좌(CMA), 랩어카운트, 주가지수연계증권(ELS), 주식워런트증권(ELW)
    - 금 현물거래예탁금 등

■ 보험회사에서 보호가 되는 상품과 보호가 되지 않는 상품은?
1. 보호가 되는 상품
    - 개인이 가입한 보험계약
    - 퇴직보험
    - 변액보험계약 특약
    - 변액보험계약 최저사망보험금, 최저연금적립금, 최저중도인출금, 최저종신중도 인출금 등 최저보증
    - 예금보호대상 금융상품으로 운용되는 확정기여형 퇴직연금제도 및 개인형 퇴직연금 제도의 적립금
    - 개인종합자산관리계좌(ISA)에 편입된 금융상품 중 예금보호 대상으로 운용되는 금융상품
    - 원금이 보전되는 금전신탁 등
2. 보호가 되지 않는 상품
    - 보험계약자 및 보험료납부자가 법인인 보험계약
    - 보증보험계약, 재보험계약
    - 변액보험계약 주계약(최저사망보험금, 최저연금 적립금, 최저중도인출금, 최저종신 중도인출금 등 최저보증 제외) 등

■ 저축은행 상품이나 저축은행 관련해서 보호가 되는 상품과 보호가 되지 않는 상품은?
1. 보호가 되는 상품
    - 보통예금, 저축예금, 정기예금, 정기적금, 신용부금, 표지어음
    - 상호저축은행중앙회 발행 자기앞수표 등
2. 보호가 되지 않는 상품
    - 저축은행 발행채권(후순위채권 등) 등

■ 은행의 신탁상품도 보호대상이 있고, 보호되지 않는 상품이 있는가?
1. 은행 신탁상품 중에서 보호가 되는 상품
    - 일반불특정금전신탁 / 적립식목적신탁(약정) / 가계금전신탁('96.4.30까지 입금분) / 기업금전신탁('96.4.30까지 입금분) / 적립식목적신탁(실적)('96.4.30까지 신규분) / (신)노후생활연금신탁 / (신)개인연금신탁 / 퇴직(일시금)신탁 / 연금신탁
2. 은행 신탁상품 중에서 보호가 되지 않는 상품
    - 개발신탁 / 근로자우대신탁 / 가계장기신탁 / 신종적립신탁 / 국민주신탁 / 단위형금전신탁 / 추가형금전신탁 / 부동산투자신탁 / 일반특정금전신탁 / 분리과세특정금전신탁 / 맞춤형특정금전신탁 / 자사주특정금전신탁

■ 농협은행, 수협은행, 지역(단위)농협, 지역(단위)수협의 예금자 보호는?

농협은행 및 수협은행 본, 지점의 예금은 예금자보호법에 따라 예금자 1인당 5천만 원까지 보호된다. 그러나 농·수협 지역(단위)조합의 예금은 예금자보호법에 따른 보호대상이 아니며, 대신 각 농협중앙회나 수협중앙회가 자체적으로 설치, 운영하는 "상호금융예금자보호기금"을 통해 보호하고 있다.

> **참고** 수협은행의 예금자보호 안내문구
> - 상품명 : "사랑해독도 정기적금"
> - 안내문구
>
>> ■ 예금자보호   KDIC 보호금융상품 1인당 최고 5천만원
>>
>> 이 예금은 예금자보호법에 따라 예금보험공사가 보호하되, 보호 한도는 본 은행에 있는 귀하의 모든 예금보호대상 금융상품의 원금과 소정의 이자를 합하여 1인당 "최고 5천만 원"이며, 5천만 원을 초과하는 나머지 금액은 보호하지 않습니다.

> **참고** 지역농협의 예금자보호 안내문구
> - 상품명 : 서서울농협 "농어가목돈마련저축"
> - 안내문구
>
>> ■ 예금자보호
>> 적용금리 등 상품에 대한 자세한 내용은 가입 영업점에 따라 확인하시기 바랍니다.
>> 이 예금은 농업협동조합구조개선에 관한 법률에 따라 1인당 최고 원리금 5,000만 원까지 보호됩니다.
>> (1인당 보호한도는 각 농·축협별로 적용하며, 동일한 농·축협의 본점 및 지점의 예금은 합산합니다.)

■ 새마을금고, 신용협동조합(신협) 예금도 보호대상인가?

새마을금고는 예금자보호법에 따라 보호대상금융회사가 아니므로 새마을금고에서 취급하는 예금은 보호대상이 아니다. 새마을금고 예금의 경우 "새마을금고법", 신용협동조합은 "신용협동조합법"에 따라 각 중앙회에 설치된 예금자보호 준비금을 통해서 별도 기준으로 보호하고 있다.

지역(단위)농협, 지역(단위)수협, 새마을금고, 신용협동조합은 모두 상호금융기관으로 각 상호금융기관 중앙회에서 개별적인 예금자보호제도와 예금보호기금을 운영하고 있으며, 보호한도는 예금보험공사와 동일하게 1인당 최대 원금과 소정의 이자를 합쳐 5천만 원까지로 정하고 있다.

> **참고** 새마을금고의 예금자보호 안내문구

- 상품명 : "상상모바일 정기적금"
- 안내문구

예금자보호 여부	해당 : 이 예금은 새마을금고법에 따라 본 새마을금고에 있는 귀하의 모든 예금보호 대상 금융상품의 원금과 소정의 이자를 합하여 1인당 "최고 5천만 원까지" 새마을금고중앙회 예금자보호준비금에 의해 보호되며, 5천만 원을 초과하는 나머지 금액에 대해서는 보호되지 않습니다. ▶ 소정의 이자란 예금자보호 준비금관리위원회가 정하는 이자를 말합니다. ▶ 위 내용은 새마을금고법 및 관련 법령의 개정에 따라 달라질 수 있으며 자세한 내용은 해당 새마을금고 또는 예금자보호준비금 담당자에게 문의하여 주시기 바랍니다. (☎02)2145-9114, www.kfcc.co.kr)

> **참고** 신용협동조합의 예금자보호 안내문구

- 상품명 : "정기예탁금"
- 안내문구

예금자보호 여부	이 예금은 신협법에 따라 신협예금자보호기금이 보호하며, 보호한도는 해당 신협에 있는 조합원의 모든 예탁금 및 적금의 원금과 소정의 이자를 합하여 1인 당 최고 5천만 원이며; 5천만 원을 초과하는 나머지 금액은 보호하지 않습니다. • 소정의 이자란 약정이자나 기금관리위원회가 시중은행 1년만기 정기예금의 평균금리를 적용하여 결정한 이자 중 액수가 적은 금액을 말합니다. • 위 내용은 관련법령의 개정 등에 따라 달라질 수 있음을 알려드리며, 자세한 내용은 해당 조합이나 신협중앙회(042-720-1000)로 문의하여 주시기 바랍니다.

■ 우체국예금이나 우체국 상품도 예금자보호 대상이 되는가?

우체국은 예금자보호법에 따른 예금보험공사의 보호대상 금융회사가 아니며, 우체국에서 취급하는 예금은 보호대상이 아니다. 우체국 취급 금융상품의 경우 "우체국 예금 보험에 관한 법률"에서 의해 정부가 별도로 지급을 보장하고 있다.

우체국 예금을 담당하는 우정사업본부는 정부 기업으로 "우체국 예금 보험에 관한 법률"법률에서 별도의 예금자보호에 대한 규정을 두고 있지 않으며, 법률 4조에서 "국가는 우체국예금(이자를 포함한다)과 우체국보험계약에 따른 보험금 등의 지급을 책임진다."라고 규정하고 있다. 따라서 우체국 예금은 정부에서 금액과 관계없이 우체국 예금보험에 관한 법률 4조에 따라 원금과 이자를 보호한다. 운영주체가 정부라는 점, 우체국이 다른 은행이나 금융회사처럼 투자 상품을 운영하지 않으며 요구불예금과 저축성예금으로만 운영하고 있다는 점 등이 예금자보호를 강화하는 이유가 되기도 한다. 이런 이유로 금융위기 때마다 일반 은행권 예금보다는 우체국 예금으로 예금이 집중되는 현상이 나타나기도 하였다.

따라서 인터넷뱅킹에서도 일반 은행의 예금상품설명서를 보면 어떤 경우에도 마지막 부분에 예금자보호에 대한 안내와 설명을 하고 있지만, 우체국 예금상품을 보면 설명서에 "우체국예금보험에 관한 법률 제4조에 의거, 우체국예금은 국가가 전액 지급 보장"이라는 문구를 볼 수 있다.

> **참고** 우체국 예금의 예금자보호 안내문구
>
> • 상품명 : "e-postbank 정기예금"
> • 안내문구
>
> | 이자지급방식 | 만기일시지급식 |
> |---|---|
> | 분할해지 | • 조건 : 만기일시지급식으로 최초 가입 후 3개월 이상 경과되어야 하며 분할해지 후 최소 100만 원 이상 유지되어야 함
• 횟수 : 최초 가입금액의 90% 범위 안에서 2회까지 (만기해지 포함 3회)
• 이자율 : 신규 가입일 당시 챔피언정기예금 중도해지이자율 적용 |
> | 과세구분 | 일반과세, 비과세종합저축 |
> | 신규가입 및 해지 | • 신규가입 : 우체국 인터넷뱅킹, 스마트뱅킹
• 해지 : 우체국 창구, 인터넷뱅킹, 스마트뱅킹 |
> | 예금자보호 | 우체국예금보험에관한법률 제4조에 의거, 우체국예금은 국가가 전액 지급 보장 |

■ 외화예금, 기업이나 법인의 예금도 보호대상인가?

외화표시 예금은 원화로 환산한 금액 기준으로 예금자 1인당 5천만 원 범위 내에서 보호대상이 된다. 또한 기업 등 법인의 예금도 개인예금과 마찬가지로 법인별로 5천만 원까지 보호된다. 다만, 정부나 지방자치단체, 한국은행, 금융감독원, 예금보험공사 및 부보금융회사의 예금은 보호대상에서 제외된다.

■ 예금액 중에서 보호한도인 5천만 원을 초과하는 부분은 전혀 돌려받을 수 없는가?

예금보호한도 5천만 원을 초과하는 금액은 예금보험공사로부터 보험금을 받을 수 없고, 대신 해당 금융회사에 대한 예금채권자로서 다른 채권자와 마찬가지로 동 금융회사의 파산 절차 참여를 통해 일부 금액이라도 배당을 받는 절차를 거치게 된다.

■ 예금 지급한도(보험금 지급한도)는 세전 기준인가, 세후 기준인가?

보험금 지급은 세전 기준으로 적용된다. 즉, 원금과 소정의 이자 금액을 합쳐 5천만 원 범위 내에서 보험금을 수령한 예금자는 지급받은 보험금 가운데 이자부분에 해당하는 금액에 대해 다시 이자소득세와 주민세 등 관련세금을 별도로 납부해야 한다. 전체적으로 예금자 보호 대상 금액은 세전 기준으로 적용된다는 것이다.

■ 보험금 지급 시 지급 한도인 5천만 원에 포함되는 약정이자, 소정의 이자라는 개념은 무엇이며, 어떻게 정해지는가?

예금자보호는 예금자 1인당 예금 원금과 "소정의 이자"를 합하여 최고 5,000만 원까지 보호된다. 이때 "소정의 이자"는 예금자가 거래 금융회사와 약정한 이자율과 예금보험위원회에서 정하는 이자율(시중 은행의 1년 만기 정기예금의 평균이자율을 고려하여 결정) 중 낮은 이자율을 적용하여 산정한다. 여기서 "이자"는 예금 가입 일부터 보험금 지급공고 일까지의 이자 발생 분을 말한다.

보험금 지급 시 적용되는 소정의 이자율에 대한 결정은 금융회사의 지급불능 사태가 발생하면 보험금 지급에 대해 예금보험공사에서는 최고 의사결정 기구인 예금보험위원회를 열게 되는데 여기서 시중은행의 1년 만기 정기예금의 평균이자율을 고려하여 정하는 이자율과 예금자가 가입한 이자율 중에 낮은 이자율로 적용이 된다는 의미이다.

■ 보험사고가 발생한 금융회사에 예금 외의 다른 대출이나 금융거래가 있다면, 보험금 지급 기준은 어떻게 되는가?

예금 등 예금자가 받아야 할 채권에서 대출금 등 채무금액을 공제한 금액을 보험금 지급 대상으로 결정한다. 또한 타인의 대출을 위한 지급보증이 있다면 주 채무자가 대출금을 상환할 때까지 대출금만큼의 보험금 지급이 보류된다.

(사례 1) A금융회사에 예금 등 채권이 1억 원, 대출금이 3천만 원 있는데 해당 부보금융회사에 보험사고가 발생한 경우 ⇒ 예금 등 채권액 1억 원에서 대출액 3천만 원을 공제한 7천만 원 중 예금보호한도가 예금자 1인당 최고 5천만 원이므로 5천만 원을 지급받게 된다.

(사례 2) B금융회사에 예금자가 예금 등 채권이 5천만 원, 대출금이 2천만 원 있고, 동일한 금융회사에서 대출거래를 하는 지인을 위한 보증금액 3천만 원이 있는 상황에서 해당 금융회사에 보험사고가 발생한 경우 ⇒ 예금 등 채권액 5천만 원에서 대출금 2천만 원을 공제한 3천만 원을 지급받을 수 있지만, 대출 채무자인 지인이 대출금을 상환할 때까지 3천만 원은 보험금 지급이 보류된다.

■ 교포나 외국인에게는 예금자보호제도가 어떻게 영향을 미치나?

교포나 외국인도 국내에 있는 금융회사의 보호대상 예금에 가입한 경우에는 국내에 거주하는지 여부와 관계없이 예금자보호법에 따라 1인당 5천만 원까지 보호된다.

■ 부보금융회사가 합병되는 경우의 예금보호한도는 어떻게 되나?

부보금융회사가 합병되는 경우에 신설, 존속, 소멸하는 금융회사를 각각 별개의 부보금융회사로 간주하여 합병등기일로부터 1년까지는 별도의 예금보호한도가 적용된다.

(사례) 예금자가 A은행에 5천만 원, B 은행에 5천만 원 예금이 있는 상황에서 이 두 은행이 합병하여 C은행으로 재탄생하였을 경우, C은행으로 합병등기를 하는 날로부터 1년까지는 별도의 은행에 대한 예금으로 보고 이중 보호가 된다는 의미이다.

10. 예금자보호(2) : 예금보험료, 예금자보호 안내와 설명의무

■ 예금 보험료란 무엇인가?

예금보험공사에 예금보험을 가입하는 은행, 증권, 보험회사 등 부보금융회사들은 부보금융상품 잔액에 대해 일정요율에 해당하는 금액을 예금보험 기간 동안 정기적으로 예금보험공사에 "보험료"조로 납부한다. 이를 "예금보험료"라고 한다.

은행의 경우를 보면 보험대상이 되는 예금상품들의 잔액을 분기별로 산정하여 매 분기 말 현재 해당되는 예금상품 잔액의 연 0.08%라는 요율로 예금보험공사에 납부한다. 은행을 제외한 나머지 금융회사들은 1년을 주기로 예금 보험료를 납부하지만 은행만 3개월(분기) 단위로 납부하는 이유는 잔액과 보험료 금액이 상대적으로 크기 때문이라고 보면 된다.

> **참고** 각 금융회사들의 예금보험공사에 대한 예금보험료율
> - 은행 : 부보대상 상품잔액에 대해 연 0.08%
> - 투자매매업자, 투자중개업자 : 부보대상 상품잔액에 대해 연 0.15%
> - 보험회사 : 부보대상 상품잔액에 대해 연 0.15%
> - 종합금융회사 : 부보대상 상품잔액에 대해 연 0.15%
> - 상호저축은행 : 부보대상 상품잔액에 대해 연 0.40%
>
> **참고** 각 금융회사들의 예금보험공사에 대한 예금보험료 납부주기
> 은행은 매 분기별로 납부(연간 4회 납부)하며, 나머지 금융회사들은 연 단위로 연간 1회 납부
>
> **참고** 은행의 경우 예금보험료 산정 방식
> 분기별 보험료 = 부보대상 상품의 분기별 평균잔액 $\times$ 0.08% $\times$ 1/4

■ 예금자보호제도에 대한 표시, 설명, 확인제도란 무엇인가?

표시, 설명, 확인제도는 예금자보호법에 따라 부보금융회사가 판매하는 금융상품에 대하여 예금보험 여부 및 보호한도(원금과 소정의 이자를 합하여 1인당 최고 5천만 원) 등을 상품 안내장 등 홍보물에 표시하고, 금융소비자와 금융거래 계약을 체결하는 경우 직접 설명 후 서명 등의 방법으로 확인을 받아 금융상품 불완전판매를 방지함으로써 금융소비자와 부보금융회사의 피해를 예방하기 위한 제도를 말한다.

"예금자보호 표시제도"는 부보금융회사가 판매하는 금융상품의 예금보험 가입여부와 그 내용을 거래고객이 쉽게 확인할 수 있도록 상품안내장, 홍보물, 통장 등에 예금자보호 안내문을 표시하여야 하며, 예금자보호 로고를 상품에 부착하도록 하고 있다.

▲ 예금자보호 금융상품 로고[46]

"예금자보호 설명제도"는 부보금융회사가 금융거래 계약을 체결하는 경우 예금보험관계의 성립 여부와 보험금의 한도에 대해 고객에게 문서 등의 방법으로 설명(대면 거래 시에는 구두설명)해야 한다는 제도이다. 특히 만 65세 이상인 고객, 은퇴자, 주부 등 금융정보 취약계층 고객에 대하여는 예금보험관계에 대한 설명을 다른 정보보다 우선적으로 실시하고 이에 대한 확인을 받도록 하고 있다.

"예금자보호 확인제도"는 부보금융회사가 고객으로부터 예금보험관계의 성립여부와 보험금의 한도에 대해 이해하였음을 서명, 기명날인, 녹취, 전자우편 및 이와 비슷한 전자통신, 우편, 전화 자동응답시스템, 전자서명의 방법에 한해 확인받도록 하는 제도이다.

■ 은행 등 부보금융회사가 다른 금융회사로부터 판매를 위탁받은 "방카슈랑스, 수익증권 등"의 경우에는 상품 제공기관과 상품 판매기관 중 어느 쪽에서 예금자보호 안내문을 표시해야 하는가?

판매 금융회사에서 직접 발행하는 통장과 판매 창구에 비치하는 홍보물 등에는 판매 금융회사가 안내문을 표시해야 한다.
(사례 : 국민은행의 방카슈랑스 상품 안내문 "한화생명 바로연금보험(무)")

---

46) 자료 : 예금보험공사

⇒ 국민은행 홈페이지 상품안내문 하단에 예금자보호 안내를 넣고 있고, 보호한도는 "본 보험회사"라고 표현하여 국민은행과 무관하며 보호한도가 한화생명에 대한 상품 해지환급금 등임을 적시하고 있다.

■ 계좌 개설 이후 계좌 내에서 복수의 금융상품을 운용할 수 있는 형태의 금융상품(예 : 퇴직연금, ISA, Wrap, 신탁계좌, 연금저축계좌 등)은 운용상품 구성이 변경 시마다 고객에게 설명, 확인제도를 이행해야 하는가?

설명, 확인제도는 "금융거래 계약체결 시" 이행하는 것으로, 최초 계약체결 혹은 계좌개설 시 이행하면 된다. 따라서 최초 계약체결이나 계좌개설 시 충분한 계좌의 특성을 설명하고, 예금자보호 여부에 대한 특징까지 설명한다면 상품구성이 변경될 때마다 계속 설명, 확인하지 않아도 된다는 것이다.

■ 대리인이 상품을 가입하러 왔을 경우, 대리인에게 설명, 확인을 실시하면 효력이 있는가? 아니면 본인이 반드시 와야 설명, 확인의 효력이 있는가?

고객(본인)의 위임을 받은 대리인은 금융거래 계약체결의 상대방으로서 법적 대리자격을 갖추었다고 판단하기 때문에, 본인이 아니라 대리인에게 설명, 확인을 하더라도 부보금융회사 차원에서는 문제가 없도록 하고 있다.

■ 개인 고객이 아닌 법인 고객에게는 설명, 확인을 어떻게 실시하는가?

법인 고객도 개인과 동일하게 설명, 확인 업무 적용 대상이다. 법인의 대리인 자격을 갖춘 자에게 대리인 자격을 확인하고 대리인을 통한 설명, 확인을 실시하면 된다. 다만 예금자보호법 시행령에서 정하는 자(정부 또는 지방자치단체, 한국은행, 금융감독원, 예금보험공사, 부보금융회사)는 설명, 확인제도 이행 대상에서 제외한다.

■ 예금보험관계 이외의 다른 설명사항과 함께 일괄적으로 확인받는 방식이 가능한가?

가능하다. 확인사항이 추가됨으로 인해 발생하는 고객의 불편을 최소화하기 위하여 다른 설명사항과 함께 일괄 서명 방식을 활용해도 무방하다. 이는 TM 진행 시에도 마찬가지로 스크립트에서 예금자보호제도를 포함한 다른 사항을 모두 설명한 후 "위의 사항에 대해 설명 듣고 이해하셨으며, 보험 가입에 동의하십니까?"라는 질문에 대해 고객은 한 번만 "예"라고 대답하는 것으로도 예금보험관계 설명의 확인을 받는 것으로 인정되는지에 대한 내용으로, 동일하게 가능하다고 해석하고 있다.

11. IFRS9와 IFRS17

IFRS(국제회계기준, International Financial Reporting Standards)란 국제회계기준위원회(IASB, International Accounting Standards Board)가 기업의 회계처리와 재무제표에 대한 국제적 통일성을 높이기 위해 마련하고 공표하는 국제회계기준을 말한다.

IASB는 원래 명칭이 IASC로 출범하였으며, IASC는 1973년 런던에서 초기에 미국, 영국, 일본 등 10개 국가의 회계 관련 기관이 중심이 되어 설립된 민간단체였다. 주요 활동으로는 IASC에서 글로벌 각국의 회계정보와 회계처리에 대한 통일성을 위해 강제조항이라고 하기 보다는 권고사항으로 국제회계기준서(IAS, International Accountings Standards)를 공표하였다. 이후 2002년에 IASC는 IASB로 명칭을 변경하였으며, 국제회계기준서(IAS)는 IFRS(International Financial Reporting Standards)로 이름이 변경되었다.

2000년 이후 글로벌 회계기준으로 IFRS 체제로 단일화 하는 것에 대해 국제기구에서 의결하는 등 글로벌 차원에서 IFRS에 대한 신뢰도와 적용사례가 증가하면서 현재 글로벌에서 약 150개국 이상이 IFRS 기준을 회계기준으로 채택하고 있다. 우리나라에서는 2007년도부터 IFRS 도입을 검토하기 시작하였고, 2011년부터는 IFRS 기준에 따라 일반 상장기업들과 금융회사들도 도입하기 시작하였다. 한편 IASB에서 "기준서" 개념으로 만들어낼 때마다 IFRS 뒤에 번호를 붙여서 IFRS9, IFRS17 등의 이름으로 공표를 하고 있다.

IFRS9는 "금융상품에 대한 국제회계기준"이며 우리나라에서는 2018년 1월부터 적용하기로 하였다. 주로 은행, 보험, 카드, 캐피탈사 등 대부분의 금융회사가 적용대상이다. 은행은 대출채권, 유가증권 등에 대해 IFRS9의 기준에 따라 대손충당금 산출에 있어서 주요 적용을 받게 된다. 반면 IFRS17은 새로운 "국제보험 회계기준"으로 2021년 1월부터 시행이 된다. 보험에 대한 기준으로 우리나라에서는 보험회사들이 이 기준 적용에 대해 민감한 상황이며, 현재 준비를 서두르고 있는 중이다.

은행권에서 주로 영향을 받게 되는 IFRS 기준은 IFRS9 기준서로, 은행권과 관련된 IFRS9 기준서의 핵심은 회계상 손실을 반영할 때 확정된 손실 외에 향후 예상되는 손실까지 고려하도록 한 내용이다. IFRS9 기준서가 금융상품에 대한 기준서이지만, 대출채권 등도 궁극적으로는 금융상품에 대한 내용으로 이런 대출채권에 대한 수익인식 기준이 달라지는 것이다. 따라서 2018년 IFRS9 기준서의 적용은 대출채권에서 예상손실까지 반영한다는 점에서 금융채권의 가치를 더욱 공정하게 평가해보겠다는 IASB의 의도라고 해석해 볼 수 있을 것이다.

현재까지는 당좌거래 정지로 인한 부도상태, 3개월 이상 연체 등 고정이하여신을 위주로 대손충당금을 적립해 왔다. 그러나 IFRS9 기준서가 적용되는 2018년 1월부터는 예상되는 손실에도 대손충당금을 적립해야 하기 때문에, 대출 기간이 긴 여신도 대손충당금을 쌓아야 하고, 주택담보대출의 경우에는 주택가격이 하락해도 대손충당금 추가적립 사유가 될 수 있게 된다. 실제로 우리나라 은행권에서 IFRS9 도입으로 예상되는 손실에 대해서 대손충당금을 적립하도록 규정함에 따라 추가로 적립해야 할 대손충당금 규모는 총 2조~3조 원에 이를 것으로 추산하고 있다.

IFRS9 기준서가 "금융상품 국제회계기준"에 대한 내용으로 우리나라에서는 주로 은행, 증권, 보험회사 등이 영향을 받게 되지만, 보험회사의 경우에는 2021년부터 적용하게 될 국제보험 회계기준(IFRS17)에 대한 준비가 시급하여 IFRS9의 적용을 IFRS17의 적용시점인 2021년에 동시에 실시하기로 하였다. 따라서 보험회사는 약 3년간의 IFRS9에 대한 준비기간을 벌게 되었고, 2018년부터 적용하게 될 IFRS9 기준서는 주로 은행권에 영향을 가장 많이 미치며 증권회사, 저축은행, 캐피탈회사 등에도 대손충당금 적립 등에 대해 영향을 미칠 것으로 보인다.

은행권에서는 그동안 건전성 감독과 국제회계기준 변경 등으로 IFRS9 도입에 대해 대손충당금 초과적립, 이외에도 대손준비금 적립 등 적절한 준비를 해오고 있는 상황이었다. 향후 IFRS9 적용으로 추가적인 충격이 있을 수는 있지만 나름대로 준비를 해 오고 있었기 때문에 감당하기 어려울 정도의 큰 충격이 올 것이라고 예상하지는 않고 있다. 이에 대해서는 금융당국도 은행권의 자본, 수익성 등에 큰 변화가 있을 것이라고 예측하고 있지 않은 상황이다. 기존보다 대손충당금 규모가 최대 30% 정도 증가할 수 있지만, 대부분 은행은 적절한 추가 적립 준비를 해오고 있다는 것이다.

다만 우리나라 가계대출, 경우에 따라서는 구조조정을 앞둔 기업대출의 특수성 등을 감안한 일부 부작용은 있을 수도 있다는 평가이다. 예를 들어 현재 은행권의 주택담보대출이 500조 원이 넘는데, 주택시장의 하락조짐이 발생하게 된다면 주택담보대출에 대한 예상손실이 증가하면서 IFRS9 기준에 따라 대손충당금 부담이 고스란히 은행권의 수익성에 부담을 줄 수도 있다는 긍정적이지 못한 예측도 나오고 있기는 한 상황이다. IFRS9에서는 대출상품의 잔존만기에 따라 예상손실 가능성을 높이게 되기 때문에 현재 우리나라 주택담보대출의 기간이 최장 30년까지로 긴 기간임을 감안하면 은행권에 위협요소가 될 수도 있다는 것이다. 한편에서는 이러한 은행권의 예상손실 증가로 인한 수익성 악화에 대한 예측가능성은 은행권에 두 가지 정도의 변화를 불러올 수 있다고 예측하기도 한다. 첫째, 수익성 악화에 대한 부담을 금융소비자에게 전가하는 형태를 띄게 되는 대출금리 인상에 대한 가능성이다. 이는 결국 손실 부담을 대출금리 상향조정으로 보전하려는 의도라고 해석할 수 있다. 둘째, 대출취급에 대해 현재까지보다 더욱 보수적이고 신중하게 접근하게 될 것이라는 점이다. 대출기간이나, 상환가능성 등에 대해 심사기준을 현재보다 강화하게 되고, 이는 은행권 가계부채 억제효과로도 나타날 수 있다는 예측이 나오기도 한다.

12. 자본시장법과 금융투자업무

증권사, 금융투자회사, 자산운용사, 투신사, 투자자문회사 등 비슷하면서도 헷갈리는 명칭들이 시장에 혼재되고 있는 상황이다. 이유는 증권시장과 관련 있는 금융회사들이 각기 다른 법을 근거로 설립되었다가 2008년 이후 하나의 법 체계로 통합되는 과정을 거치는데, 과거에 사용하던 회사명을 그냥 쓰는 곳들도 있고, 또 변경된 이름으로 바꾼 곳들도 생기면서 우리 사회에 혼재되고 있기 때문이라 할 수 있다.

우리 사회에서 증권, 금융시장이 발전하다 보니, 과거에는 펀드로 돈을 모아 투자하는 회사가 필요했던 시절이 있었다. 이 과정에서 우리나라에서는 "투자신탁업법"이라는 법 체계가 만들어졌다. 또 이 법에 의해 설립된 회사가 "OO투자신탁회사(일명, OO투신사)"들이었다. 이후 투자신탁업법과 투신사라는 명칭은 자본시장법에 의해 사라지게 되었다. 2008년도에 만들어진 "자본시장과 금융투자업에 관한 법률(약칭, 자본시장법이라고 하며, 이하 자본시장법이라 칭함)은 기존의 투자신탁업법(투신사), 증권거래법(증권사), 증권투자회사법(자산운용사), 간접투자자산운용법, 종합금융회사에 관한 법률 등을 모두 통합하여 하나의 법체계로 만든 법이다.

자본시장법 제6조에서 정하고 있는 "금융투자업"의 6가지 금융 업무는 아래와 같다.

1. 투자매매업
"투자매매업"이란 누구의 명의로 하든지 자기의 계산으로 금융투자 상품의 매도와 매수, 증권의 발행과 인수 또는 그 청약의 권유, 청약, 청약의 승낙을 영업으로 하는 것을 말한다.

2. 투자중개업
"투자중개업"이란 누구의 명의로 하든지 타인의 계산으로 금융투자 상품의 매도와 매수, 그 중개나 청약의 권유, 청약, 청약의 승낙 또는 증권의 발행·인수에 대한 청약의 권유, 청약, 청약의 승낙을 영업으로 하는 것을 말한다.

3. 집합투자업
"집합투자업"이란 집합투자를 영업으로 하는 것을 말한다. "집합투자"란 2인 이상의 투자자로부터 모은 금전 등을 투자자 또는 각 기금관리주체로부터 일상적인 운용지시를 받지 아니하면서 재산적 가치가 있는 투자대상 자산을 취득하거나 처분하고, 그 밖의 방법으로 운용하고 그 결과를 투자자 또는 각 기금관리주체에게 배분하여 귀속시키는 것을 말한다.

4. 투자자문업
"투자자문업"이란 금융투자 상품 등의 가치 또는 금융투자 상품 등에 대한 투자판단(종류, 종목, 취득, 처분, 취득(처분)의 방법이나 수량, 가격, 시기 등에 대한 판단)에 관한 자문에 응하는 것을 영업으로 하는 것을 말한다.

> 5. 투자일임업
> "투자일임업"이란 투자자로부터 금융투자 상품 등에 대한 투자판단의 전부 또는 일부를 일임받아 투자자별로 구분하여 그 투자자의 재산 상태나 투자목적 등을 고려하여 금융투자 상품 등을 취득하거나 처분하고, 그 밖의 방법으로 운용하는 것을 영업으로 하는 것을 말한다.
>
> 6. 신탁업
> "신탁업"이란 신탁을 영업으로 하는 것을 말한다.

가장 대표적인 증권회사를 보자. 우리나라에서 증권회사는 크게 "○○증권" 또는 "○○투자증권", "○○금융투자"라는 회사명을 가지고 있는 곳들이다. 삼성증권, 대신증권, KTB투자증권, 한국투자증권, 신한금융투자 같은 곳들이 대표적인 기업들이다. 자본시장법 제6조에서는 "금융투자업"이라는 개념이 나오는데, 위에서 이야기한 6가지 금융투자업에 대한 업무를 담당하는 곳들을 "금융투자회사"라고 명칭하고 "○○증권"보다는 "○○금융투자"라고 하는 것이 더 규모가 커 보이고, 글로벌 시장에서 인지도가 높아질 수 있다는 생각에서 "증권업"이라고 하지 않고 "금융투자업"이라는 명칭을 붙인 것이다.

이런 관점에서 개명 이전의 "굿모닝신한증권"에서 "신한금융투자"로 당시 개명하였던 것이 가장 대표적인 사례였고, 삼성증권, 대신증권 등의 회사들은 별도로 회사명을 변경하지는 않고 그냥 사용하고 있는 것이다. 그러면 현재 "○○금융투자, ○○투자증권, ○○증권" 같은 기업들은 모두 금융투자업 중에 일부 또는 전부를 영위하는 기업들이고, 위의 6가지 업무 중에 일부 또는 전부를 취급하고 있다고 보면 되겠다.

> **사. 주요 사업의 내용 및 향후 추진 예정인 신규사업**
> (1) 주요 사업의 내용
> 당사는 『자본시장과 금융투자업에 관한 법률』에서 수행토록 규정된 사업 및 그와 직·간접적으로 관련되거나 부대되는 제사업을 영위하고 있습니다.
> - 금융투자업무 : 투자매매업, 투자중개업, 투자일임업, 투자자문업 등
> - 겸영업무 및 부수업무 등 : 관련 법령 등에 따라 영위할 수 있는 모든 업무 및 인가, 허가, 승인, 등록, 신고 등이 요구되는 경우는 해당 인가 등을 취득하여 업무 영위

위의 내용[47]은 금융감독원 전자공시시스템에 보고되어있는 키움증권의 사업보고서 내용 일부이다. 키움증권의 경우에는 자본시장법에서 정하고 있는 금융투자업무 중에서 신탁업과 집합투자업을 제외한 나머지 네 가지 업무를 위주로 취급하고 있다는 의미이다.

---

47) 자료 : 키움증권 사업보고서, 2017년 12월 말, 금융감독원 전자공시시스템

주요사업의 내용 (정관 2조)	① 다음 각호의 업무 영위를 목적으로 함. 1. 자본시장과 금융투자업에 관한 법률(이하 "자본시장법"이라 한다)에 의한 다음 각목의 금융투자업무 　가. 투자매매업 　나. 투자중개업 　다. 집합투자업 　라. 신탁업 　마. 투자자문업 　바. 투자일임업 2. 자본시장법 및 기타 금융관련 법령에서 금융투자업자가 영위할 수 있도록 허용한 금융업무 3. 자본시장법에서 금융투자업자가 영위할 수 있도록 허용한 부수업무 ② 기타 관련 법령에 따라 인허가를 얻거나 등록·신고 후에는 해당업무를 모두 영위할 수 있음.

현대차투자증권[48])의 경우에는 신탁업과 집합투자업까지 모두 등록, 인가를 받아놓고 있음을 볼 수 있다.

다음은 "○○자산운용사"를 보자. "미래에셋자산운용, 동부자산운용"같은 경우가 대표적이다. 이런 자산운용사들은 위의 금융투자업에서 "집합투자업"을 주 목적으로 하는 기업들이다. 집합투자업의 대표적인 사례가 펀드를 운용하는 것인데, 2인 이상의 투자자들로부터 자금 등을 모아 수익을 목적으로 운용하고 수익을 정해진 비율에 따라 분해하는 과정을 자산운용사에서 위주로 취급하고, 이런 업무를 "집합투자업"이라고 한다. 과거 투자신탁회사들이 그 기능적인 측면에서 현재 자산운용사로 변경하고 있다고 보면 된다.

다음은 "○○투자자문사"를 보자. 이 경우는 위의 "투자자문업"에 해당하는데, 직접적인 투자를 대행하거나, 운용하는 곳이 아니라 자문만 해 준다는 의미이다. 이 경우에는 자본금 규모 등 규제조건이 높지 않아 수많은 투자자문사들이 여의도 증권가를 중심으로 영업활동을 하고 있으며, 불법 투자자문, 사설 투자자문사 등 법률의 사각지대에서 주식가격의 급등락을 조종하는 사례도 발견되고 있는 곳들이다.

다음은 "일임투자업"을 보자. "일임"이라는 표현은 "온전히 맡긴다"는 의미로, 투자자가 투자 자금에 대해 직접적인 의사결정에 참여하지 않고, 투자운용사에 온전히 위탁을 하고 투자운용사가 운용을 전적으로 행한다는 의미이다. 신탁업 중에서 불특정금전신탁이나 집합 펀드 중에서 일부 펀드들은 이런 일임투자에 근거를 두고 운영이 되고 있다. 일임투자만을 담당하는 소규모 투자운용사들도 있으며, 보통 증권회사들도 투자일임업을 모두 영위하고 있다. 현실적으로는 투자자문업과 일임투자업을 함께 영위하면서 투자자들의 투자를 도와주는 업체들이 많다.

---

48) 자료 : 현대차투자증권 사업보고서, 2017년 12월 말, 금융감독원 전자공시시스템

위에 금융투자업 6가지 외에 "종합금융업"이라는 것이 있다. "종합금융업"은 자본시장법 제336조에 규정하고 있다.

> **자본시장법 제 336조(종합금융회사의 업무)**
> ① 종합금융회사의 업무는 다음 각호와 같다.
>   1. 1년 이내에서 대통령령으로 정하는 기간 이내에 만기가 도래하는 어음의 발행·할인·매매·중개·인수 및 보증
>   2. 설비 또는 운전자금의 투융자
>   3. 증권의 인수·매출 또는 모집·매출의 중개·주선·대리
>   4. 외자도입, 해외 투자, 그 밖의 국제금융의 주선과 외자의 차입 및 전대
>   5. 채권의 발행
>   6. 기업의 경영 상담과 기업인수 또는 합병 등에 관한 용역
>   7. 지급보증
>   8. 제1호부터 제7호까지의 업무에 부수되는 업무로서 대통령령으로 정하는 업무
> ② 종합금융회사는 제1항의 업무 외에 다음 각호의 어느 하나에 해당하는 업무를 이 법 또는 해당 법률이 정하는 바에 따라 인가·허가·등록 등을 받아 영위할 수 있다.
>   1. 「여신전문금융업법」에 따른 시설대여업무
>   2. 집합투자업(투자신탁의 설정·해지 및 투자신탁재산의 운용업무에 한한다)
>   3. 금전신탁 외의 신탁업
>   4. 증권을 대상으로 하는 투자매매업 및 투자중개업(제1항제3호에 해당되는 부분을 제외한다)
>   5. 「외국환거래법」에 따른 외국환업무
>   6. 그 밖에 제1항 각호의 업무 또는 제1호부터 제5호까지의 업무와 관련된 업무로서 대통령령으로 정하는 업무

위의 내용을 보면 자본시장법에서 규정하는 바에 따라 종합금융업은 상당히 광범위한 업무를 취급할 수 있어 보인다. 이런 종합금융업을 영위하고 있는 회사들은 "○○종합금융"이라는 이름으로 되어 있고, "금호종금"을 인수한 "우리종합금융"과 "메리츠금융서비스"가 대표적이다. 우리나라에서 종합금융회사는 1997년 IMF 위기의 주범이었다는 인식과 함께 1990년대 초반에 30개 가까운 종합금융사가 1997년 이후 무더기로 인가 취소, 매각되었으며, 더 이상 신규설립은 허용하지 않고 있다. 기존에 있던 종합금융회사는 계열사인 증권사들로 흡수 합병되는 과정을 거치고 있고, 현재 남아있는 곳은 두 군데 정도이다.

우리나라 종합금융사가 1970~1980년대의 외자도입이 필요했던 시기에 설립되었던 터라, 우리종합금융도 역시 그 시절의 근거를 설립배경으로 두고 있다. 종합금융회사로서 자본시장법에서 허용하고 있는 업무를 영위하고 있음을 볼 수 있고, 수신(예금)업무, 여신(대출)업무, 투자은행 업무 등 광범위한 업무영역을 가지고 있으며, 향후 종합금융사로서의 비전보다는 투자은행으로의 비전을 가지고 있음을 볼 수 있다.

13. 초대형IB와 증권회사의 발행어음 업무

2017년 11월 금융위원회는 국내 대형 다섯 개 증권사에 대해 "종합금융투자사업자" 선정을 하였고, 그중 한 개 증권회사에 대해서는 "단기금융업" 인가를 하였다. 이런 내용들은 모두 2008년부터 시작한 "자본시장과 금융투자업에 관한 법률(일명 자본시장법)" 및 동법 시행령에 근거한 내용이다. 국내에서 자기자본 4조 원 이상인 증권회사는 종합금융투자사업자로 선정하며 종합금융투자사업자로 선정된 증권회사는 "기업대상 환전업무"를 수행할 수 있다. 단기금융업 인가를 획득한 증권회사는 자기자본 규모의 2배까지 만기 1년 이내의 단기어음을 발행할 수 있는 권한이 주어진다.

종합금융투자사업자로 선정한다는 것을 언론이나 뉴스에서는 "초대형IB"라는 표현을 사용한다. 2008년부터 시작된 자본시장법 시행으로 국내 증권사들의 겸업화, 대형화를 통해 글로벌 경쟁력을 강화하고자 한 지 10년이 지나고 있지만, 아직 이렇다 할 수 있는 업적은 없는 상태이다. 우리나라에서 일단 초대형 IB라고 할 수 있는 곳들을 지정하고, 이들 기업에게 글로벌 경쟁력을 강화하고 더욱 규모를 확대할 수 있는 기회를 준다는 차원이고, 이런 의미에서 초대형 IB를 육성해 나가겠다는 것이 아직은 정부당국의 입장이라 할 수 있다.

금융위원회는 2016년부터 은행권 중심의 외국환업무에 대해 증권, 보험 등 2금융권으로도 확대는 하고 있지만, 2017년 11월 이른바 초대형IB로 선정되면서 증권사들의 외환사업 분야가 좀 더 확대될 수 있다는 전망이 나오고 있다. 대부분의 수출입기업들이 수출입 물량의 50% 규모는 선물환거래로 헤지를 하고 있고, 나머지를 일반 환전으로 거래하는데 증권사들은 그동안 전반적인 이 과정에 온전히 참여하지 못하고 있었던 반면, 2017년 11월 이후 그 참여 수준이 높아질 것으로 전망되기 때문이다. 기업들의 투자목적을 위한 환전, 결제대금에 대한 헤지 수단, 기타 환전 거래가 모두 가능해졌기 때문이다.

현재 종합금융투자사업자로 선정된 증권회사는 총 5개사로, 미래에셋대우증권, NH투자증권, 한국투자증권, 삼성증권, KB증권이다. 그리고 단기금융업 인가를 획득한 증권사는 2017년 11월에 한국투자증권, 2018년 5월에 NH투자증권이다. 2017년 7월에 5개 증권사 모두 단기금융업 인가신청을 하였지만, 순서에 따라 심사 및 승인이 이루어지다 보니 2018년 6월 기준 한국투자증권과 NH투자증권만이 인가를 득하고 있는 상태이다. 삼성증권의 경우 이재용 회장의 형사소송 진행 중인 사건 때문에 인가심사가 중단되었으며, 나머지 두 곳(KB증권, 미래에셋대우증권)도 심사가 이루어질 예정이다.

단기금융업 인가를 받게 되면 "자기자본의 2배까지 만기 1년 이내에서 언제든지 단기어음을 발행할 수 있다"는 메리트가 생기게 된다. 초대형 IB로서 규모에 맞게 자금조달의 원천을 다양화시켜주고, 시장의 공신력에 따라 원활한 자금조달을 위해 이런 혜택이 주어진다고 볼 수 있다. 이 용도로 발행한 단기어음을 언론이나 뉴스에서는 "발행어음"이라고 표현한다. 2017년 11월 단기금융업 인가를 획득한 한국투자증권은 자기자본 약 4조 2천억 원으로 8조 4천억 원까지 단기어음 발행이 가능하다는 것이다. 실제 한국투자증권은 2017년도에 9천억 원 단기어음을 발행하였고, 2018년도에는 4조 원가량 발행을 목표로 하여, 2018년 말에 총 발행 잔액 5조 원 수준을 목표로 하고 있다.

증권회사에서 단기어음을 발행하여 조달한 자금은 어떻게 사용해야 한다는 기준이 또 정해져 있다. 기업금융 업무에 50% 이상을 사용해야 하며, 부동산 금융에는 30% 이내에서 사용해야 한다는 규칙을 준수하면서 단기어음 조달 자금으로 추가 수익을 창출해 낼 수 있는 것이다.

구분	운용제한	개요
기업금융	최소운영비율 50%	기업에 대한 대출 및 어음의 매입 발행시장에서 취득한 발행인이 기업인 증권 유통시장에서 취득한 코넥스 주식 및 A등급 이하 회사채 프로젝트파이낸싱을 위해 설립된 SPC에 대한 출자지분 및 대출채권 실물지원 관련 간접투자기구에 대한 출자지분
부동산금융	최대운용비율 30%	부동산, 부동산개발 관련 대출, 부동산 관련 증권
유동성	-	발행어음 잔액의 35%를 즉시환매 가능성 있는 유동성 부채로 간주, 1개월/3개월 유동성 비율을 100% 이상으로 관리

▲ 단기금융업무 영업행위준칙[49]

증권회사에서 발행하는 단기어음은 그 성격이 은행의 정기예금과 비슷하여 은행 정기예금과 많이 비교가 되고 있다.

	증권사 발행어음	은행 정기예금
최소 가입금액	100만 원 이상	1만 원(상품별 차이 있음)
금리	2.3%(한국 투자증권)	1.76%
예금자 보호	불가	5,000만 원까지 보호
가입 시 확정이자	확정이자	

▲ 증권사 발행어음·은행 정기예금 비교(1년 만기 기준)[50]

증권사 발행 단기어음은 최소가입 금액이 1백만 원 이상, 예금자보호는 되지 않으며, 확정이자로 자금을 지급한다는 것이다. 금리는 은행권의 정기예금이 2%가 채 되지 않는 데 반해 증권회사의 단기어음은 2% 초반대로 은행보다 높은 금리를 유지하고 있다. 2017년 단기금융업 인가를 획득한 한국투자증권은 이 규칙을 준수하면서 국내에서 2018년까지 총 발행 잔액 5조 원을 목표로 하고 있다는 것이다. 은행권에서는 증권회사에 대한 단기금융업 인가가 은행권의 고객 이탈 및 자금조달 영역이 축소되는 것이라 하여 반발하기도 하였다. 2018년 5월에는 두 번째 단기금융업 인가 증권회사로 NH투자증권에 대해서도 인가가 이루

---

49) 자료 : 더벨, 2018년 6월
50) 자료 : 서울신문, 2018년 5월

어졌다. 국내에서는 한국투자증권과 NH투자증권의 경우 종합금융투자사업자(초대형IB)이면서 단기금융업에 대한 인가를 획득한 증권사가 되었다. 단기금융업에 대한 인가는 아직 세 군데 증권회사에 대해 추가 인가작업이 남아있는 상황이다. 종합금융투자사업자 증권회사들이 모두 자기자본 4조 원 이상으로 되어있다 보니, 단기금융업 인가를 받은 각 증권사는 최소한 8조 원대 이상의 단기어음을 발행할 수 있게 되고, 2018년 6월 기준 이런 증권회사가 두 군데가 나온 것이다.

아직은 초기 상태라 단기금융업 인가 증권회사들의 단기어음 발행 자금이 은행 정기예금 자금에서 이탈해가고 있다는 통계적 근거는 없는 상황이지만, 이는 향후 단기금융업 인가 증권회사가 늘어나고 단기어음 발행 잔액이 늘어나면서 은행권의 정기예금 잔액 변동추이를 보면 어느 정도 윤곽이 잡힐 수 있을 것이라 보인다. 은행권에서의 한 은행 평균 총 수신 금액이 200조 원대라는 점을 감안하면, 한국투자증권의 4조 원대 단기어음 발행잔액은 은행권에서 아직은 우려할만한 수준은 아니라고 보이지만, 향후에도 계속 이렇게 우려할만한 수준이 아닌 상태에서 국내 단기 자금조달시장이 움직일지에 대해서는 누구도 장담할 수 없다고 할 것이다.

이렇게 증권회사에 대한 단기어음 발행을 가능케 한 것은 위에서도 언급한 것처럼 초대형 IB로 성장할 수 있도록 자금조달, 수익성 확대, 운용능력 향상, 글로벌 경쟁력 확대라는 방향성과, 거시적 차원에서의 금융의 겸업화라는 추세에 편승한 결과로 보인다. 현재 대주주 격인 이재용 회장이 소송 진행 중인 점을 감안하면 삼성증권을 제외한 KB증권과 미래에셋대우증권도 조만간 단기금융업 인가를 획득하고 단기어음 발행시장에 뛰어들 것이라 보이며, 은행권에서는 이에 대한 대응방안을 마련해 가야 할 것으로 보인다.

금융 및 통화정책

1. 한국은행 통화정책

"통화정책(Monetary Policy)"이란 "금융정책"이라고도 불리는데, 중앙은행인 한국은행에서 유통되어지는 화폐의 양(화폐량)과 함께 화폐의 가격(금리)을 조절함으로써, 우리나라의 주요 거시경제지표인 물가안정을 제1목표로 하고, 경제성장을 위한 금융시장 안정을 제2목표로 해서 취해지는 정책이라고 할 수 있다.

> 〈한국은행법 제1조 제1항〉
> "이 법은 한국은행을 설립하고 효율적인 통화신용정책의 수립과 집행을 통하여 물가안정을 도모함으로써 국민경제의 건전한 발전에 이바지함을 목적으로 한다."

과거에는 통화정책이 시중의 "통화량"을 직접적으로 조정하고 컨트롤함으로써, 전달경로를 통해서 물가나 금융시장의 안정을 도모하는 데 초점이 맞춰지고 있었다면, 현재는 통화량을 직접 조정하는 방법보다는 "금리"를 컨트롤하여 물가나 금융시장의 안정을 도모하고 있다. 여기서 "금리"라고 하는 것이 "한국은행 기준금리"를 말하는 것이고, 한국은행은 한국은행 기준금리의 움직임을 조절하고 컨트롤하는 수단으로써, 세 가지 정책적인 수단을 사용하고 있는데, 이는 "지급준비제도(지급준비율정책)", "공개시장운영", "여수신제도(재할인율정책)"이라고 표현할 수 있겠다.

1) 지급준비제도(지급준비율정책)

은행은 고객들로부터 예금을 받게 되고, 이 예금으로 다시 대출을 비롯한 자금운영을 하게 되는데, 고객들로부터 받은 예금을 전부(100%) 대출이나 자금운영을 할 수 없게 되어있다. 언제 어떤 상황이 발생할지 모르는 미래의 불확실성 때문에, 항상 일정 비율만큼은 고객에게 지급할 수 있는 준비를 하고 있어야 하는데, 이 비율이 지급준비율이다.

지급준비제도란 금융기관으로 하여금 지급준비금 적립대상 채무의 일정비율에 해당하는 금액을 중앙은행에 지급준비금으로 예치하도록 의무화하는 제도이다. 중앙은행은 지급준비율을 조정하여 금융기관의 자금사정을 변화시킴으로써 시중 유동성을 조절하고 금융안정을 도모할 수 있다. 예를 들어 지급준비율을 올리면 은행들은 더 많은 자금을 지급준비금으로 예치해야 하기 때문에 대출 취급이나 유가증권 매입이 여력이 축소되고 결국 시중에 유통되는 돈의 양이 줄어들게 된다. 이에 따라 시중 유동성이 줄어들게 되고, 과도한 대출 증가로 인한 금융불안 가능성도 방지할 수 있게 된다.

지급준비제도는 1980년대 이후 전 세계적으로 통화정책이 통화량 중심에서 금리 중심으로 변화함에 따라 그 활용도가 과거에 비해 저하된 것은 사실이지만 우리나라를 비롯한 주요국에서 여전히 중요한 통화정책 수단으로 간주되고 있다. 이는 금융기관으로 하여금 중앙은행에 일정규모의 지급준비금을 당좌예금으로 예치하게 함으로써 중앙은행 당좌예금계좌를 이용한 금융기관 간 지급결제가 원활히 이루어지도록 함은 물론 단기시장금리를 안정시킴으로써 금리정책의 유효성을 제고하는 등 그 유용성이 크기 때문이다.

현재 우리나라의 지급준비제도 적용대상 금융기관에는 일반은행 및 특수은행이 있다. 이들 금융기관은 예금종류에 따라 현재 0~7%로 차등화되어 있는 지급준비율에 해당하는 금액을 지급준비금으로 보유하여야 한다. 한편 한국은행법 개정에 따라 2011년 12월 17일부터는 기존 예금채무 이외에 일부 금융채에 대해서도 지급준비율을 부과할 수 있게 되었다. 금융기관은 동 지급준비금을 원칙적으로 한국은행 당좌예금으로 보유하여야 하나 필요지급준비금의 35%까지 금융기관 자신이 보유하고 있는 한국은행권을 지준예치금으로 인정해주고 있다.

2) 공개시장운영

공개시장운영은 한국은행이 금융시장에서 금융기관들을 상대로 하여 국채나 증권 등을 사고 팔아 시중에서 유통되는 통화량과 금리를 조절하는 아주 많이 사용되어지는 통화정책수단이다. 증권매매로는 주로 환매조건부증권(RP, Repurchase Agreements)이 많이 사용되어지며, 한국은행에서 이렇게 RP를 매각(시중은행은 매입)하게 되면 그 대금만큼 시중은행에서 한국은행으로 통화가 환수되어지는 효과를 가지게 되고, 반대로 한국은행에서 매각했던 RP를 만기일에 가서 매입(시중은행입장에서는 만기매각)하게 되면 그만큼 시중에 유동성이 늘어나는 효과를 가지게 된다.

한국은행은 공개시장운영을 통해 금융기관 간 일시적인 자금과부족을 조정하는 콜 시장의 초단기금리가 '한국은행 기준금리' 수준에서 크게 벗어나지 않도록 유도하고 있다. 이와 함께 한국은행은 금융시장 불안 시 공개시장운영을 활용하여 시중에 유동성을 확대 공급하는 등 금융시장 안정을 도모하는 기능도 수행한다. 이러한 공개시장운영은 증권매매, 통화안정증권 발행·환매, 통화안정계정 예수 등 세 가지 형태로 이루어진다.

기존에는 "공개시장조작"이라는 명칭으로 불렸으나, 2016년 1월부터 "공개시장운영"이라고 명칭을 개편하였다. 한국은행의 공개시장운영에 참여할 수 있는 곳은 금융회사로 시중은행, 지방은행을 포함한 20개 은행과 교보증권, 삼성증권 등 13개 비은행 금융회사로 이루어져 있다(총 33개 금융회사).

3) 여수신제도

기존에 시중은행에서 기업들에 대해서 어음할인이라는 대출형태를 취하게 되면, 시중은행은 할인을 해준 어음을 한국은행으로 재할인(再割引, Rediscount)하게 되는데, 이때 시중은행과 한국은행 사이에서 적용되는 금리가 재할인율이었다. 지금도 재할인율이라는 개념은 명시적으로 두고는 있지만, 1990년대부터 대출제도를 정비하면서 재할인제도를 총액한도대출로 통폐합을 하고 실제적으로 운영은 하지 않고 있다. 대신 여수신제도라고 하여 위에서 이야기했던 총액한도대출을 포함하여 시중은행을 대상으로 대출(여신), 예금(수신)제도를 운영함으로써 현재는 재할인율정책보다 포괄적으로 여수신제도를 운영하고 있다.

중앙은행의 여수신 제도는 중앙은행이 개별 금융기관을 상대로 대출을 해 주거나 예금을 받는 정책수단이다. 전통적으로 중앙은행의 통화정책 수단은 공개시장조작, 지급준비제도와 함께 대출제도를 의미하였다. 그러나 최근 들어 많은 중앙은행들이 개별 금융기관을 상대로 한 일시적 부족자금 대출과 함께 일시적 여유자금을 예수할 수 있는 대기성 여·수신제도를 도입하면서 중앙은행의 대출제도는 여수신제도로 발전되었다. 이에 따라 한국은행도 2008년 3월 대기성 여수신제도인 자금조정대출과 자금조정예금을 새롭게 도입함으로써 이전의 중앙은행 대출제도를 여·수신제도로 확대·개편하였다.

현재 한국은행이 상시적으로 운용하고 있는 대출제도에는 '금융기관의 자금수급 과정에서 발생한 부족자금을 지원하는 자금조정대출', '금융경제상황과 중소기업 및 지역 금융동향 등을 감안하여 정한 한도 범위 내에서 지원하는 총액한도대출', '금융기관의 일중 지급·결제에 필요한 일시적인 부족자금을 당일 결제마감 시까지 지원하는 일중당좌대출' 등이 있다. 이들 대출은 어음재할인 또는 증권담보대출의 형태로 실행될 수 있으며, 담보의 종류에는 금융기관이 대출로 취득한 신용증권, 국공채, 통화안정증권 등이 있다.

> **참고** **총액한도대출**
> 총액한도대출은 중소기업지원을 위하여 운영되어지는 제도이며, 시중은행의 중소기업 대출실적에 따라 한국은행에서 정한 총액한도 범위 내에서 시중은행으로 저리로 자금을 지원해 주는 제도이다.
>
> **참고** **일중당좌대출**
> 일중당좌대출은 당일 영업시간 중에 대출이 발생하여 역시 당일 중으로 상환이 되어지는 일시적인 거래로, 시중은행이 보유한 한국은행 당좌계정을 통해서 일어나는 거래형태이다. 일반적으로 '일중대출'은 한국은행과 시중은행 사이에서도 일어날 수 있지만, 시중은행과 일반 고객들 사이에서도 일어날 수 있는 거래이다.
>
> **참고** **자금조정대출, 자금조정예금**
> 자금조정대출은 금융기관이 자금수급 과정에서 생기게 되는 일시적인 과부족 금액을 한국은행으로부터 차입을 하거나, 예치할 수 있는 제도로 만기는 1일(하루)로 통상적으로 운영하고 있다.

2. 한국은행 기준금리

한국은행 기준금리는 위에서 보았듯이 통화정책을 운영하는 데 있어서 수단이 되고 있는 한국은행과 금융기관과의 환매조건부증권(RP) 매매, 자금조정예금 및 자금조정대출 등의 거래에 있어서 기준이 되는 정책금리이며, 간단히 "기준금리(base rate 또는 key rate)"라고도 한다. 한국은행의 환매조건부증권(RP)거래, 자금조정 예금 및 대출은 통상적으로 한국은행 기준금리를 기준으로 하여 상방, 하방 일정구간의 폭을 가지고 그 범위 내에서 적용이 되어진다.

한국은행 기준금리는 한국은행의 목표변수인 물가동향, 국내외 경제상황, 금융시장의 여건 등을 종합적으로 고려하여 결정되고 있으며, 기준금리 변동단위는 0.25%포인트 단위이다. 금융통화위원회는 한국은행 총재 및 부총재를 포함하여 총 7명의 위원으로 구성이 되고, 한국은행 총재가 의장으로서 회의를 주재한다. 2016년까지는 매월 금융통화위원회가 개최되고 한 달에 한 번 한국은행 기준금리를 결정했지만, 2017년부터는 우리나라도 미국, 유럽, 일본처럼 연 8회 금융통화위원회를 개최하고 한국은행 기준금리도 연 8회 결정하는 시스템으로 변경되었다.

참고 2019년 미국, 일본, 유럽, 우리나라의 기준금리 결정회의 일정

구분	1차	2차	3차	4차	5차	6차	7차	8차
미국	1/29	3/19	4/30	6/18	7/30	9/17	10/29	12/10
일본	1/22	3/14	4/24	6/19	7/29	9/18	10/30	12/18
유럽	1/24	3/7	4/10	6/6	7/25	9/12	10/24	12/12
한국	1/24	2/28	4/18	5/31	7/18	8/30	10/17	11/29

역시 전달경로를 보면, 한국은행 기준금리가 인상이 되면 시중의 금리도 따라서 인상이 되고 시중은행 입장에서는 그만큼 예금은 증가되어질 수 있지만, 대출은 오히려 감소하게 될 것이다. 그러면 시중은행의 입장에서는 유동성이 유입이 되고, 시중에 있는 유동성이 축소되어지는 효과를 가져옴으로써, 물가가 안정되어지는 방향으로 작용하게 된다.

반대로, 한국은행 기준금리를 인하하게 되면 시중의 금리도 따라서 인하가 될 것이고, 시중은행의 입장에서는 예금이 줄어들고 대출이 늘어나는 효과를 가져올 것이다. 이렇게 되면 시중은행에서 유동성이 시중으로 풀리는 효과를 가져옴으로써, 시중의 통화량 증가와 소비와 투자의 활성화를 가져오는 반면 물가도 함께 상승하는 쪽으로 움직이는 경향을 가지게 될 것이다.

> **참고** 2000년도 이후 한국은행 기준금리 변동추이

- 2000년 : 2월에 5.0%에서 유지되다가 10월에 5.25%로 상승
- 2001년 : 5.25%로 출발, 9월 달에 4.0%까지 계속 하락
- 2002년 : 4.0%로 출발, 5월에 4.25%로 상승한 후 연중 유지
- 2003년 : 4.25%로 출발, 7월에 3.75%까지 하락
- 2004년 : 3.75%로 출발, 11월에 3.25%까지 하락
- 2005년 : 3.25%로 출발, 12월에 3.75%까지 상승
- 2006년 ; 3.75%로 출발, 8월에 4.5%까지 상승
- 2007년 : 4.5%로 출발, 8월에 5.0%까지 상승
- 2008년 : 5.0%로 출발, 8월에 5.25%를 정점으로 다시 12월 3.0%까지 하락
- 2009년 : 3.0%로 출발, 2월에 2.0%로 하락한 후 연중 유지
- 2010년 : 2.0%로 출발, 11월에 2.5%까지 상승
- 2011년 : 2.5%로 출발, 6월에 3.25%까지 상승
- 2012년 : 3.25%로 출발, 10월에 2.75%까지 하락
- 2013년 : 2.75%로 출발, 5월에 2.5%로 하락
- 2014년 : 2.5%로 출발, 8월에 2.25%로 하락, 10월에 다시 2.0%로 하락
- 2015년 : 2.0%로 출발, 3월에 1.75%로 인하, 6월에 1.5%로 추가인하 후 동결상태
- 2016년 : 1.5%로 출발, 6월에 1.25%로 인하 후 계속 동결
- 2017년 : 1.25%로 출발, 11월에 1.50%로 인상 후 동결
- 2018년 : 1.50%로 출발, 11월에 1.75%로 인상 후 동결

3. 유동성함정과 통화정책 전달경로

중앙은행의 통화정책에는 "확장적(완화적) 통화정책"도 있고 "긴축적 통화정책"이 있는데, 확장적인 통화정책이란 시중에 경기를 살리기 위해서 통화량의 공급을 확대시키는 정책을 말하고, 긴축적 통화정책이란 반대의 경우에 있어 시중의 경기가 과열되어있어 시중의 통화량을 흡수함으로써 시중의 경기과열 현상을 진정시키기 위한 용도로 사용하는 정책이다. 최근까지 우리나라는 장기 저성장, 디플레이션, 경기침체 등의 시기로 시중의 경기를 살려야 할 시점으로 한국은행은 확장적(완화적) 통화정책을 사용하고 있는 시기였다. 이는 우리나라뿐만 아니라 미국을 제외한 전 세계 각국에서 공히 확장적인 통화정책을 사용하고 있으며, 미국의 경우에는 양적완화를 중단한 이후 금리인상 등 긴축적 통화정책을 위한 조치를 시행하고 있는 중이다.

확장적 통화정책의 대표적인 사례는 미국의 양적완화이고, 일본의 아베노믹스식 통화확대이며, 유럽 ECB의 양적완화인 것이다. 또한, 직접적인 통화량을 증대시키는 직접적인 통화정

책뿐 아니라, 간접적인 확장적 통화정책으로는 시중의 금리를 인하시킴으로써 시중의 유동성(통화)이 은행으로 모이지 않고, 시중에 많이 돌게 하는 금리인하 정책도 언급할 수 있다. 이렇게 확장적 통화정책은 시중의 금리를 인하시킴으로써, 민간에서 유동성(화폐)이 은행으로 가지 않고 소비나 투자로 이어질 수 있도록 하는 금리 인하정책과, 직접적인 통화 공급을 확대시키는 통화량 공급정책을 말한다고 할 수 있다.

중앙은행의 확장적 통화정책은 경기를 활성화시키기 위한 목적으로, 중간단계에 있는 소비나 투자를 활성화시키기 위해서 금리를 인하하거나 통화량을 증대시키는 정책인 반면, 긴축적 통화정책은 이 반대의 경우를 말한다. 즉, 금리를 인상시킴으로써 시중의 통화량(유동성)이 은행의 예금으로 많이 몰림으로써 소비나 투자를 좀 줄일 필요가 있을 경우에 사용하는 정책이다. 경기가 지나치게 과열되어있을 경우에 소비나 투자를 좀 줄이고 과열된 경기를 진정시키기 위해 통화량을 직접적으로 줄이거나 금리인상 조치를 취함으로써 통화량을 줄이는 효과를 도모하기 위한 중앙은행의 정책을 긴축적 통화정책이라고 한다.

이런 전달경로에 있어서, "유동성 함정(Liquidity Trap)"이란, 확장적 통화정책을 사용하는 상황에서 시중에 금리를 인하시키거나 통화 공급량을 증대시키는 정책을 사용함에도 불구하고, 이 정책의 효과가 곧바로 소비나 투자의 증대로 연결되지 않아 경기활성화에 효과가 나타나지 않는 경우를 말하는 경제학 용어이다. 미국의 양적완화에서도 유동성함정이 나타났었고, 일본의 아베노믹스에서도 유동성함정이 나타났었고, 우리나라에서도 마찬가지였는데, 중앙은행의 확장적 통화정책이 곧바로 정책의 효과로 이어지지 못하고 화폐량만 증가될 뿐, 시중에 남아도는 유동성 자금이 소비나 투자로 이어지지 않는 현상이 생기게 되는 것이다. 우리나라는 현재 기준금리는 연 1.50%로 다시 상승하였지만 2016년 6월 연 1.25%로의 기준금리 인하 조치를 통해 역사상 가장 낮았던 저금리 시대를 맞이한 바 있다. 이렇게 기준금리가 낮아지면 민간은행에서 대출이 증가하고, 예금에 대한 니즈가 줄어들면서 통화가 은행보다는 민간부문에 더 머물게 되는 효과를 가져오게 된다. 이런 효과로 우리나라 단기부동자금(정착지를 찾지 못하고 있는 단기성 자금)이 2016년 당시에는 950조 원 수준이 될 정도로 민간에 자금이 많이 풀렸던 시기였다고 할 수 있다. "단기부동자금"은 현금, 언제든지 현금화할 수 있는 은행의 요구불예금, 수시입출식 저축성예금 등 현금과 단기성 은행예금으로 구성된다.

이렇게 시중에 통화량이 증가하고 있지만 증가된 통화량이 마땅한 정착지(예 : 부동산, 투자, 소비 등)를 찾지 못하고 은행권의 단기성 예치자금에 몰려있다는 것이다. 왜 이런 현상이 생기는 것일지에 대해 고민하고 개선방안을 마련해야 하는 것이 또한 한국은행이나 정책당국의 역할일 것이다. 이를 두고, 전문가들은 통화정책으로 경기를 살리려 통화 공급량을 확대하지만 확대된 통화량이 정책의 목표대로 움직여주지 않고 있음을 들어, 통화정책의 한계론을 언급하는 경우도 있다. 이렇게 유동성함정이 발생하게 되면 통화정책을 무력화시킬 수 있다는 것이다.

유동성함정은 확장적 통화정책을 사용하는 중에 생길 수 있는 중간단계이며, 이런 유동성함정으로 인해 통화정책 무용론을 주장하기도 한다고 하였다. 그렇다면, 문제는 유동성함정을 없앨 수 있는 방법이 있을지, 또 통화정책 무용론을 방지할 수 있는 방법이 있을지에 대한 고민으로 모아진다.

유동성함정을 무력화시킬 수 있는 방법을 보기 위해서는 먼저 유동성함정이 생기는 이유를 알아보아야 한다.

유동성함정은 시중에 화폐를 보유하고 있는 경제주체(가계가 될 수도 있고, 기업이 될 수도 있다)가 소비나 투자로 화폐를 사용하지 않는다는 것인데, 이 이유로는 가장 큰 이유를 "미래에 대한 불확실성"을 꼽을 수 있다. 미래에 대한 불확실성은 소비나 투자를 했을 경우에, 그 소비(또는 투자)활동이 미래에 어떤 결과로 다가올 것이라는 청사진이 부족하다는 것인데, 이런 불확실성이 화폐의 유통을 방해함으로써 유동성함정이 발생하게 된다고 설명하고 있다. 소비주체들은 불확실한 미래를 위해 소비를 꺼리며, 투자주체들은 역시 미래의 확실한 투자수익 확보가 불안하다 보니 투자도 꺼리게 되는 것이다.

세계경제를 비롯한 우리나라 경제가 바로 이런 "미래에 대한 불확실성" 속에 있다는 점이 유동성함정을 만들어내고 있는 것이라 할 수 있다. 저성장, 저금리, 연일 이어지는 브렉시트, 정치 불안, 테러 등의 소식들 속에서 글로벌 경제전망이 안개 속을 헤매는 것처럼 방향성과 안정성을 찾지 못하고 있는 상황에서, 화폐를 보유하고 있는 경제주체들이 선뜻 화폐를 어느 곳에 소비, 투자를 하기가 꺼려진다는 것이다. 이렇게 유동성 함정은 장기에 걸친 민간 경제주체(가계, 기업 등)의 기대치가 불확실하거나 긍정적이지 못할 경우에 일어나는 현상이라고 설명되어지는데, 유동성(화폐)이 많아도 미래에 대한 기대가 불확실하고 긍정적이지 않아 곧바로 소비나 투자로 연결시키지 않는 경제주체들의 경제행동이 집단적으로 모이고 모여서 생기는 현상이라고 설명할 수 있는 것이다.

따라서 유동성함정에 대한 가장 근원적인 처방은 "정책의 확실성, 미래에 대한 확실성"을 경제주체들에게 심어주는 방법이라 할 수 있다. 이 일은 크게는 정치권에서 담당해야 하며, 중간단계로는 경제나 금융관련 정책들을 입안하는 한국은행이나 관련기관들이 담당해야 하는 일이 될 것이다. 국민들에게 또 기업들에게 소비하고 투자를 했을 경우에 미래에 여차여차한 확실성이 보장된다는 청사진을 보여줘야 하는데, 다른 나라들도 마찬가지지만 우리나라에서도 어떤 누구도 이런 청사진을 보여줄 수 있는 곳이 없다는 점이 문제인 것이다. 그러나 최근 우리나라에서 이 부분을 위해 노력하고 있는 부분들이 있다면 규제완화, 규제개혁 등을 통한 나름대로의 청사진 확보라는 점인데, 아직 많은 난관에 부딪히고 있어 뚜렷한 청사진을 보여주고 있지는 못한 상황이다.

한편, 한국은행 총재도 통화정책만으로는 한계가 있다는 통화정책의 한계론을 많이 언급하고 있다. 통화정책을 책임지고 있는 수장으로서 통화정책의 효과에 대한 부담감이 많이 작용하고 있을 것이라는 점에는 충분히 인정할 수 있다. 여기서 통화정책과 공조하여 정책적인 효과를 높이기 위한 방법으로 자주 거론되는 것이 "확장적 재정정책"이다. 확장적 재정정책이란 역시 경기활성화라는 목표하에 중앙은행의 통화정책이 아니라 세금을 재원으로 한 정부의 재정정책을 적극적으로 확대 시행해 나가는 정책을 말한다. 즉, 재정지출을 확대하여 정부지출과 투자를 촉진시키는 정부의 정책을 말하는 것이다.

여기에는 "재원"이라는 문제가 있다. 정부가 돈을 쓰고 싶다고 해서 무조건 쓸 수 있는 것이 아니라, 주머니 속에 돈이 있어야 할 텐데 이 주머니 속에 돈이 만들어지는 근본이 "세금"이다. 세금이 있어야 정부에서 그 세금을 재원으로 하여 정부지출을 확대하고 경기부양을 도모할 수 있을 것은 자명한 일이다. 그런데, 이 재원이 부족하다면 정부에서는 국채를 발행하여 정부부채를 증가시키거나, 다른 나라에 차관을 빌리는 국가부채를 증가시키는 것도 방법은 될 수 있을 것이다.

정부에서 확장적인 재정정책을 하기 위한 재원을 마련하는 데는 크게 두 가지 방법이 있다. 첫째는, 세금을 늘려서 재원을 확보하는 일, 즉 증세를 통해서 재원을 확보하는 것이고, 둘째는, 부채를 통해서 재원을 확보하는 일, 즉 정부채권이나 외부(외국 포함)로부터 정부가 돈을 빌려서 재원을 확보하는 일이다.

지금 우리나라에서도 정부지출을 확대하는 확장적 재정정책은 필요한 상황이라고 분명히 이야기할 수 있는 상황이지만, 그 재원 마련을 어떻게 해야 하느냐가 문제인 것이다. 현재 여론이나 언론 등에서는 아직 우리나라의 국가부채 규모가 위험한 수준은 아닌 만큼, 국가부채 규모를 조금 더 늘여서라도 확장적인 재정정책을 사용하는 것이 바람직스럽다는 의견과, 증세는 결국 국민들에게 시차를 두지 않고 직접적으로 부담이 지워지는 관계로 지금 시점에서는 바람직스럽지 않다는 의견이 다수인 것으로 보인다.

4. 통화 안정을 위한 통화안정채권

한국은행의 통화정책 중에서 공개시장운영은 한국은행이 금융시장에서 금융기관들을 상대로 하여 국채나 증권 등의 매입, 매도를 통해 시중에서 유통되는 통화량과 금리를 조절하는 아주 많이 사용되어지는 통화정책수단이다. 한국은행은 금융시장이 불안하다고 판단될 경우, 통화정책 중의 하나로 공개시장운영 정책을 활용하여 시중의 유동성을 확대하거나 축소시키는 금융시장 안정정책을 사용하는데, 이를 "공개시장운영"이라고 한다.

한국은행의 공개시장운영은 증권매매, 통화안정증권 발행 또는 환매, 통화안정계정 예수 등 세 가지 대표적인 형태로 이루어진다.

증권매매는 국공채 등을 매매하여 자금을 공급하거나 회수하는 것을 말한다. 한국은행이 금융시장에서 국공채 등 증권을 매입하면 이에 상응하는 유동성(본원통화)이 시중에 공급되며, 반대로 한국은행이 보유하고 있던 국공채 등 증권을 민간에 매각하면 이에 상응하는 유동성(본원통화)이 환수됨으로써 통화량이 감소되는 효과를 보게 된다.

한국은행의 매매대상 증권은 국채, 정부보증채 및 기타 은행채, 공공기관 발행채권, 한국은행 발행채권 등으로 구분되며, 매매방식은 사고파는 거래가 일회성으로 마무리되는 단순매매방식과 환매를 전제로 한 환매조건부 매매방식으로 나뉘는데, 통상적으로 단순매매 방식보다는 환매조건부 매매방식이 자주 활용된다.

한국은행이 발행하는 통화량 조절용 채무증서는 통화안정증권과 환매조건부채권(RP)이 많이 사용되는데, 환매조건부채권은 주로 7일~30일 정도의 초단기나 단기간의 유동성 조절에 활용되는 반면, 통화안정증권은 31일~182일 정도의 단기와 중기 유동성 조절수단으로 많이 활용되어진다.

통화안정증권을 한국은행에서 발행하면 주로 시중은행을 포함한 금융기관에서 매입하게 되고, 매입한 만큼 그 자금은 한국은행으로 들어가기 때문에 시중의 유동성이 줄어드는 효과가 있고, 반대로 통화안정증권을 한국은행에서 매입을 하면 그만큼 시중으로 통화량이 유출되어 통화량을 증대시키는 효과가 있게 된다.

기존에는 "공개시장조작"이라는 명칭으로 불렸으나, 2016년 1월부터 "공개시장운영"이라고 명칭을 개편하였다. 한국은행의 공개시장운영에 참여할 수 있는 곳은 금융회사로 시중은행, 지방은행을 포함한 20개 은행과 교보증권, 삼성증권 등 13개 비은행 금융회사로 이루어져 있다(총 33개 금융회사).

한국은행에서 통화안정증권을 발행한 공지내용을 보도록 하자.

제목		2017.3.20(월) 통화안전증권 경쟁입찰 실시 결과		
날짜		2017.03.20	조회수	17107
자료제공부서		금융시장국	문의처	02-759-4575,4564
첨부파일				

2017.3.20(월) 통화안정증권 경쟁입찰 실시 결과

- 182일물(DC17-0919-1820)
  - 발행예정액 : 0.60조 원
  - 응찰액 : 1.00조 원
  - 낙찰액 : 0.60조 원
  - 낙찰수익률 : 1.42%(시장유통수익률 기준)   낙찰할인률 : 1.410%
  - 부분낙찰률 : 25~40%
- 91일물(DC17-0620-1910)
  - 발행예정액 : 0.90조 원
  - 응찰액 : 1.44조 원
  - 낙찰액 : 0.90조 원
  - 낙찰수익률 : 1.35%(시장유통수익률 기준)   낙찰할인률 : 1.346%
  - 부분낙찰률 : 80~100%

▲ [그림 1] 한국은행의 통화안정증권 발행 공지내용[51]

---

51) 자료 : 한국은행 홈페이지

이 게시 내용은 한국은행 홈페이지 → 통화정책 → 통화정책수단 → 공개시장운영 → 공지사항 게시판을 통해서 볼 수 있다. [그림 1]에서 위쪽은 182일물로 6천억 원짜리 통화안정증권을 발행한 내용이고, 아래쪽은 91일물로 9천억 원짜리 통화안정증권을 발행한 내역을 볼 수 있다. 이렇게 한국은행에서는 33개 금융기관을 통해서 입찰방식으로 증권을 발행, 매매하며 매월 매매에 적극적인 금융회사(증권회사 또는 은행)를 선정하고 일정부분 혜택을 주고 있다.

제목		2017.3.23(목) RP매각 실시 결과		
날짜		2017.03.23	조회수	577
자료제공부서		금융시장국	문의처	02-759-4579
첨부파일				

- 14일물(2017-018-014) 경쟁입찰
  ○ 매각예정액 : 7.00조 원
  ○ 응찰액 : 8.16조 원
  ○ 낙찰액 : 7.00조 원
  ○ 낙찰금리 : 1.27%
- 7일물(2017-019-007) 모집
  ○ 매각금리 : 1.25%
  ○ 응찰액 : 12.15조 원
  ○ 낙찰액 : 8.40조 원

▲ [그림 2] 한국은행의 환매조건부채권(RP) 매매 공지내용[52]

[그림 2]는 동일한 한국은행 게시판에 RP를 매각한다는 공지사항 내용이다. 금액은 7조 원, 8조 4천억 원이며 14일물, 7일물로 통화안정증권에 비해 비교적 단기간의 매매내용임을 알 수 있다. RP는 환매를 전제로 한 것이며, 해당 기간이 지난 후에는 다시 한국은행에서 매입한다는 의미이다. 이렇게 14일(2주) 정도의 비교적 단기간의 시중의 유동성 조절에는 RP 매매 방식이 많이 활용되고 있다.

한국은행에서 통화안정증권을 발행한다는 것은 그만큼 시중에 융통되고 있는 유동성을 환수하는 조치로 해석할 수 있다. 한국은행에서 일정 기간을 두고 통화량 긴축정책을 쓰기 위해서는 이렇게 통화안정증권을 발행하게 되고, 반대로 확장적 통화정책을 사용하기 위해서는 통화안정증권의 발행 축소의 방법을 쓸 수 있는 것이다. 이는 모두 통화안정증권 계정이라는 한국은행의 별도 계정을 통해서 운용되며, 한국은행에서는 2016년 이후 계속 확장적 통화정책의 기조 유지를 위해 통화안정증권의 만기관리와 함께 신규발행을 축소시켜 오고 있다.

---

52) 자료 : 한국은행 홈페이지

5. 우리나라의 통화스와프

통화 스와프란 통상 두 나라 간에 직접적인 협정을 통해서 이루어지는 것으로 정해진 규모와 정해진 환율로 필요시 상호 통화를 교환할 수 있도록 약정을 체결하는 것을 말한다. 이는 글로벌 경제의 불안에 따른 한 나라의 급작스런 외화 부족 사태가 발생 시 서로 통화를 맞교환하여 해결하고자 하는 방식인데 통상적으로 기축통화국을 중심으로 직접 거래하거나 기축통화를 중심으로 일정 비율로 맞교환 하는 방식으로 이루어진다. 이는 상대적으로 여유가 있는 국가와 상호 통화를 수단으로 맞교환해서 외환부족사태를 해결하는 것이라고 보면 된다. 예를 들어 우리나라와 일본이 통화스와프를 체결한다면 상대국 통화로 교환하는 방법이 있고 기축통화인 달러를 기준으로 교환하는 방법이 있을 수 있다. 보통은 양국 간 협정을 통해서 이루어지지만 치앙마이 이니셔티브(CMIM)로 불리는 한·중·일 등의 나라와 아세안 국가 간의 다자협정 형태로 체결된 것도 있다. 우리나라의 경우 양국 간 통화 스와프는 과거 IMF 때 미국, 일본 등과 이를 체결한 적이 있으며 이후 한일관계 냉각 등의 사유로 미국, 일본과의 양국 간 통화스와프는 해지되었고, 기축통화국과의 통화스와프는 중국이 유일한 상황이었다.

다자간 통화스와프라고 하는 치앙마이 이니셔티브는 동남아시아 국가연합(ASEAN)과 우리나라, 중국, 일본의 3국이 포함된 다자간 통화협정이다. 외환위기 발생을 방지하기 위해 체결한 통화스와프로 IMF 이후 2000년에 태국의 치앙마이에서 열린 아세안 10개국과 한국, 중국, 일본을 포함한 재무장관 회의에서 체결되었다. 위기 시에는 자국 통화가 아닌 미국 달러화로 지원하기로 약정하였으며 현재 우리나라의 경우 384억 달러의 지원한도를 보유하고 있는 통화스와프 약정이다.

현재 우리나라가 미국 달러 약정한 치앙마이 이니셔티브를 제외하면 달러화를 지원받을 수 있는 통화스와프는 없는 상황이다. 우선 우리나라의 통화스와프 체결상황[53]을 보도록 하자.

구분	상대국	스와프 통화 및 규모	비고
양자간	캐나다	캐나다 달러/원 사전한도 없음	2017.11 계약 체결 (상설계약)
	스위스	100억 프랑/11.2조 원 (약 106억 달러)	2018. 2 계약 체결 (만기 2021. 2)
	중국	3,600억 위안/64조 원 (약 560억 달러)	2017.10 계약 갱신 (만기 2020.10)
	말레이시아	150억 링깃/5조 원 (약 47억 달러)	2017. 1 계약 갱신 (만기 2020. 1)
	호주	100억 호주달러/9조 원 (약 77억 달러)	2017. 2 계약 갱신 (만기 2020. 2)

---

53) 자료 : 한국은행

	인도네시아	115조 루피/10.7조 원 (약 100억 달러)	2017. 3 계약 갱신 (만기 2020. 3)
	UAE	200억 디르함/5.8조 원 (약 54억 달러)	2016. 10 계약 갱신 (만기 협의 중)
다자간 (CMIM)	ASEAN + 3회원국 (홍콩 포함)	달러/자국통화 (384억 달러)	한국 수혜 및 분담 규모 384억 달러 (CMIM 전체 재원 2,400억 달러의 16%)

위의 표에서 보듯이 다자간 통화스와프를 제외하면 모두 양국 간 통화스와프로 그 중에서 국제 통화로는 중국, 캐나다, 스위스가 포함되고 있다. 미국과의 달러 통화스와프도 있었지만 2010년에 만료되었고, 한일 통화스와프는 양국 간의 역사적 문제에 대한 이견, 정치적 입장 차이로 만기가 된 2015년에 연장되지 못하였다. 이후 한중 통화스와프가 우리나라의 입장에서는 가장 도움이 될 수 있는 통화스와프였으나 만기가 2017년 10월이었고, 당시 북핵문제와 사드배치로 인한 중국의 사드보복 문제로 인해 가까스로 3년 만기가 연장된 상황이다.

국가 간의 통화스와프 체결의 주체는 각국의 중앙은행이 맡는다. 우리나라의 경우 기획재정부 등 정부차원에서의 도움이나 지원은 가능하지만 협정 당사자는 양국 중앙은행의 수장이 되며, 한국은행 총재가 협정 당사자가 된다. 따라서 통화스와프 체결은 중앙은행의 업적이 될 수 있으며, 2017년 11월에 캐나다와의 통화스와프 체결도 한국은행이 주체가 되어서 체결된 것이다. 중국과의 어려웠던 통화스와프 만기 연장과 함께 기축통화국과의 통화협정이 아쉬웠던 우리나라의 입장에서는 캐나다와의 통화스와프 체결이 큰 도움이 될 것으로 보인다. 금융위기 발생 시 통화스와프 자체가 도움이 될 수 있지만 기축통화국과의 통화스와프 체결은 더욱 긴요한 차원이 될 것이다. 캐나다의 경우 세계 5대 기축 통화국으로 만기와 한도를 특정하지 않은 상설계약(Standing Agreement) 형태로 체결되었다. 상설계약이란 금융위기 등 금융안정을 위해 유동성 공급이 필요할 경우 양국이 상호 규모와 만기를 정해 상대국 통화를 빌릴 수 있는 약정이다. 캐나다의 경우 이미 미국, EU, 영국, 스위스, 일본 등 주요 5개국과 상설계약을 체결하고 있다는 점을 감안하면, 캐나다가 우리나라에 원화를 빌릴 경우는 거의 없다고 봐야 할 것이다.

6. 미국과의 금리역전 현상과 우리나라 금리정책

한국은행 기준금리는 2016년 6월 ~ 2017년 11월까지 연 1.25%로 동결하였다가 2017년 11월에 연 1.50%로 인상하였고, 2017년 11월 이후 2018년 11월에 연 1.75%로 한차례 인상하였다.

2018년의 지속적인 저금리상황 유지에도 여러 가지 배경이 있다. 가계부채 증가율이 축소되고 있다는 점, 미국의 보호무역주의 정책으로 인한 통상마찰과 그로 인한 국내 수출경기 위축을 우려하여 원화가치를 하향 안정세를 유지해야 할 것이라는 점, 국내에서는 한국GM의 군산공장 철수 발표로 인해 군산지역 경기 위축이 국내 전반으로 미칠 파급효과를 미리 차단하기 위한 예방조치로 금리인상이 어려웠다는 점, 미국과의 금리역전 현상이 발생하더라도 장기화만 되지 않는다면 금융시장의 급속한 불안정 상황은 피할 수 있다는 점 등이 주요 원인으로 작용한 것으로 보인다.

미국과의 금리 역전현상에 대해 보도록 하자.

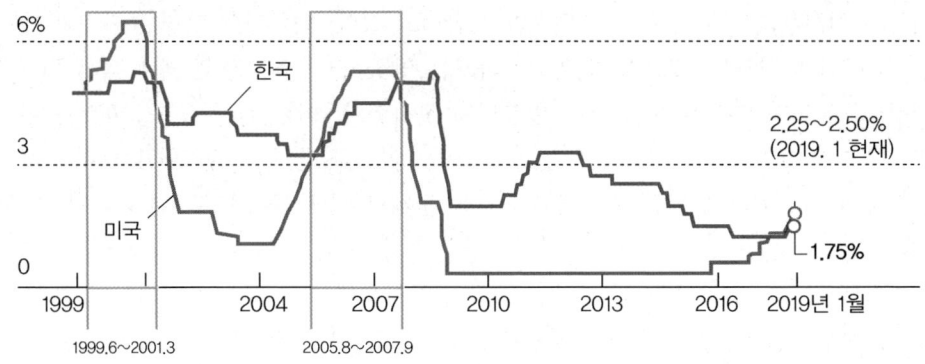

▲ 한·미 기준금리 추이(단위 : 연%)54)

위의 그래프를 보면 1990년대 이후 미국이 우리나라보다 금리가 높았던 시기가 두 차례 있었음을 볼 수 있다.

■ 1999년 6월 ~ 2001년 3월 (1년 10개월)

1999년 5월까지 미국과 한국은 동일하게 연 4.75%를 기준금리로 결정하고 있었지만, 6월에 미국에서 연 5.00%로 인상하기 시작하면서 금리가 역전되었다. 그러다가 2000년 5월에는 미국이 연 6.5%라는 가장 높은 기준금리를 결정하였고, 당시 한국은 연 5.0%였다. 2000년 5월부터 9월까지 5개월간은 미국은 연 6.50%, 한국은 연 5.00%로 양국 간의 격차(1.5%P)가 가장 컸던 시기였다. 금리역전 기간인 1년 10개월 기간 동안 국내 채권 시장에서 약 24억 달러가 유출되었지만, 국내 직접투자와 주식시장에서 약 310억 달러 유입을 기록하여, 외화 유출 현상은 순유출이 아니라 순유입을 기록하는 시기로 기록되고 있다.

■ 2005년 8월 ~ 2007년 9월 (2년 1개월)

2005년 7월까지 양국은 연 3.25%로 기준금리가 동일하였으나 8월에 미국이 연 3.50%로 인상하기 시작하면서 금리역전 현상이 시작되었고, 2006년 하반기부터 2007년 상반기까지는 미국이 연 5.25%를 유지하고 있을 때, 우리나라는 연 4.50%를 유지하여 2차 금리역전 기간 중에 0.75%P라는 가장 큰 격차를 보였던 기간이다. 2차 금리역전 기간 중에는 주식시

---

54) 자료 : 한국과 미국의 기준금리 추이, 2018년 6월 기준 한국은행·미국 연방준비제도 자료

장에서 영향을 상대적으로 많이 받아 채권시장에서는 290억 달러 순유입을 기록하였지만, 주식시장에서 외국인 자본이 787억 달러 수준이 유출되는 기간이었다. 그러나 그 유출 폭은 시장에서 감내할만한 수준이었다고 한다.

이렇게 미국과 우리나라의 금리역전 현상에 대해 일반 국민들이 첫 번째로 우려하는 바는 외국인 투자자본 유출이라는 현상이다. 외국인 투자 자본이 우리나라에 들어와 있는 경로는 크게 한국GM의 경우와 같은 "외국인 직접투자", "주식시장", "채권시장"으로 크게 나눠볼 수 있다. 외국인 직접투자의 경우 신규투자가 줄어들 수는 있지만 투자의 성격상 기존 투자가 유출로 전환되는 경우는 단기간에 결정되기 쉬운 일은 아닐 것이다. 문제는 주식시장, 채권시장인데 두 시장의 속성은 시장을 선반영하는 속성을 가지고 있어, 정작 금리역전 기간 중보다는 그 이전에 오히려 반응을 나타내는 경우가 생길 수 있다.

또한 주식시장, 채권시장 같은 민감한 금융시장에서 자본의 유출입은 직접투자에 비해 상대적으로 쉽게 프로세스가 이루어질 수 있지만, 복잡하고 다양한 변수들이 상존하고 있다. 기준금리 역전이라는 변수도 주식시장, 채권시장에 외국인 자본의 유출입이 발생할 수 있는 변수이지만, 그 외에도 거시경제의 안정성, 다른 나라들의 경제 상황, 국내 경기 상황, 투자대상인 기업들과 경제에 대한 건전성, 환율, 경제성장률 등 아주 다양한 변수들이 있을 것이다. 이런 다양한 변수들에 의해 결정되는 주식, 채권시장에서의 외국인 투자가 금리역전이라는 변수 하나로 모든 것이 결정되는 것은 아니라는 것이며, 실제로 미국과의 금리역전 기간에서도 그런 상황을 보여주고 있기도 하다.

7. 화폐개혁(리디노미네이션)

"리디노미네이션(Redenomination)"이란 화폐단위를 하향조정하는 것을 말하는데, 예를 들면 100원을 1원으로 화폐단위를 조정하는 것을 말한다.

우리나라의 리디노미네이션의 역사는 정부수립 이후 두 번 있었다. 1차 리디노미네이션은 한국전쟁을 거치면서 전쟁 이후 생산활동은 위축된 가운데, 전쟁비용 등을 조달하기 위한 화폐발행량 증가로 1953년에 기존의 화폐단위였던 "원"에서 "환"으로 변경하면서 100:1로 화폐단위를 하향조정하였다. 2차는 박정희 군사정부 시절이었던 1962년도에 재정적자와 인플레이션 악화를 맞으면서 10환을 1원으로 조정하는 10:1 조정이 있었다. 지금의 "원"단위는 1962년 조정되었던 화폐단위로, 그 이후 지금까지 이어오고 있다.

이런 화폐개혁에 대해 현재 시점에서라도 찬성하는 입장의 논리는 다음과 같다.

첫째, 화폐단위 조정이 있은 후 현재까지 50년이라는 시간이 지나고 있으며, 경제성장이나 물가상승률 등을 감안했을 때 적절한 시기가 되었다는 점이다. 1962년 2차 화폐개혁 이후 현재까지 50여 년이 지나는 동안 국민총소득(GNI)은 4천 배, 1인당 국민소득은 2천 배, 물가상승은 50배 이상 상승하였다. 규모에 맞는 옷을 입어야 한다는 원칙에서 보면 조만간 화폐개혁에 대한 논의는 계속 이어질 것으로 보인다.

둘째, 화폐단위가 너무 커서 선진국 수준의 화폐단위를 보여주고 있지 못하다는 점이다. 현재 원화는 1달러당 1,100원 수준으로 1천 단위의 교환비율을 나타내고 있다. 현재 OECD 국가 중에 달러당 1천 단위로 교환되는 화폐는 우리나라 원화밖에는 없다는 것이다. 이는 선진국 통화로서의 국제적인 위상에 부합하지 못한다는 이미지를 보여주게 되고, 이런 점을 보완하기 위해서 1,000원을 1원으로 변경하는 화폐개혁론이 힘을 얻고 있다.

셋째, 거래에 불편하고, 보관이나 관리에 불편한 점을 들 수 있다. 커피 한잔에 3,500원이라고 하면 3,500원을 지불하는 수고로움과 3.5원을 지불하는 수고로움의 차이인 것이다. 또, 현금을 보유하는 경제주체의 입장에서는 거래의 불편과 함께, 보관 관리의 불편함도 있다. 재래시장 상인들이나 가게주인들의 입장에서는 범죄 등 불안으로부터도 유지, 관리비용을 줄이는 화폐개혁이 장점을 가질 수 있는 것이다.

넷째, 지하경제 양성화에 도움을 준다는 점이다. 화폐개혁을 위해서는 한번은 구 화폐를 모두 수거해서 신 화폐로 교환을 해야 하는데, 이 과정에서 지하경제에 묻혀있던 자금들이 수거가 되어야만 한다. 물론, 신화폐로 교체가 되고 난 후에 다시 지하경제 시장이 형성될 가능성도 있지만, 일단 신화폐로 교환하는 과정에서 지하경제를 한번은 리셋(Reset) 시키는 효과를 가져 오게되는 것이다.

다섯째, 화폐조정 후의 물가상승이 우려될 수 있지만 지금이 저물가 상황으로 그에 대한 적기일 수 있다는 점 등을 들 수 있다. 리디노미네이션은 물가상승을 불러올 수 있다는 단점을 가진다. 그러나 현재 우리나라는 저물가, 저성장 상태로 지금 화폐개혁으로 발생할 수 있는 물가상승은 우리경제에서 수용 가능할 수준으로, 지금이 물가상승을 유발하는 화폐개혁을 단행할 적기가 될 수 있다는 논리이다.

반면에 현재 시점에서 적어도 지금은 아니라는 입장에서는 다음과 같이 정리할 수 있다.

첫째, 지금은 시장이 불안심리로 가득 찬 상황이라 긍정적 효과보다는 시장에 불안만 가중할 수 있다는 점이다. 경제상황 자체가 미래에 대한 불확실성, 글로벌 시장의 불확실성 등으로 안개 속을 걷고 있는 형국인데, 지금 시점에서 경제 불안을 더 조성할 수 있는 화폐개혁은 시장을 불안하게만 만들 수 있다는 점이다. 화폐개혁의 필요성은 인정하지만, 경제가 조금 더 안정적일 때 해야 한다는 논리인 것이다.

둘째, 지금 우리나라는 경기활성화나 구조개혁이나 가계부채 걱정이 먼저라는 점이다. 위에서 이야기 불확실한 경제상황에 대한 부분과 비슷한 점이지만, 지금 우리경제에서 최우선적으로 해결해야 할 부분이 있다면 그게 무엇인지를 고민해야 할 텐데, 적어도 화폐개혁이 우선권에 있지는 않다는 점이다. 경제 활성화, 기업 구조조정, 구조개혁, 일자리 창출, 실업문제 해결, 가계부채 문제 안정화 등 이런 부분들이 우리경제의 현안이라는 점이다.

셋째, 지하경제 양성화도 해외유출이나 실물자산 투자 등으로 효과를 보지 못할 수 있다는 점이다. 화폐개혁은 지하경제 양성화에 일단 도움이 되는 방법임은 부정하지 않는다. 다만, 지하경제가 화폐개혁으로 인해 완전히 해소될 수 있을 것이라는 주장은 불합리하다는 지적인 것이다. 해외 조세 회피처, 해외유출, 편법 투자 등을 통해 지하경제는 어느 정도 이어질 수 있으며, 지하경제를 완전히 청산할 수 없다는 점은 인정해야 한다는 것이다.

넷째, 사회적 비용소모가 많다는 점이다. 당장, 새로운 화폐제조에 대해 국민의 세금이 사용되어져야 하고, 은행권의 ATM기, 은행 및 금융 전산망 시스템 교체 또는 업그레이드 등에 들어가는 사회적 비용이 무시하지 못할 수준이라는 점이다. 기회비용적인 측면을 고려하여 이런 사회적 비용이 다른 곳으로 더 효율적으로 사용되어질 수 있는 곳이 있다면, 그쪽으로 사용되어지는 것이 현명할 수 있다는 점이다.

다섯째, 물가상승을 초래할 수 있다는 점이다. 1,000단위가 1단위로 화폐개혁이 된다면 화폐개혁 후에는 990원짜리 상품을 판매하는 가게들은 0.99라고 판매하기보다는 거의 모두가 1이라는 단위로 판매를 하게 될 것이다. 이렇게 거스름돈이나 우수리를 고려한 물건들의 가격이 하나둘씩 오르면서 물가상승이 실물경제에서 이루어지게 되고, 이는 서민들의 살림살이를 더 팍팍하게 할 수 있다는 지적인 것이다.

CHAPTER 03 환율제도와 외환시장

1. 달러 페그제

"페그(Peg)제"란 자국통화를 특정통화의 환율에 고정시켜 운영하는 제도로서, 달러 페그제는 자국의 통화가치를 미국 달러화의 통화가치에 비해 일정수준으로 유지하기 위한 고정환율제의 한 종류(준고정환율제)라고 할 수 있다. 자국의 통화 가치가 떨어지면 정부가 보유 중인 달러를 매도하여 자국 통화를 사들여서 달러에 대한 자국 통화의 가치를 높이고, 자국 통화의 가치가 오르면 자국통화를 시장에 매도하고 달러를 매입하여 역시 달러화 대비 자국 통화가치를 일정한 수준으로 유지하도록 만드는 방법으로 달러페그제를 운영하고 있다.

예를 들어 홍콩달러화는 미국달러화에 대해 페그제로 환율제도를 운영하고 있다. 홍콩달러는 미국 달러화에 대해 1USD = 7.75HKD~7.85HKD 사이에서 움직일 수 있도록 고정시켜 놓은 것이다. 홍콩달러의 경우 달러화에 비해 변동할 수 있는 폭을 소수점 둘째 자리 정도 수준에서 제한해놓고 있다는 측면에서 엄격한 의미에서 고정환율제라고 할 수는 없지만, 그 변동가능 범위를 보면 준고정환율제도 정도로는 해석할 수 있다. 페그제는 변동환율제도와 달리 자국에 영향을 많이 미치는 통화에 대해 이렇게 고정환율제로 운영하면서 안정적인 환율제도를 가져가는 점을 특징으로 하고 있다.

홍콩은 1983년부터 미국 달러화에 페그된 환율제도를 사용하고 있다. 홍콩의 페그제는 미국 달러당 7.75~7.85홍콩달러 범위 안에서만 변동이 가능하다. 예를 들어 하한범위인 7.75홍콩달러에 환율이 도달하게 되면 미국 달러를 매수해 홍콩달러 환율을 올리고, 상한범위인 7.85홍콩달러에 근접하게 되면 반대로 미국 달러를 매도해 홍콩달러 환율을 낮추는 방식으로 당국에서 일정 수준을 유지하는 것이다. 이런 환율제도에서 미국달러를 매도하여 환율을 낮추는 안정화를 사용하기 위해서는 보유 중인 외환보유고의 감소를 감수해야 하는 것이다.

달러 페그제를 사용하고 있는 나라는 달러가치의 변동에 민감한 경제구조를 가지고 있는 나라들이 주로 사용하고 있다. 홍콩의 경우에는 최근 미국보다 중국에 대한 경제연동효과가 더 높아 달러 페그제에 대한 포기 이야기도 나온 적도 있지만, 금융시장의 변화가 심한 최근의 분위기와 국제금융도시라는 홍콩의 위상을 고려하여 아직 달러 페그제를 포기하고 있지 못한 상황이다. 홍콩 외에는 사우디아라비아, 아랍에미리트, 바레인, 카타르, 오만, 쿠웨이트 등 중동지역의 산유국들이 유가결제 통화가 모두 미국 달러화로 정해져 있어, 유가와 미국 달러화 변동에 민감하기 때문에 달러 페그제를 사용하고 있다.

달러 페그제를 사용하게 되면 외환시장에서 자국통화의 가치를 달러화에 비해 안정적인 수준으로 유지할 수 있다는 장점이 있다. 그러나 달러 페그제가 가지는 단점으로는 자국 통화의 자국 통화의 가치를 인위적으로 고정시킴으로 인해 진정한 자국통화의 가치가 고정환율에 의해 위장되고 왜곡되어질 수 있다는 단점이 있고, 또 통화가치를 일정하게 유지하기 위해 시장에서 매입과 매도에 계속 개입해야 하는데 이때 막대한 비용부담(외환보유액의 변화)이 든다는 점을 들 수 있다.

이런 단점이 작용되었던 사례로 1997년 당시 아시아 지역을 강타했던 아시아 외환위기(IMF)를 들 수 있다. 외환위기의 시작은 태국을 포함한 동남아 지역에서 시작되었는데, 당시 태국은 미국 달러화에 고정시킨 페그제 환율을 사용하고 있었다. 경제위기 등으로 인해 태국의 바트화 가치가 하락해야 함에도 불구하고 고정환율제라는 명분하에 가치가 하락하지 않고 있는 바트화에 대해 국제적인 헤지펀드들이 바트화 매도라는 공격을 하게 되었고, 결국 태국은 외환보유고의 고갈과 함께 변동환율제로 제도를 바꾸게 된다.

미국 트럼프 대통령의 대선 승리와 미국의 금리인상도 다시 달러 페그제에 대한 문제점을 노출시키고 있다. 홍콩 달러를 예로 들어보자. 미국 달러화 가치가 올라가면 홍콩 달러화 가치는 상대적으로 떨어져야 정상일 것이다. 그러나 홍콩 정부에서는 달러 페그제를 사용하고 있기 때문에 1USD에 7.8HKD가 되도록 가치를 시장에서 유지시켜줘야 한다. 그렇게 하기 위해서는 보유 중인 미국 달러를 금융시장에서 매도하고 홍콩달러를 매입하여 미국달러의 가치를 떨어뜨리고, 홍콩달러의 가치를 상승시켜 줘야 하는 것이다.

즉, 정부 보유 달러 외환보유고를 풀어서 시장에 공급하고 홍콩달러를 사들이는 정책을 써야 한다. 이런 액션을 취하기 위해서는 평소에 충분한 달러를 보유하고 있어야 하며, 달러를 충분히 보유하고 있지 못하면 IMF 당시 태국에서 받았던 해외펀드들로부터의 공격도 받을 수 있는 것이다. 이런 프로세스를 거치기 위해 부담하는 정부의 비용문제가 만만치 않다는 것이며, 미국 달러가치의 상승도 이런 상황을 초래하고 있는 것이다. 이렇게 달러페그제를 사용하고 있는 나라들은 환율유지를 위해서 외환보유고가 일시에 급격히 줄어들 수 있다는 부담을 가지고 있는 것이다.

이런 정책을 사용하기 어려워 달러 페그제를 포기한 국가들도 있다. 위에서 언급한 태국의 경우도 마찬가지이고, 아프리카 최대 산유국인 나이지리아도 이런 상황을 겪어서 결국 달러 페그제를 포기하게 되었다. 나이지리아가 달러 페그제를 포기하면 나이지리아 통화인 나이라화는 강달러에 비해 약세현상을 보일 수밖에 없고, 통화가치의 하락(=인플레이션)이 급격히 일어나게 되면서, 국가적 금융시장의 건전한 구조가 쉽게 무너져 내릴 수도 있게 된다. 이런 상황은 달러 페그제를 포기했던 카자흐스탄도 마찬가지여서 달러 페그제 포기와 함께 20%에 가까운 인플레이션을 맞기도 하였다.

강달러 시대에 나올 수 있는 달러 페그제에 대한 환율정책의 문제점들이 지금도 나타나고 있는 것이다. 그나마 달러 페그제를 사용하고 있는 나라 중에 경제구조가 건실한 홍콩이나 사우디 같은 경우에는 향후 달러 페그제를 유지할 수 있을 것이라는 긍정적인 기대도 나오지만, 산유국 중에서 카타르, 오만 등 상대적으로 경제구조가 취약한 나라들은 강달러 시대에 어김없이 달러 페그제 포기와 함께 급격한 인플레이션을 겪는 악순환을 겪게 되기도 한다. 아직은 그런 징후가 나타나고 있지 않지만, 트럼프 정부 출범 이후 미국의 금리인상과 미국 달러가치의 상승이 본격화되면 이런 현상들이 생길 수도 있을 것이라고 전문가들은 보고 있는 것이다.

2. 재정환율과 엔화 환율

우리나라에서 원화를 대가로 다른 나라의 통화가 원화에 대해 직접적으로 환율이 정해지는 시스템을 "직거래 환율"이라고 한다. 공개된 외환시장을 통해 원화와 해당국의 통화가 직거래를 통해 환율이 결정된다는 의미이다. 현재 이렇게 직거래를 통해서 환율이 정해지는 통화는 미국의 달러화와 중국의 위안화이다. 이 두 통화를 제외한 나머지 나라들의 통화는 모두 직거래를 통해서 환율이 결정되지 않는다는 의미이다. 1990년대에 한때 엔화도 직거래 시장을 열어 원화와 직거래를 통한 환율결정을 시도한 적도 있었지만, 거래량이 활성화되지 못해 엔화 직거래 시장은 폐쇄되었던 적이 있다.

이렇게 직거래를 통해서 결정되지 않는 환율은 모두 달러화를 기준으로 다시 한 번 환율이 결정되는 시스템을 거친다. 엔화의 경우를 보도록 하자. 원-달러 환율이 1달러에 1,000원이고, 엔-달러 환율이 국제금융시장에서 1달러에 110엔으로 결정되었다면, 원엔 환율은 1달러를 기준으로 1,000원당 110엔이 등가교환이 된다는 의미이다. 이렇게 달러화를 매개로 하여 다시 한 번 결정되는 환율결정 시스템을 "재정환율"이라고 한다. 우리나라에서는 달러화와 위안화를 제외한 유로화, 엔화 등 모든 나라의 통화는 이렇게 재정환율 결정시스템을 통해서 환율이 결정된다.

최근 1년간 원-달러 환율의 변화55)를 먼저 보도록 하자.

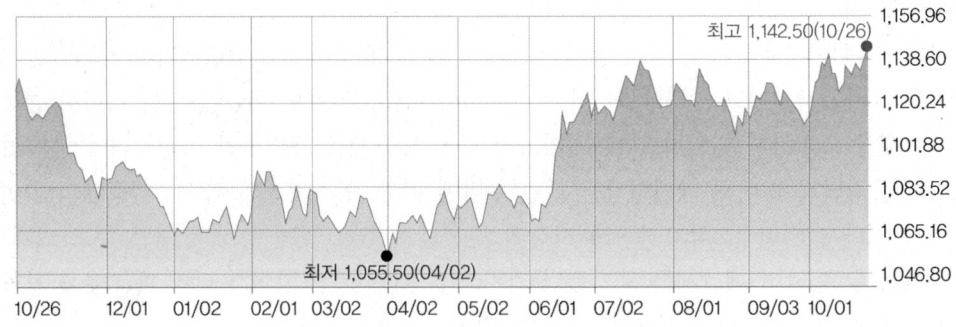

2017년 이후 미국 트럼프 대통령의 달러약세 옹호 발언과 함께 원화강세 현상이 두드러지게 보였던 원화는 2018년 6월 이후 무역전쟁 갈등과 신흥국들의 자본이탈 우려 등으로 급속히

---
55) 자료 : 네이버금융, 2017~2018 원-달러 환율변화

원화약세 현상으로 돌아서고 있다. 전반적으로 2018년은 달러 대비 1,050~1,100원대 환율 수준 박스권을 형성할 것으로 예측되는 상황이다.

다음은 최근 1년간의 엔-달러 환율 변화56)이다.

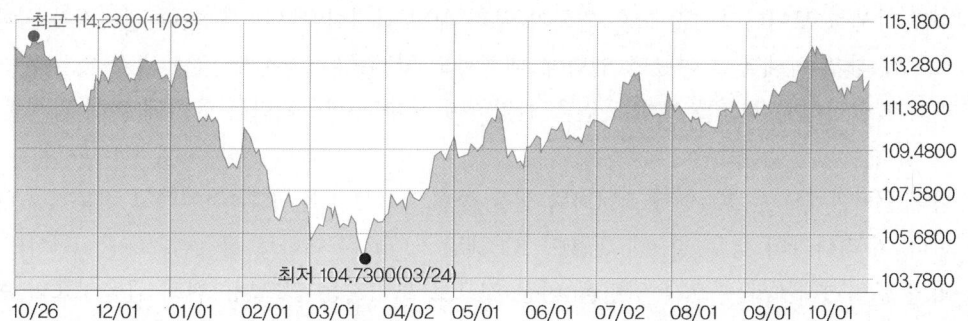

엔화의 경우 우리나라와 큰 차이는 없었지만 2018년도의 약세현상이 조금 일찍 시작되었다고 볼 수 있다. 우리나라는 6월 이후 급속히 약세현상으로 돌아서고 있는 반면, 엔화는 4월부터 꾸준히 약세 방향으로 움직이고 있다는 점이 작게나마 차이가 있다. 전반적으로 미국을 제외한 나머지 국가들의 통화가치가 약세를 보이며 신흥국들이 좀 더 변동성이 큰 경향을 보이게 되는 것이 2018년도의 환율변동의 모습이라 할 수 있다.

위의 두 환율(원-달러 환율과 엔-달러 환율)의 변화에서 1달러에 대해 원화와 엔화가 동시에 약세를 보이고 있다면 이 과정에서 달러화를 제외한 원화와 엔화의 환율은 어떤 상관관계로 어떤 움직임을 보이게 될지에 대해 알아보아야 할 것이다. 원-엔 환율은 위에서 이야기한 것처럼 직거래 환율 결정이 아니라 달러화를 매개로 한 재정환율 결정 시스템을 적용하다 보니, 달러화에 대한 상대적인 가치가 원-엔 환율에 결정적인 역할을 하게 된다. 즉, 달러화 대비 원화 하락폭이 달러화 대비 엔화 하락폭보다 크다고 하면, 결국 엔화대비 원화가치가 하락하는 방향으로 방향을 잡게 된다. 반대로 달러화 대비 원화 하락폭이 달러화 대비 엔화 하락폭보다 작으면 원화가 엔화 대비 강세를 보이게 될 것이다.

아래 원-엔 환율의 최근 1년간의 변화57)를 보도록 하자.

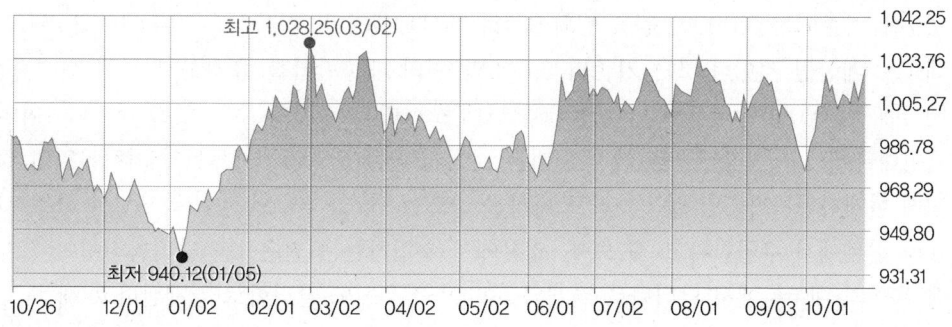

---

56) 자료 : 네이버금융, 2017~2018 엔-달러 환율변화
57) 자료 : 네이버금융, 2017~2018 원-엔 환율변화

2018년 들어 100엔당 1,000원 선이 무너졌다는 뉴스기사(엔화 대비 원화 강세)를 접하기도 하였다. 최근 1년간 원-엔 환율은 100엔당 950~1,050원 사이에서 변화를 보이고 있다. 하지만 위에서 보듯이 원화가 달러 대비 강세였던 2018년 1월~5월까지는 원화가 엔화 대비에서도 강세를 보이다가 6월 이후 원화가 달러 대비 급격한 약세를 보이며 떨어지자 상대적으로 꾸준하게 약세를 보여왔던 엔화에 대해서도 약세폭이 커지게 되는 과정을 볼 수 있다. 엔화가 달러대비 약세를 보이는 점을 반영하여 상대적으로 원화는 엔화에 비해 강세를 보이고 있다.

향후 원-엔 환율은 100엔당 1,000원 선을 중심으로 변동을 보일 것이라고 전문가들은 전망한다. 우리나라의 경우 원-엔 환율이 100엔당 1,000원 이하로 강세를 보이는 현상이 일본과의 무역거래에서는 크게 영향을 미칠 것으로 보이지는 않으며, 현재 금융지표의 변화는 트럼프 대통령의 트럼프노믹스에 대한 적응과정 중의 일부로 보는 견해가 일반적이다. 중장기적으로 안전자산인 엔화의 특성상 엔화는 다시 어느 정도 강세현상을 띠게 될 것으로 전망되고 있다.

3. 고환율(평가절하)은 반드시 수출에 유리한가

지금까지 일반적으로 고환율은 수출에 도움이 된다는 것이 교과서적인 내용이었고 간단한 금융상식으로 통용이 되어왔다고 할 수 있다. 그러나 최근 고환율이 수출증가에 주는 영향력이 과거에 비해 점점 축소되고 있다는 이야기도 나오고 있다. 이런 결과로 마냥 고환율 정책만을 고수할 것이 아니라, 경제상황에 맞는 적정 환율(황금환율)을 추구해 가야 한다는 이론적 주장이 나오고 있는 것이다.

가장 단순한 예를 가정하여 원화와 달러화를 기준으로 설명해 보도록 하자.

첫째, 현대자동차가 모든 부품을 국산으로 만들어 수출하는 경우이다. 1달러에 1,000원에서 1달러에 1,100원으로 원화가치 절하(환율상승, 고환율) 현상이 발생한다면, 현대자동차는 30,000달러짜리 쏘나타를 미국에 수출한 후 수출대금을 회수하여, 국내에서 원화로 환전할 경우에 기존에는 3,000만 원을 원화매출로 계산하겠지만, 환율상승 이후에는 3,300만 원이 매출로 계산될 것이다. 또, 기존의 3,000만 원의 매출단가를 유지하기 위해 현대자동차는 미국에서 30,000달러가 아닌 27,000달러에 쏘나타를 판매할 수도 있을 것이다. 이렇게 수출상대국에서 가격경쟁력을 가지게 되는 것이 고환율(원화가치 하락)의 매력이었던 것이다. 이제 현대자동차가 3만 달러짜리 쏘나타를 만드는 데 있어서 엔진을 독자생산 하는 것이 아니라 일본에서 수입한다고 해 보자. 일본에서 수입하는 엔진은 1만 달러짜리이며 결제는 통상 무역의 대부분에서 달러화로 결제되듯이 이 경우에도 달러화로 결제한다고 해 보자. 원-달러 환율이 1,100원으로 올랐기 때문에, 현대자동차는 엔진 하나를 수입하기 위해서 1,100만 원을 일본으로 지불해야 한다. 이후 쏘나타를 완성차로 만들어 미국으로 수출하고, 미국에서는 3만 달러를 받고, 수출대금은 다시 국내에서 3,300만 원으로 회수될 것이다. 이 경우에는 수입부품(엔진) 효과로 인해 순수한 환율효과로 인한 매출상승분은 300만 원이 아니라, 수입결제액 증가분 100만 원을 차감한 후 200만 원이 될 것이다.

둘째, 원-달러 환율을 기준으로 이번에는 현지생산의 경우를 예로 들어보자. 현대자동차 멕시코 공장에서 쏘나타를 생산하여 미국으로 수출하는 경우이다. 원-달러 환율은 1,100원으로 상승하였다. 현대자동차 멕시코 공장에서는 현지에서 부품을 조달하고 일부는 한국에서 본지사간 수출입 거래를 통해서 해결할 것이다. 1만 달러어치의 부품은 한국산으로 사용하고, 나머지 부품은 현지에서 조달한다고 해 보자. 한국에서 수입되는 부품에 대해 달러로 멕시코 현지법인에서 한국으로 결제하면 한국에서는 멕시코로 수출되는 실제물량(일부부품)에 대해서만 환율상승 효과를 가지게 되고, 쏘나타 가격 전체에 대해서는 환율효과를 보지 못하는 결과를 가져오게 된다.

위의 두 가지 예에서 보았듯이, 글로벌 무역시장과 제조시장의 분업이 확대되면서 이렇게 해외에서 직접 생산하거나, 다른 나라에서 주요부품이나 반제품을 수입하여 제조/가공하는 경우가 과거에 비해 월등히 많아지면서, 환율효과로 인한 수출경쟁력 상승효과가 줄어들고 있다는 분석이 나오고 있는 것이다. 미국 애플사의 아이폰은 대부분이 해외 현지에서 최종 생산되고 있으며, 국내 삼성전자나 현대자동차의 주력 제품들도 해외 생산 공장과 해외 부품 수입에 의존하는 비중이 높다. 중국도 우리나라에서 중간재를 수입하여 완제품을 생산하는 비중이 높은 상황이다.

이런 무역의 복합거래 현상은 단순한 무역상대국인 두 개 국가 간의 환율변화에서 보여주는 환율변화 효과를 상쇄시키게 되어, 고환율이 수출경쟁력을 상승시키는 데 있어서 그 폭이 과거에 비해 점점 줄어들고 있다는 것이다. 이는 실제로도 그런 결과를 보여주고 있는데, 한국은행이 발표한 자료에 따르면, 조사한 158개 국가의 수출변화에서 글로벌 금융위기 이전(2003~2006년)에는 환율이 1% 절하되면 수출이 0.56% 증가했지만, 글로벌 금융위기 이후(2012~2015년)에는 수출이 0.28% 증가하는 데 그쳤다는 결과가 나온 바 있다. 이런 결과는 무역시장의 복잡화에 따른 결과라고 할 수 있다.

일반적으로 저환율(원화가치 절상) 정책을 주장하는 학자들의 논리는, 첫째, 수입 물가를 하락시킴으로써 국내 물가안정에 기여하게 되고, 국민들의 가계살림에 도움이 될 수 있다는 점을 들 수 있다. 둘째, 소득재분배 효과도 가져오게 된다. 환율의 소득재분배 효과로도 많이 알려져 있지만, 저환율은 기업의 이윤을 줄여주고 가계의 소비의 폭을 넓혀 줌으로써, 경제주체인 기업과 가계 사이에서 소득재분배 효과를 가져오게 된다는 것이다. 특히, 현재처럼 우리나라의 소득양극화 현상이 심화되어 있는 경우에는 이런 소득재분배 효과도 무시하지는 못할 것이다.

반면, 고환율(원화가치 절하)을 주장하는 학자들의 논리는, 첫째, 저환율로 인한 수입물품의 소비자 가격 하락의 폭이 이론처럼 움직이지 않는다는 점이다. 완전경쟁시장이 아닌 이상 궁극적인 수입물품의 가격을 수입업체가 결정함으로써 환율효과를 기업이 이윤으로 가져간다는 것이다. 이런 효과로 인해 저환율을 주장하는 쪽에서 주장하는 소득재분배 효과도 약화될 수 있다는 점을 들고 있다. 둘째, 아무래도 수출경쟁력 강화를 통한 긍정적인 효과가 무역의 복잡화 현상으로 줄어들고 있긴 하지만 그래도 분명히 존재한다는 점을 들고 있다는 점이다.

이렇게 저환율을 주장하는 쪽과 고환율을 주장하는 쪽의 의견이 팽팽하기는 하지만, 아직은 세계 주요 국가들이 서로 자국의 통화가치를 떨어뜨리려는 환율정책을 사용하고 있는 점을 보면 고환율(통화가치 절하)로 인한 긍정적인 효과를 무시할 수 없다는 것이 일반적인 결론이라고 할 수 있다. 이런 관점에서, 그렇다면 적정 환율은 얼마인지에 대한 "황금환율" 논쟁이 나오기도 한다. 우리나라의 경우 원-달러 환율을 보면 노무현 정부에서는 저환율(1달러에 1,000원 선 이하) 시대였다면, 이명박 정부에서는 고환율(1달러에 1,300원대) 시대였다고 할 수 있고, 현재는 1,050~1,100원대에서 변동을 보이고 있는 상황이다.

4. 환율조작국

미국은 지난 1988년 당시 미국의 종합무역법안 301조를 개정하여 "슈퍼 301조"라는 이름으로 새로 법안을 통과시키면서 슈퍼 301조는 미국과의 무역거래 국가에게 강력한 제재조치를 발휘하게 된다. 슈퍼 301조는 미국의 입장에서 무역 상대국의 불공정 무역관행에 대한 보복을 강력하게 규정하고 있는 조항으로, 예를 들어 장난감을 덤핑해도 다른 자동차나 어떤 품목의 수입도 제재할 수 있도록 허용한 법조항이다. 우리나라는 1982년 대미 무역수지가 첫 흑자로 돌아선 이래, 1980년대에는 슈퍼 301조 통과 후, 우리나라에 대해 동 조항으로 여러 차례 시장개방을 요구해 온 바 있다.

이런 슈퍼 301조라는 무역관련 법조항처럼, 환율분야의 슈퍼 301조라고 불리는 BHC법안이 발표되면서 다시 환율 부분이 논란이 되고 있다. BHC법안은 법안을 발의한 베넷, 해치, 카퍼 상원의원의 이름 이니셜을 딴 명칭으로, 환율조작 의심국가로 지정된 국가에 대해 통상제재 및 대미 투자제재를 가할 수 있도록 하고 있다. 환율조작 의심의 기준은 상당한 규모의 대미 경상수지 흑자, 대미 무역수지에서도 지속적인 흑자 시현, 통화가치를 인위적으로 낮게 유지하는 것으로, 이 세 가지가 동시에 만족되는 조건으로 대상 국가를 지정하게 된다. 이 BHC법안은 2015년 2월 발효된 미국의 법안이다.

세 가지 요건을 조금 더 자세하게 살펴보면, (1) 무역흑자가 200억 달러를 초과하는 무역상대국, (2) 국내총생산(GDP)대비 경상흑자 비율이 3%를 초과하고 있는 무역상대국, (3) 지속적인 시장개입으로 연간 GDP대비 2%를 초과하여 달러를 순매수하는 시장개입을 실시하고 있는 무역상대국이라는 세 가지 조건을 충족하는 경우, 환율조작 우려가 있는 "심층분석 대상국"으로 지정하는 것이 핵심이다. 엄밀히 말하면 BHC법안에는 "환율조작국"이라는 표현이 아닌 "심층분석 대상국"이라고 언급하고 있고, "환율조작국"이라는 표현은 1988년 당시의 종합무역법안에 나오는 개념이다. 단, BHC법안의 "심층분석 대상국"을 우리는 "환율조작국"이라는 용어로 번역하여 사용하고 있다.

미국에서는 위에서 언급한 세 가지 조건을 모두 갖춘 경우 "환율조작국(심층분석 대상국)"으로 지정하고, 세 가지 중에서 한 가지나 두 가지가 충족된 경우는 "환율조작 관찰대상국"으로 지정한다. BHC법안이 발효된 이후 우리나라는 세 항목 중에 두 항목(대미 무역 흑자 200억 달러 초과, GDP대비 경상흑자 3% 초과)이 해당되어 2016년 4월에 환율조작 관찰대상국으로 지정된 이후, 현재까지 계속 환율조작 관찰대상국으로 지정되어 있다. 중국의 경우에는 대미 무역흑자가 연간 3,570억 달러 수준으로 엄청난 상황이며, 이런 대미 무역흑자는 관세폭탄, 무역전쟁의 원인이 되기도 하였다.

	현저한 對美무역흑자	상당한 경상흑자	지속적 일방향 시장개입	충족된 요건수	'18.4월 보고서 대비
	對美흑자 200억불 초과	경상흑자/GDP 3% 초과	순매수/GDP 2% 초과		
중국	3,900억불	0.5%	△0.0%	1개	동일
일본	700억불	4.0%	0.0%	2개	〃
독일	670억불	8.2%	-	2개	〃
인도	230억불	△1.9%	0.2%	1개	감소
한국	210억불	4.6%	0.3%	2개	동일
스위스	170억불	10.2%	2.4%	2개	〃

▲ 미국의 2018년 10월 환율조작국 선정 근거자료[58]

위의 표에 의하면 환율조작국(심층분석 대상국)으로 지정된 나라는 없으며, 환율조작 관찰대상국으로 지정된 나라는 중국, 일본, 독일, 우리나라, 스위스, 인도 등 6개국이다. 우리나라의 경우 연간 대미 무역흑자가 210억 달러 수준으로 200억 달러 기준을 조금 상회하고 있고, 우리나라 GDP대비 경상흑자 규모가 4.6% 수준으로 3% 기준을 넘어서고 있다. 정부 차원에서의 환율 시장개입은 연간 GDP대비 0.3% 수준으로 2%라는 기준치에 많이 못 미치고 있는 상황이다. 반면 중국의 경우를 보면 대미 무역흑자가 엄청난 수준으로 한 분야만 기준치를 초과하고 있지만, 흑자 규모가 너무 크다는 이유로 환율조작 관찰대상국으로 선정되어 있다.

트럼프 대통령은 대선 유세 때부터 중국을 환율조작국으로 선정하겠다는 공약을 자주 언급해왔다. 그러나 현행 BHC법안에 의하면 현재 상태에서 중국을 환율조작국으로 선정하기는 쉽지 않은 상황이며, 중국을 환율조작국으로 선정하기 위해서는 BHC법안의 일부를 수정해

---

58) 자료 : 중소기업뉴스

야 할 필요가 있는 상황이다. 문제는 이렇게 중국을 환율조작국으로 선정하기 위해 BHC법안을 개정할 경우 우리나라도 덩달아 환율조작국으로 선정될 확률이 그만큼 높아질 수 있다는 점이다. 매년 4월과 10월에 환율조작국 선정 작업이 이루어지는데, 2016년 4월 이후 현재까지 중국과 우리나라는 환율조작 관찰대상국으로 지정되어 있는 상태이다.

환율조작국으로 지목되면 해당국이 미국으로 기업 투자 시 미국의 금융지원 금지, 미국 연방정부 조달시장 진입금지, 국제통화기금(IMF)을 통한 환율압박 등의 조치를 받게 된다. 현재 환율조작 관찰대상국으로서도 대미투자 제한, 미국 기업들의 국내 투자제한, IMF와 WTO에 의한 1년간 간접적인 제재 등을 받고 있는 상황이다. 환율조작국으로 지정되면 이보다 좀 더 직접적으로 무역이나 통상 분야에서 제재를 가하게 된다는 것이다. 중국의 환율조작국 지정이나, 우리나라의 환율조작국 지정 등은 중국과 우리나라와의 교역관계를 보았을 때 어느 나라든지 상호 간에 직·간접적인 영향을 받을 수밖에 없는 상황인 것이다.

우리나라의 경우 2010년 서울에서 열린 G20 정상회의에서 "경상수지 흑자 4%룰"을 주도한 나라이다. "경상수지 흑자 4%룰"은 경상수지 흑자가 GDP대비 4%를 넘는 국가는 원칙적으로 환율에 대한 시장개입을 하지 않도록 하는 국제적 합의를 말하는데, 경상수지 폭이 큰 나라는 그만큼 외환시장에 개입하지 말자는 취지에서 발표되었던 룰이다. 우리나라의 경우 지난 2015년 경상수지 흑자가 GDP 대비 7%를 넘는 수준을 기록한 바 있으며, 미국 환율정책 보고서상에는 우리나라가 4.6% 수준이라고 발표되고 있다. 그만큼 외환시장에 개입하지 말아야 하며, 실제로 우리나라는 외환시장 개입 부분에서는 BHC법안에 해당되지는 않고 있는 상황이다.

현재 우리나라의 경상수지가 GDP대비 비중이 높은 것은 우리나라의 수출이 대폭 증가해서 그런 것이 아니라 수입의 감소 폭이 큰 불황형 흑자의 경우로, 불황형 흑자의 또 하나의 폐단이 되기도 하는 부분인 것이며, 불황형 흑자를 개선하기 위한 정책적인 노력이 필요한 대목이라고 할 수 있다. 이와 함께 대미 경상수지 흑자규모 줄이는 노력을 해야 하는 상황이다. 이를 위해서는 미국의 셰일가스 수입, 미국의 자동차 수입, 전자제품 수입 등 미국으로부터 수입량을 확대해야 한다는 의미이고, 2018년 트럼프 정부의 관세폭탄, 한미 FTA 재협상, 환율조작국 선정 정책 등 정책적 압박에 따라 실제로 대미 무역흑자는 대폭 축소될 것이라는 전망이 우세한 상황이다.

만약 미국이 중국을 환율조작국으로 지정하면 당장 위안화는 절상 압력이 고조될 것이고, 중국의 대미 수출에 일부 부정적 영향을 줄 수 있을 것이다. 중국에 대한 관세폭탄, 무역전쟁에 이어 추가적인 중국의 보복 대응과 미국, 중국 간의 통상 분야 갈등도 고조될 수 있을 것이다. 이로 인해 보호무역주의의 확산과 지정학적 긴장고조와 함께, 글로벌 교역둔화, 금융시장 불안 등도 간접적인 영향으로 나타날 수 있을 것이다. 우리나라의 환율조작국 지정 여부도 초미의 관심사가 될 수 있지만, 북핵 갈등 조정문제에 큰 역할을 할 수 있는 중국의 환율조작국 지정 여부도 큰 관심이 아닐 수 없다.

이런 상황에서 우리나라는 2019년부터 외환시장에 개입한 내역을 공개하는 방안을 최종 확정하였다. 정부의 외환시장 개입내역을 공개하고 있는 나라들은 미국, 영국, 캐나다, 일본, 호주, EU, 브라질, 러시아, 인도 등 여러 나라들이 있지만, 우리나라와 중국, 태국, 싱가포르, 말레이시아, 베트남 등은 개입 내역을 공개하지 않는 나라들에 포함되어 있었다. 외환시장 개입내역을 공개하지 않았던 이유는 글로벌 선진국들에 비해 소규모 외환시장을 가지고 있는 상황에서 외환 투기세력들이 이익을 위해 매입, 매도를 하는 투기성 거래에 악용될 수 있다는 이유였다. 그러나 환율조작국 지정여부 등 계속되는 미국의 외환시장 개방 압력에 2019년부터 단계적으로 정부차원에서의 외환시장 개입내역을 공개하기로 결정하였다.

5. 위안화 직거래 시장과 시장조성자은행

원-위안화 직거래 시장은 한·중 무역이 활발해짐에 따라 지난 2014년 7월 한·중 정상회의에서 개설 합의된 사안이며, 2014년 12월 1일에 공식적으로 개장되었다. 기존에는 원화에서 달러화로, 그리고 다시 달러화에서 위안화로 단계를 거치며 거래해야 했는데, 직거래 시장을 통해 원-위안화 직거래가 가능하게 되었고, 원-위안화 환율도 미국 달러화를 거치며 정해졌던 재정환율 시스템에서 직거래시장이 개설된 이후에는 원-위안화 환율이 직접적으로 결정되고 있다.

한국에서는 외국환 관련 직거래시장은 원-달러시장에 이어 두 번째로 원-위안화 직거래시장이 운영되고 있는데, 원-달러 시장과는 달리 원-위안화 직거래시장에서는 제도도입 초기인 점을 감안하여 시장조성자 제도를 두고 있다. 시장조성자 제도는 개장 초기에 부족할지도 모르는 수요, 공급을 보완하기 위해서 거래참여 활성화를 위해 도입한 제도로, 2014년 당시 국내은행 7곳과 외국은행 5곳을 포함한 총 12개 은행이 시장조성자로 참여하여 유동성을 공급하고 가격 형성을 주도해 오고 있었던 것이다.

우리나라에서 위안화 거래가 활성화되기 위해서는 위안화가 거래되는 날마다 위안화 결제와 청산을 담당하는 은행을 지정해야 한다. 하루 중에 각 은행에서 있었던 거래를 집계, 정산하는 대표성 있는 은행인데 우리나라에서는 중국교통은행이 위안화 청산결제은행으로 지정되어 있다. 이렇게 먼저 청산결제은행을 지정하고, 그 이후에는 시장조성자 은행을 지정하게 된다. 시장조성자 은행은 위안화를 공식적으로 거래할 수 있는 의무와 권리를 부여해 주는 은행들이다. 우리나라에서는 위안화 시장조성자 은행으로 총 12개 은행이 지정되어있다. 한국 내에서 위안화 청산결제은행은 중국교통은행이 담당하고 있고, 위안화 시장조성자 은행은 총 12개 중에서 6개는 국내은행이, 6개는 외국은행 국내지점이 지정되었다. 국내은행은 신한, 우리, 기업, 산업, SC, KEB하나은행이고, 외국은행 국내지점은 중국교통은행, 중국공상은행, 중국은행, HSBC, JP모건 체이스은행, 도이치은행 등 6곳이다. 이들 12개 은행은 국내에서 위안화를 직접 매수, 매도하며 위안화 시장가격(환율)을 조성하는 역할을 한다.

이들 은행들이 거래한 위안화 가격(환율)이 가중 평균되어 다음날의 원-위안화 직거래 환율로 고시되는 것이다. 과거에는 달러화를 기준으로 재정환율로 위안화 환율이 결정되었지만, 이제 이런 방식으로 직거래환율이 결정되고 있다.

이런 원-위안화 직거래시장은 서울에만 두고 있는 것이 아니라, 2016년 6월부터 중국 상하이에도 개설하였다. 중국 상하이에서의 원-위안화 직거래 시장 활성화를 위한 원화 청산결제은행은 우리은행과 KEB하나은행이 복수로 운영되고 있다. 또한 상하이에서의 시장조성자 은행은 총 14곳인데, 중국계 은행 6군데, 해외은행 3군데, 우리나라은행은 5곳으로 국민, 신한, 우리, KEB하나, 산업은행이 참여하고 있다.

시장조성자 은행은 해당국의 중앙은행이 선정한다. 우리나라 안에서 위안화 시장조성자로 선정된 12개 은행들은 한국은행이 선정하고, 상하이에서 원화 시장조성자로 선정된 14개 은행들은 중국 인민은행에서 선정하는 것이다. 중국은 현재 통화바스켓을 통해 환율을 결정하는 관리변동환율 제도를 사용하고 있어, 상하이에서 거래되는 원화와 위안화의 가격(환율)이 중국에서 결정되는 원화환율에 영향을 미치는 부분은 크지 않을 것으로 보인다. 그러나 우리나라에서는 자유변동환율 제도를 채택하고 있는 만큼 국내에서 거래되는 원-위안화 거래가격(환율)이 바로바로 원-위안화 직거래 환율로 결정되고 있다.

이렇게 시장조성자제도란 정부가 원-위안화 직거래시장이 충분한 잠재력을 가지고 활성화될 때까지 자발적인 거래기관의 수요와 공급이 부족할 수 있다는 우려가 제기됨에 따라 성공적인 정착을 위해 도입한 제도를 말한다. 시장조성자 은행은 시장에서 연속적으로 매수, 매도 가격을 제시함으로써 유동성을 공급하고 가격형성을 주도하는 역할을 하게 된다. 물론 위안화 거래를 시장조성자 은행만 할 수 있는 것은 아니며 어떤 은행이든지 위안화 거래를 할 수는 있다. 다만, 시장조성자 은행은 외환 직거래를 주도함으로써 시장을 활성화시킬 수 있도록 도움을 주는 은행들이다.

위안화에 대한 직접적인 거래가 많지 않고, 전통적인 달러거래가 전혀 불편함이 없이 잘 이루어지고 있는 점을 감안하면 향후 위안화 직거래 시장이 활성화되기에는 시간이 많이 걸릴 수 있을 것이라는 부정적인 시각도 있다. 반면, 위안화의 SDR 편입 등 위안화의 국제화가 가속화되고 있다는 점, 현재 시기가 저성장 시기라는 점, 사드보복 문제 등 중국과의 직접적인 교역규모가 위축되어 있다는 점 등을 고려하면 향후 안정적인 외교관계 시대에는 위안화 직거래 시장이 지금보다는 더 활성화될 수 있을 것이라는 긍정적인 예측도 있다.

원-달러 직거래 시장에는 현재 시장조성자 제도를 두고 있지 않다. 그 이유는 시장조성자 제도를 두지 않더라도 원-달러는 원활하게 시장에서 거래가 이루어지고 시장자체가 활성화되어있기 때문이다. 그러나 원-위안화 직거래 시장은 개장한 지 3년이 지나고 있고, 과거 원-엔 직거래 시장의 실패경험을 되풀이하지 않기 위해 시장조성자 제도라는 다소 부자연스러운 우회적 지원을 통해서 시장 활성화를 도모해 가고 있는 것이다. 향후 경기회복과 중국과의 교역규모가 정상화되고 활성화될 수 있을 것이라는 관점에서 시장조성자 제도는 당분간은 계속 유지되어질 제도로 보인다.

6. 우리나라의 외환보유액

기축통화인 미국 달러화의 불확실성과 미국경제에 대한 불확실성 등으로 미국을 제외한 글로벌 각국은 기축통화인 미국 달러화를 유사시를 대비해 보유하고 있어야 하는데 이를 각국의 "외환보유액(외환보유고)"이라고 한다. 국제금융시장에서 전쟁이나 금융위기 등 불확실한 미래에 대비해 세계 각국은 국제 금융시장에서 유통될 수 있는 자국의 유동성을 담보하기 위해 미국 달러를 보유하고 있어야 하는 것이다.

외환보유액은 얼마를 가지고 있어야 적정하냐에 대한 보유규모의 적정성에 대한 논란은 항상 있어왔다. 경제규모에 대비해서 추정을 하기도 하고, 무역규모에 대비해서 추정을 하기도 하고, 자국 내에서 통용되는 통화량에 대해서 추정하기도 하는 등 여러 가지 방법들이 논란이 되고 있기는 하지만, 통상적으로는 각국의 GDP대비 적정 보유량 추정치를 많이 사용하고 있다. 우리나라의 경우 2018년 8월 말 기준으로 4,011억 달러, 2018년 9월 말 기준으로는 4,030억 달러 수준의 외환보유액을 보유하고 있으며 GDP대비 약 27%대 수준을 차지하고 있다. 대만(80%), 홍콩(120%), 중국(34%), 일본(27%) 등의 평균 수준에는 못 미치는 수준이다. 표를 보면 아래와 같다.

순위	국가	외환보유액	순위	국가	외환보유액
1	중국	31,097	6	대만	4,599
2	일본	12,593	7	홍콩	4,248
3	스위스	8,001	8	한국	4,011
4	사우디아라비아	5,096	9	인도	4,001
5	러시아	4,606	10	브라질	3,814

▲ 주요 국가들의 외환보유액 현황[59]

위의 표는 2018년 8월 말 기준 각국의 외환보유액 현황을 글로벌 10위까지 보여주고 있다. 중국은 외환보유액 1위 국가로 2016년 이후 위안화 약세에 대한 달러공급과 위안화 매입의 영향으로 외환보유액이 계속 줄고 있지만, 그래도 3조 1천억 달러 수준을 유지하며 세계 1위를 굳건히 지키고 있다. 홍콩이 위안화 SDR편입의 영향으로 홍콩이 보유하고 있는 위안화가 외환보유액으로 평가되면서 7위를 유지하고 있고, 우리나라의 경우에는 2015년도에는 6위였으나, 2016년도에는 8위, 2017년도에 9위로 하락하였지만, 2018년 9월부터 다시 8위로 올라선 상황이다. 그러나 6위~10위 사이에는 편차가 작아 순위에 큰 의미는 없다고도 할 수 있다.

---

[59] 자료 : IMF, 각국 중앙은행 홈페이지(2018년 8월 말 기준 / 단위 : 억 달러)

우리나라의 경우 해마다 외환보유액 절대 금액은 늘어나고 있다. 2015년도에 3,680억 달러 수준에서 2016년도에는 3,750억 달러, 2017년 10월 말에는 3,845억 달러, 2018년 9월에는 4,030억 달러 수준으로 사상 최고치를 기록하고 있다. 2018년 들어서도 계속 증가하고 있는 것이다. 이런 이유는 주로 외화자산 운용수익이 증가한 것과 미국의 달러화 약세에 따라 다른 통화로 보유하고 있는 외화 자산의 달러화 평가 환산액이 증가하는 데 기인한 것으로 보인다.

외환보유액은 한국은행이나 정부에서 현찰 달러로 가지고 있는 것이 아니라, 여러 가지 자산 상태로 운용하거나 보관하게 되는데, 크게 현금성자산, 직접투자자산, 위탁자산으로 구분한다. 현금성자산은 일시적인 외화자금 수요나 위기 시에 신속하게 대응하기 위해 현금 또는 투자자산으로 운용하더라도 즉시 환가성이나 유동성이 높은 형태로 운영되는 자산을 말한다. 직접투자자산은 안정적인 수익획득을 위하여 주요 국가들의 중장기 국채, 정부기관채, 회사채 등에 투자하고 있는 자산을 말하며, 위탁자산은 국제기구, 글로벌 자산운용사, 국부펀드인 한국투자공사 등에 위탁하여 운용하고 있는 자산을 말한다.

(연말기준, %)

구분	2013	2014	2015	2016	2017
현금성자산	3.1	4.3	4.5	4.7	3.2
직접투자자산	81.6	80.5	80.0	77.3	77.7
위탁자산	15.3	15.2	15.5	18.0	19.1
합계	100.0	100.0	100.0	100.0	100.0

▲ 한국은행의 외환보유액 자산별 운영현황[60]

문제는 향후 달러화 가치의 흐름이 중요한 변수가 될 수 있을 것으로 보인다. 미국의 금리인상이 계속 예정되어 있기 때문이며 트럼프 정부의 강달러 정책의 계속성 여부가 중요한 변수가 되는 것이다. 미국의 입장에서는 금리를 인상하면 강달러 현상이 나타나고, 한편으로는 이런 강달러 현상을 용인하지 않기 위해 금융정책적인 차원에서 조치를 취하고 있지만, 이 흐름이 어떻게 변화되어 갈 것인지, 또 이런 변화에 대해 신흥국을 포함한 우리나라 등에서의 외화자산 환산평가, 외화유출 상황 등이 우리나라 외환보유액의 변동에 나름대로 중요한 변수가 될 수 있을 것으로 보인다.

7. 환율 안정을 위한 외국환평형기금

미국과 중국, 미국과 우리나라 사이에서 환율조작국 관련해서 고위 담당자들의 발언내용, 미국 측의 발언내용 등을 보면 "외환당국", "정부의 환율개입" 등의 표현들이 자주 나온다.

---

60) 자료 : 한국은행

정부에서 환율개입을 어떤 방식으로 한다는 것인지, 외환당국은 어디를 말하는 것인지 공부해 보도록 하자.

우선, "외환당국"이라고 하면 정부의 관련부처인 현재의 "기획재정부"와 국책은행인 "한국은행"을 말한다. 따라서 신문이나 뉴스 기사에 "외환당국"이라는 표현이 나오면, 그냥 "기획재정부와 한국은행"이라고 이해해 놓으면 된다.

미국에서는 매년 4월과 10월에 환율보고서 작성, 발표를 통해서 미국과 무역상대국들인 나라들의 "환율조작국"여부를 지정하게 된다. 환율조작국으로 지정이 되면 대미투자나 대미 무역활동에 있어서 그만큼 제약을 받게 되고, 기타 IMF나 글로벌 무역시장에서도 제재를 받게 되기 때문에, 각국들은 미국의 환율보고서상에 환율조작국으로 지정받지 않기 위해 노력하고 있다.

현재 미국에서 환율조작국으로 지정하는데 있어서는 3가지 조건을 두고 있다. 첫째, 연간 대미 무역흑자가 200억 달러 초과인 국가, 둘째, 연간 그 나라의 GDP대비 경상흑자가 3% 초과인 무역수지 흑자국가, 셋째, 연간 그 나라가 자국통화 가치하락을 위해 외환시장에서 달러 순매수비중을 GDP대비 2% 이상 실시하고 있는 국가이다. 우리나라의 경우 이 세 가지 조건 중에서 대미 무역흑자가 약 230억 달러 수준이고, GDP대비 경상수지 흑자가 약 5%대 수준으로 첫째와 둘째 조건에 해당한다.

문제는 셋째 내용이다. 우리나라가 이 조건에 해당하려면 1년간 외환당국이 외환시장에서 일방향으로 원화가치 하락을 위해 달러를 매입하고 원화를 매도하는 규모가 GDP대비 2% 수준 이상이어야 한다는 것이다. 여기서, "외환당국"은 누구이며, "외환시장"에서 "어떤 조치"를 취하는지에 대한 문제인 것이다. 위에서 외환당국은 "한국은행과 기획재정부"라고 언급한 바 있다.

우리나라에서는 외환당국이 환율을 조정하는 중요한 수단으로 크게 세 가지 정도를 볼 수 있다.

1) 외환당국의 외환보유액을 활용한 시장개입

외환보유액은 한국은행이 환율안정을 위해 쌓아놓은 외환(달러)보유액이다. 원-달러 환율이 하락(원화가치 상승)하는 경우 한국은행은 원화가치를 상승시키기 위해 시장에서 달러를 더 매입하고 원화를 매도하면 시장에서는 원화의 공급 증가로 원화가치가 하락하게 될 것이다. 반대로, 원-달러 환율이 상승(원화가치 하락)하는 경우에는 시장에서 원화를 매입하고 보유 중인 외환보유액(달러)을 매도함으로써 환율의 안정에 기여할 수 있는 것이다.

2) 외환당국의 외국환평형기금채권(외평채)를 활용한 시장개입

정부(기획재정부)는 환율의 급등락을 막기 위해 미리 원화와 달러화를 기금 형태로 모아 놓은 것을 "외국환평형기금"이라고 하고, 이 기금을 조달하기 위해 정부가 발행하는 채권을

"외국환평형기금채권(외평채)"라고 한다. 그리고 이 외평채는 원화표시, 외화표시 채권으로 나누어지고, 채권시장에서 유통이 되며, 정부에서는 시장에서 외평채의 발행, 매입과 매도를 통해 원-달러 환율시장에 개입하게 된다.

외평채 발행은 크게 국내발행, 해외발행으로 나뉘고, 다시 원화표시 채권, 외화표시 채권으로 나뉜다. 정부에서 지급보증을 하고 있는 외평채를 만약 외국에서 달러표시로 발행했다고 한다면, 이는 정부에서 달러보유량을 확보하기 위해 해외에서 채권을 발행하는 경우라고 할 수 있다. 해외에서 원화표시 채권은 발행하기 어렵고, 국내에서는 상대적으로 달러표시 채권보다는 원화표시 채권의 발행 가능성이 높을 것이다. 국내에서 원화표시 외평채를 발행했다는 것은 국내 수요자인 금융기관이나 일반인을 대상으로 원화를 빌린다는 의미이다.

또, 유통되고 있는 외평채의 유통시장에서 매입, 매도를 통해서도 시장에 개입을 할 수가 있다. 달러표시 외평채가 국내 유통시장에서 유통되고 있다면, 정부에서 달러표시 외평채를 매입한다는 것은 보유 중인 달러를 시중에 유통시킨다는 의미이고, 정부가 보유 중인 달러표시 외평채를 채권시장에 매각한다는 것은 시중의 달러를 흡수하는 조치가 될 것이다. 원화표시 외평채도 원화의 수급조절을 위해 매입, 매도에 관여할 수 있지만, 환율의 안정이라는 목적을 위해서는 원화표시 외평채보다는 외화표시 외평채의 매매가 위주가 된다.

외평채는 결국 국가가 국민을 대상으로 하든, 해외에서 해외투자자들을 대상으로 하든, 국가부채와 연관이 되기 때문에, 외평채 발행한도에 대해서는 기획재정부장관의 건의로 국회에서 결정하는 절차를 거치고 있으며, 외평채의 발행 및 운용에 대해서는 한국은행이 담당하고 있다. 2008년 금융위기 이전에는 주로 국내에서 원화표시 외평채가 많이 발행되어 왔으며, 금융위기 이후에는 해외에서 달러표시 외평채를 위주로 많이 발행하고 있다.

정리를 해 보면 아래와 같다.

■ 발행시장
1) 해외에서 외화표시 외평채 발행 ⇨ 해외에서 국가채무를 일으켜 달러조달
2) 국내에서 원화표시 외평채 발행 ⇨ 민간부문에 융통 중인 원화 매입 ⇨ 원화가치 상승, 달러가치 하락
3) 국내에서 외화표시 외평채 발행 ⇨ 민간부문에 융통 중인 달러 매입 ⇨ 달러가치 상승, 원화가치 하락

> ■ 유통시장
> 1) 국내 채권시장에서 외화표시 외평채 매입 ⇨ 민간부문에 달러 공급 ⇨ 달러가치 하락, 원화 가치 상승
> 2) 국내 채권시장에서 외화표시 외평채 매각 ⇨ 민간부문의 달러 매입 ⇨ 달러가치 상승, 원화 가치 하락
> 3) 국내 채권시장에서 원화표시 외평채 매입 ⇨ 민간부문에 원화 공급 ⇨ 원화가치 하락, 달러 가치 상승
> 4) 국내 채권시장에서 원화표시 외평채 매각 ⇨ 민간부문의 원화 매입 ⇨ 원화가치 상승, 달러 가치 하락

이 중에서 이제 외환당국이 원화가치 하락을 위해 시장개입을 한다면, 국내에서 외화표시 외평채를 많이 발행하거나, 국내 채권시장에서 외화표시 외평채를 많이 매각하는 경우, 국내 채권시장에서 원화표시 외평채 매입 등임을 볼 수 있다. 이러한 조치를 기획재정부와 한국은행에서 많이 하게 되면, 우리나라 외환시장에서 원-달러 환율은 상승(원화가치 하락)하는 쪽으로 움직이게 되는 것이다. 미국의 환율조작국 지정은 이런 일련의 외환당국의 활동들을 검토하겠다는 것이다.

최근 미국의 금리인상에도 불구하고 원-달러 환율은 상승(원화가치 하락)하지 않고, 오히려 원-달러 환율이 하락(원화가치 상승)하는 상황을 접하고 있다. 평상시와 같은 경우라면 외환당국에서는 이럴 때 원화가치 하락을 위해 외평채 매매를 통해 시장에 개입할 수 있겠지만, 환율조작국 지정 문제, 미국의 외환시장 개방 압박, 외환시장 개입내역 공개문제 등으로 공개적인 외환시장 개입을 하고 있지는 못하고 있는 상황인 것이다. 이렇게 정부와 한국은행에서는 외국환평형기금과 외평채를 통해 국내 외환시장의 환율안정을 도모할 수 있으며, 이 내역은 해외 투기세력의 공격이나 외부로 공개할 업무내용이 아니어서 공개는 하지 않고 있지만, 2019년부터는 공개하기로 하였다.

3) 외환당국의 통화스와프 제도를 활용한 시장개입

통화스와프는 일정 조건 하에서 계약을 체결한 양국 간에 계약된 통화를 교환한다는 뜻으로, 다른 나라와 통화스와프를 체결하면 상대국의 통화 계약 시 약정된 환율로 필요할 때 자국 통화와 교환할 수 있다는 의미이다. 외환 부족 사태가 발생하면 통화스와프 체결국에서 급하게 외화를 공급받을 수 있어 양국 모두에 이득이 되는 제도로, 평상시에 이 제도를 통해서 외환시장에 개입하기는 어렵다.

CHAPTER 04 가계부채

1. 우리나라 가계부채 현황과 문제점

먼저 아래 표를 보고 설명을 해 보도록 하자.

(단위 : 조 원)

구 분			2016.12	2017.06	2017.12	2018.06
광의의 가계부채	협의의 가계부채 (가계신용)	가계대출	은 행 (주담대)	617 (442)	630 (449)	661(464)	682(475)
			비은행 (주담대)	653 (103)	683 (111)	709(114)	728(113)
			소 계 (주담대)	1,270(545)	1,313(560)	1,370(578)	1,410(588)
		판매신용	73	75	81	83
		합 계	1,343	1,388	1,451	1,493
	은행권 자영업자 대출		261	273	289	302
	전체합계		1,604	1,661	1,740	1,795

주) 자영업자 부채는 은행권 대출잔액만 수집됨 / 주담대 : 주택담보대출

- 은행 가계대출 = 은행 주택담보대출 + 은행 기타대출(신용대출 포함)
- 비은행권 가계대출 = 비은행 주택담보대출 + 비은행 기타대출(신용대출 포함)
- 가계대출 = 은행 가계대출 + 비은행 가계대출
- 협의의 가계부채(가계신용) = 가계대출 + 판매신용
- 광의의 가계부채 = 협의의 가계부채(가계신용) + 자영업자(개인사업자) 대출

2018년 6월 말 현재 우리나라 가계부채 현황은 위의 표와 같이 정리할 수 있다. 한국은행이나 금융당국에서 발표하고 있는 가계부채 자료는 "가계신용"이라는 용어를 사용하는데, 이는 가계대출과 판매신용을 합한 개념이다. 이를 협의의 가계부채라고 할 수 있으며, 그 안에서 주담대는 "주택담보대출"을 말한다.

즉, 2017년 12월 말 은행권 가계대출 총 661조 원 중에서 주택담보대출이 464조 원을 차지하고 있다는 의미이고, 2018년 6월 말 은행권 가계대출 총 682조 원 중에서 주택담보대출은 475조 원이라는 의미이다. 판매신용은 신용카드 미결제 할부잔액을 말하고, 소규모 자영업

자(개인사업자)들은 가계대출이 아니라 자영업자 부채로 별도로 계리가 되는데, 제2금융권의 자영업자 부채는 집계가 용이하지 않아 은행권만 집계되었다. 자영업자 부채까지 합한 개념을 광의의 가계부채라고 이해하도록 하자.

위의 표를 해석하는 작업을 먼저 해 보아야 할 것이다.

첫째, 한국은행이나 금융당국에서 발표하는 가계부채 현황은 2018년 6월 말 현재 1,493조 원이다. 2017년 12월 말에 비해 6개월간 약 42조 원 증가하고 있고, 이는 은행권에서 21조 원 증가, 비은행권에서 19조 원 정도 증가, 판매신용에서 2조 원이 증가하고 있다. 은행권과 비은행권의 증가폭은 비슷한 수준이며, 전반적으로 가계부채 잔액은 증가하고 있지만 증가율은 소폭 둔화되는 상황을 보여주고 있다.

둘째, 2018년 6월 말 현재 우리나라의 은행권 가계대출 전체 합계금액은 약 682조 원 수준이다. 물론, 자영업자 대출을 제외한 금액이다. 2017년 말 대비 약 21조 원 증가하고 있으며, 가계부채 증가율이 소폭 둔화되고 있는 배경은 2016년부터 시작되었던 가계대출 심사 강화방안과 은행권 가계부채 억제 정책, 부동산 시장 과열 억제정책의 영향을 받은 것이라 할 수 있다.

셋째, 주택담보대출 현황에 대해 정리를 하면, 우리나라 총 주택담보대출 잔액은 2018년 6월 말 현재 총 588조 원 수준으로, 전체 가계대출 1,493조 원대비 약 40% 수준을 차지하고 있다. 주택담보대출은 은행권만 취급하는 것이 아니라, 비은행권에서도 취급하며, 은행권 주택담보대출은 475조 원 수준으로 은행권 가계대출 잔액 630조 원 대비 약 70% 수준을 차지하고 있다.

넷째, 자영업자 부채에 대한 이해가 필요하다. 사업자등록증을 발부받아 자영업을 하고 있는 동네 슈퍼, 치킨가게 등을 말하는데, 이런 유형의 대출자는 은행권에 대출을 받기 어려운 경우도 많을 것이기 때문에, 비은행권 자영업자 부채가 은행권 수준과 거의 동일한 수준이나 그 이상이 될 것으로 추정된다. 이 부분에 대한 부담이 상당한 수준인 것이다. 은행을 포함한 전 금융권 자영업자 부채를 합치면 600조 원을 상회할 것으로 추정된다.

다섯째, 전체 광의의 가계부채에 대한 개념이다. 은행권과 비은행권의 주택담보대출과 신용대출을 합한 "협의의 가계부채" 개념은 매 분기마다 한국은행을 통해서 "가계신용"이라는 주제로 발표하고 있고, 2018년 6월 말 현재 1,493조 원 수준으로 발표되었다. 그러나 개인사업자대출 약 600조 원을 합치면 광의의 가계부채는 약 2,100조 원 수준이 될 것으로 추정된다.

이러한 우리나라 가계부채의 구조적 문제점을 지적해 보면 아래와 같이 언급할 수 있다.

첫째, 주택담보대출과 신용대출의 합산금액으로 표시되는 "가계대출" 부분의 절대적인 액수에 대한 부담이다. 우리나라 인구가 5,100만명 수준임을 감안하면, 국민 1인당 약 2,900만 원의 부채를 가지고 있으며, 4인가구로 보면 가구별로 평균 1억 2천만 원 수준의 가계부채를 가지고 있는 셈이다. 국민 1인당 가계부채 부담이 급격히 증가하고 있다는 점을 첫 번째 문제점으로 지적할 수 있다.

구 분	2010.12	2013.12	2016.12	2017.12	2018.06
가계대출 (주택담보대출 +신용대출)	800조 원	960조 원 (+160조 원)	1,270조 원 (+132조 원)	1,370조 원 (+100조 원)	1,410조 원 (+40조 원)

이와 함께, 우리나라 GDP 대비 가계부채 규모가 지나치게 비중이 높다는 점을 들 수 있다. 국제결제은행(BIS)에서 제시하는 가계부채의 임계수준은 GDP 대비 85% 수준을 제시하고 있고, 세계경제포럼(WEF)에서는 GDP 대비 75% 수준을 임계치로 제시하고 있다. 우리나라 가계부채의 GDP 대비 규모는 2014년도에 GDP 대비 약 81% 수준을 차지하고 있고, 2018년 2분기 말 현재 한국은행이 발표한 우리나라의 GDP 대비 가계부채 비중은 85.6%이다. 선진국 평균 73.5%, 신흥국 평균 35.7%와 비교하면 우리나라 가계부채의 위험성을 알 수 있다.

둘째, 자영업자(개인사업자) 금융부채의 급격한 증가세를 들 수 있다. 우리나라 자영업자는 베이비부머 세대들의 은퇴와 함께 개인사업자 증가세가 더 높아지고 있는 가운데, 개인사업자 대출규모가 빠르게 증가하고 있다는 점이 우려스러운 부분이다. 은행권만 집계한 내역을 보면 2018년 6월 말 현재 302조 원 수준이며, 저축은행이나 대부업체 등 비은행권 자영업자 부채까지 합하면 은행권의 약 2배에 가까울 것으로 추정된다. 특히 우리나라 자영업자는 생계형 자영업자가 대부분이므로 경기후퇴시나 폐업 시 사회적 문제를 야기할 수 있다는 점이 우려스러운 부분이라 할 수 있다.

구 분	2010.12	2013.12	2016.12	2017.12	2018.06
자영업자 부채 (은행권)	100조 원	215조 원	266조 원 (+26조 원)	289조 원 (+23조 원)	302조 원 (+13조 원)

셋째, 비은행 2금융권에 대한 가계부채가 크게 증가하여 가계부채의 대출구조가 취약하다는 점이다. 2017년 12월 말 현재 제2금융권을 통한 가계부채 잔액은 709조 원 수준으로, 전체 가계신용잔액(1,451조 원) 대비 49% 수준을 기록하고 있고, 2018년 6월 말 현재는 2금융권 가계부채 잔액이 728조 원으로 전체 가계신용 잔액(1,493조 원) 대비 역시 49% 수준을 차지하여 비은행 금융기관에 대한 대출구조가 계속적으로 전체 가계부채의 50% 수준을 육박하고 있다는 점을 볼 수 있다. 이는 가계부채의 고위험군이라 할 수 있는 자영업자와 다중채무자, 저소득계층의 경우 은행권의 높은 문턱에 막혀 차선책으로 제2금융권 대출로 내몰리고 있는 풍선효과에 기인한다고 볼 수 있다.

넷째, 가계부채의 연령구조도 취약하다는 점을 들 수 있다. 국책 연구소의 보고서에 의하면, 우리나라 전체 가계부채 중에 40-50대 비중이 70% 수준을 넘어서고 있어, 은퇴 이후의 사회안전망이 미비한 우리나라 현실에서 향후에도 노인빈곤 문제는 지속적인 사회문제가 될 것이라는 전망을 가능케 하고 있다는 점이다. 1인가구의 증가와 함께 독거노인 등에 대한 사회안전망 구축이 필요하다는 지적이 나올 수 있는 부분이다.

다섯째, 가계부채의 이자구조와 기간구조가 취약하다는 점을 들 수 있다. 주택담보대출의 경우 대출자의 약 60~70% 정도가 변동금리대출과 만기일시상환방식으로 대출을 받고 있다는 점이다. 대출금의 이자만 내다가 만기에 일시 상환을 해야 하는 만기일시 상환 대출의 비중이 70% 수준에 달함으로써, 향후 예상되는 금리인상 시기와 국내 주택시장의 침체가 예상되는 경우 추가적인 위험에 노출될 수 있다는 지적이다.

여섯째, 저소득자 또는 소득하위계층의 가계부채 구조가 취약하다는 점을 들 수 있다. 대표적인 구간대로 소득하위 20% 계층인 소득 1분위의 DSR은 2016년 41% 수준에서 2017년 60% 수준으로 상승하고 있다는 사실을 들 수 있다. 주로 소득하위 계층을 중심으로 부채상환 부담이 급속히 악화되고 있다는 것이고, 통상 DSR이 40%가 넘으면 대출이 대출을 부르는 부채의 악순환에 빠져 정상적인 경제활동이 불가능한 '가계부채 고위험군'으로 분류되는데, 이런 고위험군에 해당하는 소득하위 계층이 점점 증가하고 있다는 것이다.

일곱째, 소득대비 부채의 비율이 위험한 점을 들 수 있다. 부채의 질을 평가하는 잣대로 사용되는 가처분소득 대비 가계부채 비율은 2016년 말 기준으로 153.4%였던 것이 2017년 말에는 160%를 넘겨 OECD국가 평균치(130~140%)보다 월등히 높은 상태이다. 소득보다 부채의 비중이 높음으로 인해 부채상환에 대한 압박과 소비로 이어질 여력이 그만큼 줄어들 수 있다는 것이다. 또한, 그 속도의 문제에서도 가처분소득의 증가속도보다 가계부채의 증가속도가 빠르다는 점은 추가적인 문제로 지적될 수 있다.

여덟째, 우리나라 가계부채 현황에 대한 지역별 편차 문제이다. 가계부채현황과 해당지역의 소득, 주택가격 등을 고려하여 시뮬레이션을 해 보았을 때, 대구경북 지역과 광주전남 지역이 가장 가계부채 위험에 노출이 심하다는 점이다. 서울 및 수도권 밀집현상에 따라 특히 이들 지역은 지역경제 침체가 심한 지역으로 가계부채 위기 상황이 도래했을 때, 가장 먼저 뇌관이 터질 수 있다는 분석으로, 지역별 편차에 대한 대응방안도 마련할 필요가 있는 부분인 것이다.

아홉째, 40대와 50대의 저소득층 자영업자에 대한 가계부채 문제이다. 한국은행 금융안정보고서에 따르면 우리나라 가계부채의 가장 큰 위험군으로 분류되는 채무자그룹은 "40대와 50대＋저소득층＋자영업자"군으로 나타났다고 한다. 위에서 연령대별 문제에서도 보았듯이 향후 노년층을 앞둔 40~50대로서 생계형 창업을 한 자영업자 대출자들은 우리나라에서 가장 위험한 가계부채 뇌관으로 인식되고 있다. 주위에서도 어렵지 않게 찾아볼 수 있는 그룹으로 이들 그룹에 대한 대책마련 또한 절실하다고 하겠다.

이렇게 우리나라 가계부채의 문제점 또는 위기요인에 대해 아홉 가지 정도를 알아보았다. 또 한 가지 알아야 할 부분은 우리나라 가계부채의 문제점들이 위와 같은 수준이지만, 이 문제점들이 어떤 경우에 더 문제가 될 지에 대한 것이다. 우리나라 현실에서 대두될 가능성이 있는 위험가능 상황은 크게 세 가지 경우이다. 첫째, 집값이 하락할 경우, 둘째, 금리가 인상될 경우, 셋째, 집값이 하락하면서 동시에 금리가 인상될 경우이다. 이 세 가지 경우에서 위험도를 예측했을 때 당연히 가장 위험한 상황은 셋째의 경우일 것이다. 두 번째 위험한 상황은 금리가 인상될 경우이고, 마지막으로 위험한 상황은 집값이 하락할 경우로 나타났다. 이는 상대적으로 우리나라 가계부채는 집값 변동에 대한 위험도보다 금리변동에 대한 위험도가 더 높다는 것을 의미하기도 한다.

우리나라 가계부채는 2018년 6월 말 현재 1,493조 원을 기록하며 1,500조 원을 눈앞에 두고 있다. 2013년 말에 1,000조 원을 돌파한 이후 5년 만에 500조 원, 즉 1년에 100조 원씩 증가하고 있고, 1개월에 평균 8~10조 원 수준이 증가하고 있다. 다행스럽게도 증가속도가 조금씩 둔화되고 있지만, 인터넷전문은행도 가계부채 증가의 또 하나의 통로가 될 수도 있을 것이라 보인다. 외부 경제적인 요인으로는 미국의 금리인상과 국내 금리인상 등 향후 금리인상 시기가 도래되는 것이 가계부채에 부담이며, 내부 사회적인 현상으로는 자영업자 경기 악화, 최저임금 인상, 고령화, 베이비붐 세대 이슈 등도 부담이 되고 있다.

2. 정부의 가계부채 억제 대책 : 자본규제 3종 세트

1,400조 원을 넘어 계속 증가하기만 하는 가계부채 증가추이를 보면서 2017년 12월 금융위원회는 가계부채 추가 억제를 위한 대응책을 내놓았는데, 새로운 대응책은 세 가지로 요약된다. 첫째, 은행의 예대율 산정 시 가계대출과 기업대출을 구분해 차등화된 가중치를 산정하겠다는 내용, 둘째, LTV비율이 높은 일부 주택담보대출에 대해 위험가중치를 차등화하여 BIS비율을 산정하겠다는 내용, 셋째, 급속한 가계신용 팽창 시 은행이 추가자본을 적립해야 하는 부문별 경기대응 완충자본을 도입하겠다는 내용이다. 모두 은행의 자본을 규제하는 조치들이라 가계부채 억제를 위한 "은행권 자본규제 3종 세트"로 언론에 소개되고 있다.

첫째, 은행의 예대율 산정 시 가계대출과 기업대출을 구분하여 차등화된 가중치를 부여한다는 내용을 먼저 보도록 하자. 예대율은 은행의 예금액을 분모로 하고 대출액을 분자로 했을 때의 비율을 말한다. 기본 이론적으로는 예금액을 넘어서 대출이 나가는 게 가능하냐는 질문을 할 수도 있지만, 은행들이 신종자본증권, 금융채 등을 발행해서 자금을 조달하는 경우에는 얼마든지 예금액을 넘어서 대출이 이루어질 수 있다.

일반적으로 예대율은 은행의 건전성을 측정하는 지표로, 국제적으로 통일된 규제나 BIS 같은 국제기구에 의한 일관된 규제는 없는 상황이다. 다만 각국이 자체적으로 규제방식을 도입하는 나라들도 있으며, 우리나라의 경우에는 1998년 IMF때 폐지되었다가 2010년부터 다시 강화된 규제방식이 아닌, 각 은행에 대한 권고사항 수준으로 도입된 바 있다. 현재는 예대율 100% 이내에서 자본 건전성을 유지하도록 권고하고 있으며, 80% 수준을 이상적인 수준으로 판단하고 있는 상황이다. 그러나 2017년 10월 말 한국은행 발표 자료에 의하면 국내 은행의 수신 잔액은 1,527조 7,000억 원이며, 국내 은행의 여신 잔액은 1,540조 5,000억 원으로 예대율이 다시 100%를 초과하고 있는 상황을 보이고 있다.

우리나라는 2018년부터 순안정자금조달비율(NSFR)이라는 규제를 도입하기로 함으로써, 이와 비슷한 예대율 규제는 2018년부터 폐지하기로 한 것이 당초 금융위원회의 발표 내용이었다. 규제완화 차원에서 비슷한 규제를 중복적으로 계속 도입하는 것이 금융시장 활성화에 바람직스럽지 않다는 거시적인 판단에서였다고 할 수 있다. 그러나 계속되는 가계부채 증가와 2017년 10월에는 예대율 100% 초과라는 현상들이 나타나면서 금융위원회에서 예대율 규제를 폐지하는 것이 아니라 다시 강화하는 쪽으로 선회하게 된 것이다.

일반적으로 예대율 규제는 DTI, LTV 규제보다 은행이 자본을 운용하는 측면에서 더 직접적이고 강력한 조치라고 평가되고 있다. 예대율 산정 시 가계부채에 대한 가중치를 높이게 되면 그만큼 예대율의 상승속도가 빨라지고, 은행의 자본 건전성이 악화되는 지표를 가져오게 될 것이다. 따라서 금융당국에서는 은행권의 가계부채에 대한 차등화된 가중치를 부여함으로써, 가계부채를 추가적으로 억제해 보겠다는 의도로 규제조치를 발표하게 된 것이라 보인다.

둘째, LTV비율이 높은 일부 주택담보대출에 대해 위험가중치를 차등화하여 BIS비율을 산정하겠다는 내용을 보도록 하자. LTV란 주택담보가치에 대한 대출액의 비중을 나타내는 지표이다. 예를 들어 10억 원짜리 아파트가 LTV비율 60% 적용대상 지역에 있다면 이 아파트를 담보로 6억 원까지밖에 대출을 받지 못한다는 의미이다. 은행의 입장에서는 이 아파트를 담보로 6억 원을 대출해 줄 경우, 향후 대출에 문제가 발생했을 시 대출금액을 담보(아파트)를 처분하여 상환받을 수 있는 현실적인 가능성은 상당히 높다고 인식할 것이다. 그만큼 대출가능한도를 낮게(60%) 산정하고 있기 때문이다.

그냥 실무적인 차원에서 보면 이 6억 원이라는 대출은 은행에 아무 문제없는 대출이라고 생각할 수도 있겠지만, BIS자기자본비율을 산정할 때에는 대출 종류별로 다시 "위험가중치"라는 것을 곱하여 "위험가중자산"이라는 개념을 계산한다. 이때 주택담보대출의 위험가중치는 대체로 30~40% 선이다. 즉, 위의 건에서 은행에서 대출해 준 6억 원이라는 대출금액에 위험가중치 30%를 곱한다면 1억 8천만 원이 된다. 은행의 입장에서 보면 실무적으로 위의 주택담보대출은 위험가중자산으로 보면 위험을 제로(0)로 인식해도 좋다고 생각할 수 있지만, 보수적인 국제 기준으로는 실제 1억 8천만 원을 위험가중자산으로 인식한다는 것이다.

BIS자기자본비율이 위험가중자산을 분모로, 자기자본을 분자로 계산한 비율이니 위험가중자산이 늘어나면 늘어날수록 은행의 BIS비율은 내려가게 될 것이다. 금융당국에서 말하고 있는 두 번째 자본규제 내용은 현행 주택담보대출에 대해 30~40% 선인 BIS 위험가중치를 더 높여서 BIS비율을 더욱더 보수적으로 계산하도록 하겠다는 것이다. 이 규제도 마찬가지로 은행권에서는 대출을 더욱 더 줄일 수밖에 없는 자본규제인 것이다.

셋째, 급속한 가계신용 팽창 시 은행이 추가자본을 적립해야 하는 부문별 경기대응 완충자본을 도입하겠다는 내용을 보도록 하자. 각 은행별로, 또는 전체 은행권을 합쳐서 가계부채 증가속도나 증가규모가 현저히 커지고 있다고 판단될 경우에, 금융당국에서는 경기대응 완충자본 적립이라는 규제를 적용하여 해당 은행, 또는 전체 은행권에 대해 추가적으로 자본을 적립하도록 규제하겠다는 것이다. 은행이 추가자본을 적립한다는 것은 그만큼 자본 운용에 대한 규제를 강화하는 것이고, 은행권에서는 이를 예방하기 위해 가계부채 증가를 억제할 수밖에 없을 것으로 보인다.

이렇게 발표된 세 가지 자본규제 3종 세트는 모두 은행권에 대해 규제를 강화하여 가계부채 증가를 억제해 보겠다는 정부의 규제 대책이다. 모든 정책은 손바닥의 앞뒷면과 같아서 긍정적인 측면과 부정적인 측면을 동시에 가지게 될 것이다. 규제도 규제완화가 아니라 규제강화라는 차원, 그리고 일방적으로 은행의 목을 비튼다는 차원에서 보았을 때는 부정적인 측면도 언급될 수 있지만, 전반적으로 가계부채 억제를 위한 정부 차원에서의 고육지책이라는 점에서는 긍정적인 해석을 할 수도 있을 것이라 보인다.

부동산과 주식시장

1. 8·2 부동산 대책의 주요내용

2017년 "8·2 부동산대책"의 핵심은 부동산 시장을 실수요자 중심으로 안정화시키며, 부동산 투기를 억제하겠다는 것이 핵심이라고 할 수 있다. 국토부 장관이 취임사에서 "아파트는 집이지, 돈이 아니다"라는 발언을 했듯이 아파트를 "집"이 아닌 "돈"으로 인식하는 투기문화를 억제하겠다는 것이 핵심인 것이다. 특히 3주택 이상 주택을 보유하고 있는 다주택자들이 부동산 시장을 투기의 온상지로 만드는 주범이라는 인식하에, 3주택 이상의 다주택자들에 대한 세제 강화, 세무 조사 등 강력한 대책으로 부동산을 재산 증식의 차원으로 인식하는 일부 계층에 대해 경종을 날린 정책이라는 평가이다.

이를 위해 투기 분위기가 심하다고 인식되는 지역을 투기과열지구, 투기지역 등으로 확대 지정하여 부동산 거래를 억제하는 정책, 투기가 심한 지역을 중심으로 LTV와 DTI 규제를 강화하는 정책, 다주택자들에 대한 양도소득세 확대 등이 주요 내용들이다. 부동산 세제에는 거래 시 발생하는 "거래세"와 보유 중인 부동산에 대해 부과되는 "보유세"라는 세제 개념이 있는데, 8·2 정책에서는 부동산 거래에 수반되는 세금인 양도소득세, 취득세 등 "거래세"는 강화하였지만, 최후의 보루라고 알려져 있는 종합부동산세, 재산세 등 "보유세"는 건드리지 않았다는 점도 특징이다.

8·2 정책 중에서 눈여겨봐야 할 부분은 특히 LTV와 DTI 규제를 강화하고 있다는 점이다. DTI 비율은 차주(대출자)의 연간 소득대비 은행권 대출 상환가능액을 규제하는 비율이고, LTV 비율은 거래대상인 주택(아파트)의 가격대비 대출을 받을 수 있는 비율을 규제하는 비율이다. 우리나라에서 LTV와 DTI 비율 규제가 법제화된 것은 2000년대 초 노무현 대통령 시절에 부동산 시장의 지나친 가격상승을 잡기 위해 처음 시행하였던 제도로, 부동산 시장의 활성화와 안정화 사이에서 규제는 조였다가 풀었다가를 반복하며 현재에 이르고 있다.

먼저 LTV 비율을 보면 현재 LTV 비율은 전국에 걸쳐 70%를 공히 적용하고 있다. 즉 구매하려는 아파트가 10억 원이라면 70%인 7억 원까지를 대출받을 수 있는 것이다. 8·2 대책에서는 아래와 같이 세분화해서 강화하고 있다.

구분(LTV 비율)	서민 실수요자	주택담보대출 미보유자	주택담보대출 보유자
투기지역, 투기과열지구	50%	40%	30%
청약조정 대상지역	70%	60%	50%
기타 수도권	70%	70%	60%

다음은 DTI 비율이다. 현재 DTI 비율은 수도권 지역에서는 60%로 적용되고 있으며, 수도권을 제외한 기타지역은 DTI 비율을 적용하지 않고 있다. 그러나 8·2 대책에서는 위의 LTV 비율처럼 아래와 같이 세분화해서 강화하고 있다.

구분(DTI 비율)	서민 실수요자	주택담보대출 미보유자	주택담보대출 보유자
투기지역, 투기과열지구	50%	40%	30%
청약조정 대상지역	60%	50%	40%
기타 수도권	60%	60%	50%

여기에서 알아놓아야 할 부분은 "청약조정 대상지역", "투기 과열지역", "투기지역"에 대한 개념이다. "청약조정 대상지역"은 주택가격 상승률이 물가상승률의 2배 이상이거나, 주택청약 경쟁률이 5:1 수준 이상인 지역에 대해 정부에서 부동산 시장의 과열을 막기 위해 지정하는 지역이다. "투지과열지구"와 "투기지역"도 주택가격의 상승률, 청약 경쟁률의 상황이 비교대상 시기나 비교대상 지역에 비해 현저히 높아 부동산 투기가 우려되는 정도에 따라 지정하는 지역이다. 청약조정 대상지역, 투기 과열지구, 투기지역 등으로 지정이 되면 청약 당첨제한이나 거래 신고의무 강화, 매매 제한 등의 추가적인 규제가 적용된다.

위의 표를 보면 기존 70%였던 LTV 비율은 상황에 따라 최하 30%까지 추가로 강화하는 조치를 취하게 된 것인데, 가장 강력한 30%의 비율은 주택담보대출 보유자가 투기지역이나 투기과열지구에서 추가적으로 주택(아파트)를 구매하면서 대출을 받고자 하는 경우이다. 이 경우에는 30%의 LTV 비율을 적용함으로써, 10억 원짜리 아파트를 살 때 3억 원까지만 대출받을 수 있도록 하고 있다. DTI 비율도 이 경우에 가장 강도를 높여 30%의 규제를 적용함으로써 차주(대출자)의 연소득 대비 30% 수준인 3천만 원 이내에서만 연간 원리금 상환이 가능하도록 대출규제를 강화하고 있다.

8·2 부동산 대책으로 시장에서 가장 불만이 나오고 있는 부분이 LTV와 DTI 규제 강화에 대한 부분이다. 또한 이 부분이 LTV, DTI 규제의 이중성에 대한 부분이기도 하다. 네 가지 측면을 볼 것이다. 첫째, 가계부채에 미칠 영향, 둘째, 부동산 시장에 미칠 영향, 셋째, 경제 활성화에 미칠 영향, 넷째, 서민들의 내집 마련에 미칠 영향이다.

구분	LTV, DTI 규제 강화	LTV, DTI 규제 완화
가계부채에 미칠 영향	가계부채 억제에 도움을 준다.	가계부채가 증가하게 될 수 있다.
부동산 시장에 미칠 영향	부동산 시장 과열을 억제하며 부동산 시장 안정화에 영향을 준다. 경우에 따라서 부동산 시장이 식거나 과도한 침체의 원인이 될 수도 있다.	부동산 시장의 활성화, 부동산 가격의 상승에 영향을 줄 수 있다. 경우에 따라서는 부동산 시장의 과열이 생기는 원인이 될 수도 있다.
경제활성화에 미칠 영향	가계부채가 줄어들고, 부동산 거래도 활기를 띠지 않아, 경제를 활성화시키는 데에는 도움을 주기 어려운 면이 있다. 또 그만큼 시중의 유동성도 줄어들게 되어 소비 활성화도 달성하기 어렵게 될 수 있다.	가계부채가 늘고, 부동산 거래도 늘어 전반적인 경기침체 상황에서의 경기 활성화를 위한 조치로 활용될 수 있다. 시중의 유동성도 그만큼 증가하며 소비활성화를 도모할 수 있다. 경우에 따라서는 과열을 우려할 필요도 있다.
서민들의 내집마련에 미칠 영향	대출에 의존하여서라도 생애 첫 주택마련의 계획을 가지고 있는 서민계층의 내집마련을 어렵게 할 수 있다. 그만큼 대출액이 적어지기 때문이다. 또 부동산 투기세력들의 경우에 대출액이 적어짐으로 인해 투기억제 효과도 있을 수 있다.	대출액이 많아져 그만큼 서민들의 내집마련에도 도움이 될 수 있다. 그러나 서민들과 함께 투기세력들의 대출액도 증가할 수 있다.

8·2 부동산 대책의 경우 최대의 문제점으로 반응이 나오고 있는 부분이 위의 표에서 맨 마지막에 있는 "서민들의 주거안정 대책, 서민 경제에 미칠 영향"이 부정적일 수 있다는 점인 것이다. LTV, DTI 규제의 이중성을 보자. 먼저 LTV, DTI 규제를 강화하게 되면 가계부채에는 도움을 주게 되고, 부동산 투기세력의 투기억제에도 도움이 될 수 있지만, 부동산 침체의 원인이 되거나 경제 활성화에 도움을 주지 못할 수도 있고, 서민들의 내집 마련에도 도움이 되지 못할 수 있다. 반대로 LTV, DTI 규제를 완화하게 되면 경제 활성화, 서민들의 내집 마련, 부동산 시장을 활성화시키는 데에는 도움이 될 수 있지만, 가계부채에는 악영향을 주게 된다. 이런 이중성을 가지고 있는 것이다.

2. 9·13 부동산 대책의 주요내용

2018년 9월, 9·13 부동산 대책이 나오게 된 배경은 서울 및 일부 수도권에 집중된 부동산 투기 과열현상에 대한 규제조치로서 과열되고 있는 특정 지역의 부동산 시장을 안정시키고, 기타 부동산 정책관련 공정성을 도모하고자 함으로 보인다.

서울 일부지역 및 특정 투기세력에 대한 규제를 강화하는 내용으로는 첫째, 종합부동산세 강화, 둘째, 다주택자에 대한 주택담보대출 규제 강화, 셋째, 다주택자에 대한 전세자금대출 및 전세자금보증 규제 강화, 넷째, 주택임대사업자에 대한 규제강화로 요약할 수 있다. 이 네 가지 규제조치를 제외한 내용은 지방 주택시장 안정화와 과열된 지역에 대해 주택 공급확대를 위한 조치로 이루어진다. 따라서 중요한 네 가지 규제조치를 중심으로 요약해 보도록 한다.

■ 종합부동산세 강화

종합부동산세를 아래와 같이 개편하겠다는 것이다.

과세표준	현행	개편안	
		일반	3주택 이상 & 조정대상지역 2주택 이상
3억 원 이하	0.5%	0.5%	0.6%
3~6억 원 이하			0.9%
6~12억 원 이하	0.75%	1.0%	1.3%
12~50억 원 이하	1.0%	1.4%	1.8%
50~94억 원 이하	1.5%	2.0%	2.5%
94억 원 초과	2.0%	2.7%	3.2%
세부담상한	150%	150%	300%

1) 종합부동산세와 과세표준

종합부동산세 과세표준은 {(공시가격 − 공제한도) × 공정시장가액비율}로 계산한다. 공시가격은 시가의 약 70% 수준이며, 공정시장가액비율은 아파트의 경우 80%를 적용한다. 공제한도는 1주택자의 경우 9억 원까지 공제되며 2주택자 이상의 경우에는 6억 원이 공제된다.

두 가지 예를 들어보자.

(1) 서울 강남에서 시가 20억 원(공시가격 14억 원) 아파트를 소유하고 있는 1주택자의 경우
⇒ {공시가격(14억 원) − 공제한도(9억 원)} × 공정시장가액비율(80%) = 4억 원이 된다. 계산결과로 나온 4억 원이 종합부동산세 과세표준 금액이 되며, 위의 종합부동산세 세율표에 따라 이 금액에 대해 기존에는 0.5%의 종합부동산세가 부과되었다면, 향후에는 0.9%의 종합부동산세가 부과된다는 의미이다.

(2) 서울 외곽에 시가 6억 원(공시가격 4억 원) 아파트를 소유하고 있는 1주택자의 경우
⇒ {공시가격(4억 원) − 공제한도(9억 원)} × 공정시장가액비율(80%) = 마이너스(−) 값이 나오며 종합부동산세 과세대상이 되지 않는다.

2) 세부담상한

세부담상한은 전년도 (재산세+종부세)에 비해 당해 연도 세금납부 상한선을 정해놓고 있는 비율이다. 세부담상한이 150%라는 말은 전년도 재산세와 종부세를 합쳐 1백만 원을 납부하였다면 이번 년도에는 150만 원을 넘지 않도록 하고 있다는 것이다. 이 비율을 이번 개편안에서는 조정대상지역의 2주택자 및 3주택 이상의 경우에는 150%에서 300%로 상향조정한다는 의미이다.

3) 종부세 산정 시 적용되는 공정시장가액 비율을 2019년도부터 매년 5%포인트씩 상향조정하여 현행 80%를 2022년부터는 100%로 개선한다는 계획도 발표하였다.

4) 종합부동산세 강화에 대해서는 다주택 보유자와 고가 주택보유자에 대해 세제가 강화된 조치로 볼 수 있으며, 일반적인 서민형 1주택자에 대해서는 변화가 거의 없다고 봐도 무방한 규제조치라고 할 수 있다.

■ 다주택자에 대한 주택담보대출 규제 강화

다주택자에 대한 대출제한 조치는 아래와 같이 세 가지로 요약할 수 있다.

- 2주택 이상 보유세대는 규제지역 내 주택 신규 구입을 위한 주택담보대출 금지(LTV = 0)
- 1주택세대는 규제지역 내 주택 신규 구입을 위한 주택담보대출 원칙적으로 금지
  단, 예외적 허용
- 규제지역 내 고가주택(공시가격 9억 원 초과) 구입 시에는 실거주 목적인 경우를 제외하고는 주택담보대출 금지

(1) 규제지역이란 청약조정대상지역, 투기과열지구, 투기지역을 말한다. 따라서 2주택 이상 보유자는 규제지역에서 신규 주택구입을 위한 대출을 받지 못한다.
(2) 1주택 보유자도 규제지역 내에서 추가적인 신규주택 구입을 위한 대출을 원칙적으로 금지하며, 예외적으로 허용한다. 예외적 허용사유는 근무지 이전, 부모 부양 등의 사유이다.
(3) 규제지역 내 고가주택(공시가격 9억 원 초과) 구입을 위해 대출을 받고자 하는 경우에는 실거주 목적이 아니라면 대출이 금지된다.

■ 다주택자에 대한 전세자금대출 및 전세자금보증 규제 강화

전세자금대출 및 전세자금보증 규제 조치는 아래와 같이 네 가지로 요약할 수 있다.

- 2주택 이상자는 전세자금 대출에 대한 공적보증 금지
- 1주택자는 부부합산소득 1억 원 이하까지 보증 제공
- 무주택자는 소득과 상관없이 공적보증 제공
- 전세대출건에 대해 금융회사가 주기적으로(예 : 1년) 실거주 및 주택보유수 변동여부 확인

■ 주택임대사업자에 대한 규제 강화

1) 세제 강화
(1) 현행 조정대상지역의 다주택자가 8년 이상 장기 임대등록 주택을 양도 시에 양도세 중과를 제외해 줬으나, 향후에는 1주택 이상자가 조정대상지역에서 새로 취득한 주택은 임대등록을 하더라도 양도세가 중과된다.
(2) 현행 8년 이상 장기 임대등록한 주택에 대해 종부세가 비과세되었으나, 1주택 이상자가 조정대상지역에서 새로 취득한 주택은 임대등록 시에도 종부세 합산과세한다.
(3) 현행 국민주택 규모 이하의 등록 임대주택에 대해 양도세가 감면되었으나, 향후에는 주

택가액 기준을 신설하여 기준범위 내에서만 양도세를 면제한다.

2) 대출규제 강화

(1) 투기지역, 투기과열지구 내 주택을 담보로 하는 임대사업자 대출에 LTV 40% 적용한다. (현재, 금융회사가 통상 60~80% 정도 수준의 LTV를 자율적으로 적용 중)

(2) 주택담보대출(가계대출, 사업자대출)을 이미 보유한 임대사업자에 대해 투기지역 내 주택취득 목적의 신규 주택담보대출은 금지한다.

(3) 임대업 대출 용도외 유용 점검을 강화하여 정상적 대출은 원활히 지원하되, 사업활동과 무관한 대출금 사용을 방지하도록 한다.

3. 아파트 후분양제 도입 논란

아파트를 짓기 위해서 크게 필요한 것이 토지, 건설사, 자재와 인력 등을 조달할 수 있는 자금일 것이다. 아파트 건설단지에서는 통상 "공기(工期, 공사기간)"라는 용어를 사용하는데 규모에 따라 짧게는 1년, 길게는 3년 정도의 공기가 소요된다. 토지를 매입하고 아파트를 설계, 건축하고 입주자(매수자) 모집공고를 내고 완공 후 분양까지 걸리는 기간을 공기라고 하는데, 아파트 건축 공사는 기간이 길고 규모에 따라 자금소요가 많이 필요하게 된다. 규모에 따라 수천억 원이 소요되는 아파트 공사에 건설주체측에서는 공사자금 조달에 대한 니즈가 클 수밖에 없을 것이다.

우리나라에서 선분양제는 1970년대 국토개발 사업과 함께 대규모 주택을 공급하던 시절에 빠른 공사와 빠른 입주를 위해 시작되었다. 건설사가 자금부담을 하는 후분양제 방식으로는 전국적인 차원에서 실시되는 주택 개량사업, 아파트 공급사업을 펼치기 위해 건설사들의 자금부담이 커지기 때문에, 자금여력이 부족했던 당시의 건설사들 입장으로서는 아파트의 빠른 공사, 빠른 공급이 불가능했기 때문이다. 이런 니즈로 인해 아파트 착공 시점에 미리 분양을 하고 입주자로부터 대금을 할부 방식으로 납부하게 하고, 건설사들은 자금부담을 경감하면서 공사에만 집중함으로써 아파트 공급사업을 펼쳐왔던 것이다. 이런 선분양제의 시작이 오늘에 이르기까지 우리나라에서는 자리 잡고 있다.

반면 후분양제는 아파트 착공시점이 아니라 착공, 일정기간의 공사기간을 거쳐 아파트가 일정 부분(거의 완공) 이상 완공되는 시점에서 분양이 이루어지는 시스템이다. 당연히 토지매입, 설계, 건축 등 공사와 관련된 대부분의 자금은 건설사들이 사전적으로 부담해야 하고, 거의 완공된 상태에서 아파트 입주자를 찾아 모집공고를 내야 하는 과정이 후분양제 시스템이다. 그러다 보니 건설사들은 자금부담이 커질 수밖에 없을 것이다. 미국, 일본 등 주요 선진국들의 경우에는 선분양제, 후분양제에 대한 엄격한 구분 없이 건설주체들의 상황에 따라 달라지는 자율분양제를 도입하고 있는 상황이다.

■ 선분양제 장점
- 선분양으로 입주자들이 계약금, 중도금의 형태로 소비자 스스로 매수한 아파트 공사대금을 미리 납부하는 시스템으로 건설사들의 입장에서는 자금조달이 용이하고, 빠른 공사와 여러 지역에 걸쳐 공사를 동시다발적으로 진행할 수 있다.
- 소비자의 입장에서는 준공 이전에 미리 대금지급(선불 결제)으로 인해 후불 지급 방식보다는 아파트 매수 가격을 인하시켜 상대적으로 저렴한 비용으로 아파트를 장만할 수 있다.
- 건설사들의 자금부담이 경감됨으로 인해 자금여력이 충분하지 않은 중소형 건설사들도 아파트 분양시장에 진입이 가능하여, 중소건설사들의 진입 및 성장에 도움이 될 수 있다.

■ 선분양제 단점
- 착공과 동시에 분양이 이루어지기 때문에 준공 이전에 아파트 분양권을 프리미엄을 얹어 매매하는 분양권 투기가 일어날 수 있으며, 이런 부분들이 완공 후 아파트 가격 상승을 부추기기도 한다.
- 완성된 제품을 구매하는 것이 아니라 설계 및 착공시점에 소비자들이 매수하는 시스템으로 완성된 아파트를 보지 못하고 소비자들은 매수를 해야 한다. 따라서 소비자들의 주택선택권에 제약이 발생하며, 소비자 권리보호에도 문제점으로 지적되고 있다.
- 착공부터 준공시점까지 계약금, 중도금을 소비자들이 부담해야 하는 조건으로, 공사기간 중에 건설사들의 부도, 공사중단 등에 따르는 소비자들의 금융리스크가 커지게 된다.
- 소비자들이 통상 납부해야 하는 중도금에 대해 금융기관에서 중도금 대출(집단 대출)의 형식으로 대출을 받아 매수하는 경우가 많아 국가적인 차원에서 가계부채 증가의 큰 요인으로 작용하고 있다.

■ 후분양제 장점
- 완공이 임박해지는 시점에 분양이 이루어짐으로 인해 분양권 투기를 억제할 수 있다.
- 완성에 가까운 또는 완성된 아파트를 매수하기 때문에 소비자들의 입장에서 아파트 하자 리스크를 축소할 수 있고, 소비자의 주택선택권 강화와 소비자 권리보호를 도모할 수 있다.
- 소비자들이 아파트 중도금 대출을 받지 않아도 되며, 이는 가계부채 안정에 도움이 될 수 있다.
- 완공시점에 매매거래가 이루어지므로 제품(아파트)에 대한 원가산정의 투명성, 아파트 가격에 대한 신뢰도가 높아질 수 있다.

■ 후분양제 단점
- 후분양제에서는 건설 소요자금을 건설사들이 마련해야 한다. 중간 중간에 중도금 형식으로 결제가 되지 않기 때문에 긴 공사기간 동안 건설사들이 부담한 자금부담에 대한 비용이 고스란히 아파트 분양단가로 연결될 수 있고, 이는 아파트 분양 가격이 선분양제에 비해 상승하게 되는 효과를 가지게 된다.

- 자금부담에 여력이 부족한 건설사들은 은행 등 금융기관에 PF대출을 확대해야 하고, 건설사들의 대출금 상환리스크가 증가하면서 금융기관들의 건설사에 대한 대출 억제 등 조치가 생기게 되면, 전체적으로 주택공급 시장이 위축될 수 있고 이런 부분도 주택 분양가격을 상승시키는 요인으로 작용할 수 있다.
- 중소 건설사들의 경우 자체적인 자금조달 여력이 부족해 경영이나 영업활동에 위축이 발생할 수 있고, 중대형 건설사들만의 시장이 되는 빈익빈부익부 현상을 발생시킬 수 있다.
- 완공에 가까운 시점에 매수를 해야 하는 소비자의 입장에서는 일시적 목돈 마련에 대한 부담이 생길 수 있고, 이 또한 가계부채 증가요인으로 연결될 수 있다.

4. 부동산 공시가격, 표준지, 개별주택, 공동주택 개념

"동산(動産)"은 움직이는 자산을 의미하고 영어로도 "movable asset"이라고 표현한다. "부동산(不動産)"은 움직이지 않는 자산을 의미하고 영어로는 "real estate"라고 표현한다. 대표적인 동산은 현금, 예금 등이 있고, 부동산은 토지, 건물, 임야, 전(논), 답(밭), 공장, 주택 등이 있다. 동산은 그 특징상 가치가 정해져 있거나 가치를 측정하기에 별 문제가 없는 자산이지만, 부동산은 역시 그 특징상 화폐로서의 가치가 시시각각 변할 수 있고, 오르거나 내릴 수 있는 특징이 있다. 이런 특징 때문에 정부나 지자체 등 공적인 기관에서 특정 부동산의 가치에 대해 화폐적 가치를 지정해 줌으로써 거래나 여러 가지 경제활동에 편의를 주고자 하는 제도를 두고 있는데, 이런 제도가 "부동산 공시제도"이다.

우리나라에서 부동산 공시제도는 "부동산 가격공시에 관한 법률(이하 법률)"에서 정하고 있다. 법률에서는 토지 가격, 주택 가격(공동주택 포함), 비주거용 부동산 등으로 나눠 법률 내용을 정하고 있으며, 정부와 지자체장(시장, 군수, 구청장)으로 나눠 그 역할을 규정하고 있다. 정부에서 전국의 토지, 주택 등 일일이 모두 가격을 책정하기 어려운 관계로 이렇게 역할을 분담하고 있다고 볼 수 있다. 주택은 단독주택과 공동주택(아파트)이 있고, 토지에는 표준지라는 개념이 있다. 표준지는 토지가격 산정의 기준이 될 수 있도록 표본으로 선정하는 토지로 전국에 50만 필지가 선정되어 있으며, 토지의 이용 상태 등이 표준화된 토지들을 선정한다. 정부에서 해야 하는 역할은 토지에 대해서는 전국에 흩어져 있는 표준지 50만 필지에 대해 공시지가를 책정하고 공시하는 일, 주택의 경우에는 단독주택의 경우에 있어서 표준 단독주택의 가격을 책정하고 공시하는 일, 이미 표준화되어있는 공동주택의 경우에는 정부에서 모두 공시하며, 비주거용 부동산도 비주거용 표준부동산에 대해 공시지가(적정가격)를 책정하고 고시하는 업무를 담당한다. 정부 조직으로 현재의 국토교통부장관이 이 업무를 담당하게 된다. 즉 정부는 우리나라 부동산의 표준지, 표준주택, 비주거용 표준부동산의 적정가격을 책정하고 공시하는 업무를 맡고 있다고 볼 수 있다. 공동주택의 경우에는 이미 표준화되어있으므로 정부(국토교통부)에서 전담하고 있다고 보면 된다.

이에 반해 시장, 군수, 구청장 등 지자체장들은 정부(국토교통부)에서 정한 표준지 공시가격, 표준주택 공시가격을 기초로 하여 "개별 공시지가"라는 내용을 공시한다. 개별 공시가격에 대해 공시한다는 의미는 해당 지자체에 속해있는 공동주택(아파트 등)을 제외한 전체 부동산(토지, 단독주택, 비주거용 부동산)에 대해 각각의 적정가격(공시가격)을 책정하고 공시한다는 것이다. 공동주택의 경우에는 정부(국토교통부)에서 모두 담당하니, 나머지 표준지, 표준주택의 개념이 아닌 전체 토지, 전체 단독주택 등 전체 부동산에 대해 공시가격을 결정해야 한다는 것이다. 이렇게 표준 부동산의 가격과 개별 부동산의 가격이 모두 결정되면 국토교통부 "부동산 공시가격 알리미" 홈페이지를 통해 게시하게 된다. 이렇게 책정되는 부동산 공시가격은 매년 1월 1일 자 기준으로 조사하여 4월 30일에 연 1회 공시한다.

은행과 실생활에 가장 많이 활용되는 아파트(공동주택)의 경우를 보도록 하자. 공동주택은 이미 표준화가 되어있기 때문에 정부(국토교통부)에서 공시가격 결정을 주관한다고 하였다. 공시가격 결정은 맨 먼저 한국감정원의 가격조사 이후 조사된 가격에 대해 국토교통부 산하 공동주택가격심의회와 중앙부동산가격공시위원회의 심사와 외부 의견청취를 거치고, 최종적으로 국토교통부장관이 공시가격을 결정하고 공시하게 된다. 또한 공시된 이후에도 개별 당사자나 이해관계인 등의 개인이 공시가격에 대해 이의가 있을 수 있기 때문에 이의신청제도와 이의신청 처리과정을 두고 있다.

문제는 이렇게 공시된 가격이 현실적인 시세를 적정하게 반영하고 있지 못하다는 데 있다. 공동주택(아파트)의 경우 실제로 거래되는 시세대비 공시가격이 60~70% 수준에 책정되고 있다는 것이다. 이런 문제는 여러 단계에서 원인이 발생할 수 있지만, 가격을 1차적으로 조사하는 한국감정원의 역할에서부터 문제가 있을 수 있다고 지적할 수 있다. 한국감정원은 감정원의 특성상 가장 보수적인 가격을 결정하는 성향이 강하기 때문이며, 한국감정원이 주체가 되어 조사한 가격을 다시 한국감정원 내부에서 검증하는 절차를 거치고 있어, 조사와 검증 단계에서의 공정성과 적정성 문제, 결국 공시가격 결정절차에 흠결이 있어 결정절차를 개선해야 할 필요가 있다는 지적이 나오고 있다.

> **참고** 한국감정원 (자료 : 한국감정원 홈페이지)
>
> 1. **설립목적** : 부동산의 가격 공시 및 통계·정보 관리 업무와 부동산시장 정책지원 등을 위한 조사·관리 업무를 수행하도록 함으로써 부동산 시장의 안정과 질서 유지
> 2. **설립** : 1969년, "국유재산의 현물출자에 관한 법률"에 의한 정부출자기관으로 설립
> 3. **주요업무**
>   1) 표준지 공시지가 관련 현황분석
>   2) 표준지 공시지가 제도개선 사항표준지 선정 방법, 특성조사요령, 가격결정방법, 관련법령 및 지침개정, 조사·평가기준 등
>   3) 표준지 공시지가 관련자료 인쇄 및 제작 등표준지 공시지가 책자, 공시지가수준표, 공시지가 정정현황 제작·발간·공급
>   4) 표준지 공시지가 조사·평가 관련 부대업무표준지 선정결과 심사

복잡한 절차를 거쳐 공시된 부동산 공시가격은 여러 가지 분야에 활용된다. 그중에 민감할 수 있는 부분이 개인의 경우 종합부동산세, 취득세, 재산세, 증여세 등 각종 납부해야 할 세금액의 산정에 기본 자료로 활용되며, 최근에 논란이 되고 있는 재건축부담금 부과액 산정, 아파트 청약 시 무주택자 선정기준에도 공시가격이 기준가로 활용된다. 이 밖에도 주택자금소득공제, 기초연금대상자 판단기준, 공직자 재산공개 기준, 지역보험의 경우 건강보험료 부과기준, 근로장려금 신청자격 판단기준, 기초생활보장 대상자 판단기준, 취업 후 학자금 장기상환 대상자 판단기준, 장애인연금 대상자 판단기준 등 각종 자료로 활용된다. 또 은행이나 금융회사에서 대출을 받을 때 담보가치를 산정하는 데에도 적용된다.

특히 아파트의 경우 공시가격 기준으로 1세대 1주택의 경우에는 9억 원 초과 시, 다주택자의 경우에는 6억 원 초과 시에 대상자가 된다. 이 역시 공시가격을 기준으로 하고 있기 때문에, 지역별 적정 시세를 반영하지 못하는 공시가격으로는 세금납부의 형평성 및 적정세수 하락의 문제로 이어질 수 있다는 지적도 나오고 있다. 특정 지역 아파트의 시세는 10억 원인데 공시가격은 7억 원으로 선정되고 있다면 이 아파트의 소유주가 1세대 1주택자라면 종부세 대상에서 제외되기 때문이다. 아파트는 아니지만 대표적으로 삼성그룹의 이건희 전 회장의 단독주택은 시세가 370억 원 수준이지만 공시가격은 220억 원 수준에 발표되고 있다고 한다.

은행의 경우에는 담보가치 산정 시에 공시가격, 감정가격, 시가를 활용한다. 통상 공시가격보다는 감정가격이 높고, 감정가격보다는 시가가 더 높다. 예를 들어 A아파트 30평 아파트 한 채의 경우 공시가격이 6억 원이라면 통상 감정가는 7억 원 정도로 공시가격보다 높고, 시가는 9억 원 정도로 감정가보다 더 높은 것이 보통이다. 따라서 은행에서 이 아파트 한 채를 담보로 취득하기 위해서는 각각의 가격을 기준으로 공시가격은 90%를 인정해 주고, 감정가는 80%, 시가는 60%를 인정해주는 수준으로 활용되고 있다. 그렇게 인정해 주게 되면 결국 담보로서 활용 가능한 금액은 5억 5천만 원 수준에서 약간의 변동이 생기게 됨을 알 수 있을 것이다.

5. 분양가 상한제

분양가 상한제는 말 그대로 아파트 분양가에 상한선을 정해놓은 방법이다. 일반 공산품과 정가제를 사용하고 있는 상품시장은 상관없지만, 아파트 분양시장에서는 정가라는 개념이 없어 가방, 신발 등의 경우처럼 가격이 일정하지가 않다. 이렇게 정가제를 사용하지 않는 시장이 원자재 시장, 주식 시장, 금 시장, 화폐 시장 등이다. 금이 갑자기 인기가 있으면 금값이 천정부지로 뛸 수 있으며, 이를 방지하기 위해 금값 상한선을 정해 놓을 수 있을 것이다. 이런 원리에 의해 부동산 중에서도 아파트 분양시장에서 택지비, 건축비와 건축업자의 적정 이윤을 산정하고, 일정 범위 이내에서 아파트 분양가를 산정하도록 규제하는 제도를 "분양가 상한제"라고 한다.

우리나라에서 분양가 상한제 규제는 1977년에 처음 실시되었다. 당시 중동 붐으로 인해 국내로 유입된 자본이 부동산 시장으로 다시 재 유입되면서 부동산 붐으로 연결되었고, 아파트 시장 급등이 사회문제로 이슈화되면서 분양가 상한제 개념을 도입하게 되었다. 이후 분양가 상한제는 강화, 유지, 폐지, 완화, 신설을 거듭하면서 부동산 시장의 흐름과 같이하게 된다. 1989년에는 주택 2백만 호 공급목표 달성을 위해 분양가 상한제를 폐지하였던 적이 있고, 변천을 거듭하면서 2005년에 분양가 상한제가 다시 도입된다. 당시 노무현 정부에서 서민들의 주택마련 부담 완화를 위해 공공택지 분양분에 한해 상한제를 도입하기도 하였지만, 2017년 11월에는 주택법 일부 개정을 통해 민간택지 분양이라도 일정 조건에 해당할 경우에는 분양가 상한제를 적용하도록 규정하고 있다.

> **참고** 주택법 제57조 일부 내용
>
> 제57조(주택의 분양가격 제한 등) ① 사업주체가 제54조에 따라 일반인에게 공급하는 공동주택 중 다음 각호의 어느 하나에 해당하는 지역에서 공급하는 주택의 경우에는 이 조에서 정하는 기준에 따라 산정되는 분양가격 이하로 공급(이에 따라 공급되는 주택을 "분양가상한제 적용주택"이라 한다. 이하 같다)하여야 한다.
> 1. 공공택지
> 2. 공공택지 외의 택지에서 주택가격 상승 우려가 있어 제58조에 따라 국토교통부장관이 「주거기본법」 제8조에 따른 주거정책심의위원회(이하 "주거정책심의위원회"라 한다) 심의를 거쳐 지정하는 지역

위의 법을 보면 현재는 공공택지를 기준으로 주택을 공급하는 경우, 공공택지가 아닌 민간택지의 경우에도 일정 조건에 부합하는 경우라는 점을 볼 수 있는데, 주택법 시행령을 보면 조건부 내용을 다시 볼 수 있다.

> **참고** 주택법 시행령 제61조 일부 내용
>
> 제61조(분양가상한제 적용 지역의 지정기준 등) ① 법 제58조 제1항에서 "대통령령으로 정하는 기준을 충족하는 지역"이란 같은 항에 따라 분양가상한제 적용 지역으로 지정하는 날이 속하는 달의 바로 전 달(이하 "직전월"이라 한다)부터 소급하여 3개월간의 해당 지역 주택가격상승률이 해당 지역이 포함된 시·도 소비자물가상승률(이하 이 조에서 "물가상승률"이라 한다)의 2배를 초과한 지역으로서 다음 각호의 어느 하나에 해당하는 지역을 말한다.
> 1. 직전 월부터 소급하여 12개월간의 아파트 분양가격상승률이 물가상승률의 2배를 초과한 지역
> 2. 직전 월부터 소급하여 3개월간의 주택매매거래량이 전년 동기 대비 20퍼센트 이상 증가한 지역
> 3. 직전 월부터 소급하여 주택공급이 있었던 2개월 동안 해당 지역에서 공급되는 주택의 월평균 청약경쟁률이 모두 5대 1을 초과하였거나 해당 지역에서 공급되는 국민주택규모 주택의 월평균 청약경쟁률이 모두 10대 1을 초과한 지역

위의 주택법 시행령에 나오는 분양가 상한제에 대한 세 가지 적용 요건을 요약해 보면 아래와 같다.
1. 과거 1년간 분양가 상승률 > 해당 지역 물가상승률의 2배인 지역
2. 과거 3개월간 주택 매매 거래량이 전년 동기대비 20% 이상 상승한 지역
3. 직전 청약 경쟁률이 5:1 초과 또는 국민주택 청약경쟁률이 10:1 초과한 지역

문재인 정부에서 국토교통부는 2017년 11월 주택법 개정을 통해 위와 같이 분양가 상한제 적용기준을 마련해 놓았지만, 곧바로 분양가 상한제를 적용하지는 않았다. 주택법 개정과 함께 2017년 11월 국토부 산하 "국토교통분야 관행혁신위원회"를 구성하였고, 민간 전문가를 포함하여 4개월간 활동한 결과를 2018년 3월 말에 관행혁신위원회에서는 1차 권고안을 발표하였다. 이 내용에 따르면 분양가 상한제를 언제든지 적용 가능하도록 법적 기반을 마련해 놓은데 이어, 분양가나 주택가격이 계속 안정되지 않을 경우 민간택지 건설에 대해서도 분양가 상한제를 실시하겠다고 하며 아직 구두로 지침을 내리고 있는 상황이다.

다만 아파트 건설을 위해서는 건설사가 공공기관인 "주택도시보증공사(HUG)"에 분양심사와 분양승인을 받아야 하는데, HUG 차원에서 분양가가 높은 지역들에 대해서는 인근 지역의 분양가의 110% 이내에서 분양가를 책정할 수 있도록 "고분양가 관리제도"를 실시하고 있는데, 서울의 강남, 송파 등 주요 지역들은 HUG의 고분양가 관리제도 적용을 받고 있다. 지난 3월에 분양된 강남구 개포동의 "디에이치자이 개포" 아파트의 경우에도 국토부의 분양가 상한제 적용을 받아 분양가가 낮았던 것이 아니라, HUG의 고분양가 관리제도의 영향으로 인근 지역에 비해 낮은 분양가로 분양이 이루어지면서 "로또분양"이라는 표현이 나오게 된 것이다. 결론을 보면 현재 우리나라에서 분양가 상한제는 공식적으로 공공택지를 분양하는 경우에 실시하고 있으며 민간 택지(재건축, 재개발 등)를 토대로 한 아파트 분양의 경우에는 공식적인 분양가 상한제를 적용하고 있지는 않지만, 주택도시보증공사의 분양심사 및 승인을 받는 과정에서 "고분양가 관리제도"에 따라 건설사들에 적절한 분양가 산정을 권유토록 하고 있는 것이다. 개포동 디에이치자이 개포의 경우 주위 아파트 분양가 수준으로 분양을 하다 보니 시세보다는 낮은 가격으로 분양가가 책정이 되었고, 당첨만 되면 시세와의 차액인 수억 원 수준을 벌 수 있다는 이유로 청약이 70:1 이상으로 몰렸다고 한다.

분양가 상한제는 이런 식으로 아파트 분양 시에 분양가격의 상한선을 국토부의 지침에 따라 정해놓고 그 아래에서 분양하는 규제인데, 장단점이 있다. 장점으로는 첫째, 누구나 알 수 있듯이 단기적으로 아파트 가격을 안정시키는 효과가 있다는 점이다. 고분양가로 인해 아파트 가격이 상승하고, 인근의 아파트나 주택까지 상승하는 연쇄효과를 끊기 위해 가장 적절한 제도로 인식되고 있다. 아파트 가격을 단기적으로 안정시키기에는 안성맞춤의 규제인 것이다. 둘째, 저렴한 분양가를 통해 서민들의 내집 마련이 좀 더 수월해질 수 있다는 점도 장점으로 언급된다.

이런 장점과 달리 단점이나 부작용도 있다. 첫째, 단기간에 안정된 아파트 가격이 준공, 입

주 후에도 계속 이어지지 않을 수 있다는 점이다. 입주 후에 다시 주위의 아파트 시세를 따라 바로 현실적인 가격으로 복귀해 버린다면, 분양 시에만 반짝 낮은 가격으로 분양되고 결국 시세를 따라 수렴하는 현상이 생길 수 있다는 점이 가장 큰 우려사항이라고 할 수 있다. 둘째, 수익에 목마른 건설사들의 시장참여가 저조해질 수 있으며, 이로 인해 아파트 시장이 축소될 수 있다는 점이다. 이는 경기위축으로도 연결될 수 있어 상당히 큰 부작용으로 인식될 수 있다. 셋째, 분양가에 맞춘 공급을 위해 저렴한 자재나 공법을 통해 부실 건설에 대한 우려를 낳을 수 있다. 넷째, 아파트 내 녹지 조성, 커뮤니티 센터, 스마트한 주거환경 시설 등을 고려하지 못하는 평범한 아파트로 건설되어질 수 있다는 점이다.

2017년 11월 주택법 개정을 통해 분양가 상한제라는 규제를 제도화시켜 놓은 상태에서 아직까지 분양가 상한제를 공식적으로 적용하지 못하고 있는 것은, 분양가 상한제의 장점도 있지만 부작용에 대해 뚜렷한 대응방안을 찾지 못하고 있기 때문으로 평가된다. "시장을 이길 정부는 없다."는 유명한 표현처럼 아파트 가격 또한 시장에서 자율 결정되는 인프라를 가지고 있어, 정부의 정책적 규제로 얼마나 효과를 나타낼 수 있을지는 미지수라고 할 수 있다. 이런 관점에서 가장 강력한 부동산 규제 정책이 "토지공개념"일 수도 있으며, 일부 정치인들 사이에서는 토지공개념에 대해 헌법에 규정화시킬 것을 권유하고 있기도 하다.

6. 부동산 보유세와 거래세 논란과 토지공개념

부동산 관련 세제는 크게 거래세와 보유세로 나눌 수 있다. "거래세"는 부동산을 사고파는 과정에서 발생하는 차익에 대해 부과하는 세금이며, "보유세"는 소위 "부자세"라고도 하는데 부동산을 보유하는 과정에서 재산상의 이익 축적분에 대해 부과하는 세금을 말한다. 거래세로는 취득세와 양도소득세가 있고, 보유세에는 재산세와 종합부동산세가 있다.

"취득세"는 거래세의 종류로 부동산을 취득(매수)하는 대가로 부과되는 세금이다. 매수하는 부동산의 가격, 면적 등에 따라 세율에 차이가 있으며, 현행 거래대금의 약 1.1~3.5%의 구간대에서 세금을 부과하게 된다. 예를 들어 10억 원짜리 아파트를 한다면 1,000만 원~3,500만 원 정도에서 취득세를 납부해야 하는 구조로 되어 있다.

"양도소득세"는 부동산 매수자가 부담하는 취득세와 달리 부동산 매도자가 부담하는 세금이며 흔히 "양도세"라고도 한다. 매입가격 대비 매도가격의 차액을 매매거래 이익이라고 볼 수 있을 텐데, 매매 이익의 크기에 따라 일부를 세금으로 부과하는 세제이다. 1주택자에 대해서는 양도소득세 면제라는 면제 조항도 일부 있으며, 주로 2주택자 이상의 다주택자에게 매매이익의 6~40%가량을 세금으로 부담하게 하고 있다.

"재산세"는 해당되는 과세 물건의 범위를 "토지, 건축물, 주택, 선박 및 항공기"로 정하고 있다. 이 물건을 소유하고 있는 개인들에 대해 일정률의 세금을 부과하는 세제로 그 시가표준액(과세표준액)의 크기에 따라 누진세율이 적용되는 세금이다. 부동산의 경우 토지, 건축물, 주택을 보유하고 있는 경우에는 재산세 납부대상이 된다. 현행 주택(아파트)의 경우 재산세율은 0.1~0.4% 수준으로 세율이 정해져 있다.

"종합부동산세"는 "종부세"라고도 하며, 소위 "부유세, 부자세"의 개념으로 불리는 세금이다. 노무현 정부 시절인 2005년부터 부동산 과열 투기 억제, 부동산 과다 보유자에 대한 과세 강화를 목적으로 누진세율이 적용되는 세금이다. 종합부동산세는 일정 규모(금액) 이상의 부동산(토지, 주택 등 건축물) 소유자에게 부과되는 세금이다. 주택의 경우 세율은 재산세 신고가액의 0.5~2.0% 수준이며, 토지의 경우 0.75~2.0% 수준으로 구성되어있다. 예를 들어 어느 사회에서는 부동산 거래가 거의 없는 상황이라고 해 보자. 부동산을 사고 팔아 차익이 생기지 않는 구조의 사회라면 이렇게 부동산 거래가 거의 없을 수도 있을 것이다. 이런 경우는 부동산 가격의 변동이 거의 없는 사회이거나, 거래세금 부담이 높은 경우일 것이다. 이런 경우 이 사회의 재정확보를 위해서는 정책적으로 거래세보다는 보유세를 위주로 재정건전성을 유지하기 위해 정책을 실시할 것이다. 현재 이런 나라들이 글로벌 선진국들이며 이런 나라들은 거래세보다 보유세가 높다.

그러나 반대로 한창 개발이 진행 중인 사회에서는 수시로 부동산 정책, 도시 정책, 도시 개발 등이 진행되면서 부동산 가격이 변화할 수 있을 것이고, 이런 사회는 부동산 거래가 빈번하여 거래세에 세제정책의 포인트를 두는 것이 재정건전성(세제확보) 유지에 유리할 것이다. 이런 경우는 개발도상국, 중국, 우리나라 같은 경우를 대표적인 예로 들 수 있을 것이다. 그래서 이런 나라들은 보유세보다 거래세가 높다.

보유세 인상에 대해 찬성하는 입장에서는 미국, 일본 등 선진국들과의 보유세 비율이 우리나라가 현격히 낮은 점, 보유세가 부담스러워 부동산 보유를 꺼리게 되고 그만큼 거래를 위축(또는 감소)시켜 장기적으로 부동산 시장 안정화를 이룰 수 있다는 논리를 가지고 있다. 반대로 보유세 인상에 반대하는 입장은 우리나라는 미국, 일본 등 선진국들과는 부동산 개념에 대한 인식이 아직 다른 상황이며, 보유세 인상으로 부동산 시장을 안정화시키는 단계를 넘어 침체시키는 단계로까지 발전할 수 있다는 점을 언급한다.

토지공개념은 토지에 대한 사유재산권을 적절히 재한함으로써 토지 보유 및 거래로 인한 잉여이익을 제한하거나 국가가 환수한다는 개념이다. 모든 토지의 소유권은 국가에 있다는 "토지국유제"와는 다른 개념으로 독일, 스위스, 이탈리아, 스페인 같은 일부 국가들은 토지공개념을 부분적으로 도입하고 있는 나라들이라고 한다. 우리나라에서도 헌법불일치 판정을 받긴 하였지만 과거 "택지소유상한법", "개발이익환수법", "토지초과이득세법" 같은 법률들이 토지공개념을 활용한 법률들이라고 할 수 있다.

토지공개념은 토지사유제에 대응하는 개념으로 국가가 어떤 식으로든 국토(토지) 관리에 개입을 함으로써, 국토의 균형있는 발전과 안정성 유지에 관여를 해 보겠다는 의지의 표현이다. 그중에서 실제로 논의 대상으로 발표된 내용이 "국토보유세"인데, 기존의 종합부동산세를 폐지하고 국토보유세를 신설하자는 것이다. 종합부동산세가 일정 규모(금액) 이상의 부동산 소유자들에게 매기는 세금이라면, 국토보유세는 모든 토지 소유자에게 예외없이 세금을 납부토록 하여, 재정충당을 위한 세금을 제외한 초과 세제분은 전 국민에게 기본소득(토지수당)으로 지급하자는 의견이다. 이렇게 하면 국민 1인당 연간 30만 원가량의 기본소득이 지급 가능하다는 내용이다.

부동산 정책과 관련해서 주로 변수로 고려가 되는 것이 부동산 시장의 침체나 활황이 우리 경제에 미칠 영향일 것이다. 우리나라 경제 전체에 미칠 영향을 고려하면서 부동산 시장의 안정화를 위한 정책을 실천해 나가야 하는데, 각 당사자들의 이해관계자들이 복잡하게 얽혀 있어 이 과정이 상당히 어려운 과정이라고 할 것이다. 일각에서는 보유세 인상, 국토보유세 신설 등 세제 정책을 통해 해결할 문제가 아니라, 오히려 부동산 공급을 확대시켜 시장을 안정화시켜야 한다는 의견도 나온다. 결국 수요가 공급을 크게 초과하여 가격이 급등하는 과정이라는 경제학적 기본 원리에 입각한 해법이 나오고 있는 것이다.

7. 주거용건물의 여러 가지 형태

■ 주거용 건물의 형태

먼저 주택은 단독주택과 공동주택으로 구분이 된다. 단독주택은 그 전체가 하나로 거래가 되는 반면, 공동주택은 세대별 매매가 가능하다는 차이가 있다. 단독주택을 제외한 공동주택은 아래와 같이 나눌 수 있다.

> 1. 아파트 : 주택으로 쓰이는 층수가 5개 층 이상인 공동주택
> 2. 연립주택 : 주택으로 쓰이는 1개 동의 연면적(지하 주차장 제외)이 660제곱미터(200평)를 초과하면서 층수가 4개 층 이하인 공동주택
> 3. 다세대주택 : 주택으로 사용되는 1개 동의 연면적(지하 주차장 제외)이 660제곱미터(200평) 이하이고 층수가 4개 층 이하인 공동주택. 보통 빌라로 불리는 주택의 형태는 다세대주택이나 연립주택의 형태를 띠는 경우가 많다.
> 4. 기숙사 : 학교 또는 공장 등에서 학생 또는 근로자나 종업원 등을 위하여 주거용 건물로 사용하는 것으로서, 공동취사 등이 가능하되 독립된 주거시설물

그 외의 주택의 형태로 다가구주택이라는 표현도 자주 사용하는데, 다가구주택은 주택으로 사용되는 층수(지하층 제외)가 3개 층 이하이고, 1개 동의 연면적이 660제곱미터(200평) 이하이며, 19세대 이하가 거주할 수 있는 주택으로서 위의 공동주택이 아닌 경우를 말한다. 보통의 경우 단독주택으로서 원룸, 투룸이라 부르는 주택들은 대부분 다가구 주택인 경우가 많다.

■ 세대와 가구(다세대주택과 다가구주택)

위에 다세대주택과 다가구주택을 보았는데, 아주 일상생활 속에서는 혼돈이 될 수밖에 없을

것이다. 세대라는 표현은 '독립된 권리체'를 의미한다고 보고, 가구라는 표현은 '독립된 생활체'를 의미한다고 보자.

다세대주택은 '공동가구 다세대주택'을 말하고, 다가구주택은 '단독세대 다가구주택'을 의미한다. 다세대주택은 권리체(주인)가 여럿이 모여 하나의 주택에 살고 있는 것이라서 권리주체별(각 호수별 주인)로 등기가 가능하고, 다가구주택은 권리체(주인)이 단독으로 있고 생활체인 '가구'만 여럿이 모여있는 공간이라는 의미이다. 그러면 다세대주택과 다가구주택의 차이는 4층이 있는지 없는지에 따라 1차적으로 차이가 있고, 3층으로 이루어져 있더라도 구분소유 및 각 호수별 개별 분양을 목적으로 지은 건축물은 다세대주택이고, 주인의 소유로 하되 개별분양이 불가한 건축물은 다가구주택인 것이다.

8. 주식시장(1) : 주식 용어 및 개념정리

우리나라의 주식시장은 1956년 대한증권거래소의 설립으로부터 형성되기 시작하였다. 대표적인 장내 주식시장으로 코스피(KOSPI)시장, 코스닥(KOSDAQ)시장이 있다. 주식시장이 이렇게 구분이 되어있는 목적은 주식시장에서도 다양한 규모와 다양한 업종별 기업들이 있는데, 국가적 차원에서 균형 성장을 위해 시장을 구분해 놓았다고 볼 수 있다.

1) 코스피(KOSPI) 시장

코스피 시장은 흔히 유가증권시장 혹은 거래소 시장이라고 불린다. 소위 우리나라에서 대기업 그룹에 들어가는 상위 900여 개 기업들이 상장되어 있는 시장이라 볼 수 있으며 그만큼 주식시장 중에서 가장 까다로운 상장조건을 가지고 있다. 일반회사 및 지주회사 모두 상장 가능하고 시장에 상장되기 위한 조건은 아래 표와 같다. 코스피 시장 상장 요건의 핵심은 "자기자본금 300억 원 이상", "영업활동 3년 이상", "매출액 1,000억 원 이상", "당기순이익 30억 원 이상, 3년 합계 60억 원 이상"이라는 내용이다.

구분		조건
기업규모요건		자기자본 300억 원 이상
영업활동기간		3년 이상
경영성과요건	매출액	최근 1,000억 원 이상 & 3년 평균 700억 원 이상
	이익 등	◇ 다음 요건 중 하나를 충족할 것 ① 이익액 : 최근 30억 원 & 3년 합계 60억 원 이상 ② ROE : 최근 5% & 3년 합계 10% 이상 ③ 자기자본 1,000억 원 이상 법인 : 아래요건 충족 　1) 최근 ROE 3% 또는 이익액 50억 원 이상 　2) 영업현금흐름(+)일 것

▲ 코스피 시장 상장요건[61]

2) 코스닥(KOSDAQ) 시장

코스닥 시장은 1996년, 첨단 기술주 중심으로 설립된 미국의 나스닥(NASDAQ) 시장을 본떠 만들며 시작되었다. 코스닥 시장은 코스피 시장과 함께 양대 시장이며, 코스닥 시장에는 코스피 시장에 상장되지 못한 중소기업들이 주로 포진해 있다. 코스닥 시장에 상장되기 위해서 일반기업과 벤처기업의 상장 기준이 다른데, 상대적으로 벤처기업의 상장의 문턱이 낮다. 다음은 코스닥 시장에 상장되기 위한 상장요건이다. 코스닥 시장의 상장요건은 일반기업, 벤처기업, 기술특례기업 등에 따라 요건이 달라지는데, 거래소(코스피) 시장 상장요건에 비해 전반적으로 완화된 기준을 가지고 있고, 영업활동 3년 이상이라는 조건이 없으며 신규 설립한 기업도 바로 상장이 될 수 있다는 특징이 있다.

코스닥 시장은 대기업의 "규모의 경제" 효과에 의해 상대적으로 자본조달이 어렵고, 투자자들의 안전한 투자를 보장하기 위해, 코스피 시장과 분리되어 별도로 개설된 증권시장이라고 볼 수 있다. 최초 출범 시에는 독자적인 시장으로 출발하였지만, 2005년 한국거래소(KRX) 출범 이후에는 한국거래소(KRX) 산하 코스닥 시장 본부에 소속된 시장으로 개편되었다.

3) 장외 시장

장외(場外) 주식시장은 코스피, 코스닥이라고 하는 제도권 거래시장에 상장되어있지 못한 기업들의 주식이 거래되는 시장을 말한다. 수없이 많은 주식회사들은 모두 주식이 발행되어 있다. 이들 기업 중에서 기업을 시장에 상장시키는 목표를 가지고 있는 기업들은 제도권 시장(코스피, 코스닥) 상장요건을 충족시키지 못하고 있지만 그래도 상장을 위해 준비를 하고 있는 기업들이 많다. 요건을 완화해서 거래시장 상장을 위해 진입을 노리는 기업들을 주식거래를 할 수 있도록 만들어 놓은 시장이 장외시장이다.

현재 우리나라의 장외시장은 크게 세 부분으로 나눌 수 있다. 벤처기업이나 중소기업의 성장성에 초점이 맞춰져 있는 "코넥스(KONEX) 시장", 중견 우량기업과 거래소 퇴출 후 재기를 위해 노력하는 기업들이 주로 속해있는 "K-OTC 마켓", 이외에 주로 사설 사이트나 오프라인으로 주식거래가 이루어지는 "사설 오프라인 마켓"으로 나눠 볼 수 있다. 그나마 "코넥스(KONEX) 시장"과 "K-OTC 마켓"은 증권회사의 PC기반 매매시스템(HTS)으로 거래가 가능하다.

① 코넥스(KONEX) 시장

코넥스 시장은 코스닥 시장의 상장 요건을 갖추지 못한 신생 벤처기업과 중소기업의 성장을 위한 전용시장으로 2013년에 개장되었으며, 흔히 제3의 시장이라고 불린다. 코넥스 시장이 코스피, 코스닥 시장과 달리 가지고 있는 가장 큰 특징은, 자본전액 잠식 및 영업 손실 발생 등의 재무적 사유가 발생해도 상장폐지를 면할 수 있다는 점이다. 하지만

---

61) 출처 : 한국거래소

상대적인 위험도와 규모적 측면에 의해 투자자의 거래빈도가 상당히 낮은 소외된 시장으로 평가되기도 한다. 상장 조건은 자기자본 5억 원 이상, 매출액 10억 원 이상, 순이익 3억 원 이상이라는 세 가지 조건 중 한 가지만 충족해도 상장이 가능한 시장이다.

② K-OTC(Korea Over The Counter)

K-OTC 시장은 코스닥 시장 상장 또는 코스피 시장 상장을 목표로 하는 중견 기업들, 이미 거래소에 상장되었던 적이 있으나 경영 등 여러 가지 이유로 거래소 퇴출이 되었다가 재 진입을 노리는 기업들이 주로 모여 있는 시장으로, 2014년에 개장하였다. 대표적으로 삼성생명, 삼성SDS, 제주항공 등이 K-OTC를 졸업하고 제도권 시장에 상장된 대표적인 기업들이다.

이렇게 일반인이나 주식 시장 거래 주체들에게 거래가 가능한 주식은 위와 같이 장내시장(코스피, 코스닥)과 장외시장(코넥스, K-OTC, 기타 사설 장외주식 거래소)이 있다. 다음은 위에서도 나왔던 용어인데, "신규상장(IPO)"이라는 용어와 "시가총액", "액면분할"이라는 용어에 대해 보도록 하자.

4) 신규상장(IPO, Initial Public Offering)

기업주가 법인 주식회사 형태로 기업을 설립하면 주식을 발행하고 주식을 소유하면서 기업 활동이 이루어지게 된다. 예를 들어 1주에 5,000원이고 회사의 자본금을 5,000만 원으로 하여 초기 기업 활동을 하게 된다면, 이 회사는 10,000주의 주식을 발행하고 이 주식을 기업주나 관계인들이 소유하게 된다. 이 상태에서 기업을 영위하다가 위에서 나왔던 제도적인 주식거래 시장(코스피, 코스닥, 코넥스)으로 편입되는 과정을 "신규상장(IPO)"이라고 한다. 즉 "장외 시장"에서 기업 활동을 하는 일반적인 기업들이 "장내 시장"으로 들어서게 되는 과정을 말한다.

우리나라에서는 통상 신규상장 과정에서 증권회사들이 주간사로 활동을 하게 되며, 이를 증권회사들에서는 "IPO시장"이라고 표현하기도 한다. 신규상장 시에 업무를 대행해 줌으로써 수수료 수익을 취할 수 있기 때문에 증권회사들은 장외 기업들을 대상으로 향후 전망이 좋은 기업들을 물색하여 IPO를 신규로 추천하기도 한다. 신규상장이 되면 장외 시장에서 장내 시장으로 진입한다는 의미이기 때문에, 주식거래 시장에서 해당 회사의 주식이 일반인들을 대상으로 거래가 되기 시작한다. 신규상장 후 주가가 상승하게 되면 주식 소유주(주주 및 경영주 포함)는 주식가치가 상승하여 자금조달 효과를 누릴 수 있어, 신규상장 시장과 주식 시장을 직접적인 기업들의 자금조달 시장으로 보기도 한다.

5) 시가총액(시총)

"시가총액"이라는 개념은 흔히 "시총"이라고도 약어로 부르는데, 장내로 상장되어있는 기업들의 주식수를 현재 주식가격으로 곱한 총액을 말한다. 예를 들어 액면가 5,000원인 주식이 현재 장내 주식시장에서 7,000원에 거래되고 있다고 하고, 이 회사의 주식수가 총 1백만 주라고 하면, 이 회사의 자본금(액면가 총액)은 50억 원(5,000원 × 1백만 주)이지만, 이 회사의 시가총액은 70억 원(7,000원 × 1백만 주)이 된다.

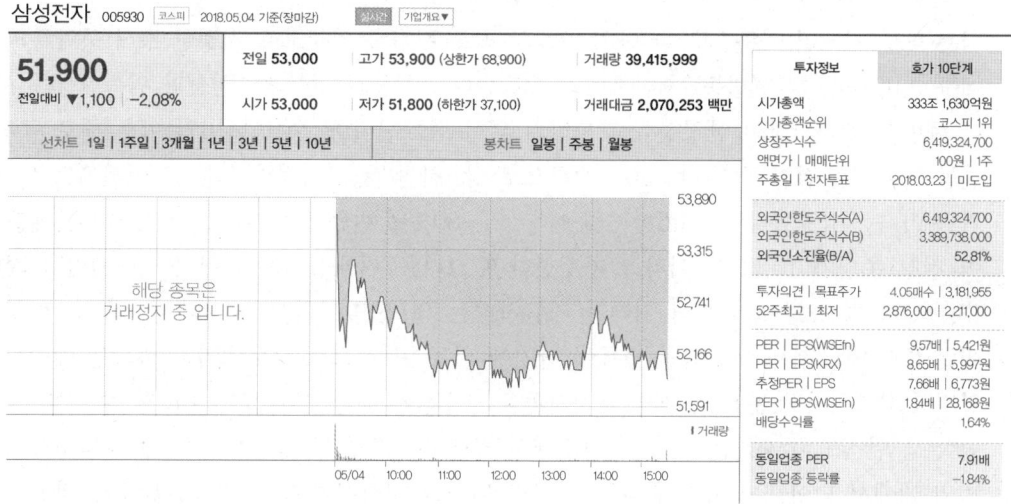

위의 그림62)은 코스피 시장 시가총액 순위 1위 기업인 삼성전자의 상황이다. 오른쪽 위쪽을 보면 시가총액이 333조 1,630억 원이라고 나오는데, 이 금액은 삼성전자의 현재가격을 상장주식수와 곱한 금액이 된다(상장주식 수 : 6,419,327,700주, 현재가격 : 51,900원). 반면 주식 1주의 액면가는 100원으로 표시되어 있다. 액면가와 상장주식수를 곱하면 6,419억 원이라는 액면가 총액이 나온다. 시가총액과 액면가 총액의 차이는 이 회사의 영업과 계속 경영의 가치가 포함된 금액이라고 할 수 있다. 즉 6,419억 원의 초기 자본금으로 현재 333조 원의 가치를 가진 기업이 된 것이다.

6) 액면분할

액면가를 나누는 작업을 "액면분할"이라고 한다. 위의 그림에서 보는 삼성전자의 주식이 대표적으로 가장 최근에 액면분할을 했던 주식이다. 위의 그림에서 보듯이 오른쪽 위쪽을 보면 액면가가 100원으로 나오는데, 액면분할 이전의 액면가는 1주당 5,000원이었다. 이를 1/50로 액면가로 나눈 것이다. 1주당 액면가가 5,000원이었던 2018년 4월까지 삼성전자의 주식가격은 1주당 250만 원대였다. 고가의 황제주라고 불렸던 삼성전자 주식은 일반인들이 주식을 거래하기 힘들 정도로 고가로 거래되고 있었다. 이런 불편함을 해소하고 국민주식으로 일반인들이 거래하기 쉽도록 액면가는 100원으로 1/50로 내리면서 주식수를 50배 늘린 것이다. 액면 분할은 그만큼 1주당 액면가가 내려가기 때문에, 액면분할 후 첫 거래일이었던

---

62) 자료 : 네이버 금융

지난 5월 4일 삼성전자의 주식거래는 53,000원 선에서 거래되었던 것이다.

추가로 몇 가지 더 주식거래, 주식시장 관련해서 알아놓아야 할 용어들을 보도록 하자.

7) 상한가와 하한가

이는 하루 거래일 기준으로 한 단위 주식의 최초 시가를 기준으로 지정한 주식 등락폭의 한계를 의미하며, 가격(변동) 제한폭이라고도 한다. 이는 과도한 과열현상과 위축현상을 사전에 예방해 주식시장의 안정성을 도모하기 위한 한계선이다. 2015년 6월 이후 새로 규정된 변동 제한폭은 전일 종가대비 30% 수준으로 상, 하한 폭을 지정하였다. 그 이전에는 상하한가 폭이 +/-15%였다가 2015년 6월 이후 +/-30%로 변동 폭이 확대시킨 것이다. 예를 들어 전일 종가가 10,000원이라고 가정한다면 그다음 거래일에는 하한가 7,000원, 상한가 13,000원 범위 안에서 주식 거래가 가능하다는 의미이다.

이는 주식시장 시세 전반적인 변동이 단기에 너무 큰 폭으로 오르내리는 현상을 예방하고, 안정적인 주식시장 운용과, 개인 투자자들을 보호하기 위한 기본 조치라고 할 수 있다. 하지만 분명 단점도 존재하는데, 증시 안팎에서 발생하는 각종 호재와 악재의 주가 반영을 일정 범위 내에서 막아내기 때문에, 시장경제의 원리를 저하시키고, 주가 고평가 및 저평가 등 왜곡현상을 유발하기도 한다. 이런 단점을 극복하고 주식시장 거래활성화를 위해 2015년 6월에 상하한가 변동 폭을 확대하였던 것이다.

8) 공매도

2018년 셀트리온의 공매도 이슈, 삼성증권의 임직원이 내부 정보를 이용해 수백억 규모의 공매도 사건을 일으킨 이후, 공매도의 도덕적 해이 현상으로 인해 폐지에 대한 목소리가 뜨거운 감자로 떠올랐다. 공매도를 쉽게 표현하면, "가지고 있지 않은 물건(주식)을 시장에 매도를 하는 투자 기법"이다. 즉 주식시장이 점차 하락할 것으로 예상되는 상황에서, 시세차익을 노리기 위해 투자자가 활용하는 방식이다. 예를 들면 한 종목의 주가가 현재 20,000원이라면, 20,000원에 매도 주문을 내고 이후 실제로 주식가격이 내려 16,000원이 된다면 그때 매수를 하여 미리 매도했던 부분을 상환함으로써, 1주당 4,000원의 거래 차익을 얻는 방식이다.

이러한 공매도는 크게, 현재 갖고 있지 않은 주식을 미리 팔고, 결제일 이전에 주식을 재구입하여 갚는 방식인 "무차입 공매도", 제3자로부터 주식을 먼저 빌려 놓았다가 빌린 주식으로 매도한 후 차후에 다시 하락한 가격으로 재매수하여 제3자에게 주식으로 갚는 "차입 공매도" 두 가지 거래 방법이 있다. 차입 공매도와 무차입 공매도는 실제로 주식을 빌려서 매도를 하느냐, 빌리지 않고 그냥 매도를 하느냐에 따라 구분된다. 공매도는 해당 종목의 주가 하락 시기에 유리한 거래기법으로, 반대로 미리 매도를 했다가 해당 주식이 계속 상승하기만 한다면 언젠가는 사서 갚아야 하는 거래자는 손해를 볼 수도 있다.

9) 사이드카(Side Car)와 서킷브레이커(Circuit Braker)

주식시장에서 급락장, 급등장의 과열된 매매열기를 진정시키기 위한 보조장치로 "사이드카"와 "서킷브레이커"제도가 있다.

"사이드카"는 선물 옵션시장에서의 가격등락이 심해지면 현물시장(주식시장)으로 매수, 매도세가 넘어오게 되는데, 선물시장에서의 충격이 현물시장에 미치는 과도한 영향을 방지하기 위해 만들어진 제동장치이다. 우리나라에서는 1998년에 주가지수 선물시장이 개설되면서 도입되었으며, 선물시장에서의 가격이 전일 종가대비 5% 이상(코스닥 선물시장은 6% 이상) 급등 또는 급락하고 있고, 이 현상이 1분 이상을 지속할 경우에 발동되며, 사이드카가 발동되면 5분 동안 프로그램 매매가 정지시키게 된다. 주로 선물시장에서 현물시장으로 영향을 주는 요인이 프로그램 매매가 원인이 되기 때문이다. 우리나라에서 가장 최근에는 2018년 2월 코스닥 150 선물 가격이 6.2%가 급등하면서 발동되었던 적이 있다. 사이드카는 1일 1회 발동 가능하며 장 종료 40분 전인 오후 2시 50분 이후에는 발동할 수 없다.

"서킷브레이커"는 사이드카와 달리 선물시장이 아니라 현물 주식시장의 가격변동에 의해 발동되고, 사이드카처럼 급등락 시 발동되는 것이 아니라 급락 시에만 발동된다는 차이점이 있다. 제동장치의 효과는 사이드카보다 커서 사이드카가 5분 동안 프로그램 매매가 정지되었다가 자동으로 거래가 재개되는 것과는 달리, 서킷브레이커 발동 시에는 주식 매매거래가 수십 분간 정지되면서 시장에 제동을 거는 정지효과가 더 크게 나타나게 된다. 서킷브레이커는 사이드카와 동일하게 1일 1회 발동 가능하며 장 종료 40분 전인 오후 2시 50분 이후에는 발동할 수 없다.

서킷브레이커는 1, 2, 3단계가 있는데, 1단계는 전일대비 종합주가지수가 8% 이상 하락한 경우이고, 이때는 모든 주식거래가 20분간 중지되고, 이후 10분간은 단일가 매매로만 거래가 재개된다. 2단계는 종합주가지수가 전일대비 15% 이상 하락하고 1단계 대비 1% 이상 추가가 하락하는 경우, 3단계는 전일대비 20% 이상 하락하고 2단계 대비 1% 이상 추가 하락하는 경우에 발동된다. 2단계에서는 1단계 때와 같이 20분간 모든 거래가 중단되고, 이후 10분간 단일가 매매로 거래가 이루어지지만, 3단계가 발동되면 발동시점을 기준으로 당일의 모든 주식거래가 종료된다. 서킷브레이커는 사이드카보다 더 큰 제동장치라고 할 수 있고, 우리나라에서는 2016년 2월에 중국증시 급락여파로 서킷브레이커와 사이드카가 동시에 발동되었던 적이 있다.

9. 주식시장(2) : 주요 지표 정리

■ EPS(Earning Per Share)

"주당순이익"이라고 부른다. 공식은 해당 기업의 당기순이익을 주식수로 나눈 값이다.

$$EPS = 당기순이익 / 주식수$$

주식 1주 당 이익을 얼마나 창출했는지를 나타내는 지표로 EPS가 높을수록 주식의 투자가치가 높다고 해석할 수 있다. 단위는 "원"이다. 당기순이익이 1억 원이고, 총 주식수가 1천만 주라면 이 회사의 EPS는 10원이 된다.

■ PER(Price Earning Ratio)
"주가수익비율"이라고 부른다. 공식은 주식가격을 주당 순이익으로 나눈 값이며, 단위는 "배"로 부른다.

$$PER = 주식가격 / EPS$$

주식가격이 1만 원이고, 1주당 당기순이익이 5천 원이라면, 이 주식의 PER는 2배가 된다. 통상 동종 업종대비 PER가 어느 수준인지로 주식의 가치, 회사의 가치를 평가하며, 동종 업종의 평균 또는 경쟁회사의 PER보다 높다면 해당 회사의 주식가치 또는 회사가치는 고평가 되고 있다고 평가하기도 한다. PER가 높다는 것은 주당이익 대비 주식가격이 높다는 것이고, PER가 낮다는 것은 주당이익 대비 주식가격이 낮다는 것이다. PER가 낮은 주식은 주가 상승의 가능성이 그만큼 크다고 할 수 있고, 투자판단의 지표가 되고 있다.

■ BPS(Book-value Per Share)
"주당순자산가치"라고 부른다. 공식은 기업의 순자산을 주식수로 나눈 값이며, 단위는 "원"이다.

$$BPS = 기업의 순자산 / 주식수 = (총자산-부채) / 주식수$$

기업의 순자산은 대차대조표에서 총자산에서 부채를 차감한 순자산을 의미한다. 주식 1주 당 순자산이 얼마인지를 보여주는 지표이고, BPS가 높을수록 재무건전성 측면에서 투자가치가 높은 기업이라고 할 수 있다.

■ PBR(Price Book-value Ratio)
"주가순자산비율"이라고 부른다. 공식은 1주당 주식가격을 주당 순자산으로 나눈 값이며, 단위는 "배" 또는 "점"으로 부른다.

$$PBR = 주식가격 / BPS$$

회사의 주식가격이 1만 원이고, 1주당 순자산이 1만 원이라면 이 회사의 PBR은 1배가 된다.

PBR은 1을 기준으로 1보다 높다는 것은 순자산 가치에 비해 주식가격이 고평가되고 있다는 것을 의미하고, PBR이 1보다 낮다는 것은 기업의 주식가격이 순자산가치에 비해 저평가되고 있다는 것을 의미한다.

10. 주식시장(3) : 미국, 중국, 일본의 주식거래소

세계 최초의 주식은 네덜란드의 "동인도회사"였고, 최초의 주식거래소는 역시 네덜란드의 "암스테르담 증권거래소"라고 한다. 1500년대 후반 인도, 중국 등 동남아시아의 차, 향신료 등 주요 상품에 대한 교역으로 부유해질 수 있다는 것을 알게 되는 유럽에서는 네덜란드에서 동인도회사를 설립하고 동남아시아로 가는 선단을 꾸리게 된다. 네덜란드의 동인도회사가 자본금이 없어 투자자들로부터 투자를 받고 그 자금으로 선박을 건조하여 아시아 원정을 떠나게 된 것이다.

투자받은 자금에 대해 최초로 일정금액 당 선단의 소유와 권리를 언급한 증서를 발행한 것이 "주식"의 기원이었고, 이후 원정 선단이 돌아온 후 주식의 가치는 상승과 하락을 반복하게 되었다고 한다. 어떤 투자자는 주식을 팔고 동인도회사에 대한 소유와 권리를 포기하려는 사람도 나오게 되고, 또 어떤 사람은 동인도회사의 미래가치를 긍정적으로 보고 새롭게 주식을 사려는 투자자도 나오게 된다. 처음에 이들이 개인 대 개인으로 거래를 하였으나 이런 불편을 없애기 위해 1602년에 세계 최초로 암스테르담에 동인도회사 주식을 거래할 수 있는 "암스테르담 증권거래소"가 생기면서 글로벌 역사에서 주식, 주식 거래소가 시작되었다고 한다.

이후 미국에서는 1792년에 뉴욕증권거래소(NYSE, New York Stock Exchange)를 만들게 된다. 뉴욕증권거래소는 우리나라의 한국거래소와 같은 개념으로 역사가 오래되었고 뉴욕증권거래소에 상장하기 위한 상장요건도 당시 까다로웠던 측면이 있어 주로 미국의 역사가 오래된 업종들과 거기에 포함된 기업들이 상장되어 있다. 뉴욕증권거래소 주가지수는 미국의 전통산업을 대변하는 다우존스 산업평균지수, S&P 500지수 등이 있다. 다우존스 산업평균지수는 흔히 "다우지수(Dow)"라고 부르며, 뉴욕증권거래소에 상장된 가장 안정적이고 신용 있는 30개 기업의 시장가격을 기초로 산출하는 주가지수이다. 반면 다우지수가 30개 기업으로 구성되고 있다는 약점이 있어 국제 신용평가기관인 스탠더드 앤 푸어스(S&P)사는 500개 사를 선정하여 금융주, 공업주, 공공주 등으로 그룹을 나눠 지수를 산정하고 있다. 역시 S&P500지수도 뉴욕증권거래소에 상장된 기업들로 구성되어 있다.

나스닥(NASDAQ, National Association of Securities Dealers Automated Quotation)은 뉴욕증권거래소와 경쟁하는 관계로 1971년에 설립되었으며, 오프라인 기반의 뉴욕증권거래소와 달리 컴퓨터 전산망을 활용한 거래 중개 시스템을 가지고 있다. 당시 뉴욕증권거래소에 상장하기 어려웠던 기술주, 통신주, IT주 등이 위주가 되어 있으며, 마이크로소프트, 애플, 인텔, 아마존 등은 모두 나스닥 시장에 상장되어 있는 기업들이다. 이후 글로벌에서 기술력이 있는 기업들이나 첨단 업종 기업들이 미국의 나스닥 시장 상장을 자금마련의 기회로 삼는 기회의 시장이 되기도 하였으며, 미국의 나스닥은 우리나라의 코스닥(KOSDAQ), 일본의 자스닥(JASDAQ) 시장의 기원이 되기도 하였다. 현재는 미국의 뉴욕증권거래소 거래규모보다 나스닥 시장 거래규모가 더 큰 역전의 상황이 벌어지기도 하였다.

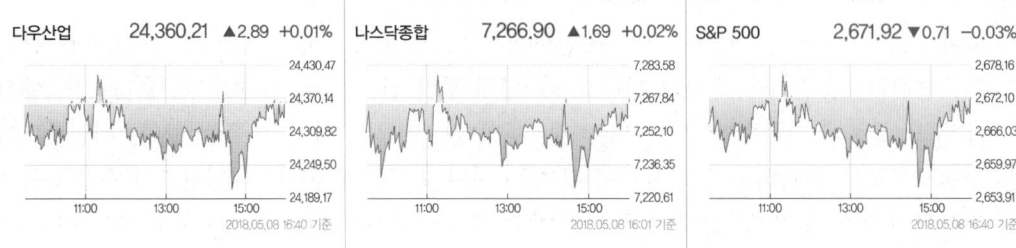

위의 포털사이트63) 해외증시와 관련된 그림에서는 미국의 주요 주가지수 세 가지를 보여주고 있다. "다우산업"이라는 것이 다우지수 또는 다우존스 산업평균지수로 뉴욕증권거래소에 상장된 가장 신뢰도 높은 30개 기업의 평균 주가지수 흐름이다. 맨 오른쪽에 있는 S&P500 지수는 역시 뉴욕증권거래소에 상장된 대표적인 기업 500곳의 평균지수 흐름을 보여주는 그림이다. 중간에 있는 나스닥종합 지수는 미국의 나스닥시장에 상장된 모든 종목들을 대상으로 산출한 종합지수이다. 나스닥 지수는 항상 모든 기업들을 종합하여 지수를 산출한다. 현재 미국의 뉴욕증권거래소는 명실공히 세계 1위의 주식거래 시장이며, 나스닥은 시가총액 기준으로 세계 2위의 거대한 주식거래 시장이 되고 있다.

미국에 뉴욕증권거래소가 있다면 일본에는 도쿄증권거래소(TSE, Tokyo Stock Exchange)가 있다. 지방에도 몇 개의 증권거래소가 있지만 도쿄증권거래소에 주로 일본 굴지의 대기업을 포함한 주요기업들이 상장되어 있으며, 2013년에 도쿄증권거래소는 일본 제2의 거래소인 오사카증권거래소를 합병하면서 "일본거래소그룹(JPX, Japan Exchange Group)"으로 재탄생하였다. 일본거래소그룹으로 공식명칭이 바뀐 도쿄증권거래소는 뉴욕증권거래소, 런던증권거래소와 함께 세계 3대 증권거래소로 불린다. 일본거래소그룹의 전신은 도쿄증권거래소이며, 내부적으로 대기업 위주의 1부시장, 중견기업 위주의 2부시장, 신흥기업시장으로 마더스 시장과 자스닥(JASDAQ) 시장을 두고 있다. 우리나라에는 자스닥 시장은 별로 알려져 있지 않으며, 일본거래소그룹에 상장된 상위 225개사의 주가를 반영한 니케이225 지수가 알려져 있다.

중국은 아편전쟁으로 1842년에 홍콩을 영국에 잃었으며 이후 1997년에 영국으로부터 홍콩을 반환받으면서 이후 50년간은 홍콩의 자유주의 시장경제를 유지하기로 하였다. 현재 홍콩은 중국의 영토에 속하지만 상초 체제가 다른 이유이다. 중국의 주식시장은 크게 대륙시장과

---

63) 자료 : 네이버 금융

홍콩시장으로 나뉘어 있고, 대륙시장은 다시 상해시장과 선전(심천)시장으로 나뉘어 있다. 대륙시장은 다시 A주식과 B주식으로 나누어져 있다. A주식은 내국인 투자 전용이고, B주식은 외국인 투자 전용이다. 그러나 2000년대 이후 중국 주식시장은 단계적으로 A, B 주식시장을 통합할 계획으로 외국인도 A주식에 투자가 제한적으로 허용되기 시작했고, 내국인에게도 B주식 매매가 허용되기 시작하였다. 상해시장과 선전(심천)시장은 각각 A주식도 거래되고 B주식도 거래된다.

홍콩은 중국과는 달리 중국(중화인민공화국)의 홍콩 특별 행정구의 개념이며, 홍콩증권거래소는 일본의 동경증권거래소, 상해증권거래소와 함께 아시아 3대 증권거래소로 꼽히고 있다. 홍콩증권거래소는 중국 대륙과는 달리 동경, 서울과 같은 방식으로 홍콩증권거래소 안에 시장 구분을 두어 "메인보드 시장"과 "GEM 시장"으로 나누고 있다. 메인보드 시장은 홍콩 대부분의 우량한 기업들이 상장되어 있으며 우리나라의 코스피 시장과 유사한 개념이다. GEM 시장은 메인보드 시장 상장에 부적합하지만 향후 성장성과 잠재력이 있는 중소, 중견기업들이 주로 상장되어있는 시장으로, 우리나라의 코스닥 시장이나 코넥스 시장 정도로 비유할 수 있다. 홍콩은 중국 반환시점(2047년)까지 자체적으로 중국과 다른 방식으로 현재의 주식시장을 운영할 계획이다.

또 중국 주식시장에는 "후강퉁", "선강퉁"이라는 개념이 있는데, 후강퉁(沪港通)은 상하이를 뜻하는 "후(沪)"와 홍콩을 뜻하는 "강(港)"을 합친 의미이다. 마찬가지로 선강퉁(深港通)은 선전(심천)을 뜻하는 "선(深)"과 홍콩을 뜻하는 "강(港)"을 합친 개념이다. 후강퉁은 홍콩증권거래소를 통해 중국 상하이증권거래소에 있는 주식을 거래할 수 있고, 반대로 상하이증권거래소를 통해 홍콩증권거래소에 상장된 주식을 거래할 수 있는 제도이다. 마찬가지로 선강퉁은 후강퉁과 같이 중국대륙의 선전(심천)과 홍콩 주식시장의 교차매매를 허용하는 제도이다. 중국은 장기간에 걸친 주식시장의 통합과정으로 후강퉁 제도를 2014년에 실시하였고, 이어 2016년에는 선강퉁 제도를 실시함으로써, 홍콩에 대한 흡수 계획을 진행하고 있는 것이다.

> **참고** 한국거래소(KRX, Korea Exchange)
>
> 한국거래소는 2004년 1월 제정된 한국증권선물거래소법에 따라 기존의 한국증권거래소, 코스닥증권시장, 한국선물거래소, 코스닥위원회의 네 기구가 합쳐서 2005년 1월에 만들어진 통합거래소이다. 통합거래소 설립당시 명칭은 "한국증권선물거래소"였지만, 이후 2009년 2월에 현재의 "한국거래소"라는 명칭으로 변경하였다.
> 수행하는 업무 및 시장의 구성은 크게 주식시장, 채권시장, 파생상품시장, 일반상품(금, 석유, 배출권) 시장, 해외 연계상품 시장(글로벌 시장)으로 구성된다. 주식시장은 유가증권시장(코스피 시장), 코스닥 시장, 코넥스 시장으로 구성된다. 이런 시장의 운영과 함께 거래되는 금융상품 시장의 감독, 감시, 공시업무도 담당하고 있다.

은행권의 경영과 해외진출

1. 금융지주사 및 은행 경영성과

구분	당기순이익(단위 : 억, %)			
	2016년	2017년	증감액	증감률
KB금융지주	21,437	33,119	+11,682	+54.5
- 국민은행	9,643	21,750	+12,107	+125.6
신한금융지주	27,748	29,179	+1,431	+5.2
- 신한은행	19,403	17,110	-2,293	-11.8
- 제주은행	173	173	-	-
KEB하나금융지주	13,305	20,368	+7,063	+53.1
- KEB하나은행	13,727	21,035	+7,308	+53.2
NH농협금융지주	3,210	8,598	5,388	+167.9
- NH농협은행	1,111	6,521	5,410	+486.9
우 리 은 행	12,613	15,121	+2,508	+19.9
기 업 은 행	11,575	15,014	+3,439	+29.7
대 구 은 행	2,650	2,941	+291	+11.0
부 산 은 행	3,269	2,032	-1,237	-37.8
경 남 은 행	2,082	2,215	+133	+6.4
광 주 은 행	1,015	1,350	+335	+33.0
전 북 은 행	520	650	130	+25.0

주요 은행들의 영업 관련된 실적을 보면 아래와 같다. 아래 표를 보면 각 은행의 영업이익에서 이자부문 이익이 차지하는 비중을 알 수 있으며, 기업은행의 경우 2016년도에 대출채권 처분손실, 파생상품 관련 손실 등으로 비이자 부문 손실을 기록하고 있다.

구분 (단위 : 억 원)	이자이익		비이자이익		영업이익	
	2016	2017	2016	2017	2016	2017
국민	48,289 (84.5%)	53,943 (83.9%)	8,837 (15.5%)	10,359 (16.1%)	57,126 (100.0%)	64,302 (100.0%)
신한	45,041 (81.3%)	49,921 (86.3%)	10,331 (18.7%)	7,907 (13.7%)	55,373 (100.0%)	57,828 (100.0%)
하나	43,287 (80.6%)	48,142 (76.4%)	5,578 (19.4%)	14,880 (23.6%)	53,720 (100.0%)	63,022 (100.0%)
우리	50,190 (85.3%)	52,210 (81.1%)	8,670 (14.7%)	12,520 (18.9%)	58,860 (100.0%)	64,730 (100.0%)
농협	43,821 (95.9%)	45,879 (94.9%)	1,859 (4.1%)	2,466 (5.1%)	45,680 (100.0%)	48,345 (100.0%)
기업	45,648 (101.7%)	48,594 (94.5%)	−742 (−)	2,806 (5.5%)	44,906 (100.0%)	51,400 (100.0%)

주요 은행의 수익성 지표인 NIM과 자본 건전성 지표인 BIS비율은 아래와 같다.

구분 (단위 : %)	NIM		BIS비율	
	2016	2017	2016	2017
국민	1.58	1.71	16.32	16.01
신한	1.49	1.56	15.7	15.42
하나	1.39	1.49	15.98	15.97
우리	1.41	1.47	15.3	15.39
농협	1.73	1.77	14.62	14.83
기업	1.91	1.94	13.13	14.16

* 발표은행에 따라 소수점 한자리로 발표한 은행은 소수점 한 자리까지 반영

2. 은행권의 대기업대출과 중소기업대출

기업대출은 크게 대기업대출과 중소기업대출로 구분할 수 있다. 2017년 들어 국내 주요 시중은행들은 가계대출 억제정책에 따라 자산운용의 효율성과 수익성 향상을 위해 기업대출 확대에 노력을 기울이고 있다. 그중에서도 2016년 조선, 해운업 구조조정에 대한 여파와 문재인 정부에서의 중소기업 육성정책의 일환으로 대기업대출보다는 중소기업 대출 확대가 더 눈에 띄고 있는 상황이다. 이는 은행권의 입장에서는 안정적인 수익성 확보를 위한 가용자금의 효율적 활용을 위한 방법이라고 해석할 수 있다.

개인금융에서 VIP고객들의 자산관리분야를 Wealth Management(WM)분야라고 하고, 그 분야에서 PB들이 큰 역할을 차지하고 있다면, 기업금융에서 기업들과의 대출거래로 인한

은행 수익성 기여에 큰 몫을 차지하고 있는 역할은 RM(Relationship Manager)이 담당한다고 할 수 있다. 각 은행들은 RM을 두고 각 은행들의 기업영업 분야 마케팅 및 실제 기업거래 활동을 추진해 나가고 있다.

RM들이 주로 역할을 하는 곳이 대기업 신규대출 유치, 중소기업 발굴 및 중소기업 신규대출거래 유치 등 기업대출 분야에서 적극적인 활동을 하는 것이다. 물론, RM들이 신규거래만 유치하는 것이 아니라, 유치된 거래처들과 기존 기업대출 거래처들에 대한 계속적인 유지관리(대출 만기관리, 거래처 재무상황 관리, 영업상황 관리, 경영진 변화 파악 등) 업무도 담당한다.

국내 주요 은행들의 최근 4년간 기업대출 변화[64]를 보도록 하자.

은행	대출구분	2013년 말	2014년 말	2015년 말	2016년 말	2017년 말
국민	대기업	14.3	14.1	14.6	14.8	14.1
	중소기업	67.5	68.3	75.0	80.6	88.9
	중소기업 비중	82.6	82.9	83.7	84.5	86.3
우리	대기업	18.8	19.3	21.3	17.7	16.7
	중소기업	58.0	60.5	65.3	66.4	72.4
	중소기업 비중	75.5	75.8	75.4	78.9	81.3
신한	대기업	17.0	18.8	18.6	16.4	15.1
	중소기업	55.1	59.9	67.4	71.8	78.6
	중소기업 비중	76.4	76.1	78.4	81.4	83.9
KEB 하나	대기업	27.9	27.1	21.6	15.5	14.7
	중소기업	47.0	52.8	59.1	64.1	70.7
	중소기업 비중	62.8	66.1	73.2	80.5	82.8
기업	대기업	5.0	5.8	5.9	6.4	6.6
	중소기업	107.0	114.8	125.2	133.6	141.6
	중소기업 비중	95.5	95.2	95.5	95.4	95.5
산업	대기업	45.8	59.6	57.5	56.5	71.8
	중소기업	15.6	19.1	24.7	24.7	24.2
	중소기업 비중	25.4	24.3	30.0	30.4	25.2

우선 각 은행들의 기업대출 전체규모의 변화를 먼저 봐야 하겠다. 예를 들어 국민은행의 2017년 말 기준 기업대출 합계는 103조 원 수준이라는 점을 알 수 있다(우리는 여기서 각 시중은행들의 기업대출 잔액은 대략 60~130조 원 수준이라고 알고 있으면 좋을 것 같다). 각 은행들의 기업대출 합계 잔액은 전년도인 2016년도에 비해 큰 변화는 없지만 비슷한 수

---

[64] 자료 : 금융감독원, 은행연합회(단위 : 조 원, %)

준을 유지하고 있거나 소폭 증가하고 있다는 점을 알 수 있다.

기업은행의 경우 기업대출 잔액이 약 148조 원 정도로 시중은행들보다는 더 많은데, 6대 은행(국민, 기업, 신한, 우리, 농협, KEB하나)까지 합치면 각 은행들의 평균 기업대출 금액은 60~130조 원 수준이고, 그중에서는 기업은행의 기업대출이 제일 많고, 두 번째는 국민은행, 세 번째는 우리은행의 순으로 되어있다. 중소기업대출은 50~100조 원 수준으로 전체 기업대출에서 차지하는 비중이 기업은행의 특수성을 배제한 나머지 시중은행들의 경우에는 70~80%대를 차지한다는 점을 알 수 있다.

각 은행별 기업거래 방향성을 보면 2017년도의 경우 대기업 구조조정 차원에서 조심스러운 분위기로 인해 대기업 대출규모 현상유지 또는 축소가 대세였다면, 2018년에는 정부의 정책적인 기조와 함께 가계부채 억제정책에 따른 대체 수익원 발굴을 위해 기업대출이 확대되고 있고, 또한 대기업보다는 중소기업 대출 비중을 확대하는 것이 은행권의 기업금융 영업기조라고 할 수 있다. 실제로도 2017년 하반기 이후 대기업 대출보다는 중소기업 대출 위주로 기업여신 잔액이 증가율이 확대되고 있다.

대기업에 비해 중소기업 대출은 금액규모가 작아서 리스크 관리에 용이하며, 대기업에 비해 대출금리가 높아서 상대적으로 수익성에도 도움이 된다. 시중은행들이 중소기업 대출거래를 활성화시키려고 노력하는 이유는 위의 리스크관리와 수익성이라는 두 가지 요인이 크다고 이해하면 된다. 향후 당분간 시중은행들은 기업금융에서 대기업대출보다는 중소기업, 강소기업, 기술력이 검증된 우량 스타트업 기업, 우량 중견기업 등에 대한 대출영업 활성화라는 방향성이 이어질 듯하며, 이 부분에서 각 은행들의 경쟁이 심화될 것으로 보인다.

3. 시중은행과 지방은행의 차이점 및 지방은행의 수도권 진출

상식적인 차원에서 알아야 할 시중은행과 지방은행의 차이점은 크게 세 가지 정도로 볼 수 있다. 자본금 규모, 은산분리 규제, 점포 개설 규제이다.

첫째, 시중은행과 지방은행의 납입자본금 규제를 보면 은행법 제2장, 제8조, 제2항에 따라 시중은행은 납입자본금을 1천억 원으로 하며, 지방은행은 250억 원으로 규정하고 있다. 전국을 영업권역으로 하는 시중은행의 자본금 규모에 대해 더 보수적인 규제를 가하고 있는 당연한 결과이다. 이런 기준에 따라 인터넷전문은행도 은행법의 적용을 받아 최소 자본금을 1천억 원으로 하였으며, 납입자본금을 K뱅크는 2,500억 원의 자본금으로, 카카오뱅크는 3,000억 원의 자본금으로 출범하였다. 반면, 지방은행의 경우에는 설립 시 납입자본금 규모를 최소 250억 원으로 규정하고 있다.

둘째, 또한 은행법에서 정하고 있는 은산분리 규제도 시중은행과 지방은행은 달리 적용된다. 시중은행의 경우 산업자본이 의결권 있는 주식을 4%까지밖에 소유하지 못하지만, 지방은행의 경우 산업자본의 의결권 있는 주식을 15%까지 소유할 수 있도록 허용해 주고 있는 것이다. 실제로 부산은행, 경남은행을 100% 소유하고 있는 "BNK금융지주"의 주식을 (주)롯데제과에서 11.33% 소유하고 있고, 광주은행과 전북은행을 100% 소유하고 있는 "JB금융지주"의 주식은 (주)삼양바이오팜에서 8.39% 소유하고 있다.

셋째, 2015년 3월까지 금융위원회의 감독규정에 지방은행은 지점을 특별시, 광역시, 자치시와 해당 지역으로 정하고 있고, 기타 지역으로 진출하고자 할 때에는 금융위원회의 인가를 받도록 하였다. 예를 들어 대구은행의 경우 해당지역으로 인정하는 경상북도, 경상남도 지역과 서울특별시, 부산, 울산광역시, 세종자치시를 제외한 타 지역에는 지점을 개설할 수가 없었던 것이다. 이는 부산은행, 경남은행, 제주은행, 광주은행, 전북은행도 모두 마찬가지로 역시 전북은행의 경우에는 전북, 전남, 서울, 부산, 대구, 울산, 세종까지 지점을 낼 수 있었던 것이다.

지방은행은 시중은행과 달리 "지역경제 활성화"라는 별도의 과제를 가지고 있는 은행들이다. 즉, 감독당국의 입장에서는 지역경제를 살리기 위해 최선을 다하지만, 무리한 영업확장세로 리스크를 부담하지 않도록 규제하는 방안이 필요했던 것이고, 지방은행들의 입장에서는 전국구 시중은행들과 경쟁하기 위해 영업권 확대라는 조치가 필요했던 상황이다. 또한, 시중은행과의 경쟁, 저축은행에 대한 점포신설 규제완화와 함께 지방은행들은 정부당국에 꾸준하게 지점신설 규제를 완화해 줄 것을 요청한 바 있다.

이런 지방은행의 요청에 따라 2015년 4월 전국의 지방은행들은 경기도 지역(수도권)에 한해 지점을 자유롭게 개설할 수 있도록 허용해 주게 된다. 따라서 기존에는 수도권에서는 서울에만 지점을 개점할 수 있었던 것에 비해, 2015년 4월 이후에는 각 지방은행들의 정관을 변경하고 금융위원회에 승인을 득하면, 수도권(경기도) 지역에 지점을 개설할 수 있게 된 것이다. 경기도 지역에 대한 지방은행들의 지점 개설 허용은 지방은행들에게는 큰 의미를 지니는 일이라 할 수 있다. 물론, 시중은행으로서는 반갑지 않은 규제완화이다.

지방은행의 경기도 지역 진출은 크게 아래와 같은 배경 하에서 이루어지고 있다고 볼 수 있다. 첫째, 지방 경제 공동화, 지방 인구 고령화 및 경제력의 수도권 집중현상을 들 수 있다. 누구나 공감할 수 있는 내용이지만 2000년대 이후 각 지역별로 인구가 수도권으로 집중되고 전국의 인구는 5천만 명인데, 서울에서 1천만 명, 경기도 지역 인구가 1천만 명 거주하고 있는 상황이다. 전 국민의 40%가 서울 및 경기도 지역에 살고 있는 것이다. 이와 함께 고령화 현상, 지방 경제 공동화 현상 등이 맞물리면서, 또 각 지역에서 시중은행들과 경쟁하느라 영업권이 포화현상을 일으키면서 경기도 지역에 대한 진출이 가시화 된 것이다.

둘째, 이렇게 경기도 및 서울 지역을 중심으로 경제력이 집중하다 보니까, 경기도 지역의 중소기업, 소상공인 등을 대상으로 한 은행권의 먹거리가 상대적으로 많고, 각 지방에서 수도권으로 이주한 지방민들을 대상으로 한 영업권이 발생할 수 있다는 점이다. 각 지방에서 수도권으로 이주한 지방민들의 경우 향수와 애향심에서 고향지역과 관련된 은행을 거래하고자 하는 니즈가 있을 수 있다는 점이다. 특히, 경기도 지역의 공단 지역을 중심으로 기업금융, 중소기업 거래, 개인금융 등에 대한 수요가 활발할 수 있다는 점이 배경으로 꼽힌다.
셋째, 경기도의 경우 과거 "경기은행"이라는 지방은행이 있었지만, 경기은행은 한미은행으로 인수되고, 한미은행은 씨티은행과 합병하여 현재 "한국씨티은행"이 되어 있다. 물론, 한국씨티은행의 경우 과거 경기은행 시절 본점이 있던 인천지역을 중심으로 일부 점포망을 보유하고는 있으나, 전통적인 소규모 외국계 은행이라 경기도를 대표할 수 있는 대표적인 지방은행이 없는 셈이다. 따라서 지방은행들로서는 경기도 지역이야말로 "물 반 고기 반"의 무주공산 영업권이라 할 수 있는 것이다.
넷째, 역시 지방은행들의 영업력 확대와 시중은행들과의 경쟁력 강화가 배경이 될 수 있다. 전국에 은행들이 포화상태를 이루면서 설립 시에는 지방은행과 시중은행의 구분이 있지만, 일반 금융소비자의 경우 지방은행과 시중은행의 법적 제도적 규제보다는 실질적인 서비스로 거래를 선택하는 만큼, 전국구 시중은행들과 경쟁을 해야 하는 지방은행으로서는 저금리, 저성장 시대에 새로운 먹거리 창출로 시중은행들과의 불가피한 경쟁을 해 나가야 하는 상황인 것이다. 이런 무한경쟁 시대에 지방은행의 경기도 진출은 반가운 일이 아닐 수 없다.

4. 국내 은행의 해외(동남아) 진출

2018년 은행권의 주요 화두 중 하나는 해외진출 비즈니스가 되고 있다. 그 배경으로는 여러 가지가 꼽히고 있다.
첫째, 2000년에 금융지주회사법이 제정된 이후 2001년 은행권 최초로 우리금융지주가 설립되면서 2008년 자본시장통합법 시행까지 2000년대 이후의 은행권의 변화는 대형화, 그룹화, 글로벌 경쟁력 강화라고 특징을 언급할 수 있다. 금융지주회사의 설립도 은행의 대형화, 계열사 간 시너지 극대화 등을 추구하는 조치였지만, 대형 금융회사의 탄생과 글로벌 경쟁력 강화를 추구하는 자본시장통합법이라는 정책적 노력의 결과로 국내에서만 규모가 큰 은행이 아니라 글로벌 시장에서 경쟁력을 가지기 위해서는 해외진출이 불가피하다는 것이 첫 번째 배경이라 할 수 있다.
둘째, 저성장에 따른 경기침체의 영향, 저금리 시대의 은행의 수익성 강화방안 마련의 필요성 대두, 인터넷전문은행 등장으로 인한 국내시장 경쟁 격화가 배경이 되고 있다. 저금리 시대에 은행은 국내 금융시장에서 다행히 가계대출이라는 무기를 활용할 수 있어 수익성에는 크게 영향을 받지 않았지만, 당시 정부차원에서의 강력한 가계부채 억제정책을 실시하였더라면 은행권의 수익성이 크게 하락할 수도 있었던 상황이었다. 이렇게 저성장, 저금리 시대에 맞물려 인터넷전문은행의 등장은 은행들이 해외로 눈을 돌리게 되는 계기가 되었다고 볼 수 있다.
셋째, 국가적 차원에서의 외교적 대외정책과 글로벌 지정학적 개발의 흐름에 따라 은행권의 해외진출 전략도 방향성을 달리하게 된다는 측면이다. 글로벌 저성장이 계속 이어지게 된다면 은행도 해외진출의 구심점을 잃게 될 수 있지만, 다행히 글로벌 시장은 미국을 중심으로 호전되고 있으며, 특히 중국의 중속성장과 "일대일로 프로젝트"로 이어지는 계속되는 개발정책, 아세안(AEC) 지역으로 표현되는 인도, 인도네시아, 베트남, 필리핀 등 동남아시아 지역의 개발과 발전이 가시화되면서, 은행권도 "신 남방정책"의 일환으로 동남아지역 진출에 속도를 내고 있다.

우리나라 은행권의 해외진출에 있어서 공통점이 있다면 정부의 정책, 글로벌 지형적인 개발과 발전상황에 맞물려 동남아시아 지역에 집중적으로 투자, 진출하고 있다는 점이다. 동남아시아 지역은 우리보다 중국과 일본이 먼저 공을 들여왔지만, 후발주자로 우리나라도 투자와 개발에 참여하면서, 문재인 정부에서는 "신(新) 남방정책"이라는 슬로건으로 투자와 경제협력, 외교 정책적 노력이 이어지고 있는 지역이다. 실제로 인도, 베트남 등 개발과 발전 잠재력이 풍부하고, 투자의 가치와 투자 회수 가능성이 높다는 점, 금융시스템이 상대적으로 후진적이며 예대마진 등 수익성 여건이 양호하다는 점들이 매력적인 지역이다.

KB금융지주는 향후 5년(2023년) 이내에 해외부문 수익성 비중을 전체 수익성에서 10%까지 확대하겠다는 목표를 가지고 있으며, 동남아시아 지역에서는 계열사별 공략으로 주로 인도차이나반도(베트남, 캄보디아, 라오스, 태국)를 집중 공략대상으로 하고 있다. 이들 나라 중에 상대적으로 발달한 베트남은 기업금융 위주, 발전 초기인 캄보디아는 중소기업 금융과 소매금융, 캄보디아보다 금융이 더 후진적인 라오스는 카드와 캐피탈, 마이크로 파이낸싱 위주로 동남아시아 진출 전략을 실행하고 있다.

신한금융지주는 KB금융지주가 인도차이나반도에 골고루 진출하고 있는 것과 달리, 인도차이나반도에는 주로 베트남에 집중 투자를 하고 있다. 조용병 신한금융지주 회장은 2020년에는 아시아 리딩 금융그룹으로 도약하겠다는 계획으로 2020년까지 해외부문 수익성을 전체 수익성의 20%까지 끌어올리는 "2020 스마트 프로젝트"를 강조해왔다. 신한금융의 동남아시아 진출 전략의 핵심지역은 베트남과 인도네시아라고 할 수 있다. 베트남에서는 호주의 ANZ뱅크 소매금융 부문을 인수해 베트남 1위 외국계 은행으로 자리매김 하였으며, 인도네시아에서도 소비자금융 회사인 PT BFI 파이낸스 지분매각에 입찰하는 등 진출을 가속화하고 있다.

동남아시아 지역에 가장 광범위한 진출을 하고 있는 곳은 우리은행이다. 실제로 우리은행은 동남아시아 진출을 통해 2017년도 해외부문 수익성이 전년대비 약 55% 성장한 1,600억 원 수준을 기록하고 있으며 국내 은행권 중 가장 높은 성장률을 보이고 있다. 우리은행의 해외 점포 총 300여 개 중에 239개가 동남아시아 지역에 위치하고 있으며, 주로 인도네시아, 베트남, 필리핀, 캄보디아, 미얀마 지역을 중심으로 진출하고 있다. 또 2018년 안에 해외 영업점 수를 500개로 늘릴 계획을 가지고 있고, 2018년에 인도 현지 금융회사 인수, 독일 법인 설립, 폴란드 지점 개설, 멕시코 현지법인 설립 등을 계획하고 있다.

하나금융지주는 외환분야가 특히 강한 KEB하나은행을 중심으로 동남아 시장에 진출하는 우리나라의 중견, 중소기업을 도와 역외금융, 무역금융, 수출입금융 지원과 함께 현지 글로벌 네트워크를 활용해 기업금융, 개인금융을 합친 종합금융 서비스를 지원할 계획이다. 주로 우리나라 기업들이 진출하는 지역을 위주로 해서 기업금융을, 현지 금융 인프라가 약한 국가들을 대상으로 해서는 소매금융을 강화하겠다는 전략이다. 하나은행은 동남아 진출 핵심국가로 인도네시아를 선점하여 현지 IT(정보기술) 법인 설립을 통해 핀테크 시장 선점, 외국계 은행 중 e-채널 선도은행의 이미지를 강화할 계획이다.

농협은행은 다른 은행에 비해 해외 진출에 있어서는 후발주자라고 할 수 있다. 해외 현지법인은 2016년 말 미얀마에 설립한 소액대출 회사인 "농협파이낸스미얀마"가 시작이었다. 그 외에 미국과 베트남에 지점이 있고, 중국과 인도에는 현지 사무소를 설립해 놓은 정도이다. 농협은행은 농협만의 특징을 살려 농협 협동조합의 노하우 활용, 농촌 금융문제 해결, 영농지원 노하우 활용으로 현재 미얀마에서는 농기계금융과 같은 영농 특화사업을 추진 중이다. 2016년 미얀마 진출 이후 현재 캄보디아에서 소액대출 회사 인수를 추진 중에 있으며, 미얀마와 캄보디아 소액 대출회사는 현재는 대출만 할 수 있지만 앞으로 5년 이내에는 예금과 대출을 동시에 취급할 수 있도록 인가를 받을 계획이다. 이 외에 중국의 농협이라고 할 수 있는 "공소그룹"과의 중국지역 공동 출자도 검토 중에 있다.

기업은행은 2018년 2월에 인도네시아의 외환거래 전문은행인 "아그리스 은행"을 인수하면서 동남아시아 지역 영토를 확장하고 있다. 국책은행으로서 외국은행을 인수한 첫 사례로, 이후 베트남, 캄보디아, 미얀마 등 동남아시아 진출을 계속 확대하겠다는 계획이다. 이를 통해 현재 해외부문 수익성이 전체 수익성의 7%에 불과하지만, 2025년까지 20%까지 끌어올리겠다는 중장기 전략을 세우고 있다. 기업은행은 2018년 하반기에 인도네시아 현지 은행을 한 곳 추가로 인수함으로써, "IBK인도네시아 현지법인" 출범을 공식화할 예정이며, 베트남에는 현재 지점이 2곳 있지만, 현지법인으로 위상을 격상시켜 현지 영업을 확대해 가겠다는 계획을 가지고 있다. 이와 함께 기업은행의 특성에 맞게 현지 중소기업에 특화된 금융을 지원하겠다는 노하우도 전략적으로 현실화하고 있다.

4차 산업혁명과 미래의 금융

1. 블록체인과 미래의 금융

4차 산업혁명의 중요한 키워드 중에 주로 은행을 포함한 금융권에 영향을 미치고 있는 분야는 인공지능, 빅데이터, 블록체인 분야이다. 인공지능은 로보어드바이저, 챗봇 등 자산관리 시장에, 빅데이터는 여신심사 및 리스크관리, 자산관리 시장을 포함해 대고객 마케팅 분야에 영향을 미치고 있다. 반면 블록체인은 은행의 본질적 기능인 지급결제 기능, 화폐의 관리와 유통기능 등 본질적인 역할에 영향을 미치고 있으며, 심지어 우리사회에서 은행이나 보험회사 등 금융회사의 존재의 의미에 대한 물음을 던지는 전문가들도 있을 만큼 혁신적인 기술(혁명)이라고 할 수 있다.

우리 인류는 사회적으로 경제활동을 하면서 정보를 집중하는 방식으로 체계를 갖춰왔다. 국가도 마찬가지고 지방정부, 공공기관, 금융기관 등 일상의 거래까지 모든 방식이 중앙집중식 정보관리 체계였던 것이다. 한 사람이 특정 지역으로 이사를 가게 되면 해당 동의 주민센터에 "전입신고"라는 절차를 거쳐야 하고, 이 정보는 구청, 시청, 통계청 등 국가기관으로 집중된다. 또 집을 한 채 구매하면 역시 부동산 공인중개사를 거쳐, 주민 센터, 구청, 시청, 통계청, 국세청 등 관계기관으로 정보가 집중되는 방식인 것이다. 이런 중앙집중식 정보관리 방식을 우리 인류는 별 다른 의문 없이 최선의 정책이라고 생각하고 수 천 년을 살아왔던 것이다.

이 방식에 의문을 제기하였던 한 명이 일본의 나카모토 사토시(가명)라는 사람이다. 2008년 글로벌 금융위기로 인해 미국에서 엄청난 양의 화폐를 공급하던 모습을 보고, 화폐의 공공성과 공익성을 위해 특정 국가(미국 등)가 임의로 자국의 화폐공급을 늘리는 통화정책의 폐해를 지적하면서, 한정된 자원의 화폐로 경제가 운영되는 미래를 꿈꾸면서 정보를 분산시켜 저장하는 "공공거래장부"방식의 기술을 활용하여 비트코인을 개발하였던 것이다. 이때가 2008년 12월이었고, 2009년 1월에는 나카모토 사토시가 직접 비트코인을 채굴하면서 거래가 되기 시작한다. 비트코인에 사용된 원천기술을 블록체인 기술(공공거래장부)라고 한다. 정보를 집중하는 것이 아니라 분산해서 저장할 수도 있다는 발상에서 블록체인 기술과 가상화폐인 비트코인이 탄생하게 된 것인데, 이후 블록체인 기술과 가상화폐는 글로벌을 떠들썩하게 만들었고, 지금까지 블록체인보다는 비트코인이 더 주목받기도 하였다. 최근 비트코인을 포함한 가상화폐는 우리나라뿐만 아니라 전 세계를 뒤흔들 정도로 투기열풍이 일어나기도 하였으나, 그 원천기술이 블록체인이고 비트코인 투기에 규제를 하기 시작한 중국, 우리나라 같은 국가들도 비트코인은 규제하더라도 원천기술인 블록체인 기술만큼은 연구하고 개발할 필요가 있다는 공감대를 가지고 있다.

거시적인 차원에서 인류가 지금까지 인류의 경제, 사회, 문화 등 모든 생활과 관련하여 "중앙집중식 정보관리 시스템"에서 "분산 정보관리 시스템"으로 변화가 될 수 있다는 것을 뚜렷하게 고민하지 않았었는데, 비트코인을 계기로 분산 정보관리 시스템으로 변화될 수도 있다는 점을 일깨워 준 계기가 되었던 것이다. 문제는 이 방식이 인류의 모든 생활에 얼마나 큰 영향을 미칠 수 있을지에 대한 검토와 연구가 필요하며, 이에 대한 도서와 전문가들의 의견은 난무한 상황이다. 또 금융시스템에 있어서도 아직 연구 초기단계라 명확한 예측치는 나오지 않고 있지만 글로벌 차원에서 다각도로 검토를 하고 있는 상황이다.

결과적으로 보면 엄청난 변화가 일어날 수도 있다는 점을 언급할 수 있고, 다만 전문가가 아닌 이상 구체적인 일상의 어떤 점들이 어떻게 변화될 것이라고 구체적인 예측을 하기에는 아직 기술적으로 연구와 해석이 부족할 수 있다고 할 수 있다. 현재까지 알려지고 있는 바에 의하면 생활 속에서 은행을 거치지 않고 송금을 할 수 있다, 공인중개사를 거치지 않고 부동산 거래가 이루어질 수 있다, 보험회사를 거치지 않고 보험계약이 이루어질 수 있다, 중개인의 보증 없이 당사자 간 스마트 계약으로 계약이 이루어질 수 있다는 등 하나씩 둘씩 연구결과가 가시화되고 있다는 정도를 언급할 수 있다.

그렇다면 인류는 현재까지의 중앙집중식 정보관리 시스템이 유용할지, 분산장부 정보관리 시스템이 유용할지에 대한 연구도 이루어져야 할 텐데, 이 연구에서는 경제성, 효율성 등 어떤 관점에서도 분산장부 정보관리 시스템이 유용하다는 결론에 도달하게 된다. 그런 관계로 현재 글로벌에서는 블록체인 기술에 대한 엄청난 연구와 투자가 뒤따르고 있는 것이다. 수 천 년 동안 중앙집중식 정보관리 시대를 살아오면서 익숙해진 정부기관, 공공기관, 은행, 보험회사 등, 거래 중개기관 등이 그 역할이 상당히 축소되고 재정의 될 수 있다는 변화인 것이다. 이런 관점에서 블록체인은 단순한 "기술"차원을 뛰어넘어 "블록체인 혁명"이라고 불리기도 하고 있는 것이다.

이렇게 블록체인 기술이 인류에 공식적으로 첫 선을 보인 건 2009년 초에 첫 거래가 시작된 비트코인을 통해서였다. 2140년까지 2,100만 개를 채굴할 수 있는 비트코인은 현재까지 1,700만 개 정도가 채굴되었고, 일부 국가에서는 화폐로서 인정을 받기도 하였다. 우리나라에서는 중앙은행의 보증이라는 가치의 안정성과 누구나 사용할 수 있는 대중성, 정부의 보증이라는 관점들 때문에, 한국은행은 화폐로서 인정하기보다는 희소성 있는 상품으로 비트코인을 정의내리고 있다. 그러나 현재 전 세계적으로 가상화폐는 1,500여 종에 달하고, 미래에는 가상화폐의 상용화가 더욱 활성화될 수 있을 것으로 전문가들은 예측하고 있다.

블록체인 기술을 활용한 비트코인과 함께 현재 골드만삭스 등 50여 개 글로벌 금융회사들은 글로벌 핀테크 기업인 "R3"와 함께 "R3CEV"라는 컨소시엄을 구성하여 블록체인 연구 프로젝트를 진행하고 있으며, 그 결과로 코다(CORDA)라는 오픈소스 블록체인 금융 플랫폼을 만들었다. 우리나라도 주요 은행들은 R3CEV 컨소시엄에 가입하고 있으며 코다 플랫폼 도입을 앞두고 있다. 한편 국내에서는 은행연합회 주관으로 전국의 시중은행, 지방은행들을 포함하고, IT 기업으로는 삼성SDS를 선정하여 국내 은행권의 블록체인 도입 방안 프로젝트를 수행하고 있는 중이다.

국내 증권업계의 경우에는 은행권보다 진도가 빨라 금융투자협회 주관으로 증권회사 컨소시엄을 구성하여 운영 중에 있으며, IT 기업으로는 SK C&C가 참여하고 있다. 그 결과로 세계 최초로 공인인증서에 대해 블록체인 기술을 활용하는 방안을 마련하였다. 첫 프로젝트가 공인인증서 개발에 대한 내용이었는데, 결과물로 "체인아이디(Chain ID)"라는 공인인증서 시스템을 만들었으며, 2018년 7월부터 은행을 포함한 증권회사에서 공동으로 사용할 수 있도록 준비 중이다. 블록체인 기술을 활용한 국내 금융권의 첫 프로젝트였고, 향후 은행권과 연합하여 블록체인 기술 저변화를 이끌어갈 계획에 있다.

블록체인 기술과 은행의 미래를 고민해 보면 가장 비관적인 전문가들의 예측으로 미래에 블록체인 기술이 상용화되는 시점에 가면 은행 자체가 필요 없을 것이라는 예측을 하는 학자도 있지만, 위에서도 언급한 것처럼 은행이 재정의 될 수는 있어도 은행 자체가 사라질 것이라는 예견에는 많은 전문가들이 동의하지 않는다. 금융업권 중에서도 블록체인 기술이 가장 영향을 크게 미칠 부분은 보험 분야라고 전문가들은 입을 모은다. 실제로 의료기록이 블록체인 장부에 기록이 된다면 "실손 보험 청구"라는 보험회사의 지급업무는 상당부분 블록체인 기술하에 놓일 것이라 예측되기 때문이며, 이 부분은 현재 검토 단계에 있다.

조금 더 현실성 있게 예측이 이루어지는 상황을 보면 은행의 기능 중에 일부 기능이 블록체인 기술에 의해 개인 간 거래로 전환될 수 있어 은행은 극단적으로 돈을 맡겨놓은 기능을 수행하는 본질적 역할을 수행하게 될 것이라는 예견이다. 이 부분에는 상당수의 전문가들이 동의하기도 한다. 그러나 은행이 단순히 화폐를 저장하는 기능에 머무르는 것이 아니라, 블록체인 기술을 활용한 또 다른 은행의 비즈니스 포인트(지금 상태에서는 무엇이 될지 모르지만)를 발굴해 내고, 새로운 금융의 영역이 창조될 수 있을 것이라는 점이 가장 현실적인 예견이라고 보인다.

현재 상태에서 우리나라에서의 문제는 블록체인 기술과 가상화폐 시장 전반에 대한 공식적인 정의과정이 있어야 하며, 원천 기술인 블록체인 기술에 대한 투자와 연구가 더욱 활발히 진행되어야 한다는 점이다. 지난 2018년 1월에 있었던 법무부 장관의 가상화폐에 대한 도박 관련 발언, 거래소 폐쇄 발언도 가상화폐에 대한 국가 차원의 공식화된 정의 과정과 공식적인 대응이 미비하여 발생했던 후진국형 사태라고 하지 않을 수 없다. 가상화폐가 이렇게 광풍을 일으키기 이전에 미리 정부 차원에서 연구와 대책을 마련하여 공식적인 대응책을 마련해 놓았어야 할 일이었던 것이다.

은행권에서는 현재 글로벌 차원에서 추진하고 있는 R3CEV 컨소시엄, 국내적으로 추진하고 있는 삼성SDS와의 컨소시엄이 있으나, 기술적인 노하우의 한계로 아직 발 빠른 대응책이 나오고 있지는 않은 듯하다. 다행히 첫 작품으로 2018년 7월부터 전 금융권에서 공동으로 사용할 수 있는 블록체인 기반 공인인증서 시스템이 나왔고, 추가하여 각 은행들은 현재 송금 서비스와 스마트 계약을 활용한 금융거래 효율성 제고 등에 대해서도 연구 중이다. 4차 산업혁명은 승자독식 시스템으로 글로벌에서 가장 앞선 한 두 곳에 모두 종속되는 시스템인 만큼 국내에서도 좀 더 적극적인 투자가 필요한 때라고 할 수 있다.

2. 인공지능, 빅데이터, 블록체인과 은행

우리나라에서는 2013년경부터 ICT업종과 은행과의 융합에 대한 문제가 언급되기 시작하였다. 이후 인터넷전문은행의 탄생과 본격적인 4차 산업혁명 시대로의 진입을 예고하면서, 2016년에는 글로벌 차원에서도 4차 산업혁명을 본격적으로 화두에 올리기 시작하였다. 드론, 무인자동차 등 여러 가지 키워드들이 있지만 은행권에서는 빅데이터, 인공지능, 블록체인이라고 하는 세 가지 키워드가 큰 영향을 미치게 될 것으로 보인다. 이 중에서도 빅데이터나 인공지능은 "발전된 신기술"이라는 차원에서 의미가 있다면, 블록체인은 "은행업의 근간"을 흔들 수 있는 큰 변화라는 데 차이가 있을 것이다.

첫째, 빅데이터 분야가 은행권에 미치는 영향을 보면 1차적으로 활용되고 있는 분야가 여신 분야에서 신용평가시스템과 고객관리와 마케팅분야(CRM)라고 할 수 있다. 이 외에도 향후에는 다양한 금융상품 개발, 여신 사후관리, 고객과의 접점에서의 금융상담 업무, 신용카드나 금융소비 생활 등에서도 충분히 활용될 수 있는 분야가 빅데이터 분야이다. 빅데이터 분야는 은행이나 금융생활 뿐 아니라 일상생활에서도 향후에는 대중화될 것이라 보이며, 은행권에서는 기존에도 다양한 오픈 정보들을 활용하여 고객관리나 마케팅에 활용해 왔으나, 개인정보 보호 문제로 빅데이터를 본격적으로 활용하지는 못한 상황이었다.

빅데이터 분야에서 아직 해결되지 못한 외부 환경적 요인은 빅데이터 자료 생성을 위한 개인정보 보호 문제와 빅데이터의 산업효과 사이에 트레이드오프 현상이 발생하는 문제이다. 1차적으로 식별정보, 비식별정보 등의 구분으로 데이터 활용도를 높이고는 있지만, 완벽한 규제완화는 되지 못한 상황이며 향후 계속해서 풀어나가야 할 과제로 언급되고 있다. 또한 기술적인 분야에서는 다른 분야와 달리 기술적 난이도가 그렇게 높은 것이 아니라서 규제와 제도적인 뒷받침만 이루어진다면 급속한 속도로 발전 가능할 수 있을 것으로 보인다.

둘째, 인공지능(AI)분야를 보면 가장 먼저 선보이고 있는 것이 챗봇과 로보어드바이저의 탄생이라고 할 수 있다. 인공지능 분야에 대한 기술적 부분은 상당히 고난이도의 문제여서 아직은 우리나라에서 완벽한 인공지능을 구현하고 있지는 못하지만, 머지않은 미래에는 적어도 완벽에 가까워지는 인공지능의 모습을 계속적으로 볼 수 있을 것으로 전망되는 분야이다. 은행권에서는 국민은행에서 첫선을 보였던 로보어드바이저는 현재 일부 증권사에서 일임형 로보어드바이저까지 완성하고 있는 단계이지만, 앞으로는 금융상담을 대체하고, 컨설팅 업무를 대체할 인공지능의 개발까지 이루어지게 될 전망이다.

인공지능 분야에서 풀어나가야 할 과제는 크게 제도적인 관점과 기술적인 관점이 동시에 존재한다고 할 수 있다. 제도적으로는 인공지능이 어떤 주체를 위한 의사결정을 해야 하느냐에 대한 도덕적 결정성 문제, 의사결정 단계에서의 인공지능 간의 대결과 속도 문제, 인공지능의 투자 결과에 대한 책임소재 문제, 인공지능을 활용한 거래에 대한 보험 적용 문제 등 풀어나가야 할 과제는 많이 산적해 있다. 이와 함께 최고의 난이도와 기술적인 부분을 요구한다는 점에서 이 또한 최소한 금융회사 단위나 국가적 차원에서의 투자와 연구, 검증이 많이 필요한 부분이라고 할 수 있다.

셋째, 블록체인 분야는 우리 금융산업에 있어서 가장 크게 영향을 미치는 분야라고 할 수 있다. 2009년 초 비트코인 시스템을 만든 일본의 나카모토 사토시라는 사람에 의해 개발된 분산원장 시스템(블록체인) 기술은 글로벌 금융산업의 역사에서 집중원장 시스템을 취해온 모든 금융비즈니스에 혁명을 일으키는 분야라고 할 수 있는 것이다. 집중원장 시스템을 지켜온 금융산업은 모든 금융거래를 집중화시키기 위해 우리나라의 경우 금융결제원, 증권예탁결제원 등 중개, 집중 기능을 두고 있지만, 분산원장 시스템(블록체인)이 대중화될 경우 이런 중개, 결제, 집중 시스템이 무용해지는 혁신적인 분야가 될 수 있다는 것이다.

글로벌 금융시장에서는 보험업권에서 블록체인 기술을 활용하여 보험회사의 근간을 흔들 수 있는 검증기간을 현재 거치고 있으며, 국내에서는 증권업권에서 블록체인 기술을 활용하여 새로운 공인인증서 시스템을 개발하는 데 성공한 상황이다. 증권업계에서는 새로운 공인인증서 시스템을 2018년부터 상용화하기로 방침을 세우고 있으며, 은행이나 보험업계와 함께 연합 컨소시엄 구성과 기술 검증 작업을 취해나갈 계획이라고 한다. 은행업계에서도 시작은 늦었지만 블록체인 기술 활용가능성에 대해 핀테크 업체와 약 20개 은행이 참가하는 연합 컨소시엄을 구성하여 현재 연구, 개발 과정에 있다.

블록체인 기술은 처음에 비트코인으로 인해 세상에 알려졌지만, 정작 은행권에서는 비트코인에 대한 관심보다는 그 원천기술인 블록체인 기술에 대해 촉각을 곤두세우고 있으며, 블록체인 문제가 향후 풀어야 할 과제는 제도적인 관점이 가장 큰 부분이라고 할 수 있다. 먼 미래 또는 몇십 년 이후의 미래에는 블록체인 기술에 의한 P2P 금융거래가 활성화될 수 있을지 모르지만, 이를 위해서는 제도적으로 시스템 도입에 대한 연구, 검증과 함께 규제개선이 필요한 상황이다. 역사적으로 지켜온 집중원장 시스템을 서서히 종식시키고 4차 산업혁명의 총아인 블록체인 기술과 함께 분산원장 시스템을 도입하는 정책적 결정이 선행되어야 하는 것이다.

3. 인터넷전문은행 경영의 방향성

우리나라에서는 케이뱅크를 시작으로 2017년 4월부터 본격적인 인터넷전문은행 시대가 열리게 되었다. 당초에 우리은행이 주주로 참여하고 있던 케이뱅크, 국민은행이 참여하고 있던 카카오뱅크, 기업은행이 참여하였던 아이뱅크까지 세 군데의 인터넷전문은행이 인가를 신청하였지만, 아이뱅크는 심사와 선정과정에서 탈락하고 케이뱅크와 카카오뱅크 두 곳이 선정되었었다.

■ 인터넷전문은행 비교 (1) : 경영[65]

구분	K뱅크	카카오뱅크
설립시기	2017년 4월	2017년 7월
납입자본금	3,500억 원	1조 3,000억 원
직원 수	280명	390명
주요상품	직장인 K 신용대출, 방카슈랑스	마이너스통장대출, 전월세대출
고객 수	71만 명	565만 명
수신액	1조 2,900억 원	7조 900억 원
여신액	1조 300억 원	5조 8,500억 원
주요주주	KT(8%), 우리은행(10%), GS리테일(10%), 한화생명(10%) 등 총 20개사	카카오(10%), 한국투자금융지주(58%), 국민은행(10%) 등 총 9개사

■ 인터넷전문은행 비교 (2) : 수익성 및 상품

구분		K뱅크	카카오뱅크
2017 당기순이익		838억 원 손실	1,045억 원 손실
주요 상품	예금	자유적금, 정기예금, 입출금통장	자유적금, 정기예금, 세이프박스
	대출	간편대출, 마이너스통장대출, 신용대출, 중금리대출	비상금대출, 마이너스통장대출, 신용대출, 전월세보증금대출
	카드	체크카드	체크카드
	기타	모바일슈랑스	해외송금서비스

인터넷전문은행 출범과 함께 은행산업에 메기효과, 4차 산업혁명과 인터넷전문은행에 대한 기대가 컸던 게 사실이지만, 1년이 지나는 현재 시점에서 전문가들은 초기 기대에 대한 부응 효과는 미미한 것으로 결론짓고 있다. 고객수, 여신액, 수신액 등 규모(Volume)적인 부분에서는 1차년도 목표치를 충분히 달성하고 있긴 하다. 또 인터넷전문은행 첫 출범이라는 배경으로 모바일 뱅킹, 수수료 인하, 고객들의 쉬운 접근성, 365일과 24시간 영업이라는 측면에서 분명 기존 시중은행들에 비해 혁신적인 영업환경을 만들었다는 점은 누가 뭐래도 긍정적인 역할을 다하였다고 할 것이다.

---

[65] 자료 : 2018년 3월 말 기준

인터넷전문은행이 만들어진 지 1년이 지나는 동안 더 큰 영업성과를 올린 카카오뱅크를 보면 고객수가 565만 명을 확보하고 있다. 국민은행의 경우 고객수가 3천만 명인 점을 감안하면 아직 시중은행과 비교하기에는 무리가 있어 보인다. 수신액이 7조 원, 여신액이 5조 원대인 점도 마찬가지이다. 국민은행을 비롯한 주요 시중은행들의 수신액이 200~250조 원대, 여신액도 200~250조 원대인 점을 감안하면 영업규모의 면에서는 아직 30~40배 정도의 차이가 나고 있는 것이다. 고객수를 저축은행 중 1위인 SBI저축은행과 비교하면 SBI저축은행의 고객수가 약 80만 명대로 카카오뱅크가 월등히 높지만 K뱅크와는 비슷한 수준이다. 그러나 SBI저축은행의 대출자산 규모가 약 5조 원대로 카카오뱅크와 비슷한 수준이다.

결국 케이뱅크와 카카오뱅크는 이제 막 걸음마를 뗀 은행의 상황이며, 수십 년 또는 백 년 이상의 업력을 가지고 있는 시중은행들과 비교하는 것은 아직은 무리라고 보여진다. 단 당기순이익의 관점은 두 인터넷전문은행이 모두 1차년도 결손(손실) 상황을 보이고 있지만, 이는 무리가 없어 보인다. 통상 은행설립 후 3년 정도가 지나야 손익분기점을 지나는 업계의 관행상 첫해에 당기순손실을 기록하는 것은 당연한 결과라고도 할 수 있다. 이 외에 아직 인터넷전문은행이 시중은행에 비해 취급하지 못하고 있는 수출입 업무를 포함한 외환업무, 기업여신 업무 등 은행업무 전반의 상황을 감안하면 인터넷전문은행은 이제 걸음아를 뗀 은행으로서 시중은행과 직접적인 비교의 대상은 아직 되지 못하고 있는 상황이라 할 수 있다.

인터넷전문은행에 대한 기대가 컸던 점에 비추어 아직 인터넷전문은행들이 풀지 못하고 있는 과제들, 향후 인터넷전문은행의 경쟁력 강화를 위해 풀어나가야 할 과제는 아래 네 가지 정도로 요약해 볼 수 있다.

첫째, 은산분리와 자본금 확충에 대한 부분이다. 우리나라에서 은산분리는 현재 산업자본이 은행의 주식을 소유하는 데 있어서 의결권 있는 지분은 4%까지만 가지도록 은행법에서 정해놓고 있는 상황이다. 2016년부터 기존 오프라인 은행들은 이 규제를 그대로 가지고 가더라도 새로이 출범하게 될 인터넷전문은행의 특성상 의결권 있는 산업자본이 경영에 주도권을 가져야 한다는 측면에서 인터넷전문은행에 한해 최대 34% 수준까지는 산업자본의 지분 허용한도를 증액해줘야 한다는 은산분리 특례법이 국회 본회의를 통과하고 2019년 초부터 적용된다. 2년여간 국회에 묶여 있었던 특례법이 다행히 2018년 하반기에 통과되어 법 적용으로 ICT기업이 최대 34%까지 인터넷전문은행의 지분을 보유할 수 있게 되고, 그만큼 경영과 영업에 ICT 기업의 의지가 반영될 수 있는 폭이 커졌다고 할 수 있다. 늦게라도 특례법 통과가 된 것이 다행이라고 할 수 있지만 글로벌 경쟁력을 강화하기 위해 우리나라에서도 하루 빨리 ICT 기업이 주도하는 경쟁력 있는 인터넷전문은행이 재탄생되어 금융분야에서 4차 산업혁명의 총아로 거듭나야 할 것이라 보인다.

둘째, 주주구성에 대한 부분이다. 먼저 주주 구성현황을 보도록 하자. 케이뱅크의 경우 금융자본과 산업자본을 합쳐서 총 20군데의 주주사가 참여하고 있다. 금융자본의 주요 주주는 우리은행, 한화생명 등이 있으며 산업자본 주요 주주는 KT, GS리테일, 다날 등이 참여하고 있다. 카카오뱅크의 경우에는 총 9군데의 주주사가 참여하고 있다. 금융자본의 주요 주주는 국민은행, 한국금융지주 등이 있으며 산업자본 주요 주주는 카카오, 넷마블 등이 참여하고 있다. 이 주주구성이 너무 많고 복잡하여 신속한 의사결정과 중요한 경영의 방향성에 대한 의사결정이 둔화될 수 있다는 점을 지적하고 있는 것이다. 복잡한 주주구성은 경영진의 신속한 의사결정에 방해가 되는 요인이며, 시기가 지나면서 단순한 구조로 갈 수 있도록 개선의 방향이 필요하다고 할 수 있다.

셋째, 인터넷전문은행 자체적인 확고한 경쟁력이 필요하다. 현재 거시적인 관점에서 인터넷전문은행이 가지고 있는 경쟁력이라고 하면, 모바일 접근성, 24시간 365일 영업이라는 점, 효율적인 비용구조에서 발생하는 높은 예금금리와 낮은 대출금리의 금리경쟁력이 떠오를 수 있다. 그러나 이 경쟁력들은 시중은행들이 언제든지 바로 뒤따라 잡을 수 있는 진입장벽이 낮은 경쟁력이라는 점이 문제인 것이다. 현재 시중은행들도 예를 들어 우리은행은 위비뱅크를 통해 365일, 24시간 접근성, 모바일 접근성, 금리경쟁력을 얼마든지 시행할 수 있고, 이 부분에서는 인터넷전문은행이 획기적인 경쟁력을 가지고 있지 못하다고 할 수 있는 것이다.

넷째, 인적자원과 기술력에 대한 문제이다. 결국 모든 시스템은 사람이 만들어내는 것이고, 그럴 만큼 충분히 사람에 대한 투자가 이루어져야 하는 것이다. 현재 인터넷전문은행은 시중은행에 비해 열악한 자본구조와 인적자원 구조를 가지고 있기 때문에 이 부분에 대한 투자가 이루어져야 한다. 시중은행에 비해 차별화된 인적자원을 양성할 수 있는 구조가 되어야 금융산업에 진정한 "메기"가 될 수 있다는 것이다. 그러나 이 부분도 현실적으로는 그렇게 쉽지 않은 상황이다. 자본, 역사, 조직, 구조적인 차원에서 인터넷전문은행을 능가할 수 있는 시중은행들의 인적자원에 대한 투자가 월등히 우월할 수 있기 때문이다. 인터넷전문은행의 경쟁력을 강화하기 위해서는 은산분리 규제완화와 함께 ICT 기업(KT, 카카오) 차원에서의 인적자원 투자가 필요한 것이다.

4. 크라우드 펀딩의 종류와 개념

'크라우드 펀딩'이라는 개념은 불특정 다수의 대중으로부터 자금을 모집하여 공익사업이나 비즈니스 용도로 활용하는 자금모금 형태를 말한다. SNS의 발달과 함께 SNS를 적극적으로 활용한다는 차원에서 '소셜 펀딩'이라고도 한다. 이런 크라우드 펀딩은 SNS의 발달과 함께 성장 및 확산 속도를 높이고 있으며, 세계최초의 크라우드 펀딩은 2008년도에 시작된 미국의 '인디고고'라는 사이트로 알려져 있다. 이후 세계적으로 급속히 확산되면서 우리나라에서도 박근혜 정부에서의 창조경제, 창조금융이라는 키워드와 함께 금융 분야 구조개혁의 주요 이슈로 부각되었으며 이후 사회적인 관심과 이슈를 낳고 있는 분야이다.

크라우드 펀딩은 크게 후원형(기부형), 대출형, 지분형(증권형) 크라우드 펀딩으로 구분된다.

■ 후원형(기부형) 크라우드 펀딩

후원형 크라우드 펀딩은 주로 예술적 창작활동, 문화나 예술상품, 사회적 공익활동 등을 지원하기 위해 만들어지고 있다. 영화, 연극, 음반제작, 전시회, 콘서트 등의 공연, 스포츠 행사, 그리고 다양한 사회공익 프로젝트 등에 자금을 후원하고 공연티켓, 시제품, 기념품을 대가로 받거나 기여자 명단에 이름을 올리는 방식으로 대가를 받게 되는 것이 보통이다. 후원형 크라우드 펀딩의 대표적인 사례로 네이버에서 운영하는 '해피빈(콩저금통)' 나누기 프로그램을 들 수 있다. 불특정 다수로부터 직간접적인 자금을 모금하여 특정 목적으로 사용하되 대가에 대한 조건이 없는 펀딩의 유형인 것이다.

■ 대출형 크라우드 펀딩

대출형 크라우드 펀딩은 금융기관을 통한 일반적인 대출과 달리, 투자자들이 자금수요자의 정보를 가지고 직접적으로 투자를 결정하며, 투자자들과 자금수요자 사이에는 은행거래의 경우와 같은 '채권, 채무'의 관계가 성립되는 것이 아니라 '투자'의 개념으로 이루어지는 비즈니스 모델이라고 할 수 있다. 당연히 투자에 따른 리스크는 전적으로 투자자들이 부담하는 방식으로 운영되고 있으며, 우리나라에서는 대표적으로 P2P대출 사이트 등을 들 수 있다. 현재 우리나라에서 대출형 크라우드 펀딩은 아직 법적 체계가 완벽하지 못하여 현재 '대부업법'을 준용하여 따르고 있는 상황이다.

포털 사이트에서 "P2P대출"이라고 검색해 보면 많은 사이트들이 검색됨을 볼 수 있다. 이런 곳들이 모두 P2P 대출업체들인데 불특정 투자자들로부터 투자 자금을 모아 특정 부동산 물건 등에 투자를 하고, 나중에 투자 이익은 P2P대출업체와 투자자 사이에서 나누는 방식의 비즈니스 구조를 가지고 있다. 현재 P2P 대출업체들은 대부분 부동산 투자와 관련해서 대부분 운영되고 있으며, 초기 P2P 대출업체들이 난무하는 상황도 보였으나, 시간이 지나면서 전문성, 신뢰성, 영속성 등에 차별화가 이루어지고 있는 시점이라고 할 수 있다.

■ 지분형(증권형) 크라우드 펀딩

기업이 발행하는 증권(보통주, 우선주, 사채) 등을 통해 투자자는 투자하고자 하는 범위 내에서 증권을 구매, 소유함으로써 해당 기업에 투자하는 방식이며, 추후에 이익에 대한 배분을 받을 수 있고, 또 경우에 따라서는 보유 중인 증권의 매매를 통해서도 투자자금을 회수할 수 있는 투자유형이다. 해당 기업과 투자자는 모두 한배를 타고 항해하는 것과 같은 구조이므로 상호 유기적인 관계가 형성되며, 투자자는 마케터 및 소비자의 역할을 하기도 하고 기업을 응원하는 후원자가 될 수도 있다. 인터넷을 통해 펀딩 과정이 공개되고 SNS방식의 직접적인 소통과정을 가짐으로써 신뢰성이라는 기반 위에 투자에 참여할 수 있는 투자방식이다.

우리나라에서는 기존에 후원형이나 대출형 크라우드 펀딩은 존재하고 있었지만, 2016년 1월, 박근혜 정부의 창조경제 구현정책 및 금융부문 구조개혁 정책의 일환으로 "지분(증권)형 크라우드 펀딩"이 법적으로 제도화되고 출범하였고 그로부터 이제 수년이 지나고 있다. 증권형 크라우드 펀딩은 크라우드 펀딩의 "진정한 꽃"이라고 할 수 있는 시스템으로 우리나라에서도 2016년 1월부터 합법적으로 운영되기 시작한 것이다. 이로써, 개인들의 창업이나 자본을 필요로 하는 아이디어성 창업, 청년창업 등에 있어서 필요한 자금을 모으는 데 활기를 띨 수 있고, 이런 역할을 통해서 금융부문의 전통적인 대출관행을 벗어나 투자 개념으로써의 구조개혁을 이룰 수 있다는 점이 배경이 되었던 것이다.

증권형 크라우드 펀딩은 불법 사금융이나 유사수신 등의 금융 사고를 미연에 방지하기 위해, 한국예탁결제원이 운영하는 "크라우드넷"이라는 사이트를 통해 금융위원회에 등록절차를 마친 합법적인 크라우드 펀딩 플랫폼 기업을 선정하는 절차를 거쳤고, 초기모델로 일단 5개 업체가 선정되어 운영하다가, 최근 증권회사 일부가 추가로 참여하면서 현재 총 14개의 증권형 크라우드 펀딩 플랫폼업체가 운영 중에 있다. 이들 업체들은 합법적인 등록절차를 거쳐 기업과 투자자를 중개하는 플랫폼 기업으로 운영되는 것이며, 개인은 "크라우드넷"이라는 사이트를 통해 금융위원회에 등록절차를 마친 플랫폼 기업들을 조회할 수 있고, 안전한 투자를 할 수 있게 되는 것이다.

14개 업체는 초기 5개업체인 와디즈, 인크, 오픈트레이드, 유캔스타트, 웰스펀딩이고, 추가로 IBK투자증권, 키움증권, KTB투자증권, 이안투자 등 증권회사를 포함한 전문 운영업체 9곳이 인허가를 마치고 현재 영업활동 중이다. 증권형 크라우드 펀딩 시행 초기인 지난 2016년 1월에는 우리 소비자들에게 익숙한 '싸이월드'를 포함한 여러 자금을 필요로 하는 기업들에 대해 중개 업무를 수행하는 모습을 보였다. 이들 사이트를 통해 투자자들은 개인이 투자하고자 하는 기업을 선정할 수 있고, 증권계좌를 통해 해당 기업의 주식이나 증권을 구매함으로써 투자가 이루어지는 것이다. 이런 증권형 크라우드 펀딩은 현재 14개 업체로 운영되고 있지만 향후 성장성 등을 고려하여 추가적인 중개업자도 생길 수 있을 것으로 보인다.

현재 증권형 크라우드 펀딩이 출범한 지 2년 동안 총 564건의 펀딩시도를 실시하였으며 그중에서 총 309건을 성공하였다고 한다. 309건에 대한 펀딩 성공 금액은 약 476억 원 규모이며, 펀딩 성공률은 56% 수준이다. 시행 첫해였던 2016년도에는 46%의 성공률을 보였으나, 둘째 해인 2017년에는 펀딩성공률이 62%로 껑충 뛰었다. 펀딩 성공 금액도 2016년에는 174억 원에 그쳤으나 2017년에는 280억 원으로 껑충 뛰었다. 펀딩 성공기업들의 업종은 IT/영상 분야가 38%, 제조업종이 28%, 도소매 업종이 17%로 상위를 차지하고 있으며, 펀딩에 성공한 기업들의 업력은 1~3년 사이인 경우가 39%로 가장 많았다.

현재 투자조합, 창투조합 등 전문투자자의 경우에는 투자한도에 제한이 없지만, 일반투자자는 리스크로 인해 한 개 기업당 500만 원, 연간 개인투자한도를 1,000만 원으로 제한하고 있다. 또 2020년까지 한시적으로 투자금액에 대해 소득공제 혜택도 가능하다.

5. P2P금융(대출)

P2P(Peer-to-Peer 또는 Person-to-Person)금융 또는 P2P대출(이하 P2P대출로 칭함)은 개인과 개인이 주체가 되는 금융(대출) 거래라는 의미로, 우리나라에서는 2014년부터 제도적으로 안착되기 시작하였다. 당시 박근혜 정부에서 창조경제 정책의 일환으로 금융분야에서 도입하고자 하였던 제도가 크라우드 펀딩제도였다. 크라우드 펀딩의 세 분야(기부형, 대출형, 지분형) 중에서 기부형 펀딩은 기존부터 있어온 시스템으로 별도의 제도적 장치가 필요없었지만, 대출형 크라우드 펀딩이 P2P대출이고 이 부분은 2014년부터, 지분형 크라우드 펀딩은 기업에 대한 불특정 개인들의 투자로 2016년 1월부터 시작되었다.

기부형 크라우드 펀딩의 가장 대표적인 사례가 네이버의 해피빈 같은 프로그램, 또는 아프리카 난민 구호를 위한 자금모집(펀딩) 등이다. 기부형은 주위에서 쉽게 찾아볼 수 있으니 별도 설명은 필요 없을 것으로 보이며, 대출형과 지분형 크라우드 펀딩의 예를 들어 보기로 하자.

A라는 동네 어귀에 김밥집 가게가 하나 있고 바로 옆 가게는 세탁소가 있다. 두 가게 사장님은 다른 사람인데 세탁소가 영업이 되지 않아 폐업을 하려고 하고 있다고 하자. 그런데 김밥집은 영업이 순조로워 김밥집 사장님은 폐업하려는 세탁소 점포를 본인이 인수하여 김밥집 가게를 확장하고 싶어 한다. 그러나 자금이 마땅치 않은 상황이다. 이런 상황에서 기존에는 김밥집 가게 사장님은 은행을 찾아 대출을 받아야 했다. 그러나 은행에서 담보부족 등의 이유로 대출이 여의치 않으면 저축은행이나 2금융권으로 자금을 구하러 다녀야 했다. 여기에서 P2P대출이라는 개념이 등장하게 되었다.

P2P대출을 운영하는 업체의 사이트에 김밥집 사장님은 본인의 상황을 동네 사진, 점주 여건, 영업 상황 등과 함께 게시하고, 불특정 다수인으로부터 자금을 모집(펀딩)하는 것이다. 그러면 P2P 대출업체의 사이트를 방문하는 불특정 다수가 김밥집 사장님의 상황을 보고, 개인적으로 "나도 이 김밥집에 투자해 보겠다"는 생각으로 1만 원, 10만 원, 100만 원 등 투자를 하게 되는 개념이다. 당초 게시할 때 김밥집이 잘 되었을 때 자금상환은 어떤 방식으로 하겠다, 또는 이자(수익 성과 보수) 개념은 어떻게 하겠다는 계획도 함께 올려놓게 된다. 그러면 김밥집 사장님은 은행에서 대출을 받지 않고, 불특정 개인들로부터 소액씩 투자를 받게 된다. 투자자의 입장에서는 은행보다 높은 수익성을 가져다줘서 좋긴 한데, 단 리스크가 따른다. 투자자는 김밥집 사장님에게 "대출"을 하는 것이 아니고 "투자"를 하는 개념으로 위험으로부터 보호를 받을 수는 없다. 즉 위험을 감수하고 김밥집 가게 사장님에게 투자를 하는 개념인 것이다. P2P 대출업체는 사이트를 운영하면서 해당 건들을 게시하고 중간에서 양측의 자금수요자와 투자자를 연결시켜주며 수수료를 받으면서 운영되는 곳이다.

이번에는 지분형 크라우드 펀딩의 예를 들어보도록 하자. 가장 대표적이었던 사례가 2000년대 초반까지 우리나라에서 크게 흥행을 했었던 "싸이월드" 사례이다. 당시 "도토리"라는 개념으로 젊은 층에게 선풍적인 인기를 끌었지만, 당시 결국 회사는 파산하였다. 이 회사가

2016년에 다시 재건을 위해 자금을 필요로 하였지만, 은행도 다른 금융회사도 마땅히 회사의 발전 가능성, 담보 여력 등의 이유로 대출을 해 주지 못하고 있는 상황이었다.

2016년 1월 지분형 크라우드 펀딩 제도가 우리나라에 시작되면서, 싸이월드는 회사 재건에 대한 목표와 상황을 크라우드 펀딩 업체에 게시하고 다시 불특정 다수인으로부터 투자를 받게 된다. 위의 대출형 크라우드 펀딩인 P2P대출과 차이점은 투자를 하긴 하지만, 지분형에서는 회사의 지분을 대신 취득하게 된다는 것이다. 2016년 1월 싸이월드에 지분형 크라우드 펀딩 방식으로 투자하는 개인들은 싸이월드의 주식가치를 투자금액만큼 부여받고, 싸이월드의 회사 주주가 되는 방식인 것이다. 이를 지분형 크라우드 펀딩이라고 한다.

따라서 대출형 크라우드 펀딩(P2P대출)과 지분형 크라우드 펀딩은 투자의 규모, 투자를 받고자 하는 가게, 또는 기업의 규모, 투자금의 규모, 투자의 방식이 다르다. 대출형은 법적으로는 투자이지만 대출의 방식을 통해 투자가 이루어지고 있다는 점, 규모가 상대적으로 크지 않다는 것이 특징이고, 지분형 크라우드 펀딩은 투자금액만큼 실제로 그 회사의 지분을 보유하게 된다는 점(주식을 사는 개념과 동일), 규모가 상대적으로 크다는 점이 차이점이라고 할 수 있다.

우리나라에서 2014년 대출형 크라우드 펀딩(P2P대출)이 시작되었을 때 첫 시작은 위에서 예시를 들었던 것처럼 주로 가게 인수 건들이 주류를 이루면서 시작되었다. 그러나 그 이후 P2P대출은 다양한 방식과 분야로 투자방식이 확대가 되었다.

통상 건물 한 채를 짓기 위해서 토지를 매입하면 그 이후 건설과 관련해서 공사비용이 꽤 들어가는데, 건물을 짓고 나중에 각 층별로 분양을 하기까지 토지 매입자는 충분한 자금이 없다면 공사와 관련된 비용은 대출을 받아야 한다. 그러나 은행에서 담보나 여러 상황이 여의치 않아 대출받기가 어려울 때 P2P대출을 활용하는 것이다. 이를 "부동산PF P2P대출"이라고 한다. 이런 상황이 규모가 커지게 되면 P2P대출의 규모도 함께 커질 수밖에 없게 된다.

또 개인 신용대출 방식으로도 진화가 되었다. 개인대출을 받아야 할 니즈가 있는 개인들이 은행이나 정상적인 금융권에서 대출을 받기가 어려워지니까, P2P 대출업체를 통해서 투자의 개념으로 대출을 받게 되는 것이다. 투자자는 P2P업체에 투자하고 P2P업체는 투자받은 자금을 자금 수요자에게 대출을 해 주는 것이다. 역시 리스크는 투자자가 부담해야 한다. P2P업체는 중간에서 자금을 필요로 하는 나름대로 신용도나 상환가능성이 높은 개인들을 모으고, 한편으로는 수익성을 추구하는 개인 투자자들을 모아 이 두 그룹의 니즈를 연결시킴으로써 중간에서 수수료, 대출이자를 수익성으로 확보하게 되는 것이다. 이런 거래는 P2P업체가 얼마나 우량한 자금 수요자들을 확보하느냐가 관건이 될 수도 있는 것이다.

마찬가지로 부동산 담보대출 P2P대출도 있다. 자금을 필요로 하는 자금 수요자는 부동산을 구입하려고 하는 개인들이다. 이 개인들이 은행에서 대출을 받으면 되는데, 최근의 은행 개인대출 억제정책, DTI·LTV 등의 가계부채 억제정책 등의 영향으로 은행에서 대출을 받지 못하면 P2P업체를 찾게 된다. 그러면 P2P업체는 부동산을 구입하려는 자금수요자들을 모아 놓고, 한편으로는 자금 투자자들을 모집하고 자금 투자자들에게 자금을 투자받아 P2P업체가 자금 수요자들에게 대출해 주는 방식으로 이루어지고 있다.

이런 다양한 방식으로 P2P대출이 진화되면서 시장 규모도 크게 확대되고 있다. 2014년 출범 당시에는 P2P업체들도 몇 개 되지 않은 상태에서 출발하였지만, 지금은 포털 사이트에 "P2P대출"이라고 검색해보면 우후죽순 P2P업체들이 등장하고 있다는 점을 네티즌이라면 누구나 알 수 있다. 그러다 보니 건전한 P2P업체들을 중심으로 한 "협회"가 결성되어지고, 협회비를 내면서 협회소속으로 경영과 영업이 이루어지는 업체들이 있는가 하면, 협회에는 가입하지 않으면서 알음알음 영업을 영위하는 곳도 있다. 또 투자자들 사이에서도 투자 후 부실로 이어져 손실이 발생하는 경우도 많이 나오고 있는 상황이다.

상황이 이렇다 보니 금융당국에서는 P2P대출에 대한 규제와 정책적 개입이 필요한 상황이 되었고, 한편으로는 은행이라는 정책적 금융을 벗어난 사적 영역에서의 금융활동을 장려할 필요도 있어 규제정책과 장려정책 사이에서 딜레마에 빠지는 상황에 처하게 되었다. 한편으로는 장려해야 하고, 한편으로는 규제를 해야 하는 상황인 것이다. 투자자들에 대한 법적 보호, 투자자금에 대한 안전망 확보가 우선시되지만 제도적 특징이 "대출"이 아니라 "투자"인 상황에서 법적 안전장치를 마련하기는 어렵고, 관련된 법규의 제정도 국회에서 논란이 큰 상황이다.

2014년부터 3년여간 운영되어 온 P2P대출 제도는 2016년에 설립된 P2P금융협회에 회원사로는 현재 64개 업체가 가입되어있는 상황이며, 대출금액은 협회가 만들어진 2016년 7월에 약 1,500억 원 수준이었으나, 2018년 1월 기준 대출금액 합계는 약 1조 8천억 원 수준으로 11배 이상 급성장하고 있는 상황이다. 또 상위 업체에 투자 쏠림현상도 나타나고 있으며, 이를 두고 일각에서는 P2P 대출시장의 초기 안정을 찾기 위한 옥석가리기 현상으로 해석하고 있기도 하다. P2P 대출업체 중에서는 이미 부실 비율이 높아 폐업위기에 처한 업체도 나오고 있는 상황이다. 그동안 부실은 주로 부동산 PF대출에 대한 P2P대출이 부실이 많았던 상황이다.

이런 상황에서 제도적으로 규제는 주로 거래의 중간에 위치하고 있는 P2P업체들에 대해 이루어지고 있으며, 제도적 장려정책은 투자자들에 대해 이루어지고 있다. 대출업체들에 대한 신용평가 모형 강화, 과대광고 금지, 정확한 투자 정보 전달 등이 주로 규제되고 있으며, 투자자들에게는 한 업체에 최대 1천만 원까지만 투자하도록 하는 규제가 최근 2천만 원까지 투자할 수 있도록 규제완화 및 제도적 장려정책도 발표되고 있는 상황이다.

6. 가상화폐 이슈와 정책적 방향성

인류역사상 가장 오래된 화폐 중에 하나로 그리스의 "드라크마화"는 유명한 주화이다. "드라크마"는 원래 "한손에 가득히"란 의미로 6가닥의 쇠꼬챙이를 가리킨다고 한다. 이후 중세시대까지는 각국의 화폐는 금, 은 등의 무게나 부피와 관련된 통화가 주를 이루었다. 영국의 "파운드"는 그 자체가 무게를 나타내는 의미이며, 독일의 "마르크"도 무게 단위인 1/2파운드를 의미하는 용어라고 하며, 이탈리아의 "리라"도 무게를 의미하는 단위라고 한다. 또 금과 은을 사용하는 금본위제, 은본위제 등의 통화제도를 거쳐 각국은 각자 상황에 맞는 유형의 화폐들을 탄생시켰으며 현재의 화폐금융시대에 이르고 있다.

20세기 말 인터넷이 상용화되면서 인터넷이 20세기 인류 최대의 발명품이라고 평가를 받았으며, 이후 2000년대 초반에는 "포스트 인터넷 시대"에 대한 궁금증이 미래학자들 사이에서 관심을 끌기도 하였다. 블록체인 기술을 활용한 가상화폐 비트코인의 개발은 일본에서 나카모토 사토시라는 사람에 의해 이루어졌으며 2009년 1월에 첫 거래가 되었다. 학계와 전문가들 사이에서는 이 블록체인 기술을 포스트 인터넷 시대의 가장 위대한 발명품이 될 것이라고 평가하기도 한다. 블록체인 기술을 활용하여 가상화폐와 전자화폐 시대에 대한 도전의 장이 열린 것이다.

블록체인 기술에 의해 개발된 비트코인이 꿈꾸었던 목표는 기존 실물화폐의 대체였다. 비트코인 개발자는 2008년 글로벌 금융위기 이후 각국이 자국의 이익을 위해 통화량을 조절하는 자국 위주의 정책이 합리적이지 못하다는 판단에서 개발을 시작하였고, 블록체인의 특정한 알고리즘에 따라 2140년까지 2,100만 개의 비트코인을 채굴할 수 있도록 설계를 하였다. 이후 현재까지 비트코인은 약 1,650만 개가 채굴되었으며, 앞으로 120년간은 450만 개 정도의 채굴여유를 가지고 있는 것이다. 이렇게 한정적인 자원으로 설계를 해 놓았기 때문에, 비트코인의 가격이 천정부지로 치솟기도 하고 있다.

현재 관련 학계와 각국의 중앙은행 차원에서는 비트코인이 "화폐"인지 "상품"인지에 대한 논란이 뜨거운 상황이다. 미국, 중국, 유럽 등 일부 국가에서는 비트코인의 거래상황을 "광풍"에 비유하며 규제와 제재를 예고하고 있고, 일본에서는 조만간 엔화의 가치와 동일한 가치를 지니는 "J코인"을 국가적 차원에서 발행할 것이라고 발표하기도 하였다. 또 글로벌 은행들도 연합팀을 꾸려 가상화폐 개발을 진행하기로 의지를 모으고 있다. 그러나 아직 비트코인에 대해 각국 정부차원에서는 "화폐"로서의 특징을 가지고 있지 못하다고 하여, 희소성 있는 "상품"으로 규정을 내리는 분위기가 강한 상황이다.

일반적으로 화폐로서 인정받기 위해서는 네 가지 특성을 가져야 한다. 첫째, 화폐로서 물건이나 상품과 교환이 될 정도로 가치가 있어야 하고(교환성), 둘째, 대중적으로 사용될 수 있어야 하고(대중성), 셋째, 가치저장의 수단이 될 수 있어야 하고(가치저장성), 넷째, 중앙은행의 발행이나 보증 등 중앙은행의 개입에 의해 가치가 안정적(안정성)이어야 한다. 이런 화폐의 조건서 비트코인은 교환성, 가치저장성은 갖추고 있지만, 대중성과 안정성을 갖추지 못하고 있다고 하는 것이 화폐로서 인정받지 못하고 있는 결정적인 이유인 것이다. 또 중앙은행들이 비트코인을 화폐로서 인정할 수 없는 현실적인 이유도 이해가 가는 부분이다.

그렇다면 대중성과 안정성을 갖추기 위해 각국의 중앙은행이 비트코인과 같은 전자화폐(가상화폐)를 발행하면 어떻게 될지에 대해 고민해 보아야 할 것이다. 예를 들어 우리나라에서 실물화폐를 대체할 가칭 "K코인"을 한국은행에서 만들고 이를 유통시키게 된다면 대중성과 안정성을 가지게 될 것이고, 전자화폐 시대로의 도래가 될 것이라 생각해 볼 수 있을 것이다. 이것이 바로 현금 없는 사회인데, 비트코인이 꿈꾸었던 가상화폐 시대와의 차이점 중에 하나는 중앙은행의 통화정책 수단으로서의 화폐인지, 통화정책 조절에 한계를 둔 화폐인지에 대한 문제가 될 것이다.

현재 각국의 실물화폐는 중앙은행의 강력한 통화정책의 수단으로서 존재하며, 경기침체 시에는 화폐공급 증대를 통해 경기활성화를 도모하고, 경기 활성화가 지나칠 경우에는 화폐공급을 축소함으로써 경기안정화를 도모한다. 이런 통화정책을 화폐의 발행량 조절을 통해 실시할 수 있는데, 비트코인이 꿈꿨던 가상화폐 시대는 이 부분을 불가하게 봉쇄하고 있는 것이다. 2140년까지 2,100만 개의 비트코인만이 존재하는 희소성에 기반을 둔 화폐인 것이다. 이런 관점에서는 과거의 금본위제, 은본위제처럼 한정적 교환수단을 화폐라고 인식하였던 개념과 동일하게 된다.

현재 BIS와 각국의 중앙은행, 또 글로벌 선진 은행들이 연합하여 비트코인으로부터 비롯된 가상화폐에 대한 미래 방향성에 대한 검토를 진행하고 있다.

> **참고** 가상화폐에 대한 각국의 제도적 허용 여부 사례
> - 미국 : 비트코인 거래와 결제가 가능하고 자산으로도 인정받는다. 다만 주마다 가상화폐 규제 및 과세 정책에는 차이가 있다.
> - 일본 : 가상화폐를 공식 결제수단으로 인정하고 있고, 기업회계기준 등 제도적 장치도 마련하고 있다.
> - EU : 유럽연합(EU) 및 유럽 국가들은 가상화폐를 화폐로서 인정하고 있다.
> - 영국 : 가상화폐를 법정통화로 인정한 최초의 국가이다.
> - 스위스, 싱가포르, 노르웨이 : 가상화폐를 화폐로서 인정하고 있다.
> - 중국, 러시아 : 가상통화의 발행과 유통, 거래를 금지하고 있다.

PART 4
은행업무와 직무지식

은행 일반

1. 은행의 구분 및 종류

우리나라에는 어떤 은행들이 있을까? 은행을 구분하는 방법에 따라 여러 가지 방법으로 구분할 수 있겠다. 외부법령이나 구속되어지는 요건 및 관계법령에 따라 1금융권과 2금융권으로 나눌 수도 있고, 소유와 경영의 관점에서 보면 국책은행과 민간은행으로 구분할 수도 있겠고, 기능과 역할이라는 차원에서 보면 특수은행과 시중은행, 금고나 협동조합 등 상호금융기구 등으로도 구분할 수 있겠고, 다른 여러 가지 방법들이 있을 수 있다. 또 자본시장 환경이 바뀌어지고, 시대가 변화되는 만큼 은행업에 대해서 그 구분의 기준도 더 다양해지고 있는 것도 사실이지만, 우리는 이 책이 은행에서 근무하기 전에 읽어보면 좋을 용도로 적혀지고 있는 만큼 은행원의 입장에서 은행을 한번 구분해 보면 좋을 것 같다.

> 중앙은행 – 한국은행
> 국책은행 – 산업은행, 수출입은행
> 일반은행 – 시중은행, 지방은행, 외국계은행
> 특수은행 – 농협은행, 수협은행
> 저축은행 – 상호저축은행
> 상호금융기관 – 지역농협, 지역수협, 새마을금고, 신용협동조합, 산림조합

㈜ 이 구분은 은행설립근거에 의해서 공식적으로 구분해 놓은 것이 아니며, 일반인들이 이해하기 쉽게 기능을 위주로 구분해 놓은 자료임. 따라서, 기업은행의 경우 국책은행으로 분류하기보다는, 대중화된 업무의 성격에 따라 일반인들의 기준으로 시중은행으로 분류하고 있음.

> **참고** 상호금융기관
> 지역농협, 지역수협, 산림조합, 새마을금고, 신용협동조합은 모두 상호금융기관으로 "상호금융"은 조합원 간의 금융지원과 금융편의를 제공하는 조합금융의 형태이다. 상호금융기구는 각 개별 조합의 성격을 규정하는 개별법을 가지고 있다. 지역농협은 "농협협동조합법", 지역수협은 "수산업협동조합법", 산림조합은 "산림조합법", 새마을금고는 "새마을금고법", 신용협동조합은 "신용협동조합법"의 규정하에 설립 및 운영이 된다.

이 구분방법으로 은행을 나눠 보도록 하자. 물론, 이런 은행(저축) 기관들 외에도 증권회사, 보험회사, 종합금융회사 등 여러 금융권 기업들이 있지만 우리는 그 범위를 은행권과 관련된 범위로 국한해서 알아보기로 하자. 이 중에서도 우리는 위의 표에서 나오는 "일반은행"에 보다 더 관심이 있을 것이다. 일반은행에는 "시중은행"이라고 적어놓은 부분이 있는데, 시중은행에는 또 어떤 은행들이 있을까? 시중은행이란, 국내에 거주하는 일반 국민들을 대상으로 해서 통상적인 예금과 대출업무를 주요 업무로 담당하는 은행이라고 정의해 놓도록 하자.

> 시중은행 – 국민은행, 기업은행, 신한은행, 우리은행, KEB하나은행, 농협은행
> 지방은행 – 대구은행, 부산은행, 경남은행, 제주은행, 광주은행, 전북은행
> 외국계은행 – 한국씨티은행, SC제일은행, HSBC은행 등

㈜ 1. 현재 기업은행은 법적으로는 국책은행으로 분류하고 있다. 농협은행은 현재 특수은행으로 분류되어 있다. 여기서는 국민들의 정서, 일상생활과 관련해서 시중은행으로 분류해 본 것이다.

㈜ 2. 지금도 충청도 지역으로 가면 간혹 "충청은행", "충청 하나은행"으로 불리고 있는 은행은 1998년 하나은행으로 인수 합병되어, 현재 "KEB하나은행 충청사업본부"로 운영되고 있어, 지방은행에서는 제외했다.

이 중에 몇 군데 은행은 좀 더 자세하게 들여다보도록 하자.

■ 한국은행

'은행의 은행'이라고도 불리는 한국은행(BOK, Bank of Korea)은 일제강점기 때 전신인 조선은행을 기초로 하여 설립되었고, 1950년 5월 한국은행법이 공표되면서, 같은 해 6월 중앙은행인 한국은행으로 설립되었다. 주요 기능으로서는 화폐의 발행, 통화신용정책의 수립 및 집행, 금융시스템 안정화, 은행의 은행, 정부의 은행, 지급결제제도의 운영 및 관리, 외국환업무 및 외환보유액 관리, 경제조사 및 통계작성 업무 등을 담당하며, 본점은 서울 남대문에 소재한다.

■ 한국수출입은행

한국수출입은행(Korea Eximbank)은 수출입, 해외투자 및 해외자원개발 등 대외 경제협력에 필요한 금융을 제공함으로써, 국민경제의 건전한 발전을 촉진함을 목적으로 1976년 7월 설립되었다. 주요 기능으로는 첫째, 국가수출을 촉진하는 차원에서 선박/플랜트 등 자본재와 IT 등 첨단 기술 산업에 대한 수출금융 지원업무를 담당하고, 둘째, 해외 투자자금, 외국 현지법인의 사업자금 및 해외 자원개발에 대한 금융지원 업무 담당하며, 셋째, 개도국 경제협력 증진을 위한 경제개발 원조사업에 대한 심사, 차관공여계약 체결, 자금집행 및 사후관

리, 공적개발원조에 대한 정책방향 연구를 담당하고, 넷째, 남북 경제협력을 위하여 유무상 지원사업에 대한 심사, 자금집행 및 사후관리, 북한의 조선무역은행과 함께 청산결제 전담기능 등을 수행한다. 본점은 서울 여의도에 소재하고 있다.

■ **한국산업은행**

한국산업은행(KDB, Korea Development Bank)은 1953년도에 제정된 한국산업은행법에 근거하여 1954년도에 설립된 특수법인으로 2000년대 이전까지는 주로 국가기반산업, 수출산업, 첨단산업에 대한 재정자금, 개발금융, 장기설비금융, 기업금융 등을 취급해 왔다. 2014년도 산업은행법을 개정하면서, 민영화는 하지 않기로 최종 결정을 하고 국책은행으로서의 본연의 업무영역을 강화하고 있다. 또한 민영화를 위해서 분리되었던 기능인 정책금융공사와 다시 통합하였고, 본점은 서울 여의도에 소재하고 있다.

■ **기업은행**

기업은행(IBK, Industrial Bank of Korea)은 중소기업은행법에 따라 1961년 설립된 국책은행으로 주로 중소기업 육성, 발굴, 지원업무를 담당하는 기능을 담당해 왔으며, 현재까지 은행권에서는 중소기업지원 및 중소기업금융, 서민금융에 가장 특화되어 있는 은행으로 알려져 있다. 설립목적 및 근거법령에 대한 구분 이외의 순수기능적인 측면을 보면 시중은행과 동일하게 개인과 기업을 대상으로 한 일반적인 여수신업무를 공히 수행하기 때문에, 법적으로는 국책은행으로 분류할 수 있지만, 여기서는 이 책의 작성 취지상 일반 시중은행으로 분류하는 것이 더 타당할 것으로 보인다. 본점은 서울 을지로에 소재하고 있다. 2018년 현재 정부는 기업은행의 지분을 50.9% 보유하고 있다.

■ **농협은행**

농협은 농업인들의 유통사업과 금융지원사업, 경영지도 등을 목적으로 1961년 중소기업은행법에 의해 설립된 중소기업은행과 같은 시기에, 농업협동조합법에 근거하여 1961년 특수법인체로 설립되었다. 이후 2000년도에 들어 축협, 인삼협 중앙회와 합쳐졌고, 주요 사업으로는 신용사업(금융업무), 경제사업(생산, 유통, 가공지원 업무), 교육지원 사업 등이 있다. 2012년도에 농협중앙회의 신용사업과 경제사업 분리정책(신경분리)에 따라, 농협금융지주(신용사업)와 농협경제지주(경제사업)로 분리가 되었는데, 농협은행(NH Bank)은 농협금융지주의 주력 계열사로 편입되었다. 본점은 서울 서대문에 소재하고 있다.

■ **수협은행**

수협은 농협과 비슷한 시기인 1962년도에 수협중앙회가 설립되었으며, 주요 사업으로는 어업인들을 주요 대상으로 한 신용사업(금융업무), 경제사업(가공, 공판, 유통, 공급사업), 지도사업(어업인 법률, 복지, 교육사업 등)을 수행하고 있다. 수협은행(Suhyup Bank)은 농협은행 방식과 동일하게 2016년 12월 신경분리 작업을 통해 2017년부터는 수협중앙회에서 분리 독립하여 수협은행 별도 법인으로 출범하였다.

농협중앙회와 수협중앙회는 각각 지역별 단위조합을 모태로 하여 설립된 조직으로, 농협중앙회의 신용사업부문이 농협은행으로 별도법인화 되어있고, 수협중앙회도 마찬가지로 수협중앙회 신용사업부문이 수협은행으로 분리 독립하였다. 농협은행은 2012년, 수협은행은 2016년에 출범하였다. 농협은행과 수협은행은 각각 지역별 단위농협, 단위수협과는 별개의 조직이다.

2. 은행의 기능과 역할

금융시장 안에서의 은행의 역할과 기능에 대해서 간략하게 살펴보도록 하자.

첫째, 자금의 수요자와 공급자 사이에서 자금을 중개하게 되는 "자금중개역할"을 하게 된다. 동네 어귀에 있는 부동산 중개소를 생각하면 쉬울 수 있는데, 집을 사고자 하는 사람과 집을 팔고자 하는 사람은 부동산 중개소를 매개로 해서 부동산 거래를 하게 되고, 중개역할에 대한 대가로 부동산 중개 수수료를 지불한다. 이와 같이, 자금이 여유가 있는 경제주체는 은행에 예금을 하게 되고, 자금수요가 있는 경제주체는 은행에서 대출을 하게 됨으로써, 은행은 자금의 과부족 상황에 따른 각 경제주체들의 자금거래의 중개역할을 하게 된다. 이 역할은 은행의 공신력이 있다는 전제하에서 가능하며, 예금을 하게 되면 예금이자를 은행에서는 지급하게 되고, 대출을 받는 경제주체에는 대출이자를 수납하게 된다. 자금의 유통기능, 또는 화폐의 유통기능이라고 이해해도 좋을 듯하다.

둘째, "신용창조"기능이 있다. 이 기능은 은행의 중요한 기능이다. 신용창조기능은 크게 협의의 신용창조기능과 광의의 신용창조기능이 있다. 일반적으로 우리가 학교나 책에서 배우는 것은 주로 협의의 신용창조기능에 대해서만 배우는데, 생활 속에서 은행은 협의의 신용창조 기능만 담당하는 것이 아니라, 광의의 신용창조 기능도 담당하고 있음을 알고 있으면 좋겠다. 협의의 신용창조 기능은 예금으로 맡겨진 자금을 그냥 그대로 보관만 하고 있는 것이 아니라, 불확실한 미래를 대비하기 위해서 일정 부분만 남겨놓고 다시 대출을 하게 되는데, 그 대출자금 중에서 다시 예금으로 유입되고, 또 예금에서 다시 대출로 공여가 되는 과정을 통해서 본원통화의 공급과는 달리, 시중에 유통되어지는 체감 통화량은 훨씬 더 증가하게 된다. 이 기능이 신용창조기능이고, 여기에서 나오는 용어가 "통화승수"라는 용어가 나오는데 이 용어에 대해서는 알아 놓을 필요가 있어 보인다.

광의의 신용창조 기능은 한 나라에서 본원적으로 화폐를 발행하는 곳은 중앙은행만 화폐를 발행해 낼 수 있다. 그런데, 중앙은행이 아닌 일반은행에서도 중앙은행에서 화폐를 발행하는 것과 같이 통화를 발행해 낼 수 있다. 그것이 바로 광의의 신용창조(통화창조) 기능인데, 자기앞수표, 어음, 신용카드 기능이 바로 그것이다. 우리는 공식적으로 한국은행에서 발행된 화폐가 아닌데도 불구하고, 자기앞수표를 현금처럼 생활 속에서 사용하게 되고, 기업이나 상거래에서는 어음을 현금처럼 사용하게 되고, 또 각 개인들은 화폐가 아닌데도 불구하고 은행에서 만들어 준 신용카드를 화폐처럼 사용하고 있는 것이다. 이 기능이 바로 광의의 신용창조기능이고, 이 기능이 있다는 것을 이번 기회에 알고 넘어가면 좋겠다.

셋째, 경제주체들 사이에서 일어나는 "자금결제과정에 개입"함으로써, 그 결제과정을 원활하고 용이하게 해주는 역할을 한다. 거리가 멀리 떨어져 있는 경제주체들 사이에서 온라인 또는 스마트뱅킹 등으로 자금의 이동이나 결제를 원활하게 도와주는 기능이다.

3. 상업은행과 투자은행

상업은행(CB, Commercial Bank)은 예금 등을 통해 자금을 조달하고, 이 조달한 자금을 전통적인 은행 방식의 대출을 위주로 수익을 창출하는 은행을 말하며, 투자은행(IB, Investment bank)은 예금(예치금, 예탁금) 등을 통해 조달한 자금을 상업은행처럼 대출을 통해서 운용하는 것이 아니라, 주식, 채권, 외환, 기업의 인수합병(M&A), 기타 프로젝트 등을 통해서 수익을 창출하는 은행을 말한다.

우리나라에서의 상업은행은 우리가 일반적으로 알고 있는 국민은행, 기업은행 등과 같이 "은행(Bank)"이라는 명칭이 들어가는 모든 곳을 가리킨다고 보면 되고, 투자은행은 엄밀히 말하자면 증권회사보다는 큰 개념이지만, 우리나라에서는 세계적인 규모의 투자은행들과 경쟁할 만큼 규모가 큰 투자은행이 없고, 또한 2000년대 들어 자본시장통합법이 바로 이 세계적인 투자은행의 탄생을 계획하며 만들어진 법인만큼 투자은행으로의 이행은 현재진행 상태라고 보고, 현재까지는 거의 모든 증권회사라고 생각하면 이해가 쉬울 것 같다.

투자은행에 대해 좀 더 보면, 앞에서 전업주의, 겸업주의에서 봤듯이 과거에 전업주의에 기반을 둔 미국의 경우에 있어서도 1990년대 말 상업은행과 투자은행과의 겸업을 일부 허용하게 됨으로써 대형 투자은행들이 탄생할 수 있었지만 결과적으로는 투자은행들의 무분별한 고수익 추구로 인하여 유례 없이 힘든 경제위기를 맞이하기도 하였다.

우리나라에서도 이런 글로벌 상황에 맞게 2000년도에 들어 기존의 증권회사와는 달리 골드만삭스나 모건스탠리 등과 같은 대형 금융투자회사(IB)의 탄생을 위하여 자본시장통합법도 제정하고 운용하고 있지만, 위에서 이야기한 것처럼 세계적인 경제위기와 함께 그 진도는 주춤해 있는 상황이라고 할 수 있다.

증권회사와 자본시장통합법에서 정하고 있는 금융투자회사(투자은행)의 차이점은 증권회사는 주식과 관련된 한정적인 업무가 주된 업무로 이루어지고 있는 반면에, 금융투자회사(투자은행)는 증권과 주식을 위주로 한 거래뿐만 아니라, 해외 글로벌 프로젝트, 기업 간 인수합병(M&A), 부실기업인수 등 업무영역이 조금 더 공격적인 광의의 개념이라고 할 수 있다. 우리나라에서는 아직 '증권회사'라는 사명을 그대로 쓰고 있는 곳들도 많고, 사명을 변경하여 '금융투자회사'라고 쓰고 있는 곳들도 있다.

또, 금융투자협회(공식명칭은 한국금융투자협회, Korea Financial Investment Association)는 이런 금융투자회사(증권회사 및 자산운용사, 선물회사 등)들을 대표하는 협회이며, 2009년 자본시장통합법의 강제규정에 의해 기존의 한국증권업협회, 자산운용협회, 선물업협회가 합쳐져서 만들어진 금융단체이다. 금융투자협회에는 정회원, 준회원, 특별회원제로 운영이 되는데, 이 중에 정회원은 금융투자업무를 할 수 있도록 인가받은 기업들로 2018년 6월 말 기준 증권회사 56곳과 자산운용회사 195곳을 포함해 총 269곳의 회원사(정회원)를 두고 있다.

4. 지방은행, 특수은행, 저축은행, 상호금융기구

1) 지방은행

우리나라에서는 1967년도에 정부의 지방은행 설치정책에 의해 각 지방의 금융지원을 목적으로 설립되기 시작했으며, 1998년 이전까지는 경기도 지역에 경기은행을 시작으로 서남권 방향으로 충북은행, 충청은행, 전북은행, 광주은행, 제주은행, 부산은행, 경남은행, 대구은행, 강원은행까지 총 10개의 지방은행이 있었다(지금은 없어졌지만 대동은행, 동남은행, 평화은행은 전국규모의 은행으로 지방은행으로는 분류하지 않는다). 1998년 외환위기와 몇 군데의 지방은행들은 시중은행으로 인수합병 되었는데 그 현황은 아래와 같다.

경기은행 - 1998년 한미은행(현재 한국씨티은행)에 피인수
충북은행 - 1999년 조흥은행(현재 신한은행)으로 피인수
충청은행 - 1998년 하나은행으로 피인수
강원은행 - 1999년 조흥은행(현재 신한은행)으로 피인수
제주은행 - 2000년 신한은행이 위탁경영, 2002년 신한금융그룹 자회사 편입
광주은행 - 2001년 우리금융지주로 편입, 2014년 JB금융지주(전북은행)로 피인수
경남은행 - 2001년 우리금융지주로 편입, 2014년 BNK금융지주(부산은행)로 피인수

보람은행 - 1999년 하나은행(현재 KEB하나은행)으로 피인수
대동은행 - 1998년 국민은행으로 피인수
동남은행 - 1998년 주택은행(현재 국민은행)으로 피인수
평화은행 - 2002년 한빛은행(현재 우리은행)으로 피인수
외환은행 - 2012년 하나금융그룹으로 피인수

이 네 군데 지방은행을 제외한 나머지 지방은행 중에서 제주은행은 1969년 설립되어 운영되어 오다가 1998년도에 퇴출되지는 않았으나 당시 방만한 경영문제로 경영개선권고와 함께 공적자금이 투입되었지만 결국 2002년도에 신한금융지주 계열사로 편입되었으며, 경남은행과 광주은행은 각각 1970년도와 1968년도에 설립되어 운영되어 오다가 2000년도에 당시

금융감독원의 경영개선요구를 받았으나 결국 독자생존 불가판단과 함께 2001년도에 우리금융지주 계열사로 편입되었다. 이렇게 금융지주회사의 계열사로 편입된 제주은행, 광주은행, 경남은행을 제외하면 현재 독자생존으로 영업활동을 영위하고 있는 지방은행은 대구은행, 부산은행, 전북은행 세 군데에 불과하다.

지방은행의 역사는 이 정도만 알면 충분할 것 같고, 일반 국민 또는 예비 은행원으로서 시중은행과 지방은행의 차이점은 무엇일지 보도록 하자.

크게 두 가지만 기억하면 될 것 같다. 첫째, 설립 시 자본금 규모의 차이이다. 전국에 지점을 가지고 있는 시중은행은 설립자본금을 1,000억 원으로 규정하고 있는 반면에, 지방은행은 설립자본금을 시중은행의 1/4 수준인 250억 원으로 규정하고 있다. 둘째, 타 지역으로의 진출에 대한 제약이 있다는 점이다. 시중은행은 타 지역으로의 진출에 별도의 제약이 없는 반면에 지방은행은 본점이 소재하고 있는 시(市)와 도(道)를 제외한 타 지역으로의 진출을 특별시와 광역시, 자치시에 한해 제한을 두고 있었다. 그러나 2015년 금융당국의 지방은행의 경기도지역 진출 허용에 따라 지방은행들은 2015년 이후 경기도 진출을 활발히 진행하고 있는 상황이다.

2) 특수은행(농협은행, 수협은행)

일반은행(Commercial Bank)들이 은행법의 적용을 받아 설립된다면, 특수은행(Special Bank)들은 은행법과 관계없이 자체적인 특수법령에 근거해 특별한 목적을 가지고 설립된 은행들을 말한다. 이론적으로는 '한국산업은행법'에 의해 1954년도에 기업금융과 정책금융을 목적으로 설립된 한국산업은행, '한국수출입은행법'에 의해 1976년 수출입금융과 해외투자금융 등을 주목적으로 설립된 한국수출입은행, '중소기업은행법'에 따라 1961년도에 중소기업 금융지원을 목적으로 설립된 중소기업은행(현, 기업은행)이 포함되지만, 이 책이 이론서가 아니라 취업과 일반상식선에서의 은행의 기능적인 측면에서 접근하였던 만큼 현재 공공기관 지정을 통해 국책은행으로 분류되고 있는 기업은행, 산업은행, 수출입은행은 법적으로는 금융공기업(국책은행)이지만, 기능적인 측면에서는 기업은행은 일반은행의 기능을 수행하고 있다.

3) 저축은행

우리가 흔히 알고 있는 저축은행은 1970년대 초반 신용등급이 낮은 중소기업들이 은행을 이용하지 못하자 사채를 활용한 사금융이 활발해 있던 시기에, 1972년 당시 사금융 양성화 정책의 일환으로 제정된 상호신용금고법에 의해 지역을 기반으로 한 서민금고들이 "상호신용금고"로 양성화되기 시작하였다. 이후 2001년에는 상호신용금고법이 상호저축은행법으로 개정이 되면서, "상호신용금고"라는 명칭이 "상호저축은행"으로 일괄 바뀌게 되었고, 또한 상호저축은행법에서는 명칭을 "상호저축은행" 또는 "저축은행"으로 사용을 허용하고 있다.

저축은행의 업무는 수신업무, 여신업무와 부대업무로 구분되는데, 시중은행과의 차이점 중에서 특징적인 내용은 첫째, 시중은행과 달리 광범위한 외국환업무를 할 수 없다는 것이다. 그러나 2017년 이후 가장 기본적인 환전 업무를 시작으로 저축은행들도 외환업무를 시작하는 곳도 있다. 둘째, 체크카드는 발행할 수 있지만 신용카드는 발행하지 못하고, 자기앞수표도 발행을 허용하지 않고 있다가 2008년부터 발행을 허용하고 있다. 이는 저축은행이 가지고 있는 근원적인 특성상 리스크에 대해서 시중은행보다 상대적으로 취약하기 때문이다. 셋째, 근본적인 이유이기는 하나 저축은행 본점 소재지를 중심으로 해당 지역을 중심으로 지점 개설이 이루어지며, 타 저축은행에 대한 인수합병을 제외하고는 본점 소재지(주로 시나 도 단위)를 제외한 타 지역으로 진출하는 것이 불가능하게 되어있다.

반면 예금보호제도는 예금자보호법에 따라 예금 부분보호제도가 시행되면서 저축은행도 시중은행과 마찬가지로 1인당 최대 5,000만 원의 예금보장한도가 적용된다. 또한 2001년 9월 저축은행이 금융결제원에 가입하면서 전국 금융기관과 CD공동망, 타행환공동망, 공과금 수납 등이 가능한 전자금융공동망을 사용하고 있다. 저축은행 업계에서는 2005년을 전후해서 "88클럽"이라고 해서, BIS비율 8% 이상이고 고정이하여신 8% 이하인 저축은행을 우량 저축은행으로 분류하기도 하였다.

저축은행중앙회는 저축은행법에 의해 저축은행의 건전한 발전을 도모하고 거래자 보호를 위하여 설립된 비영리 특별법인으로 1973년에 상호신용금고협회로 출범한 이후, 2002년도에 저축은행법과 함께 저축은행중앙회로 공식적인 명칭을 변경하여 저축은행의 은행, 즉 은행의 은행인 한국은행이 하는 역할과 같이, 저축은행의 지급준비예탁금 수입/운용 업무, 어음재할인, 콜거래, 저축은행에 대한 긴급자금 지원업무, 저축은행 전산관련 공동전산망 구축 및 운영업무 등을 수행하고 있다. 전국의 회원사는 2018년 3월 말 79개 은행과 281개 점포(출장소 36개 제외)에서 여신규모 총 51조 원, 수신규모 약 53조 원의 규모로 운영되고 있다. 우리나라 국민들 중에 저축은행과 거래를 하고 있는 거래 고객 수는 약 540만 명(수신거래 여신거래 중복계산)에 이르고 있다.

4) 상호금융기구

그 외에 농협이나 수협중앙회 조직이 아닌 지역별 단위농협(지역농협), 지역별 수협 단위조합(지역수협), 신용협동조합(신협), 새마을금고 등은 조합원들 상호 간의 영세한 자금을 예탁받아 이를 다시 조합원들에게 융자(대출)함으로써 조합원 상호 간의 원활한 자금융통을 도모하는 기구이다. 이 상호금융기구들은 각 단위별로 독립채산제로 운용되어지며, 지역농협에는 농협중앙회가, 지역수협에는 수협중앙회가, 신용협동조합에는 신용협동조합중앙회가, 새마을금고에는 새마을금고중앙회가 각각 경영관리, 재무, 지원 및 교육사업, 감독, 리스크관리 기능 등을 수행하고 있다.

5. 기타 금융관련 기관 또는 기구

1) 금융감독원(FSS, Financial Supervisory Service)

금융감독원을 이해하기 위해서는 역사를 조금 거슬러 올라가야 하는데, 1950년 한국은행이 설립되기 이전에 금융감독기능은 당시 정부부처인 재무부에서 주관하고 있었다. 그러다가 1950년 한국은행이 설립되면서 한국은행 내에 '은행감독부'를 두어서 감독기능을 수행하였고, 1962년에 '은행감독원'으로 이름이 바뀌게 되었다. 이후 별도 감독기구인 증권감독원, 보험감독원과 함께 금융감독기구로 운영되어지다가, 은행감독원, 증권감독원, 보험감독원, 신용관리기금의 네 군데 기관이 합쳐져서 금융감독 통합기구인 '금융감독원'이 1999년 1월에 설립되었다. 금융감독원은 민간기구로써, 정부기구인 금융위원회의 지시를 받아 금융기관들에 대한 검사/감독업무의 수행을 주된 업무로 하며, 인원은 약 1,600명 정도로 구성이 되어져 있고, 서울 여의도에 소재하고 있다.

2) 금융위원회(FSC, Financial Service Commission)

금융감독원이 민간기구인 데 반하여 금융위원회는 국내 금융정책을 총괄하는 금융분야의 최고 의사결정을 맡고 있는 국무총리 소속 중앙행정기관으로서, 금융감독원과 달리 공무원들로 구성이 되어있고, 기존에 정부조직으로 존재하고 있었던 금융감독위원회와 당시 재정경제부 일부기능을 전신으로 하여, 2008년도에 금융위원회로 신설, 통폐합되었다. 금융감독원이 민간기구로서 매년 공채를 통해서 신입직원을 채용하는 데 반하여, 금융위원회로의 취업을 위해서는 행정고시나 7급 수준의 공무원시험을 거쳐야 한다. 위치는 서울 세종로에 있다.

3) 금융결제원(KFTC, Korea Financial Telecommunications & clearings Institute)

금융결제원은 지급결제시스템을 위한 금융전산망의 구축, 운영을 위하여 어음교환, 지로업무를 전담해온 전국어음교환관리소와 은행지로관리소를 통합하여 1986년도에 만들어진 비영리 사단법인이다. 주요업무로는 금융전산 공동망 업무, 국가 간 ATM 업무, 금융기관 공동 전산업무, 지로업무, 어음교환업무, 기타 부대업무 등이다. 위치는 서울 테헤란로에 있다.

> **참고** 한국예탁결제원(Korea Securities Depository)
>
> 기존의 증권예탁결제원이 2009년도에 이름이 바뀌어 한국예탁결제원이 되었으며, 투자자들이 보유한 주식, 채권 등의 유가증권을 관리하는 기능을 수행하는 준정부기관이다. 위치는 서울 여의도에 있다.

4) 예금보험공사(KDIC, Korea Deposit Insurance Corporation)

예금보험공사는 1995년도에 예금자보호법이 시행됨과 함께 1996년도에 설립된 준정부기관으로 예금자보호법의 적용을 받는 금융기관으로부터 보험의 원리에 따라 예금보험료를 수납해 놓았다가, 그 보험료로 금융기관의 부실이나 파산 시에 예금자들에게 대신 지급해 주는 예금보험업무를 주 업무로 하고 있다. 위치는 서울 중구 다동에 소재한다.

5) 전국은행연합회(KFB, The Korea Federation of Banks)

은행연합회는 국내 모든 은행들과 외국은행 국내지점을 사원은행으로 두고 있는 비영리법인으로, 1928년도에 사단법인 경성은행집회소로 출범하였으며, 1984년에 현재의 전국은행연합회로 명칭을 변경하였다. 금융기관 상호 간의 업무협조와 은행업무의 개선을 통한 금융산업 발전을 도모한다는 목적으로 대정부 정책제안, 사원은행과 공동연구 및 업무개발, 사원은행 업무향상을 위한 회의, 세미나 개최, 연구, 조사업무, 금융기관 직원의 후생복지를 위한 시설의 설치 및 운영, 각종 경제단체와의 연락 및 업무협조 등을 담당하고 있다. 위치는 서울 중구 명동에 소재한다.

6. 은행의 역사와 변천과정

금융(金融), 금전(金錢), 금리(金利)라는 용어에는 금, 은, 동의 금(金)이라는 한자를 사용한다. 그러나 화폐를 매개로 하는 기관은 "금행(金行)"이라고 하지 않고, "은행(銀行)"이라고 금(金)이 아닌 은(銀)이라는 한자를 사용한다.

우리나라 대부분의 금융용어는 일본의 영향을 받았던 시기에 만들어진 것들이라 일본용어를 들여오게 되었다. 통장, 대부, 잔고, 불입 등의 표현은 모두 일본식 용어들이다. 일부 일본식 용어들이 우리말로 다시 변경된 경우도 있지만, 그대로 남아있는 표현들이 대부분이다. 잔고(殘高)라는 표현은 잔액(殘額)으로 표현해야 적절하고, 대부(貸付)라는 표현은 대출(貸出)로 표현해야 맞는 용어이다. 그러나 아직 통장(通帳) 등의 많은 표현들은 제대로 된 우리말로 변경되지 못한 채 그대로 사용되고 있다.

은행(銀行)도 마찬가지이다. 일본에서 "Bank"를 "은행(銀行)"으로 번역하고 있고, 이것이 우리나라에 그대로 들어왔던 것이다. 글로벌 화폐의 역사는 은(銀)본위제에서 금(金)본위제로, 다시 관리통화제의 방식으로 변화되어 왔다. 일본은 중세시대 이후 은(銀)이 많이 생산되는 나라로 자리매김을 해 왔다. 유럽 등 다른 나라에서도 이렇게 일본의 은이 유명하다고 인식하고 있고, 실제로 1897년에 금본위제를 도입하기 전까지 일본은 은본위제를 사용하고 있었다.

1872년 은본위제에 놓여 있던 일본 금융당국이 국립은행을 만들기 위한 법률안을 만들게 되는데, 그때는 은본위제였고, 은이 금보다 가치가 있다고 여겼던 일본에서는 용어를 "금행"이 아니라 "은행"으로 만들었던 것이다. 이후, 1876년에 일본은 우리나라의 부산에 "일본 제일은행 부산지점"을 개설하게 되고, 이 은행이 우리나라의 근대적 은행의 출발점이 되었다고 한다. 이후 우리나라에서도 "Bank"는 "금행"이 아니라 "은행"이 되었던 것이다.

일본 제일은행 부산지점은 우리나라 민족자본에 의해 만들어진 은행이 아니라 외국은행이었고, 이 은행은 개항시기의 일본 상인을 주요 고객으로 예금과 대출업무, 수출입업무 등을 수행하게 되었다. 이에 대응하기 위해 우리나라에서도 민족자본으로 은행을 만들게 되었는데, 1896년 최초의 은행으로 조선은행이 설립됐지만 영업이 원활치 않아 곧 해산하였고, 1897년에는 한성은행이 설립됐고 1899년 대한천일은행이 만들어졌다. 대한천일은행은 고종황제의 적극적인 지원 하에 주식회사 형태로 설립되었고, 1911년에는 조선상업은행으로 상호를 바꿨다.

일제 식민지 시대에서 우리나라의 금융기관들은 조선은행, 식산은행, 금융조합, 동양척식주식회사와 같은 정책금융기관들이었고, 일반은행은 전국적으로 약 20개가 넘는 은행들이 있었지만, 당시 대표적인 일반은행으로는 대한천일은행이 상호를 바꾼 조선상업은행과 최초로 설립되었던 한성은행이었다. 이 시기의 은행들은 주로 일본으로의 쌀 수출이나 정미업과 같은 수출가공업에 종사한 일본 상인들을 주요 거래처로 하였다. 일제는 일반은행들의 합병을 강제해 전국적 범위의 지점망을 갖춘 대형 일반은행을 발전시켰고, 합병의 중심은 조선상업은행과 조흥은행의 전신인 한성은행이었다.

일제 식민지 시대를 거쳐 1945년 해방 이후에는 일본자본과 일본인들이 우리나라에서 철수하게 되고, 대대적인 예금인출사태(뱅크런)가 일어나 은행들도 큰 위기에 닥치게 된다. 해방 후 일반은행의 위기는 발권력을 동원한 중앙은행(당시, 조선은행)의 재할인 확대와 긴급대출 등 통화량 증가를 통해서 위기를 모면은 하지만, 통화량 증가로 인한 높은 인플레이션으로 경제 전체가 위기에 빠지기도 하였다. 이후 한국전쟁을 거치면서 일반은행은 1954년 은행법 시행과 더불어 합병이 진행돼 조흥은행, 상업은행, 저축은행, 흥업은행의 4대 은행 체제로 재편되었다.

한국전쟁을 거친 우리나라의 은행은 모두 민간에서 일반은행들을 소유하게 되었다. 1956년에 완료된 일반은행의 민영화 작업으로 당시 대기업들이 일반은행을 하나씩 소유하게 되는 구조로 바뀌었다. 상업은행은 당시 합동증권의 진영덕이라는 기업가의 소유가 되고, 조흥은행은 민덕기라는 기업가가 소유하게 되고, 흥업은행은 제일제당의 이병철(삼성그룹 창업주)이라는 기업가가 소유하게 되고, 저축은행은 조선제분의 윤석준이라는 기업가가 소유하게 되었던 것이다.

1960년대 들어 우리나라 은행은 또 한번 격동의 회오리를 맞게 된다. 박정희 정권이 군사쿠데타로 들어서면서, 당시 빈약한 국내 저축으로 금융시장을 통한 자금 동원에 한계가 있으므로 인해 정부 주도의 전형적인 금융억압 정책을 구사하게 되었다. 박정희 정권의 원년인 1961년에 모든 일반은행을 국유화하게 된 것이다. 이후 1967년 "1도(道) 1행(行)" 정책에 따라 대구, 부산, 경남, 제주, 광주, 전북, 충청, 강원, 충북은행이 1973년까지 민간자본에 의해 생길 때까지 전국구 시중은행들은 모두 국유화된 상태로 운영된다.

1961년에는 국가발전과 기업지원의 차원에서 중소기업은행법을 만들어 중소기업은행을 국책은행으로 설립하고, 농촌 발전을 위해 농업협동조합법을 만들어 전국단위의 농협을 만들게 되었다. 1963년에는 국민은행법을 만들어 국민은행을 국가 소유의 은행으로 설립하게 되었다. 이렇게 모든 일반은행이 국유화된 상태로 정부에서는 1967년에 한국외환은행과 한국주택은행을 국책은행으로 만들었으며, 박정희 정권에서의 우리나라의 모든 은행은 국가 소유의 은행으로 변화를 거치게 된다.

1961년 이후 처음부터 국가가 만들었던 중소기업은행, 한국외환은행, 한국주택은행은 어쩔 수 없다고 하더라도, 민간에서 국가로 주인이 바뀌었던 상업은행, 조흥은행, 저축은행, 흥업은행 등은 박정희 정권을 거치면서 국유화라는 격동의 시기를 맞이하게 되었던 것이다. 또, 각 지방은행들이 생긴 것도 박정희 정권 때의 일이었다. 각 지역별 성장정책과 지방금융 활성화정책의 일환으로 "1도(道) 1행(行)"의 원칙하에 지역 민간자본에 의해 신설된 각 지방은행들의 역사도 박정희 정권 때 만들어지게 된 것이다.

국유화 은행제도의 변화는 다시 1981년에 전두환 정권에 들어서 민영화로 바뀌게 된다. 1961년에서 1981년까지 20년간의 국유화 은행 시절에 관치금융의 뿌리를 키우게 되었고, 당시 전두환 정부는 정책금융 체제에 기인한 은행산업의 낙후성과 구조적 모순을 해결하기 위해 일반은행의 민영화, 경영의 자율화, 진입장벽 완화, 업무영역 확대 등을 골자로 한 일반은행 경영자율화 방안을 발표하고 은행 민영화 작업을 하였다. 한일, 제일, 서울신탁, 조흥, 외환, 국민, 주택은행 등이 주식매각 방식과 주식공모 등의 절차를 거쳐 민영화 작업을 진행하게 된 것이다.

1982년에는 외자도입 확대와 외국과의 합자은행 설립을 추진하면서, 1982년에는 일본자본과의 합자은행인 신한은행이 설립되었고, 1983년에는 미국 BoA(Bank of America)와의 합자은행인 한미은행이 설립되었다. 전두환 정부 이후 1987년 말에 들어선 노태우 정부에서는 전두환 정부에서 추진하였던 민영화와 진입장벽 완화를 위한 은행설립 자유화 정책을 실시하였고, 1989~1992년 사이에 대동, 평화, 동남, 하나, 보람은행 등이 추가 설립되었다. 그 결과 1981년에는 5개에 불과하였던 시중은행이 1995년에는 15개로 늘어나게 되었다.

1997년 말에 발생한 IMF 외환위기는 대우그룹의 해체뿐만 아니라 은행들의 구조조정으로도 이어지게 되었다. 우리나라에서는 은행들이 도산하거나 망한 사례가 없었는데, 1890년대에 우리나라에서 은행이 처음 만들어진 이후 가장 큰 규모의 구조조정 작업이 1998년도에 은행권에서 일어났던 것이다. 대규모 부실을 가지고 있었던 한일은행과 상업은행은 정부의 공적자금을 공급받아 한빛은행으로 재탄생하게 되었고, 강원은행과 충북은행은 조흥은행으로, 서울은행과 충청은행은 하나은행으로, 주택은행은 국민은행으로, 경기은행은 한미은행으로, 동남은행은 신한은행으로 합병되는 결과를 가져왔고, 제일은행과 외환은행은 외국계

자본으로 넘어갔다.

2000년대 들어서도 IMF 때의 후유증은 은행권에서 나타나게 되었고, 부실은행들을 떠안은 은행들의 2차부실 사태도 나타난다. 조흥은행이 거대한 부실은행을 두 군데씩이나 떠안은 나머지 2차부실 우려로 신한은행에 넘어가게 되고, 평화은행은 한빛은행(현, 우리은행)에, 한미은행은 외국계은행인 씨티은행으로 M&A되기도 하였다. 한편, 2000년대에는 금융지주회사법 실시와 함께 대형은행들의 국제화와 경쟁력 강화, 시너지 효과를 위한 금융지주회사 체제로 지배구조를 바꾸게 되었고, 정부 공적자금 투입 금융기관의 집합체였던 우리금융지주는 계열사 매각과 2016년 우리은행 분리매각 일부성공이라는 결과를 가져오게 되었다.

CHAPTER 02 은행업무 개괄

1. 은행의 조직

1) 은행들의 외형 규모

이제 우리나라의 농협은행을 포함한 6개 은행권의 외형적인 현황과 함께 일반인의 수준에서 내부조직을 조금만 들여다보도록 하자.

구분	국민은행	기업은행	신한은행	우리은행	KEB하나은행	농협은행
국내 지점수	924	589	739	765	696	849
출장소개수	138	38	127	111	78	301
소계 (A)	1,062	627	866	876	774	1,150
해외 지점수	5	8	25	292	17	3
직원수(국내) (B)	17,251	12,518	13,281	13,449	13,020	13,623
지점당 인원 (국내) (B/A)	16.2	20.0	15.3	15.4	16.8	11.8
총수신 (C)	2,864,665	1,286,540	2,616,750	2,550,412	2,497,574	2,254,780
총여신 (D)	2,493,615	1,947,049	2,192,300	2,221,185	2,172,567	2,061,146
당기순이익 (E)	22,629	13,141	16,078	12,761	19,547	6,513
당기순이익 (1인당) (E/B)	1.31	1.05	1.21	0.95	1.50	0.48
당기순이익 (1지점당) (E/A)	21.31	20.96	18.57	14.57	25.25	5.66
1인당 수신 (C/B)	166.06	102.78	197.03	189.64	191.83	165.51
1인당 여신 (D/B)	144.55	155.54	165.07	165.16	166.86	151.30
지점당 수신 (C/A)	2,697	2,052	3,022	2,911	3,227	1,961
지점당 여신 (D/A)	2,348	3,105	2,532	2,536	2,807	1,792

위의 표66)를 보면 여러 가지 생각해 볼 수 있는 내용들이 있다.

---

66) 자료 : 은행연합회, 2017년 12월 말 기준, 직원수는 계약직원 포함 전체직원(단위 : 개, 억 원, 명)

첫째, 지점수만 보면 농협은행, 국민은행, 우리은행, 신한은행 순으로 지점이 많은 것을 볼 수 있다. 그리고 6개 은행들이 평균적으로 지점을 몇 개씩 보유하고 있는지를 보면 해외지점을 포함하여 892개 수준(국내 지점수 기준으로는 약 760개)임을 알 수 있다. 국내 지점이 한 은행에 평균 760개 정도가 있다는 것은, 한 지점에 근무하는 인원수를 10명~15명 정도라고 전제하면, 지점에서 근무하는 인원이 각각 약 8,000명~11,000명 정도가 됨을 알 수 있겠다.

둘째, 총 직원수(국내기준)를 보면 역시 국민은행, 농협은행, 우리은행, 신한은행, KEB하나은행, 기업은행 순으로 많은데, 지점수가 많은 만큼 전체직원수도 많다고 보면 이상은 없을 것이다.

셋째, 지점(출장소 포함)당 인원수를 보면(전체직원/지점 및 출장소 수), 농협은행이 한 개 지점당 평균 11.8명 수준으로 아무래도 도심지역보다는 농촌이라든가 지방에 영업점을 많이 가지고 있다 보니, 그 규모가 상대적으로 작아도 됨을 보여주고 있다. 또 상대적으로 출장소 개수가 많아서 이런 통계가 나올 수 있다. 다음은 역시 출장소 개수가 많은 국민은행과 국책은행으로 채용을 늘리고 있는 기업은행이 높고, 신한, 우리은행이 평균 15명 내외의 수준으로 비교적 타이트한 인력 운영을 하고 있다는 것을 볼 수 있다.

넷째, 각 은행의 당기순이익은 국민은행, KEB하나은행, 신한은행, 기업은행의 순으로 당기순이익이 많음을 볼 수 있고, 위의 표에서 2016년도 자료는 보이지 않지만, 역시 2017년도에는 전년대비 각 은행들의 수익성이 비슷한 수준이거나 소폭 개선되고 있다는 점을 볼 수 있다. 역시 이 부분에서 눈에 띄는 수치는 농협은행의 경우에는 2016년도 조선, 해운업 구조조정에 대한 여파로 수익성이 다른 은행들에 비해 양호하지 못한 상황을 보여주고 있고, 신한은행과 국민은행의 주도권 싸움이 눈에 띄는 부분이다.

다섯째, 1인당 당기순이익은 은행의 생산성을 나타내는 중요한 지표인데, 이번에는 KEB하나은행, 국민은행, 신한은행의 순으로 많음을 볼 수 있고, 역시 농협은행의 경우에는 당기순이익 자체가 작아서 1인당 생산성 지표도 양호하지 못한 상황을 보여주고 있다. 당기순이익과 1인당 당기순이익 지표에서 2016년 대비 실적이 두드러진 은행이 KEB하나은행인데, 이는 외환은행과의 통합작업 마무리와 함께 본격적인 통합은행으로서의 영업 실적이 반영되고 있는 상황이라고 할 수 있겠다.

여섯째, 지점(출장소 포함) 1개당 순이익의 규모를 보면, KEB하나은행, 국민은행, 기업은행, 신한은행의 순으로 기업은행이 상대적으로 지점 수가 작은 반면에 수익성은 좋다는 면을 볼 수 있다. 이 역시 농협은행의 경우에는 수익성 지표는 계속 양호하지 못한 상황을 보여주고 있다.

일곱째, 전체 은행을 거시적인 관점에서 본 큰 수치의 개념도 중요하게 생각할 수 있다. 한 은행은 평균적으로 약 800개 내외의 지점을 가지고 있으며, 당기순이익은 전체 6개 은행 평균치를 보면 약 1.5조 원 대 수준이고, 한 은행의 평균 인원수는 13,800명 수준이라는 점,

우리나라 은행원 1인당 당기순이익은 평균 1억 원 수준이 될 것이라는 점, 길거리를 지나면서 은행지점들을 보면 그 지점들은 1년간 약 15억 원 정도를 벌고 있다는 점을 큰 수치 개념으로 머리에 넣어두는 것도 좋겠다. 또 은행원 1인당 수신과 여신, 지점당 수신과 여신액을 보면 은행원 한 명당 평균 150~200억 원대의 수신액을 가지고 있고, 여신액도 150억 원 수준이다. 지점당 수신은 한 지점이 평균 2,500억 원대의 수신 규모를 보유하고 있고, 여신액도 2,500억 원 수준임을 알 수 있다.

2) 은행 전체 조직의 구성

은행은 크게 본점과 지점으로 구성이 되어있다. 보통 한 은행에서는 직원들의 약 70~80% 수준의 직원이 지점에서 근무하고, 20~30% 수준의 직원은 본점에서 근무한다. 본점인원과 지점인원의 균형에 대해서는 정답이 있는 문제가 아니기 때문에, 시대를 지나면서 계속 시행착오를 거치게 되지만, 최근의 추세는 계속 현장 중심의 영업이 우선이 되는 추세라 본점인원을 감축하고 지점(영업)인원을 늘여나가는 추세이다.

그렇다면 본점인원이 몇천 명이 된다는 이야기인데, 이 많은 인원들이 도대체 무슨 일을 하고 있다는 것인지에 대해서는 차후에 보기로 하고, 먼저 지점 조직의 구성에 대해서 알아보도록 하자.

3) 지점 조직의 구성

지점은 다시 크게 기업형 지점, 혼합형 지점, 개인형 지점, 또는 기업형 특화점포(기업금융센터)와 개인형 특화점포(PB센터) 등으로 크게 나눠 볼 수 있다. 이들 지점들의 특징에 앞서 지점 조직의 가장 기본적인 부분을 먼저 이해할 필요가 있을 것 같다.

먼저 지점과 출장소의 차이이다. 지점은 개설을 하기 위해서 과거에는 외부감독기관에 인가 및 승인절차를 거쳐야 하지만 현재는 그런 인가, 승인절차는 없어졌다. 하지만, 기본적으로 개설을 하기 위해 들어가야 하는 공간의 임차, 직원의 구성, 인테리어 등의 하드웨어적인 부분과 은행 내부 전산 및 온라인망을 기본으로 한 온라인 등록 작업 등의 소프트웨어 작업에 이르기까지 그 비용과 투입되어지는 투자가 크다. 이런 점을 보완하기 위해서 출장소를 신설할 수도 있는데, 출장소는 특정 지점을 모점(母店)으로 하고 그 지점의 하부단위에서 특정 비즈니스지역(상가, 학교, 공단, 기업 등)에 특정 거래를 위주로 할 목적으로 소규모 형태의 지점을 만드는 것을 말한다. 출장소는 상대적으로 인원, 공간 등의 비용이 지점개설에 비해서 작게 들어간다는 이점이 있기 때문에 각 은행들은 출장소 개설을 요긴하게 하기도 한다. 그렇게 출장소를 운영하다가 거래규모가 커지거나 인근의 다른 거래까지 비즈니스가 확대되어지면 해당 출장소는 지점으로 승격을 하기도 한다. 통상 지점은 지점장이 관리를 하고, 출장소는 출장소장이 관리를 하는데 마찬가지로 출장소장은 모점(母店) 지점장의 관리하에 있게 된다.

다음은 지점단위에 있어서의 기본적인 구조를 보도록 하겠다. 지점이 하나 만들어지기 위해서 최소한 있어야 할 조직이나 하드웨어적인 측면을 보도록 하자. 제일 먼저 지점장이 있어야 하겠고, 지점공간이 있어야 하고, 화폐와 동전, 중요서류 등을 보관할 수 있는 금고가 있어야 하고, 기본적인 관리를 할 수 있는 직원이 필요하겠다. 또, 고객들이 올 때 상담을 하고 업무처리를 할 수 있는 창구도 필요하고, 대출창구, 상담창구 등도 필요하겠다. 또, 지점의 업무처리가 원활히 돌아갈 수 있도록 후선(Back Office)에서 지원, 관리를 도와주는 출납이나 감사기능도 있어야 하겠다.

이렇게 가장 간단한 형태의 지점 조직을 그림으로 그려보면 아래와 같다.

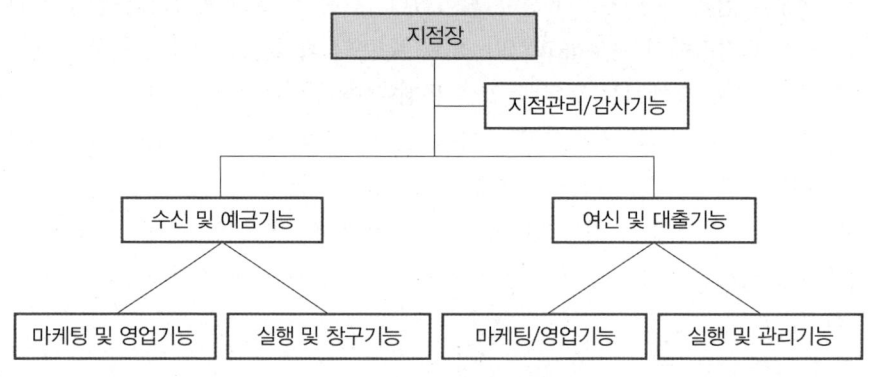

▲ 기본적인 지점의 조직구조

이러한 기본적인 구조에서부터 시작하면 설명하기가 좋을 것 같은데, 위의 기능은 지점이 하나 만들어지기 위해서 아주 기본적인 최소한의 조직구조 정도로 이해가 되어지면 좋겠다. 그렇다면, 기업형 지점은 지역별 특성이나 고객별 특성에 따라 위의 그림에서 우측의 "여신 및 대출기능"을 강화하고 "수신 및 예금기능"은 최소한의 조직으로만 운영하도록 만들어진 지점이라고 이해하면 되겠다. 또, 개인형 지점은 반대로 "여신 및 대출기능"은 개인대출 위주로만 운영하고, 대신 수신 및 예금기능 등 주로 개인거래를 위주로 처리할 수 있도록 만들어진 지점이라고 이해하면 되겠다. 기업금융센터라고 하면, 규모 면에서 기업형 지점의 확장판이라고 보면 좋겠는데, 주로 공단지역이나 기업밀집지역 등에서 규모가 큰 기업형 거래로 지점의 성격을 특화하고 주로 기업거래, 외환(수출입)거래 등에 특화되어진 지점이라고 이해하면 되겠다(물론 기업금융센터라고 해서 개인거래 창구가 없는 것은 아니며, 기본적인 창구거래는 모두 취급한다). 또, 이번에는 PB센터라고 하면 그 센터에서는 기업거래를 담당할 수 있는 기능은 두지 않고, 주로 부유한 자산가들이 많이 밀집해서 거주하는 지역 등을 대상으로 PB기능에 특화되어진 대형 지점이라고 생각하면 되겠다.

여기서 두 가지 짚고 넘어가야 할 부분이 있는데, 첫째, 위에서도 언급했듯이 출장소, 지점, 센터 등의 용어를 썼는데, 각각 출장소장, 지점장, 센터장 등의 호칭을 쓰면서, 그 책임이나 권한의 크기는 센터장이 가장 큰 규모를 담당하게 되고, 지점장, 출장소장의 순으로 책임과 권한의 크기가 작아진다는 점이다. 우리가 일상생활 속에서 출장소장인지 지점인지 센터인지 모르고 은행을 방문했을 때, 지점의 직원들이 지점장급 상사에게 호칭하는 것을 들어보기만 해도 이제 감을 잡을 수 있을 것이라 생각된다.

둘째, 어떤 형태의 지점이라도 꼭 있어야 하는 기능이 있는데, 바로 감사/관리기능이라는 것이다. 지점 단위에서 일어나는 수많은 금융거래에 대해서 은행 외부의 규칙이나 법령에 맞게 거래를 하고 있는지, 또 대내적으로 은행 내부 규정에 맞게 거래가 이루어지고 있는지를 수시로 체크하고 감사(Audit)하는 기능을 각 지점에서는 두고 있다는 점이다. 통상 우리가 은행을 방문했을 때, 창구에 있는 직원들이 이 기능을 담당하는 것이 아니라 약간 후선에서 고객들과의 일선의 접점이 아닌 위치에서 책상이나 업무공간을 두고 있는 경우가 많다. 은행업무의 속성이 화폐(돈)를 가지고 처리해야 하는 업무가 100%라고 해도 과언이 아니니, 정확하고 대내외 규정에 어긋나지 않도록 업무를 처리하기 위해서 이 기능을 두고 있다고 보면 되겠다.

이제 지점 조직 중에서 기업금융 마케팅(RM, Relationship Manager) 기능을 중심으로 한 기업금융 영업점과 개인자산관리(PB, Private Banker) 기능을 중심으로 한 개인금융 영업점에 대해서 알아보도록 하자.

4) 기업금융영업점

이제는 기업금융업무 중에서 영업점업무를 한번 알아보자. 먼저 알아두어야 할 것들이 기업금융 업무를 담당하는 영업점이라 하더라도, 개인고객들은 전혀 출입조차 못 하는 것은 아니다. 개인금융고객들이 기업금융영업점으로 업무처리를 하러 가게 되면, 가급적 개인금융업무는 인근에 있는 개인금융영업점으로 연결(Arrange) 시켜주는 안내를 받게 된다.

한편 기업금융이든 개인금융이든 영업점조직에서는 반드시 있어야 하는 기능들이 있는데, 예를 들면, 지점장이라는 기능은 반드시 있어야 하고, 금전(현찰)을 다루는 금고나 창구 기능도 기본적으로 있어야 하고, 매일 매일의 업무에 대하여 Feedback과 Review 기능을 가지는 감사(Audit)기능도 기본적으로 있어야 한다고 위에서 설명하였다.

그 외에 기업금융지점에서 개인금융지점과 달리 특화된 기능을 두게 되는데, 바로 여신(대출)을 위주로 하는 RM(Relationship Manager)이라는 기능이다. 대표적으로 "RM"으로 불리는 이 기능은 다른 표현으로 하면 "기업담당 마케팅 매니저"라고도 표현할 수도 있고, 우리말로 표현하면 "심사역"이라는 표현으로 불린다. 이 기능은 은행의 여신(대출)제도를 활용하고자 하는 기업들을 대상으로 섭외 및 마케팅업무, 신청되는 여신에 대한 일차적 심사기능, 해당 여신업체와의 상시적인 Relationship을 통하여 해당 업체의 경영 및 재무상태의 변동에 대한 일차적 감시 및 관찰기능까지 담당하는 기능이다.

이러한 기능과 함께, 기업금융영업점에는 기업대출에 대하여 직접 실행 및 관리(Operation)를 담당하는 기업대출담당 Operation기능, 기업과 관련된 외환기능(수출입기능)도 반드시 있다. 즉, 기업금융영업점에서의 특징적 조직구조는 RM기능, 대출관련 실행업무기능(Operation 기능), 수출입과 관련된 외환기능이다.

RM은 은행원들 중에 상당히 전문화된 직무로 RM을 하기 위해서는 입행 이후 기업금융과 관련된 여러 업무들을 경험해 보아야 한다. 대표적으로 수출입업무, 송금업무, 대출업무, 예금업무 등을 두루 거친 직원들을 대상으로 RM이 선발된다. 가히 "기업금융의 꽃"이라 불릴 수 있는 직무이며, 한 명의 RM을 만들어내기 위해서 은행에서는 많은 교육과 업무자격을 부여하고 있다. 금융연수원 등 대외 연수과정, 은행 내부 연수과정 등을 거쳐 많은 교육과 훈련을 받은 후에 1명의 RM이 탄생하게 된다. 이렇게 탄생한 RM은 자신이 속한 RM이 속한 영업점과 여신, 외환 거래 중인 거래기업들과의 전반적인 Relationship을 담당하게 된다. RM에게는 주로 다음과 같은 업무들이 부여되어진다.

- 은행의 비즈니스와 기업의 자금융통을 위하여 먼저 기업들을 신규로 섭외하면서 거래처를 창출해 내는 업무
- 해당 거래기업의 재무상태를 파악하는 업무
- 재무상태에 따라 은행과의 여신 및 외환거래의 성사 여부를 1차적으로 검토 및 판단하는 업무
- 여신거래를 함에 있어서 여신의 만기가 도래하는 경우 기한을 단순히 연장할 것인지, 거래규모를 확대해야 할 것인지, 거래규모를 축소해야 할 것인지, 거래를 완전히 종료시켜야 할 것인지에 대한 일차적 검토업무
- 해당 거래기업들과의 Win-Win 거래관계를 통하여 기업에게 얼마나 도움을 주고, 반대로 은행에는 얼마나 비즈니스적 이익을 줄 수 있는지에 대한 수리적 검토업무
- 수시로 대외적인 경제지표들을 주시하면서 거래기업들과의 관계를 재정립하는 업무

이러한 업무들을 주요업무로 하여 부수적인 업무까지 포함하면, 그 업무의 양이 상당히 많다. 이렇게 한 지점, 한 지점 RM들의 업무들이 본점으로 통합, 집중되면 은행 전체의 여신규모, 외환규모가 결정되어지는 일선에 있어서의 은행 비즈니스의 역군이라고 가히 표현할 수 있다. 그만큼 업무관련 스트레스도 많다.

다음으로 외환(정식명칭은 '외국환')업무에 대해 알아보자. 외국환이라 함은 말 그대로 원화가 아닌 외화로 표시되는 상품들의 거래와 관련된 은행업무 분야로, 업무성격에 따라 크게 세 가지로 분류하면 수출, 수입, 송금업무가 있다.

'환(換)'의 방향에 따라 분류하면 '환이 국외로 나가는 방향(수입, 해외로의 송금)' 있고, '환이 국내로 들어오는 방향(수출, 국내로의 송금)'이 있다. 모든 외국환업무는 환율과 절대적인 관계에 있다. 이 부분에 대해서는 뒤에서 다시 보기로 하겠다.

수출(Export)은 우리나라 기업이 외국으로 물건이나 상품을 거래관계로 보내고 그 대금의 결제로 외국환이 우리나라로 들어오는 것으로 통상적으로 은행은 수출(상대국의 입장에서는 수입)업무 중에 개입함으로써 개입과 관련되는 부분에서 발생되는 수수료, 리스크부담에 대

한 기한이익 등 경제적 이익을 얻는다. 수입의 경우에도 마찬가지이다.

송금의 경우에는 들어오는 방향(Inbound Transfer)과 나가는 방향(Outbound Transfer)이 있으며, Outbound이건 Inbound이건 은행은 외국 상대방과 국내 고객(기업 포함)과의 사이에 개입함으로써 경제적인 이익을 얻는다.

이번에는 지점업무 중에서도 대출업무에 대해 살펴보자. 대출업무는 RM업무와 특히 연관이 높다. 대출업무는 RM을 통하여 거래관계가 성사된 기업과 실제로 대출실행 및 관리업무를 담당하게 된다. A라는 기업과 여신거래가 있다면, A라는 기업의 재무팀에서는 은행에 와서 필요하면 어음할인업무도 하고, 수출환어음도 매입해야 하고, 수입신용장도 개설해야 하고, 또 필요하면 대출금액을 상환하기도 하고, 대출이자를 납부하기도 하고, 대출이 발생되면 통상 채권서류라고 표현되는 담보관련서류들을 작성, 제출하기도 하여야 하고, 여러 가지 Operation업무들을 필요로 한다. 그 과정에서 은행 측에서는 RM이 직접 그 업무들을 다 수행할 수 없기에, 대출담당직원을 별도로 두어 이러한 실행 및 관리(Operation)업무를 담당하게 한다. 그러면서 RM 부문과 대출실행담당 부문과의 긴밀한 Communication을 통하여 업무에 누수가 없도록 업무적인 유기관계를 만들어 나가고 있는 것이다.

이 대출담당업무는 RM과 마찬가지로 거시경제적인 차원에서 국가적인 정책이나, 금리의 변화, 환율의 변화 등 거시경제지표들을 항상 주시하면서 업무적으로 연관시켜 항상 RM 부문과 함께 고민하며 업무를 처리해 나가고 있다. 입행 후 부하직원 시절에 대출담당, 외환담당을 하다가 점차 승진과 경력을 쌓아나가면서 은행 전체적인 차원에서의 직원들의 경력개발계획에 따라 충분할 정도로 경력이 쌓였다고 생각되면 RM으로 성장하게 된다. 요즘은 채용 시부터 희망분야를 기업금융분야와 개인금융분야로 구분하여 채용하는 곳도 있는데, 기업금융분야로 신청하는 지원자의 경우 영업점에서 근무를 하게 되면 이러한 과정들을 거치게 된다.

이 외에도 기업금융업무로는 무역금융, 어음의 할인, 당좌대출, 대출의 실행 및 이자징수, 만기연장, 부도 등 사후관리, 연체관리, 수출 신용장의 개설, 수출 신용장 매입업무, 수입신용장의 개설, 수입 신용장의 결제업무 등 수업이 많은 개별 업무들을 들 수 있고, 이 중에서 중요한 부분들은 뒤에서 다시 설명하기로 하겠다.

5) 개인금융영업점

개인금융영업점도 기업금융영업점과 마찬가지로 지점장업무와 기본적인 창구업무, 감사업무(Audit) 등은 기본적인 업무로 간주해도 무방하다. 개인금융영업점도 기업금융고객들이 내점하게 되면 인근에 있는 기업금융영업점으로 안내를 받게 된다. 통상적으로 어느 은행이건 개인금융영업점과 인근에 있는 기업금융영업점 사이에는 지리적인 거리관계를 많이 두고 있지 않는 게 현실이다. 특이한 경우도 있는데, 예를 들면 서울의 강남(테헤란로)지역, 경기도의 시화/안산의 공단지역, 인천 공단지역 등에는 어느 은행이건 기업금융영업점이 월등히 수가 많고, 반면에 서울의 강남(대치동, 압구정동, 도곡동 일대)지역, 경기도 분당/일산/용인 등 주택밀집지역 등에는 개인금융영업점의 수가 기업금융영업점의 수보다 월등히 많다. 개인금융영업점의 경우 특화된 기능으로는, VIP상담기능과 최근 급격히 증가하는 개인대출기능을 들 수 있다. 일반인들이 개인금융영업점으로 들어갔을 때 자그맣게 "VIP상담실" 등으로 간판이 걸려 있는 공간들을 볼 수가 있다. 이 공간에서는 은행에서 PB(Private Banker), FP(Financial Planner), 개인고객전담역, VIP상담역 등으로 불리는 직원들이 근무를 하게 된다. 이들은 주로 일정금액 이상의 고액의 예금고객들을 대상으로 개인자산관리, 세무관리, 자금관리, 자산의 효율적인 투자관리, 포트폴리오관리 등을 주로 담당하고 있다.

개인금융영업점에서의 대출업무는 당연히 기업대출과 대비되는 개인대출업무이다. 개인대출업무는 은행에 따라 '가계대출' 또는 '개인대출'이라고도 부르기도 한다. 개인대출에는 어떤 내용들이 있을까? 가장 대표적으로 개인이 아파트를 하나 장만하려는데, 가지고 있는 자금이 부족하여 은행에서 대출을 전제로 아파트를 구입하는 부동산(아파트/주택) 담보대출, 일정금액 이상의 소득을 유지하는 직장인들을 상대로 취급되는 직장인 신용대출, 대학생들의 등록금을 대출해주는 대학생 등록금 대출 등이 기업이 아닌 개인들을 대상으로 이루어지는 대출의 예라고 할 수 있다.

과거에는 개인대출업무가 많이 왕성하지는 않았다. 그 이유는 '은행문턱이 높다', '은행 대출이자율이 너무 높다'는 등 이런 이유들이 많았는데, 1990년대 이후로 부동산시장이 많이 활성화되어지고, 개인들의 소득수준이 높아지고, 금융에 대한 개인들의 지적수준이 많이 높아지면서 금융을 이용한 재테크(레버리지효과)의 수단으로서 개인대출이 많이 활성화되었다. 미국발 서브프라임 모기지사태와 함께, 우리나라 개인대출시장까지 좋지 않은 영향을 많이 미치기도 했지만 그래도, 아직 개인대출시장은 각 은행들마다 아주 중요시하고 있는 비즈니스분야이다.

이 외에도 개인금융업무로는 단순한 입지금 창구업무, 공과금 납부, 자동이체, 통장이나 카드 등의 분실 재발급, ATM기 관리, 개인대출, 해외송금, 환전, 펀드나 방카슈랑스 판매 등 등 수도 없는 개별업무들을 들 수 있다. 역시 이 중에서 중요한 업무들에 대해서는 뒤에서 다시 설명하기로 하겠다.

6) 본점 조직의 구성

지점보다 훨씬 더 큰 조직이 본점의 조직이다. 앞에서 전체 은행직원의 약 20~30% 가까운 직원이 지점이 아닌 본점기능에서 근무를 하고 있다고 했는데, 각 은행별로 조금은 다르지만 각 은행들의 본점기능에 소속된 인원은 각각 족히 2,000~4,000명 정도는 될 것 같다고 생각된다. 먼저 각 은행들은 은행연합회를 통해서 정기적(각 분기별)으로 은행의 경영 및 일반현황을 공개하게 되어있는데, 은행연합회 홈페이지에 공개가 되어있는 H 은행의 조직도[67]를 보도록 한다.

---

67) 자료 : H 은행 조직도, 2018년 1월 기준, 은행연합회

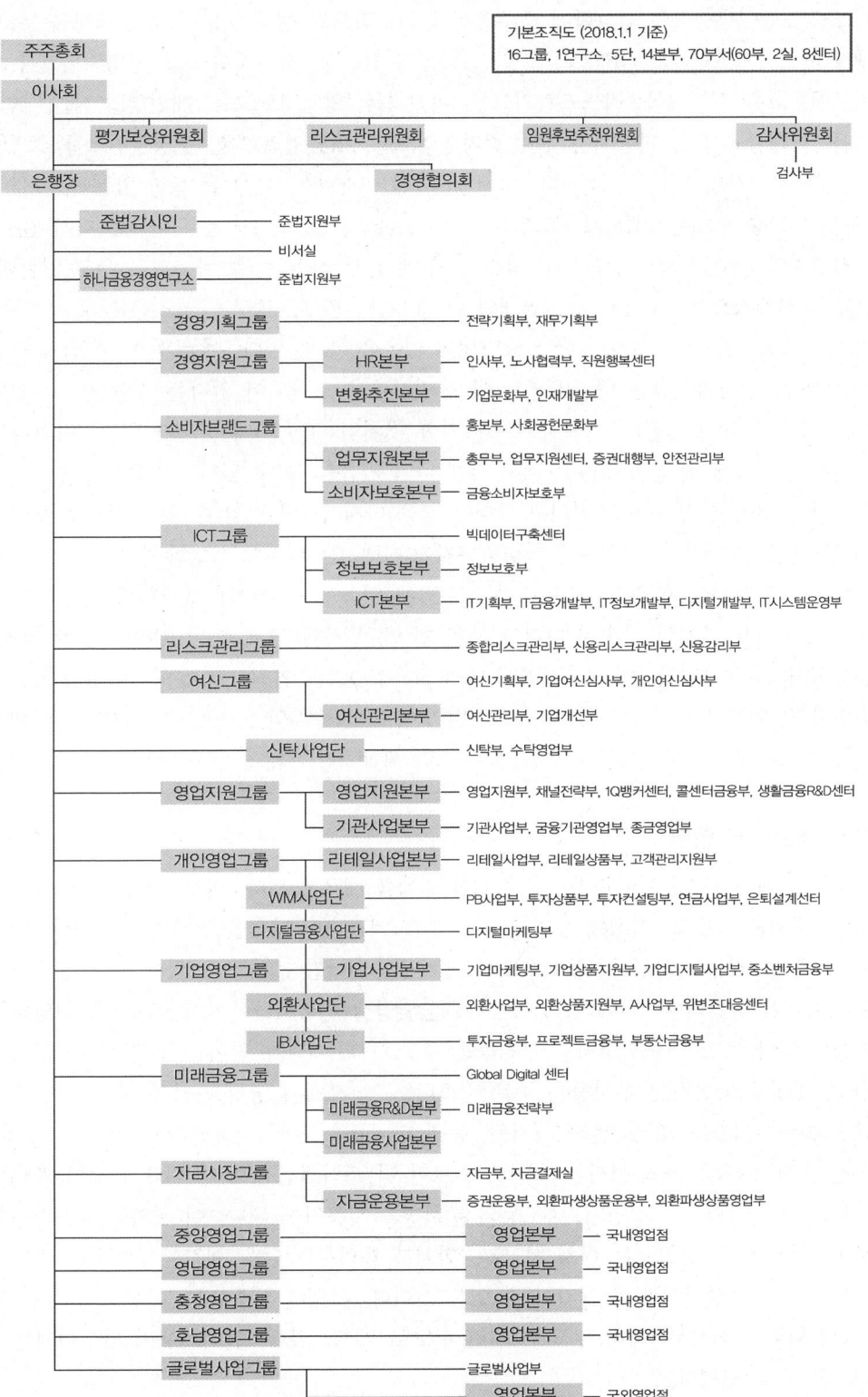

CHAPTER 2 / 은행업무 개괄 337

이 조직도를 보면 좌측 최상단에 주주총회를 최고점으로 해서, 이사회와 은행장을 두고, 은행장 하에 은행조직으로 16개로 '그룹'을 나누고 있는데, 경영기획그룹, 경영지원그룹, 소비자브랜드그룹, ICT그룹, 리스크관리그룹, 여신그룹, 영업지원그룹, 개인영업그룹, 기업영업그룹, 미래금융그룹, 자금시장그룹, 중앙영업그룹, 영남영업그룹, 충청영업그룹, 호남영업그룹, 글로벌사업그룹이 그것이다. 다시 각 그룹 아래에는 '본부'를 두고 있는데, 예를 들어 경영지원그룹 하에는 HR본부, 변화추진본부로 나누고 있고, HR본부 아래는 다시 인사부와 노사협력부, 직원행복센터를 두고 있다. 이렇게 본부 하에는 '부'나 '실'을 두고 있는데, 이 은행은 전체적으로 16개의 그룹, 5개의 단, 14개의 본부, 60부, 2실, 8센터로 조직구조를 가지고 있고, 위의 표 우측 상단에 요약되어 있음을 볼 수 있다. 예를 들어, 우리가 잘 아는 '인사부'는 경영지원그룹 내 HR본부 아래 인사부로 조직되어 있다는 것을 볼 수 있다.
이런 식으로 각 부서들이 위에서도 이야기한 것처럼 50~70개 정도가 있고, 지점들은 맨 오른쪽 아래쪽에 '영업점'이라고 해서 작게 나와 있음을 볼 수 있다. 이 표를 보면, 본점 조직이라는 것이 참 방대한 조직이고 크다는 점을 다시 한 번 느낄 수 있을 것으로 보여진다. 이 부서들에서 각각 어떤 업무를 담당하는지에 대해서는 일일이 설명할 수 없고, 개별적으로 독자들이 알아봐야 함을 과제로 남겨둘 수밖에 없음을 안타깝게 생각한다.
본점 부서들은 부서의 성격에 따라 작게는 한 개 부서나 팀에서 5~10명 남짓한 인원으로 운영되어지는 곳도 있으며, 그 성격에 따라 50~100명의 인원으로 운영되어지고 있는 점을 감안하면, 위에서 이야기한 은행 전체 인원의 약 20~30%(약 2,000~4,000명) 정도의 직원이 본점조직에서 근무한다는 것이 이제는 그리 새삼스럽지 않을 수도 있을 것이라 생각된다.

7) 본점 주요부서 업무

경영학을 배우면 경영관리과정으로 중요한 원칙을 배우게 된다. 바로 'Plan-Do-See' 과정이다. 계획을 세우고, 실행에 옮기고, 다시 피드백과 사후관리를 말하는 과정이다. 이 과정에 각 은행조직들의 본점부서들에서도 그대로 적용되어진다고 볼 수 있다. 크게 본점 부서에는 'Plan'을 담당하는 부서들이 있고, 'Do'를 담당하는 부서들이 있고, 'See'를 담당하는 부서들이 있다. 'Plan'을 담당하는 부서들은 주로 '기획'이라는 단어를 부서명칭에 많이 사용하고, 'Do'를 담당하는 부서들은 주로 비즈니스 그 자체의 명칭을 많이 사용하며, 'See'를 담당하는 부서들도 일부 '관리', '지원' 등의 단어들을 많이 사용한다.
우선 은행 전체의 '조직'이라는 측면에서 보면 이 조직적인 부분에 대해서 계획(Plan)하는 기능은 '전략기획부', '경영기획부' 등의 부서명을 사용하게 된다. 이 계획(Plan) 기능에 대하여 실행(Do) 기능으로는 다시 자금부, 회계부 등의 부서들을 생각할 수 있고, 관리(See) 기능으로는 '경영관리부'를 생각할 수 있을 것이다. 은행에서 중요한 '여신'의 기능을 보면, 여신기획부 – 심사부 – 여신관리부 이런 순으로 계획, 실행, 관리기능이 나누어지는 것을 생각할 수도 있겠다.

■ 경영기획부(또는 전략기획부)
새로운 업무영역의 발굴, 새로운 사업(비즈니스)의 발굴, 은행 간 합작 및 제휴, 경영계획 수립, 관계회사 관리 및 금융지주사 담당업무, 은행 전체 조직관리, 해외진출, 업무혁신, 경영전략정보 등의 조사/연구 등을 담당하는 부서로 설명할 수 있다.

■ 경영관리부
경영기획부에서 새로운 영역 발굴 및 청사진이 나오면 이를 좀 더 세분화하여 실행가능할 수 있도록, 실천적인 계획의 수립과 각 부서별 업무계획의 수립, 은행 전체의 재무제표, 자금, 회계, 원가계산, 대외보고 등의 업무를 담당하는 부서로 설명할 수 있다. 경영기획부라는 은행 전체 조직의 핵심기능과 함께 그 업무를 실행할 수 있도록 일부 지원업무를 담당하는 부서로 설명할 수 있다.

■ 자금부
국내 자금시장 동향 조사/분석, 은행 내 자금계획의 수립 및 운용, 은행 자금 운용기준의 결정, 자금의 조달 및 운용, 본·지점 간 자금관리, 지급준비금 관리 등을 담당하는 부서로 설명할 수 있다.

■ 사무지원부(또는 총무부)
은행 직원들의 유니폼 업무, 지점 내 용품 및 소모품 수요파악/지원업무, 하청업체 관리, 지점 등의 부동산 업무관리, 영업점 신설/이전/확장/폐점 등에 따른 제반 부속업무 수행, 은행 내 합숙소 및 사택관리 등의 업무를 담당한다.

■ 국제금융부
은행의 외화(원화부문은 자금부 담당)부문에 대한 자금의 조달 및 운용, 국제금융시장의 동향 조사/분석, 해외 금융기관과의 거래계약, 외화 자금의 결제와 무역거래 결제업무 등을 담당하는 부서로 설명할 수 있다.

■ 업무지원부
영업점 비즈니스업무의 집중효율화 및 리엔지니어링 업무(BPR), 수신/여신업무와 관련된 후선 지원 및 관리업무를 담당하는 부서이다.

■ 외환업무부
외환 상품 및 서비스 개선 및 관리, 영업점의 수출입 업무관련 집중화 업무(BPR), 외국환 계정의 점검 및 사후관리 업무, 해외 문서수발업무, 외국환 관련 대외법규에 대한 해석/적용/조사 등의 업무를 담당한다.

■ 인사부
인사와 관련된 계획의 전반적인 수립 및 수행, 인사제도 기획 및 조사/연구업무, 직원 채용/

이동/승진/퇴직 계획 수립 및 수행, 직원들의 인사고과(평가업무) 담당, 직무분석, 급여/상여급 관리 및 지급, 직원들의 상벌에 관한 업무, 채용계획의 수립 및 은행 내부 정원관리 업무 등을 담당한다.

■ 인재개발부(또는 연수팀)

직원들의 은행 내부나 외부 연수/교육 프로그램 개발 및 실행업무, 인재개발계획의 수립 및 실행, 직원들의 경력개발 단계 수립 및 실행, 대외 연수기관 관계, 자기계발 지원제도 관리, 연수원 관리 등의 업무를 담당한다.

■ 신탁부

은행계정이 아닌 신탁계정에 대한 업무의 기획 및 실행, 관리업무까지 총괄적으로 담당, 신탁상품 운용 및 관리, 신탁상품 수익률 및 배당률 관리, 신탁계정 회계 및 결산, 신탁자산의 운용 및 관리 등을 담당한다.

■ 리테일사업부

개인고객에 대한 수신/여신 영업전략/정책수립 업무 및 실행, 개인고객 수신/여신 업무에 대한 금리기준 설정, 수수료제도 및 관련 업무 담당, 고객정보 관리, 개인고객에 대한 마케팅 및 영업추진 업무 등을 담당한다.

■ 기업영업추진부

기업영업에 대한 영업전략 수립/실행업무, RM(심사역)의 선발 및 육성, RM 목표관리, 기업고객 발굴 및 영업지원 업무, 기업금융 상품개발 등을 담당한다.

■ PB사업부

PB고객에 대한 영업전략 수립/실행업무, PB영업의 채널전략 수립 및 실행, PB의 선발 및 육성, PB 목표관리, PB고객 발굴 및 지원업무, PB상품개발업무 등을 담당한다.

■ 리스크관리부

은행의 리스크관련된 종합계획의 수립 및 실행, BIS 업무관련 담당, 금리/환율/주가 동향분석 및 예측을 통한 리스크관리업무, 원화/외화 또는 수신/여신의 기간 및 금리 차 등을 감안한 리스크 분석 및 관리업무, 리스크지표 측정 및 관리업무, 일반상품 및 파생상품 모니터링 등의 업무를 담당한다.

■ 심사부

여신과 관련된 업무규정 수립, 지점이 아닌 본점에서 승인해야 하는 여신의 심사업무 담당, 여신업무관련 대내외 보고업무 등을 담당한다.

■ 검사부

일상 업무에 대한 상시검사 및 사고처리 업무, 외부 감독기관의 검사 수검, 내부 검사제도의 수립 및 실행업무 등을 담당한다.

■ 여신관리부

연체여신, 관리대상 여신, 특수채권, 상각채권 등의 관리업무, 개인 및 기업 워크아웃 절차 담당, 기업회생업무 등을 담당한다.

2. 은행의 회계와 수익구조

1) 은행 회계와 일반기업 회계의 차이점

은행의 회계는 일반 기업의 회계와 크게 다른 점들이 있다. 일상생활을 하는 일반인의 입장, 또는 취업준비생이나 은행취업을 앞두고 있는 분들의 입장에서는 크게 몇 가지 정도만 알아두면 좋을 것 같다.

■ 은행의 대차대조표의 특징 : 자산과 부채

일반적으로 대출을 받으면 부채라는 개념이 있고, 예금을 하면 자산이라는 개념이 머리에 떠오르게 된다. 그런데, 우리 일반인(고객이나 국민)의 입장에서 예금을 하는 것은 고객에게는 자산이 되지만 은행의 입장에서는 반대로 부채가 된다. 언젠가는 그 예금액을 예금주인 고객에게 돌려주어야 하기 때문이다. 또 이와 마찬가지로, 고객의 입장에서 은행에서 대출을 받으면 고객의 입장에서는 이 대출금액만큼 부채가 생기는 것이지만, 반대로 은행의 입장에서는 이 대출금액은 그대로 자산계정으로 인식이 된다. 마찬가지로 은행에서는 언젠가는 대출금액만큼 다시 고객으로부터 돌려받아야 하기 때문이다. 이렇게, 고객의 입장에서 생각하는 자산, 부채의 개념이 은행의 입장에서는 반대로 부채와 자산으로 인식이 된다는 점을 알아놓으면 좋겠다.

예를 들어, 'OO은행에서 예수금부채가 늘어나고 있다', 또는 '△△은행에서 대출자산이 감소하고 있다'는 신문기사나 뉴스를 보면, '그래서 예수금은 은행에서 부채라고 하고, 대출은 은행에서 자산이라고 하는구나'라고 이해가 될 수 있기를 바란다.

■ 은행의 손익계산서의 특징 : 매출액

일반 기업에서의 손익계산서는 첫 계정과목으로 '매출액(Sales)'이 나오게 된다. 어떤 제품이나 상품을 판매했을 때 받게 되는 판매대금이 이 '매출액'으로 인식이 된다. 예를 들어, 삼성전자의 매출액은 갤럭시 핸드폰의 매출대금이 그 주류를 이루고 있는 것처럼 말이다. 그러나 은행에서는 이렇게 판매는 하지만 그 대금으로 받는 금액이 없다는 점이고, 대출상품, 예금상품을 고객이 하나에 1만 원, 10만 원… 이런 식으로 구매하지 않는다는 것이다.

대신, 대출상품을 은행에서 판매하게 되면 상품자체에 대한 가격을 깎아서 매출을 올리는 것이 없는 반면, 그 대출로부터 생기는 대출이자라는 '수익(Income)'이 발생하게 된다. 또 예금상품을 판매하게 되면 그 예금이자만큼 줘야 하는 '비용(Expense)'이 발생하게 된다. 먼저 일반기업의 손익계산서 모양을 보도록 하자. 다음은 모 기업의 손익계산서 양식이다. 연도나 숫자가 중요한 것이 아니고 계정과목만 보기 위함이니, 계정과목 위주로 보도록 하자.

포괄손익계산서	
(십억 원)	12/11A
(적용기준)	(IFRS-C)
매출액	116.9
매출원가	106.8
매출총이익	10.1
판매비와 관리시	32.5
기타 영업 손익	0.0
영업이익	(22.4)
EBITDA	(20.1)
영업외손익	3.8
금융손익	3.7
지분법손익	0.0
기타영업외손익	0.1
세전이익	(18.6)
법인세비용	(3.9)
당기순이익	(14.7)

▲ 자료 : 일반 기업의 손익계산서 형태

손익계산서 제일 위 항목을 보면 역시 매출액을 시작으로, 매출원가를 빼고, 매출총이익이 나오고, 거기서 다시 판매비와 일반관리비를 차감해서 영업이익이 나오는 이러한 일반적인 손익계산서의 구성을 볼 수 있을 것이다.

이제 은행연합회 홈페이지에 공시된 I 은행의 2017년도 손익계산서를 보도록 하자.

제57기 : 2017년 1월 1일부터 2017년 12월 31일까지
제56기 : 2016년 1월 1일부터 2016년 12월 31일까지

(단위 : 백만 원)

계정과목	제57(당)기		제56(전)기	
Ⅰ. 순이자손익		4,859,384		4,564,778
1. 이자수익	7,472,714		7,249,420	
2. 이자비용	(2,613,330)		(2,684,64)	
Ⅱ. 순수수료손익		317,228		287,172
1. 수수료수익	720,827		652,276	
2. 수수료비용	(403,599)		(365,104)	
Ⅲ. 단기매매금융상품 관련 순손익		(253,552)		273,133
Ⅳ. 위험회피회계 관련 순손익		114,693		(61,385)
Ⅴ. 금융상품 관련 기타손익		176,565		(16,049)
Ⅵ. 외환거래손익		366,243		(87,418)
Ⅶ. 총영업이익		5,580,561		4,960,231
Ⅷ. 금융자산 손상차손		(1,373,446)		(1,171,070)
Ⅸ. 순영업이익		4,207,115		3,789,161
Ⅹ. 일반관리비		(2,023,911)		(2,005,555)
ⅩⅠ. 기타영업수익		97,274		84,716
ⅩⅡ. 기타영업비용		(517,701)		(567,001)
ⅩⅢ. 영업이익		1,762,777		1,301,321
ⅩⅣ. 영업외손익		(71,177)		20,116
ⅩⅤ. 법인세비용차감전순이익		1,691,600		1,321,437
ⅩⅥ. 법인세비용		(377,518)		(294,725)
ⅩⅦ. 당기순이익		1,314,082		1,026,712
(대손준비금 반영후 조정이익				
당 기 : 1,049,613백만 원				
전 기 : 721,283백만 원)				

▲ ㅣ 은행의 2017년도 요약 손익계산서[68]

일반기업과 은행의 손익계산서가 확연히 다름이 보일 것이다. 맨 위에 매출액이 적히는 것이 아니라, 순이자손익이라는 항목이 적혀있음을 볼 수 있다. 이렇게 물건을 팔고 그 대금으로 매출액을 계상하는 기업이 아니라는 것이 바로 그 차이점인데, 따라서 은행에서는 공식적으로 '매출'이라는 표현 자체를 사용하지 않는다.

'이자수익'이라는 것은 고객들에게 대출을 해주고 그 이자로 수취한 금액을 다 합한 금액을 말하고, '이자비용'이라는 것은 고객들에게 예금이자로 지급해준 금액을 말한다. 따라서 이 둘을 차감한 부분이 '순이자손익'이 되고, 위의 경우에서는 7조4,727억 원 정도의 대출금이자를 받아서, 2조6,133억 원 정도의 예금이자를 지급하고, 순이자수익으로 4조8,594억 원을 남겼다는 것이다.

---

68) 자료 : 은행연합회

다음으로, 수수료 부문 손익을 보도록 하자. 은행의 수익(Income)으로는 크게 두 가지 부문이 있는데, 바로 위에서 언급한 '이자부문수입(Interest Income)'과 '수수료부문 수입(Fees and Commission Income)'이다. 이 두 가지가 은행의 수익의 규모를 결정하는데, 이 두 가지 부문에 대해서는 다음에 다시 이야기하기로 하고, 여기서는 수수료 부문에 대해서 다시 은행의 입장에서 수익(+)계정과 비용(-)계정을 두고 이를 차감한 후, 순수수료 손익계정으로 계상하게 된다. 은행이 고객으로부터 수수료를 수취하는 거래는 수익(+)으로 처리가 되고, 은행이 대외 거래에서 수수료를 지급하는 비즈니스 거래를 할 수도 있는데, 이 부분은 비용(-)계정으로 처리된다는 것이다.

예를 들어 은행의 수수료 부분 수익 중 대표적으로 일반고객들의 통장발행수수료, ATM 이체수수료 등의 수수료들은 모두 은행이 수취하는 수수료로 수익(+) 계정으로 계상되어지고, 반대로 은행의 업무에 있어서 은행이 다른 은행이나 금융기관에 지불해야 하는 수수료도 있을 수 있는데, 이 경우에는 비용(-) 계정으로 계상이 된다는 것을 알 수 있겠다.

위에서도 언급했다시피, 또 위의 I 은행의 경우에서도 볼 수 있듯이, 은행의 수익(Income)은 이 두 가지 부문(이자수입부문과 수수료수입부문)의 역할이 가장 크고 대표적인 경우라고 할 수 있고, 여기에서 기타 수수료나 외환관련 손익 등이 가감되어져서 '총영업이익(Total Operating Income)'이 나오게 되는데, 이 총영업이익은 일반기업에서는 '매출총이익'에 해당한다.

총영업이익에서 다시 일반관리비를 차감하고 영업이익(Operating Income)이 계산되어지는데, 이 영업이익은 일반기업의 손익계산서에서는 역시 영업이익이라는 계정과목과 같은 개념이다.

영업이익에서 영업외수익이나 영업외비용을 가감하면 '법인세 전 당기순이익'이 나오고, 여기에서 법인세를 비용으로 차감하면 마지막으로 '당기순이익(Net Income)'이 계산되어진다. 여기에서 말하고자 함은 이 순서를 모두 외우면 좋다는 것이 아니라, 일반기업과 손익계산서의 구조가 다르다는 점, 은행에서는 매출액이라는 손익계산서 과목이 없다는 점, 매출액을 대신해서 이자부문 수입과 수수료부문 수입이라는 부분이 크게 차지하고 있다는 점을 알아두어야 하겠다.

■ 은행의 분리회계 : 은행계정과 신탁계정

은행의 재무제표를 보게 되면 항상 은행계정과 신탁계정이라는 두 계정으로 나뉘어서 발표가 되는데, 은행계정이라는 표현은 우리가 일상에서 활용하는 은행의 대부분의 금융서비스는 은행계정이라고 보면 된다. 예를 들어 통장에 예금을 하거나, 대출을 받거나, ATM 수수료를 이용하거나, 외화 환전을 하는 등 이런 일상의 은행거래는 모두 은행계정으로 처리가 된다는 것인데, 여기서는 신탁계정이라는 개념에 대해서 짧게 알아보고 넘어가도록 하겠다. 신탁 업무는 외부법령인 신탁업법에 의해서 1980년대부터 은행에서 취급은 할 수 있지만, 은행업무로 인해서 발생하는 은행계정의 회계처리와는 별도로 신탁계정을 분리해서 관리가 되어야 한다. 신탁은 금전, 부동산, 유가증권 등을 고객(위탁자)이 은행에 위탁하면, 은행이 수탁자로서 고객의 자산을 관리,운영하고 그로부터 발생하는 신탁수익을 수익자(위탁자 또는 위탁자가 지정한 자)에게 돌려주는 금융거래의 형태이다. 대부분의 경우 고객(위탁자)이 특정 자산을 은행에 위탁하는 경우보다는, 금전을 맡기면 은행에서 특정자산으로 특정투자처(유가증권 또는 기타)로 운용하고 그 운용수익을 돌려주는 형태로 운영되어지고 있다.

(단위 : 억 원)

구분		2017년 12월 말	2016년 12월 말	증감
대출금		1,869,231	1,785,859	83,372
	은행계정	1,869,115	1,785,779	83,336
	신탁계정	116	80	36
유가증권		433,843	345,345	88,498
	은행계정	408,007	327,473	80,498
	신탁계정	25,836	17,872	7,964
총여신		1,947,049	1,864,559	82,490
	은행계정	1,945,336	1,864,335	81,001
	신탁계정	1,713	224	1,489
총수신		1,286,540	1,163,808	122,732
	은행계정	1,089,455	1,006,633	82,822
	신탁계정	197,085	157,175	39,910
총자산		3,079,253	2,928,752	150,501
	은행계정	2,564,308	2,414,784	146,524
	신탁계정	530,796	529,592	1,204
	상호거래(△)	12,851	15,24	△2,773

▲ | 은행의 2017년도 영업규모[69]

위의 표는 I 은행의 2017년도 전체 총여신, 총수신 규모를 보여주는 내용인데, 이 표를 보면 2017년도 총 수신은 128조 6,540억 원인데 그중에 은행계정 수신이 108조 9,455억 원이고, 신탁계정 수신이 19조 7,085억 원 수준임을 볼 수 있다. 이렇게 은행에서의 신탁계정은 주된 비즈니스 모델인 은행계정에 비해 그 규모가 매우 작다는 것을 또한 알고 있으면 좋을 것 같다.

은행의 회계와 수익구조에 대해서는 크게 세 가지 부분에 대해서 언급하였고, 이 세 가지 정도만 알아놓은 상태에서 은행의 손익계산서를 들여다보면, 기존보다는 조금 더 보기가 쉬워질 것이라고 생각된다. 은행의 재무제표는 정기적으로 공시가 되는데, 그 자료는 금융감독원 전자공시시스템(http://dart.fss.or.kr)이나 은행연합회(http://www.kfb.or.kr)로

---

[69] 자료 : 은행연합회

들어가 보면 어렵지 않게 열람이 가능하다.

2) 이자수익과 비이자수익

위에서 은행의 손익계산서를 한번 훑어보았다. 은행 손익계산서의 첫 번째 항목인 '수익(Income)' 부분은 크게 이자부문 수익과 비이자부문 수익으로 나눌 수 있다. 이자부문 수익은 대출이나 예금 등 이자가 발생하는 모든 금융거래에서 생기는 수익을 말하고, 비이자부문 수익은 이자를 수반하는 거래가 아닌 모든 금융거래에서 발생하는 수익을 말한다.

이자부문 수익은 다시 이자수입과 이자비용이 있을 수 있는데, 이자수입은 대표적으로 떠올릴 수 있는 것이 대출이자 수입일 것이고, 이자비용은 역시 대표적으로 예금이자 비용을 떠올릴 수 있을 것이다. 대출이자를 받아서 은행은 수입이 되고, 그 수입으로 예금이자를 지급해 줄 것이니 말이다. 대표적인 이 개념이 바로 '예대마진'이라고 흔히 일상이나 언론에서 자주 나오는 용어이다. 한 은행의 평균 대출이자 금리에서 평균 예수금이자 금리를 차감하면 그 마진(차이)이 발생하는데, 이것을 '예대마진'이라고 한다.

용어로 인해서 혼란이 있을 수도 있어, 아래와 같이 요약해 보기로 한다.

> 은행의 수익 = 이자부문 수익 + 비이자부문 수익
>
> * 이자부문 수익 = 이자수입 - 이자비용
> * 비이자부문 수익 = 각종 수수료 등 기타 수익

아주 큰 문제가 이 부분에 있는데, 은행의 수익에서 차지하는 이자부문 수익과 비이자부문 수익의 비중에 대해서 언급하고자 한다. 문제는 크게 두 가지로 나눠서 언급할 수 있다. 첫째, 은행의 수익 전체에서 이자부문 수익이 차지하고 있는 비중이 너무 크다는 점을 들 수 있다. 이를 보기 위해서 앞에서 봤던 [I 은행의 2017년도 손익계산서]를 다시 보기로 하자.

제57기 : 2017년 1월 1일부터 2017년 12월 31일까지
제56기 : 2016년 1월 1일부터 2016년 12월 31일까지

(단위 : 백만 원)

계정과목	제57(당)기		제56(전)기	
Ⅰ. 순이자손익		4,859,384		4,564,778
1. 이자수익	7,472,714		7,249,420	
2. 이자비용	(2,613,330)		(2,684,642)	
Ⅱ. 순수수료손익		317,228		287,172
1. 수수료수익	720,827		652,276	
2. 수수료비용	(403,599)		(365,104)	
Ⅲ. 단기매매금융상품 관련 순손익		(253,552)		273,133
Ⅳ. 위험회피회계 관련 순손익		114,693		(61,385)
Ⅴ. 금융상품 관련 기타손익		176,565		(16,049)
Ⅵ. 외환거래손익		366,243		(87,418)
Ⅶ. 총영업이익		5,580,561		4,960,231

▲ | 은행의 2017년도 요약 손익계산서 일부[70]

2017년도에 총영업이익이 5조 5,805억 원 수준인데, 이 중에서 이자부문 수익이 4조 8,594억 원 정도를 차지한다는 점이다. 위의 은행의 경우에는 이자부문 수익이 전체 이익에서 차지하는 비중이 약 87% 정도 되는데, 다른 은행들도 모두 마찬가지로 이 비중이 80% 이상을 넘어 약 90% 수준에 육박하고 있다는 점이다. 이 부분이 문제가 되는 이유는 시중에 금리가 높을 때에는 괜찮은데, 시중에 금리가 저성장, 저금리 기조로 이어지고 있을 때에는 예금이자와 대출이자의 차이인 예대마진이 상대적으로 낮아질 수밖에 없어서, 대외요인(시중의 금리상황)에 은행의 수익성이 많이 의존하게 된다는 점이 문제인 것이다. 대외요인과 관계없이 은행에서는 자체적인 수익원을 가지고 안정적인 영업활동을 할 수 있어야 국가적으로도 사회적으로도 바람직할 수 있는데 이 부분이 많이 취약한 구조를 보이고 있다는 것이다.

둘째, 비이자부문의 수익에서는 절대적으로 '수수료부문 수익'이 차지하는 영향이 많다는 것이다. 수수료부문 수익이라고 하면 일반적으로 통장 재발행 수수료, 송금 수수료, 환전 수수료, ATM기 사용수수료 등의 수수료를 말하는데, 일반 개인 고객들을 대상으로 한 이러한 수수료 수입과, 또 기업고객들을 대상으로 한 외환거래 수수료, 신용장 발행 수수료, 자금이체 수수료 등 이러한 수수료 부분의 비중이 비이자부문 수익에서 차지하고 있는 비중이 크다는 점을 들 수 있다.

이 두 가지 문제점을 극복하기 위한 노력은 각 은행들이 수십 년 전부터 해오고 있는 중이다. 비이자부문의 강화, 비이자부문 수익성 향상, 다양한 수수료체계 확립, 수수료수입 이외의 비이자부문 신규개척 등이 그것이다.

2010년 이후의 은행의 상황을 보면, 글로벌 선진국에서의 양적완화 및 글로벌 경제의 저성

---

[70] 자료 : 은행연합회

장, 저금리 추세가 이어지면서 국내 경제도 저성장, 저금리 추세를 계속 이어가고 있다. 2013년도에는 직전 연도인 2012년 대비 은행의 수익성이 반토막이 나고 있다는 언론의 기사도 많이 봤을 것이다. 은행의 수익성이 반 토막이 났다는 이유 중에 아주 큰 부분이 바로 이 부분이다. 물론 이 부분 외에 대기업의 구조조정, 대손충당금 적립 등의 이유도 있지만, 이자부문 수익에 크게 의존하던 은행의 체질상 금리가 저금리를 유지하고 있으니, 이자부문에서 수익을 기대하기가 어려워졌던 것이다.

그래서 각 은행들은 긴급 자구책으로 비이자부문 수익을 높여야겠다는 생각으로 한때는 수수료 인상에 대한 기사도 많이 나왔던 적이 있었다. 그러나 이마저도 저성장 시대에 결국 은행의 수익성을 국민의 수수료 부담으로 메우려고 한다는 비난에 부딪히며 현재는 수수료 인상에 대한 이야기는 더 이상 나오고 있지 않은 상황이다. 이렇게 은행의 수익구조가 취약하다는 것이 이 두 가지 문제점에서 여실히 찾아볼 수 있는 내용이고, 수십 년 전부터 노력해왔지만 아직까지 완벽히 풀고 있지 못한 숙제이니만큼 우리나라 은행들이 앞으로 또 계속 풀어나가야 할 숙제이기도 한 것이 바로 이 부분이다.

은행 수익구조에서 이자부문에 대한 수익에 절대적으로 의존하고 있는 구조를 탈피해야 한다는 점, 또 비이자부문 수익에서는 수수료부문 수익에 크게 의존하고 있는 구조를 탈피해야 한다는 점이 쉽지 않은 과제로 앞으로도 계속 나오게 될 문제인 듯하다.

> **참고** 은행부문(은행계정), 비은행부분(비은행계정), 이자부문, 비이자부문
> - **은행부문** : 일반적인 예금, 대출, 외환, 수출입기능 등의 은행에서 회계처리가 되어지는 비즈니스 부문
> - **비은행부문** : 은행 내부에서도 은행계정을 제외한 신탁계정, 보험계정 등의 비즈니스 부문
> - **이자부문** : 은행의 전체 수익성 중에서 '이자'로 인해서 비즈니스가 영위되어지는 사업이나 회계부문(예 : 대출, 예금, 카드론, 어음할인 등)
> - **비이자부문** : 은행의 전체 수익성 중에서 '이자'와 관계없는 비즈니스나 회계부문(예 : 수수료, IB, 보험판매, 해외수익 등)

3) 자금의 조달과 운용 및 수익성

■ 자금의 조달과 운용

은행은 불특정 다수의 고객으로부터 자금(예금)을 조달하여, 다시 대출고객들에게 대출로서 그 자금을 운용하게 된다. 이때 예금부분은 은행의 입장에서는 자금의 조달측면이 되고, 대출부분은 은행 입장에서는 자금의 운용측면이 된다. 어떻게 조달하고 어떻게 운용을 해야, 은행에서는 수익성과 건전성을 높일 수 있을까?

미국에서 아이폰을 수입해서 국내에서 판매하는 경우를 예로 들어보자. 당연히 수입가격을

적게 하고, 국내 판매가격을 높게 해야 이 수입판매업체는 수익성을 최대화 할 수 있을 것이다. 수입가격이 조달가격이고, 국내 판매가격이 운용가격인 셈이다. 은행도 마찬가지이다. 예금이자를 낮게 책정하고 대출이자를 높게 책정할수록 은행의 입장에서는 수익이 많아지게 될 것이다. 그렇다고 예금이자를 무작정 낮게 하거나, 대출이자를 무작정 높게 책정할 수는 없다. 예금(조달)도 대출(운용)도 모두 다른 은행들과 경쟁관계에 있기 때문이다.

은행의 예금(자금조달)부문은 조달비용에 따라 나눠 볼 수 있다. 은행의 입장에서 가장 바람직한 경우는 조달비용이 적게 들어가는 예금이 많은 경우이다. 일반적인 예금의 형태로 말하자면, 금리가 낮은 예금으로 보통예금, 저축예금, 자유저축예금, 당좌예금, 기업자유예금 등 입출금이 자유로운 예금이 그러할 것이다. 이런 예금들의 경우에는 예금이자가 아예 없거나 낮기 때문에 이런 예금 잔액이 많을수록 그 은행은 자금조달 비용이 낮아질 것이다. 이러한 예금을 은행에서는 '기반성 예금' 또는 '저코스트 수신' 등으로 표현한다.

다음은 저축성 예금이다. 정기예금, 정기적금 같은 경우로 위의 기반성 예금에 비해서 금리가 조금 더 높은 경우로 은행의 입장에서는 '저코스트'는 아닐 수 있어도, 장기간 저축기간이 약정되어 있다는 측면에서는 안정적인 자금조달원이 될 수 있다.

다음은 시장성 예금이다. 시장성 예금은 시장금리를 반영한 예금으로 은행 수익성의 입장에서는 그렇게 바람직한 조달재원은 아닐 수 있을 것이다. 예금(수신액)의 규모를 늘리는 데에는 기여를 할 수 있어도, 수익성에는 크게 기여를 하지 못하는 예금의 성격이다. 예금 종류로는 표지어음, 양도성예금증서(NCD), 환매조건부채권(RP) 등이 있을 수 있다. 당연히 은행의 입장에서는 저코스트 수신을 안정적으로 많이 확보하는 것이 가장 수익성을 위해서는 바람직할 것이고, 이런 예금들을 늘리려는 노력을 하고 있다.

■ CD금리, 코픽스(COFIX), 코리보(CORIBOR)

CD금리는 양도성예금증서(NCD, Certificate of Deposit) 발행금리를 말하는 것으로, 기존에는 은행들이 변동금리대출을 취급하는 데 있어서 CD발행금리를 기준금리로 많이 사용하였다. 그러나 외국과 국내의 CD금리 조작에 대한 신뢰도 추락, NCD 발행잔액 급감 등의 사유로 CD금리는 더 이상 대출금리의 기준으로서 신뢰도를 유지하기가 어려워지게 되어서 각 은행들은 CD금리를 대체할 대출(자금운용) 기준금리가 필요하게 되었다. 그 대안으로 제시된 금리가 COFIX금리와 CORIBOR금리이다.

코픽스(COFIX, Cost of Fund Index)는 CD금리가 가지는 문제점을 보완하기 위해서 변동금리대출의 기준금리로 제시된 대표적인 은행의 조달금리 산정기준이다. 일정기간 은행들이 자금을 조달(예금의 예치)하는 데 있어서 몇몇 대표적인 예금과목에 대해서 적용되었던 조달금리를 가중평균한 지수이다. 대표적인 예금과목은 정기예금, 정기적금, 상호부금, 주택부금, 양도성예금증서 등의 과목을 정해서 운영하고 있고, 일정기간은 보통 월 단위로 이루어진다. 한 달 동안 신규로 취급되었던 정해진 예금과목들의 평균금리를 '신규취급액 기준 코픽스'라고 하고, 한 달 동안 잔액이 남아있는 해당 예금들의 평균금리를 '잔액기준 코픽스'라고 한다. 이 코픽스 금리는 은행에서 일정기간(한 달) 동안 자금조달을 했던 가중평균금리로, 대고객 변동금리대출(자금운용)에 있어서 기준금리로 활용하고 있다.

코리보(KORIBOR, Korea Inter-bank Offered Rates)는 국내 은행들 간에 일일 자금거래에서 제시되어지는 은행 간 적용금리를 평균하여 매일 매일 고시하는 금리체계로, 런던 은행 간 금리인 리보(LIBOR)금리를 본떠 2004년도부터 사용하는 금리체계이다. 코리보 금리는 매일 매일 고시가 되어지는데, 매일 실제 적용되어는 실금리를 적용할 수 있다는 측면에서, 한달간 계산되어진 과거의 금리체계인 코픽스금리보다 신뢰도가 높을 수 있어, CD금리를 대체할 기준금리체계로 부상하고 있다.

CD금리, 코픽스, 코리보는 모두 은행의 입장에서 보면 자금의 조달측면에 있어서의 기준금리로, 조달기준금리로 결국 운용(대출) 기준금리를 삼게 된다는 것이다. 자금의 운용(대출)은 당연히 조달금리에서 일정 마진을 더하여 운용하게 되고, 이 일정 마진은 은행측의 입장에서 자금 조달 및 운용에 대한 비용과 수익을 합한 개념이 될 것이다.

- 자금운용(대출) 금리 = 자금조달 금리 + 마진
- 마진 = 자금을 조달하고 운용하는 비용 + 은행의 수익

■ 예대마진과 순이자마진

'예대마진'은 '예대금리차'와 같은 의미로 쓰이는데, 은행에서 대출을 해주고 받은 대출이자 금리를 가중 평균하여 산출한 대출이자 가중 평균금리에서 은행예금이자로 지급해준 예금이자의 가중 평균금리를 뺀 차이로, 퍼센트(%) 단위로 표시가 된다.

대출이자가 높고 예금이자가 낮을수록 예대마진은 커지게 된다. 그렇게 하기 위해 은행에서는 대출과목별로 대출금리가 달리 적용되어질 수 있는데, 금리가 상대적으로 높은 대출을 많이 할수록 유리하고, 또 예금을 받을 때에는 예금이자율이 낮은 수시입출금식 예금이나, 저축예금 등 저코스트 예금을 많이 받을수록 예대마진은 높아지게 된다. 반면, 시장성 예금을 많이 받아서 저금리 대출을 많이 해 주는 경우에는 예대마진이 낮아지게 될 것이다.

또, 통상 장기 저금리 시대에는 예금이자율도 낮아지고 대출이자율도 낮아져서 예대마진이 낮아지는 반면, 금리 인상시기에는 대출이자율의 상승폭을 조절함에 있어 조금이라도 더 운신의 폭이 넓어지는 면이 있어서 안정적인 예대마진을 확보하기가 수월해지는 경향이 있다.

순이자마진은 예대마진을 포함하는 개념으로 예대마진에 원화, 외화, 유가증권 운용마진 등을 추가한 개념이다. 예대마진과 순이자마진을 공식화하면 다음과 같다.

- 예대마진 = 대출이자율 − 예금이자율
- 순이자마진 = (이자수익자산 운용수익 − 이자비용부채 조달비용) / 이자수익자산

금융감독원은 이자부분 수익성 측정지표로 예대마진을 사용했지만, 2000년 이후부터 순이자마진도 이자부분 수익성 측정지표로 사용하기 시작했다. 왜냐하면 복잡해지는 금융거래에서 은행의 수익성을 종합적으로 판단하기에는 예대마진으로는 부족하다고 판단하였기 때문에 순이자마진으로 변경하게 된 것이다. 즉, 은행의 수익성지표로 원화는 물론 외화, 유가증권 운용마진 등을 포함한 전체 이자부문 수익성 측정을 위해 순이자마진(NIM)을 도입한 것이다.

3. 바젤과 자산건전성

바젤은 스위스의 제2대 도시이다. 인구는 약 20만 명 정도라고 하는데, "바젤"이라는 단어는 스위스의 도시 이름보다는 "은행의 자산건전성"이라는 개념을 먼저 떠올리게 된다.
바젤, 바젤위원회, 국제결제은행, BIS비율. 이 네 단어는 통상 같거나 비슷한 개념으로 통용되어질 수 있는 용어이다. 바젤이라는 도시에 국제결제은행이 있고, 이 국제결제은행이 영어로는 Bank for International Settlement인데 약자로 BIS라고 하고, 바젤위원회는 주요 선진국(G10)의 중앙은행 및 은행 감독 당국의 대표로 구성된 위원회인데 3개월에 한 번씩 국제결제은행(BIS)에서 회의를 가지게 된다. 이 바젤위원회에서 만든 국제기준을 약칭으로 바젤 I, 바젤 II, 바젤 III, 또는 BIS자기자본비율 등으로 부르고 있다.
국제결제은행은 1차 세계대전 이후 1930년에 독일의 전쟁 배상문제를 처리하기 위해서 서방 12개국의 공통출자 하에 중앙은행 간 협력기구로 스위스 바젤에 만들어지고 출범하게 된 국제금융기구이다. 최근까지 이어져 오면서 국제금융시장의 안정화와 세계 각국에 있는 상업은행들의 건전성과 자본규제에 대한 국제적 통일기준(BIS 기준)을 만들고 있다.
1988년대에 "바젤 I"이 만들어지는데, 이때 주된 내용은 금융기관이 각 금융기관의 위험가중자산대비 자기자본비율을 8% 이상을 유지토록 하고, 최소 자본건전성 수준으로 이 비율을 준수할 수 있도록 제시하였다. 그 이후, 2004년에 바젤 II가 발표되고, 다시 회원국 수를 G10국가에서 우리나라를 포함한 G27개 국가로 확대하면서, 2010년에 이르러 바젤 III를 발표하게 된다. 바젤 III는 바젤 II가 총 자본비율만 일정수준을 넘으면 되었던 것에 비해서, 총자본비율, 보통주자본비율, 기본자본비율 등도 모두 일정수준 넘어야 하는 조금씩 까다로워지는 기준으로 2013년 12월부터 우리나라에서도 적용되어지고 있다.
바젤 I, 바젤 II, 바젤 III를 지나면서 바젤회원국의 확대와 함께, 각국의 경제상황에 맞는 공통된 규범과 기준의 제시, 정교해진 규제방안 마련이 이루어지고 있는 것이다. 향후에도 계속 바젤 IV, 바젤 V 등이 나올 수 있겠지만, 완전한 규제는 없는 만큼 최적의 균형점과 효율적인 규제책을 마련하는데 목표를 두고 계속 세계 각국의 상업은행들의 건전성과 건전한 자본규제에 초점을 두고 활동해 나갈 것으로 보인다.
바젤 III에서는 위험가중치로 환산한 위험가중자산 대비 총자본비율 8% 이상, 기본자본비율 6% 이상, 보통주자본비율 4.5% 이상을 요구하고 있는데, 우리나라 시중은행의 경우[71] 모두

이 기준을 충족하고 있다.

은행	총자본비율	기본자본비율	보통주자본비율
국민은행	16.01	14.86	14.86
기업은행	14.16	11.60	9.99
신한은행	15.42	13.09	12.69
우리은행	15.39	13.02	10.95
KEB하나은행	15.97	13.56	13.44
농협은행	14.83	12.04	11.72

4. 은행 업무에 대한 감독과 규정

금융업은 금전과 화폐를 주된 비즈니스 도구로 활용하는 업종이라 대표적인 규제산업, 감독산업이라고 할 수 있다. 금융업종은 모두 마찬가지이긴 하지만 은행업종, 증권업종, 카드업종, 보험업종 등이 모두 마찬가지이지만, 우리는 은행업에 대해서만 필요한 범위 내에서 알아보기로 하자. 은행을 둘러싼 감독과 관련해서는 크게 두 가지 영역으로 나눠서 볼 수 있겠다. 크게 은행 내부의 대내적인 내부 감독체계와 대외적인 외부감독체계로 나눌 수 있고, 다시 내부감독은 다시 본점 차원의 감독과 지점 차원에서의 감독기능으로 나눌 수 있고, 외부감독은 글로벌 기준과 로컬 기준으로 나눠서 볼 수 있겠다.

1) 은행 외부의 감독과 규정

이 부분은 크게 다시 글로벌 규칙과 국내 감독체계로 나눠서 생각할 수 있다.

먼저 글로벌 규칙은 일상생활이나 은행업무 기초지식을 위한 수준에서는 크게 두 가지 정도를 생각해 볼 수 있다.

첫째는 앞에서도 잠깐 언급했던 것처럼, 국제결제은행(BIS)을 중심으로 한 바젤위원회 규정을 들 수 있다. 이 규정은 글로벌 금융거래가 더욱 확대되어지는 여건하에서 각국의 상업은행들이 건전성과 안정성을 가지기 위한 최소한의 규칙이라고 볼 수 있는데, 현재 바젤 III라고 하는 규칙이 적용되어지고 있다. 이 바젤 III에 대해서는 앞에서 잠깐 살펴보았다.

둘째는 국가 간 외환(수출입)거래에서 아주 많이 사용하게 되는 신용장(L/C) 거래를 함에 있어서 각국의 상업은행은 이 과정에 필연적으로 관여하게 되는데, 무역거래에서 신용장을 중심으로 한 각국 간의 통일된 규칙이 필요하게 된다. 각국의 상관습이나 제도 외환거래를 위한 금융여건이 상이한 점, 또 국가 간의 거래를 함에 있어서 공통된 규칙이 없는 상태에서의 혼란을 막기 위해서 민간기구인 국제상업회의소(ICC, International Chamber of

---

71) 2017년 12월 말 기준, 단위 : %, 자료 : 금융감독원

Commerce)에서 1933년 '신용장통일규칙(UCC, Uniform Customs and Practice for Documentary Credits)'을 제정하여 현재까지 여러 차례 개정작업을 거쳐 오면서, 현재는 'UCP600'이라고 하는 신용장 통일규칙 6차 개정판이 국가적으로 널리 사용되어지고 있다.

> **참고** 국제상업회의소(ICC, International Chamber of Commerce)
> 1차 세계대전 이후 세계경제의 부흥을 위해서 1919년에 국제 민간기구로 설립되었으며, 현재 130여 개 국가의 기업들과 단체에서 이 각국의 회원사로 가입되어있다. 주로 신용장통일규칙을 포함한 상업, 금융기관 간의 거래, 물류운송, 무역, 상관습 등에 대한 규칙을 다루고 있고, 다양한 분야에 대한 조사, 연구활동도 실시하고 있다. 국제상업회의소는 프랑스 파리에 소재하고 있고, 우리나라는 1951년도에 가입하였다.

다음은 국내 규칙이나 감독규정을 보도록 하자.

은행은 대표적인 규범(규제)산업이라 은행과 관계된 법령이나 규정체계는 아주 많다. 은행법, 한국은행법, 민법, 상법, 어음수표법, 외국환거래법, 대외무역법, 예금자보호법, 금융실명제법 등등 이런 법체계와 관련 시행령과 세칙에 의해 영향을 받는다. 또한, 은행 외부의 금융감독원의 감독규정, 금융위원회 규정, 각 은행들 간의 신용정보관리규약 등 은행을 둘러싼 대외적인 규범과 규칙은 일일이 설명할 수 없을 정도로 많다.

2) 은행 내부의 감독과 규정

이러한 은행 외부의 감독과 규정체계를 근거로 각 은행들은 다시 은행 내부적인 감독체계를 만들게 되는데, 이렇게 만들어진 내부적인 규칙체계가 각 은행의 규정집, 규정, 내부규칙이 된다.

이는 먼저 은행차원에서 공통적으로 모든 은행원과 본점 및 지점에서 공통적으로 준수해야 하는 규정체계가 있고 각 지점들은 지점 차원에서 지점 감사체계를 가지게 되는데, 은행 본점부서를 보면 "검사부" 또는 "검사실"이라고 하는 부서가 있는데, 이 부서에서 하는 업무가 위의 대내외 감독규정이나 지침을 잘 준수하고 있는지에 대해서 정기적으로 검사하고 또 상시적으로도 검사하는 검차제도를 주관하는 부서이다.

지점단위에서는 앞에서 지점의 조직부분에서 간단하게 언급했듯이 각 지점에서 반드시 있어야만 하는 기능으로 '감사'기능을 설명하였는데, 이 감사 기능은 지점 내 직원들이 하루 종일 또는 계속적인 영업 및 거래관계를 고객들과 함에 있어서 대내외 규정이나 규칙을 잘 이행하고 있는지를 지점차원에서 상시적으로 감독, 관리하는 기능이라고 설명할 수 있다. 예를 들면, 규정에 위배되게 고객의 인감이나 현금을 보관하고 있지는 않는지, 결재를 마쳐야 할 서류가 결재가 되지 않은 채로 방치되어지고 있지는 않는지, 각 직원들의 시재(현찰보유 및 관리상태)는 적절하게 마감되어지고 있는지, 불필요한 고객과의 거래관계는 없는지, 금융사고가 일어날만한 조짐은 없는지 등등 이런 부분들을 체크하고 또 관리하는 기능이다.

은행이 대표적인 규제산업이고, 이러한 대내외 감독규정은 시간이 지날수록 점점 다양해지고 첨단화되어지고 있지만, 그래도 최근의 상황을 보면 개인정보의 유출 등 금융사고의 발생이 빈번한 상황을 접하게 된다. 법과 감독, 규정이 있다고 해서 막을 수 있는 게 아니라면, 금융인들 자체적인 자각이나 자성, 그리고 인성적인 부분에서의 금융인다움이 더욱 필요한 시기가 아닐까 생각된다.

5. 지점단위의 수익성

앞에서 은행 전체의 수익성에 대한 내용을 보았다. 이자부문 수익, 비이자부문 수익, 또 그중에서 수수료부문 수익 등 이런 내용들을 언급했었는데, 이 부분이 이제 조금 더 세부적으로 은행의 지점단위에서는 어떻게 계리가 될지에 대해서 기본적인 차원에서 살펴보도록 하자. 은행에 본점이 있으면 보통 지점들은 수백 개를 가지고 있다. 각 지점들은 지점 번호를 가지고 있다. 1번 지점, 2번 지점, 3번 지점… 이런 식으로 숫자형태로 가지고 있고, 이것을 '지점(支店)번호' 또는 '점(店)번호'라고 은행에서는 부른다.

1번 지점의 경우를 예로 들어보자. 1번 지점은 예금도 있고, 대출도 있고, 환전수수료도 있고, 수출입업무도 있고, ATM기기도 있고, 공과금 수납업무도 있고, 일반적인 은행지점의 형태를 가진 아주 평범한 지점의 경우이다.

어떤 고객이 와서 이 1번 지점에 1년 만기 정기예금(연 금리 2% 가정) 10억 원을 예치한다고 하자. 그러면 이 1번 지점 창구에서는 전산으로 예금 10억 원을 등록하고 고객에게 10억 원이 기록되어있는 통장도 교부를 해 줄 것이다. 물론 통장에는 1년 후에 약정금리 2%도 인자가 되어있을 것이다. 창구에서 수표(또는 현찰)로 10억 원을 받았는데, 이 1번 지점에서는 실물 10억 원을 어떻게 처리할 것인가? 금고에 1년간 넣어놓고 있을 것인가? 아니면 그 다음 대출자를 빨리 찾아서 대출을 해 줄 것인가?

모두 아니고, 전산으로 인자한 후에 이 10억 원이라는 돈은 바로 본점으로 계리가 된다. 본점으로 자금을 빌려주는 것이다. 이때 적용되어지는 금리를 '본지점 간 금리' 또는 '내부이전금리' 또는 '내부이전가격'이라고 한다. 내부이전가격이 2%보다 낮다면 이 1번 지점은 손실을 보게 될 것이다. 통상 내부이전가격은 각 지점에서 판매가 되는 예금상품의 금리보다는 높은 게 보통이다. 그러면 만약 내부이전 금리를 연 2.5%라고 한다면, 이 1번 지점은 정기예금 10억 원을 예치 받음으로 인해서 1년간 0.5%의 수익을 올릴 수 있을 것이다. 금액으로는 5백만 원이 된다.

반대로 이제 1번 지점에 대출고객이 찾아와서 대출을 해 주게 된다고 해 보자. 역시 10억 원을 대출하는데, 대출이자를 연 5%로 하기로 하였다. 그러면 다시 본지점 간 거래로 내부이전가격을 적용해서 이번에는 본점에서 자금을 빌려오게 된다. 이번에도 마찬가지로 내부이전가격을 2.5%라고 한다면, 이번에는 연간 2.5%의 수익을 1번 지점에서 올리게 된다. 금액으로는 2천5백만 원이 된다.

통상 수신업무에서의 내부이전가격과 여신업무에서의 내부이전가격은 자금의 조달 및 운용처에 따라서 조금씩 다른 게 보통이며, 이렇게 예금과 대출거래를 통해서 각 지점들은 수익을 계산하게 된다. 대출이자와 예금이자는 이런 식으로 계산이 되어지고, ATM기기에 대한 사용 수수료도 이 1번 지점의 수익에 들어가게 될 것이고, 환전이 있으면 환전수수료도 이 1번 지점의 수익에 들어가게 될 것이다.

수익을 계리하는 방법은 '전산'이라는 좋은 도구가 있는데, 전산에서 은행담당 직원들이 입력을 하면, 해당 지점의 수익이라는 전산상의 사이버 바구니(계정)로 계속 차곡차곡 쌓이게 된다. 이런 반복적인 거래가 한 달, 두 달, 1년… 이렇게 쌓이다 보면, 어떤 특정시기에 전산상의 사이버 바구니(계정)를 열어 보면, 그동안 수익은 얼마가 있었고, 비용은 얼마가 있었고, 손실은 얼마가 있었는지 등에 대한 정보들이 회계처리가 되어지는 것이다.

대출이자는 대분류로 수익이라는 계정 안에서, 다시 중분류로는 대출이자, 소분류로는 OO대출이자 등의 형태로 과목별로도 미세하게 분류가 되고, 예금이자도 마찬가지로 대분류로는 비용이라는 계정 안에서, 다시 중분류로는 예금이자, 소분류로는 OO예금이자 등의 형태로 과목별로 미세하게 분류가 되는 것이 은행의 전산시스템이다. 여신, 수신, 외환 등의 거래에 따라서 분류가 세분화되어 있으며, 해당 담당직원이 입력하는 과정에서 전산상으로 해당계정으로 찾아 들어가서 차곡차곡 쌓이게 되는 것이다.

주위에 지점에서 근무하는 직원들을 만나보면, "우리 지점은 수익이 좋다.", "우리 지점은 수익성이 좋지 않다"는 이야기를 가끔 듣게 되는데, 이런 과정을 통해서 이런 정보들에 의해서 나오는 이야기들이다.

그렇다보니, 은행 지점에서 근무하는 직원들의 입장에서는 같은 시간을 들여 영업활동을 하더라도 상대적으로 수익성이 높은 상품을 판매하려 할 것이고, 조금이라도 본인이 근무하는 지점에 수익성에 도움이 되도록 근무하려고 할 것이다. 신용카드 한 좌를 신규유치 했을 때 평균 지점으로 귀속되어지는 수익성이 연간 얼마가 되며, 펀드 한 계좌를 판매하게 되면 수익성이 얼마가 되며, 이런 내용들을 직원들이 숙지하고 있다는 것이고, 이런 과정들을 통해서 해당 지점의 수익성이 결정이 된다.

이렇게 개별 지점의 수익성이 모여지고 모여져서 전체적으로 은행의 수익성이 합산이 되어지는 시스템이다. 또, 은행에서는 지역별로, 비슷한 영업구역의 특성을 가지고 있는 지점들끼리 '군(群)'을 만들어 경쟁을 하게 된다. 이를 '사업본부제', 또는 '본부제'라고 하는데, 같은 사업본부에 속한 여러 지점들은 수익성이나 지표적인 측면에서 경쟁을 하게 되고, 그러다보니, 지점에 근무하는 직원들은 영업에 대한 압박이나 이런 점에 대해서 호소를 하기도 한다. 해당 사업본부나 해당 군(群)에서 우수한 성적을 거두는 지점의 경우에는 은행에서 포상이나 성과급, 또는 승진의 기회, 연수기회 부여 등 혜택이 주어지는 경우가 많기 때문에, 자연스러운 경쟁이 이루어지고 있는 셈이다.

6. 금리(이자)의 결정과 고시

1) 금리의 정의

'금리'란 경제학 교과서에서는 '화폐의 시간적 가치'라는 표현으로 정의가 많이 되어있다. 정확히 맞는 표현이고, '화폐'라는 물건을 사는 가격을 '금리'라고 해석할 수도 있겠다. 우리가 슈퍼에서 식빵을 살 때 가격표대로 가격을 지불하듯이, 1개월짜리 자금(화폐), 2개월짜리 자금(화폐) 등을 살 때 지불해야 하는 가격이 바로 '금리'인 것이다.

예를 들어, 예금에서 은행의 3개월 만기 정기예금 금리가 연 3%라고 하자. 이 3%라는 금리는 은행에서 3개월짜리 자금(화폐)을 일반인들로부터 사는 가격으로 3%를 지불하겠다는 의미이다. 반대로 대출에서, 1년 만기 1억 원을 은행으로부터 대출받는데 대출이자율이 연 5%라고 하자. 이는 우리가 1년짜리 자금(화폐) 1억 원을 사는데 연 5%의 비용을 지불하게 된다는 것이다. 이렇게 금리란 기간에 따른 자금(화폐)의 가격 또는 가치라고 정의내릴 수 있다.

이제 좀 더 실생활에서 밀접한 부분에 대해서 이야기해 보기로 하자. 취업준비생들이나 학생들에게 금리가 어떻게 결정이 되어지냐고 질문을 하면, 경제학을 좀 공부를 했던 친구들이라면, 자금(화폐)의 수요와 공급에 의해서 결정되어진다고 답변을 한다. 면접에서도 마찬가지다. 또, 일반인에게 질문을 해보면 더 황당한 답변을 한다. 가령, 집에 있는 주부나 직장인에게 우리나라에서 금리가 어떻게 결정되어지냐고 질문을 해보면, 모른다는 답변, 은행에서 결정한다는 답변, 정부에서 결정된다는 답변, 한국은행에서 결정된다는 답변 등등 여러 가지 답변들이 나오게 된다.

이론적으로는 분명히 화폐의 수요와 공급에 의해서 결정되어진다는 것이 맞다. 필자도 경제학을 전공했지만 그렇게 배웠고 지금도 그렇게 기억하고 있다. 그렇다면, 화폐의 수요와 공급에 의해서 실제로 시장에서 그렇게 결정이 될까? 이 부분을 실제 경제에서는 어떤 메커니즘을 가지고 우리나라에서 결정이 될지에 대해서 이야기해 보기로 하자.

우리나라에서 금리의 출발점은 '한국은행 기준금리'이다. 꽃에는 씨앗이 있듯이, 또 나무에는 뿌리가 있듯이, 한국은행 기준금리는 우리나라 금리체계의 씨앗이고 뿌리인 셈이다. 한국은행 기준금리를 이야기하자면 다시 먼저 한국은행과 한국은행의 통화정책을 이야기해야 하고, 통화정책에 대해서는 제3편에서 설명하였다.

2) 시중은행의 금리결정과 고시

우리 일상생활에서 보면, 위에서도 언급했지만, 한국은행기준금리의 변화는 시중은행 금리의 변화를 가져오게 되고, 한국은행 기준금리의 동결, 인상, 인하와 관계없이 시중은행의 대출금리나 예금금리가 수시로 변화할 수도 있는데, 왜 그럴까?

한국은행기준금리의 변화나, 또는 변화가 되지 않고 동결이 되는 경우라고 하더라도, 시중은행에서는 2004년 이후 금리자유화조치에 의해서 여수신금리를 은행재량에 따라 결정할 수 있도록 되어있다. 한국은행의 금융통화위원회처럼 각 시중은행에서도 대내적으로 자체적인 금리를 결정하는 기구를 가지고 있게 되는데, 경영기획부서나, 리스크관리부서, 자금부, ALM부서 등 관련부서에서 이 기능을 담당하면서, 관련 부서장들과 은행장과 함께 내부적인 금리를 조율하고 결정하게 된다.

당연히 한국은행 기준금리가 인상이 되거나 인하가 되면, 이 시중은행의 금리결정기구에서도 즉각 그에 맞는 의사결정으로 대출금리나 예금금리에 변화를 가져오게 되는 것이다. 더 깊이 있게 들어가면 어려워지기 때문에, 여기서는 각 시중은행은 2004년 이후 금리자유화 조치로 자체적으로 금리를 결정하고 있으며, 은행 자체적인 금리결정에 대한 기구(회의체)를 두고 있고, 한국은행 기준금리나 대내외 금융여건을 감안하여 주기적으로 이 기구(회의체)를 운영함으로써 자체적인 금리를 결정하고 있다는 정도로 이해하고 지나가면 좋겠다.

> **참고** ALM(Asset and Liability Management)
> 우리말로 '자산부채 종합관리'라고 해석하고, 은행의 자산인 대출과 은행의 부채인 예금부분에 대해서 적정한 관리를 통해 안정성과 수익성을 가질 수 있게 하기 위해서 예금과 대출의 만기조절, 유동성조절, 리스크관리 등을 종합적으로 관리하는 기능을 말한다. 각 은행은 특정부서에 이러한 기능을 부여하고 있다.
>
> **참고** ALCO(Asset and Liability Committee)
> 위의 본문에서 언급한 금리결정기구를 뜻하는 영어표현으로, 우리말로는 '자산부채관리위원회'라고 표현하며, 주로 미국계 상업은행에서 많이 사용하고 있고, 미국계 상업은행의 시스템을 도입하고 있는 우리나라 은행의 대부분도 이 기능을 두고 있고, 여기에서 주로 자체적인 은행 내부의 금리결정을 담당하게 된다. 이 명칭은 은행마다 조금씩 다를 수 있다.

이제 한국은행 기준금리와 거기에서부터 파생되는 시중은행의 금리결정 단계까지 훑어 보았다. 아래 표를 보도록 하자.

여신의 구분	기준금리	해당상품	차등금리	기준금리의 결정
일반대출	내부이전가격 변동시장금리	기업운전일반자금대출	교육세와 신용보증기금 출연료, 은행의 업무원가, 자본비용률, 목표이익률, 영업점장전결조정금리 및 본부조정금리 등으로 구성됨 (다만, 정책자금대출 등은 차입기관의 정책을 반영하여 별도의 기준에 따라 결정됨)	재무기획부 고시
수신상품담보 대출	수신금리(수탁금리)	예금담보대출 수익권담보대출		담보예금 약정이율 및 담보신탁 전월평균 배당률
당좌대출	내부이전가격 변동시장금리	당좌대출		재무기획부 고시
내부이전가격 연동대출	내부이전가격	기업운전일반자금대출		재무기획부 고시
지급보증	지급보증기준요율	원화지급보증		은행장이 결정하여 여신기획부장이 고시

▲ H 은행 상품별 금리결정체계[72]

위의 표를 보면 어떤 상품에 대해서는 어디서 어떤 식으로 기준금리와 차등금리를 결정하고, 또 어떤 상품은 재무기획부에서 결정, 고시하고 또 어떤 상품은 은행장이 결정하고 특정부서에서 고시하는 등, H 은행의 상품별 금리 결정체계를 볼 수 있다.

이렇게 화폐의 수요와 공급에 의해서 결정되어지는 금리는 우리 사회에서는 한국은행 기준금리를 그 뿌리로 해서, 시중은행의 주기적인 대출/예금 상품별 금리변동고시 등을 통해서 우리의 피부로 다가오게 된다는 점을 알 수 있을 것이다.

다음 표를 보도록 하자.

은행명	정기예금금리 (연)		
	3개월	6개월	12개월
우리은행	0.70	1.15	1.50
SC은행	1.00	1.00	1.60
KEB하나은행	1.10	1.20	1.30
한국씨티은행	1.00	1.10	1.30
신한은행	0.85	1.00	1.10
국민은행	1.05	1.40	1.50
산업은행	0.90	1.45	1.55
기업은행	1.19	1.29	1.58

▲ 은행별 정기예금금리(%)[73]

위의 표를 보면 같은 3개월 정기예금 금리인데 은행마다 다르고, 최고 연 1.19%도 있고, 최저 연 0.70%도 보인다. 또 12개월 정기예금 금리는 연 1.10%~연 1.60%까지 분포가 되어 있다. 이렇게 은행마다 같은 상품인데도 불구하고 금리가 다른 이유는 무엇일까? 또 이 금리는 어떻게 결정이 되어서 외부로 발표가 되는 것일까?

여기에 대한 답변으로 우선 금리의 내부결정과 발표, 고시에 대해서는 위에서 충분히 언급하였다. 이제 이런 기사를 보면, 은행 안에서 금리결정에 대한 의사결정기구가 있어서 내부적으로 금리가 결정되어지고, 외부로 발표가 된다는 내용에 대해서 조금은 이해를 할 수 있을 것으로 보인다.

---

72) 자료 : 2018년 2월 28일 기준, 은행연합회
73) 자료 : 연합뉴스

7. 은행의 예금(대출)이자의 적용과 계산

1) 예금이자의 계산

이제 일상생활에서 아주 많이 접하게 되는 예금의 이자는 어떻게 계산되어질지에 대해서 보도록 하자. 먼저 이자계산에 대한 일반적인 공식을 보도록 하자. 이 공식은 예금이자, 대출이자 등 모든 이자계산에서 쓰이는 공용의 공식이다.

$$\text{이자} = \text{원금} \times \text{금리(이자율)} \times \text{기간}$$

예를 들어 보기로 하자. 1억의 원금을 연 5%의 이자율로 6개월간 예금을 했다면 이자금액은 어떻게 될까? 위의 공식에 대입을 해 보면,
₩100,000,000 × 5% × 6 / 12 = ₩2,500,000원이 된다. (세금 제외)

여기서 알 수 있는 것들이 몇 가지가 있다.
첫째, 일반인들이 은행에서 사용되어지는 이자율은 특별한 경우를 제외하고는 모두 '연이자율'이 사용되어진다는 것이다. 연간 이자율의 개념이 항상 사용되어진다.
둘째, 그러다보니 기간을 계산할 때에도 이자율의 기간(연 단위)와 맞춰주기 위해서 항상 연(年)개념의 기간으로 환산이 된다.
이 두 가지를 기본으로 알고, 계속 은행의 예금이자 계산하는 원리에 대해서 추가로 보도록 하자. 이번에는 일단위의 예금은 어떻게 계산이 될까? 예를 들어, 1억의 원금을 15일간 연 5%의 금리로 예금한다면 예금이자는 어떻게 될까? 역시 위의 공식에 대입을 해 보면 아래와 같다.
₩100,000,000 × 5% × 15 / 365 = ₩205,479.45..원이 된다. (세금 제외)

이번 계산에서 또 알 수 있는 것들이 있다.
첫째, 일단위로 계산할 때에는 연 환산을 위해서 연간 일수를 365일로 계산한다는 것이다. (윤년의 경우에는 366일로 계산한다.)
둘째, 소수점 이하로 이자금액이 위와 같이 나올 경우에는 '원 미만은 절사'한다는 규칙을 가지고 있다. 그렇다면 위의 경우 이자금액은 ₩205,480원이 되는 것이 아니라, ₩205,479원이 된다는 것이다.
이번에는 월 단위 예금의 예를 들어보자. 예를 들어, 1억의 원금을 5%의 연이자율로 1월 15일에 예금해서 3개월간 예금한다면 3개월 후의 이자는 어떻게 될까? 역시 위의 공식에 대입을 해 보면 아래와 같다.
₩100,000,000 × 5% × 3 / 12 = ₩1,250,000원이 된다. (세금 제외)

이번 계산에서도 또 알 수 있는 것들이 있다.
첫째, 월단위로 계산할 때에는 연간 기간을 12개월로 환산해서 계산한다는 것이다.
둘째, 위의 경우와 같이 2월을 끼게 되면 일수로 계산했을 때 예치기간이 실제 평달 기준보다 짧아지는 경우가 나오는데, 1개월에 31일이 있거나, 28일이 있거나, 30일이 있거나 관계없이 그냥 월단위로 계산한다는 것이다.
위의 세 가지 예에서 은행에서 계산되는 기본적인 예금이자 계산법에 대해서 알아보았다. 이번에는 "만기"의 개념에 대해서 알아보도록 하자. 만기를 정하는 원칙은 아래와 같다.

- 연 단위 예금의 경우에는 가입일 해당일로 만기일을 정한다. 예를 들어, 1월 15일에 1년 만기 예금을 신규 가입했을 경우, 이 예금의 만기일은 다음 해 1월 15일이 된다. 1월 15일이 가입일이고, 1년 후 해당일을 만기로 정한다는 원칙이 있기 때문이다.
- 월 단위 예금의 경우에는 해당기간 후의 해당일을 만기일로 정한다. 이를 은행에서는 "응당일"이라고 표현한다. 예를 들어 1월 15일에 3개월 만기 예금을 가입한다면, 만기일은 4월 15일이 된다는 것이다. 역시 2월에 28일밖에 없는 경우에도 이를 무시하고 신규가입일 해당일(응당일)을 만기일로 정한다.
- 일 단위 예금의 경우에는 일수를 계산해서 만기일을 산정한다. 예를 들어 1월 15일에 10일 만기 예금을 하기로 했다면, 만기일은 1월 25일이 되고, 예금이자는 1월 15일부터 1월 24일까지 10일간(한편 넣기) 계산이 된다.
- 만기가 토요일이나 일요일 또는 공휴일로 정해지는 경우도 있을 텐데, 이 경우에는 그다음 은행 영업일에 원금이나 이자를 지급하게 된다. 또, 이 경우 하루치(공휴일)에 해당하는 이자는 더 계산해서 은행은 지급하게 된다.

위에서의 규칙이나 예와 같이 만기일을 산정할 경우에, 예금일 당일은 이자가 계산이 될까? 또 만기일 당일은 이자가 계산이 될까? 여기에는 '초일산입 말일불산입'의 규칙이 적용되어진다. 이렇게 이자를 계산할 때 예치일이든 만기일이든 한쪽만 계산하는 원칙을 '한편넣기' 원칙이라고 한다. 초일(初日)이란 예치일자를 말하고, 말일(末日)이란 만기일을 말하는데, 예치일은 이자가 계산되어지고, 만기일은 이자가 계산이 되지 않는다는 것이다. 이건 예치일에 아침 9시에 예치를 하든, 오후 4시에 예치를 하든, 또 만기일에도 아침 9시에 예금을 인출하든, 오후 4시에 예금을 인출하든, 마찬가지로 이 원칙이 적용되어진다. 즉, 예금이자가 계산되어지는 기간은 '예치일로부터 만기일 전일'까지의 기간이 된다는 것이다.
그렇다면, 은행의 영업일 아침 9시에 예치를 했다가 하루가 지난 다음 날 인출을 한다면, 하루치(예치일)에 해당하는 이자가 계산되어진다는 것을 알 수 있을 것이다. 또, 이번에는 은행의 영업일 아침 9시에 예치를 했다가 오후 4시에 인출을 하게 되면 어떻게 될까? 이런 경우에는, 즉 하루가 지나지 않는 기간(일중거래)에 대해서는 이자가 계산되어지지 않는다.

2) 예금이자와 관련된 세제

■ 금융소득 종합과세

금융소득종합과세는 이자와 배당의 금융소득을 종합소득에 합산하여 과세하는 제도를 말한다. 즉 일정금액 이상의 금융소득이 발생할 때는 다른 종합소득과 합산하여 누진세율을 적용함으로써 부의 재분배를 촉진하고 조세 형평성을 실현시키고자 실시한 제도이다. 초과 금액에 따라 6~42%의 세금이 추가로 부과된다.

■ 분리과세

분리과세(Separate taxation)는 종합과세에 대응되는 개념으로 과세되는 소득 중 특정소득을 종합과세에서 분리하여 소득지급 시마다 특정세율(원천징수세율)을 적용하여 별도로 과세하는 것을 말한다. 즉 납세의무자인 소득자에게 귀속될 모든 과세소득 중 특정한 소득에 대하여는 다른 소득과 합산하지 않고 동 소득만을 지급 시마다 독립적인 과세표준으로 하여 원천징수함으로써 납세의무를 종결시키는 것이다. 소득세법의 세율이 누진세율인 점을 감안하면 분리과세로 인하여 조세부담은 가벼워진다고 할 수 있다. 현재 소득세법에서 분리과세 대상으로 규정하고 있는 것은 종합과세대상을 제외한 이자소득(원천징수세율 14%), 종합과세대상을 제외한 배당소득(원천징수세율 14%), 기타소득 중 일부와 일용근로자의 근로소득 등이다.

■ 일반과세

일반과세는 이자소득에 대한 세금을 내는 것으로 이자소득세 15.4%(원천징수세율 14% + 지방소득세 1.4%)만 부과되는 것으로 분리과세의 일종이다. 이자나 배당소득은 2,000만 원 이하는 종합과세에 포함되지 않고 세율 15.4%가 적용된다.

■ 원천징수

원천징수는 소득세법 및 지방세법에 따라 징세의 편의를 도모하기 위해서, 은행에서 발생한 이자소득에 대해서 고객(소득자, 또는 납세의무자)이 내야 할 세금을 은행(예금지급자 또는 원천징수의무자)에서 대신 납부하는 제도를 말한다. 이자소득 외에도 원천징수는 급여소득, 배당소득 등 법에서 정하는 기준에 따라 운영되어진다. 현행, 이자소득에 대한 원천징수세율 14%와 지방세 원천징수세율(1.4% : 이자소득세의 10%)을 합해서 이자소득금액에서 통상 15.4%의 세금이 원천징수 된다.

■ 비과세종합저축

장애인, 만 65세 이상(2018년의 경우에는 만 64세도 가능)의 개인, 독립유공자, 국가유공자, 장애인, 기초생활보장 수급자 등 사회취약계층에 대해 전체 금융기관을 합쳐 1인당 5천만 원의 예금 한도금액까지 100% 비과세가 되는 저축상품이다. 2014년에 신설하여 2019년에 취급 종료가 된다. 요구불 예금도 비과세종합저축 가입 대상이 되며, 전 금융권에서 취급한다.

> **참고** 소득공제 VS. 세액공제
>
> 소득공제는 총 소득에서 공제하고 차액을 기준으로 세금을 부과하는 것이고, 세액공제는 총소득 전체에 세금을 부과한 후, 부과되어진 세금(납부해야 할 세금)에서 일정 항목에 대해 공제를 해 주는 내용이다. 즉, 소득공제는 세금 납부의 기준이 되는 "과세표준 금액"을 줄여주는 방식이고, 세액공제는 세금 정산 후 "세액"을 줄여주는 방식이다.
> - **소득공제** : 세금을 매길 기준소득을 정하기 위해 전체 소득에서 각종 금액을 공제하는 것으로, 연말정산이나 세금 납부 시에 소득공제액을 뺀 금액을 기준으로 세율을 곱해 납부할 세금이 결정된다.
> - **세액공제** : 근로자의 소득 전체를 과세 기준으로 삼아 세금을 매긴 뒤, 일정 항목의 세금에서 납부액을 차감해 주는 방식

3) 표면금리와 실제금리

정기적금의 경우를 예로 들어보자. 1년 만기로 연 5%의 이자율로 월 1백만 원씩 적금을 가입하는 경우에 적금 이자를 계산해 보도록 한다.

1개월 차 납입 : 1,000,000 × 5% × 12/12 = 50,000
2개월 차 납입 : 1,000,000 × 5% × 11/12 = 45,833
3개월 차 납입 : 1,000,000 × 5% × 10/12 = 41,666
4개월 차 납입 : 1,000,000 × 5% × 9/12 = 37,500
5개월 차 납입 : 1,000,000 × 5% × 8/12 = 33,333
6개월 차 납입 : 1,000,000 × 5% × 7/12 = 29,166
7개월 차 납입 : 1,000,000 × 5% × 6/12 = 25,000
8개월 차 납입 : 1,000,000 × 5% × 5/12 = 20,833
9개월 차 납입 : 1,000,000 × 5% × 4/12 = 16,666
10개월 차 납입 : 1,000,000 × 5% × 3/12 = 12,500
11개월 차 납입 : 1,000,000 × 5% × 2/12 = 8,333
12개월 차 납입 : 1,000,000 × 5% × 1/12 = 4,166

위와 같이 1년간 적금불입을 완료한 후에 적금 불입액별로 이자금액만 모두 합하면 ₩324,996이 된다. 원금은 1백만 원씩 12개월 동안 1,200만 원을 불입하였다. 이 경우에 가입할 경우에 연 5%라고 가입했는데, 실제로 계산해 보면 약 2.7%의 금리로 이자가 계산되어졌다고 생각할 수도 있겠다. (324,996/12,000,000 × 100 = 2.7083, 세전기준) 여기에서 원천징수 세금까지 차감을 하면 이자금액은 적금 가입할 때 예상했던 것보다 훨씬 더 작게 나올 수도 있을 것이다. 그러나 이는 잘못된 계산이고, 실제로 불입한 금액에 대해서 불입한 기간만큼 연 5%의 금리가 정상적으로 계산이 되어졌다는 것을 볼 수 있다. 이렇

게 표면상으로 나와 있는 금리보다 실제금리는 작아질 수 있는데, 항상 실제금리를 우선적으로 계산해보고 예금이나 적금을 가입하도록 해야 하겠다.

4) 대출이자의 계산

이번에는 대출의 경우를 보도록 하자. 대출의 경우에도 위의 예금의 경우에서와 같이 기본 공식이 적용되어지고, 또 연 단위, 월 단위, 일 단위의 경우도 모두 마찬가지로 위의 공식과 규칙이 적용되어진다.

예를 하나 들어 보기로 하자. 1월 15일에 1억 원을 대출받는데 연 5%의 대출이자율로 6개월 간 대출을 받을 경우, 이자는 매월 후납(은행의 입장에서는 후취)방식으로 대출을 받기로 했다고 하자. 그러면 2월 15일부터 매월 얼마의 이자를 내야 할까?

₩100,000,000 × 5% × 1/12 = ₩416,666이 된다. 매월 ₩416,666이 이자로 납부가 되어져야 한다. 역시 '한편넣기' 원칙으로 전체 대출기간에 대하여 대출을 받은 날은 이자를 납부하고, 만기에 상환하는 날은 이자를 납부하지 않는 '한편넣기(초일산입 말일불산입)'의 원칙으로 대출이자를 납부하게 된다.

그렇다면, 당일 아침 9시에 대출을 받아서, 오후 4시에 대출을 상환하는 경우에는 어떻게 될까? 이 경우에는 1일분의 대출이자가 적용된다. 이는 당일에 회수되어지는 대출은 시간과 관계없이 하루치의 이자가 계산되어지게 되는 것이다.

대출의 만기도 위의 예금의 만기에서와 같은 규칙이 적용되어진다.

첫째, 연 단위 대출의 경우에는 대출일 해당일(응당일)로 만기일을 정한다. 예를 들어, 1월 15일에 1년 만기 대출을 약정하였을 경우, 이 대출의 만기일은 다음해 1월 15일이 된다. 1월 15일이 약정일이고, 1년 후 해당일(응당일)을 만기로 정한다는 원칙이 있기 때문이다.

둘째, 월 단위 대출의 경우에는 해당기간 후의 해당일(응당일)을 만기일로 정한다. 예를 들어 1월 15일에 3개월 만기 대출을 약정하였다면, 만기일은 4월 15일이 된다는 것이다. 역시 2월에 28일밖에 없는 경우에도 이를 무시하고 신규약정일 해당일을 만기일로 정한다.

셋째, 일 단위 대출의 경우에는 일수를 계산해서 만기일을 산정한다. 예를 들어 1월 15일에 10일 만기 대출을 약정하였다면, 만기일은 1월 25일이 되고, 대출이자는 1월 15일부터 1월 24일까지 10일간(한편넣기) 계산이 된다.

넷째, 만기가 토요일이나 일요일 또는 공휴일이 되는 경우도 있을 텐데, 이 경우에는 그다음 은행 영업일을 이자납입일 또는 만기일로 산정한다. 이 경우 하루치(공휴일)에 해당하는 대출이자는 추가로 고객이 지급하지 않는다.

> **참고** 한편넣기와 양편넣기
>
> 예금 또는 대출이자를 계산할 때, 시작일(예금의 경우 가입일, 대출의 경우 대출실행일)과 만기일을 이자계산 날짜에 포함하냐, 또는 포함하지 않냐에 따라, 양쪽 다 포함하는 경우를 '양편넣기'방식이라고 하고, 한쪽만 포함하는 경우를 '한편넣기'방식이라고 한다. 과거에는 연체대출의 경우에는 '양편넣기'방식으로도 이자를 계산했는데, 불공정한 관행이라고 해서 현재는 모두 한편넣기방식으로 은행에서는 사용하고 있다.

8. 통화량과 은행

통화량과 관련해서는 위에서 금리와 한국은행의 통화정책을 설명하면서 기본적인 내용을 모두 설명하였다. '통화'라는 것은 그 가격(금리)을 산정하는 데 있어서 공급량이 되는 재화이다. 예를 들어, 양돈농가에서 돼지 사육량이 기하급수적으로 늘어나게 된다면, 시중에서 돼지고기의 가격은 떨어질 것이다. 이렇게 재화의 공급량과 수요량은 그 가격을 결정하는데 있어서 주요 변수가 되듯이, 통화량의 공급량과 수요량은 그 재화(통화)의 가격(금리)을 결정하는 데 있어서 역시 마찬가지로 중요한 변수가 된다. 통화량이 증가하면 그만큼 자금(화폐)의 가격(금리)은 내려갈 것이고, 통화량이 줄어들면 그만큼 자금(화폐)의 가격(금리)은 올라갈 것이다.

시중에서 통화량을 조절할 수 있는 기능으로는 위에서 설명했듯이, 한국은행 기준금리를 포함해서, 한국은행의 지급준비율정책, 여수신제도, 공개시장운영 등의 방법이 있다.

한국은행에서의 금융정책의 일환으로 시중에 통화량 공급을 늘리는 정책을 쓴다는 것은 기준금리 인하, 지급준비율 인하, 은행에 대한 여신과 정책자금 대출 확대, 공개시장운영을 통한 RP매입의 경우를 들 수 있는데, 이렇게 통화량을 늘리는 방향으로 가기로 했다는 것은 무엇을 의미하는 것일까?

통화량이 시중에 증가하면 그 가격인 금리는 하향조정이 될 것이고, 그만큼 은행에서의 예금액은 줄어들 것이고, 대출액은 증가할 것이다. 국민들이 보유하게 되는 화폐량이 많아진다는 것은 또 소비를 진작시키고, 경기를 활성화시키고, 투자를 촉진시키는 데에도 역할을 한다. 이렇게 통화량을 증가시킨다는 것은 경제가 침체되어 있을 때, 경제를 활성화시키기 위한 목적으로 통화량 확대정책을 많이 사용하게 된다.

그렇다면 이 경우 은행의 입장을 보도록 하자. 은행은 예금액이 줄어들고 대출수요는 증가하게 된다고 하였다. 그렇게 되면 대출재원을 마련하기 위한 자금유치에 노력해야 할 타이밍이라고 할 수 있을 것이다. 은행에서 가지고 있는 자금은 많이 없는데, 대출수요(자금의 수요)가 많다는 것은 또 그만큼 금리의 인상요인이 되기도 한다. 자연히 금리는 올라갈 것이고, 예금액이 또 늘어나게 될 것이고, 대출수요는 줄어들게 될 것이다. 이게 시장의 원리이다.

반대로, 한국은행에서의 통화정책의 일환으로 시중에 통화량 공급을 줄이는 정책을 쓴다는 것은 기준금리 인상, 지급준비율 인상, 은행에 대한 여신 상환과 예치금 확대, 공개시장운영을 통한 RP매도의 경우를 들 수 있는데, 이렇게 통화량을 줄이는 방향으로 가기로 했다는 것은 무엇을 의미하는 것일까?

통화량이 시중에 줄어들면 그 가격인 금리는 상향조정이 될 것이고, 그만큼 은행에서의 예금액은 늘어날 것이고, 대출액은 감소할 것이다. 국민들이 보유하게 되는 화폐량이 줄어든다는 것은 또 소비를 감소시키고, 경기를 축소·안정시키고, 투자도 축소시키는 데에도 역할을 한다. 이렇게 통화량을 축소시킨다는 것은 경제가 과열상태에 있을 때, 경제를 안정화시키기 위한 목적으로 통화량 축소정책을 많이 사용하게 된다.

그렇다면 이 경우에도 은행의 입장을 보도록 하자. 은행은 예금액이 늘어나고 대출수요는 줄어들게 된다고 하였다. 그렇게 되면 예금은 풍부한데 대출을 사용하고자 하는 수요처를 찾기가 힘들어지게 될 것이고, 대출처 확보에 노력해야 할 타이밍이라고 할 수 있을 것이다. 은행에서 가지고 있는 자금은 많은데, 대출수요(자금의 수요)가 없다는 것은 또 그만큼 금리의 인하요인이 되기도 한다. 자연히 금리는 내려갈 것이고, 예금액이 또 줄어들게 될 것이고, 대출수요는 늘어나게 될 것이다. 역시 보이지 않는 손에 의한 시장의 원리이다.

9. 주식, 채권과 금리

은행과 또 관련이 있을 수 있는 부분이 주식시장과 채권시장일 수 있다. 화폐의 수익성 자체가 목적이 되는 금융시장의 전통적이고 대표적인 시장이 은행(예금과 대출), 주식, 채권이라고 할 수 있다.

경제학 이론에 따르면 은행거래와 주식거래, 채권거래는 대체재의 성격을 지닌다고 한다. 투자자(자금 보유자)의 입장에서는 은행에 예금을 통해 수익성을 확보할지, 주식시장의 참여를 통해 수익성을 확보할지, 채권시장에의 참여를 통해 수익성을 확보할지에 대해서 선택적인 고민을 한다는 것이다.

즉, 고금리 시기에 은행권의 예금금리가 높을 때에는 주식이나 채권보다는 안정적인 은행에서 수익성을 확보하려고 할 것이고, 저금리 시기에 은행권의 예금금리가 낮을 때에는 은행거래보다는 주식이나 채권시장에서 수익성을 확보하려고 한다는 것이다.

그렇다면 우선 금리와 주식시장의 상관관계를 먼저 보도록 하자. 위의 이론적인 배경을 전제로 한다면 금리가 오르면 주식시장은 거래가 줄어들 것이고, 금리가 내리면 주식시장은 활황상태가 될 수 있다는 것이다. 물론, 이 두 가지 변수만 존재하는 것이 아니라, 외국자본의 영향이라든가, 국가적인 경제상황이라든가 많은 다른 요소들이 작용할 수 있지만, 다른 변수들의 상황은 일정하다는 전제하에 금리와 주식과의 상관관계만 보면 이러하다는 것이다.

채권에 대해서는 일반인이나 취업 준비하는 입장에서, 채권금리, 채권수익률, 채권가격이라는 면이 항상 많이 혼동되어지는데, 이번에는 채권에 대해서 간략하게 예를 통해서 알아보도록 하자.

여기 이런 회사가 있다고 해 보자.

자금이 필요하여 채권을 발행하였다. 만기는 1년 후 1억을 갚는다는 것이고, 금리는 연 10%를 주겠다고 하였다. 이렇게 금리를 결정한 것은 이 당시 시중의 금리가 연 9%였기 때문에 1%라도 더 지급을 해야 채권 판매가 쉬워질 것이라고 판단했기 때문이다. 이렇게 정한 10%가 표면 금리이다.

이렇게 채권을 발행한 기업은 만기 1억 원을 대가로 한 채권을 연 금리 10%로 할인해서 판매에 성공했다고 하자. 이 원리가 채권의 발행시장이다. 이때 채권 판매 가격은 아래와 같다.

1억 원 / (1+0.1) = 90,909,091원

이 채권을 매입한 A는 향후 금리가 계속 연 9%를 유지하고 있다면 만기에 가서 1억 원을 상환받을 것이다. 그런데 시중금리가 연 9%에서 올라갈 수도 있고 내려갈 수도 있다.

1) **시중금리(은행금리)가 연 9%에서 12%로 올라갔다고 해 보자.**

채권에 투자한 A는 기업의 리스크도 있는데, 이 채권을 팔고 지금이라도 은행에 연 12%짜리 예금을 들려고 할 것이다. 그렇게 하기 위해서는 A가 매수했던 채권 가격을 더 내려서 손해를 보고 팔아야 한다. 그래야 현재 변경된 시중금리(연 12%)하에서 이 채권을 누군가 또 사게 될 것이기 때문이다. 그러면 예를 들어 이 채권을 85백만 원에 판다고 해 보자.

이제 이 채권을 다시 구매하는 B가 있다고 할 때 표면금리는 10%로 적혀 있지만, 본인이 매수한 금액은 85백만 원이고 만기에 1억 원을 받게 되니까 투자의 가치가 있을 수 있다. B가 투자한 실제 투자 수익률을 보자.

1억 원 / 85백만 원 = 1.176%

실제 투자수익률은 약 17.6%가 되는 것이다. 물론 이 채권을 A가 구매했던 가격보다 더 비싸게 판다면 아무도 사지 않을 것이다. 이 원리가 채권의 유통시장이다.

2) **이번에는 시중금리가 연 9%에서 6%로 내려가고 있다고 해 보자.**

채권에 투자한 A는 이 채권을 잘 샀다고 생각하고 만기까지 보유하고 있으려 할 것이다. 이보다 더 나은 수익이 없기 때문이다. 대신 이 채권을 사려고 하는 사람들이 나타날 것이다. A가 채권을 샀던 금액이 90,909,091원이라면 이보다 더 높은 금액을 줄 테니 이 채권을 팔라는 것이다. A의 입장에서는 앞으로 또 금리가 어떻게 변화할지를 예측해서 만기까지 보유하고 있을지, 아니면 지금 제시되는 가격에 매도를 할지를 결정하게 될 것이다.

이 정도 까지만 보면 아래와 같은 상황을 알 수 있다.

1) 유통시장에서 채권의 가격은 시중금리와 반대 방향으로 움직인다. 시중금리가 올라가면 채권 가격은 내려가고, 시중금리가 내려가면 채권가격은 올라간다는 것이다.

2) 채권 매매시장이 형성되는 이유는 회사의 가치 평가에 대한 인식의 차이도 중요하지만, 시중의 금리가 계속 변동되기 때문에 시중금리 변동에 대한 예측도 중요한 원인이 된다는 것이다. 즉, 시중금리가 오를 것이라고 하면 빨리 팔고자 할 것이며, 시중금리가 내릴 것이라고 하면 계속 보유하려고 할 것이라는 점이다.
3) 채권의 표면금리는 변동이 없지만, 결국 시장금리와 채권의 수익률도 높아지고, 시장금리가 내려가면 채권의 실제 수익률도 내려갈 것이다.

금리가 올라간다는 것은 채권을 발행하는 기업이나 정부가 공식적으로 자금을 빌려오는 수단인 채권을 발행함에 있어서 높은 금리를 주고 빌려와야 한다는 것이다. 높은 금리를 주고 빌려온다는 것은 그만큼 투자자의 입장에서는 수익성이 높다는 측면이고, 다만 은행에 대한 투자(예금)와의 차이를 보면, 수익성은 채권시장 쪽이 낫겠지만 안정성은 은행 쪽이 나을 수 있다는 대체재의 성격을 띠게 될 것이다.

또, 금리가 내려간다는 것은 기업이나 정부가 공식적으로 자금을 빌려오는 수단인 채권을 발행함에 있어서 낮은 금리로도 자금을 빌려올 수 있다는 것이다. 낮은 금리를 주고 빌려온다는 것은 그만큼 투자자의 입장에서도 수익성이 낮다는 측면이고, 다만 은행에 대한 투자(예금)와의 차이를 보면, 이 경우에도 마찬가지로 수익성은 채권시장 쪽이 낫겠지만 안정성은 은행 쪽이 나을 수 있다는 대체재의 성격을 띠게 될 것이다.

은행금리(시장금리)와 채권금리(채권 수익률)는 같은 방향으로 움직이게 되고, 유통시장에서의 채권의 가격은 시장금리와 반대방향으로 움직이게 되고, 통상적으로 수익성은 채권이나 주식이 은행보다 낫지만, 안정성이라는 측면에서 투자자들은 대체재로서 은행예금과 주식, 채권을 고려하게 된다는 점이 있다는 것이다.

10. 물가, 경기와 금리

또 중요한 거시경제 변수가 있는데, '물가'와 '경기' 부분이다. 여기에서는 주로 은행과 관련되어진 부분에서 '금리'와의 상관관계 부분을 위주로 알아보는데, 위에서 한국은행 기준금리와 통화정책을 설명하면서도 일부 이야기를 하였는데, 다시 한 번 간략히 살펴보도록 하자.

[전달경로 1]
금리인하 → 예금감소 및 대출증가 → 시중에 통화량 확대효과 → 국민들의 화폐보유량 증가효과 → 소비확대 → 물가상승 → 생산증가 → 경기개선효과

[전달경로 2]
금리인상 → 예금증가 및 대출감소 → 시중에 통화량 축소효과 → 국민들의 화폐보유량 감소효과 → 소비축소 → 물가하락 → 생산감소 → 과열경기 진정효과

금리인하와 금리상승에 따라, 위의 전달경로를 계획하고 정책을 실시하게 되는 것이 금리정책이고, 통화정책이다. 그렇다면 저금리정책은 일정기간을 두고 물가를 상승시키게 되지만, 경기를 개선시키기 위한 경우에 사용하게 된다. 또 고금리정책은 경기를 하락시키게 되지만 일정기간을 두고 물가를 안정시키기 위한 경우에 사용하게 된다.

여기서 물가와 경기는 서로 반대방향으로 움직인다는 점은 알아두어야 하겠다. 물가가 올라갈 때에는 경기가 좋아지는 상황이 함께 있고, 경기가 안정세를 찾을 때에는 물가가 하락되어지는 상황이 함께 있다는 것인데, 이 "경기"와 "물가"와의 딜레마현상을 해결해 나가는 것도 정책당국과 한국은행의 중요한 과제 중의 하나이다. 앞에서 한국은행과 통화정책 편에서도 이야기했지만, 주로 행정부를 위주로 한 정부의 입장에서는 "경기"라는 측면이 우선 과제로 나타나게 되지만, 한국은행의 입장에서는 설립목적에서부터 "물가안정"이라는 점이 있기 때문에, 항상 정부의 입장과 함께 같은 방향으로 고민하는 것이 아니라, 서로 견제와 균형의 관계를 통해서 "경기"와 "물가"와의 안정적인 보완성을 유지할 수 있도록 하는 것이다.

■ 실질금리와 명목금리

인플레이션은 물가 수준이 일반적으로 상승하는 것을 의미한다. 또, 물가 수준이 상승한다는 것은 화폐가치가 하락한다는 표현과도 동일한 의미이다. 인플레이션율이 높을 것이라고 예상되면 돈을 빌리려고 하는 사람은 많으나 빌려주려는 사람은 적을 것이다. 인플레이션이 일어나면 돈 가치가 떨어지기 때문에 돈을 빌려준 사람은 손해를 보기 마련이기 때문이다. 예컨대 인플레이션율이 30%라면 100만 원 하는 상품이 1년 후에는 130만 원이 된다. 반면에 금리 10%로 100만 원을 빌려준 사람은 110만 원만 되돌려 받을 수밖에 없기 때문에 20만 원만큼 손해를 볼 수밖에 없다. 이렇게 되면 10% 금리로는 어느 누구도 돈을 빌려주려고 하지 않을 것이다.

이런 사정은 빌리는 사람이나 빌려주는 사람이나 모두 다 알고 있다. 그러므로 빌리는 사람도 당연히 인플레이션율만큼은 보상해 주려고 할 것이다. 이렇게 되면 빌려주는 사람은 인플레이션율 30%에 자기가 실질적으로 받고 싶어 하는 금리를 합해서 돈을 빌려주려고 할 것이다. 그리고 빌리는 사람은 이것을 수용할 것이다. 빌리는 사람이나 빌려주는 사람이 모두 수용하는 실질적 금리가 10%라고 하면 인플레이션율이 30%일 때는 돈의 대차관계가 금리 40%에서 이루어질 것이다. 이때 40%의 금리를 "명목금리(Nominal Interest Rate)"라고 하고, 10%를 "실질금리(Real Interest Rate)"라고 한다.

말하자면, 명목금리는 실질금리와 인플레이션율을 합한 것이고, 실질금리는 명목금리에서 인플레이션율을 차감한 값이다. 공식으로는 아래와 같이 표현할 수 있다.

$$\text{명목금리(\%)} = \text{실질금리(\%)} + \text{인플레이션율(또는 물가상승률) (\%)}$$

■ 빅맥지수

빅맥지수(Big Mac Index)는 맥도날드 대표 햄버거인 '빅맥' 가격에 기초해 각 국가의 물가 수준을 비교하는 구매력평가지수 개념의 지수이다. 영국의 경제전문지 '이코노미스트'는 전 세계에 점포를 둔 맥도날드의 빅맥 가격을 통해 각 나라의 통화가치를 파악하고자 이 같은 지수를 고안했다. 분기마다 한 번씩 발표한다. 햄버거는 세계적으로 품질, 크기, 재료 등이 표준화돼 있으며 사람들이 쉽게 접할 수 있는 음식이기 때문에 이를 기준으로 삼았다. 빅맥지수의 산출 방식은 환율은 각국 통화의 구매력에 따라 결정된다는 구매력평가설과 동일 제품의 가치는 세계 어디서나 똑같다는 일물일가의 법칙을 전제로 한다. 시장환율이 1달러 기준 1,250원이라고 가정해보자. 이때 미국과 한국의 빅맥 가격이 각각 2.5달러, 3,000원이라면 양국의 적정환율은 1,200원(=3,000/2.5)이다. 시장환율이 적정환율보다 50원 높으므로 원화가 저평가됐음을 미뤄 짐작할 수 있다. 하지만 각국의 임금 차이가 달라 단순히 햄버거 가격만으로 이를 설명하는 데 한계가 있다는 지적도 많다.

CHAPTER 03 수신 및 자금관리 업무 기초지식

1. 은행의 수신(예금) 업무 소개

1) 수신(受信)

"수신(受信)"이라는 표현은 "신용(信用)을 받는다(受)"는 뜻이다. "신용(信用)"이라는 표현은 유동성, 자금을 의미하며, "받는다"는 표현은 은행의 입장에서 받는다는 것이다. 환율거래나 대고객거래에 있어서 지금까지 은행은 많은 부분에서 은행 위주의 용어를 사용해왔다. 환율에서도 "송금받을 때 환율"은 얼마 전까지만 해도 "전신환매입률"이라고 해서 고객의 입장에서는 "매도"의 경우인데도 불구하고 은행의 입장에서 "매입"을 할 때의 의미로 사용해왔다. 그러나 이 "전신환매입률"이라는 용어는 은행원끼리, 또 은행 내부에서는 지금도 사용하지만 더 이상 대고객 거래에서는 사용하지 않는 용어가 되었다. 고객의 입장에서 "송금받을 때 환율"이라는 표현으로 바뀌었기 때문이다. 이와 마찬가지로 "수신"이라는 용어도 고객의 입장에서가 아닌 은행의 입장에서 사용되어지는 용어이다. 그러나 이 용어가 고객의 입장에서 사용되어지는 용어의 개념으로 바뀌어지게 된다면 "여신(與信)"이라고 바뀌어야 할 것이다. 만약 그렇게 된다면 엄청나게 큰 혼란이 가중되어질 것 같아서 아직까지 바꾸고 있지 못한 듯하다.

그렇다면, "수신"이라는 표현에 대한 정의는 "은행이 은행의 공신력을 바탕으로 일정한 이자지급 등의 반대급부를 부담한다는 전제로 고객(거래상대방)으로부터 여유자금을 수납받는 일체의 행위"라고 정의내릴 수 있겠다. 좁은 의미에서는 "예금"이라는 표현을 사용하기도 한다.

2) 출납

은행 지점을 가보면 두꺼운 철문으로 해서 지점 중간부분 벽 쪽으로 금고가 하나씩 있는 것을 본 적이 있을 것이다. 이 금고 안에는 뭐가 있을까? 물론, 중요한 것이니만큼 그렇게 두꺼운 철문으로 이중 잠금장치로 설치를 해 놓았을 것이다. 이 금고 안에는 각국의 화폐, 5만 원 권, 1만 원 권, 5천 원 권, 1천 원 권, 500원짜리 주화부터 10원짜리 주화까지, 또 자기앞수표 양식, 각종 중요서류 양식 등 지점을 운영하는 데 있어서 중요한 실물과 증서는 모두 여기에 있다. 또, 중요한 만큼 관리하는 직원도 있어야 한다. 이 금고를 관리하는 실무자를 "출납(또는 모텔러)"이라고 한다.

아침에 금고에 문을 열면 창구에 있는 창구담당직원들에게 각각 그날 하루 동안 사용하게 될 기초 금액을 5만 원 권부터 10원짜리 주화에 이르기까지 작은 금고(캔)에 나눠주게 되는데, 이렇게 창구직원에게 나누어진 캔(이동형 소형 금고)는 창구에서 수시로 입출금이 일어나게 된다. 창구에서 입지급을 담당하는 직원들을 "텔러(또는 자출납)"라고 한다.

은행에서는 "시재"라는 표현을 많이 사용하는데, 이 "시재"라는 표현의 의미는 특정시점에서의 현금과 현금에 준하는 통화(자점권, 타점권 포함)보유량을 말한다. 고객들과 소통하는데 있어서 은행에서 사용하는 어려운 용어라고 해서 "현금"이라는 표현으로 사용하기로 하긴 했지만, 은행원들 사이에서는 쉽게 고쳐지지는 않으리라고 본다. 엄밀히 말해서, "시재"라는 표현은 타점권을 포함한다는 측면에서 "현금"이라는 표현과는 다른 개념이고, 위에서도 설명한 것처럼, "특정시점"이라는 뉘앙스가 추가적으로 더 있기 때문이다.

텔러들은 아침에 출납으로부터 전달받은 소형 캔(시재 금고)를 가지고 그날의 은행 업무에 활용하게 되는데, 오후 1시 현재 시재가 얼마인지, 2시 현재 시재가 얼마인지… 이렇게 특정시점, 시점에 있어서의 해당 텔러(또는 시재를 보유하는 직원 누구나의) 현금과 타점권 보유량을 '시재'라고 표현한다. 출납은 창구 텔러 시재를 전체적으로 관리하고, 지점 ATM기의 시재도 관리하고, 지점 전체의 시재를 시간대별로 관리하고, 영업이 종료되는 시간이 되면 다시 지점전체 시재를 정확히 계산해서 오차 없이 맞춰야 마감이 가능해진다.

은행 지점에서는 이렇게 시재를 가지는 직원도 있고, 시재를 가지지 않는 직원도 있는데, 통상 고객들과 직접적인 금전의 거래(입지급업무 등)를 하는 경우에는 시재를 가지게 되고, 후선에 있는 책임자나 외환, 대출업무를 담당하는 직원의 경우에는 시재를 가지지 않아도 업무를 볼 수 있기 때문에, 시재를 가지지 않고 업무를 보는 것이 통상적이다.

ATM은 Automatic Teller Machine의 약자로, 이 기계도 은행에서는 텔러로 인식하고 텔러로서의 고유번호도 가지고, 각 기계들도 개별적으로 시재도 관리가 되어야 한다. 이 또한 출납담당자의 역할이다.

출납담당자는 하루 업무의 개시와 영업시간 종료 후 ATM기를 포함한 각 텔러의 결산결과를 집계하고 각 텔러들의 소형 시재금고와 현찰 등은 다시 금고에 모두 보관을 하여야 하는데, 지점 전체 금고도 시재가 있다. 지점금고의 시재를 맞춰야 하는 것은 역시 출납담당자의 업무이다. 이러다 보면, 지점 금고 차원에서 현금이 부족할 경우도 있고, 적절한 보유시재보다 많아서 다른 부족한 지점이나 본점으로 보내야 하는 경우도 있는데, 이렇게 인근의 지점이나 본점으로부터 부족한 현금을 빌려오거나 빌려주는 업무를 "현금의 현수송업무"라고 한다. 현송(現送)은 현금이 많아서 빌려주는 것을 말하고, 현수(現收)는 현금이 부족해서 빌려오는 것을 말한다. 뉴스에서 말하는 "현수송 차량"이라는 표현들은 여기에서 나오는 표현이다.

> **참고** **양도성예금증서(NCD, Negotiable Certificate of Deposit)**
> 증서의 교부만으로 언제나 자유로이 양도가 가능하고 무기명으로 발행되는 예금증서라고 정의할 수 있다. 은행이 정기예금 잔액을 재원으로 발행하는 무기명의 예금증서로 금융시장에서 자유로이 매매나 양도가 가능하다.
>
> **참고** **표지어음**
> 은행에서 할인 후 보관 중인 어음, 상업어음 또는 무역어음 보유액을 재원으로 해서 은행이 발행인이 되고 고객 앞으로 발행하는 예금성격의 약속어음이다.
>
> **참고** **환매조건부채권(RP, Repurchase Agreements)**
> 금융기관이 보유한 국공채나 투수채 등을 재원으로 은행에서 발행하는데, 일정기간 후에 일정가액(확정금리)으로 은행에서 재매입할 것을 조건으로 고객에게 매도하는 예금성격의 채권이다.

3) 예금의 입지급

한편 창구에서는 이렇게 하루의 일과 시작과 함께 시재금고(캔)를 가지고 고객들을 응대하며 입지급 업무를 계속하게 되는데, 고객의 입장에서 입금을 하거나 인출을 할 때에는 계좌번호, 금액, 예금주 등이 적히는 은행에 비치된 용지를 하나씩 적어야 한다. 이때 지점 안에 필경대에 비치되어있는 용지를 '전표'라고 하고, 전표는 크게 입금전표와 출금전표로 나눠진다. 입금전표는 통상 붉은색 계통으로 인쇄되어있고, 출금전표는 통상 푸른색 계통으로 인쇄되어있는데, 은행의 입장에서 업무종료 후 시재를 맞춰야 할 때, 입금과 출금(대변과 차변)의 확인을 수월하게 하기 위해서 이렇게 색깔을 달리 운영하고 있다.

4) 창구(텔러)의 업무

은행의 창구직은 '텔러(Teller)'라고 불리며, 창구에서 일어나는 제반 업무를 수행하는 직군을 의미한다. 이러한 텔러 직군은 흔히 '전담 텔러'라고도 불리는데, 가계금융 부문 중 비교적 간단한 업무를 담당하게 된다. 표면적으로 은행에서 빠른 창구 혹은 입출금 창구에서 근무하는 직원들을 '텔러'라고 보면 되겠다.

은행 업무는 크게 수신, 여신, 외환 등이 있다. 텔러직군은 여신을 제외한 수신의 제반 업무와 외환의 일부 업무인 환전 및 개인송금업무 등을 담당하게 된다. 이를 네 가지 분야로 나눈다면 아래와 같이 설명할 수 있다.

■ **수신업무(입지급 업무 및 상품판매 업무)**

은행업무 중 가장 큰 비중을 차지하는 것이 수신업무이다. 수신업무는 쉽게 말해, 고객이 은행에 예금을 하러 오면 그 자금을 해당 계좌에 예치하는 업무를 말한다. 수신업무의 범위는 예금부터 시작해 신탁업무, 채권발행, 간접투자증권(펀드) 판매, 방카슈랑스 판매에 이르기까지 다양하다. 입지급 업무에서 텔러직군은 주로 입출금 통장(보통예금, 저축예금 등)의 신규 및 입금과 지급거래를 다루게 된다. 입출금 통장의 입금 및 지급 등 간단한 거래는 자동화기기(ATM)에서 처리할 수도 있지만, 금액이 복잡하거나 거액인 경우, 또 ATM기기가 익숙하지 않은 고객들의 경우에는 창구에서 업무를 처리하게 된다. 참고로 텔러직군을 통한 타행이체 업무는 자동화 기기를 통한 거래보다 수수료가 약간 높게 부과되고 있다. 이는 가급적 간단한 거래는 자동화 기기로 유도함으로써 텔러직군이 근무하는 창구가 복잡해지는 것을 방지하기 위함이다.

■ 부수업무 및 대행업무

국세, 공과금, GIRO업무, 국고수납 등의 행정 사무를 은행에서 대행하는데, 텔러직군은 각종 수납 및 대행업무를 담당하고 있다. 요즘은 공과금 자동화기기가 있어서 대부분의 국세 및 공과금은 기기를 통해 처리할 수도 있는데, 기계에 익숙하지 못한 노령층은 창구에서 업무를 처리하고 있다.

■ 카드업무

카드 업무는 본래 은행 업무 영역이 아니었으나, 카드 이용 고객이 많아짐에 따라 고객 만족을 위해 은행에서 점차 강화되어지고 있는 업무영역이다. 특히, 카드를 통한 거래가 활발해짐에 따라 그에 따른 신규 및 제신고 업무가 상당한 비중을 차지하고 있다. 처음 은행 거래를 하는 고객들은 대부분 입출금통장의 신규와 함께 체크카드를 발급받는데, 이는 자동화기기의 이용이 많아지고 있고, 어디든지 편리하게 결제수단으로 이용할 수 있기 때문이다. 또한, 신용카드에 대해 창구에서 문의하거나 신규발급, 재발급을 원하시는 고객들이 증가하고 있고, 이로 인해, 고객 카드상품 안내 및 신규가입, 재발급 업무량이 늘고 있는 추세이다. 따라서 텔러직군은 수신업무 다음으로 많은 업무처리를 하게 되는 것이 카드업무라고 할 수 있다.

■ 환전 및 송금업무

간단한 개인거래로서 해외 송금을 포함한 환전업무를 담당하기도 한다. 환전업무는 환율에 맞추어 외국통화로 교환해 주거나 외국 통화를 국내 통화로 교환해 주는 것을 말한다. 거래 통화의 비중은 미국 달러, 일본 엔화, 유로화 순으로 거래량이 많다. 공항에 있는 지점이나 외국인이 많이 거주하는 지역의 지점은 환전 업무량이 특히 더 많을 수도 있다.

크게 이런 정도의 네 가지 업무영역으로 나눠볼 수 있으며, 이 외에도 지점에서 지점장이나 책임자로부터 부여되어지는 지점 내 부대업무가 있을 수 있다. 이 업무는 텔러업무의 고유영역은 아니기에 여기에서는 논외로 한다. 고객의 입장에서 텔러는 지점에서 가장 첫 대면을 할 수 있는 은행원이고, '지점의 얼굴'이라고 할 수 있는 마케팅 포지션이라고 할 수 있다. 또한, 상냥하고 친절한 이미지와 화법 및 서비스 마인드로 고객들과의 유대관계에 있어서 첫 단추 역할을 담당하는 지점에서의 중요한 직군이라고 볼 수 있다.

한편, 은행 업무는 민감한 매개체인 '화폐(돈)'에 관련된 업무이므로, 항상 정확하고 신속한 업무처리 능력도 요구되어지는 직군이다. 자칫 자신의 사소한 부주의나 실수가 고객으로 하여금 신뢰를 잃게 하여, 은행의 공신력을 떨어뜨릴 수도 있기 때문이다. 텔러 직군은 업무를 수행하는 데 있어서, 자신의 업무가 곧 '법률행위'임을 상기하여 정직하고 정확한 업무 처리가 되도록 만전을 기해야 하며, 은행 내에서도 이러한 업무태도를 강조하고 있다.

5) 예금의 성립시기

이런 경우를 예로 들어보자. 바쁜 사업가가 휴대폰 통화를 하면서 1억 원짜리 자기앞수표를 통장에 입금하려고 은행을 들어섰다. 역시 통화 중에 통장과 수표를 창구 위에 올려놓았는데, 창구담당자인 은행텔러분도 바쁘긴 마찬가지 상황이었다. 바로 직전에 처리하고 가신 고객분의 뒤처리를 위해서 열심히 단말기를 바라보고 뭔가를 입력하고 있는 상황이었다고 해 보자. 입금하러 찾아온 고객의 입장에서도 바쁘게 휴대폰 통화를 계속하는 사이에 창구 위의 1억 원짜리 수표를 강도가 재빠르게 훔쳐서 달아났다고 하자. 너무 빨라서 청원경찰도 잡지 못하고 속수무책으로 당할 수밖에 없었는데, 사업가인 고객은 은행원 잘못이라며 책임지라고 하고, 텔러는 울먹이며 어찌할 바를 모르고 있다고 하자. 과연 이 경우에 있어서 누가 어떻게 책임지고 변상해야 할 것인가? 전적으로 은행원의 잘못이니 은행에서 1억 원을 배상해야 할까? 아니면 전적으로 고객의 잘못이니 고객이 책임을 져야 할까? 그것도 아니면 상호 비율을 정해서 정해진 비율만큼 책임을 져야 할까?

이 경우에 나오는 법률관련 해석이 '예금의 성립시기'이다. 과연 어느 시점에서 예금은 고객의 책임을 떠나서 은행원의 책임으로 전가가 되어지는가에 대한 문제이다. 고객이 은행문을 들어서는 순간이 예금이 성립되어지는 시점인지, 창구에 올려놓은 시점이 예금이 성립되어지는 시점인지, 아니면 은행원이 확인을 해야 하는 시점인지에 대한 법률적 판단문제이다. 이 경우에 있어서 판례에서는 은행에서 예금의 성립시기를 '은행원이 현금을 수령하고 금액을 확인한 때'라고 하고 있다. 따라서, 이 경우에는 은행원의 잘못이 아니라 고객의 책임이라는 것이다. 은행원이 창구에 올려져있는 수표를 받아서, "예. 고객님 1억 원 받았습니다."라고 한 때에는 예금이 성립되어지나, 그 이전에는 아직 예금으로서 법률적 행위가 성립되어지지 않는다는 것이다. 평상시에 은행에 가서 예금을 할 때에도 꼭 창구에 현금을 올려놓고 다른 볼일을 보거나 하면 안 되고, 은행직원이 현금을 받아서 확인할 때까지는 계속 조심하고 신경을 써야 할 일이다.

6) 어음교환

은행에서는 현금만 입지급하는 것이 아니라 자기앞수표도 취급을 한다. 자기앞수표는 정액권 자기앞수표와 비정액권 자기앞수표로 나누어지는데, 정액권은 수표금액이 미리 인쇄가

되어있는 수표이고, 비정액권은 수표금액 부분을 고객의 요청에 따라 그때그때 기계로 인자해서 발행하는 수표이다. 통상 많이 사용되어지는 10만 원권, 50만 원권, 100만 원권 등은 정액권으로 사용하고, 그 외에 특정금액짜리 자기앞수표가 필요한 경우 등에는 비정액권 수표가 사용되어진다.

이렇게 자기앞수표나 약속어음 등을 A라는 은행에서 발행했을 때, A은행의 직원들 입장에서는 이 자기앞수표나 약속어음을 "자점권"이라고 하고, 자기 은행인 A은행이 아닌 다른 은행에서 발행한 자기앞수표나 약속어음들을 A은행직원들의 입장에서는 "타점권"이라고 한다. 약속어음은 최근에는 전자어음으로 많이 대체가 되고 있는 추세인데, 2014년 4월부터 "전자어음의 발행 및 유통에 관한 법률" 개정내용에 따라 자산규모 10억 원 이상의 기업은 상거래 행위에 수반되는 어음발행 시 종이 약속어음이 아닌 전자어음 사용을 의무화하고 있다.

이렇게 입금 등으로 수납되어진 자점권과 타점권은 별도로 분류하고, 타점권의 경우에는 은행별로 또 분류하여, 본점 어음교환반으로 집계하고, 본점에서는 각 은행별로 매일 매일 정산을 하게 되는데, 이른 "어음교환업무"라고 한다.

7) 환업무

"환(換)"이라는 표현은 "격지자 간의 채권, 채무 또는 일반 자금의 이동을 현금의 수반 없이 은행을 통해서 처리하는 총체적 업무"라고 정의내릴 수 있다. 은행에서 사용하는 "전신환", "송금환", "타행환", "자행환" 등 "환"이라는 글자가 들어가는 모든 업무들이 여기에 포함된다. 환업무는 다시 크게 내국환과 외국환으로 나눌 수 있는데, 내국환은 격지자 간의 위치가 동일 국가 안에 있는 경우이고, 외국환은 격지자 간의 위치가 동일국가가 아닌 제3의 국가인 경우를 말한다.

고객이 A은행 AA지점으로 찾아가서 타행환으로 B은행으로 송금하고자 하는 경우도 "환"업무에 해당하고, 특히 B은행이 A은행과 동일한 국가에 있는 은행이라면 "내국환"에 속한 업무임을 알 수 있겠다. 이렇게 동일한 A은행 내부를 통해 처리가 되는 환업무를 "자행환"이라고 하고, A은행과 B은행처럼 다른 은행 간 환업무가 일어나는 경우를 "타행환"이라고 한다. 우리가 A은행으로 가서 B은행으로 온라인 송금을 보내는 행위는 모두 "타행환"업무에 포함된다.

은행 지점에서는 또 "전금", "역환"이라는 표현을 많이 쓰는데, 동일 은행의 본지점 간 또는 지점과 지점 간에 있어서 자금을 이체해 주는 경우를 '전금'이라고 표현하고, 은행 내부의 본지점 간 또는 지점과 지점 간에 자금을 인출해서 빼오는 경우를 '역환'이라고 표현한다. 전금과 역환은 반대의 개념이다. 은행 지점에 가보면 은행직원들끼리 간혹 이런 표현을 쓰는 장면을 목격할 수 있을 것이다.

8) 신용카드

신용카드업무도 보통 지점 창구에서 취급하는데, 체크카드, 직불카드, 신용카드의 차이점에 대해서만 알아보도록 하자.

■ 체크카드

현금을 인출할 수 있는 기능을 가지고 신용카드 가맹점에서 사용가능하고, 통장잔액 범위 내에서 사용즉시 인출이 되는 결제방식으로 만들어진 카드이다. 일부 신용한도가 부여되어진 체크카드도 있지만 대부분의 경우에는 일시불만 가능하다.

■ 직불카드

현금을 인출할 수 있는 기능은 체크카드와 동일하고, 잔액 범위 내에서 사용즉시 인출이 되는 것도 동일하지만, 신용카드 가맹점이 아니라 직불카드 가맹점(신용카드 가맹점과 별도)에서만 사용할 수 있도록 만들어진 카드이다. 가맹점이 상대적으로 적어서 체크카드 사용이 많이 활성화되어있다.

■ 신용카드

현금을 인출할 수 있는 체크카드 기능도 포함할 수 있으며, 사용즉시 인출이 되는 것이 아니라 처음 발급할 때 정해진 일자에 결제가 되는 서비스를 가지고 있다. 미리 구매를 하고 결제는 나중에 하는 일종의 외상거래인 셈이다. 또, 경우에 따라서는 대출기능(카드론)도 제공하며 잔액이 없어도 구매를 할 수 있는 신용한도도 부여하고 있다.

9) 펀드와 방카슈랑스

'펀드(Fund)'란 '다수의 투자자로부터 자금을 모아 유가증권 등 자산에 투자하고, 그 수익을 투자지분에 따라 배분하는 집단적, 간접적 투자제도'라고 정의할 수 있다. 자금의 예치 및 적립 방식에 따라서는 목돈을 넣어놓고 간접투자를 하는 거치식 펀드와, 목돈을 일시에 투자하는 방식이 아니라 목돈을 마련하기 위해서 정기적금처럼 자금을 일정한 기간에 나눠서 불입하면서 투자하는 적립식 펀드로 나눌 수 있다.

펀드는 고객의 입장에서 여러 가지 장점을 가지고 있어서 많이 투자되어지는 상품인데, 첫째, 적은 비용(수수료)으로 전문 투자자에게 투자를 위임하는 효과도 있고, 둘째, 직접투자가 아닌 간접투자를 통한 간접투자효과(분산투자효과, 위험분산효과), 셋째, 국내 상장주식의 경우 매매차익에 대해서 비과세가 되는 절세효과, 넷째, 투자기간 및 입출금을 직접 선택할 수 있는 점 등이 매력적인 포인트로 투자자(고객)들에게 전달되고 있는 금융상품이다. 은행은 이렇게 펀드상품을 판매함으로써, 판매수수료, 환매수수료, 판매보수 등의 수수료 수입을 취하게 된다.

'방카슈랑스(Bancassurance)'는 은행을 뜻하는 Bank와 보험을 뜻하는 Assurance의 합성어로, 은행에서 보험회사의 대리점(판매 중개사)역할을 하면서 보험 상품을 판매하는 것을 말한다. 방카슈랑스 업무를 은행에서 취급함으로써 은행은 새로운 수익원을 창출하고, 고객의 입장에서는 은행에서 보험상품을 가입할 수 있는 접근의 편리성 및 선택의 다양성이라는 장점을 가지게 되고, 보험회사 측면에서는 새로운 판매채널의 확보 및 저비용 판매구조라는 장점을 가지게 된다.

반면, 은행의 입장에서는 불완전판매에 대한 대고객 신뢰도의 문제와 은행과 보험업에 대한 문화적 충돌 가능성에 대한 문제도 가지게 되었다. 은행은 그래도 보험회사 상품을 판매함으로써 판매수수료라는 수익원을 창출할 수 있다는 측면에서 자체적인 교육시스템과 판매시스템을 통해서 방카슈랑스 업무를 적극적인 관점에서 취급하고 있다.

■ 대체거래

계좌나 통장에서 출금되어지면서 그대로 타계좌 송금, 타계좌 입금, 수표발행 등으로 이어지는 중간에 현금이 매개가 되어지지 않는 지점 내 창구에서의 거래를 말한다.

■ 별단예금

은행본점 또는 지점차원에서 일시적인 예치금이나 일시적 보관금, 미결제/미정리 금액 등을 처리하는 계정으로 은행업무를 함에 있어서 편의적으로 일시적인 처리를 위해서 설정해 놓은 계정과목을 말한다.

■ PIN(Personal Identification Number)

개인식별번호로서, 모바일뱅킹 등 은행에서 제공하는 서비스의 이용자 확인을 위하여 고객이 직접 지정하는 6~8자리의 개인식별번호 체계

■ 가상계좌 서비스

다수의 고객을 대상으로 하는 기업이 자금의 입출금을 용이하게 하기 위하여, 각 개인고객에게 부여하는 개인별 계좌로, 개인별로 계좌가 지정되기 때문에 입출금관리가 용이한 서비스이다. 은행에서는 다수의 고객이 가상계좌로 자금을 입금하면 지정된 모계좌로 자금을 집중시키는 서비스로 활용된다.

■ 확정급여형 퇴직연금 / 확정기여형 퇴직연금

확정급여형 퇴직연금은 영어로 DB(Defined Benefit Retirement Pension)라고 표현하고, 확정기여형 퇴직연금은 영어로 DC(Defined Contribution Retirement Pension)라고 표현한다. 확정급여형은 근로자가 받을 연금급여가 확정되고 대신 사용자가 부담할 금액은 적립금 운용결과에 따라 변동될 수 있는 연금이고, 확정기여형은 사용자의 부담금이 사전에 확정되고, 근로자가 받을 퇴직연금급여는 적립금 운용실적에 따라 변동될 수 있는 연금제도이다.

2. 예대율, 예대마진, 순이자마진

1) 예대율

예금액 중에서 대출을 얼마나 하고 있는지를 알아볼 수 있는 비율로, 한 은행의 전체 예금액 (A)이 있다면, 이 예금을 조달하여 얼마나 대출(B)을 해 주고 있냐는 지표이다. 공식은 B/A 이다. 대출금비율이 높다는 것은 은행이 예금을 받아서 그 예금액을 재원으로 대출을 많이 하고 있다는 것이고, 그만큼 위험도가 높아질 수 있다는 내용이다.

상식적으로 100%가 넘어갈 수 없을 거라고 생각할 수도 있지만, 실제로 100%가 넘어가기도 하는데 이유는 은행에서 대출을 해줄 때에 예금액만을 재원으로 하지 않고 채권발행이나 외부에서 빌려온 자금으로도 대출을 해 줄 수도 있기 때문이다. 예를 들어 은행이 예금액이 100이고, 채권발행액이 200이라면 총 재원은 300이 될 텐데, 여기서 대출을 150만큼 해 주게 되면, 예대율 자체는 150/100(대출액/예금액)이 되어서 150%가 될 것이다.

이렇게 예대율이 100%가 넘어가기도 하는데, 국제적으로나 국내적으로 예대율에 대한 지침은 조금씩 다르지만 우리나라 은행들의 경우 국책은행은 별도의 예대율 규제는 없으나, 시중은행은 100%, 농협이나 새마을금고, 저축은행 등 상호금융의 경우에는 90%로 규제되고 있다. 최근 금융당국에서는 은행의 가계대출 규제를 강화하기 위해 은행의 예대율 규제에서 가계대출 가중치를 높이는 방안을 검토하고 있다고 하며, 이에 따라 은행권에서는 가계대출 자체를 줄이기는 어려우니, 예금을 늘리는 방안을 고심 중이라고 한다.

2) 예대마진과 순이자마진(NIM, Net Interest Margin)

예금의 평균이자율과 대출의 평균이자율의 차이를 말한다. 한 은행의 평균 대출이자율이 4%이고, 평균 예금이자율이 3%라면 예대마진은 1%가 되며, 은행의 전통적인 수익성 산정의 중요한 기준이 되는 지표로 활용되고 있다. 2000년대 이후 은행권에서는 이 예대마진 외에 수익성에 영향을 주는 다른 변수들이 추가로 많이 생겨남에 따라, 예대마진이라는 용어는 조금씩 덜 사용하게 되었지만, 지금도 은행들은 예대마진을 중요한 수익성 지표로 사용하고 있는 중이다.

예금 등 자산으로 운용하게 되는 총액에서 수익과 관련된 이익이 차지하는 비중을 나타내는 지표이다. 위에서 예대마진이라는 표현이 점점 덜 사용하게 되면서, 이 순이자마진이라는 용어가 많이 사용되고 있다. 은행이 수익을 내기 위해서 자산(예금, 빌려온 돈, 채권발행액, 외화자산, 유가증권 등)을 활용하게 되는데, 이렇게 수익을 내기 위해서 운용하는 총 자산으로 순수하게 얼마나 벌어들였느냐(수익-조달비용)를 따지는 지표이다. 순이자마진은 예대마진의 개선된 수익성지표로 현재 각 은행에서 주로 활용되고 있다.

■ 참고 : 은행별 예대마진, 순이자마진 현황(단위 : %)

구분	예대마진		순이자마진(NIM)	
	2016.12	2017.12	2016.12	2017.12
국민은행	1.79	1.96	1.58	1.71
기업은행	2.53	2.56	1.91	1.94
신한은행	1.68	1.80	1.49	1.56
우리은행	1.70	1.78	1.41	1.47
KEB하나은행	1.68	1.82	1.39	1.49
농협은행	2.09	2.08	1.73	1.77

3. 금리 변동과 예대마진

대출이자가 높고 예금이자가 낮을수록 예대마진은 커지게 된다. 그렇게 하기 위해 은행에서는 대출과목별로 대출금리가 달리 적용되어질 수 있는데, 금리가 상대적으로 높은 대출을 많이 할수록 유리하고, 또 예금을 받을 때에는 예금이자율이 낮은 수시입출금식 예금이나, 저축예금 등 저코스트 예금을 많이 받을수록 예대마진은 높아지게 된다. 반면, 시장성 예금을 많이 받아서 저금리 대출을 많이 해 주는 경우에는 예대마진이 낮아지게 될 것이다.

또, 통상 장기 저금리 시대에는 예금이자율도 낮아지고 대출이자율도 낮아져서 예대마진이 낮아지는 반면, 금리 인상시기에는 대출이자율의 상승폭을 조절함에 있어 조금이라도 더 운신의 폭이 넓어지는 면이 있어서 안정적인 예대마진을 확보하기가 수월해지는 경향이 있다. 대표적인 금리인 한국은행 기준금리와 예대마진을 단순한 모형으로 만들어 예를 들어 설명해 보기로 하자. A, B, C 은행은 각각 100억 원의 예금을 보유하고 있는데, 자금조달 유형은 아래와 같다.

구분	수신	여신
A은행	저코스트 예금 80억 원 (평균금리 0.5%) 시장성 예금 20억 원 (평균금리 4.0%)	대출 100억 원 (대출금리 5.0%)
B은행	저코스트 예금 50억 원 (평균금리 0.5%) 시장성 예금 50억 원 (평균금리 4.0%)	대출 100억 원 (대출금리 5.0%)
C은행	저코스트 예금 20억 원 (평균금리 0.5%) 시장성 예금 80억 원 (평균금리 4.0%)	대출 100억 원 (대출금리 5.0%)

먼저, 이 경우에 있어서 가중평균 조달금리를 구해 보도록 하자.
A은행 : $0.5\% \times 80/100 + 4.0\% \times 20/100 = 1.2\%$
B은행 : $0.5\% \times 50/100 + 4.0\% \times 50/100 = 2.25\%$
C은행 : $0.5\% \times 20/100 + 4.0\% \times 80/100 = 3.3\%$

그러면 각 은행들의 예대마진을 구할 수 있을 것이다.
A은행 : 5.0% − 1.2% = 3.8%
B은행 : 5.0% − 2.25% = 2.75%
C은행 : 5.0% − 3.3% = 1.7%

A은행의 경우가 가장 예대마진이 높고 수익성이 좋다는 것을 볼 수 있다. 역시 기반성 예금(저코스트 예금)의 위력을 볼 수 있는 부분이다.

이제 이 경우에 시중의 금리(대표로 한국은행 기준금리)가 변동한다고 다시 가정해 보자. 먼저 0.5%포인트 인상한다고 할 때, 각 은행들의 입장에서 대출금리는 기준금리의 변동폭만큼 올리더라도 저코스트예금도 그 폭만큼 같게 인상하기는 어려울 것이다. 이미 예금금리가 정해져있는 예금과목들이고, 저코스트예금은 금리 인상에 한계가 있기 때문이다. 그래서, 각 은행들이 저코스트예금은 0.2%포인트 금리인상을 하고, 시장성예금과 대출금리는 모두 한국은행 기준금리 인상폭만큼 0.5%포인트를 인상한다고 해보자. 그러면 아래와 같은 변화되어진 표가 나올 것이다.

구분	평균 조달금리	여신
A은행	저코스트 예금 80억 원 (평균금리 0.7%) 시장성 예금 20억 원 (평균금리 4.5%)	대출 100억 원 (대출금리 5.5%)
B은행	저코스트 예금 50억 원 (평균금리 0.7%) 시장성 예금 50억 원 (평균금리 4.5%)	대출 100억 원 (대출금리 5.5%)
C은행	저코스트 예금 20억 원 (평균금리 0.7%) 시장성 예금 80억 원 (평균금리 4.5%)	대출 100억 원 (대출금리 5.5%)

이번에도 각 은행들의 평균 조달금리를 구해보고, 대출금리와의 차인 예대마진을 보도록 하자.

구분	평균 조달금리	예대마진
A은행	0.7% × 80/100 + 4.5% × 20/100 = 1.46%	5.5% − 1.46% = 4.04%
B은행	0.7% × 50/100 + 4.5% × 50/100 = 2.60%	5.5% − 2.60% = 2.90%
C은행	0.7% × 20/100 + 4.5% × 80/100 = 3.74%	5.5% − 3.74% = 1.76%

다음은, 한국은행 기준금리가 반대로 0.5%포인트 인하한다고 가정해 보자. 이 경우에도 마찬가지로 각 은행들은 저코스트예금은 금리를 각각 0.2%포인트 인하하고, 시장성 수신과 대출금리는 한국은행 기준금리의 변동폭인 0.5%포인트 인하한다고 하고, 수신과 여신 구조의 변화를 먼저 보도록 하자.

구분	평균 조달금리	여신
A은행	저코스트 예금 80억 원 (평균금리 0.3%) 시장성 예금 20억 원 (평균금리 3.5%)	대출 100억 원 (대출금리 4.5%)
B은행	저코스트 예금 50억 원 (평균금리 0.3%) 시장성 예금 50억 원 (평균금리 3.5%)	대출 100억 원 (대출금리 4.5%)
C은행	저코스트 예금 20억 원 (평균금리 0.3%) 시장성 예금 80억 원 (평균금리 3.5%)	대출 100억 원 (대출금리 4.5%)

이번에도 각 은행들의 평균 조달금리를 구해보고, 대출금리와의 차인 예대마진을 보도록 하자.

구분	평균 조달금리	예대마진
A은행	0.3% × 80/100 + 3.5% × 20/100 = 0.94%	4.5% − 0.94% = 3.56%
B은행	0.3% × 50/100 + 3.5% × 50/100 = 1.90%	4.5% − 1.90% = 2.60%
C은행	0.3% × 20/100 + 3.5% × 80/100 = 2.86%	4.5% − 2.86% = 1.64%

이런 결과가 나오게 될 것이다. 이제 이 변화의 크기를 세 경우로 나눠서 다시 보도록 하자.

구분	예대마진(%)					
	기준금리 변동 없을 때 예대마진(a)	기준금리 0.5%포인트 인상 시			기준금리 0.5%포인트 인하 시	
		예대마진(b)	(b−a)		예대마진(c)	(c−a)
A은행	3.8	4.04	0.24		3.56	−0.24
B은행	2.75	2.90	0.15		2.60	−0.15
C은행	1.7	1.76	0.06		1.64	−0.06
은행 간 차이	1.05	1.14	−		0.96	−

위의 과정과 마지막 표를 통해서 아래와 같은 점을 알 수 있다.
첫째, 은행의 조달부문에 있어서의 저코스트 수신은 예대마진과 수익성을 결정짓는 데 있어 아주 큰 역할을 한다.
둘째, 시장의 금리가 올라가는 시기에는 저코스트 수신을 어느 정도 보유하고 있느냐에 따라, 은행별로 수익성(예대마진)의 편차가 커진다(1.05% → 1.14%).
셋째, 시장의 금리가 내려가는 시기에는 역시 저코스트 수신을 어느 정도 보유하고 있느냐에 따라, 은행별로 수익성(예대마진)의 편차가 작아진다(1.05% → 0.96%).
넷째, 저금리 시기(시장의 금리가 내려가거나 낮은 상태에서 횡보하는 시기)에는 은행권의 예대마진이 그만큼 따라서 내려가기 때문에, 은행의 수익성은 악화되어질 수밖에 없다. 이 마지막 넷째의 경우가 금융위기 이후 글로벌 경제상황에서, 또 우리나라의 상황에서 금융시장의 현실로 적용되어지고 있는 것이다.
다섯째, 시장의 금리가 인상시기에는 저코스트 예금을 많이 가지고 있는 A은행이 가장 혜택을 보지만(+0.24%포인트), 금리 인하시기에는 저코스트 예금을 많이 가지고 있는 A은행이 가장 큰 수익성의 악화(-0.24%포인트)를 겪게 된다. 이 말은 금리 인하시기에는 각 은행들이 저코스트 예금을 많이 보유하는 것 자체가 수익성에 별 도움이 되지 않을 수 있다는 것이고, 저코스트 예금은 금리가 오르고 내리는 것에 따라서 '양날의 검'의 성격을 가지게 된다. 그럼에도 불구하고, 절대적인 수익성(예대마진) 자체에는 저코스트 수신이 기여하는 바가 가장 크므로, 각 은행들은 저코스트 수신을 확대하는 것이다.

신문이나 언론을 통해서 저금리 시대에 은행의 수익성(또는 예대마진)이 악화가 된다는 내용을 많이 보았을 것이다. 일반인들이 생각하기에는 그만큼 대출이나 예금금리를 같은 폭으로 내리면 예대마진에는 변화가 없을 것이고, 은행의 수익성에도 저금리라고 해서 영향을 미칠 것은 없다고 생각할 수도 있는데, 위의 예에서 본 것처럼 저금리(또는 금리인하기)에는 대출이나 시장성 예금은 금리를 함께 내리더라도, 모든 예금의 금리를 동일하게 내릴 수는 없기 때문에, 이런 현상이 생기는 것이다.

다시 다른 예를 하나 더 보도록 하자.

A은행은 100억 원의 예금을 보유하고 있는데, 이 중 90%가 요구불예금 및 저축성 예금이고, 10%는 시장성예금으로 보유하고 있다고 하자(실제로도 국민, 우리, 신한은행 등 대형 시중은행들은 원화예수금이 200조 원 정도 되는데, 이 중에 90% 이상이 요구불예금 및 저축성예금으로 구성이 되어있다). 그 상황은 아래와 같다고 하자.

- 요구불예금 및 저축성예금 : 90억 원 (평균금리 2.0%)
- 시장성예금 : 10억 원 (평균금리 4.0%)
- 대출 : 100억 원 (평균금리 5.0%)

먼저 이 경우에 있어서 A은행의 가중평균 조달금리와 예대마진을 구해 보도록 하자.

- 가중평균 조달금리 : 2.0% × 90/100 + 4.0% × 10/100 = 2.2%
- 예대마진 : 대출금리 - 가중평균 조달금리 = 5.0% - 2.2% = 2.8%

이제 이 경우에 시중의 금리(대표로 한국은행 기준금리)가 변동한다고 다시 가정해 보자. 먼저 0.5%포인트 인상한다고 할 때, 각 은행들의 입장에서 대출금리는 기준금리의 변동폭만큼 올리더라도 요구불예금 및 저축성예금도 그 폭만큼 같게 인상하기는 어려울 것이다. 이미 예금금리가 정해져있는 예금과목들이고, 일부 예금은 금리 인상에 한계가 있기 때문이다. 그래서 각 은행들이 요구불예금과 저축성예금은 0.2%포인트 금리인상을 하고, 시장성예금과 대출금리는 모두 한국은행 기준금리 인상폭만큼 0.5%포인트를 인상한다고 해보자. 그러면 아래와 같은 변화된 상황이 나올 것이다.

- 요구불예금 및 저축성예금 : 90억 원 (평균금리 2.2%)
- 시장성예금 : 10억 원 (평균금리 4.5%)
- 대출 : 100억 원 (평균금리 5.5%)

이번에도 A은행의 가중평균 조달금리를 구해보고, 대출금리와의 차인 예대마진을 구해 보도록 하자.

- 가중평균 조달금리 : 2.2% × 90/100 + 4.5% × 10/100 = 2.43%
- 예대마진 : 대출금리 − 가중평균 조달금리 = 5.5% − 2.43% = 3.07%

금리가 0.5%포인트 인상 후의 A은행의 예대마진은 금리인상 이전의 예대마진이 2.8%였는데 반해, 3.07%로 상향조정되었다는 것을 볼 수 있다. 그 변화의 폭은 0.27%포인트가 상승하였다.

다음은, 한국은행 기준금리가 반대로 0.5%포인트 인하한다고 가정해 보자. 이 경우에도 마찬가지로 A은행은 요구불예금과 저축성예금에 대해 금리를 각각 0.2%포인트 인하하고, 시장성 예금과 대출금리는 한국은행 기준금리의 변동폭인 0.5%포인트 인하한다고 하고, 수신과 여신 구조의 변화를 먼저 보도록 하자.

- 요구불예금 및 저축성예금 : 90억 원 (평균금리 1.8%)
- 시장성예금 : 10억 원 (평균금리 3.5%)
- 대출 : 100억 원 (평균금리 4.5%)

이번에도 A은행의 가중평균 조달금리를 구해보고, 대출금리와의 차인 예대마진을 구해 보도록 하자.

- 가중평균 조달금리 : 1.8% × 90/100 + 3.5% × 10/100 = 1.97%
- 예대마진 : 대출금리 − 가중평균 조달금리 = 4.5% − 1.97% = 2.53%

금리가 0.5%포인트 인하 후의 A은행의 예대마진은 금리인하 이전의 예대마진이 2.8%였는데 반해, 2.53%로 하향조정 되었다는 것을 볼 수 있다. 그 변화의 폭은 0.27%포인트가 하락하였다.

한국은행 기준금리가 0.5%포인트 인상할 때와 동일한 폭으로 움직임을 볼 수 있다. 그러나 통상 시중은행에서의 예대마진 정책에는 "시차효과"와 "금리효과"라는 것이 있다. "시차효과"라는 것은 금리 인상 시에는 즉각 대출이자를 상승 반영하는 것을 말하며, 금리 인하 시에는 천천히 대출금리를 인하시키는 시차적 효과를 말한다. "금리효과"란, 금리 인상 시에는 인상의 폭을 더 크게 하고, 금리 인하 시에는 인하의 폭을 적게 하는 것을 말한다. 통상, 시중은행의 이 두 가지 효과로 인해, 예대마진은 금리인상 시에 더 큰 수익성 향상의 기회를 맞이하게 된다.

이 모형에서 알 수 있는 내용을 정리해 보도록 하자.
첫째, 한국은행 기준금리의 인상(또는 인하)폭만큼 예대마진 폭이 움직이는 것은 아니다. 그 이유는 은행들의 예금이나 대출구조가 금리변동에 민감한 시장성 상품뿐만 아니라 고정금리 상품들이 많이 존재하기 때문이다. 즉, 통상적으로는 한국은행 기준금리 폭보다 작은 변동 폭을 가지고 예대마진 증감률이 나타난다는 것을 알 수 있다.
둘째, 예금의 경우 예대마진 폭에 영향을 많이 미치는 금융상품은 금리변동형 시장성 상품이 아닌 요구불예금(저코스트 예금)이 많을수록 유리하다는 것이다. 저코스트 예금이 많을수록 금리변동 폭이 작고, 대출금리와의 차이가 커져서 은행의 예대마진 폭 확대에 유리할 수 있다는 점이다. 실제로 각 은행들은 이런 이유로 저코스트 예금 증대에 더욱 노력하고 있다.
셋째, 위의 모형에서는 한국은행 기준금리 인상시기, 인하시기에 관계없이 동일한 변동 폭만큼의 대출상품, 예금상품의 이자변동을 가정했지만, 통상 금리인하 시기보다 금리인상 시기에 금리의 변동의 폭이 더 큼으로 인해, 금리인상 시기에는 예대마진 증가의 폭이 더 크게 증가할 수 있을 것이라는 사실을 추측해 볼 수 있다.

4. 은행의 신탁업

우리나라에서 신탁업이라고 하는 업권은 "신탁업법"의 적용과 규제를 받는다. "신탁(信託)"이라는 표현은 "누군가"가 "무엇"을 "누구에게" "맡겨서 관리"를 한다는 의미이다. 여기서 맡기는 주체인 "누군가"를 "위탁자"라고 하고 통상 고객이 된다. 맡기는 내용물은 금전이 될 수도 있고, 금전이 아닐 수도 있는데, 이를 "신탁재산"이라고 한다. "누구에게"라는 맡아서 운영을 담당하는 주체를 "수탁자"라고 하고 통상 금융회사가 된다. "맡겨서 관리"한다는 의미는 그 책임의 소재와 소유권, 관리권이 누구에게 있느냐에 대한 구분 방법이다.

• 고객 : 위탁자
• 은행, 증권회사 등 금융회사 : 수탁자

즉, 신탁은 위탁자(고객)이 신탁재산을 수탁자(금융회사)에 목적에 따라 관리와 운영을 맡기고 만기가 되면 수탁자(금융회사)의 수수료를 차감한 수익을 추구하는 금융상품이라고 할 수 있다. 마치, "펀드"라는 개념과 큰 차이가 없음을 알 수 있을 것이다. 그러나 펀드와의 차이점은 신탁은 특정한 목적으로 한정적으로 운영되고 금전이 아닌 자산도 신탁재산이 될 수 있는데 반해, 펀드는 금전으로만 이루어지며 특정한 목적이 아닌 광범위한 목적에 활용될 수 있다는 측면이 운영상의 차이점이라고 할 수 있다.

구분	신탁	펀드
운용주체	신탁회사	자산운용회사
업무분야	신탁업	집합투자업
수탁재산	금전 및 재산	금전
운용방법	개별운용	통합운용
운용근거	신탁계약	펀드규약

글로벌 선진국들에서는 신탁업이 활성화되어 국민들에게 다양하게 활용되고 있는데 반해 우리나라에서는 활용도가 낮아 신탁업법 제정을 통한 신탁업 활성화를 계획하고 있다.

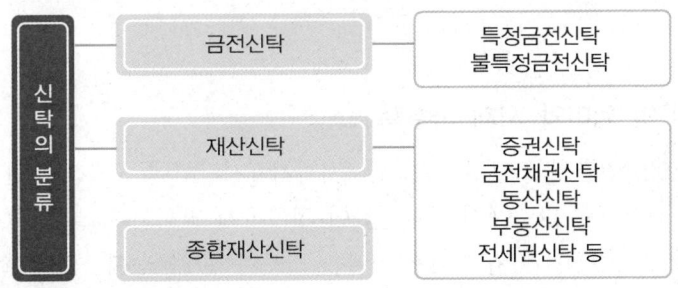

위의 그림을 보면 신탁은 부동산, 재산 등을 맡길 수도 있지만, 이는 일반 국민들에게는 흔치 않은 일이며, 대부분의 고객들은 금전신탁을 활용하고 있다. 즉, 금융회사(신탁업을 취급하는 금융회사)에 금전(돈)을 맡기고 이를 만기까지 목적에 맞게 운영과 관리를 맡긴다는 차원에서 "펀드"라는 상품과 지극히 유사한 개념이라고도 할 수 있는 것이다.

금전신탁은 다시 "특정금전신탁"과 "불특정금전신탁"으로 나뉜다.

특정금전신탁은 위탁자(고객)가 수탁자(금융회사)에 금전을 맡기면서 그 운용방법을 특정시켜 지정하므로 수탁자는 위탁자의 특정된 운용지시 없이 임의대로 신탁재산을 운용할 수 없으며, 수탁자가 지시한 분야에 대해서만 금전의 운영, 관리가 되도록 하는 신탁상품이다. 대표적인 예로 상장기업들이 자사주를 매입하기 위해 활용되는 자사주 신탁, 위탁자(고객)가 지정한 단기자산에 자금을 운용하는 MMT(Money Market Trust) 등을 들 수 있다.

불특정금전신탁은 위탁자(고객)가 수탁자(금융회사)에게 금전을 맡기면서 그 운용방법을 지정하지 않고 수탁자(금융회사)에게 포괄적인 운영과 관리를 위임하는 신탁으로 수탁자는 위탁자의 운용지시 없이 수탁자가 정한 방법대로 신탁재산을 운용할 수 있고, 통상 불특정 다수의 자금을 모아서 운용한다. 이런 의미에서 불특정금전신탁이 펀드라는 개념에 더욱더 유사하다고 할 수 있다.

우리나라에서 본격적으로 신탁업법이 제정된 것은 1961년이다. 고객이 현금을 금융회사(수탁자)에 맡기는 금전신탁을 중심으로 발달한 일본식 신탁 제도를 본떠 만들었기 때문에 이후 국내 금융시장에서도 금전신탁을 중심으로 거래가 이뤄졌다. 초기에는 신탁 업무를 전담하는 한국신탁은행을 설립해 여타 시중은행들로 하여금 신탁업을 취급할 수 없게 했지만 1984년 은행법상 모든 은행이 신탁업을 겸영할 수 있게 되었다. 이후 2005년 9개 증권사가 처음으로 겸영 인가를 받았고 이어 2007년 보험사도 신탁 시장에 진입했다.

초창기 은행은 특정금전신탁 외에 불특정금전신탁도 판매했지만 2004년 투자자 보호 장치가 부족하다는 이유로 불특정금전신탁제도는 폐지되고, 이후 2008년 금융위기를 겪으며 신탁자산의 규모가 반 토막이 날 만큼 사업이 위축되었다. 2009년 자본시장법이 시행되면서 신탁업자에 대한 규율을 담은 신탁업법이 폐지되고 통합 자본시장법에 흡수되었고, 이후 신탁업 활성화를 위해 신탁업을 자본시장법 체제에서 분리하여 신탁업법을 별도로 제정한다는 계획을 세워놓고 있다.

5. "시재(時在)"의 의미와 시재 과부족

은행의 하루 영업시간은 오전 9시~오후 4시까지 7시간인데, 7시간 동안 계속 고객과의 입지급 거래를 하다보면 마감시재가 매일같이 정확하게 맞히기가 결코 쉽지는 않을 수 있을 것이다. 이렇게 마감시재가 부족하거나 남는 경우가 발생하는데, 이럴 때에는 어떻게 업무를 처리하는 것이 정상일까? 일단은 ATM을 비롯한 각 현금시재를 보유하고 있는 직원들의 마감시재가 끝단위인 1원까지 모두 정확하게 맞아야 지점전체의 시재가 맞을 것이다. 앞에서도 설명했지만, 지점전체의 시재는 출납담당 직원이 실무적으로 관리를 하게 되는데, 지점전체의 시재는 각 텔러들의 시재가 정확히 맞다면 자동으로 맞을 수밖에 없는 구조이기 때문에, 텔러의 경우 시재 과부족현상에 대해서 처리하는 법을 보도록 하자.

시재가 남거나 부족하거나 이런 과부족현상이 생기면 일단 야근을 하더라도 최선을 다해서 정확하게 맞히는 작업이 최우선이며 중요할 것이다. 그러나 이렇게 노력했는데도 불구하고 시재가 맞지 않는다면, 그때 처리할 수 있는 규칙(규정)이 있다. 시재가 틀린 경우는 크게 시재가 남는 경우가 있고, 부족한 경우가 있는데 이를 "시재 과부족"이라고 표현하고, 시재 과부족 시 은행들이 업무를 처리하는 규정이나 지침을 알고 있어야 할 것이다.

첫째, 시재가 남는 경우이다. 각 개별은행마다 세부 처리지침은 조금씩 다를 수 있지만 먼저 남는 금액을 "가수금계정"에 입금하고 시재를 맞히게 된다. 또 남는 금액의 크기에 따라서 지점차원에서 책임자 및 지점장에게 보고하고 처리하기도 하고, 금액이 크면 본점으로 보고를 하기도 한다. 일정기간(3개월) 보관을 하고 있어도 찾지 못할 경우 은행에서는 보통 "잡이익 계정"으로 회계처리하고 남는 시재금에 대한 처리를 종료하게 된다. 통상적으로 남는 금액이 있을 경우에는 보통 고객들이 많이 문의를 하여 일정기간 이내에 환급처리가 되는 것이 보통이다.

둘째, 시재가 부족한 경우이다. 문제는 남는 경우보다 부족한 경우가 직원들에게도 곤혹스러운 일이다. 마찬가지로, 시재가 부족한 경우에도 각 개별은행마다 조금씩 처리지침이 다를 수 있지만, 이때는 "가지급금 계정"에서 인출해서 부족한 금액을 메우는 것이 보통이다. 또 부족한 경우에도 금액에 따라 지점 단위에서 책임자 보고 또는 지점장 보고 등의 절차로 처리할 수도 있지만, 일정 금액 이상 부족한 경우에는 금융사고 등의 예방 차원에서 본점으로 보고를 하도록 하고 있다. 일정기간(1개월) 동안 계속 원인을 규명하지 못할 경우에 은행에서는 "잡손실 계정"으로 회계처리를 하고 부족한 시재금에 대해서 처리를 종료하게 된다. 규정이나 지침에는 보통 은행들이 위와 같이 정해놓고 있다. 아래는 실제 A은행의 시재부족 시 업무처리 지침 내용이다.

> ※ 현금이 부족한 경우 업무처리 절차는 다음과 같이 한다.
> 1. 현금이 원인을 알 수 없이 부족한 경우에는 해당 금액을 당일 마감 전 가지급금 출납부족금으로 처리한다.
> 2. 출납부족금은 신속히 그 원인을 조사하여 정리하여야 하며, 1개월이 지나도 그 원인을 발견할 수 없을 때에는 취급자가 변상하여야 한다.

지침의 일부 문구나 텍스트는 은행별로 다를 수 있지만, 전체적인 처리의 기간이나 기본 지침은 모두 위와 같은 방식을 취하고 있다.

B은행의 경우에는 아래와 같이 지침을 가지고 있다.

> 1. 과잉금
> • 당일 마감 후 가수금 처리 → 3월이 경과하여도 원인이 규명되지 아니할 경우 → 이익금 영업외수익 잡수익으로 처리한다.
> 2. 부족금
> • 당일 마감 후 가지급금 처리 → 1월이 경과하여도 원인이 규명되지 아니할 경우 → 당해 출납계원이 변상한다.
>
> ※ 사고금 처리원칙
> 1. 직원의 고의 또는 중대한 과실 등으로 인한 사고금은 원칙적으로 사고관련 직원이 변상책임을 진다.
> 2. 천재지변 또는 불가항력으로 인한 사고 및 책임소재가 불명확한 사고금은 은행의 손실로 처리한다.
> 3. 제3자의 행위로 인한 사고금은 별도의 회수대책을 강구하여야 한다.

6. 지급준비율과 지급준비금

은행은 불특정 국민들인 고객들로부터 예금을 받게 되고, 이 예금으로 다시 대출을 비롯한 자금운영을 하게 되는데, 고객들로부터 받은 예금을 전부(100%) 대출이나 자금운영을 할 수 없도록 되어있다. 언제 어떤 상황이 발생할지 모르는 미래의 불확실성 때문에, 항상 일정 비율만큼은 고객에게 지급할 수 있는 준비를 하고 있어야 하는데, 이 비율이 지급준비율이다. 예금액에 지급준비율을 곱한 금액을 지급준비금이라고 하는데, 각 시중은행들은 한국은행에 지급준비금을 예치해 놓아야 하고, 통화정책에서는 이 제도를 지급준비제도라고 한다. 즉, 통화정책의 하나인 지급준비제도란 금융기관으로 하여금 지급준비금 적립대상 채무의 일정비율에 해당하는 금액을 중앙은행에 지급준비금으로 예치하도록 의무화하는 제도이다. 중앙은행은 지급준비율을 조정하여 금융기관의 자금사정을 변화시킴으로써 시중의 유동성을 조절하고 금융안정을 도모할 수 있다. 예를 들어 지급준비율을 올리면 은행들은 더 많은 자금을 지급준비금으로 예치해야 하기 때문에 대출 취급이나 유가증권 매입이 여력이 축소되고 결국 시중에 유통되는 돈의 양이 줄어들게 된다. 이에 따라 시중 유동성이 줄어들게 되고, 과도한 대출 증가로 인한 금융불안 가능성도 방지할 수 있게 된다.

■ 예금 종류별 지급준비율(자료 : 한국은행, 2018년 10월 기준)

예금 종류	지급준비율
장기주택마련저축, 재형저축	0.0%
정기예금, 정기적금, 상호부금, 주택부금, CD[74]	2.0%
기타 예금	7.0%

위 표는 현재 한국은행에서 정해서 은행권에 적용하고 있는 지급준비율이다. 장기주택마련저축과 재형저축 예치금액에 대해서는 지급준비율을 적용하지 않고 있으며, 정기예금, 정기적금, CD등의 예금에 대해서는 2%, 기타예금(보통예금, 저축예금 등 요구불예금 포함)에 대해서는 7%의 지급준비율을 적용하고 있다. 우리나라의 지급준비제도 적용대상 금융기관에는 일반은행 및 특수은행이 있으며, 이들 금융기관은 예금별 종류에 따라 위의 표에서 보듯이 현재 0~7%로 차등화되어 있는 예금종류별 지급준비율에 해당하는 금액을 지급준비금으로 보유하고 이를 한국은행에 예치하여야 한다.

2017년 12월 기준으로 한국은행에 적립되어 있는 은행의 지급준비금은 약 46조 원 수준이다. 이 중에 70~75%는 7.0%가 적용되는 수시입출식 요구불예금에 대한 지준금액이며, 25~30%는 정기예적금, 상호부금 등 2.0%의 지급준비율이 적용되는 지급준비금으로 구성되어 있다.

---

74) 지급준비예치 대상 금융기관을 상대로 발행된 경우 제외

7. 은행권 수수료 도입 논란

2017년 이후 은행권의 수수료 인상 논란이 뜨거워지고 있다. 2017년 3월부터 한국씨티은행에서는 일정금액 이하의 계좌에 대해서 계좌유지수수료를 부과하기로 하였고, 또 KB국민은행에서는 2017년 중에 창구거래 시에 부과하는 창구거래 수수료 도입을 검토하기로 하였다. 은행권 수수료 신설이나 인상에 대한 움직임은 2016년도부터 본격화되기 시작하였다. 2015년 8월에 당시 금융위원장이 은행별로 가격결정에 대해 자율성을 부여하겠다고 발표하며, 수수료 인하지도나 수수료 실태점검을 하지 않겠다고 선언한 이후부터이다.

이런 금융당국의 은행별 수수료 등 가격결정에 대한 자율권 부여 이후 은행들은 수수료 인하보다는 인상쪽의 카드를 만지면서 수익성 다변화 및 수익성 강화를 위한 조치를 검토하고 있는 것이다. 이렇게 은행들이 수수료 인상을 하려고 하는 배경은 아래와 같다.

첫째, 수익구조 다변화 및 이자부문에 치우친 수익구조의 개선이 필요한 상황이다. 미국을 포함한 선진국들의 경우와 달리 우리나라 은행은 은행의 수익구조가 지나치게 이자부문 수익성에 치우치고 있는 상황은 어제오늘의 일이 아니다. 전체 이익에서 비이자부문 이익은 15% 내외를 차지하고 있는데 비해, 이자부문 이익은 85%가량 차지하고 있다. 비이자부문 수익성 구조를 강화하여 은행의 수익성구조가 이자부문에 너무 치우치지 않도록 해야 하는 과제를 가지고 있는 것이다. 여기에서 비이자부문 수익에서 가장 큰 부문을 차지하고 있는 것이 수수료부문 수익이고, 이 부분에 대한 개선과 변화가 필요하였던 것이다.

둘째, 4차 산업혁명과 변화를 요구하는 시대적인 배경에서 저수익성 거래구조를 디마케팅(De-marketing)하겠다는 의지의 표현으로 볼 수 있다. 디마케팅이란 수익성, 생산성에 있어서 효율적이지 못한 구조를 개선하기 위해 비효율적인 부분을 줄여나간다는 의미인데, 향후 4차 산업혁명, 인터넷전문은행 시대의 도래에 대비해 은행별 창구, 지점, ATM 거래 등은 점점 줄여나가야 하는 것이 은행권의 디마케팅 전략일 것이다. 이런 상황 속에서 각 은행은 창구와 지점을 축소시켜 나가야 하는데, 일부 은행들의 창구거래수수료, 소액 계좌유지수수료는 전형적인 은행들의 효율성 강화를 위한 디마케팅 전략이라고 볼 수 있을 것이다.

그러나 이런 은행들의 수수료 인상에 대한 계획은 국민경제나 국민정서에 미치는 긍정적이지 못한 영향도 있음을 인지하여야 할 것이다. 특히, 지금처럼 경기침체, 정치적 불안정성, 소득정체와 소비둔화 현상이 일어나고 있는 시점에서, 국민의 경제적 지킴이가 되어주어야 할 은행들이 수수료를 인상하는 것은 국민들의 작지 않은 저항에 부딪칠 수 있다는 것이다. 은행들이 수수료를 인상할 수밖에 없는 입장을 이해하지 못하는 바는 아니지만, 생각해 보아야 할 점은 수수료 인상시점에 대한 문제와 수수료 인상에 대한 국민적 동의를 구하는 절차가 얼마나 충실하였느냐에 대한 문제일 것이다.

8. 은행권의 기관영업 : 서울시금고 선정 사례

은행에서 이야기하는 "기관"이라는 곳은 크게 세 가지 부류로 나눌 수 있다. 첫째, 자체적인 예산을 가지고 있는 정부산하기관이나 시청, 도청, 군청이나 구청 등의 지방자치단체를 말하고, 둘째, 국민연금, 공무원 연금, 사학 연금, 지방재정 공단, 경찰 연금, 군인 연금 등 공공의 성격을 띠고 거대한 자산을 보유하고 있는 재단이나 연금 기관, 셋째, 현금성 자산을 많이 보유하고 있는 대학교, 의료기관(병원) 등을 가리킨다.

이들 기관에 대해서 은행권이 영업의 대상으로 삼고 있는 이유는 첫째, 거액의 예치자금을 한 번에 예치 받을 수 있다는 점, 둘째, 기관의 임직원들이나 임직원들의 가족거래까지 부대적인 예금이나 대출 등 금융거래를 유치할 수 있다는 점, 셋째, 이런 예치(수신) 거래를 통해서 향후 부수적인 여신(대출)거래 등으로까지 거래가 이어질 수 있다는 점, 넷째, 공적인 기관을 거래한다는 네임 밸류와 신뢰도를 높일 수 있다는 점 등이 주요 이유이다.

계속 이어지고 있는 저금리, 저성장의 기조에 따라 예금의 주체들은 금리가 낮은 은행권 보다는 증권이나 타 금융기관으로 자금을 움직이는 까닭에, 은행권에서는 저금리(저비용)로 자금을 조달하기가 그만큼 어려움을 겪고 있다. 그러나 시기적으로 이런 저금리 상황에서 은행권이 기관영업을 통해 거액의 자금을 유치할 수 있고, 추가적인 부수거래까지 덤으로 얻을 수 있다는 것은 유동성 확보 차원과 영업력 향상 차원에서도 큰 메리트로 작용하고 있는 것이다.

은행권에서는 이런 기관영업을 하기 위해서는 해당 기관에 출연금 또는 기부금을 제공하는 경우가 제도화된 일상이라고 할 수 있다. 2016년 7월부터 은행법과 관련법령의 개정으로 은행에서 단일 거래 상대방에게 대한 기부금이 10억 원을 초과하는 시점에는 인터넷이나 홈페이지를 통해 공시를 통해 누적 기부금을 공개하도록 하고 있다. 은행에서는 기관을 상대로 한 기부금 공시라는 것이 그렇게 명예로운 일은 아닐 수 있지만, 이는 이미 기관영업을 위한 출연금이라는 것이 공공연한 사실이기 때문이고, 또한, 기관들도 은행권에서 영업을 나오면 출연금 또는 기부금을 공공연하게 요구하는 것이 관례가 되어있는 상황이다.

따라서 은행권에서는 이런 출연금의 형태를 공시가 되지 않도록 단일 거래 상대방에게 10억 원이 넘지 않는 선에서도 많이 제공하고 있는 것이 실상이라고 할 것이다. 공시를 통해 공개된 자료(은행에서 단일거래 상대방에게 10억 원이 넘는 기부금을 제공한 금액)만 보면, 연도별로 증가하고 있는 추세이다. 2017년의 경우 전국에서 가장 많은 금고를 보유한 농협은행이 약 520억 원, 서울시 등 주요 금고를 보유하고 있었던 우리은행이 470억 원, 인천시 등 주요 금고를 보유 중인 신한은행이 270억 원 등 은행들의 기부금(출연금) 잔액은 한해에 1,300억 원에 이르는 수준이다.

지역	규모	1금고	2금고	운영기간
서울	29조 8000억	우리		2015~2018년
부산	11조	부산	국민	2017~2020년
대구	7조 9000억	대구	농협	2016~2019년
인천	8조 3000억	신한	농협	2015~2018년
광주	4조 4000억	광주	국민	2017~2020년
대전	5조 3000억	하나	농협	2018~2021년
울산	3조 2000억	경남	농협	2017~2019년
세종	1조 2000억	농협	하나	2014~2018년
경기	20조	농협	신한	2017~2021년

지역	규모	1금고	2금고	운영기간
강원	6조	농협	신한	2018~2021년
충북	4조 6000억	농협	신한	2018~2021년
충남	5조	농협	하나	2016~2020년
전북	5조 1000억	농협	전북	2016~2019년
전남	7조 9000억	농협	광주	2018~2020년
경북	7조 7000억	농협	대구	2017~2019년
경남	7조	농협	경남	2017~2019년
제주	4조	농협	제주	2016~2018년

▲ 광역지자체 금고은행 현황(약정 첫해 당시 규모)[75]

위의 표는 2018년 3월 기준 각 지자체 금고 운영은행 현황 자료인데, 실제로 서울시금고의 경우 2018년까지 우리은행이 시금고를 운영하고 있으며, 2018년 1월부터 4월까지 향후 2019년~2022년까지의 4년간 금고 운영은행을 선정하는 작업을 거쳐 신한은행이 선정되었다. 서울시금고는 2019년부터 복수금고로 운영하게 되는데, 1금고와 2금고로 나뉜다. 1금고는 서울시 일반회계, 특별회계 등 시 예산 일체(약 32조 원)를 관리하게 되고, 2금고는 성평등 기금 등 서울시 관련 기금 일체(약 2조 원)를 관리하게 된다. 전체적으로 34조 원 규모인데, 우리은행이 1금고, 2금고 전체를 100년 넘게 관리해 왔지만 신한은행이 1금고 관리은행으로 선정되었고, 우리은행은 2금고 관리은행으로 선정되었다.

지방자치단체 중에서는 2018년 현재 약 32조 원의 자금을 운영하는 서울특별시 금고가 가장 크며, 가장 작은 1.2조 원의 자금을 운영하는 세종자치시까지 지방 자치단체에서 운영하는 자금은 전체적으로 100조 원을 훨씬 상회하고 있다. 또 우리나라 지자체는 지자체의 일반회계를 담당하는 "1금고", 특별 회계와 기금성 예산을 담당하는 "2금고"로 통상 나뉘는데, 지자체의 특성상 주요자금을 운영하는 1금고는 농협은행이 가장 많이 담당하고 있으며, 지방의 경우에는 해당 지역 은행들도 1금고나 2금고에서 운영하고 있는 사례를 볼 수 있다. 2015~2018년(4년) 동안 우리은행은 서울시금고 관리를 하면서 서울시에 4년간 1,400억 원의 출연금을 약정하였고, 매년 금액을 나누어 서울시에 출연금을 납부해 오고 있다. 올해(2018년)는 마지막 연차로 7월 초까지 300억 원의 출연금을 납부해야 한다. 이런 영향으로 공시자료를 토대로 한 연간 출연금 규모도 우리은행이 은행권 중에서 가장 많다. 이런 방식의 출연금을 신한은행은 2019~2022년(4년) 동안 1금고 운영에 약 3,000억 원의 출연금을 약정하였다고 하며, 이 출연금 규모가 서울시 1금고 은행 선정에 큰 영향을 미쳤던 것으로 전해지고 있다.

---

75) 자료 : 서울신문, 2018년 3월

은행명	내용
국민	부산시, 광주시, 경기 구리시, 서울 양천구, 서울교통공사, 대구도시철도공사, 대구도시공사, 전남개발공사, 강원도개발공사 등
신한	강원도, 경기도, 인천시, 서울 강남구, 인천국제공항공사, 군인공제회, 한국국제협력단, 건국대, 동국대, 국립암센터, 분당서울대병원, 강남성심병원, 서울지방법원 등
하나	건설근로자공제회, 한국폴리텍대학 등
우리	서울시, 광명시, 한국토지주택공사, 한국철도공사, 한국전력공사, 한국수력원자력, 국방과학연구소, 방위사업청, 국민연금, 주택도시기금 등
농협	인천시, 전북, 제주, 세종, 농촌진흥청, 농식품공무원교육원, 국립농산물품질관리원, 한국농촌경제연구원, 가축위생방역지원본부, 농업기술실용화재단 등

▲ 은행별 기관 금고영업 현황[76]

한편 이런 기관영업이 지자체에 대해서만 이루어지는 것은 아니며, 매년 35만 명에 달하는 입영대상자 및 군인들을 대상으로 한 "나라사랑카드"도 이런 기관영업의 한 사례라고 할 수 있다. 최근 10년간 단독 사업자였던 신한은행은 2015년도 경쟁 입찰에서 탈락하고 기업은행과 국민은행이 향후 10년간 나라사랑카드에 대해 새로운 운영자로 선정된 예가 단적인 경우이다. 이외에도 2017년에 있었던 인천공항 입점은행 선정, 경찰 공무원에 대한 독점적 대출 사업권 등도 기관영업의 사례이다.

이 외에도 약 34조 원이라는 거액을 관리하는 서울시금고에 선정된 신한은행의 경우를 포함한 각 시, 도 단체에 대한 기관영업, 지방으로 본사를 이전하고 있는 공공기관의 자금을 예치하기 위한 기관영업, 수익성은 낮지만 대학생 거래유치와 등록금 유치를 위한 대학교 입점 경쟁 등도 모두 기관영업의 형태이다. 참고로 대학교의 경우 우리은행이 전국에 30여 개 대학에 입점해 있고, 신한은행의 경우 20여 개 대학에 입점해 있다.

출연금이나 기부금이 10억 원이 넘는 경우에 공시를 통해 공개를 한다는 것은 이미 업계에서는 "가격표"의 역할을 하는 것이나 마찬가지라고 할 수 있다. 경쟁 입찰에서 비밀리에 입찰가격을 적어 내는 것이 아니라, 금액을 공개하는 것과 마찬가지라는 것이다. A은행이 (가)기관에 대해서 기부금을 15억 원을 했다는 것은, 향후 (가)기관에 영업하기 위한 타 은행의 경우 최소 15억 원 이상의 기부금이 들어갈 것이라는 것이고, 또 (가)기관과 비슷한 규모의 기관에 대해서 영업을 할 때에도 최소 15억 원 정도의 기부금이 필요할 것이라는 내용이다. 10억 원 이상의 기부금을 공개하도록 한 감독당국의 규정의 목적은 "과다경쟁 방지"이다. 그러나 기부금 공개제도에 대한 부작용이 크다는 입장에서는 기부금 공개로 과다경쟁을 막을 수 없으며, 오히려 기부금의 거품만 더 만들어내는 규정이라는 비판의 목소리가 나오고 있다. 그러나 기부금 공개제도의 긍정적인 측면에 대해서는 이렇게 기부금을 공개하도록 함

---

76) 자료 : 이데일리, 2018년 4월

으로써, 각 은행은 해당기관과의 거래수익성을 철저히 분석해 볼 수 있고, 현실적인 기부금으로 대응할 수 있다는 측면이 있으며, 이런 점들로 인해 실질적인 과다경쟁을 막을 수 있다는 논리를 제기하기도 한다.

9. 코코본드와 BIS비율

코코본드(Co Co Bond, contingent convertible bond)는 평상시에는 채권으로서 이자가 지급되다가 발행기업(은행)의 자기자본비율이 일정 수준 이하로 떨어져 경영개선명령을 받거나 부실금융기관으로 분류되는 등 경영이 악화되는 특정 사유가 발생되면 원리금이 주식으로 자동 전환되거나, 이자지급이 중단되는 등의 조건을 발행시점에서 미리 정해놓은 금융회사 채권이다. 발행 후 평상시에는 채권으로 분류되어 자기자본에 포함되지 않지만, 특정 사유 발생 시 자본으로 편입될 수 있는 증권으로, 채권과 주식의 특징을 모두 가지고 있어서 "하이브리드 채권"의 한 종류로 분류된다(하이브리드 채권이란, 주식과 채권의 특징을 모두 가지는 신종자본증권을 말한다).

코코본드는 두 가지 종류가 있다. 후순위채권(Tier2)과 신종자본증권(Tier1)인데, 후순위채권은 발행은행의 위기와 관계없이 채권투자자에게 이자지급이 이루어지고, 위기 시에는 BIS비율상 보완자본으로 편입하게 된다. 반면, 신종자본증권은 발행은행의 위기상황이 도래하면 채권투자자에 대한 이자지급이 중지되며, 은행의 위기 시에는 BIS비율상 기본자본으로 편입되는 것이 차이점이다. 일반적으로 투자자의 입장에서는 후순위채권보다는 신종자본증권의 리스크가 더 크다고 할 수 있으며, 발행은행의 입장으로서는 후순위채권으로 코코본드를 발행하는 것보다는 신종자본증권으로 발행해야 BIS비율 등에 도움이 될 수 있는 것이다.

코코본드를 이해하기 위해서는 바젤 III 기준에 대해 조금의 이해가 필요하다. 바젤 III에서는 기본자본을 "Tier1"이라고 표현하고, 보완자본을 "Tier2"라고 표현한다. 바젤 II에서의 기본자본 개념을 좀 더 세부적으로 나눠서 규제하고 있고, 위험가중자산 대비 보통주자본과 기본자본비율을 추가로 규제하고 있다. 아래 표를 보면 바젤 II에서는 은행들이 기본자본과 보완자본을 합친 최소총자본이 위험가중자산대비 8%를 넘도록 규정하고 있었다. 그러나 바젤 III에서는 기본자본이 위험가중자산 대비 6%를 넘도록 하고 있고, 여기에 보완자본을 합친 최소총자본이 다시 위험가중자산 대비 8%를 넘도록 규제하고 있다.

바젤 I 및 바젤 II			바젤 III		
구분	항목	규제	구분	항목	규제
기본자본 (A)	자본금, 자본잉여금, 이익잉여금, 신종자본증권 등	-	보통주자본 (A)	자본금, 이익잉여금	4.5%
			기타기본자본 (B)	신종자본증권	-
			기본자본 (C=A+B)	-	6%
보완자본 (B)	후순위채권 등	-	보완자본(D)	후순위채권 등	-
최소총자본 (C=A+B)	-	8%	최소총자본 (E=C+D)	-	8%

▲ 바젤 III 기준과 신종자본증권의 편입관계

구분	보통주자본비율	기본자본비율	총자본비율
BIS 최소기준	4.5%	6.0%	8.0%
국민은행	14.86%	14.86%	16.01%
기업은행	9.99%	11.60%	14.16%
신한은행	12.69%	13.09%	15.42%
KEB하나은행	13.44%	13.56%	15.97%
우리은행	10.95%	13.02%	15.39%
농협은행	11.72%	12.04%	14.83%

▲ 각 은행별 바젤 III 기준 충족현황 / 2017년 12월 말

처음에 코코본드를 신종자본증권이라는 형태로 발행하면 나중에 이 코코본드는 발행은행의 위기 시에 "기본자본"으로 인정받게 되고, 처음에 후순위채권으로 발행하게 되면 나중의 위기상황에 "보완자본"으로 인정받게 된다. 은행의 입장에서는 바젤 III 기준을 더욱 확고히 준수하고, BIS비율을 높이기 위해서는 보완자본으로 인정받는 후순위채권으로의 코코본드 발행보다는, 나중에 기본자본으로 인정받을 수 있는 신종자본증권으로 코코본드를 발행하기를 희망한다.

유럽은행들이 발행한 코코본드는 신종자본증권 비중이 약 70%를 상회하는 반면, 국내 은행들이 발행하고 있는 코코본드는 대부분 후순위채권이다. 보완자본으로 편입되는 후순위채권으로서의 코코본드는 은행의 위기상황에 관계없이 이자지급을 하지만, 기본자본으로 편입되는 신종자본증권으로서의 코코본드는 발행은행의 위기상황에 따라 투자자에 대한 이자지급 정지조항이 포함되어 있다는 것이 차이점이며, 리스크가 신종자본증권이 큰 만큼 투자자 모

집도 그만큼 어려움이 따르게 된다.

우리나라 은행들이 주로 발행하는 코코본드가 후순위채권이 많다는 것은, 지난 2016년 초 도이치뱅크 사태를 관찰했던 국내 투자자들 입장에서 보면 위험도가 높아지고, 그만큼 신종자본증권으로서의 코코본드가 투자자모집에 어렵기 때문이라고 할 수 있다. 실제로 2016년 3월, 기업은행은 신종자본증권(Tier1)으로 4천억 원의 코코본드를 발행하려 투자자 모집에 나섰지만, 도이치뱅크 사태 이후 기관투자가 등의 투자자들이 몸을 움츠리는 모습에 투자자 모집에 실패하고, 다시 후순위채권(Tier2)으로 전환해서 4천억 원을 코코본드로 발행했던 사례가 있었다.

지난 2016년 2월에 독일의 도이치 은행에서 발행한 코코본드에 대해 이자지급이 중지될 수 있다고 언론에서 발표했던 내용은, 도이치뱅크에서 발행했던 코코본드가 후순위채권이 아니라 신종자본증권으로서의 코코본드였기 때문이었다. 당시 도이치뱅크는 2015년도에 대규모 매각손실과 소송비용 등으로 68억 유로의 적자설이 나돌았고, 이로 인해 도이치뱅크 발행 코코본드(신종자본증권)에 대한 이자지급이 중지될 것이라는 언론보도가 나오자, 투자자들의 투자심리가 급격히 냉각하였고, 뱅크런 초기현상까지 발생하는 사태가 있었던 것이다. 이렇게 코코본드는 기본자본(Tier1)으로 편입되느냐, 보완자본(Tier2)으로 편입되느냐에 따라 신종자본증권과 후순위채권으로 나뉘게 되며, 바젤 III 체제에서 자본으로 인정될 수 있는 증권으로 인식되어 있다. 바젤 III 기준 하에서 자본비율을 높이려는 은행들은 채권으로서 자금조달도 가능하고 발행 후 자본으로 편입되어 자기자본비율도 높일 수 있어 코코본드를 많이 발행해 오게 되었다. 비상시 채권에서 주식으로 전환되는 특성으로 고위험 채권으로 분류되며, 위험이 큰 만큼 높은 수익률(금리)로 발행되기 때문에, 은행이 안전한 금융기관이라는 인식을 가진 투자자들 사이에서는 인기를 끌 수도 있는 고위험 채권인 것이다.

유럽은행들이 전체적으로 약 200조 원 규모의 코코본드를 발행하고 있고 그중에서 약 73%(150조 원 정도)가 신종자본증권으로 발행되고 있다. 반면, 국내 은행들의 코코본드 발행규모는 총 10조 원대 규모이며 이 중에서 신종자본증권이 3조 원 수준이고, 후순위채권이 7조 원대 수준이다. 국내 은행들의 코코본드 발행규모는 신종자본증권이 약 30%, 후순위채권이 약 70% 수준인 것이다. 이런 상황에서 2018년 3월에 국책은행인 기업은행은 후순위채권이 아닌 신종자본증권으로서의 코코본드를 3,500억 원 발행에 성공하였다고 발표하였고, 하나금융지주도 2,000억 원 신종자본증권을 발행할 것이라고 뉴스에 나고 있다.

우리나라의 코코본드는 총 10조 원 중에서 우리은행이 2조 원, 기업은행이 2조 원 정도로 가장 많이 발행하고 있다. 확실히 안심할 수는 없지만, 국내 은행들은 유럽과 달리 자산운용이 보수적이고 손실이 날 경우에도 나름대로 충분한 자본비율 등 충격을 흡수할 수 있을 정도의 자본 확충이 이루어지고 있어 국내은행들이 발행한 코코본드가 문제시될 확률은 낮다고 보는 것이 전문가들의 시각이다. 앞으로도 유럽 등 글로벌 각국의 상황을 예의주시하면서 국내 상황도 점검을 해 나가야 할 때라고 보인다.

10. ELS, ELF, ELD, ELT, ELB, ETN

■ ELS(Equity Linked Securities, 주가연계증권)

국내외 주가지수 또는 특정 주식 등 기초자산의 가격변동에 따라 미리 정해진 수익구조에 의해 투자손익이 결정되는 상품이다. 2003년부터 상품화되었으며, 은행이 아니라 증권회사에서만 취급하고 있다. 예탁자산을 우량채권에 일정부분 투자하여 원금보전에 대한 가능성을 높여놓은 후, 잔여 자산으로 주가지수 옵션시장에서 파생금융상품에 투자하여 고수익을 노리는 금융상품으로 알려져 있다. ELN(Equity-Linked Note)으로도 불린다.

한때 "국민 재테크"상품으로도 불렸으며, 원금보장형 ELS, 원금부분보장형 ELS, 원금조건부보장형 ELS, 원금비보장형 ELS 등이 발행되고 있다.

→ 만기 3년, 원금비보장형, 매 6개월마다 조기상환 조건 충족시 연 6.00%의 수익률

기초자산	EuroStoxx50, HSCEI, NIKKEI225				
상품유형	(상품등금 : 고위험 2등급)Safe-up 스텝다운 조기상환형(90-90-85-85-80-60)				
예상연수익률 (세전)	6.0%	원금지급여부	비보장형	청약기간(시간)	2018.05.30 (08:30) ~2018.06.01 (13:00)

위의 예시는 NH투자증권의 ELS상품 예시이다. 기초자산에 대한 투자는 EuroStoxx50, HSCEI, NIKKEI225 지수 등으로 투자한다는 것이고, 고위험 2등급으로 원금 비보장형 상품으로 되어있다. 2018년 5월 30일부터 6월 1일까지 신청을 받고, 예상연수익률은 6.0%로 발표하고 있다.

2017년 우리나라의 ELS 상품 총 발행규모는 약 81조 원인데, 2018년도는 2017년도 발행규모를 넘어설 것으로 예측되고 있다. ELS 상품은 원금 손실 가능성이 있고, 예금자 보호대상 상품도 아니다. 수익에 대해서는 15.4%의 원천징수를 차감하며, 특히 ELS 상품 투자에서는 기초자산을 어떻게 운용하는지, 만기나 조기상환일 구조가 어떻게 되는지, 옵션상품 투자에 대한 상환조건이 어떻게 설정되어 있는지에 대한 사전 확인이 필수적이라고 하겠다.

■ ELF(Equity Linked Fund, 주가연계펀드)

기본적인 상품구조는 ELS와 동일하다. ELS는 투자자그룹과 특정상품의 연결이라고 한다면, ELF는 투자자그룹과 특정상품묶음으로 연결된, ELS의 펀드형 상품이라고 할 수 있다. 즉 ELF는 여러 개의 ELS를 펀드로 묶어 놓은 상품이라 할 수 있다. ELS 시장에 연동되다 보니 ELS 상품이 활기를 띠게 되면 ELF 시장도 활기를 띨 수밖에 없는 구조이다. 또 반대의 경우도 마찬가지이다. 조건도 ELS 상품이 원금보장형 ELS, 원금부분보장형 ELS, 원금조건부보장형 ELS, 원금비보장형 ELS 등이 있듯이, 이 상품들을 어떻게 펀드로 묶느냐에 따라 ELF도 동일한 구조를 띠게 된다. 증권회사와 자산운용사의 주된 상품이고, 은행은 펀드 위탁판매 형태로 증권회사 상품에 대해 판매는 하고 있다.

■ ELD(Equity Linked Deposit, 주가연계예금 또는 지수연동예금)

ELS와 ELF가 증권회사 상품이라면 ELD는 "은행판 ELS"라고 할 수 있다. 은행이 고객으로부터 가입 신청을 받아 원금의 대부분은 안정성이 보장된 예금이나 채권형태로 운영하고, 잔여 부분과 이자 발생분에 대해서는 주가지수나 고위험, 고수익 파생상품으로 투자하는 상품이다. 원금보장도 가능하고, 최근에는 최저 수익률도 보장하는 ELD 상품이 나오고 있다. 예금자보호도 되는 상품이다.

ELS는 원금보장형도 있지만, 상품의 종류에 따라 비보장형, 부분보장형, 조건부보장형이 있다는 점, 예금자보호대상이 아니라는 점이 특징이다. ELF는 펀드의 운용성과에 따라 수익률이 결정된다는 점이 특징이며 역시 예금자보호대상은 아니다. ELD는 원금보장이 되며 예금자보호대상이라는 점, 은행의 주력 상품이라는 점이 주요 특징이다. 상품 운영의 구조는 비슷하며, 만기 이전에 중도 해지하는 경우에는 ELD도 원금손실이 발생 가능하다.

■ ELT(Equity Linked Trust, 주가연계신탁)

은행의 특정금전신탁 상품은 고객(위탁자)의 지시에 따라 투자를 해야 하는데, 투자처에 ELS 상품을 포함하여 특정금전신탁을 운용한다. 즉 고객(위탁자)이 은행에 특정금전신탁으로 자금을 맡기면서 ELS 상품을 포함하여 투자하도록 지시함으로써, 수탁자(은행)은 특정금전신탁 자금으로 증권회사의 ELS 상품에 투자하게 되는 상품이다. 당연히 증권회사의 ELS 상품이 은행의 ELT 상품의 수익률을 결정짓는 원동력이 될 것이다.

ELD가 은행 예금판 ELS라면, ELT는 은행의 신탁판 ELS라고 할 수 있다. ELT는 특정금전신탁 상품으로 원금보전이나, 예금자보호대상은 아니다. 2017년 우리나라 ELS 발행규모가 총 81조 원 규모였고, 은행권의 ELT 판매 규모는 41조 원 규모였다. 이는 은행이 전체 ELS 판매에 50% 이상을 기여하고 있다는 것이고, ELT 판매 확대는 그대로 ELS 판매 확대로 이어질 수밖에 없어, ELT와 ELS가 연결되는 과열되는 상황을 경계할 필요가 대두되기도 하였다.

■ ELB(Equity Linked Bond, 주가연계파생결합사채)

ELS에서 파생되어 나온 상품으로 ELS 중에서 원금보장형 ELS를 ELB라고 한다. 은행과 증권회사가 연계하여 상품을 만들 수 있고, 은행에서도 판매가 가능한 상품이다. 원금보장형 ELS 상품을 ELB라고 하였으니, 모두 원금은 보장되지만 예금자보호대상은 아니다. 원금보장이라는 메리트로 인해 수익성은 ELS에 비해 낮을 수밖에 없다.

■ ETF(Exchange Traded Fund, 상장지수펀드)

KOSPI200, KOSDAQ150, 5대그룹, 삼성그룹, KRX반도체, NASDAQ100, 원유선물 등 글로벌과 국내 증시에 상장된 수천, 수만 개의 기업, 기업군, 종목들을 조합하여 지수화하고, 이 지수가 상승하든지 하락하든지에 따라 수익률이 결정되는 인덱스 펀드(Index Fund)의 구조를 가진다. ETF의 종류는 만들기에 따라 엄청나게 많아질 수 있으며, ETF는 만들어진 후 스스로 상장되어, 투자자는 해당 ETF주식에 대해 매매함으로써 ETF 시장에 투자할 수 있다. 국제유가나 원자재 가격의 변동이 심한 경우 해당 종목들로 구성된 ETF에 투자를 통해 수익을 도모해 볼 수도 있다.

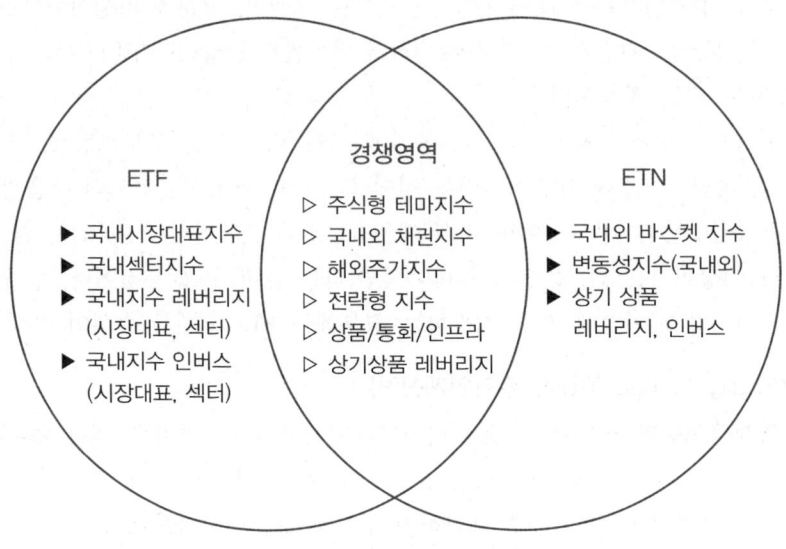

▲ ETF와 ETN의 고유/경쟁영역[77]

■ **ETN(Exchange Traded Note, 상장지수채권)**
ETF와 많은 점이 유사하고 거래소에서 거래되고 있는 점도 동일하지만, ETF가 자산운용사가 발행하는 상품인 반면, ETN은 증권사가 발행하는 만기 1~20년까지의 상품이다. 특정 기초지수를 바탕으로 발행한다는 점에서 ETF와 동일하며, 종류는 다양하게 분포되고 있다. 국내 거래소를 통해 거래되는 규모는 ETF가 ETN보다 크며, 주로 ETF와 ETN은 원유, 원자재에 특화된 점이 다른 상품들과 다른 점이다.

> **참고** 시장금리부 주요 상품
>
> ■ **MMF(Money Market Fund, 머니마켓펀드)**
> - 금리가 높은 만기 1년 이내의 단기금융상품(콜론, 기업어음(CP), CD)에 운용하여 얻은 수익을 고객에게 돌려주는 단기금융상품이다.
> - 법적으로 1년 이내의 우량채권에만 투자하도록 되어 있기 때문에 손실에 대한 위험이 낮다.
> - 예금자 보호대상이 아니다.
> - 원금 손실의 위험이 있다.

---
77) 자료 : 한국거래소

- 변동금리, 실적배당 상품이다.
- 카드 발급이 안 되며 ATM 사용이 불가하다.
- 결제, 자동이체 기능이 없어 공과금 납부가 불가하다.
- 은행과 증권회사에서 가입이 가능하다.

■ CMA(Cash Management Account, 기업어음 관리계좌)
- 고객으로부터 예탁받은 금전을 기업어음(CP), CD, RP 등에 운용하고, 그 수익을 고객에게 지급하는 단기자금 활용에 유용한 금융상품이다.
- 수시입출금, 자유로운 입출금이 가능하다.
- 하루만 맡겨도 연 1.0%대의 수익률을 적용받을 수 있는 단기 수시입출금 상품으로 유용하다.
- 변동금리, 실적배당 상품이다.
- ATM기기에서도 사용이 가능하다.
- 직장인들의 비상금 통장, 급여 통장, 결제 통장 등으로 많이 이용된다.
- 증권사 CMA는 예금자 보호대상이 아니며, 종금사 CMA는 예금자 보호대상이다.
- 은행에서는 가입이 안 되며 증권사나 종금사에서 가입이 가능하다.

■ MMDA(Money Market Deposit Account, 시장금리부 수시입출금 예금)
- 은행에서 판매하는 단기 투자금융상품이다.
- 수시입출금이 가능한 저축성예금이다.
- 은행권이 MMF에 대응하기 위해 만든 고금리 저축성 예금이다.
- 각종 이체와 결제도 가능하다.
- 예금자보호대상 상품이다.
- 확정금리 상품이다.
- 500만 원 미만의 소액, 또는 법인의 경우 예치기간에 따라 금리가 낮거나 없을 수도 있다.
- 은행이나 증권회사에서 가입이 가능하다.

■ MMT(Money Market Trust, 특정금전신탁)
- 은행에서 판매하는 단기자금 운용을 위한 금융상품으로, "단기특정금전신탁"이라 불린다.
- 입출금이 자유롭다.
- 변동금리, 실적배당 상품이다.
- 이체, 결제 기능은 없다.
- 예금자보호대상이 아니다.
- 은행, 증권회사에서 가입이 가능하다.

여신업무 기초지식

1. 은행의 자산건전성 분류

먼저 금융감독원 은행업 감독규정에 실려 있는 은행들의 자산건전성 분류기준을 보도록 한다. 은행의 자산은 아래 5가지로 분류하라고 규정되어 있다. 5가지는 정상, 요주의, 고정, 회수의문, 추정손실 5가지이다.

> 1. **정상** : 경영내용, 재무상태 및 미래현금흐름 등을 감안할 때 채무상환능력이 양호하여 채권 회수에 문제가 없는 것으로 판단되는 거래처(정상거래처)에 대한 자산
>
> 2. **요주의** : 다음 각호의 1에 해당하는 자산
>   ① 경영내용, 재무상태 및 미래현금흐름 등을 감안할 때 채권회수에 즉각적인 위험이 발생하지는 않았으나 향후 채무상환능력의 저하를 초래할 수 있는 잠재적인 요인이 존재하는 것으로 판단되는 거래처(요주의거래처)에 대한 자산
>   ② 1월 이상 3월 미만 연체대출채권을 보유하고 있는 거래처에 대한 자산
>
> 3. **고정** : 다음 각호의 1에 해당하는 자산
>   ① 경영내용, 재무상태 및 미래현금흐름 등을 감안할 때 채무상환능력의 저하를 초래할 수 있는 요인이 현재화되어 채권회수에 상당한 위험이 발생한 것으로 판단되는 거래처(고정거래처)에 대한 자산
>   ② 3월 이상 연체대출채권을 보유하고 있는 거래처에 대한 자산 중 회수예상가액 해당 부분
>   ③ 최종부도 발생, 청산·파산절차 진행 또는 폐업 등의 사유로 채권회수에 심각한 위험이 존재하는 것으로 판단되는 거래처에 대한 자산 중 회수예상가액 해당부분
>   ④ "회수의문거래처" 및 "추정손실거래처"에 대한 자산 중 회수예상가액 해당부분
>
> 4. **회수의문** : 다음 각호의 1에 해당하는 자산
>   ① 경영내용, 재무상태 및 미래현금흐름 등을 감안할 때 채무상환능력이 현저히 악화되어 채권회수에 심각한 위험이 발생한 것으로 판단되는 거래처(회수의문거래처)에 대한 자산 중 회수예상가액 초과부분
>   ② 3월 이상 12월 미만 연체대출채권을 보유하고 있는 거래처에 대한 자산 중 회수예상가액 초과부분

5. 추정손실 : 다음 각호의 1에 해당하는 자산
   ① 경영내용, 재무상태 및 미래현금흐름 등을 감안할 때 채무상환능력의 심각한 악화로 회수불능이 확실하여 손실처리가 불가피한 것으로 판단되는 거래처(추정손실거래처)에 대한 자산 중 회수예상가액 초과부분
   ② 12월 이상 연체대출채권을 보유하고 있는 거래처에 대한 자산 중 회수예상가액 초과 부분
   ③ 최종부도 발생, 청산·파산절차 진행 또는 폐업 등의 사유로 채권회수에 심각한 위험이 존재하는 것으로 판단되는 거래처에 대한 자산 중 회수예상가액 초과부분

위와 같이 5가지 단계로 각 은행들은 자기 은행의 여신자산에 대해 건전성을 자체적으로 분류하여 관리하도록 하고 있다. 물론, 이는 BIS비율(위험가중자산 대비 자기자본이 차지하는 비율)에도 영향을 미친다. 당연히 정상인 여신은 회수의문인 여신에 비해 위험가중치가 낮을 수밖에 없을 것이다. 건전성이 좋지 않을수록 당연히 위험도는 높아지고, 위험가중치도 더 높아질 수밖에 없게 된다.

은행업 감독규정 제29조에서는 각 은행들이 위와 같이 자체적으로 분류한 여신에 대해 대손충당금 적립비율을 규정하고 있다. 대손충당금은 기업자금 대출과 가계자금 대출을 나눠서 충당금비율을 달리 적용하고 있다. 이 대손충당금 적립비율은 금융감독원에서 임의로 설정한 것이 아니라, 우리나라가 가입한 국제적인 규범으로 국제회계기준에 부합하는 적립비율을 따르고 있다.

구분	기업대출	가계자금대출
정상	대출금액의 0.85% 이상	대출금액의 1% 이상
요주의	대출금액의 7% 이상	대출금액의 10% 이상
고정	대출금액의 20% 이상	대출금액의 20% 이상
회수의문	대출금액의 50% 이상	대출금액의 55% 이상
추정손실	대출금액의 100%	대출금액의 100%

▲ 금융감독원 은행업 업무규정

다음은 역시 금융감독원 자료 중에 2017년 6월 말 기준 국내은행들의 부실채권 비율 현황을 보도록 하자.

구분(단위 : %)	2015	2016				2017			
	12월	3월	6월	9월	12월	3월	6월	9월	12월
부실채권비율	1.80	1.87	1.79	1.71	1.42	1.38	1.25	1.15	1.18
- 기업여신	2.56	2.67	2.59	2.49	2.06	1.99	1.81	1.67	1.75
- 가계여신	0.35	0.36	0.32	0.31	0.28	0.28	0.26	0.25	0.24
- 신용카드	1.14	1.40	1.34	1.35	1.34	1.46	1.28	1.28	1.28

"부실채권"이라는 개념은 고정 또는 그 이하의 건전성으로 분류되는 여신자산을 부실채권으로 정의한다. 즉, 고정, 회수의문, 추정손실로 분류된 여신금액 총액을 그 은행의 부실채권으로 정의한다. 앞의 표를 보면, 2017년 말 기준 기업, 가계, 신용카드를 포함한 총 부실채권 비율은 1.18%이고, 그중에서 기업대출에 대한 부실채권 비율이 1.75%, 가계대출에 대한 부실채권 비율이 0.24%, 신용카드 부문 부실채권 비율이 1.28%라는 것이다. 2015년 이후 부실채권 비율은 조금씩 낮아지고 있음을 볼 수 있다.

2. 적격대출의 개념과 정책금융

"적격"이라는 용어는 한자어로 "適格"이라고 쓴다. "적"이라는 글자는 적당하다, 적절하다는 의미를 가지고 있고, "격"이라는 글자는 자격이나 조건을 나타내는 글자이다. 그러면 "적격"이라는 단어는 자격이나 조건을 적절하게 갖추었다는 의미로 해석할 수 있고, "적격대출"이라는 용어는 사전적으로 일정한 자격, 조건을 적절하게 갖춘 대출이라는 의미로 해석할 수 있다.

이제 이런 예를 들어 보기로 하자. 자갈로 공예나 건축을 하는 사람이 동네 아이들에게 지름 2~4센티미터 사이의 흰색, 회색 계통의 자갈을 주워오면 100원씩 주기로 하였다. 이렇게 특정 사이즈와 색깔의 자갈을 모아서 공예, 건축에 활용하기 위함이다. 아이들은 자갈을 주어진 요건에 맞춘 자갈을 주워 100원씩 받고 자갈을 넘길 것이고, 공예를 하는 사람은 이 자갈을 모아서 자신의 용도에 맞게 사용할 것이다. 이렇게 다수를 대상으로 주어진 조건을 제시하고 이 자격이나 조건을 갖추게 되면 "적격"이라는 표현을 사용할 수 있다.

우리나라 금융시장에서 적격대출은 주택금융공사와 은행들 간에 이루어진다. 우리나라 가계부채의 문제점 중에 금리 인상기에 변동금리가 많다는 점, 분할상환 방식이 아니라 만기 일시상환 방식이 많다는 점, 장기 대출이 아닌 단기대출이 많다는 점은 국가적인 차원에서 해결해야 하는 과제였다. 이 문제점들을 해결해 보기 위해 주택금융공사가 중간에 개입하여 은행들로 하여금 일정한 조건에 맞는 담보(아파트 등 주택) 하에 장기, 고정금리, 분할상환 방식으로 주택담보대출을 취급하게 되면, 주택금융공사가 그 대출채권을 매입해 준다는 조건을 제시하게 된다.

대출을 받는 차주가 신용등급 1~8등급 사이에 있고 신용정보에 이상이 없는 성인의 경우, 주택 구입, 주택보전, 주택 구입자금 상환용으로 대출을 받는 경우이며, 대출한도는 담보주택당 5억 원 이하이고, 만기는 10~30년 사이로 설정하는 대출조건을 설정하고, 대출금리는 은행에서 자율 결정하되 고정금리로 결정하게 하고 있다. 은행에 대출을 받고자 하는 고객이 찾아오면 은행은 이 대출을 소개하고 권유하며, 이 조건에 맞는 대출로 취급이 되면 은행은 이 대출채권을 주택금융공사로 매각할 수 있다는 것이다. 주택금융공사는 전체 은행을 대상으로 이렇게 일정 요건에 맞는 동질의 대출채권을 매입하여 기간, 금리, 금액, 만기 등을 고려하여 MBS라는 채권을 발행하고 금융시장에 매각하여 자금을 마련한다. 거래 구조는 아래와 같다.

> - 대출차주 : 본인의 대출조건에 맞는다면 은행에서 장기간, 고정금리, 분할상환 방식으로 대출을 받게 된다.
> - 은행 : 대출해 준 자금은 일괄 주택금융공사에 매각하여 대출재원에 대한 부담 없이 정책자금 대출 수수료 수익을 누릴 수 있다.
> - 주택금융공사 : 조건을 갖춘 대출채권을 각 은행들로부터 일괄 매입한다. 매입자금은 대출채권(주택에 대한 담보 저당권)을 담보로 발행한 채권을 금융시장에 매각한 자금으로 마련한다. 금융시장의 투자자들은 주택금융공사가 보증한 저당채권(MBS)에 대해 장기간 투자를 하게 된다.

대출차주의 입장에서는 장기간, 고정금리, 분할상환 방식으로 대출을 받을 수 있어 선호될 수 있는 조건이다. 은행의 입장에서는 은행의 자금부담 없이 주택금융공사 자금으로 대출을 중개만 하고 대출 취급에 대해 수수료 수익을 남기는 셈이니 손해 볼 일이 없다. 주택금융공사는 정부 정책의 차원에서 가계부채의 문제점을 해결하기 위해 MBS발행 및 매각자금으로 대출채권 매입을 하게 되고, 시장의 일반 투자자는 주택금융공사의 신뢰도를 바탕으로 주택금융공사가 발행한 MBS에 대해 장기간 투자를 하며 투자수익을 누릴 수 있다.

적격대출의 만기가 최장 30년까지 길다보니 대출기간 중에 금리의 변동에 대해 고객이든 은행이나 주택금융공사든 리스크에 노출이 되어있다. 기간 중에 금리가 상승할 수도 있고 하락할 수도 있기 때문이다. 이런 리스크에 대비하기 위해 주택금융공사는 "금리조정형 적격대출"이라는 상품도 내놓았다. 기존의 적격대출 장점은 그대로 살리되, 금리상황 변화에 따른 대출차주의 선호를 반영하여 5년을 주기로 금리가 조정되도록 설계되어진 대출상품이다. 또 금융위원회는 2018년 하반기부터 "책임한정형 적격대출"도 도입할 계획이다. 만기가 길다 보니 기간 중에 주택 가격이 하락할 위험도 있다. 예를 들어 아파트를 담보로 5억 원을 적격대출로 30년간 빌렸는데, 20년 후 아파트 가격이 3억 원으로 하락하였을 경우를 가정해 보면, 대출차주는 3억 원까지만 상환하면 된다는 방식이다. 이런 방식의 대출은 주로 정책자금 대출에 사용되고 있으며, "책임한정형" 또는 "비소구방식" 대출이라고 한다.

한편 적격대출에 대한 일각에서의 비판의 여론도 있다. 변동금리에서 고정금리로, 단기에서 장기로, 일시상환에서 분할상환으로 대출의 리스크 감축과 대출구조를 변화시키는 점은 긍정적이지만, 어쨌거나 정부 차원에서 가계부채 증가를 조장하는 셈이라는 것이다. 결국 어떠한 일정 조건을 갖추면 저금리로 장기간동안 자금을 정부차원에서 알선해 준다는 의미로 가계부채를 오히려 확대시킬 수 있다는 비판의 여론이 나오는 것이다. 이런 점에 대응하기 위해 정부 차원에서 2018년부터 적격대출 취급한도를 줄여가기로 하였다.

■ 보금자리론

주택금융공사의 정책자금 대출로 적격대출과 유사한 구조를 가지고 있다. 적격대출이 일반 가계부채의 구조와 리스크를 변화시키는 것이 목적이라면, 보금자리론은 무주택자 등 서민들을 위한 정책자금을 활용한 주택자금대출이다. 따라서 적격대출과 달리 부부합산 연 소득 7천만 원 이하, 대출자금은 3억 원 이하, 담보주택 가격도 6억 원 이하로 한정되어 있다는 점이 적격대출과 다른 점이다. 기타 10~30년의 장기간 고정금리, 분할상환 방식이라는 점은 동일하다.

■ 디딤돌대출

서민금융을 위한 정책자금대출로 부부합산 연간 총소득 6천만 원(생애최초 주택 구입자는 연간 7천만 원) 이하인 무주택자, 대출 한도는 2억 원 이하에서 주택 담보가치의 최대 70% 범위 내, 대출기간은 10~30년, 분할상환 방식, 대상주택은 5억 원 이하에 대해 신청할 수 있다. 보금자리론과 디딤돌대출은 비슷하지만 대출한도, 대출자격에서 차이점이 있으며, 서민금융을 위한 정책자금 대출로 디딤돌대출이 대출금리가 유리한 면이 있어 보금자리론보다는 디딤돌대출 이용률이 높아지고 있다.

3. 적격대출과 관련된 MBS, 커버드본드

앞서 적격대출을 설명하면서 자갈을 예로 들었었다. 아이들에게 일정한 규격과 색깔을 가진 자갈을 주워오라고 한 공예가는 아이들에게 자갈 주워온 대가로 자갈 하나에 100원씩 줬다고 하였다. 공예가가 자갈의 대가로 지급한 100원이 작을 수도 있지만 자갈이 많아지면 금액도 커질 것이다. 이 자금이 어디서 나는가에 대한 문제이다. 공예가는 자갈로 멋진 공예품을 만들어서 팔고 이 대금으로 아이들에게 자갈 값을 지급한다고 하자. 아이들은 은행이고, 자갈은 적격대출이고, 공예가는 주택금융공사이고, 공예품이 MBS라는 채권이 된다.

MBS를 이해하기 위해서는 자산유동화, ABS라는 용어를 먼저 알아야 한다. 다시 예를 들어보기로 하자. 동네에서 피자가게를 하고 있는 아저씨가 1천만 원이라는 자금이 필요한데 자금을 구할 곳이 없다고 하자. 어디서 어떻게 빌려올까 궁리하던 끝에 옆집 치킨 가게 아저씨에게 빌려준 2천만 원이 기억이 났다. 치킨 가게 아저씨에게 빌려준 2천만 원이라는 자금은 피자 가게 아저씨에게는 "채권"이 된다. 이 채권을 담보로 돈을 빌리는 것이다. 이런 식으로 전국에 있는 자영업자들의 1천~2천만 원의 대여금, 기간 1년 이내라는 조건으로 채권을 다 사는데 7%의 할인율을 적용하였다고 하자. 1천만 원짜리 채권을 930만 원에 사는 것이다. 이렇게 다 사서 모아보니 100억 원이라는 금액이 되었다고 하자.

어떤 금융회사가 전국의 자영업자 채권 100억 원을 기본자산으로 하여 100억 원짜리 채권을 발행하는 것이다. 그럼 이 채권은 가장 간단한 예로 만기 1년, 만기 수익률 5%, 액면가 95억 원이 될 것이다. 누군가 이 채권이 안전하다고 판단하고 수익률이 괜찮다고 생각되면 95억

원에 사고, 발행한 금융회사는 95억 원이라는 자금이 생긴다. 95억 원은 전국의 자영업자에게 매출 채권을 7% 할인하여 샀으니 그 대금으로 93억 원을 지급하고 2억 원이라는 수익이 별도로 생기는 것이다. 이런 구조로 담보채권이나 매출채권 등 채권을 기초 자산으로 하여 증권화시키는 과정을 "자산유동화과정"이라고 하고, 이렇게 발행한 채권을 "자산유동화증권(ABS, Asset Backed Securities)"이라고 한다.

투자자 입장에서 ABS 증권이 도움이 되는 것은 안전한 실물 자산을 담보로 하기 때문에 일반 기업의 채권에 비해 안정성이 높을 수 있고, 투자 대상을 다변화시키는 포트폴리오 전략으로 ABS 투자를 선택할 수도 있다. 발행자 입장에서는 당연히 증권 기간까지 자금을 확보할 수 있어 유동성을 향상시킬 수 있다는 장점이 있다. 우리나라에서 이런 자산유동화 업무는 1998년에 제정된 "자산유동화에 관한 법률"에 따라 1999년부터 일반화되기 시작하였다. 실제로 기업들의 구조조정 과정에서 발생하는 부실채권, 은행이나 금융회사들의 무수익성 자산(NPL) 등을 유동화시켜 자금을 조달하는 방법으로 많이 활용되고 있다.

이번에는 은행의 예를 들어보자. 은행이 주택을 담보로 대출해준 대출채권을 주택금융공사에 매각하고, 각 은행들로부터 주택담보대출채권을 매입한 주택금융공사는 이 채권을 기초자산으로 하여 증권을 발행한다. 이렇게 주택 담보물을 기초자산으로 하여 유동화과정을 거쳐 발행된 증권을 "주택저당증권(MBS, Mortgage Backed Securities)"라고 한다. MBS는 ABS의 한 종류이지만, 자산을 기초자산으로 하지 않고 주택 저당채권을 기초자산으로 한다는 차이점이 있다. 주택금융공사는 MBS를 다시 금융시장에서 투자자들에게 매각하고 매각 자금은 은행들로부터 주택담보대출채권 매입에 충당한다. 이런 구조가 주택금융공사에서 주관하는 적격대출의 흐름도이다.

이렇게 주택금융공사의 적격대출과 MBS흐름을 보면 우리나라도 미국이 서브프라임 모기지 사태 때 MBS가 주된 원인으로 지목되었는데, 우리나라도 미국처럼 위험해지는 것은 아닌지에 대한 궁금증이 생기게 된다. 우리나라와 2000년대 초반 미국의 상황과 다른 점은 크게 두 가지 정도로 설명할 수 있다. 첫째, 전체 MBS 발행규모가 미국과 차이가 많다는 점이다. 미국이나 유럽 등 ABS 시장이 활성화된 곳은 MBS 발행규모가 전체 ABS 발행규모의 30~30% 수준을 차지하고 있지만, 우리나라의 경우에는 5% 이하로 발행시장이 형성되고 있다는 점이다. 따라서 금융위기로까지 전이될 정도는 아니라는 평가가 나온다. 둘째, 미국은 2차, 3차 파생상품들이 판매가 되면서 연쇄적으로 문제가 되었던 반면, 우리나라는 1차 단계에서 파생되며 엄밀히 말하면 파생상품이라고 하기도 어렵다는 점이다.

주택금융공사가 발행하는 MBS규모는 연간 35조 원 수준이다. 2004년 주택금융공사에서 처음 MBS를 발행한 이후 현재까지 발행 잔액은 110조 원 수준이며, 2018년에도 30조 원 규모로 발행을 계획하고 있다. 주택금융공사의 적격대출이 가계부채 증가를 부추기는 정책이 될 수 있어 적격대출 규모도 축소시키고 이에 따라 MBS 발행도 축소될 예정이다. 가계부채 억제 차원에서 주택금융공사 차원의 적격대출은 축소시키지만, 은행들의 대출까지 억제하기는 어려운 만큼 은행들이 필요시 자체적으로 "커버드본드(Covered Bond)"를 발행할 것을 독려하고 있다.

커버드본드는 시중은행들이 주택담보대출 채권을 기초자산으로 하여 자체적으로 발행하는 증권의 형태로 "커버드(Covered)"라는 단어가 붙는 이유는 이 채권에 투자하는 투자자는 발행사인 은행이 파산하더라도 담보채권(주택 근저당권)에 대해 우선적으로 상환받을 수 있는 권리가 부여되는 특징이 있다. 발행회사인 은행도 만기에 증권 상환에 대한 의무가 있지만, 혹시 은행에 문제가 있을 경우 담보물로 변제가 우선시된다는 측면에서 이중 안전장치가 마련되어 있는 것이다. 이런 측면에서 커버드본드를 "이중상환청구권(Dual Recourse)부 채권"이라고도 한다. 안정성이 높은 만큼 채권 수익률은 높지 않다.

은행들이 발행하는 커버드본드는 주택금융공사가 발행하는 MBS와 비슷한 측면이 있어 "민간 MBS"의 영역에 속한다. 주택금융공사는 은행들의 커버드본드 발행실적에 따라 적격대출 한도를 늘려줄 계획이라고 발표하고 있다. 은행들이 자체적으로 커버드본드를 많이 발행한다는 것은 그만큼 주택자금 대출을 많이 하고 있다는 것이고, 이런 은행들에게 적격대출 한도도 더 늘려줘서 국민들의 주택마련에 도움을 주겠다는 것이다. 현재 국내 시중은행들의 커버드본드 발행 실적은 국민은행이 유일하며 활성화되어 있지는 않은 상황이다. 굳이 주택자금대출 재원 확보를 위해 커버드본드를 발행하지 않고 비용부담에도 별 차이가 없는 기존의 은행채 발행으로도 자금확보 통로가 충분하다는 것이다.

4. 당좌거래와 어음할인 업무

기업회계에서는 유동자산 중에서도 당좌자산이라는 계정명이 있는데, 여기에서 당좌자산은 1년 내에 현금화가 가능한 유동자산 중에서 기업이 원할 경우 언제든지 현금화가 가능한 자산이라는 의미로 "당좌자산"이라는 용어를 사용한다. 그렇다면, "당좌(當座)"라는 개념은 "언제든지 필요할 때 현금처럼 사용할 수 있는"이라는 의미로 해석해 볼 수 있다.

은행과 당좌거래를 한다는 것은 어떤 시점에서 현금을 직접적으로 보유하고 있지 않더라도, 현금처럼 인출하거나 거래에 사용할 수 있는 거래를 말한다. 일상적으로 이런 유형의 거래는 또 있다. 신용카드 거래도 마찬가지이고, 개인들이 마이너스 대출을 사용하는 것도 마찬가지이다. 현금이나 통장잔액을 가지고 있지 않더라도 한도를 정해놓고 그 한도 안에서 개인이 현금을 보유하고 있는 것처럼 사용하는 거래유형을 은행에서는 "당좌"라는 표현을 사용한다. 그렇다면 "당좌예금"을 먼저 보도록 하자. 기업(또는 개인)이 은행에 당좌예금을 개설하고 당좌예금의 잔액 범위 내에서 수표나 어음을 사용하는 경우를 예로 들 수 있겠다. A기업이 있다고 하자. A기업은 당좌예금 잔액을 10억 원을 항상 유지하고 있는 상태에서, 상거래 행위나 기타 영업활동에 필요한 경우에 당좌수표, 약속어음 등을 은행으로부터 백지상태로 교부받아 금액란에 액수를 적어 발행하는 경우이다.

이 경우에는 얼마든지 당좌예금에 잔액이 있으므로, 이 현금이 아닌 수표나 어음의 경우에도 현금처럼 활용할 수 있게 된다. 이런 거래의 유형을 기업(또는 개인)과 은행과의 "당좌거래"라고 하고, 당좌거래를 위해 고객이 은행에 보유하고 있어야 하는 계좌가 "당좌계좌"이다. 또, 이 당좌계좌가 예금(+)상태라면 "당좌예금"이 되고, 대출(-)상태라면 "당좌대출"계좌가 된다. 일반적으로 당좌예금 거래가 은행과 있고 난 후, 일정기간 신뢰도가 쌓인 거래처에 대해 당좌대출 거래가 이루어지는 것이 보통이다.

은행과의 거래관계 및 거래 신뢰도에 따라 당좌예금 잔액 범위 내에서 수표나 어음을 발행하여야 하는 경우도 있고, 당좌예금 잔액 범위를 넘어서 수표나 어음을 발행할 수 있는 경우도 있다. 여기에서 당좌예금 잔액 범위를 넘어서 수표나 어음을 발행할 수 있도록 은행에서 용인을 해 준 경우 그 넘어서서 발행할 수 있는 한도를 설정해서 운용하게 되는데, 이 한도를 "당좌대출 한도"라고 표현한다. 당좌대출은 개인의 경우 한도를 정해놓고 카드론 또는 마이너스대출을 사용하는 경우가 있는데, 이것과 유사한 개념이다.

이제 당좌대출을 조금 더 깊이 있게 보도록 하자.

은행과 당좌거래를 하는 기업의 경우에는 "어음"거래를 활용하고 있다. 어음은 얼마 전까지는 "약속어음"이라는 종이어음이 주로 사용되었으나, "전자어음의 발행 및 유통에 관한 법률"에 따라 종이어음은 전자어음으로 대체되어지고 있으며, 2014년 4월부터는 자산규모 10억 원 이상인 기업의 경우에는 의무적으로 전자어음을 사용하도록 하고 있다. 전자어음제도는 종이어음에 비해서, 거래의 투명성과 보관, 관리의 편리성, 불법적인 종이어음의 유통 등을 방지하는 등, 기존의 종이어음 제도를 개선시킨 제도로써, 향후 IT시스템의 발달 등과 맞물려, 전자어음제도는 계속 활성화되어질 것으로 보인다(이하에서는 종이어음 또는 전자어음을 모두 "어음"이라는 용어로 사용하도록 한다).

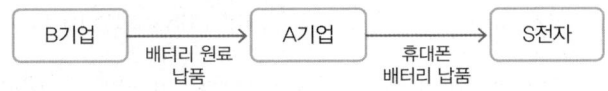

현실에서도 대부분의 거래구조는 위와 같은 거래구조로 형성되어 있다. A기업은 국내 대기업인 S전자에 휴대폰 부품을 납품하는 하청업체이고, B기업은 다시 A기업의 하청업체라고 하자. A기업은 휴대폰 부품인 배터리를 납품하는데 배터리 원료는 다시 B업체로부터 납품을 받는 구조이다. A업체는 1억 원어치 배터리 원료를 B기업으로부터 구매를 하고, 평상시 거래은행인 "가"은행 "ㄱ"지점과의 당좌거래 약정을 통해서 3개월 후에 만기가 도래되는 어음으로 B기업에 대금결제를 하였다고 하자. 이제 B기업은 배터리 원료를 A기업에 납품하고 대금 1억 원을 결제받아야 하는데, 현금으로 회수하지 못하고 만기가 3개월 후에 도래되는 어음으로 결제를 받은 것이다.

B기업으로서는 빨리 현금으로 회수해서 다시 원재료를 구매하기도 하고 직원들 급여도 줘야하는데, 어음으로 받았으니 현금화시킬 수가 없어서 유동성이 궁굴한 처지에 몰리게 되었

다. 이때, B업체는 자신의 거래은행인 "나"은행 "ㄴ"지점을 찾아가서 어떻게 하면 좋은지 상담을 받게 되고, "ㄴ"지점에서는 B업체에게 "어음할인거래"를 추천하게 된다. "어음할인"은 이렇게 상거래행위로 결제받은 어음을 거래은행인 "나"은행을 통해서 만기까지의 자금부담을 업체(B기업)에서 한다는 전제하에 미리 결제대금을 현금화할 수 있는 "여신 금융거래"를 말한다.

이제 "ㄴ"지점에서는 B업체에게 어음할인을 해 주기로 하고, A기업으로부터 받은 어음을 보니, 그 내용은 아래와 같다.

- 발행일 : 2018년 7월 1일
- 만기결제일(지급기일) : 2018년 9월 30일
- 지급지 : "가"은행 "ㄱ"지점

이렇게 7월 1일 발행되어 결제받은 어음을 가지고 어음을 받은 다음날인 7월 2일에 B업체는 "나"은행 "ㄴ"지점을 찾아간 것이다. 그렇다면, "나"은행 "ㄴ"지점은 어음할인을 통해 B업체에게 여신(자금을 공여하는 행위)을 제공하게 되는데, 어떠한 절차를 통해서 공여하게 되는지를 보도록 하자. 7월 2일 현재 만기일인 9월 30일까지 남아있는 일수가 89일이라고 하자. 그리고 어음할인 금리가 5%였다고 하자. 7월 1일부터 9월 30일까지는 90일인데, 7월 1일은 B기업이 이 어음을 보유하고 있었고, 7월 2일에 "ㄴ"지점을 찾아와서 현금화를 해야 하니, 현금화를 하는 기간은 7월 2일부터 계산해야 하는 것이다. 9월 30일에는 결제가 될 것이니, 정확하게 자금부담이 이전되는 기간은 7월 2일부터 9월 29일까지가 된다. 이 기간이 총 89일이라고 하자.

$$100{,}000{,}000 \times 5\% \times 89 / 365 = 1{,}219{,}178$$

1억 원을 연 금리 5%로 89일 동안 빌리는 계산법이다. 이 금액이 "어음할인료"가 되고, 은행은 1억 원에서 이 금액을 차감한 98,780,822원을 B업체에게 입금처리를 해 준다(인지대금이나 수수료 같은 부대비용은 별도로 있지만, 여기서는 계산의 단순화를 위해서 어음할인료라는 개념을 위주로 설명한다). 물론, 어음은 은행으로 인도가 된다. 즉, 은행은 상거래를 통해 결제받은 어음을 제공받고 결제일까지 남아있는 기간 동안 이자를 선취(미리 받는 것)한 후, 어음대금을 B기업으로 빌려주는 것이나 다름없다. 은행의 입장에서는 이 거래가 대출(여신)거래이고, 이 과정이 "어음할인" 과정이다.

이제 "나"은행 "ㄴ"지점은 "가"은행에서 발행하여 B업체로부터 인도받은 어음을 만기일인 9월 30일까지 보관하게 된다. 그러다가 만기일 전날(9월 29일)에 은행 간 어음교환 시스템을 통해서 "가"은행으로 결제통보가 가게 된다. A기업은 7월 1일에 전자어음을 발행하는 시점에 9월 30일에 만기가 도래되는 어음 1억 원을 발행하였을 때, 이미 기록 및 관리를 하고 있다가 만기일인 9월 30일에 결제가 되어져야 하니까, 거래은행 지점인 "ㄱ"지점에 당좌계좌에 1억 원이 결제 가능하도록 자금입금 조치를 해 놓았을 것이다. 그러면, 9월 30일에는 "ㄱ"지점에서는 A업체의 당좌계좌에서 1억 원을 자동 인출하여 "나"은행으로 결제를 해 줌으로써 해당 어음거래는 종료가 된다.

그런데, 이렇게 순조롭게 만기일(지급일)이 되어서 자금사정이나 여건이 괜찮은 편이어서 결제가 잘 되어지는 경우도 있을 수 있겠지만, 그렇지 못한 경우도 있을 것이다. 만기일인 9월 30일에 결제가 되어져야 하는데 당좌대출한도를 전부 쓰고 있거나, 교환결제자금 1억 원을 입금해 놓을 여유가 없을 경우에는 해당 어음이 부도처리가 될 수 있는 것이다. 이렇게 지급결제 만기일 9월 30일 은행의 영업시간까지 결제가 되지 않으면 그 어음발행업체인 A기업은 1차 부도 처리가 되고, 다시 은행은 "결제 연장"이라는 은행 간의 시스템을 통해서 익 영업일 오전 10시까지 결제를 연장해 주게 된다. 익 영업일 오전 10시까지도 당좌계좌에 결제자금이 입금이 되지 않으면 A기업은 2차 부도 처리가 되고, 금융감독원 등 관계기관에 보고가 된다. 그렇게 보고가 되면 그다음 날 최종부도 처리된 기업에 대해서는 "당좌거래정지"처분이 내려지고 뉴스나 언론을 통해서 발표된다.

뉴스나 신문을 보면 아래와 같은 기사[78]를 접할 수 있을 것이다.

당좌거래정지
◇27일 △(주)진원기업(조●호) 경남창원시 마산합포구 북성로 △문●찬 경기 안양시 만안구 만안로

이 경우가 어음(개인의 경우에는 당좌수표)을 발행한 후, 위에서 이야기한 1, 2차 부도처리 과정을 거쳐 최종부도 처리되고 그다음 날 신문을 통해서 이렇게 발표가 되는 내용들이다. 이런 과정을 거쳐 당좌, 당좌거래, 당좌예금, 당좌대출, 어음, 어음할인, 부도, 최종부도, 당좌거래정지에 대한 개념까지 개괄적으로 정리해 보았다. 더 자세하게 공부하는 것은 은행에 취업하여 공부하도록 하고, 일반인으로서 이 정도만 알고 있으면 신문을 보거나 은행원과 대화를 나누는 데에도 전혀 지장이 없는 수준일 것이라 보인다.

우리나라의 어음제도는 위와 같은 구조로 만들어져있다. 이 과정에서 문제가 되는 것이 납품을 하고 대금을 지급받아야 하는 A기업이나, B기업 같은 경우이다. 대금결제를 현금으로 받으면 괜찮겠지만, 어음으로 받기 때문에 즉시 현금화를 못 하고, "어음할인"을 통해 현금화를 하더라도 만기까지 "어음할인료"를 어음 수취인인 납품업체들이 부담해야 하는 것이다. 통상 우리나라에서는 1개월~6개월까지의 만기를 가진 어음을 많이 발행한다. 통계에 의하면 평균 어음 만기까지의 기간은 약 4개월 수준이라고 한다.

---

[78] 당좌거래정지 뉴스보도자료 예시, 이름은 모두 공개되지만, 책에서는 모자이크 처리함

경제민주화를 외치는 일부 단체 등에서는 어음제도 자체를 없애야 한다고 주장하기도 한다. 너무 원청업체(납품받는 기업, 주로 대기업) 위주의 거래 시스템이고, 납품업체(주로 중소기업 또는 개인기업) 쪽으로 갈수록 이 어음거래는 불리해질 수밖에 없기 때문이다. 따라서 외국 일부의 사례처럼 어음할인료(만기일까지 남은 기간 동안 자금부담을 하는 수수료)를 어음지급인(납품받는 기업)이 부담하자는 주장도 나오고 있는 상황이다. 원청업체와 납품업체는 대기업과 대기업이 될 수도 있고, 대기업과 중소기업이 될 수도 있고, 중소기업과 중소기업이 될 수도 있다. 그러나 통상 대기업과 중소기업, 또 중소기업과 개인기업 관계가 많은 것이 사실이다.

또, 납품업체에 불합리한 어음제도의 기간을 길게 하지 말자는 주장도 나온다. 예를 들어, 만기가 2개월까지 어음만 발행할 수 있도록 함으로써, 만기까지의 자금부담을 상호 부담할 수 있도록 제도화하는 방법이다. 납품받는 기업도 짧은 만기까지의 기간으로 어음을 발행하여 자기부담을 늘리는 반면, 납품하는 기업도 짧은 기간의 어음으로 결제를 받음으로써 어음할인료 부담을 줄여줄 수 있는 것이다. 이렇게 만기에 대한 한도를 정함으로써 어음거래에 따른 경제적 불이익을 최소화시키자는 주장도 나오고 있다.

어음 제도 자체를 우리나라에서 폐지하는 것은 쉽지 않을 것이라 보인다. 분명히 거래의 편의성과 효용성이 있다는 점은 인정하기 때문이다. 문제는 이 어음제도로 인한 현금화 부담(어음할인료)를 어떻게 공정하게 분배할 것이냐의 문제인데, 어음할인료를 어음발행인(납품받는 기업)과 어음수취인(납품하는 기업)이 나누어 부담하는 방법, 어음 기간 상한선을 정해서 발행하는 방법 등이 비교적 합리적일 것이라 보인다. 지금처럼 어음기간 상한선도 없고, 어음할인료를 납품하는 기업에서 모두 부담하는 시스템은 상생과 공정한 경제 질서를 만들어가는 데 있어서 불합리한 면이 있다고 보이기 때문이다.

> **참고** 보관어음
> 은행 영업점에서 고객으로부터 수납받은 어음(할인어음 포함)을 말하며 보통 보관어음은 만기일 전일에 교환절차를 위해서 본점으로 이송이 되어지므로, 만기일 전전일(교환일 전일)까지 영업점에서 수납한 어음을 말한다.
>
> **참고** 전자어음
> 종이어음과 달리 발행인, 수취인, 금액 등의 어음정보를 전자문서 형태로 작성되어진 약속어음의 성격을 띤 전자화되어진 어음이다. 전자어음은 전자유가증권으로서 종이(실물)어음과 같이 이용되며 발행, 배서, 권리행사, 소멸 등 모든 단계가 온라인에서 전자적인 방법으로 처리된다. 기존의 종이어음 거래의 단점인 분실 및 도난 방지, 보관 및 관리 용이, 회계의 투명성 제고 등을 목적으로 2004년 처음 도입되었으며, 2014년 전자어음법의 개정으로 직전년도 말 자산규모가 10억 원 이상인 기업에서는 종이어음 사용을 금지하고 전자어음 사용을 의무화 하고 있다.

5. 은행의 지급보증 거래 유형

개인적으로 소규모로 건설, 건축업을 영위하고 있는 A가 있다고 하자. 이번에 ○○지구에서 재개발 사업을 진행하게 되어, ○○지구의 재개발 사업에 어떤 식으로든 건설관련 일거리를 만들어보기 위해 재개발 사업장을 찾았다. 건축업자인 A는 재개발 사업장에서 여차 여차해서 재개발 사업 중에 굴착과 철골 분야에 특기를 가지고 있으니까, 일감을 줄 수 있느냐고 부탁하는 과정이다. 재개발 사업주는 그동안의 A가 건설 사업에 참여했었던 기록을 가져와 봐라, 기타 사업을 완수해 낼 수 있는 능력이 있는지, 얼마나 가격 경쟁력은 가지고 있는지 등을 검토해 볼 것이다. 그래서 결과적으로 A에게 일정부분 굴착과 철골 부분의 일감을 주기로 했다고 하자.

재개발 사업주와 건축업자인 A와의 계약기간은 총 6개월이고, 계약대금은 총 5억 원이라고 하자. A의 사업능력, 사업 수행실적은 조사해 보고 결론을 냈지만, 그럼에도 불구하고 사업이 진행되는 6개월 동안 A가 본 사업을 완수해 낼 것이라는 완전한 보장은 어디에도 없다. 어떤 경우에도 리스크는 발생할 수 있어, 조금이라도 사업수행에 대한 리스크를 줄이고자 하는 재개발 사업주의 입장에서는 건축업자인 A에게 최종적으로 "누군가가 당신(A)의 사업 수행을 완수할 것이라는 것에 대해 보증을 세워 주시오."라는 요구를 하게 된다. 이 말은 만약 A가 계약기간인 6개월 동안에 부여받았던 미션을 완수하지 못한다면, 재개발 사업주는 보증인으로부터 A와의 계약대금의 전부 또는 일부에 대한 페널티를 돌려받겠다는 의도일 것이다.

여기서 보증인으로 등장하는 "누군가"는 보증능력(추후 계약 미 이행 시 페널티 지급능력)이 충분한 개인 또는 법인으로 만들어달라고 재개발 사업주는 요구할 것이다. 이 단계에서 건축업자인 A가 우리나라에서 찾을 수 있는 금융기관의 형태가 크게 세 가지 정도가 있다. 첫째, 은행과 거래관계가 있고 은행에서 지급보증을 받을 여력이 있는 경우에는 은행을 찾을 수 있고, 둘째, 신용도나 기술력이 있어서 보증전문기관인 신용보증기금이나 기술신용보증기금, 신용보증재단 같은 곳을 찾을 수도 있고, 셋째, 재개발 사업주(보증서 요청자)가 요구하는 정도에 따라 보증보험증권으로 대체가 가능하면 서울보증보험 같은 보증보험 발급 전문 기관을 찾을 수도 있다.

여기서 보증인으로 등장하는 주된 주체가 바로 금융회사 중에서도 은행이 되기도 하며, 이 때 발생되는 보증거래의 유형이 "계약이행보증"이다. 즉, 특정 계약이 수행되는 데 있어서 은행이 지급보증을 해 주는 것이고, 건축업자인 A는 은행에 보증수수료를 내고 지급보증서를 발급받아 재개발 사업주에게 제출하게 된다. 은행에서 발생되는 이런 유형의 거래를 "지급보증" 거래라고 한다. 은행에서 개인대출을 해 줄 때 보증인을 세우라고 요구하기도 하지만, 이렇게 은행이 직접 보증인이 되어주기도 하는 것이다.

은행은 대출만 해 주는 곳이 아니라, 이렇게 지급보증이라는 금융서비스도 제공해 주는 곳이다. 은행이 대출을 해 줄 때에는 차주에게 "대출이자"를 요구한다. 그러나 지급보증 거래에서는 "지급보증 이자"라는 표현을 쓰는 것이 아니라, "지급보증 수수료"라는 용어를 쓴다. 즉, 은행은 이런 지급보증 거래를 통하여 "이자수익"을 올리는 것이 아니라, "수수료 수익"을 올리게 되고, 이런 지급보증 거래로 발생되는 은행의 수수료 부문 이익은 은행의 이자부문, 비이자부문 수익성의 불균형 포트폴리오를 수수료수익 증대로 비이자부문 수익을 증가시키는 요인으로 작용하기도 하는 것이다.

이번에는 이런 경우를 예로 들어보자. 개인 A가 은행에서 개인대출을 받으려고 하니, 은행에서 담보를 요구한다. 그러나 담보능력이 없는 개인 A는 담보가 없음을 밝히고 보증인으로 대체하고 싶다고 은행에 말한다. 이에 은행은 보증인을 세우라고 개인 A에게 말하고, 보증인 확인 후 개인대출이 이루어진다. 이때 보증인 B가 친구인 A에게 대출에 대한 보증행위를 했다는 것은, B는 A가 은행에서 대출받은 자금을 나중에 상환하지 못했을 경우에 대신 은행에 상환하겠다는 의지를 표현한 법률행위를 한 것이라 할 수 있다. 이렇게 대출에서도 "(지급)보증"을 하게 되고, 보증이라는 행위는 금융거래에서 아주 다양하게 일어나고 있다.

통상 보증 행위에는 양 당사자 간의 관계가 아니라, 3자와의 관계에서 이루어지게 된다. 위에서도 언급했지만, 은행의 여신에는 크게 직접대출과 지급보증이 있다고 하였다. 이제 대우조선의 경우를 예로 들어보자. 대우조선은 배를 만드는 조선회사이다. 배를 만들어달라고 대우조선에 의뢰하는 외국의 선주가 있어서, 이 선주는 대우조선에 1억 달러를 주기로 하고 대형 선박을 주문하였다. 총 계약기간은 3년이고, 선금으로 1천만 달러, 매 6개월마다 1천만 달러씩 지급하고, 완성 및 인도 시에 잔금 3천만 달러를 일시에 지급하기로 했다고 하자. 통상 건설이나 제조 의뢰 등에 사용되는 '선금'이라는 표현은 주는 사람의 입장에서는 '선지급금, 선납금'이라고 불리어지고, 받는 사람의 입장에서는 '선수금'이라는 개념으로 불리어진다. 같은 내용이지만, 행위의 주체에 따라 회계처리가 달라지는 것이다. 일반인이 은행에 대출 이자를 낼 때에도 내는 사람의 입장에는 '지급, 지불'이라는 표현을 쓰고, 받는 사람의 입장에서는 '수납, 수취' 등의 용어를 쓰는 것과 동일한 개념이다. 통상 '선수금'이라는 개념은 미리 받은 결제자금이라는 의미로, 받는 사람의 입장에서 사용하는 용어이다.

다시 대우조선으로 돌아가서, 대우조선이 배를 만들다가 회사가 부도가 날 수도 있고, 위의 조선계약이 마지막까지 이행되지 못할 수 있음을 우려한 선주측이 대우조선에 요구할 수 있는 리스크 억제전략이 계약이행보증, 선수금 환급보증 등의 전략이다. 선수금 환급보증은 "만약 당신(대우조선)들이 배를 완공하지 못했을 경우에, 미리 지급했던 선수금을 돌려줘야 하고, 이를 돌려줄 능력이 없다면 당신(대우조선)네 나라의 A급 금융기관에서 발급하는 지급보증서를 받아 오시오"라는 표현인 것이다. 그래서 대우조선은 거래 금융기관인 우리, 농협, 산업은행 등에 여신한도 범위 내에서 선수금 환급보증에 대한 지급보증서를 발급받아 선주사로 제출하게 되는 것이다.

은행에서 이런 선수금 환급보증(Refund Guarantee, RG)을 발급해 줬다는 것은 대우조선에 그만큼 직접적인 대출을 해 준 것은 아니지만, 유사시에는 대출로 전환될 수 있는 리스크를 가지고 있기 때문에, 보수적인 은행권에서는 이런 지급보증 거래를 직접대출과 동일하게 리스크 수준을 관리하고 있다. 특히, 지급보증을 발급해준 거래처(예 : 대우조선)의 신용등급에 따라, 정상, 요주의여신 등으로 분류하고, 직접대출과 동일한 비율로 대손충당금 납입 등으로, 리스크 관리를 하고 있는 것이다.

이런 지급보증의 유형은 여러 가지가 있다. 거래관계, 계약관계 등에서 나타날 수 있는 문제에 대해 보증행위를 제공하는 계약이행보증, 선수금 환급보증, 상거래 관련 지급보증, 대출담보조 지급보증 등의 유형도 있고, 수출입 거래에서는 수입상의 수입대금 결제를 지급보증해주는 신용장(Letter of Credit, L/C)도 대표적인 지급보증서의 한 종류이다. 또 국가적인 거래에서 현지금융에 대한 대금결제를 지급보증해주는 Stand-by L/C도 은행에서 발행하는 지급보증 거래유형이다.

은행에서 이루어지는 "여신행위"는 직접적인 자금의 공여를 통해 이루어지는 직접대출과 위에서 언급한 지급보증으로 크게 나누어진다. 은행에서 공여하는 지급보증거래도 거래의 성격에 따라 조금씩은 리스크를 달리 측정하기도 하지만, 대부분의 경우에는 직접대출과 동일한 여신공여행위로 취급되고 있다. 2017년도 당시 대우조선에 대한 RG라는 뉴스기사는 은행권에서 대우조선에 대해 선수금 환급보증을 앞으로 얼마나 발급해 줄 것인지에 대한 은행별 한도 설정에 민감한 문제가 있어서 논란이 되었던 것이며, 또 대우조선에 대한 여신 공여액을 확정 짓는 데 있어서 기준일자를 언제로 하느냐에 따라 선수금환급보증액이 달라지기 때문에 은행별로 민감하게 반응하였던 것이다.

6. 담보의 종류

은행이나 금융회사에서 여신(대출)업무를 함에 있어서 빼놓을 수 없는 부분이 바로 "담보"이다. 은행은 불특정 다수인으로부터 예금을 받고 그 예금을 재원으로 해서 대출을 해 주게 되는데, 대출을 안전하게 취급하지 못하면 그 여파가 나중에 불특정 다수인 예금자에게로까지 전가가 될 수도 있을 것이다. 이렇게 은행은 대출업무에 대해서 안전하게 취급해야 할 의무가 있는데, 대출을 안전하게 취급하기 위해서 또 안전한 대출의 회수를 위해서 여러 가지 수단이나 방법을 강구하게 된다. 이렇게 대출을 안전하게 회수하기 위한 조치로서 대출에 수반되어진 강제성이 부여되어지는 조건 등 일체 과정을 "담보"라고 해석하면 좋겠다.

크게 담보는 "물적(物的)담보"와 "인적(人的)담보"로 나눌 수 있다. "물적담보"는 채무자(대출고객)또는 채무자와 관계있는 제3자가 대출의 안정적인 상환이 불가능할 경우를 대비하여 은행에 미리 제공하는 물건이라는 의미로 해석되어지고, "인적담보"는 역시 대출상환이 어려울 경우를 대비하여 은행에 미리 제공하는 대출상환에 대한 영향력을 제3자의 재산에까지 확장시키는 경우를 말한다. 흔히 물적담보는 저당권, 질권 등을 많이 활용하게 되고, 인적담보는 보증을 많이 활용하게 된다. 부동산 담보에 대해서는 저당권을 설정하고, 채권이나 예금 담보에 대해서는 질권을 설정함으로써 담보로써 효력을 가지게 된다.

담보, 저당권, 질권에서는 "근담보", "근저당권", "근질권" 등의 용어가 많이 쓰이는데 이 용어에 대해서도 알아야 한다. "근(根)"이라는 표현은 계속되어지는 거래관계와 증감변동이 될 수 있는 여신거래를 함에 있어서, 채권최고액을 정해놓고 그 채권최고액까지 담보되어지는 의미를 말한다. 반면, "근"이라는 표현이 없는 저당권, 질권 등의 용어는 당해 거래에 있어서만 담보되어지는 특정채무에 대한 담보라고 해석하면 된다. 일반적으로 은행거래를 함에 있어서는 특정채무담보는 잘 활용되어지지 않고, 근담보가 많이 활용이 되어진다.

근담보는 다시 포괄적인 현재 및 장래 모든 여신에 대한 담보의 범위를 인정하느냐, 아니면 현재 또는 장래의 특정한 종류의 여신에 대해서만 담보로서 의미를 가지느냐에 따라, "포괄근담보"와 "한정근담보"라는 개념으로 분류하게 된다. 포괄근담보는 거래은행과 현재 또는 장래의 모든 여신거래를 함에 있어서 발생할 수 있는 채무에 대한 "근(根)"으로 한도를 정해서 담보를 설정한다는 의미이며, 한정근담보는 거래은행과 현재 또는 장래의 일정(특정)한 종류의 여신거래에 한하여 역시 "근(根)"으로 한도를 정해서 담보를 설정한다는 의미이다. 그렇다면, 포괄근저당권, 한정근저당권, (특정)저당권, 포괄근질권, 한정근질권, (특정)질권의 의미가 이해가 되었으리라 생각된다. 즉, "포괄근"이라는 표현은 시간적인 개념으로 현재의 여신뿐만 아니라 장래의 여신까지도 포함하면서 "특정 여신"만을 담보하는 것이 아니라 거래가 일어날 수 있는 "모든 여신"을 포함하여 담보로 제공되어질 때 사용하며, "한정근"이라는 표현은 현재 또는 장래의 여신에 있어서 모든 여신이 아니라 정해진 범위 내의 여신을 담보할 때 사용하며, 이런 표현이 없는 그냥 "저당권" 또는 "보증" 등의 표현은 특정 시점의 특정여신에 대해서 담보로 제공되어질 때 사용하는 개념이라고 할 수 있다.

일반적으로 은행거래를 함에 있어서는 "특정채무담보"는 잘 활용되어지지 않고, "근담보"가 많이 활용이 된다. 원래는 은행과의 여신거래를 함에 있어서 (특정채무)담보로 담보를 설정하는 것이 원칙이었을 것이다. 예를 들어, 은행에서 대출을 받고 아파트에 저당권을 설정했다면 특정채무담보로서 (특정)저당권을 설정하면 되었을 것이다. 그러나 이 차주(대출고객)가 당해 거래 이외에 추가로 대출을 필요로 하거나, 당해 대출을 모두 상환한 후 다시 대출이 필요한 경우도 충분히 발생할 수 있는데, 이런 경우에는 건별로 계속 특정 저당권을 설정해야 하는 번거로움이 발생하게 된다. 그러므로 인해서 불필요한 담보 설정 관련된 법무 수수료만 더 지불이 되는 경우도 생기고, 시간적으로도 경제적으로도 불필요한 에너지를 소모하게 됨에 따라, 은행과 대출고객과의 편의성을 위해서 "근담보"제도가 도입이 된 것이다. 한번 "근저당권"을 설정하거나, "근질권"을 설정하게 되면 더 이상 계속적인 설정 없이 그 범위(한도) 내에서 자유롭게 은행과의 여신거래를 할 수 있게 되어 금융거래의 편리성이 보장될 수 있게 되는 것이다.

이제 인적담보인 '보증'으로 가서 또 궁금한 부분을 이해해 보도록 하자.

먼저 특정채무에 대해서 보증을 제공하는지, 여기서도 한도를 정해놓고 보증을 제공하는지,

또 현재 또는 장래의 모든 여신거래에 대해서 보증을 제공하는지 등에 따라, 특정채무보증, 근보증, 한정근보증, 포괄근보증으로 나눌 수 있다.

위에서 물적담보(저당권, 질권)를 이야기하면서 설명했던 내용과 동일한데, 특정채무보증은 당해 여신거래 및 당해 거래와 관련하여 현재 및 장래에 일어나는 채무에 대해서만 특정하여 보증을 제공하는 경우이고, 근보증은 위의 특정채무보증에 추가하여 채무의 한도를 정해놓고 증감변동되어지는 여신에 대해서 보증을 제공하는 경우이다. 근보증 중에서 한정근보증은 현재 또는 장래의 특정 종류의 여신에 대해서 보증이 제공이 되는 경우이고, 포괄근보증은 근보증 중에서 현재 또는 장래의 모든 종류의 여신거래에 있어서 보증이 제공되는 경우라고 이해할 수 있을 것이다.

2012년 6월 이후 각 은행은 포괄근담보(포괄근저당권, 포괄근질권 등)는 사용하지 않고 한정근담보(한정근저당권, 한정근질권)에 대해서만 운용하도록 하고, 보증의 경우에도 포괄근보증을 사용하지 않고, 한정근보증이나 특정근보증제도만 운용하도록 하고 있다.

■ 근저당권과 저당권

근저당권과 저당권은 고객이 대출받고 그에 대한 부동산의 담보를 설정할 때 은행이 가지는 권리를 근저당권, 저당권이라고 한다. 근저당권과 저당권의 차이를 보면 다음과 같다. 저당권은 고객에게 대출한 금액과 동일하게 채권에 표시하지만 근저당권은 대출금액에서 보통 110~130%인 "채권최고액"이라고 표시를 한다. 그리고 저당권의 경우 고객이 도중 대출금의 일부를 상환하였을 경우 채권 금액을 다시 표시해야 하지만 근저당권의 경우 채권이 모두 상환되지 않는다면 수정할 필요가 없다. 그리고 대출액을 상환하였으나 다시 대출을 받을 경우 근저당권은 채권최고액 내에서 대출금을 조정할 수 있어서 채권자와 채무자 모두에게 편리한 방법이다.

■ 근질권과 질권

질권은 저당권과 비슷하게 물건에 대한 담보를 맡기고 자금을 대출해 준다. 저당권은 해당 담보물건을 채권자가 보관 및 유치(留置)가 불가능하지만, 질권의 경우 채권자가 담보 받은 자산에 대한 권리를 가지고 있으며, 보관 및 유치(留置)하고 있다는 점에서 저당권과 다르다. 대표적인 예로 저당권의 담보물은 주택, 아파트 등 부동산이고, 질권의 담보물은 예금, 주식, 채권 등 보관과 유치가 가능한 담보물이다. 실제로 은행이나 금융회사에서는 예금, 채권 등을 담보로 설정하면 예금통장, 채권 실물에 대해 담보로서 유치, 보관을 하고 있으며, 이 부분이 부동산 담보와 차이점인 것이다. 질권과 근질권의 차이는 저당권과 근저당권과 동일하게 근질권의 경우 채무변제 금액이 불확정 되어있으며 장래의 여신거래를 담보할 수 있다는 것이 차이점이다.

■ 근보증과 보증

보증이란 은행에서 고객에게 자금을 대출해 주는 대신 고객이 아닌 제3자 타인의 재산을 "보증"이라는 절차를 거쳐 담보로 설정하는 것을 말한다. 실제로 대출고객이 대출을 상환하지 못하면 은행이나 금융회사는 보증인의 재산에 강제력을 동원하여 영향을 미치게 되며, 이런 방법으로 대출 상환을 가능하게 하는 것이다. 근보증과 보증의 차이도 근저당권과 저당권, 근질권과 질권의 차이와 동일하게 특정채무에 대한 담보(보증)가 아니라 장래에 있을 다른 여신거래에도 영향을 미칠 수 있다는 점에서 보증금액이 불확정 되어있다는 점이 차이점이라고 할 수 있다.

7. 부동산 등기사항증명서(부동산 등기부등본)

부동산은 "등기"에 의해서, 동산은 "점유나 인도"에 의해서 권리관계가 확정된다. 동산은 부동산처럼 고정된 자산이 아니고 증감변동과 변화가 가능한 자산을 말하기 때문이다. 예를 들어 현금, 보석류, 골동품, 자동차 등에 이르기까지 경우에 따라서는 생명이 있는 자산일 수도 있고, 부동산이 아닌 자산을 모두 동산으로 취급하다 보니 동산의 종류는 무척 다양하다. 이런 동산들 중에서도 종류가 워낙 다양하여 항공기, 선박, 기계기구에 대해서는 부동산처럼 등기가 가능한 동산도 있다. 그러나 이런 특수한 경우를 제외하면 동산 자산은 소유, 점유, 인도에 의해 권리관계가 확정된다는 특징이 있는데, 부동산의 경우 권리관계를 확정하기 위해 만들어놓은 제도가 등기제도이다.

우리나라에서 부동산에 대한 등기제도는 일제시대로 거슬러 올라간다. 1910년대에 최초로 부동산 등기제도를 실시하였으며, 이후 해방, 한국전쟁, 국토개발시대를 거치면서 토지사유화 원칙을 견지하고 있는 우리나라에서는 부동산에 대한 국민들의 권리관계를 명확히 할 필요가 당연히 있었고, 개인 간의 거래나 소유관계 권리관계의 변동을 국가 기관에서 대신해서 기록, 관리를 함으로써 권리관계의 분쟁을 예방하고, 부동산 거래의 공신력을 강화하는 서비스를 하게 된다. 이 제도가 부동산 등기제도이고 국민들의 입장에서는 제3자인 등기소가 공증하고 확인을 해 주니 편리하게 부동산에 대한 소유관계, 권리관계, 권리변동을 확인할 수 있게 되는 것이다.

과거에는 "부동산등기부등본"이라고 하여 "등기부"라는 단어는 등기소에서 관리하는 장부를 말하고, "등본"이라는 단어는 장부를 등사(복사)한 사본이라는 의미로 사용되었다. 그러나 IT기술과 정보기술의 발달로 2011년에 "부동산등기부등본"이라는 서류는 "부동산등기사항증명서"라는 명칭으로 바뀌었다. 그러나 명칭이 바뀐 지 7년이 넘어가고 있는데도 아직 일반인들에게는 "부동산등기부등본"이라는 이름이 더 익숙하게 사용되고 있기도 하다. "부동산등기사항증명서"는 부동산 등기사항에 대한 권리변동에 대한 사항을 "전부", 또는 "일부"열람의 경우에 따라 "전부증명서", "일부증명서"로 구분한다(이하에서는 명칭이 길어

"증명서"로 통일하도록 한다).

일상 또는 은행원으로서 가장 많이 증명서를 보는 경우가 개인대출, 또는 기업대출을 담당하는 경우이고, 유형은 주택 또는 아파트에 대한 증명서를 가장 자주 보게 된다. 증명서는 세 부분을 구성이 되고 있다. "표제부", "갑구", "을구"이다. 표제부는 통상 부동산의 표시, 개요를 볼 수 있는 부분이고, 갑구는 부동산의 현재 소유자, 또는 소유권의 변동이 있었던 경우 변동내용 등 모든 소유권에 대한 내용이 나타나는 구역이다. 을구에서는 담보제공으로 인한 저당권 설정, 전세권 설정 등 소유권 이외의 권리에 대한 내용이 나타난다.

먼저 일반 주택의 경우 부동산등기사항증명서의 구조를 보도록 하자.

등기사항전부증명서(현재 유효사항) - 건물

[건물] 충청남도 천안시 서북구 두정동 ■■ 고유번호 1615-2013-009662

【 표 제 부 】 (건물의 표시)

표시번호	접 수	소재지번 및 건물번호	건 물 내 역	등기원인 및 기타사항
1	2013년 10월 29일	충청남도 천안시 서북구 두정동 ■■■	철근콘크리트구조 철근콘크리트지붕 4층 단독주택 1층 19.8㎡ 2층 211.68㎡ 3층 211.68㎡ 4층 211.23㎡	

【 갑 구 】 (소유권에 관한 사항)

순위번호	등 기 목 적	접 수	등 기 원 인	권 리 자 및 기 타 사 항
2	소유권이전	2013년 12월 17일 제127943호	2013년 10월 5일 매매	소유자 길■■■■■ ******* 서울특별시 성동구 마장로 ■■■■■ ■■■■■■■■ 매매목록 제2013-1928호

【 을 구 】 (소유권 이외의 권리에 관한 사항)

순위번호	등 기 목 적	접 수	등 기 원 인	권 리 자 및 기 타 사 항
1	근저당권설정	2013년 10월 29일 제110218호	2013년 10월 29일 추가설정계약	채권최고액 금660,000,000원 채무자 ■■■ 충청남도 천안시 서북구 ■■■■■

위의 경우가 건물(일반 주택)에 대한 부동산등기사항증명서이다. 표제부와 갑구, 을구라는 부분들이 보일 것이다. 표제부에는 다시 표시번호라는 일련번호로 등기부에 기록되는 순서에 따라 등기사항을 누적적으로 관리하고 있다는 것을 알 수 있고, 접수일자, 소재지번 및 건물번호는 현재 주소와 지번을 보여주는 항목이다. 건물내역은 어떤 구조의 건물인지를 알 수 있다. 위의 상황을 보면 지하는 없고 4층까지 있는 단독주택임을 알 수 있다. 등기원인 및 기타사항은 비어있는 경우가 많으며 적히는 경우에는 보통 건물과 관련된 관련법규에 대

한 내용이 적힌다.

갑구를 보면 순위번호가 2번이고 등기목적에 소유권이전으로 표시되고 있다. 이는 맨 위를 보면 현재유효사항에 대한 발급이고, 순위번호 1이 있다는 의미이다. 통상 순위번호 1인 최초 소유자에 대한 내용이니, 순위번호 2는 최초 소유자로부터 소유권을 이전한 첫 거래였다는 점을 추측해 볼 수 있다. 표제부 접수일자를 보면 2013년 10월 29일인데, 갑구 소유권이전 접수일자가 2013년 12월 17일인 점을 보면 최소 소유자는 2개월 만에 이 주택을 매매하였다는 점을 알 수 있다. 역시 바로 오른쪽에 등기원인을 보면 매매라는 원인거래가 있었음을 알 수 있고, 권리자 및 기타사항에는 현재 소유권이 이전된 후의 소유자의 내역이 나오고 있다.

을구를 보면 이 주택에 대해 소유권 이외의 권리에 대한 모든 사항이 나온다. 접수번호 1번으로 근저당권설정에 대한 내용이 나오는데, 접수일자가 2013년 10월 29일이고, 근저당권 추가설정이 되어있다. 오른쪽에 권리자 및 기타사항을 보면 채무자에 대한 인적사항이 나오고, 채무자가 위의 갑구에 있는 소유권 이전 후 소유자와 동일인이 아니라는 점은, 을구에 나오는 채무자가 아마도 이 주택의 원 소유자인 것으로 보인다. 원 소유자는 이 주택을 12월에 소유권 이전을 하기 전에 근저당권 설정을 추가하였다는 의미로 해석해 볼 수 있다.

일반 건물(주택)의 증명서가 아닌 집합건물(아파트)의 증명서를 보도록 하자.

등기부 등본 (현재 유효사항) - 집합건물

[집합건물] 서울특별시 ■■■■ ■■■■ 300-130 제17동 제1층 제101호   고유번호 ■■■■

【 표 제 부 】	(1동의 건물의 표시)			
표시번호	접 수	소재지번, 건물명칭 및 번호	건 물 내 역	등기원인 및 기타사항
1 (전 1)	1973년 5월 21일	서울특별시 ■■■ ■■■ 300-130 제17동	철근콘크리트조 슬래브지붕 5층 맨숀아파트주택 1층 611.71㎡ 2층 611.71㎡ 3층 611.71㎡ 4층 611.71㎡ 5층 611.71㎡ 옥탑 39.67㎡	
(대지권의 목적인 토지의 표시)				
표시번호	소재지번		지목	면적	등기원인 및 기타사항
1 (전 1)	1. 서울특별시 ■■■ ■■■ 300-130 2. 서울특별시 ■■■ ■■■ 300-128 3. 서울특별시 ■■■ ■■■ 300-129 4. 서울특별시 ■■■ ■■■ 300-289		대 대 도로 대	1639.7㎡ 465.4㎡ 559.7㎡ 203㎡	1986년 9월 17일

통상 집합건물(아파트)에 대한 증명서는 주택에 대한 증명서보다 페이지수가 많다. 이는 각 층별 기록내용이 좀 더 많기 때문이다. 또 아파트의 특성상 대지권에 대한 내용이 나온다.

주택의 경우에는 대지권(토지에 대한 권리)이 소유자 한 명에게 귀속되는 것이 정상이지만, 아파트의 경우에는 집합건물이라 동 호수별로 아파트 면적과는 별도로 토지에 대한 권리인 대지권을 어떻게 나누고 소유하게 되는지에 대한 부분이 기록되어야 하기 때문이다.

위의 경우 표제부를 보면 이 아파트는 1973년에 준공된 건물이고 총 5층짜리 아파트라는 것을 알 수 있다. 구분 세대가 전체 건물에서 소유하게 되는 건물 전유분과 대지 전유분을 표시해 줘야 하는데, 이 내용은 집합건물 증명서의 표제부에 모두 나와 있다. 증명서의 표제부는 전체 건물과 전체 토지를 기록해 주고 있고, 또 건물에 대한 전유부분, 대지에 대한 전유부분(대지권)을 나눠서 표시해 주고 있다. 따라서 집합건물(아파트)의 표제부는 통상 주택의 증명서에 있는 표제부보다 길고 자세하게 나와 있다. 아래 대지권 내용을 보면 전체 토지면적 중에서 구분 세대가 얼마를 차지하고 있는지를 보여주고 있다.

[집합건물] 서울특별시 은평구 불광동 ■■■■　　　　　　　　　　　고유번호 2742-2 ■■■■

표시번호	대지권종류	대지권비율	등기원인 및 기타사항
4	1 소유권대지권	294분의 12.66	2011년 5월 25일 변경 금액변경 2011년 11월 2일

다음으로 나오는 부분이 역시 갑구와 을구이다.

【 갑　구 】	(소유권에 관한 사항)			
순위번호	등기목적	접수	등기원인	권리자 및 기타사항
1 (전 2)	소유권이전	1997년 9월 26일 제69341호	1955년 12월 21일 매매	소유자 문■ ■■■■-1****** 서울■■■■■■■ 부동산등기법 제177조의 5 제1항의 규정에 의하여 1999년 04월 14일 전산이기
2	소유권이전	2001년 10월 18일 제101347호	2001년 9월 22일 매매	소유자 김■ ■■■■-1****** 서울 ■■■■■■■■■■■■■■
3	소유권이전	2009년 6월 5일 제74974호	2008년 5월 6일 매매	소유자 유■ ■■■■-2****** 서울특별시 ■■■■■■■■■■■■■ 거래가액 금■■■■■원
3-1	3번등기명의인 표시변경	2008년 10월 6일 제123153호	2008년 6월 9일 전거	■■의 주소 서울특별시 ■■■■■■ ■■■■■■■■■■■■■

갑구는 소유권과 관련된 모든 내용을 기록하는 부분이다. 위의 증명서 예시를 보면 1997년 9월에 소유권 이전이 있었고, 이후 소유권 이전에 계속되고 있음을 볼 수 있다.

【 갑 　 구 】	(소유권에 관한 사항)			
순위번호	등기목적	접수	등기원인	권리자 및 기타사항
2	소유권이전	2008년 ■월 ■일 제292■호	2008년 ■월 ■일 매매	소유자　정■■　■■■■-1****** 　　　서울특별시 관악구 봉천동 ■■ ■ 　　　■■■■■ 매매목적　제2008-■■■호
3	가압류	2010년 3월 ■일 제 675■■■호	2010년 3월 ■일 서울중앙지방법원의 가압류결정(2010카단■)	청구금액　금300,000,000원 채권자　이■ 　　　서울 관악구 봉천동 ■■ ■층

위의 경우를 보면 갑구에 "가압류" 상황이 적히고 있다는 점을 볼 수 있다. 압류, 가압류는 부동산의 소유권에 관한 사항으로 발생 시 증명서 갑구에 위와 같이 기록된다.

【 을 　 구 】	(소유권 이외의 권리에 관한 사항)			
순위번호	등기목적	접수	등기원인	권리자 및 기타사항
13	근저당권설정	2005년 2월 17일 제4174호	2005년 2월 17일 설정계약	채권최고액　금300,000,000원 채무자　■■■ 　　서울 ■■■■■ ■■■ ■■■■■■■ 근저당권자 주식회사 ■■은행 ■■■■■ 　　서울 종로구 ■■■■■ ■ 　　（개인여신팀）

을구는 소유권 이외의 모든 부동산에 대한 권리관계가 기록되는 부분이다. 금융거래를 함에 있어 가장 많이 사용되는 부분이 매매, 대출 시에 필요한 소유권의 이전에 대한 내용과 근저당권 설정에 대한 내용이다. 위의 증명서 을구를 보면 2005년에 채권최고액 3억 원을 한도로 근저당권이 설정되어 있음을 볼 수 있다. "권리자 및 기타사항" 항목에는 권리관계를 알 수 있는 근저당권 설정에 대한 채권최고액, 채무자, 근저당권설정자가 명확하게 표시되어야 한다.

위의 예시에서는 간단한 사례들만 보았지만, 실제 은행 업무를 하다보면 증명서가 10페이지가 넘어가는 경우를 자주 접하게 된다. 은행에서 개인이나 기업여신 업무를 담당하게 되면 증명서를 자주 접해야 하고, 증명서에 기록된 내용들로 현재까지 소멸되지 않고 남아있는 권리관계를 분석하면서 부동산의 가치와 복잡한 권리관계를 분석하는 경우도 자주 있다. 지금까지 증명서는 가로 양식으로 발급이 되었다. 그러나 주민등록 등본, 인감증명서, 법인 등기부등본 등 등기소나 국가기관에서 발급하는 거의 모든 서류들이 세로양식으로 발급되고 있음에 따라 2018년 7월부터는 부동산등기사항증명서도 세로양식으로 발급된다.

8. 연대보증 제도

"보증"이라는 개념은 은행 여신업무와 관련해서는 "담보"라는 부분을 배울 때 함께 배우는 용어이다. 담보는 물적(物的)담보와 인적(人的)담보가 있는데, 물적담보는 부동산담보, 동산담보 등 물건을 담보로 설정하는 경우이며, 인적담보가 바로 보증인 것이다. 채권자 입장에서는 채무자에게 금전을 빌려주고 담보를 확보하기 위해 담보를 요구할 수 있지만, 채무자가 물적 담보를 가지고 있지 못한 경우라면 인적담보라도 요구하게 될 것이다. 이때 나오는 용어가 "보증"이다.

채권자(은행)와 채무자(A), 보증인(B)이 있다면, 통상 A와 B는 친인척이나 지인, 또는 사업상의 관계인 등이 될 가능성이 높을 것이다. 은행은 A에게 금전을 빌려주는데, A가 부동산 담보 등 물적 담보를 가지고 있는 경우라면 굳이 인적담보인 보증을 은행에서 요구하지 않을 수도 있지만, 만약 A가 부동산 담보 등 채무자로서 상환가능성을 확약할 물적인 담보물을 소유하고 있지 못할 경우에는, 은행에서는 채무자인 A에게 지인이나 관계인 등 대신 상환할 능력이 되는 누군가를 보증을 세우라고 요구할 수 있다.

이때 보증인 B는 지인인 A의 금전채무에 대해 보증행위를 하게 되는데, 보증은 "주 채무자의 채무에 대해 주 채무자의 미상환 등 특정한 경우에 주 채무자를 대신해서 채무를 상환할 것을 약속하는 법률행위"라고 정의할 수 있다. 이런 행위를 "보증"이라고 하고, 보증 중에서 우리가 알아놓아야 할 부분은 "(일반)보증"과 "연대보증"이라는 단어가 차이가 있다는 점에 대해서는 꼭 알아놓아야 하는 부분이다.

먼저 일반보증의 경우를 보도록 하자.

은행이 A에게 1억 원을 대출해주고 친구인 보증인 B를 일반보증으로 업무처리를 했다고 하자. 그런데, 대출만기에 가서 A가 대출을 갚지 못하고 있다고 하자. 그러면, 은행에서는 보증인 B에게 대출상환을 대신하라고 통지할 것이다. 그러면 친구(보증인)인 B로서는 당연히 억울할 것이다. 그런데, 친구인 B가 알고 있기로 대출을 받은 친구 A는 현재 전혀 상환자금이 없는 것이 아니라, 제3의 장소에 숨겨둔 은닉자금이나 자산이 일부라도 있다고 하자. 이런 상황은 현실 상황에서도 충분히 있을 법한 가정이다.

이런 상황에서 억울한 친구 B는 은행에 "여차여차해서 내 친구인 A는 제3의 장소에 일부 상환할 수 있는 자금이 있으니, 그 자금을 먼저 상환받은 후에 나머지 잔액을 저에게 보증청구를 해 주세요"라고 이야기할 수 있을 것이다. 또는 굳이 친구 A가 제3의 장소에 은닉자금이 있든 없든 상관없이, "친구 A의 자금을 좀 더 추적해보고 먼저 일단 상환받을 수 있는 자금이 있으면 대출자인 A에게 먼저 청구하고, 저에게는 나중에 청구해 주세요."라고 자신의 입장을 호소할 수 있을 것이다.

이 부분이 "(일반)보증"과 "연대보증"의 차이이다. (일반)보증에서는 위에서 예를 든 것처럼, "주 채무자인 친구 A에게 먼저 상환독촉을 하라"라고 하는 항변을 할 수 있고, "주 채무자인 친구 A의 자금 은닉상황에 대해서 먼저 조사하라"라는 항변도 할 수 있다. 보증인 B가

채권자인 은행에게 이렇게 항변할 수 있는 권리를 "최고와 검색의 항변권"이라고 한다. 주 채무자인 친구 A에게 먼저 상환을 청구하라는 항변을 "최고(催告)의 항변권"이라고 하고, "친구 A의 자산을 먼저 조사하라"는 항변권을 "검색(檢索)의 항변권"이라고 한다. 경우에 따라서는 최고의 항변권은 검색의 항변권에 포함될 수 있으니, 검색의 항변권으로만 사용되기도 한다.

(일반)보증에서는 "최고, 검색의 항변권"이 보증인에게 있지만, 연대보증에서는 "최고, 검색의 항변권"을 연대보증인에게서 박탈하여, 위에서 예를 들었던 것처럼 채권자인 은행에게 위와 같이 항변을 할 수 없고, 보증인 B를 주 채무자인 A와 동일한 채무자의 입장을 만들어 버리는 것이 "연대보증"제도이다. 즉, 연재보증제도 하에서는 주 채무자인 A가 대출상환을 하지 못하면, 은행은 A와 B를 동시에 주 채무자로 인식하여 A나 B 중 쉬운 쪽으로 대출자금 상환을 받게 된다. 만약 B가 예금이 있다면 예금을 상환자금으로 처리할 수도 있고, B가 부동산을 소유하고 있다면 A에 대한 추가조사 없이 바로 B의 재산에 대해 상환조치를 할 수도 있는 것이다.

은행의 입장에서 연대보증이 아니라 (일반)보증을 세워서 대출을 취급했다고 하면, 주 채무자가 대출상환을 못하고 있을 경우, 보증인에게 상환을 청구해도 보증인이 최고, 검색의 항변권을 사용하게 되면, 은행으로서는 대출상환기간이 더욱더 길어지고, 업무처리에 혼선과 어려움을 가져오게 될 것이다. 그래서 은행이나 금융권에서는 나중에 주 채무자가 대출을 상환하지 못 하였을 경우, 자금상환을 용이하게 하기 위해서 (일반)보증이 아닌 연대보증을 사용하게 되었다.

연대보증의 경우에는 최고의 항변권과 검색의 항변권에 상관없이 채무자와 보증인을 동일하게 채무자로 인식하여 동시에 A와 B를 주 채무자로 인식하고, 주 채무자, 보증인 등에 상관하지 않고, 둘을 모두 채무자로 인식하여 자금 상환이 쉬운 쪽으로 채무상환을 독촉할 수 있게 된다는 것이다. 이것이 연대보증이다. 이 연대보증제도는 보증인에 대한 사회적, 경제적 폐해가 크다고 사회적으로 인식하고 공감하여 제도를 개선하고 있는 중이다.

우리가 생활 속에서 한두 번 들어볼 수 있는 표현 중에, "보증 한번 잘못서서 집을 날렸다"는 등의 이야기를 들을 수 있었을 것이다. 이런 이야기가 나올 시기는 (일반)보증이 아닌 연대보증이 주로 사용되던 시기였고, 이때 보증이 연대보증이었다면 채권자인 은행이나 금융권에서는 연대보증인이 가지고 있는 부동산, 동산자산을 그냥 채무상환에 바로 활용할 수 있었으니, 충분히 연대보증인들은 보증 한 번 잘못 섰다가 재산을 탕진하는 사례가 많이 나올 수 있었던 시기였다.

이런 사회적 문제점으로 정부에서는 2008년에 은행권의 가계대출에 대해 연대보증제도를 폐지하였고, 2012년에는 은행의 기업대출에 있어서도 최대주주, 대표이사 등 특정 조건이 아닌 경우에는 연대보증을 폐지하였고, 2013년에는 개인대출에 대한 저축은행 등 제2금융권의 연대보증제도를 폐지하였다. 이후 대부업체 등 3금융권에는 연대보증제도가 허용되고 있었으나, 2017년에 대부업체들에 대해서도 개인부문에 있어 연대보증제도를 폐지하게 되었다. 이로써 개인부문에 대한 연대보증제도는 거의 전 금융권에서 폐지가 되었다고 해도 무방한 상황일 것이다.

그러나 기업대출 분야에서는 아직 은행권을 포함해 전 금융기관에서 연대보증제도는 일부 활용되고 있다. 법인에 대한 대출 시 법인의 실질적 경영책임을 가지고 있는 최대주주인 대표이사 등에 대해서는 연대보증제도를 폐지함으로써 얻는 실익이 적고, 연대보증제도를 그대로 살려놓는 것이 원래의 취지에 더 부합할 수 있다는 취지이다. 실질적으로 법인이 부실이 생겼을 때, 실질적 경영을 책임지고 있는 최대주주인 대표이사나 관계인을 주 채무자인 법인과 동격 시해서 대출을 상환할 수 있도록 함이 타당하다는 것이 금융당국에서의 판단이고, 상식적으로도 타당한 일이라고 보이기 때문이다.

> 1. 가계여신 : 연대보증인을 입보하지 않음이 원칙이다. 다만 여신의 속성상 연대보증인 입보가 불가피한 경우로서, 여신업무 내규에서 별도로 정하거나 "보증인보호를 위한 특별법"상 보호대상 보증인이 아닌 경우에는 예외로 할 수 있다.
> 2. 기업여신 : '개인'은 기업여신에 대한 연대보증인으로 입보할 수 없다. 다만 다음 각호에 해당하는 경우에는 예외로 할 수 있다.
>   (1) 차주가 법인인 경우로서 기업의 실질적 소유주 1인을 입보하는 경우
>   (2) 제3자가 당행에 예치된 예금 등을 담보로 제공하는 경우
>   (3) 기타 부득이한 경우
>
> (자료 : OO은행, 2018년 상반기 기준)

위의 내용은 실제 OO은행의 연대보증 관련 여신 규정(2018년 3월 기준) 내용이다. "입보(立保)"라는 단어는 "보증을 선다 또는 보증을 세운다"는 의미이다. 먼저 가계여신에 대해서는 연대보증제도를 운영하지 않음이 원칙이라고 규정하고 있고, 기업여신에 대해서도 특정 경우들을 제외하고는 "개인"이 연대보증인이 될 수 없도록 규정하고 있다.

다음은 2018년 4월부터 개정되는 신용보증기금, 기술신용보증기금 등 공공기관 대출과 보증에 대한 실제 OO은행의 규정 내용을 보도록 하자.

> 신용보증기금의 신용보증서 등 공신력 있는 금융기관의 지급보증서를 담보로 하는 여신에 대해 연대보증 취급은 제한된다. 다만, 해당 지급보증서가 여신의 일부만을 담보로 하는 경우 신용부분에 대해서만 연대입보를 요구할 수 있다.
>
> (자료 : OO은행, 2018년 상반기 기준)

A중소기업이 은행에 대출을 1억 원을 받으러 왔는데 담보가 없을 경우 취할 수 있는 한 가지 방법이 신용보증기금(신보)에 가서 신용보증서를 발급받으라고 추천한다. 그러면 A중소기업은 신보에 가서 기술력, 자본력, 성장성, 매출액 등의 자료를 제출하고 신보의 보증서를

발급받게 되는데, 통상 은행에서 대출받을 금액인 1억 원을 전액 보증금액으로 기록해 주는 것이 아니라, 대출 필요금액의 80~90% 수준을 보증금액으로 기록해 준다. 그러면 신보에서 발급해 주는 신용보증서상 보증금액은 8천만 원 또는 9천만 원이 되는 것이다.

기존에는 이렇게 중소기업의 대표가 신용보증기금에서 신용보증서를 발급받을 때에도 신보에 대해 연대보증을 서 왔다. 그러나 2018년 4월부터는 이 경우에도 중소기업의 대표가 신보 또는 기술신보에 연대보증을 서지 않도록 제도를 개선하겠다는 것이다. 또한 90% 금액이 보증금액으로 적혀 있다면, 이 보증서를 가지고 은행에 가서 신용보증서 담보대출을 1억 원을 받게 되는 경우 은행에서는 보증서 금액으로 담보되지 않는 1천만 원에 대해서는 다시 연대보증을 세울 수 있도록 되어 있다(위의 실제 규정 참고). 그러나 이 부분에 대해서도 향후 금융당국은 은행권에 협조를 요청하여 연대보증을 세우지 않도록 할 계획이라고 밝히고 있다.

위에서도 언급했지만 연대보증 제도는 차주나 보증인의 입장에서는 없어져야 할 제도로 지적될 수 있지만, 은행의 입장에서는 채권 회수를 위해 아주 용이했던 제도였음에는 틀림없는 사실이다. 연대보증 제도를 없앨 경우 은행에서는 위에서 언급했던 "최고, 검색의 항변권"으로 인해 채권회수의 절차나 기간이 길어지고, 그만큼 채권회수의 효율성이 떨어진다고 할 것이다. 이 때문에 신규 대출이 감소할 수도 있어 자금 수요자에게 불이익이 갈 수도 있다. 모든 연대보증 제도를 일시에 폐지할 수 없는 이유가 여기에 있다. 급하게 금전이 필요한 고객이 담보가 없어 금융회사를 찾았지만 일반 보증으로는 은행이나 저축은행, 대부업체 등에서 거절을 할 수 있다.

연대보증 제도를 순차적으로 폐지하되 금융거래에서 발생할 수 있는 부작용을 최소화시킬 대안을 만들면서 실천해 나가야 하는 이유인 것이다. 또 은행의 입장에서도 갑자기 폐지되면 대출회수에 있어서 기간이 길어지고, 추가적인 비용이 발생하게 될 것이다. 또 이런 비용은 사전에 미리 대출금리로 전이될 수도 있기 때문에, 은행에 있어서도 연대보증 제도가 없어진 이후에도 대출채권 회수에 무리가 없을 정도의 대안을 마련할 수 있는 시간적인 기회가 필요한 것이다. 어쨌거나 우리 사회는 일장일단(一長一短)이 있는 연대보증 제도를 순차적으로 폐지하기로 한 이상, 금융당국 차원에서의 대응방안과 금융회사들은 효율적인 채권회수를 위한 대안을 마련해 나가야 하는 상황이다.

9. 양도담보 : 육류담보대출 사건 사례

은행을 포함한 금융권의 대출의 구조는 크게 아래와 같이 그림으로 이해해 볼 수 있다.

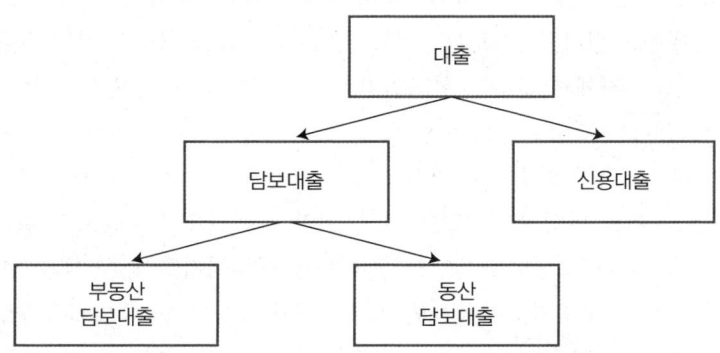

"담보대출"은 대출금액의 원활한 채권회수를 위해 대출금액에 상응하는 채무자의 가치물건 등에 대한 담보권을 설정하고 대출을 실행해 주는 경우이다. "신용대출"은 채무자의 경제적인 능력이나 신용도가 대출상환에 무리가 없다고 판단되는 경우 담보설정 없이 대출을 취급해 주는 경우에 해당한다. 보통 담보설정은 없이 인적보증만으로 개인대출을 취급하는 경우에는 모두 신용대출로 계리가 된다.

"부동산(不動産)"의 법적 성질을 쉽게 설명하면 "움직이지 않는 자산"을 말한다. 가장 흔한 사례로 아파트 담보대출, 주택담보대출, 토지담보대출, 건물담보대출 등은 움직이지 않는 가치를 가진 자산, 즉 아파트, 주택, 건물, 토지, 임야, 전답 등에 대해 담보권을 설정하고 대출을 취급하는 경우이며, 이런 대출을 "부동산 담보대출"이라고 한다. 이런 부동산 담보대출은 통상 "등기"라는 법적절차를 거쳐 소유권과 권리의 선후관계에 대해 명확한 권리관계를 규정짓게 된다.

"동산(動産)"이란 부동산에 대응하는 개념으로 어떻게든 움직이는 자산을 말하는 것이라 볼 수 있다. 자동차, 항공기, 선박, 예금, 금, 명품 시계, 명품 가방, 어류나 수산물 가공품, 육류나 육가공품, 재배과수, 공장의 제품, 공장에서 생산에 활용되는 기계기구, 기르고 있는 한우, 돈육, 양계 등도 모두 동산의 개념으로 이런 가치물에 대해 담보를 설정하고 대출을 실행하게 된다면, 이는 "동산 담보대출"이라고 분류하게 된다. 동산 담보대출은 그 특성상 부동산과 가까워 등기를 통해 대출을 취급하는 것도 있지만, 속성상 등기를 통하지 않고 "점유나 소유, 인도" 등에 따라 소유권이나 권리관계가 결정되는 것이 대부분이다.

동산 담보대출 중에서도 항공기, 선박, 자동차, 공장의 기계기구 등의 경우에는 "등기"라는 제도를 활용해서 소유권이나 권리관계를 명확하게 할 수 있다. 그 속성이 부동산과 비슷하여 물건의 속성이 쉽게 변하지 않고 변형되지 않으며 초기의 담보가치의 지속성이 오래 가기 때문이다. 그러나 과수, 수산물, 육류 등의 경우에는 담보가치의 지속성이 쉽게 변하는 속성을 가지고 있기 때문에, 등기라는 법적절차를 거치지 못하게 되는 것이다. 통상 금융회사에서는 이렇게 쉽게 변질되는 속성을 가진 담보물건에 대해서는 대출을 엄격히 심사하는 것이 관례이다.

2016년에 문제가 된 대출은 "육류담보대출"이며, 육류담보대출은 금융회사의 입장에서는 동산담보대출에 해당한다. 영어로는 "미트론(Meat Loan)"이라고 하며 육류 유통업자가 냉동된 고기를 창고업자에게 맡기고 창고업자로부터 (담보)확인증을 발급받게 되는데, 고기를 얼마나 맡겨놓았다는 담보확인증을 담보로 해서 금융회사로부터 대출을 받는 시스템이다. 통상 수입산 냉동고기의 판매 유통기한이 3개월 이내이기 때문에, 대출기간도 짧으며 대출금리는 연 6~8%대로 형성된다. 또한, 1금융권인 은행권에서는 담보로 취득이 용이하지 않아 주로 저축은행이나 보험회사 등 2금융권에서 이루어지고 있는 대출이다.

문제가 된 대출은 특정 육류유통업체와 창고업체가 공모를 하여 발급된 담보확인증을 담보로 한 군데가 아닌 여러 금융회사를 통해 대출을 받은 것이다. 총 대출규모는 최하 6천억 원대에 이르며, 이 대출과정에 참여한 금융회사는 동양생명, 화인파트너스, HK저축은행, 효성캐피탈, 한화저축은행, 신한캐피탈, 한국캐피탈, 조은저축은행, 세람저축은행, 전북은행 등 10여 개 금융회사이다. 동양생명이 3,800억 원 수준으로 가장 많으며, 세람저축은행과 조은저축은행은 50억 원대의 소규모이지만, 회사의 규모를 생각하면 그렇게 작은 규모는 아니라고 할 수 있다. 각 금융회사별로 1년간 당기순이익에 해당하는 규모이다.

"양도담보"라는 개념은 은행권에서 가장 많이 사용되고 있는 것이 공장의 기계 기구를 담보로 설정하는 경우이다. 통상 은행에서 공장을 담보로 대출을 실행할 때에는 "공장담보"라는 개념을 활용하는데, 공장담보는 공장에 부속된 토지, 건물, 기숙사, 기계기구 등 공장을 구성하는 동산과 부동산 전체에 대해 일괄적으로 담보를 설정하는 개념을 말한다. 그런데, 이 담보구성물은 대부분이 부동산이지만, 기계기구만큼은 동산에 해당되어 나머지 부동산은 모두 등기를 통한 담보권설정으로 권리의 우선순위와 이전, 소멸 등으로부터 안전하지만, 기계기구는 이전, 소멸 등의 변동 상황이 채권자인 은행에서 수시로 체크하기가 어렵다는 특징을 가지고 있다.

이런 동산(기계기구)의 특성을 감안하여, 담보설정 시 소유권은 채권자인 은행으로 넘어오게 되지만 사용권은 통상 대출을 받는 차주(공장주)에게 이전해 놓은 상태의 담보물을 "양도담보"라고 한다. 즉, 소유권은 채권자인 은행에 있지만 사용권은 채무자인 차주에게 남겨야 하는 특징을 가진 담보물의 경우에는 양도담보라는 법적조치를 통해 담보설정을 하게 되고, 은행은 해당 채권에 대해 채권보전조치를 취하게 되는 것이다. 은행에서 가장 많은 양도담보의 유형은 기업여신에서 공장담보와 기계기구 담보의 경우이다.

육류담보대출을 다시 보자. 먼저 냉동고기라는 특성을 감안하면 "등기"라는 법적절차가 어려운 동산담보대출이다. 양도담보를 통해서 냉동고기의 소유권은 금융회사(채권자)로 넘겨지지만, 냉동고기의 사용권은 차주인 유통회사에서 처리를 해야 하는 것이다. 양도담보로 금융회사에서는 채권보전조치를 취했다고 할 수 있지만, 유통업자와 창고업자는 등기가 되지 않는다는 사실을 악용하여, 해당 담보물(냉동고기)을 다시 다른 금융회사에 담보로 제공하고 대출을 중복적으로 받아왔던 것이다.

육류담보대출에 가장 크게 참여했던 동양생명의 경우 약 3,800억 원의 대출금이 문제가 되고 있는데, 현재 동일한 담보물(냉동고기)에 대해 여러 금융회사들이 대출을 중복적으로 실행하였기 때문에, 각 금융회사들은 공동대응 또는 각자대응으로 자기회사의 채권보전을 위한 조치를 진행 중이다. 동양생명은 그 중에서도 가장 먼저 대출이 실행되었다는 근거로 변호사를 선임하고 권리의 선후관계를 명확히 따져, 대출금액 3,800억 원에 대해 최우선순위임을 역설하였지만, 결과적으로 2018년 5월에 손실은 손실대로 처리하고 금융감독원으로부터 "기관 경고"라는 중징계를 받게 되는 결과만 낳았다.

은행권의 동산담보대출 현황(단위 : 억 원)을 보자.

구분	국민	기업	신한	우리	KEB하나	농협
2016년 9월	348	1,000	164	95	384	140
2017년 12월	311	672	115	56	252	82

육류담보대출 사건이 발생했던 2016년에 비해 각 은행에서는 이후 동산담보대출의 위험성과 시기적 경각심을 고려하여 대출 잔액을 계속 줄이고 있음을 볼 수 있다. 양도담보대출은 위의 동산담보대출 안에 모두 포함되어 있다고 할 수 있다. 은행권에서는 은행마다 조금씩 다를 수 있지만, 부동산 담보대출이 아닌 동산 담보대출을 취급할 때에는 그만큼 충분한 주의를 요한다고 할 수 있다. 담보물의 속성상 소유, 점유, 이전, 변형이 부동산에 비해 수월하여, 담보가치의 변화가 용이하기 때문이다. 그래서 통상적으로 살아있는 육류, 한우, 돈육, 수산물 등에 대해서는 담보설정이 불가능하게 규정을 적용해 놓는 것이 보통이다. 그러나 제2금융권에서는 은행권보다 대출규정이 느슨하여 상대적으로 이런 유형의 대출이 쉽게 발생하게 되는 것이다.

10. 가계대출금리로 본 대출금리의 구조

은행대출은 크게 기업대출과 가계대출이 있고, 가계대출은 주택담보대출과 기타 신용대출로 나뉠 수 있다. 가계대출(주택담보대출, 신용대출 포함)의 적용금리 체계는 고정금리 대출, 변동금리 대출, 혼합금리 대출이라는 세 가지 종류가 있다. 흔히 금리인상 시기에는 고정금리 대출이 차주에게 유리하고, 금리인하 시기에는 변동금리 대출이 차주에게 유리하다고 이야기한다.

| 실시간 최저금리 | 변동금리 2.59% | 5년고정 2.97% | 30년고정 3.07% |

위의 그림79)은 주택담보대출 소개 사이트에서 최근 적용되고 있는 금리비교를 가져온 내용이다. 현재 주택담보대출을 받자면 변동금리로는 연 2.59%가 최저금리이고, 5년 고정금리는 연 2.97%, 30년 고정금리는 연 3.07%가 최저금리라는 말이다. 그러면 향후 금리인상시기일지, 금리인하시기일지 예측해 보도록 하자. 대부분의 경제주체들은 최근 우리나라 한국은행 기준금리는 동결되고 있지만, 미국발 금리인상이 이어짐에 따라 2018년 하반기부터는 한국은행도 금리인상카드를 추가로 내놓을 것으로 예측하고 있고, 지금은 최저금리 시기를 지나 실제 금리가 조금씩 올라가는 금리인상시기의 시작이라고 분석하고 있다.

그렇다면, 일반적인 상식기준으로 우리는 대출을 받고자 할 때, 위의 그림에서 보는 것처럼 변동금리대출로 받을지, 고정금리대출로 받을지를 결정해야 할 것인데, 금리인상 시기에는 고정금리가 유리하다는 지식으로만 5년간 대출을 받는다면 "5년 고정금리"로 선택할 수 있을까? 답은 "그렇지 않다"이다. 일반적으로 금리인상 시기에는 고정금리가 유리하다고 알고 있는데 고정금리가 변동금리보다 더 높게 책정되어 있는 것이다. 결국 향후 금리인상 시기가 도래한다면 얼마만큼(how much)의 폭으로 금리가 인상할 것인지, 언제까지(how long) 금리가 인상될 것인지에 대한 예측에 따라 금리선택이 달라질 수 있는 것이다. 일반적으로 금리인상 예측시기에는 위의 그림에서 보듯이 고정금리대출이 변동금리대출보다 금리가 높게 적용되기 때문에, 다시 한 번 금융소비자의 현명한 예측과 선택이 필요한 것이다.

은행의 대출금리 체계는 크게 고정금리, 변동금리, 혼합금리 대출이 있다. 고정금리 대출은 표현 그대로 대출 시작시점부터 만기 상환시점까지 확정된 고정금리로 대출이자율이 적용되는 대출이다. 일반적으로는 금리 인상시기에 유리하다고 이해하고 있지만, 반드시 유리하다고 이야기할 수만은 없는 것이다. 변동금리 대출은 일정한 주기(보통 6개월 또는 12개월)를 기준으로 금리가 변동되는 대출이며 주로 코픽스(COFIX) 금리를 기준으로 하여 은행별 가산금리를 추가하여 적용한다. 혼합금리 대출은 고정금리와 변동금리의 혼합형 대출금리 적용으로 일정기간 고정금리 적용 후에 변동금리 대출로 전환되는 대출형태이다.

---

79) 자료 : 더뱅크, 2017년 하반기

- 혼합금리와 변동금리 중 선택 가능
- 혼합금리 : 「금융채」 기준으로 5년 고정금리 적용 후 6/12개월 변동금리 적용

(2017.7.18 현재, APT담보, 대출기간 30년, 신용등급 3등급, 전액유담보 기준)

구분		기준금리	가산금리	우대금리	최종금리
고정기간	5년 고정	연 2.16%	연 2.33%p	최고 연 1.60%p	연 2.89% ~ 연 4.49%
변동기간	6개월 변동	연 1.38%	연 3.57%p		연 3.35% ~ 연 4.95%
	12개월 변동	연 1.55%	연 3.54%p		연 3.49% ~ 연 5.09%

- 변동금리 : 신규 COFIX 또는 잔액 COFIX 연동 6/12개월 변동금리 적용

(2017.7.18 현재, APT담보, 대출기간 30년, 신용등급 3등급, 전액유담보 기준)

구분		기준금리	가산금리	우대금리	최종금리
신규 COFIX	6개월 변동	연 1.48%	연 2.87%p	최고 연 1.60%p	연 2.75% ~ 연 4.35%
	12개월 변동	연 1.48%	연 3.53%p		연 3.41% ~ 연 5.01%
잔액 COFIX	6개월 변동	연 1.58%	연 3.02%p		연 3.00% ~ 연 4.60%
	12개월 변동	연 1.58%	연 3.54%p		연 3.52% ~ 연 5.12%

위의 그림80)은 국민은행의 홈페이지에서 "KB i-STAR 주택구입자금 대출"에 적용되는 금리적용에 대한 부분이다. 동 대출에 대해 혼합금리와 변동금리 중에 한 가지로 선택할 수 있다고 설명되어 있으며, "KB i-STAR 주택구입자금 대출"이 15~30년간의 대출상품인데, 혼합금리의 경우에는 최초 5년간 고정금리로 적용되며 그 이후에는 변동금리로 적용되는 경우로 적용된다. 또 처음부터 변동금리로 선택할 경우에는 COFIX 금리를 기준으로 가산금리가 추가되어 금리적용이 된다는 것을 보여주고 있다(신규 COFIX, 잔액 COFIX, 금융채 등에 대해서는 다음에 다시 보도록 한다).

이렇게 은행의 대출금리에는 "기준금리"와 "가산금리"라는 것이 있다. 기준금리란 은행의 대출금리 결정 시 기준이 되는 금리로서, 해당 은행의 자금조달비용과 관련성이 높은 COFIX기준금리, CD 기준금리, 금융채 기준금리 등 공표되는 금리를 대출 기준금리로 사용하고 있다. 가산금리는 대출금리 책정 시 기준금리에 가산되어 대출금리를 구성하는 업무원가, 법적비용, 위험프리미엄, 목표이익률, 가감조정금리 등 다양한 요소가 합해진 금리를 말한다.

대출 가산금리를 구성하는 주요 요소별 세부 내용은 다음과 같다.

---

80) 자료 : 국민은행 홈페이지

업무원가	대출취급에 따른 은행 인건비, 전산처리비용 등
법적비용	보증기관 출연료와 교육세 등 각종 세금
위험프리미엄	고객의 신용등급, 담보 종류 등에 따른 평균 예상 손실비용 등
목표이익률	은행이 책정하는 이윤(마진)율
가감조정금리	은행 본점이나 영업점장 전결 조정 금리 등
기타	대출 기준금리와 은행 자금조달금리 차이 조정 등

이렇게 대출금리는 자금조달비용지수(COFIX)에 의해 결정된 "기준금리"에 위의 "가산금리"를 더해서 개인별 최종 대출금리가 결정된다. 기준금리는 은행연합회에서 책정한 평균금리이기 때문에 은행별 차이가 거의 없다. 개인별 대출금리의 차이를 결정짓는 주된 항목은 가산금리 요소 중 은행 영업점 목표이익률과 가감 조정금리 항목이다. 각 은행 목표이익률은 은행별 지점별 경영계획과 조달원가와 관리비용의 기준 등 금리 기준에 은행별 특성이 반영되어 금리 차별화가 발생하게 된다. 또한 가감조정금리 항목에 반영되는 금리 요소에는 금리우대 할인요소와 부가하는 할증요소가 있다.

종류	운용형태	특징	장점 / 단점
고정금리	(금리-기간 그래프: 수평선)	대출 실행 시 결정된 금리가 대출 만기까지 동일하게 유지	(장점) 시장금리 상승기에 금리인상이 없음. 대출기간 중 월이자액이 균일하여 상환계획 수립용이 (단점) 시장금리 하락기에 금리인하 효과가 없어 변동금리보다 불리. 통상 대출 시점에는 변동금리보다 금리가 높음
변동금리	(금리-기간 그래프: 변동 곡선)	일정 주기(3/6/12개월 등)마다 대출 기준금리의 변동에 따라 대출금리 변동	(장점) 시장금리 하락기에는 이자부담 경감 가능. 통상 대출시전에는 고정금리 방식보다 금리가 낮음 (단점) 시장금리 상승 시 이자 부담이 증가될 수 있음
혼합금리	(금리-기간 그래프: 고정금리 구간 / 변동금리 구간)	고정금리 방식과 변동금리 방식이 결합된 형태(통상 일정 기간 고정금리 적용 후 변동금리 적용)	금융소비자의 자금계획에 맞춰 운용 가능

▲ 고정·변동·혼합금리의 장단점[81]

---

81) 자료 : 은행연합회

11. 가계대출금리로 본 대출금리의 종류

코픽스(COFIX, Cost of Funds Index)는 "자금조달비용지수"라고 번역한다. 은행이 고객에게 돈을 빌려주기 위해 자금을 조달할 때 얼마의 비용을 들였는지를 지수로 표현한 것이라고 할 수 있다. 코픽스 연동대출이란 코픽스 금리의 변화에 따라 대출금리도 변하는 상품을 뜻한다. 은행들은 그동안 양도성예금증서(CD) 금리에 연동하는 대출 상품을 판매하였지만, CD금리 연동대출은 몇 가지 문제점을 가지고 있어 2010년부터 COFIX 금리로 대체되고 있는 상황이다.

CD금리는 첫째, 은행의 자금조달비용을 정확하게 반영하지 못한다는 단점을 가지고 있다. 은행은 CD 외에도 예금과 정기적금, 상호부금, 금융채 등 여러 수단을 통해 자금을 조달하는데, 은행이 조달한 자금 중 CD를 발행해서 모은 자금은 은행 전체 예수금 자금조달에서 차지하는 비중이 10%도 채 되지 않는 등 CD 금리는 은행 전체의 자금조달(예수금) 비용을 충분히 반영하지 못하고 있다는 점이다. 둘째, CD라는 금융상품이 이렇게 은행 자금조달의 일부만 반영되는 상품이라 시장상황을 정확하게 예측해 주는 주요 실세금리와도 차이가 난다는 점이다.

이런 왜곡된 상황을 개선하려는 시도로 "코리보(KORIBOR)"라는 기준금리를 사용하기도 하였다. 2006년에 기업은행에서 코리보 연동대출을 내놓은 것이 대표적인 사례이다. 코리보는 런던 은행 간 예금금리(LIBOR)를 모방하여 만든 지표로, LIBOR 금리는 런던 금융가의 대형 은행들끼리 자금수급을 맞추기 위하여 3개월, 6개월짜리 예금을 주고받을 때 적용하는 금리다. 최고수준의 신용도를 지닌 우량은행끼리 거래하는 호가금리를 서로 제출해 집계해 오래 사용하다 보니 신뢰성이 생겨 변동금리 대출의 기준이 되었고, 국제 금융시장에서도 외국과의 금융거래 시에는 LIBOR 3개월물 금리에 가산금리를 붙이는 식으로 활용되고 있다.

"코리보(KORIBOR, Korea Inter-Bank Offered Rate)는 11개 국내 은행에서 제시하는 기간별 금리를 통합 산출한 단기 기준금리로 2004년에 도입된 시스템이다. 코리보는 국내 은행들 간에 일일 자금거래에서 제시되는 은행 간 적용금리를 평균하여 매일 매일 고시하는 금리체계로, 공식 정보제공은 연합인포맥스에서 담당하며 연합인포맥스는 매일 오전 11시에 금리를 고시하고, 당일 오후 3시 30분 이후에는 은행연합회 홈페이지에 게재된다. 제시된 11개 은행 중 상위, 하위 3곳 은행을 제외한 나머지 5개 은행의 평균을 소수점 둘째짜리까지 산출한다. 고시 기준은 1주일, 1개월, 2개월, 3개월, 6개월, 12개월 기준금리 형태로 고시된다. 매일 실제 적용되는 실금리를 적용할 수 있다는 측면에서 CD금리를 대체할 기준금리체계로 사용되고 있다.

> **참고** 코리보 금리 제시 11개 참가 은행
> - 시중은행 : 신한은행, 우리은행, 스탠다드차타드은행, KEB하나은행, KB국민은행
> - 특수은행 : KDB산업은행, NH농협은행, IBK기업은행
> - 지방은행 : DGB대구은행, BNK부산은행, 전북은행

"코픽스(COFIX, Cost of Funds Index)"는 은행이 자금을 조달하는 데 드는 평균 비용을 측정한 "자금조달비용지수"라고 번역하며 2010년 2월에 도입되었다. 국내 8개 주요 시중은행들이 제공한 자금조달 관련 정보를 기초로 산출된다. 정보제공에 참여하는 8개 시중은행은 농협, 신한, 우리, 국민, SC제일, KEB하나, 기업, 한국씨티은행이며, 코픽스 지수 산출 대상 자금조달 상품은 정기예금, 정기적금, 상호부금, 주택부금, CD, RP, 표지어음매출, 금융채(후순위채 및 전환사채 제외)가 포함된다. "금융채"는 은행 등 금융기관이 자금조달을 위해 자체적으로 발행하는 채권을 말한다.

위의 방법으로 은행연합회에서는 자금조달 총액 및 가중평균 금리를 종합해 신규 취급액 기준 코픽스, 잔액 기준 코픽스, 단기 코픽스라는 세 가지 지표를 산출해 공시하고 있다. 신규 취급액 기준 및 잔액기준 코픽스는 매월 15일에 월 1회 공시하며, 단기 코픽스는 매주 1회(제3영업일) 공시하고 있다.

다시 국민은행 대출상품 금리구조를 보도록 하자.

- 변동금리 : 신규 COFIX 또는 잔액 COFIX 연동 6/12개월 변동금리 적용

(2017.7.18 현재, APT담보, 대출기간 30년, 신용등급 3등급, 전액유담보 기준)

구분		기준금리	가산금리	우대금리	최종금리
신규 COFIX	6개월 변동	연 1.48%	연 2.87%p	최고 연 1.60%p	연 2.75% ~ 연 4.35%
	12개월 변동	연 1.48%	연 3.53%p		연 3.41% ~ 연 5.01%
잔액 COFIX	6개월 변동	연 1.58%	연 3.02%p		연 3.00% ~ 연 4.60%
	12개월 변동	연 1.58%	연 3.54%p		연 3.52% ~ 연 5.12%

위의 표[82]는 국민은행의 "KB i-STAR 주택구입자금대출"에 적용되는 금리를 홈페이지를 통해 가져온 내용이다. "KB i-STAR 주택구입자금대출"을 받기 위해 변동금리 대출을 선택했다면, 다시 고객(차주)은 신규취급액 기준 코픽스나 잔액기준 코픽스 중에 하나를 선택하여야 하고, 기간은 6개월이나 12개월 중에 하나를 선택해야 한다. 코픽스 지수 자체만 보면 둘 중에 낮은 신규코픽스를 선택하는 것이 유리할 수 있다고 판단되지만, 가산금리 체계

---

[82] 자료 : 국민은행 홈페이지

가 달라 결과적으로 적용되는 금리는 큰 차이를 보이지 않고 있음을 알 수 있다.

단기 코픽스는 은행의 3개월 평균 자금조달금리를 반영한 금리로 3개월짜리 정기예금과 상호부금 등 코픽스 지수 산출대상 예금상품들의 평균 조달비용을 가중평균으로 반영한 금리로 2012년 11월부터 매주 3영업일에 은행연합회에서 고시하고 있다. 만기가 상대적으로 짧은 기업대출과 가계대출에 있어서 CD금리 대신 단기코픽스를 기준으로 사용할 수 있도록 한 것이다. 실제 단기 코픽스는 CD금리보다 자금조달 비용을 더 충실히 반영하고 차주 입장에서도 금리가 과도하게 변동할 가능성이 상대적으로 낮아 사용을 장려하고 있으나, 실제 은행에서는 단기코픽스 금리는 거의 사용하고 있지 않은 상황이다.

최근 은행에서 개인대출에서 주로 사용되는 금리체계는 단기대출(3개월)일 경우에는 CD금리 연동대출을 많이 사용하고 있다. CD금리의 불안정성을 대체하기 위해 만든 지표가 단기 코픽스 지표이지만 실제 은행에서는 과거부터 사용해 온 CD금리에 대한 시장의 신뢰도와 편리함을 이유로 단기 코픽스는 사용하지 않고 CD금리를 사용하고 있는 상황이다. 코리보 금리 또한 사용하지 않고 있다. 보통 개인대출이 1년 단위로 이루어지는데 이 경우에는 금융채 변동금리 대출이나 신규/잔액 코픽스 변동금리를 많이 사용하고 있고, 모기지론 등 장기대출(10년 이상)의 경우에는 혼합금리대출(고정금리 후 변동금리)을 많이 사용하고 있다.

"금융채"는 은행, 증권회사 등이 자금조달을 위해 자체적으로 발행한 채권을 말한다. 대출의 기준금리로 적용되는 금융채는 금융투자협회(www.kofia.or.kr)가 고시하는 "AAA등급 금융채 유통수익률"을 기준으로 하며 코픽스와 같이 6개월 또는 12개월 단위로 변동금리 대출의 기준으로 많이 활용되고 있다. 변동금리 적용 대출의 경우 6개월 또는 12개월 단위로 한 번씩 변동되는 신규나 잔액 코픽스 지수와 함께 가장 많이 사용되고 있는 것이 금융채 기준금리 대출이다.

12. 기한의 이익과 기한의 이익 상실

은행의 여신(대출)거래에서 많이 사용되어지는 용어가 "기한이익" 또는 "기한의 이익", "기한이익 상실" 또는 "기한의 이익 상실"이라는 개념이다. 물론 여신 거래뿐만 아니라 수신(예금)거래에서도 사용되기도 하며, 은행에서 일어나는 대고객 거래는 당사자(은행과 고객)의 모든 행위가 법률 행위로 법률 행위에 따른 권리와 의무관계가 성립되며, 기한이익이라는 개념도 법률행위와 권리, 의무관계에 따른 용어이다.

"기한이익"이라 함은 기한이 정해진 채권, 채무의 계약관계에서 통상 그 해당 기한으로 인해서 이익이 발생하는 부분이 있는데, 이를 "기한이익"이라고 한다. 예를 들면 A가 B에게 1년 만기로 돈을 100만 원 빌렸다고 하면, 돈을 빌린 A는 채무자이고 돈을 빌려준 B는 채권자가 된다. 이때, 1년이라는 기한을 정해 놓았기 때문에 A는 1년이라는 기간 동안에 100만 원을 사용할 수 있는 이익의 권리가 생기는데, 이를 기한이익이라고 한다.

기한이익은 채무자와 채권자 사이에서 통상 채무자가 가지게 되는 것이 관례이다. 기한이 정해진 채권, 채무의 계약관계에서 그 기한으로 인해서 채무자에게 발생하게 되는 기한과 관련된 이익을 "기한이익"이라고 하기 때문이다. 위의 경우에서도 보았듯이 채무자인 A가 1년 동안 100만 원을 사용할 수 있는 권리를 가지게 된다는 것이, 채무자가 보통 가지게 된다는 의미이다. 우리나라 민법 제153조에는 아래와 같이 규정하고 있다.

> 민법 제153조(기한의 이익과 그 포기)
> 1. 기한은 채무자의 이익을 위한 것으로 추정한다.
> 2. 기한의 이익을 포기할 수 있다. 그러나 상대방의 이익을 해하지 못한다.

이러한 기한의 이익을 계약기간 중간에 어떤 사유로 인해서, 채무자에게 발생하는 기한 동안의 이익(100만 원을 자유롭게 쓸 권리)을 박탈하는 경우가 있는데, 이를 "기한이익의 상실"이라고 한다. 이러한 사유는 보통 채권자와 채무자가 사전에 금전의 대출거래를 통한 계약을 체결함에 있어 계약기간 중에 쌍방 간에 지키기로 한 약속(약정)을 미리 만들게 되는데, 이 약정을 채무자가 계약기간 중간에 지키지 못할 경우에 주로 발생하게 된다. 역시 민법 제388조에는 기한의 이익 상실과 관련해서 아래와 같이 규정하고 있다.

> 민법 388조(기한의 이익의 상실)
> 채무자는 다음 각호의 경우에는 기한의 이익을 주장하지 못한다.
> 1. 채무자가 담보를 손상, 감소 또는 멸실하게 한 때
> 2. 채무자가 담보제공의 의무를 이행하지 아니한 때

예를 들어 위에서와 같이 100만 원을 빌리고, 한 달에 1만 원씩 이자를 지불하기로 했고, 이렇게 이자를 계속 지불하되, 두 번 이상 연체하면 그 기한의 이익(100만 원을 자유롭게 쓸 권리)을 상실(박탈)하게 된다는 계약서(약관 또는 약정)를 작성한 경우에 있어서, 채무자가 2회 이상 대출이자 납부 연체를 하게 되면 기한이익을 상실하게 되고, 100만 원을 그 순간에 갚아야 하는 것이다. 100만 원을 계약기간과 별도로 갚아야 한다는 것은, 계약만 잘 지킨다면 1년 동안 자유롭게 100만 원을 활용할 수 있는 그 기한의 이익을 상실하게 되는 경우라고 볼 수 있다는 것이다.

또 위에 민법 제388조의 경우처럼 담보와 관련해서도 기한이익 상실은 발생할 수 있다. 예를 들어 개인인 A가 은행에 자동차를 담보로 제공하고 대출 1천만 원을 받았다고 하자. 모든 대출거래는 사전에 약정을 체결하게 되는데 채무자인 A가 대출을 받고 난 후에 대출기간 중에 자동차를 고의로 부숴버렸다면, 역시 기한이익 상실사유에 해당할 수 있다는 것이다. 즉 채무자인 개인이 은행에 담보를 제공하고서 담보물을 계약내용과 달리 손상이나 훼손, 멸실할 경우 역시 기한이익 상실사유로 은행에서는 즉각적인 대출채권 회수를 강제할 수 있

게 되는 것이다.

이런 기한이익에 대한 문제는 대출거래뿐만 아니라 예금거래의 경우에도 마찬가지로 발생할 수 있다. 매월 10만 원씩 적금을 붓는 경우를 생각해보자. 개인인 A가 B은행에 가서 10만 원씩 예금을 적립하기로 하였다. 이때 채무자는 B은행이고 채권자는 개인인 A이다. B은행은 약정된 이자를 계속 A에게 적립해 주면서 A가 적립하는 매월의 적금 10만 원씩을 자유롭게 그 약정기간 동안 사용할 수 있게 된다. 은행에서 A의 적금을 사용한다는 의미는 그 자금을 재원으로 기타 대출이나 다른 용도로 채권자인 A의 간섭없이 활용할 수 있다는 의미이다.

이런 경우에도 마찬가지로 채무자인 B은행은 채권자인 A에 대해서 기한의 이익을 가지고 있게 된다. B은행은 사전에 적금과 관련된 약정(약관)에서 정해진 쌍방 간의 약속을 지키는 한 해당 적립기간 중에 개인인 A의 별도 간섭없이 적금재원을 자유롭게 활용할 수 있고, 이와 관련한 기한이익을 가지게 되는 것이다. 그러나 이 경우에도 마찬가지로 채무자가 어떤 약정을 지키지 못하게 되면 기한의 이익을 상실하게 되는데, 통상 은행이 개인을 상대로 약속을 못 지킬 일은 없기 때문에, 이 경우에 있어서의 기한의 이익 상실사유는 거의 발생하지 않게 된다.

이런 기한이익, 기한의 이익 상실에 대한 사례는 일상생활에서도 얼마든지 발생할 수 있다. 친구끼리 또는 가족이나 지인끼리 돈을 빌려주는 행위에서도 사전에 채무자와 채권자인 친구끼리 약속을 정할 수 있는데, 이런 약속을 대출기간 중에 지키지 못할 경우 약속, 신의에 어긋나는 행위로 대출을 강제로 회수할 수 있도록 하는 사례를 직, 간접적으로 접할 수 있다. 이런 사인(私人) 간의 거래에서도 문서로 명확하게 작성하는 경우에는 기한이익, 기한의 이익 상실은 얼마든지 발생할 수 있다.

13. 대출 연체이자

고객이 대출을 받으면 대출약정 기간 중에는 쌍방(고객과 은행)이 약정내용을 충실히 이행한다면 대출고객은 약정내용대로 대출받은 금액을 개인의 의지대로 활용할 수 있는 권리를 "기한의 이익"이라고 한다. 그래서 통상 기한의 이익은 우리나라 법체계에서 채권자가 아닌 채무자를 보호하기 위한 법적 권리라고 이해되고 있다. 대출 약정의 쌍방 중 일방인 채무자는 이런 기한의 이익의 권리를 누리게 되는데, 약정기간 중에 약정한 내용을 준수하지 못할 경우에는 "기한의 이익을 상실"하게 되는 사례도 발생한다.

그중에 한 가지가 대출연체의 경우이다. 대출연체 시에는 상호 간에 미리 정한 대출거래약정서 또는 여신거래 기본약관에 의하여 일정 기간 연체 시 채무자인 대출고객은 기한의 이익을 상실하게 되고, 이후에는 원금의 강제상환의무 등 채무자(대출 고객)를 보호하지 못하는 법적 제재가 가해지기도 한다. 통상 은행이나 금융회사에서는 기한의 이익을 상실할 수 있는 약정 미준수 기간에 대해 대출연체의 경우에는 대출종류에 따라 일부 달라질 수 있지만 통상 1개월~3개월로 정하고 있다.

통상 대출 연체이자는 눈덩이처럼 불어난다는 정도로 인식하고 있는데 실제는 어떠한지 그 관련내용을 보기로 하자. 대출고객의 입장에서는 연체라고 하는 개념을 크게 세 가지 경우로 나눠서 이해하면 된다. 첫째 대출이자를 연체하는 경우, 둘째 대출원금을 연체하는 경우, 셋째 대출원금 및 이자가 동시에 연체되는 경우이다. 각 은행에서는 이 세 가지 경우에 대해 대부분 예시자료를 통해서 어떻게 해당 대출에 대해 연체이자가 부담되는지 고시하고 있다. 아래에서는 연체이자를 설명하기 위해 사례를 들 것이다. 홍길동이라는 대출고객이 원금 1억2천만 원을 은행에서 대출받고, 대출이자는 연 5%인 경우를 예로 들기로 한다.

1) 대출이자를 연체하는 경우

이자를 납입하여야 할 날의 다음 날부터 1개월까지는 약정이자에 대해 연체이자가 적용되고, 1개월이 경과되면 기한이익 상실로 대출원금에 대해 연체이자가 적용된다. 이때 1개월이라는 기간은 신용대출 등의 경우이며 주택담보대출의 경우에는 2개월을 기한이익 상실기간으로 적용한다.

(예시) 주택담보대출(원금 1억2천만 원, 약정이자율 연 5%)의 월납이자(50만 원)를 미납하여 연체가 발생하고, 연체발생 후 3개월 시점에 납부할 경우 연체이자

연체기간	계산방법	연체이자
연체발생~1개월분	지체된 약정이자(50만 원)×연 11%(5%+6%)×1/12	4,583원
연체 1~2개월분	지체된 약정이자(100만 원)×연 12%(5%+7%)×1/12	10,000원
연체 2~3개월분	원금(1억2천만 원)×연 12%(5%+7%)×1/12	1,200,000원
계		1,214,583원

* 기한이익상실 전 발생한 약정이자는 별도

※ 위 내용은 이해를 돕기 위해 연체이자만을 월단위로 단순하게 계산한 예시입니다. 연체이자는 대출조건, 이자일수계산, 대출종류 등에 따라 달라질 수 있으며, 실제 납부금액은 연체이자에 약정이자를 포함하여 계산됩니다.

▲ 국민은행의 대출이자 연체 시 연체이자[83]

---

83) 자료 : 국민은행 홈페이지

(예시) 주택담보대출(원금 1억2천만 원, 약정이자율 연 5%)의 월납이자(50만 원)를 미납하여 연체가 발생하고, 연체발생 후 3개월 시점에 납부할 경우 연체이자

연체기간	계산방법	연체이자
연체발생~1개월분	지체된 약정이자(50만 원)×연 12%(5%+7%)×1/12	5,000원
연체 1~2개월분	지체된 약정이자(100만 원)×연 12%(5%+7%)×1/12	10,000원
연체 2~3개월 미만	원금(1억2천만 원)×연 12%(5%+7%)×1/12	1,200,000원
계		1,215,000원

* 기한이익상실 전 발생한 약정이자는 별도

※ 위 내용은 이채를 돕기 위해 연체이자만을 월단위로 단순하게 계산한 예시입니다. 연체이자는 대출조건, 이자일수계산, 대출종류 등에 따라 달라질 수 있으며, 실제 납부금액은 연체이자에 약정이자를 포함하여 계산됩니다.

▲ 우리은행의 대출이자 연체 시 연체이자[84]

상기 내용들은 국민은행 및 우리은행 홈페이지의 대출거래약관, 대출상품설명서이다. 국민은행의 경우에는 연체발생 1개월 차에 약정이자에 6%포인트를 더한 연 11%로 연체이자를 적용하여 연체이자를 계산하고, 우리은행의 경우에는 연체발생 1개월 차에 약정이자 연 5%에 연 7%포인트를 추가하여 연체이자를 적용한다는 것을 볼 수 있다. 2개월 차에는 국민은행이나 우리은행 모두 약정이자에 7%포인트를 추가한 연체이자율을 적용한다. 그러나 연체기간이 2개월을 초과하면 채무자(대출고객)의 기한의 이익 상실로 인해 그 때부터는 대출원금에 대해 개별 은행에서 정하고 있는 연체이자율을 적용하여 연체이자가 급등하게 됨을 볼 수 있다.

다음 내용을 보면 KEB하나은행의 경우에도 국민은행의 방식과 동일하게 이자연체 1개월차에는 6%포인트, 2개월차에는 7%포인트를 가산하는 경우로 볼 수 있다.

---

84) 자료 : 우리은행 홈페이지

(예시) 주택담보대출(원금 1억2천만 원, 약정이자율 연 5%)의 신용대출의 이자(50만 원)를 미납하여 연체가 발생하고, 연체발생 후 2개월 시점에 납부할 경우 연체이자

연체기간	계산방법	연체이자
연체발생~1개월분	지체된 약정이자(50만 원)×연 11%(5%+6%)×1/12	4,583원
연체 1~2개월분	지체된 약정이자(100만 원)×연 12%(5%+7%)×1/12	10,000원
연체 2~3개월분	원금(1억2천만 원)×연 12%(5%+7%)×1/12	1,200,000원
계		1,214,583원

* 기한이익상실 전 발생한 약정이자는 별도

※ 위 내용은 이해를 돕기 위해 연체이자만을 월단위로 단순하게 계산한 예시입니다. 연체이자는 대출조건, 이자일수계산, 대출종류 등에 따라 달라질 수 있으며, 실제 납부금액은 연체이자 약정이자 및 원금상환액을 포함하여 계산됩니다.

▲ KEB하나은행의 대출이자 연체 시 연체이자[85]

2) 대출원금 연체의 경우

(예시) 원금 1억2천만 원, 약정이자율 연 5%인 대출의 원금상황기일에 원금을 미납하여 연체가 발생하고, 연체발생 후 2개월 시점에 납부할 경우

연체기간	계산방법	연체이자
연체발생~1개월분	원금(1억2천만 원)×연 12%(5%+7%)×1/12	1,200,000원
연체 1~2개월분	원금(1억2천만 원)×연 12%(5%+7%)×1/12	1,200,000원
계		2,400,000원

※ 위 내용은 이해를 돕기 위해 연체이자만을 월단위로 단순하게 계산한 예시입니다. 연체이자는 대출조건, 이자일수계산, 대출종류 등에 따라 달라질 수 있으며, 실제 납부금액은 연체이자에 약정이자를 포함하여 계산됩니다.

▲ 우리은행의 대출원금 연체 시 연체이자[86]

위의 내용을 보면 대출원금이 연체가 되면 즉시 원금에 대해 연체이자를 적용하게 된다. 다만 위의 대출이자 연체 시에 보았듯이 은행별로 연체 1개월 차와 2개월 차에 연체이자율 가산금리를 6%포인트나 7%포인트로 달라지는 것을 제외하면 모든 은행은 대출원금 연체 시 작용되는 연체이자 적용방식은 동일하다. 우리은행은 대출원금 연체 1개월 차와 2개월 차에 차등 없이 약정된 금리에 연 7%포인트를 가산하여 연체이자를 적용한다. 그러나 국민은행과

---

85) 자료 : KEB하나은행 홈페이지
86) 자료 : 우리은행 홈페이지

KEB 하나은행에서는 아래 그림에서 보는 것과 같이 연체 1개월 차에는 연 6%포인트를 가산하고, 연체 2개월 차에는 연 7%포인트를 가산하는 방식을 취하고 있다.

(예시) 원금 1억2천만 원, 약정이자율 연 5%인 대출의 원금상환기일에 원금을 미납하여 연체가 발생하고, 연체발생 후 2개월 시점에 납부할 경우 연체이자

연체기간	계산방법	연체이자
연체발생~1개월분	원금(1억2천만 원)×연 11%(5%+6%)×1/12	1,100,000원
연체 1~2개월분	원금(1억2천만 원)×연 12%(5%+7%)×1/12	1,200,000원
계		2,300,000원

※ 위 내용은 이해를 돕기 위해 연체이자만을 월단위로 단순하게 계산한 예시입니다. 연체이자는 대출조건, 이자일수계산, 대출종류 등에 따라 달라질 수 있으며, 실제 납부금액은 연체이자에 약정이자 및 원금상환액을 포함하여 계산됩니다.

▲ KEB하나은행의 대출원금 연체 시 연체이자[87]

3) 대출원금과 대출이자를 동시에 연체하는 경우

이 경우에는 연체기간이 1회 차까지는 지체된 분할상환금과 약정이자에 대해서만 연체이자를 적용하지만, 연체기간이 2회차 이상일 경우에는 대출원금 자체에 연체이자를 적용하고 있다. 다만 은행별로 1개월 차에 가산되는 금리를 달리 적용하는 것만 일부 다르며 원칙은 동일함을 볼 수 있다.

(예시) 원금 1억2천만 원(월 1백만 원 분할상환), 약정이자율 연 5%인 신용대출의 분할상환금(1백만 원) 및 이자(50만 원)를 미납하여 연체가 발생하고, 연체발생 후 2개월 시점에 납부할 경우 연체이자

연체기간	계산방법	연체이자
연체발생~1개월분	지체된 분할상환금 및 약정이자(150만 원)×연 12%(5%+7%)×1/12	15,000원
연체 1~2개월분	원금(1억2천만 원)×연 12%(5%+7%)×1/12	1,200,000원
계		1,215,000원

* 분할상환금 및 기한이익상실 전 발생한 약정이자는 별도

※ 위 내용은 이해를 돕기 위해 연체이자만을 월단위로 단순하게 계산한 예시입니다. 연체이자는 대출조건, 이자일수계산, 대출종류 등에 따라 달라질 수 있으며, 실제 납부금액은 연체이자에 약정이자 및 분할상환금을 포함하여 계산됩니다.

▲ 우리은행의 원금 및 이자 동시 연체 시 연체이자[88]

---

87) 자료 : KEB하나은행 홈페이지

(예시) 원금 1억2천만 원(월 1백만 원 분할상환), 약정이자율 연 5%인 신용대출의 분할상환금(1백만 원) 및 이자(50만 원)를 미납하여 연체가 발생하고, 연체발생 후 2개월 시점에 납부할 경우 연체이자

연체기간	계산방법	연체이자
연체발생~1개월분	지체된 분할상환금 및 약정이자(150만 원)×연 11%(5%+6%)×1/12	13,750원
연체 1~2개월분	원금(1억2천만 원)×연 12%(5%+7%)×1/12	1,200,000원
계		1,213,750원

* 분할상환금 및 기한이익상실 전 발생한 약정이자는 별도

※ 위 내용은 이해를 돕기 위해 연체이자만을 월단위로 단순하게 계산한 예시입니다. 연체이자는 대출조건, 이자일수계산, 대출종류 등에 따라 달라질 수 있으며, 실제 납부금액은 연체이자에 약정이자 및 원금상환금을 포함하여 계산됩니다.

▲ 국민은행의 원금 및 이자 동시 연체 시 연체이자[89]

'분할상환금(또는 분할상환 원금)을 상환하기로 한 날'에 상환하지 아니한 때
분할상환금(또는 분할상환원리금)을 상환하여야 할 날의 다음 날부터는 해당 분할상환금(또는 분할 상황원리금)에 대한 연체이자를, 2회(주택담보의 경우 3회) 이상 연속하여 지체한 때에는 대출원금잔액에 대한 연체이자를 내셔야 합니다.

연체기간	계산방법	연체이자
연체발생~1개월분	지체된 분할상환금 및 약정이자(150만 원)×연 11%(5%+6%)×1/12	13,750원
연체 1~2개월분	원금(1억2천만 원)×연 12%(5%+7%)×1/12	1,200,000원
계		1,213,750원

※ 위 내용은 이해를 돕기 위해 연체이자만을 월단위로 단순하게 계산한 예시입니다. 연체이자는 대출조건, 이자일수계산, 대출종류 등에 따라 달라질 수 있으며, 실제 납부금액은 연체이자 약정이자 및 원금상환금을 포함하여 계산됩니다.

▲ KEB하나은행의 원금 및 이자 동시 연체 시 연체이자[90]

은행에서의 연체이자를 이해하기 위해서는 "기한의 이익"과 "기한의 이익 상실"이라는 개념을 먼저 이해하여야 한다. 대출기간 중에 대출고객이 사전에 미리 정한 약정내용에 따라 이자납부 등 제반 약속사항들을 준수하기만 한다면, 대출기간 중에 정해진 금액에 대한 온전한

---

88) 자료 : 우리은행 홈페이지
89) 자료 : 국민은행 홈페이지
90) 자료 : KEB하나은행 홈페이지

사용에 대한 권리를 보장받을 수 있으며, 이를 "기한의 이익"이라고 설명하였다. 반면 이런 약정내용을 준수하지 못할 때 "기한의 이익 상실" 사유 발생으로 채무자(대출고객)의 기한의 이익은 상실되며 연체이자, 연체이자 적용 시 기준 금액이 대출원금이 되는 등 불이익의 크기가 확연히 달라지게 됨을 볼 수 있었다.

14. LTV, DTI, 신DTI, DSR, RTI, LTI

현재 시행되고 있는 LTV, DTI 규제는 아래와 같다.

구분	투기과열지구 및 투기지역		투기과열지구, 투기지역 外 조정대상지역		조정대상지역 外 수도권	
	LTV	DTI	LTV	DTI	LTV	DTI
서민 실수요자 (완화)	50	50	70	60	70	60
주택담보대출 미보유(기본)	40	40	60	50	70	60
주택담보대출 1건 이상 보유(강화)	30	30	50	40	60	50

▲ LTV, DTI 규제 비율(일반 주택담보대출 및 집단대출, 단위 : %)[91]

■ **LTV(Loan to Value Ratio : 주택담보비율)**

주택(아파트)의 담보가치를 평가해서 대출을 받을 수 있는 비율을 뜻한다. 현재 LTV는 지역과 대출자의 상황에 따라 30~70% 규제가 적용되고 있다. 예를 들어 서울 강남구에서 신규로 주택담보대출을 받기 위해서는 40%의 LTV 규제를 적용하게 되며, 주택의 담보가치가 10억이라고 한다면(여기서 담보가치는 시가와는 다른 개념이며, 보수적인 관점에서 금융기관에서 인정해주는 가치로 환산한 가치임) 여기에 40%를 적용하면 4억이 된다. 이 경우에 LTV 규제하에 대출을 하게 된다면 4억까지 대출이 가능하다는 것이다. 여기에 만약 전세금이나 다른 차감금액이 있으면 이를 차감해야 한다.

■ **DTI(Debt to Income Ratio : 총부채상환비율)**

차주의 금융부채 원리금 상환액(기존 대출의 이자상환액 + 해당 대출의 원리금 상환액)이 연간 총소득에서 차지하는 비율을 말한다. 즉 대출을 받고자 하는 사람이 자신의 연소득의 몇 퍼센트까지 대출을 받을 수 있는지를 알기 위한 비율이다. 현재 DTI는 지역과 대출자의 상황에 따라 30~60% 규제가 적용되고 있다. DTI가 40%라면 소득대비 40% 이내에서 원리금 상환액이 이루어져야 한다는 의미이다. 산식은 아래와 같다.

---

91) 자료 : 금융위원회, 금융감독원

(신규 주담대 원리금 + 기존 주담대 이자 + 기타대출 이자) / 연소득

■ 신DTI

2018년 1월 31일부터 새로이 적용되는 규제로 DTI의 일부 개념을 강화한 조건으로 적용된다. 2018년 1월 31일부터 적용되는 신DTI는 기존 DTI 규제에 비해 크게 세 가지가 달라진다.

구분	기존 DTI	신DTI
원리금 산정 기준	기존대출의 이자 상환액만 산정	기존대출의 원리금 상환액을 모두 산정
소득 금액 산정	직전 1년 치 기준	직전 2년 치 기준
대출 기간	최장 30년	기존 주담대 보유자의 경우 두 번째 대출은 최장 15년

신DTI 산식은 아래와 같다.

(기존 및 신규 주담대 원리금 + 기타대출 이자) / 연소득

■ DSR(Debt Service Ratio : 총부채 원리금 상환비율)

한국은행에서 만든 지표로, DSR을 이해하기 위해서는 기존 DTI와 차이점을 파악해야 한다. DSR과 DTI의 기본적인 개념은 동일하다. 즉 개인의 가처분소득대비 대출 원리금 상환 능력을 평가하는 지표이다. 그러나 실무적으로 다시 살펴보면 DSR은 개인의 대출 원리금 상환 능력을 보다 세밀화 시킨 것이 큰 차이이다. 신DTI에 비해서는 기타 대출의 경우 이자금액만 적용되는 것이 아니라 기타대출에 있어서도 모든 원리금이 함께 적용된다는 점이 강화되는 요인이다.

기존DTI, 신DTI, DSR의 공식을 보면 아래와 같다.

기존DTI = (당해 대출 원리금 상환액 + 기타대출 이자 상환액) / 연소득 × 100
신DTI = (당해대출 원리금 상환액 + 기타 주담대 원리금 상환액 + 기타부채 이자상환액) / 연소득 × 100
DSR = 전 금융권 대출의 연간 원리금 상환액 / 연소득 × 100

신DTI는 기존DTI가 당해 대출을 제외한 나머지 대출에 대해서는 이자 상환액만을 기준으로 적용하고 있던 것을, 주택담보대출의 경우에는 모두 원리금 상환액으로 규제를 강화하고 있으며, DSR에서는 모든 대출의 원리금 상환액을 기준으로 적용하고 있다는 점에서 규제가 더 강화되어 간다. 금융위원회는 2018년 10월 31일부터 모든 은행을 대상으로 총부채원리금

상환비율(DSR)을 가계대출의 관리지표로 적용하기로 하였다. "DSR(Debt Service Ratio)"이란 "총부채원리금상환비율"이라는 용어로 불리며, 대출신청인이 전체 금융기관에서 받은 대출금 중 1년간 갚아야 할 대출원리금(원금과 이자)을 소득으로 나눈 비율을 말한다. 기존의 DTI 개념에서 확장된 개념으로 이해할 수 있다.

> DSR(%) = 1년간 상환해야 하는 총 부채 원리금 / 연간 소득 × 100

위와 같은 공식으로 정의되는 DSR에 대해 정리가 되어야 하는 내용은 크게 네 가지로 생각해 볼 수 있다.

1) 1년간 상환해야 하는 총부채의 개념

먼저 공식의 분자로 계산되는 "1년간 상환해야 하는 총부채"의 개념에 대해 알아보아야 한다. 과거의 가장 오래된 DTI방식에서는 해당 대출신청건의 원금과 이자 상환액이라는 의미로 계산되었던 적도 있지만, 점점 가계부채 규제가 강화되면서 총부채의 개념이 넓게 해석되고 있다.

분류	종류	상환형태	원금	이자
주택담보대출	개별 주담대 및 잔금대출	전액 분할 상환	분할상환 개시 이후 실제 상환액	실제 부담액
		일부 분할 상환	분할상환 개시 이후 실제 상환액 + 만기상환액 / (대출기간 - 거치기간)	
		원금 일시 상환	대출총액 / 대출기간(최대10년)	
	중도금·이주비	상환방식 무관	대출총액 / 25년	
주택담보대출 이외 기타 대출	전세자금대출	상환방식 무관	불포함	
	전세보증금 담보대출	상환방식 무관	대출총액 / 4년	
	신용대출 및 비주택 담보대출	상환방식 무관	대출총액 / 10년	
	기타대출	상환방식 무관	향후 1년간 실제 상환액	
	예·적금담보대출 유가증권담보대출	상환방식 무관	대출총액 / 8년	

▲ DSR 원리금상환금액 산출 방식[92]

위의 자료를 보면 크게 총부채는 주택담보대출(이하 주담대)와 주담대 이외의 기타대출로 나뉜다. 주담대의 경우 다시 전액 분할대출, 일부 분할대출 등에 따라 원금의 인식기준이

---

92) 자료 : 금융위원회, 2018년 10월

바뀌게 된다.

예를 들어 일부 분할상환 대출의 경우 원금을 "분할상환 개시 이후 실제 상환액 + 만기상환액 / (대출기간-거치기간)"으로 계산한다는 것이다. 총 7억 원을 대출받고 3.5억 원은 분할상환, 3.5억 원은 만기일시상환을 하게 된다고 해 보자. 대출기간 및 조건은 3년 거치 10년 만기로 대출을 받은 경우라고 한다면, 대출 신청 이후 3년간은 대출원금을 상환하지 않고 이자만 납부하게 된다. 그 이후 7년간은 원금상환이 매년 0.5억 원씩 이루어지게 되고, 만기에는 일시상환 3.5억 원이 추가로 이루어진다. 이와 같은 경우 매년 1억 원이라는 금액이 원금으로 인식된다는 것이다. 만약 신청인이 거치기간 중의 DSR을 계산해보면 거치기간이므로 원금상환은 없지만, 만기 일시상환액(3.5억 원)을 실제 상환기간(7년)으로 나눠 0.5억 원의 원금이 인식된다는 의미이다. 이에 추가로 실제 이자부담액을 추가하여 계산한다.

2) 연간 소득의 개념

연간 소득은 기존의 소득 산정방식과 원칙적으로 동일하게 운영하기로 하였지만, 금융위원회는 소득증빙자료로 근로소득원천징수영수증, 소득금액증명원, 사업소득원천징수영수증, 연금증서 등을 인정하도록 하였고, 이를 통해 증명할 수 없는 경우에는 국민연금, 건강보험료 납부내역 등 공공기관이 발급한 자료나, 이자, 배당금, 임대료, 카드사용액 등도 인정해 주기로 하였다.[93]

	주요내용	비 고
증빙소득	• 객관성 있는 소득확인 자료 - 근로소득원천징수영수증, 소득금액증명원, 사업소득원천징수영수증, 연금증서 등	
인정소득	• 공공기관 발급자료 - 국민연금, 건강보험료 납부내역 등	소득의 95% 반영 (최대 5천만 원)
신고소득	• 대출신청자가 제출한 자료 - 이자, 배당금, 임대료, 카드사용액 등	소득의 90% 반영 (최대 5천만 원)

증빙소득의 경우에는 소득으로 100% 인정해 준다는 의미이며, 증빙소득으로 소득을 증명할 수 없는 경우 국민연금, 건강보험료 납부내역 자료로 소득을 인정해 줄 수 있으며 이러한 인정소득의 경우에는 최대 5천만 원 한도 내에서 인정소득 계산분의 95%까지 인정해 주겠다는 의미이다. 대출을 신청하는 개인의 경우 소득이 높아야 대출한도도 높게 나오기 때문에 소득증빙자료를 많이 제출하려고 할 것이다. 그러나 증빙소득자료로 제출할 수 없는 경우에는 최대 5천만 원 범위 내에서 인정소득의 95%를 소득으로 계산하므로 자료가 부족할수록 대출신청이 불리해질 수 있다는 의미이다.

---

93) 자료 : 금융위원회, 2018년 10월

3) 규제비율의 결정과 예외적용 내용

6월 기준 (단위 : %)	100% 초과	90% 초과	80% 초과	70% 초과	60% 초과
시중은행	14.3	15.7	17.4	19.6	22.9
지방은행	30.1	32.8	36.6	40.1	45.2
특수은행	27.9	30.3	32.9	35.9	39.9
전체은행	17.6	19.2	21.2	23.7	27.3

DSR 70% 초과 대출 → 高DSR 기준

※ DSR(Debt Service Ratio) = 모든 가계대출 원리금상환액 / 연간소득

▲ 은행별 DSR 분포 현황[94]

금융위원회는 "고DSR" 기준을 "DSR 70%" 이상으로 설정하고 고DSR 대출자들에 대한 대출심사를 더욱 강화하여 계속 DSR 평균치를 낮춰 가기로 하였다. 2018년 6월 현재 시중은행의 평균 DSR비율은 52%, 지방은행은 123%, 특수은행은 128% 수준이며, 이 비율을 2021년까지 시중은행 40%, 지방은행 80%, 특수은행 80% 이내가 될 수 있도록 관리해 가겠다는 입장이다. DSR비율이 70%가 넘는다는 것은 연간 소득이 5,000만 원일 때 그해 대출 원리금 상환액이 3,500만 원이 넘는다는 의미로 70% 수준을 기준점으로 보고, 그 이상이 되는 대출에 대해서는 관리를 까다롭게 하겠다는 의미로 해석할 수 있다.

특히 기존에 소득증빙자료 없이 대출 취급이 가능했던 전문직(의사, 변호사 등) 개인대출, 직장협약대출 등은 DSR비율을 300%로 가정하여 관리하겠다는 입장이다. 은행이 소득증빙자료 없이 전문직대출을 하였을 경우 이 대출에 대해서는 DSR비율이 300%라고 인정하겠다는 의미로, 향후 은행권의 전문직개인대출, 직장협약대출에 많은 제약이 따를 것으로 보인다.

4) DSR규제와 관련하여 별도로 알아야 할 내용

– 만약 신청인의 DSR이 80%로 나왔다면 이 신청인에 대한 대출은 가능한가? 불가능한가?

DSR이 70%를 넘은 대출은 고DSR 대출로 분류된다. 시중은행은 전체 가계대출의 15%, 지방은행은 30%, 특수은행은 25%까지 고DSR 대출취급이 가능하도록 예외를 두고 있다. 현재 시중은행의 경우 고DSR대출 비중이 19% 수준이기 때문에 추가적인 고DSR 대출 취급은 상당히 꺼릴 수밖에 없을 것이다. 현재 고DSR 대출비중은 시중은행, 지방은행, 특수은행이 모두 예외적 허용기준을 상회하는 수준으로 모두 줄여나가야 하는 상황이다. 따라서 고DSR 대출 비중이 허용치 범위내로 들어올 때까지 각 은행들은 고DSR 대출 취급을 아예 중단하지는 못하겠지만 상당히 꺼리게 될 가능성이 높다.

---

94) 자료 : 금융위원회, 금융감독원

- 전세대출도 DSR비율 산정에 포함되나?

전세대출은 실수요자 보호차원에서 DSR기준 적용대상에서 제외되었다. 추가로 서민금융상품인 새희망홀씨대출, 바꿔드림론, 사잇돌대출, 징검다리론, 소액신용대출, 지방자치단체 지원협약대출, 국가유공자 대상 저금리대출 등 서민금융, 정책대출 등은 DSR기준을 적용받지 않도록 하였다.

- DSR 규제는 은행에만 적용되나?

2018년 10월 31일부터 적용되는 DSR 규제는 일단 은행권에만 적용되며, 향후 농협, 신협, 보험사, 저축은행, 카드사 등에도 2019년 이후 순차적으로 적용될 예정이다.

- 연봉 7,000만 원에 금리 4.0%의 2년 만기 일시상환방식 주택담보대출이 1억 원을 보유하고 있다. 이외에 추가대출은 없다면 이 신청인의 DSR비율은?

개별 일시상환방식 주택담보대출의 경우 대출총액을 대출기간(최대10년)으로 나눈 값이 DSR 계산에 반영된다. 따라서 1억 원을 2년으로 나눈 5,000만 원에 연 이자 400만 원을 더한 5,400만 원이 연간 총부채 원리금상환액이 된다. 이를 소득 7,000만 원으로 나눈 77.1%가 신청인의 DSR비율이다. 신청인의 경우 DSR비율이 70%를 넘어 대출이 불가능하다고는 할 수 없지만 고DSR 대출로 분류되어 은행권의 대출심사가 까다로울 것으로 보인다.

■ RTI(Rent To Interest Ratio : 임대업 이자상환비율)

부동산 임대업자들의 부채를 관리하기 위한 비율로 2018년 3월부터 신규로 도입되었다. 자영업자 부채가 심각해지는 상황에서 자영업자 중에서도 부동산 임대업자들의 부채 규모가 크고 증가속도가 빠르기 때문에 부동산 임대업자들의 부채를 관리할 필요가 있다고 판단하여 도입된 규제이다. 부동산 임대를 업(業)으로 하는 자가 대출을 받아 부동산을 구입하고 해당 부동산을 임대하면서 임대수입을 받는 경우가 해당된다. 비율 규제는 주택 임대업의 경우 RTI 비율이 1.25 이상의 경우에, 비주택 임대업은 1.5 이상의 경우에 대해 대출이 허용되도록 하였다.

> 연간 부동산 임대소득 / 연 이자비용(기존 임대건물 대출 이자 포함)

예를 들어 부동산(주택) 임대업자로 등록된 개인이 주택 구입용으로 대출을 받고자 하는 경우 연간 대출 이자비용이 1천만 원이라고 하면, 연간 주택의 임대소득은 1,250만 원 이상이 되어야 대출이 가능하다는 것이다. 이는 임대소득만으로도 이자비용을 감당할 수 있는지를 지표화해서 판단하겠다는 의미이다. 주택 이외의 상가, 오피스 등 건물을 구입하기 위해 대출을 신청하는 경우에는 임대소득이 연간 이자비용의 1.5배 이상이 되어야 대출이 가능하다는 의미이다.

■ LTI(Loan To Income Ratio : 소득대비 대출비율)

RTI와 함께 자영업자 대출을 규제하기 위한 비율이며, 2018년 3월부터 적용에 들어갔다. 자영업자 부채의 급격한 증가를 억제하기 위해 만들어진 규제로, 자영업자의 영업이익에 근로소득 등을 합산한 총소득 중에서 해당 자영업자가 모든 금융권에서 빌린 가계대출 및 개인사업자 대출을 합친 총부채 비중을 구하는 방식이다. 주택담보대출의 DTI와 의미가 비슷한 규제로 자영업자의 총소득으로 대출을 감당할 수 있는 지표로 활용된다. 규제 적용 이후 은행은 자영업자에게 1억 원 이상을 신규 대출할 때 LTI를 산출해 참고지표로 활용하도록 하였으며, 10억 원 이상 대출 시에는 LTI 비율의 적정성에 대한 심사 의견을 남기도록 하였다.

> 전 금융권에서의 대출 합계액 / 자영업자의 영업이익 및 근로소득 합계한 총 소득

현재 LTI의 경우 구체적인 비율 기준치를 정해놓지는 않고 있으며, 자료 축적을 위해 먼저 참고자료로 활용하는 수준으로 적용할 계획이다. 2016년도의 경우 자영업자 1인당 평균 대출액은 3억 2,000만 원, 자영업자의 평균 소득은 4,300만 원 수준으로 LTI 비율은 약 7.5배 수준으로 계산되고 있다. 향후 자료 수집, 업종별 특이사항, 지역별 특이사항 등을 모니터링 하면서, 일정 기간이 지난 후에는 자영업자 부채 관리용 지표로 본격적으로 활용되어질 전망이며, 당분간은 보조지표로 은행권에서 활용할 계획이다.

15. 중도상환수수료

은행은 대출고객들을 대상으로 약속된 대출만기일 이전에 대출을 미리 상환하게 되면 "중도상환수수료"를 받고 있다. 중도상환수수료는 일종의 페널티 성격의 수수료이다. 예를 들어 A라는 고객이 1억 원을 대출받는데 대출기간을 1년 만기로 받았다고 하자. 6개월 만에 대출을 상환하게 되면 고객은 중도상환수수료를 내야 한다. 이렇게 은행에서 중도상환수수료를 받는 논리적 근거는 두 가지로 이야기할 수 있다.

첫째, 은행의 입장에서 이미 A라는 고객에게 1억 원이라는 자금이 1년 동안 공여가 되는 것으로 계획을 하고, 은행의 자금운영계획을 모두 1억 원이라는 자금이 없는 것을 기준으로 세워 놓고 있는데, 갑자기 1억 원이라는 유휴자금이 다시 생기는 것이나 마찬가지이다. 은행의 입장에서는 갑자기 생긴 1억 원의 자금에 대해서 다시 운영계획을 세워야 하고, 이 과정에서 생기는 기회비용에 대한 대가를 원인을 제공한 고객의 입장에서 부담해야 한다는 것이다.

둘째, 대출 중도상환은 은행에서 1년간의 기간으로 대출해준 1억 원에 대해서 기대수익도 1년 치에 대해서 계획을 모두 해 놓고 있는데, 6개월간의 기대이익이 갑자기 사라지게 되는 것이다. 이렇게 미리 계획해 놓은 기대이익이 상실됨에 따라 그 원인을 제공한 측에서 부담을 해야 하는 논리로 역시 중도상환수수료를 만들어 놓고 있는 것이다.

고객의 입장에서는 "내가 돈을 빌렸다가 늦게 갚는 것도 아니고 더 빨리 갚겠다는데, 왜 오히려 수수료까지 부담해야 하는가?"에 대한 컴플레인이 충분히 있을 수 있지만, 대출 시에 중도상환수수료를 설명하면서 은행원은 고객에게 충분히 중도상환수수료에 대해 설명과 설득을 시켜야 하는 것이 은행업무의 흐름이다.

그러나 중도상환수수료는 금리의 변동에 연동되어 움직여야 하는 성격은 아니다. 금리가 낮거나 높거나에 관계없이 해당 건에 대해서 적용되는 개념으로, 기준금리가 내렸다고 해서 중도상환수수료가 내려가고, 기준금리가 올라가면 다시 중도상환수수료율이 올라가는 문제는 아니라는 것이다. 이 논리가 맞기 위해서는 나중에 기준금리가 인상될 때 은행에서 중도상환수수료를 인상하는 것도 용납이 되어야 할 것이지만 은행에서 부과하는 중도상환수수료는 그 코스트(Cost)의 뿌리가 "기준금리"에 연계되는 것이 아니라, 대출 "해당 건"에 연계되어 발생하는 수수료라는 점을 명확히 해야 한다.

시중은행들이 중도상환수수료를 중도상환해약금으로 명칭을 변경하는 것도 은행의 입장에서 보면 명확한 책임소재에 대한 구분을 위한 과정이라고 할 수 있고, 중도상환수수료는 시중금리의 인상, 인하 등 금리변화에 대응하는 개념으로 이해할 것이 아니라는 점과, 정확한 중도상환수수료의 탄생배경을 위에서처럼 이해한다면, 오히려 "금리"의 변동에 연동되는 것이 아니라, 대출 "금액"에 연동되는 것이 옳다고 할 수 있다.

16. 여신업무 관련 주요 용어정리

■ 여신(與信)

'여신(與信)'이라는 표현은 '신용(信用)을 공여한다(與) 또는 제공한다(與)'는 뜻이다. '신용(信用)'이라는 표현은 유동성, 자금을 의미하며, '공여 또는 제공'이라는 표현은 역시 은행의 입장에서 고객에게 공여하고 제공한다는 것이다. 위에서 '수신(受信)'이라는 개념에서도 이야기했듯이 은행의 입장에서 사용되어지고 있는 전통적인 용어이다. 역시 이 용어도 고객의 입장에서 사용되어지는 개념으로 바뀌어진다면 '수신(受信)'이라고 바뀌어야 할 텐데, 그렇게 된다면 은행업무에서 아주 큰 혼란이 발생하게 될 것이라 아직 바꾸고 있지 못한 듯하다. 그렇다면, '여신'이라는 표현에 대한 정의는 '은행에서 고객(거래상대방)에게 신용을 공여하거나 제공하는 일체의 금융행위'라고 정의내릴 수 있겠다. 좁은 의미에서는 '대출'이라는 표현을 사용하기도 한다.

■ 신규, 갱신, 연장, 대환

은행에서 자주 사용하거나 고객의 입장에서는 역시 자주 듣는 표현일 것이다. '신규'는 어떤 여신을 새롭게 취급하는데 있어서 기존에 없었던 여신을 새롭게 취급하게 되는 것을 말한다. '갱신'이라는 표현은 개별거래가 아닌 한도거래 방식의 여신에 있어서 만기가 도래되어진 한도거래 여신을 신규에 준하는 절차를 거쳐 재약정하는 경우를 말한다. '대환'이라는 표현은 한도거래방식이 아니라 개별거래 방식의 여신에 있어서 만기가 도래된 여신을 신규에 준하는 방식으로 다시 재취급하게 되는 경우를 말한다. '기한연장'이라는 표현은 한도거래 또는 개별거래 방식의 여신이 만기가 도래되었을 때 만기일자를 뒤로 늦추는 경우를 말한다.

■ 한도거래, 개별거래

'한도거래'는 여신(대출)한도를 정해놓고 그 범위 내에서 상환과 대출을 반복함으로써 회전사용이 가능한 거래방식을 말한다. '개별한도'는 한도거래 여신과 달리 회전사용이 불가능한 여신을 말하고 따라서 상환과 대출의 반복적인 행위가 일어날 수 없게 된다.

■ 운전자금대출과 시설자금대출

기업의 생산 및 판매활동 등에 사용될 자금이 필요하여 은행에 대출을 의뢰하는 경우 은행에서는 이를 기업의 '운전자금대출'이라고 분류한다. 평상시에 기업의 운영에 필요한 자금의 대출을 말하는 것이다.

반면, 기업의 사업목적에 부합하는 시설, 설비취득, 설비의 확장 및 복고, 기술개발자금, 공장부지의 부동산 매입, 공장의 신축이나 증축 등에 사용될 자금이 필요하여 은행에 대출을 의뢰하는 경우 은행에서는 이를 기업의 '시설자금대출'이라고 분류한다. 평상시의 기업 운영자금인 '운전자금대출'과 달리, 기업의 시설확장, 증설 등에 소요되는 대출을 말한다.

■ 분할상환(원금분할상환, 원리금분할상환)

은행으로부터 받은 대출을 은행과의 약정내용에 따라 분할하여 상환하는 대출방식을 '분할상환대출'이라고 한다. 그중에는 원금만 분할상환하는 방식을 '원금분할상환'이라고 하고, 원금과 이자의 합계금액을 분할상환하는 방식을 '원리금분할상환'이라고 한다. 원금분할상환 및 원리금분할상환은 보통 '균등분할'의 방식으로 '원금 균등분할상환' 또는 '원리금 균등분할상환' 방식을 사용한다.

■ 감정평가 및 탁상감정

은행에서 통상 부동산 담보를 취득함에 있어서, 부동산의 가치를 정확하게 판정하고 이를 화폐액으로 표시하는 작업을 말한다. 이 업무를 담당하는 직업을 감정평가사라고 한다. 이렇게 담보로 취득하는 부동산을 정식으로 감정을 의뢰하고 감정평가 결과를 받는데에는 일정기간과 비용이 소요되므로, 경우에 따라서는 간이평가로 감정을 할 수 있는데, 감정평가사 등에게 유선으로 해당 부동산의 감정에 대해서 간이평가를 의뢰할 수도 있을 것이다. 이렇게 부동산 등에 대해서 간이평가를 의뢰하는 감정의 형태를 '탁상감정'이라고 표현한다. 그러나 은행에서는 모든 부동산 감정평가를 탁상감정으로 처리할 수 없고, 금액이나 업무취급의 중요성 등을 감안하여 정식감정을 원칙으로 하지만, 예외적인 기준을 두어 탁상감정도 허용하고 있는 경우가 있다.

■ 가용담보비율(또는 담보인정비율)

부동산 또는 기타 담보에 대하여 은행에서 담보로서 인정해줄 수 있는 비율을 말한다. 부동산의 경우에는 과거 경매 시 평균 낙찰성사율, 감정가 대비 낙찰가율, 시가형성, 거래빈도 등을 종합적으로 고려하여 산정하고, 기타 담보의 경우에는 장래에 있어서 예상 회수액, 담보가치의 변동성 등을 고려하여 산정한다.

■ 선순위채권

부동산 담보에 있어서 저당권, 전세권, 임차보증금, 소액보증금, 임금채권 등 나중에 담보물 처분 시에 은행의 대출채권보다 우선적으로 권리행사가 가능한 채권을 말한다. 이는 소액임차인을 보호하거나, 또 임금근로자들을 보호하기 위한 외부법령에 의해서 은행채권에 우선하여 보호대상이 되어지기도 하고, 자체적인 담보설정의 순위에 따라 결정되기도 한다.

■ 가용담보가(액)

가용담보가(액)은 은행에서 담보를 취득함에 있어서 최종적인 담보로서의 가치로 환산할 수 있는 가치를 말한다. 부동산 담보의 경우에는 아래와 같은 공식으로 산정된다.

$$가용담보가(액) = 감정가액 \times 가용담보비율(또는 담보인정비율) - 선순위채권$$

■ 양도담보

은행에 담보를 제공하거나 은행에서 담보를 취득함에 있어서, 채무자(고객)가 담보물의 소유권을 채권자(은행)에게 이전하고, 대신 채무자가 담보물을 계속 점유하고 사용하도록 허용하는 경우를 말한다. 보통의 담보가 소유권까지를 넘기지는 않는다는 면에서 담보와 양도담보는 구분되어지며, 은행에서 가장 양도담보로서 많은 경우를 차지하는 경우는 공장담보에서 기계기구를 예로 들 수 있다.

■ 상계(相計)

상계(相計)는 채권자와 채무자가 서로 채권과 채무를 청구하고 이행하는 절차적인 번거로움을 피하기 위해서, 일정조건하에서 어느 일방이 서로의 채권, 채무관계를 대등한 범위 내에서 소멸시키는 행위를 말한다. 예를 들어 은행에서는 고객에게 대출채권을 가질 수 있고, 고객은 은행에게 예금채권을 가지고 있는 경우에, 특정조건(이를 '상계적상(相計適狀)'이라고 한다)에 해당될 경우, 은행에서 대출과 예금을 대등액을 소멸시켜 대출채권을 회수할 수 있을 것이다. 이를 '상계'라고 한다. 이때 은행이 가지고 있는 채권을 '자동채권' 또는 '능동채권'이라고 하며, 고객이 가지고 있는 상계가 되어질 채권을 '수동채권'이라고 한다.

■ 재무상태표

재무상태표는 기업의 일정시점(보통의 경우 결산기말) 현재 회사의 재무상태를 나타낸 표이다. 좌측 차변에는 자산을, 우측 대변에는 부채와 자본을 표시하고 있다. 재무상태표의 차변과 대변의 합은 항상 일치하게 되는데, 이를 '대차평균의 원리'라고 한다.

차변인 자산에는 당좌자산, 재고자산 등의 유동자산과, 투자자산, 유형자산, 무형자산 등의 비유동자산으로 나뉜다. 대변에는 매입채무, 단기차입금 등의 유동부채와, 사채, 장기차입금 등의 고정부채와, 자본금, 자본관련잉여금 등의 자본으로 구성된다. 재무상태표를 통해서 유동비율, 당좌비율, 현금비율, 부채비율, 차입금의존도, 자기자본비율, 차입금 평균 이자율, 이자보상비율 등을 분석할 수 있다.

■ 손익계산서

기업이 일정기간 동안의 영업활동과 그에 따른 경영성과를 나타내는 표이다. 손익계산서는 기본적으로 '수익(매출)−비용=순이익'이라는 간단한 공식에 의해서 작성되는 것이다. 손익계산서를 통해서는 매출액 총이익률, 매출액 영업이익률, 매출액 순이익률 등의 정보를 분석할 수 있다.

■ 재무비율의 의미

구분	의미	주요 비율
유동성비율	기업의 단기채무 상환능력 평가	유동비율, 현금비율 등
안전성비율	기업의 장기부채 상환능력 평가	부채비율, 자기자본비율, 이자보상비율 등
활동성비율	기업의 자산운용의 효율성 평가	매출채권회전율, 재고자산회전율 등
수익성비율	기업의 경영성과 및 수익성 평가	매출액이익률, 총자산이익률 등
성장성비율	기업의 자산 또는 수익성의 연간 성장률 평가	매출액증가율, 총자산증가율, 순이익증가율 등

■ 여신(자산)의 건전성분류와 대손충당금

위에서도 언급했지만, 은행에서는 선의의 불특정다수로부터 받은 예금재원을 근거래 대출업무를 취급하기 때문에, 은행의 입장에서 안전하게 대출을 회수할 수 있도록 그 관리에 항상 만전을 기하여야 한다. 보통 은행에서 여신을 취급하는 데 있어서 세 가지 원칙을 이야기하는데, 건전성, 안전성, 수익성이다. 대출행위가 사회적인 인식의 차원에서 건전한 대출이 취급되어야 하고, 안전하게 회수할 수 있는 대출이 취급되어야 하고, 마지막으로 수익성도 추구하는 대출이 취급되어야 한다는 것이다. 이것이 은행권에서 취급하는 대출업무에 대한 3대원칙이라고 할 수 있다.

외부감독기준에 의해 은행에서 대출이 실행이 되어지고 나면 그 대출의 건전성에 따라 분류를 하게 되는데, 크게 다섯 가지 기준으로 나누어진다. 정상, 요주의, 고정, 회수의문, 추정손실이다.

정상	• 경영내용, 재무상태 및 미래현금흐름 등을 감안할 때 채무상환능력이 양호하여 채권회수에 문제가 없는 것으로 판단되는 거래처에 대한 여신 • 대손충당금 적립비율 : 여신 잔액의 0.2%
요주의	• 1개월 이상 3개월 미만 연체대출금을 보유하고 있는 거래처에 대한 여신 • 대손충당금 적립비율 : 여신 잔액의 2%
고정	• 3월 이상 연체대출금을 보유하고 있는 거래처에 대한 여신 중 회수예상가액 해당부분 • 대손충당금 적립비율 : 여신 잔액의 20%
회수 의문	• 3월 이상 12월 미만 연체대출금을 보유하고 있는 거래처에 대한 여신 중 회수예상가액 초과부분 • 대손충당금 적립비율 : 여신 잔액의 50%
추정 손실	• 12월 이상 연체대출금을 보유하고 있는 거래처에 대한 여신 중 회수예상가액 초과부분 • 대손충당금 적립비율 : 여신 잔액의 100%

■ 고정이하여신과 고정이하여신 비율

은행의 총 여신 중에서 고정, 회수의문, 추정손실 부분에 해당하는 여신의 비중을 고정이하여신 비율이라고 하는데, 흔히 '부실채권비율'이라고도 불린다. 이 비율은 은행의 건전성을 나타내는 비율로 많이 활용되어지고, 이 비율은 낮을수록 좋으며, 공식은 아래와 같다.

> 고정이하여신 비율 = 고정이하여신 금액 / 총 여신 금액

■ 무수익여신(NPL, Non Performing Loan)과 무수익여신 비율

은행에서 계산하는 무수익여신은 3개월 이상 연체여신과 이자 미계상여신의 합계를 말한다. 고정이하여신에서는 현재 이자가 발생하고 있더라도 신용도가 악화되어 채권회수에 위험이 존재한다고 판단될 경우에는 고정이하여신으로 분류하는 반면, 무수익여신은 이자수익의 발생여부에 주안점을 두어, 미래 채무상환능력 악화로 인한 고정여신도 현재 이자가 발생할 경우에는 무수익여신에서 제외하게 된다.

따라서 흔히 혼돈된 상태에서 고정이하여신과 무수익여신이라는 용어를 사용하는 경우가 많지만, 정확하게 말하면 이 두 개념은 다른 의미로 사용해야 하겠다. 즉, 무수익여신은 고정이하 여신에서 이자연체로 인해서 고정이하로 분류된 여신이 아니라 채무상환능력 악화로 고정이하로 분류된 여신을 차감하고, 대신 요주의 여신 중에서 이자 미계상 여신을 포함한 개념이다. 통상적으로는 은행들에서 고정이하여신이 무수익여신보다는 금액이 큰 것이 보통이다.

> • 무수익여신 = 고정이하여신 − 이자연체 요인이 아닌 채무상환능력 악화 요인으로 고정이하로 분류된 여신 + 요주의 여신 중에서 이자 미계상 여신

> • 무수익여신 비율 = 무수익여신 금액 / 총 여신 금액

■ **대손충당금 적립률**

정상여신이나 요주의여신의 경우에도 위에서 보았듯이 대손충당금은 적립하여야 한다. 그러나 여기서 말하는 대손충당금 적립률은 전체 대손충당금 적립대상 여신을 말하는 것이 아니라, 고정이하여신 금액 중에서 무수익여신 산정대상을 기준으로 한 충당금의 비중을 말한다. 공식은 아래와 같다.

> 대손충당금 적립률 = 무수익여신 산정기준 충당금 총액 / 고정이하여신

이 비율도 역시 은행의 건전성을 나타내는 중요한 지표로 활용되고 있으며, 이 비율은 높을수록 좋다고 말할 수는 없으며, 반대로 낮을수록 좋다고 말할 수도 없다. 적절한 수준이 가장 바람직한데, 그 적절함은 판단하기 어려운 문제이다. 우리나라의 경우 다른 선진국들에 비해서 이 대손충당금 적립률이 상대적으로 높은 편이라고 한다. 이 비율이 높다는 것은 그만큼 자금의 운용측면에서 자금활용도가 낮거나, 은행의 수익성에 부정적인 영향을 미치게 되므로, 적절한 수준의 적립이 필요한데, 일부에서는 우리나라의 경우 이 비율을 너무 높게 산정하고 있는 것이 아니냐는 비판적인 시각도 있다.

■ **연체율**

연체율은 은행에서 나중에 부실화가 될 수 있는 가능성과 조기신호의 포착이라는 관점에서 중요하게 생각하는 건전성 비율 중에 하나이다. 반드시 그렇게 된다는 것은 아니지만, 연체율이 높다는 것은 그만큼 나중에 부실화될 가능성이 높다고 해석할 수 있기 때문이다.

■ **구속성예금**

뉴스를 보면 '구속성예금', '꺾기'라는 표현이 자주 나온다. 이는 은행이 고객에게 대출을 해줄 때, 대출에 대한 조건으로 예금이나 펀드상품 등 은행상품에 대한 가입을 강제 권유함으로 인해, 채무자인 고객의 의사와는 상관없이 가입되어지는 예금을 통칭하는 용어이다. 이 구속성예금을 긍정적으로 해석하면, 은행의 입장에서는 대출상환자금의 간접적인 재원마련이라는 측면도 있고, 또 채무자인 고객의 입장에서도 나중에 만기에 가서 상환재원을 미리 조금씩 축적시키는 과정이라고 해석되어질 수도 있다.

그러나 긍정적이지 못한 쪽으로 해석을 하게 되면, 자금이 필요한 채무자에게 은행의 실적향상을 위하여 강제적인 상품가입을 유도함으로써, 자금이 필요한 상태에 있는 채무자의 재원의 활용도를 떨어뜨리게 되는 측면이 부각되어지게 된다. 그래서 은행의 외부감독규정으로 이 구속성예금(꺾기예금)은 엄격히 규제가 되어지고 있다.

■ 구상권

은행에서 대출업무를 하다보면 또 많이 사용하는 용어가 '구상권'이라는 용어이다. 이 용어가 무슨 의미인지 사례를 통해 알아보도록 하자.

개인인 A가 B에게서 돈을 1억 원을 빌리는데, C가 보증을 제공하였다고 하자. A는 채무자, B는 채권자, C는 보증인이다. 그런데, 차주인 A가 나중에 B에게 자금을 상환할 여력이 되어지지 못하면, B는 보증인인 C에게 상환하라고 요구할 것이다. 이 행위는 채권자인 B가 보증인인 C에게 보증 채무에 대한 이행을 청구하는 행위이다. 그래서 보증인인 C가 채권자인 B에게 대신 채무를 상환하였다고 하자. 그러면 보증인인 C의 입장에서는 채무자인 A의 채무를 대신 상환하였기 때문에 많이 억울할 수밖에 없을 것이다. 이때 자금을 대신 상환해 준 보증인인 C가 원채무자인 A에게 자기가 대신 상환한 자금 1억 원을 다시 돌려달라고 요구할 수 있을 것이다. 이 권리가 바로 '구상권'이다. 통상 은행과의 거래에서는 A는 개인, B는 은행, C는 A의 대출에 대해서 보증을 서준 또 다른 개인에 비유가 될 수 있다.

■ 재개발 / 재건축

재개발은 기존 건축물을 모두 철거하고 터만 남겨 완전히 새로운 건물과 공공 인프라를 구축하는 사업인 반면, 재건축은 기존 터의 건축물만 철거하고 그 자리에 기존 건축물을 대체할 새로운 건축물을 신축하는 사업이라고 할 수 있다. 보통의 경우 도시 인프라가 많이 갖추어져 있는 경우에는 재개발보다는 재건축이 많을 수 있고, 반면 도시 인프라가 더 필요한 곳은 도시 인프라(도로, 하수처리, 녹지조성, 공공 기반시설 등)의 구축을 위해서 재개발을 추진할 경우가 많다.

■ 기성고

현재 공사 중인 시설이나 건축에 있어서 전체 공사 중에서 일정시점 현재 완성되어지고 있는 정도를 나타내는 표현으로 공사진도율을 나타낼 때 사용한다. 또한, 금액으로도 나타낼 수 있는데, 전체 공사비 중에서 현재까지 투입된 공사비로 기성고를 측정할 수도 있다.

■ 위조 / 변조

위조와 변조라는 용어는 주로 어음, 수표, 화폐, 문서업무 등에서 많이 나오는데, 위조는 권한이 없는 자가 목적물을 허위로 만들어내거나 주체(主體)에 관한 변형을 하는 행위를 말하며, 변조는 권한이 없는 자가 목적물을 변형시키거나 내용(內容)에 대한 변형을 하는 행위를 말한다.

화폐나 어음 등에서는 위조도 있고 변조도 있을 수 있는데, 모형을 컬러복사로 해서 새로 만들어내는 행위를 화폐의 위조라고 하고, 어음에서 금액에 '0'자를 하나 더 넣어서 금액을 허위로 기재하는 경우에는 변조에 해당한다. 또 어음의 경우에서는 권한이 없는 자가 서명날인함으로써 어음을 유통시키는 행위는 그 자체가 '내용의 변형'이라기보다는 '주체의 변형'에 해당하므로 위조에 해당하기도 한다.

■ 개인회생제도

개인 회생제도는 신용회복위원회의 사적 제도(개인워크아웃, 프리워크아웃)와 법원에 의해 운영되는 공적 제도(개인회생, 개인파산)로 구분된다.

개인이 많은 채무를 가지고 신용을 잃어 정상적인 경제활동을 하지 못하게 되었을 때 신용을 회복시켜 주는 활동을 개인워크아웃이라고 한다. 기업의 경우와 마찬가지로 채권은행은 채무를 일부 탕감해 주거나, 단기 대출을 장기 대출로 전환시켜 주는 등의 활동을 하게 된다. 개인워크아웃을 신청하려면 개인이 파산 이전에 신용회복위원회로 개인워크아웃을 신청하여야 한다.

개인워크아웃은 금융채무 이자를 3개월 이상 연체한 채무 불이행자가 신청하는데, 프리워크아웃(사전 채무재조정)은 이자를 3개월 미만(30일 초과~90일 미만) 동안 연체한 사람이 이용할 수 있다.

법원의 결정을 받아야 하는 개인회생은 개인워크아웃보다 신청 절차가 까다롭고, 비용이 많이 들며, 또 채무조정 결정이 내려지기까지도 개인워크아웃의 두 배가 넘는 6개월 이상이 소요된다.

개인파산제도는 개인이 빚을 감당할 수 없을 때 법원이 파산을 선고함으로써 채무를 면제시켜 주는 제도로, 개인회생과 달리 파산면책을 통해 빚 전액을 탕감받을 수 있고, 파산선고를 받은 파산자는 법원이 임명한 파산관재인의 관리 아래에 자신이 가진 모든 재산을 돈으로 환산하여 채권자에게 나눠주는 절차를 행해야 한다.

CHAPTER 05 외환 및 수출입 업무 기초지식 Ⅲ

1. 환율의 결정과 환율의 종류

1) 환율의 정의

"환율"에 대한 정의는 "자국통화와 외국통화의 교환비율"이라고 경제학 교과서에는 정의가 내려져있다. 물론 정확한 정의이다. 그러나 우리가 일상생활에서 은행과 관련해서 '환율'을 정의내릴 때에는 위에서 '금리'를 정의내린 것처럼 생각해 보도록 하자. 1달러라는 화폐(외국통화)를 살 때의 가격이 환율이다. 그렇다면 1달러짜리 화폐는 물건이나 재화라는 의미이고, 환율은 그 재화를 살 때의 가격이다. 이렇게 환율은 '자국통화와 외국통화의 교환비율'이라고 이론적으로 정의내릴 수 있는 반면에, 실제적으로는 '외국통화 1단위를 구매하려고 할 때 지불해야 하는 원화가격'이라는 정의로도 내릴 수 있다.

이제 좀 더 실생활에서 밀접한 부분에 대해서 이야기해 보기로 하자. 취업준비생들이나 학생들에게 환율이 어떻게 결정이 되어지냐고 질문을 하면, 경제학을 좀 공부를 했던 친구들이라면, 외환시장에서 외국통화의 수요와 공급에 의해서 결정되어진다고 답변을 한다. 면접에서도 마찬가지다. 또, 일반인에게 질문을 해보면 더 황당한 답변을 한다. 가령, 집에 있는 주부나 직장인에게 우리나라에서 환율이 어떻게 결정되어지냐고 질문을 해보면, 모른다는 답변, 은행에서 결정한다는 답변, 정부에서 결정된다는 답변, 한국은행에서 결정된다는 답변, 특히 외환은행에서 결정한다는 답변 등등 여러 가지 답변들이 나오게 된다.

이론적으로는 분명히 외국통화의 수요와 공급에 의해서 결정되어진다는 것이 맞다. 필자도 경제학을 전공했지만 그렇게 배웠고 지금도 그렇게 기억하고 있다. 그렇다면, 외국통화의 수요와 공급에 의해서 실제로 시장에서 그렇게 결정이 될까? 이 부분을 실제 경제에서는 어떤 메커니즘을 가지고 우리나라에서 결정이 될지에 대해서 이야기해 보기로 하자.

2) 환율의 결정

개인들이 은행에서 환전을 하거나 송금을 보내거나 하는 외환의 거래업무들, 또 은행을 통해서 기업들 간의 수출입대금 결제 등의 외환거래 업무 시 외환에 대한 수요와 공급 등은 모두 과거에는 "금융결제원 자금중개실"이라는 곳으로 실시간으로 집계가 되었다. 그러다가 2000년도에 금융결제원으로부터 분사가 된 서울자금중개(현, 서울외국환중개)라는 곳에서 이 업무를 이제 담당하고 있다. 우리나라에서 외국환 거래 중개를 하는 회사는 서울외국환중개, 한국자금중개 등 10여 개 사가 있지만 거래를 집계하여 각 중개회사들이 그날그날의 환율을 고시하고 있다.

각 외국환 거래 중개회사에서 매일 매일 실시간으로 외국환 거래회사(국내은행, 국내소재 외국계은행 등)를 통해서 거래가 되는 달러화에 대한 거래내용들이 집계가 되어서, 그날 하루에 있었던 거래량과 거래금액을 가지고 가중평균환율을 산정하게 된다. 이렇게 미국 달러화에 대해서 집계된 가중평균환율을 그다음 날 아침 8시 30분에 외국환 거래 중개회사들의 홈페이지를 통해 공시를 하면, 각 은행들은 이 가중평균환율을 가지고 와서, 그날의 "달러화 매매기준율"로 삼게 된다. 이 달러화 매매기준율을 다시 기준으로 해서, 각국 통화의 환율이 다시 정해지고, 이 매매기준율을 중심으로 현찰을 사고팔 때, 송금을 보내거나 받을 때의 환율을 각 은행별로 다시 수시로 변경/고시하게 된다.

이렇게 하루일과가 시작되고 하루 거래가 이루어지면 이 거래되는 모든 내용들은 또 각 외국환 거래 중개회사들로 집계가 되고, 또 그날의 가중평균된 환율은 그다음 날 아침 8시 30분에 공시가 되어지는 과정을 계속 반복하게 된다. 외국환 거래에 대한 중개, 환율 고시 등의 업무를 각 외국환 거래 중개회사들이 하는 것이다.

위에서 '가중평균환율'이라는 표현이 나오고, '미달러화를 기준으로 한 각국의 환율이 정해진다'는 표현도 나오는데, 이 개념이 무슨 개념인지 보도록 하자.

먼저, A은행에서 B은행으로 달러당 ₩1,050.00으로 달러화 U$100,000을 매도한 거래가 있었고, C은행은 D은행으로 달러당 ₩1,060.00으로 달러화 U$10,000을 매도한 거래가 있었다고 하자. 극단적으로 이 날은 외환시장에서 이 두 거래밖에 없었다고 하자.

그러면 가중평균환율은 어떻게 결정되어지는지 보도록 하자.

달러거래량(U$)	거래환율(₩)	거래금액(₩)
100,000	1,050.00	105,000,000
10,000	1,060.00	10,600,000

위와 같이 거래가 되었다는 것인데, 만약 이 거래환율의 단순평균환율은 아래와 같이 정해질 것이다.

(₩1,050 + ₩1,060) / 2 = ₩1,055

이렇게 단순평균으로 계산하는 것이 아니라, 가중평균으로 계산한다는 것인데, 그 방식은 아래와 같다.

이날 총 거래된 거래량은 U$110,000이고, 총 거래 금액은 ₩115,600,000이다. 가중평균환율은 '총거래금액(₩)/총거래량(U$)'의 계산으로 거래되었던 가중평균환율은 ₩1,050.91으로 나오게 된다(소수점 둘째 자리까지 계산).

₩115,600,000 / U$110,000 = ₩1,050.91

이렇게 계산되어지는 환율이 가중평균환율이고, 환율을 결정할 때에는 외국환 거래은행들끼리의 위와 같은 거래들을 모두 합해서, 위와 같은 방식으로 각 외국환 중개회사를 통해 계산한다는 것이다.

이렇게 미국 달러화에 대한 환율이 결정되어지면, 미국 달러화를 제외한 나머지 통화(엔화, 유로화 등)는 최근 주요 국제금융시장에서 형성된 미국 달러화와의 매매기준율을 기준으로 다시 결정하게 된다. 이를 '재정환율(裁定換率)'이라고 한다. 즉, 우리나라에서는 기축통화인 미국 달러화와 위안화 직거래 시장 개설로 인한 위안화에 대해서만 직접적인 거래방식으로 환율이 결정이 되고, 미국 달러화와 중국의 위안화를 제외한 나머지 통화들은 모두 미국 달러화와의 매매기준율을 기준으로 다시 결정하게 되는 재정환율시스템으로 운영되어지고 있다.

참고 알아두면 좋을 국가별 통화 및 통화코드(국가-통화-통화코드)

대한민국	원	KRW	미국	달러	USD
일본	엔	JPY	유럽	유로	EUR
영국	파운드	GBP	캐나다	달러	CAD
스위스	프랑	CHF	호주	달러	AUD
뉴질랜드	달러	NZD	중국	위안	CNY
홍콩	위안	CNH	홍콩	달러	HKD
대만	달러	TWD	싱가포르	달러	SGD
말레이시아	링깃	MYR	덴마크	크로네	DKK
러시아	루블	RUB	터키	리라	TRY

3) 은행별 환율의 고시

이렇게 결정되어진 환율을 영업일 아침에 각 은행에서 환율을 담당하는 부서(예 : 국제부 등)에서 가져와서 다시 고시하게 된다. 이때에는 여러 가지 환율로 나눠져서 고시되어지는데, 예를 들어 우리가 은행 지점에 갔을 때, 현찰 살 때, 송금 보낼 때… 등등 이렇게 나눠서 고시하게 된다. 외국환 중개회사로부터 받아온 환율을 기준환율(Middle Rate)로 해서 각 은행들은 사고파는 행위에 대해서 일정 몫(Spread)을 두고 환율을 고시하게 된다.

아래 표를 보도록 하자.

외국환율고시표 〈11월 23일〉 (자료 = KEB하나은행)

국가명	통화	전신환		현금		매매 기준율	대미 환산율	달러당 환산율
		송금 할 때	송금 받을 때	현금 살 때	현금 팔 때			
미국	달러	1,096.00	1,074.80	1,104.39	1,066.41	1,085.40	1.0000	1.0000
일본	엔	985.20	966.08	992.71	958.57	975.64	0.8989	1.1125
유로통화	유로	1,297.41	1,271.73	1,310.13	1,259.01	1,284.57	1.1835	0.8450
중국	위안	166.38	163.10	172.97	156.51	164.74	0.1518	6.5886

※ 일본 JPY는 100단위로 고시됩니다.

▲ 외국환율고시표[95]

미국 달러화를 보도록 하자. 매매기준율은 1,103.30원으로 결정되어져있다. 달러화에 대한 환율을 아래 내용을 다시 보도록 하자.

현금 살 때 : 1,104.39

(차이 : +8.39원 / 매매기준율 대비 +1.7496%)

송금할 때 : 1,096.00

(차이 : +10.6원 / 매매기준율 대비 +0.9766%)

매매기준율 : 1,085.40

(차이 : -10.6원 / 매매기준율 대비 -0.9766%)

송금받을 때 : 1,074.80

(차이 : -8.39원 / 매매기준율 대비 -1.7496%)

현금 팔 때 : 1,066.41

위의 내용을 설명하기 전에 외환의 거래에 대해서 잠깐 살펴보기로 하자. 매매기준율을 중심으로 크게 환율이 네 가지로 구성이 되어있다. 송금할 때, 송금받을 때, 현금 살 때, 현금 팔 때의 경우이다. 은행의 입장에서 한번 생각해 볼 텐데, 은행의 입장에서는 위의 네 가지 경우는 모두 은행과 고객 사이에서 외환(달러)에 대한 매도/매입 거래가 일어나게 된다. 현금 살 때의 환율은 고객의 입장에서 현금(달러)을 사는 것이니까, 예를 들어 외국으로 여행을 가기 위해서 원화를 가지고 은행에 가서 달러화로 환전을 하거나 할 때 적용되어지는 환율이다. 이 경우는 고객은 원화를 대가로 달러를 매입하게 되고, 은행의 입장에서는 원화를 대가로 달러를 매도하는 경우이다.

송금할 때의 환율은 고객의 입장에서 송금을 하는 경우이니까, 예를 들어 외국에 있는 자녀에게 유학생 송금을 하기 위해 원화를 가지고 은행에 가서 외국에 있는 자녀에게 달러로 송금을 할 때 적용되어지는 환율이다. 이 경우는 고객은 역시 원화를 대가로 달러를 매입하게 되고, 은행의 입장에서는 원화를 대가로 달러를 매도하는 경우이다.

---

95) 출처 : 매일경제

송금받을 때의 환율은 고객의 입장에서 송금이 온 달러를 원화로 찾아가는 경우이니까, 예를 들어 외국에서 근무하는 아버지가 용돈으로 달러를 송금해 주셔서 한국에서 원화로 찾는 경우에 적용되어지는 환율이다. 이 경우는 고객은 원화를 가져가야 하니까 원화를 대가로 송금되어져 온 달러화를 매도하는 경우이다. 은행의 입장에서는 원화를 대가로 달러를 매입하는 경우이다.

현금 팔 때의 환율은 고객의 입장에서 현금(달러)을 파는 것이니까, 예를 들어 외국에서 여행을 마치고 왔을 때 남은 달러화를 은행에서 원화로 환전하고자 할 때 적용되어지는 환율이다. 이 경우는 고객은 원화를 대가로 달러를 매도하게 되고, 은행의 입장에서는 원화를 대가로 달러를 매입하는 경우이다.

이 네 가지 환율의 경우를 보면, 은행의 입장에서 고객에게 달러를 "매입"하는 경우는 매매기준율보다 아래쪽에 있고, 은행의 입장에서 고객에게 달러를 "매도"하는 경우는 매매기준율보다 위쪽으로 환율이 형성되어있음을 볼 수 있다. 이는 은행이 달러화라는 재화를 가지고 영업을 함에 있어서, 구매할 때에는 저렴하게 구매해서 다시 판매를 할 때에는 이윤(Spread)을 붙여서 비싸게 판매를 하게 되는 원리와 동일하다.

한 가지 특이한 점은 매매기준율을 중심으로 아래위로 일정한 비율만큼 폭이 벌어지고 있다는 점이다. 이 폭이 해당은행의 관리, 보관, 운송, 유지비용(Cost)과 이윤(Margin)을 합한 금액(Spread)인데, 이 폭은 은행마다 미세하게 다르다. 예를 들어, A은행은 매매기준율을 중심으로 송금환율이 +/-0.9766%이고, B은행은 매매기준율을 중심으로 송금환율이 +/-0.9725%로 결정되어질 수 있다는 것이다. 그래서 은행마다 환율이 조금씩 다르기 때문에, 실시간으로 환율을 조회해 보고 은행과 거래를 하는 것이 바람직하다.

이렇게 각각의 매매기준율을 중심으로 위아래로 일정한 폭(Spread)을 두고 벌어지는 환율의 구조는 Spread의 폭만 은행별로 미세하게 다를 뿐이고, 구조는 모두 동일하다. 또, 미국 달러화 이외의 다른 통화도 모두 마찬가지이다. 각 은행은 이렇게 고시가 되어지는 환율에 대해서 하루 중에도 수시로 외환사정에 따라 매매기준율을 중심으로 모든 환율을 조정할 수 있으며, 수시로 지점에 있는 환율전광판과 홈페이지를 통해서 변동되어지는 정보를 조회할 수 있도록 서비스하고 있다.

4) 환율과 관련한 용어 정리

■ 포지션(Position)

은행원들은 '포지션'이라는 표현을 많이 쓰는데, 이 용어는 은행원들만의 용어이다. 외환의 거래에 있어서 그 상태(Position)가 매입상태인지, 매도상태인지를 나타내며, 어느 한쪽이라면 어느 쪽이 얼마나 우위인지를 나타내는 용어이다. 외환 보유 상태는 은행에 있어서 중요한 문제이기 때문에 항상 철저하게 관리해야 하고, 포지션은 은행의 입장에서 원화를 대가로 한 외국통화의 매입 또는 매도거래가 일어나는 경우를 말한다고 할 수 있다.

예를 들어, 고객이 달러화를 가지고 와서 그대로 달러화로 미국에 송금하는 경우에는 '포지션'이 일어나지 않는다. 그러나 고객이 원화를 가지고 와서 달러화로 바꿔서 미국으로 송금하는 경우에는 위에서 말한 '원화를 대가로 한 외국통화의 매입 또는 매도'에 해당하여 '포지션'이 발생하게 된다.

미국 달러화에 대한 포지션 거래가 발생하게 되면, 매도포지션이냐, 매입포지션이냐에 따라서 미국 달러화 보유 잔고에 영향을 미치게 되는데, 이렇게 포지션 거래는 은행의 입장에서는 해당 외국통화의 보유 잔고에 영향을 미치게 되므로 매일 매일 포지션 금액 잔액을 잘 관리해야 할 필요가 있다.

■ 환율 우대

은행 홈페이지나 휴가기간 중의 뉴스나 광고를 보면 환율우대라는 광고를 심심찮게 볼 수 있다. 예를 들어, 〈1,000달러 이상 환전 시 30% 환율우대〉 이런 광고를 볼 수 있다. 실제로 위의 본문에서 나왔던 달러화 환율로 계산해 보자.

고객의 입장에서 현찰을 사는 경우니까, 위의 본문에서의 환율표에서 현금 살 때의 환율은 ₩1,057.08이다. 그러면 1,000달러를 환전하기 위해서는 ₩1,057,080이 필요하다. 매매기준율 기준으로는 1,000달러 환전하기 위해서 ₩1,038,900이 필요하다. 이 둘의 차액에서 30%를 우대해 준다는 의미이다. 그러면, 차액 ₩18,180의 30%인 ₩5,454을 우대해 준다는 의미인 것이다. 그러면 결국 ₩1,057,080으로 환전하는 것이 아니라, ₩1,051,626으로 환전하게 되는 것이다.

실제로 광고로 접했을 때에는 '30%'라고 하니까 상당히 귀가 솔깃해 지다가도, 실제로 환전을 하러 가보면 생각했던 것보다 우대의 폭이 작을 수 있다. 그래서 환율우대에 대해서는 실시간으로 다른 은행의 환율도 함께 고려하면서, 환율우대은행과 실제 환율이 낮은 은행과의 비교를 통해서 환전은행을 선택해야 할 것이다.

■ 기타 환율과 관련된 용어

> 현금 살 때 환율 : Cash Selling Rate
> 송금 할 때 환율 : TTS Rate, Telegraphic Transfer Selling Rate
> 매매기준율 : Middle Rate(기준이 되어지는 환율)
> 송금 받을 때 환율 : TTB Rate, Telegraphic Transfer Buying Rate
> 현금 팔 때 환율 : Cash Buying Rate

영어로 표현하는 방식은 모두 '은행'의 입장을 기준으로 표현되어있다. 매매기준율을 중심으로 아래쪽에는 모두 Buying(은행의 입장에서 매입)이라는 단어가 들어가고, 매매기준율을 중심으로 위쪽에는 모두 Selling(은행의 입장에서 매도)이라는 단어가 들어간다. 이는 은행원들이 사용하는 용어이며, 일반인은 영어표현은 알지 않아도 된다.

2. 신용장과 은행의 수출입업무

무역거래에서는 은행이 아주 큰 역할을 담당하게 되는데, 은행은 무역(수출입)거래를 함에 있어서 어떤 역할을 하는지 알아보기로 하자.

무역거래를 하는 당사자(수출상과 수입상)의 입장에서 보면 반드시 은행을 매개로 하여 무역거래를 하여야 하는 것은 아닐 수 있다. 즉, 당사자끼리 물건의 인도를 약속하고, 또 당사자끼리 약속되어진 방법대로 물건대금을 지급할 수도 있을 것이다. 이런 경우는 아주 흔하지 않은 경우로 동일회사의 본지사 간 거래라든지, 아주 소규모로 무역을 하는 경우라든지, 수출상과 수입상의 관계가 확실하여 서로 믿고 거래하는 데 있어서 전혀 문제가 없는 경우 등 예외적인 경우에서만 일어날 수 있을 것이다.

그러나 현실적으로 대부분의 경우에는 무역거래 체결 후 물건의 선적과 인도에까지 걸리는 시간적인 리스크와, 상대국가에 대한 리스크, 거래 당사자에 대한 신용리스크, 대금결제 시기가 길어짐에 따른 시간적 리스크, 대금회수에 대한 리스크 등 현실적인 제약으로 인해 조금이라도 더 안전한 방법으로 무역을 하고자 하는 것이 대부분일 것이다. 이런 상황에서 만들어진 것이 신용장(L/C, Letter of Credit) 제도이다.

■ 신용장(L/C, Letter of Credit)

신용장은 격지 간의 무역거래에서 발생하는 대금회수 리스크 또는 물건의 인수에 대한 리스크 등 당사자 간의 신용결여에 따른 무역거래상의 문제점을 보완하기 위해 만들어진 무역거래 보조수단으로, 그 본질은 수출입 당사자 간의 취약한 신뢰관계를 공신력있는 은행의 신용으로 보완함으로써 거래위험을 제거하는 데 목적을 둔 일종의 무역거래에 대한 보증서라고 할 수 있다.

즉, 신용장은 수입상의 의뢰에 의해 수입상의 거래은행에서 개설이 되고, 신용장의 제반 조건에 맞게 거래가 이루어질 경우, 개설은행이 거래대금의 결제를 보증해 주는 개설은행의 '무역거래대금에 대한 조건부 지급확약서'인 것이다. 여기서 '조건부'라는 표현은 바로 위에서도 언급하였지만, 신용장에 적혀진 서류상의 제반 조건과 일치하는 거래가 이루어져야 한다는 점을 두고 하는 말인데, 개설은행에서는 수입되어지는 물건이나 실제 무역거래를 곁에서 지켜보고 있을 수는 없기 때문에, 신용장으로서 가지는 아래의 두 가지 큰 특징을 가지게 된다.

첫째, 독립성이다. 신용장은 무역 당사자의 매매계약에 근거를 두고 있지만, 그런 계약과는 별개로 신용장 자체로서 독립된 성격을 가지고 있고, 어떠한 다른 계약관계에 영향이나 구속을 받지 않는다는 것이다. 즉 은행이 신용장 발행을 통해 무역 업무에 개입하고 있는 중간에 매매계약이 취소 되더라도 신용장의 생명력은 계속된다는 것이다.

둘째, 추상성이다. 신용장은 은행을 매개로 서류상으로 거래가 되는 것이며, 실제로 물건 또는 관련된 서비스 등 물건을 기반으로 계약관계의 이행여부를 따지는 것이 아니라는 것이다. 오직 서류상으로만 문제가 없으면 위에서 이야기한 '조건부'라는 표현에 문제가 되지 않고, 대금의 결제가 이루어진다는 것이다.

셋째, 한계성이다. 바로 위에 있는 추상성이라는 특성에서 파생된 특성이라고도 할 수 있는데, 신용장 거래는 은행에서 실제 물건의 이동, 움직임, 위치와 관계없이 오직 서류에 의해서만 신용장 개설부터 신용장 최종 자금결제까지 이루어진다는 특징이다. 서류에 의해서만 거래하다 보니 실제 거래를 반영하지 못하는 한계성이 있다는 것이다.

이렇게 신용장은 수입상이 수입상의 거래은행에 개설을 의뢰하고, 거래은행이 승낙한 후 거래은행은 신용장을 계약조건에 맞게 발행하게 된다. 나중에 수입대금의 지급도 결제조건에 따라 달라질 수 있지만, 일단 서류상에 문제가 없다면 개설은행이 먼저 수출상 측에게 대금결제를 한 후에 수입상 측에 최종결제를 요구하게 된다. 그러면, 수입상은 신용장의 추상성의 특징에 따라 수입물건의 수취와 관계없이 개설은행의 요구에 따라 대금을 개설은행으로 결제를 하게 되는데, 개설은행의 입장에서는 신용장 발행과 결제라는 은행업무 자체가 수입상에게 신용을 공여해 주는 여신행위로 취급되어지게 된다. 개설은행으로서도 수입상에 대한 최종 대금결제 등 신용리스크가 있기 때문이다.

3. 은행과 수출입거래의 흐름

이제 본격적으로 무역거래는 은행과 관련해서 어떻게 이루어지는지를 보도록 하자. 여기에서는 위에서 신용장에 대해서 간략히 설명한 만큼, 신용장거래를 기반으로 한 무역거래의 흐름을 보도록 한다. 실제로 신용장 거래를 기반으로 한 무역거래가 전체 무역거래의 대부분을 차지하고 있다. 그중에서도 가장 간단한 경우인 일람출급신용장 거래의 경우를 보도록 한다.

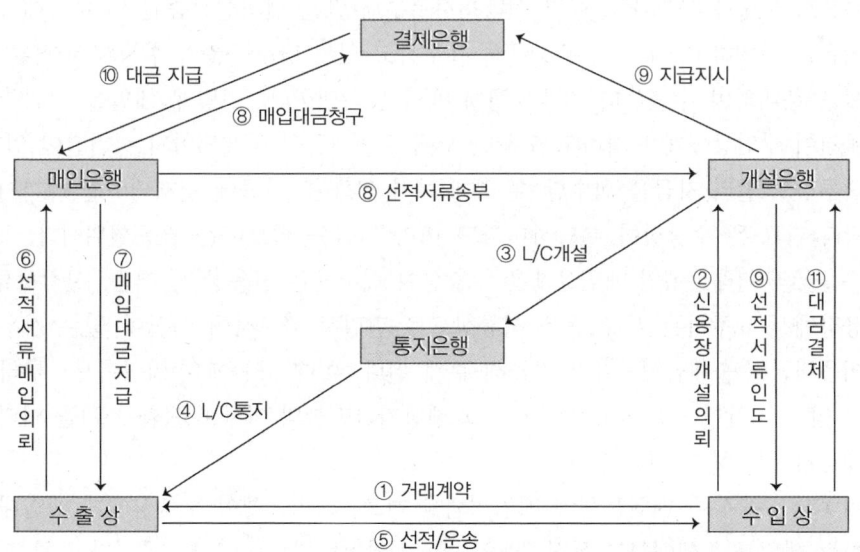

▲ 일람출급신용장 거래를 전제로 한 무역거래 흐름도

① 무역거래를 위해서는 수출상과 수입상이 무역거래에 대한 계약을 체결해야 한다. 이때 작성되어지는 문서를 통상 '계약서(Offer Sheet)'라고 한다. 계약서(Offer Sheet)에는 통상, 무역거래 물품, 수량, 단가, 가격조건, 선적조건, 대금결제조건, 계약일 등 계약에 대한 중요하지만 개괄적인 내용을 정하고 양측이 서명을 하게 된다.

② 이 계약서를 근거로 수입상은 수입상의 거래은행에 신용장 개설을 의뢰한다. 개설은행은 수입상과의 거래관계에 이상이 없고 또 관련 법령에 따라 정상적으로 수입해도 되는 물품인지를 확인한 후에 계약서의 내용을 반영하여 신용장을 발행한다.

③ 개설은행은 수출상의 거래은행이 개설은행과 환거래 계약이 되어있는 은행이라면 신용장을 바로 수출상의 거래은행인 매입은행으로 통지를 할 수도 있지만, 만약 수출상의 거래은행(매입은행)이 개설은행과 환거래계약이 되어있지 않은 은행이라면, 수출상이 있는 국가 내의 환거래은행 중에 한 군데 은행을 선정하여 통지은행으로 활용하게 된다. 이 통지은행은 통상 수출상의 국가에 있는 은행 중에 개설은행과 환거래계약이 체결되어있는 은행이 선정되어진다. 경우에 따라서는 개설은행과 매입은행의 관계, 거래의 빈도, 통지은행 지정여부 등에 따라, 매입은행이 통지은행이 되어지기도 한다.

④ 통지은행은 개설은행으로부터 받은 신용장을 수출상에게 통지한다.

⑤ 수출상은 신용장을 통지받고, 처음에 서명하였던 계약서와의 일치여부 등을 검토한 후, 해당 물품을 준비하여 선적하고 수입상 쪽으로 운송을 하게 된다. 이때 통상 선박(Ship)을 통해서 바다로 운송하는 경우가 많은데, 선박회사로부터 물품을 제대로 실었다는 증거로 증권을 부여받게 되는데, 이를 '선적선하증권(B/L)'이라고 한다. 이 선적선하증권은 유가증권으로서 아주 중요한 선적서류가 되어진다.

⑥ 수출상은 물품을 제대로 싣고 선박회사로부터 받은 선적선하증권 및 수출대금이 명시된 어음을 발행하고, 또한 신용장에서 요구하고 있는 당해물품의 수출과 관련된 제반 서류들을 준비하여 수출상의 거래은행에 매입을 의뢰한다. 이렇게 매입을 의뢰한다는 것은 물건이 수입상에게 도착하고 도착한 후에 수출대금이 결제되어지는 기간이 있기 때문에, 하루라도 빨리 자금을 회수할 수 있게 하기 위하여, 나중에 결제되어질 때까지의 이자부담(환가료)은 수출상이 부담하더라도 미리 자금을 확보하는 금융행위이다.

⑦ 수출상의 거래은행인 매입은행은 수출상이 제시해온 신용장과, 어음, 선적서류, 기타 신용장에서 요구하는 서류 등을 서류상으로 면밀히 검토하여 이상이 없는 경우에 한하여 어음대금(수출대금)을 미리 지급해 주게 된다. 이때 나중에 수입상측으로부터 대금결제를 받을 기간이 소요되어지는만큼 그 해당기간만큼의 이자비용(환가료)을 미리 차감하고 대금지급을 하게 된다.

이렇게 수출상이 매입은행에 매입의뢰를 하고, 매입은행이 수출상에게 매입대금을 지급하는 행위를 은행에서는 통상 "매입" 또는 영어로 "Negotiation"이라고 하고, 약어로는 "Nego(네고)"라는 표현으로 많이 쓴다.

위에서 신용장의 특성에서 이야기한 것처럼, 신용장의 추상성이라는 특징에 따라 매입은행은 실제 물건이 어떻게 선적이 되어지고 어떻게 운송이 되는지와 관계없이, 신용장(서류)의 조건과 제시되어진 선적서류들의 일치여부만을 검토하고 대금을 지급해 주게 된다. 이 과정이 신용장의 추상성이 나타나는 과정이다.

⑧ 수출상의 거래은행인 매입은행은 신용장과 일치하는 환어음, 선적서류, 기타 서류 일체를 통상 국제우편으로 개설은행으로 발송하게 된다. 한편, 신용장에서 정해놓은 결제은행에도 해당 대금을 청구하게 된다.

⑨ 개설은행은 매입은행으로부터 받은 선적서류 일체를 또한, 처음에 발행했던 신용장 조건과 일치하는지를 면밀히 검토한 후 이상이 없을 경우, 신용장에서 정한 결제은행으로 대금지급에 대한 지시를 함과 아울러, 수입상에게도 대금결제를 요청하게 된다.

신용장의 추상성은 이때에도 나타나게 된다. 물품이 제대로 수입국으로 도착하고 있는지, 실제 물품에 대한 확인은 없이, 신용장 조건대로 서류가 갖춰졌다면, 개설은행은 그 대금을 수출상측(매입은행 측)으로 결제를 해 주어야 한다는 것이다.

⑩ 매입은행으로부터 대금지급청구를 받고, 또한 개설은행으로부터 지급지시를 받은 결제은행은 매입은행에 대해 해당 수출대금을 결제한다.

⑪ 개설은행으로부터 수입대금결제를 통보받은 수입상은 역시 신용장의 조건대로 수입물품의 도착 여부와 상관없이 일단 결제를 하게 되는데, 이때 수입과 관련된 무역금융(대출)이 발생하기도 한다.

> **참고** 선적 선하증권(B/L)의 법적 성질
>
> 1) **권리증권** : 선하증권은 유통성 선하증권으로서의 일정요건을 갖추게 되면 권리증권으로서의 자격을 지니게 된다. 따라서 선하증권은 선의의 소지인에 대하여 그것과 상환으로 선적화물을 인도할 것을 확약한 권리증권이라 한다.
> 2) **선적화물수취증** : 선하증권은 운송계약의 성립을 전제로 하여 선박회사가 발행한 선적화물을 수취하였음을 입증하는 증권이다.
> 3) **요인증권** : 선하증권은 운송계약에 의해 화물의 선적을 전제로 하여 발행되는 것이므로 법률상 요인증권이 된다.
> 4) **채권증권** : 선하증권은 운송화물을 대표하는 증권으로서, 선하증권의 소지인은 화물의 인도를 청구할 수 있기 때문에 채권(또는 유가증권)으로서의 효력을 갖는 채권증권이다.
> 5) **처분증권** : 운송화물의 처분에는 반드시 선하증권을 사용하여야 하므로 처분증권의 성질도 갖게 된다.
> 6) **요식증권** : 선하증권은 상법에 규정된 법정기재사항의 기재를 필요로 하는 요식증권이다.
> 7) **문언증권** : 해상운송계약에 따른 선박회사와 화주의 의무이행이나 권리주장은 이 증권상에 기재된 문언에 따르게 되는 문언증권이다.

8) **유통증권** : 선하증권은 화물의 선적을 의미하는 유가증권으로서 배서 또는 양도에 의해 소유권이 이전되는 유통증권이다.
9) **지시증권** : 선하증권은 선하증권 발행인이 배서금지의 뜻을 기재하지 않는 한 배서에 의해 양도될 수 있으므로 지시증권의 성질을 가진다.

4. 은행과 수출입래의 흐름 : 사례 설명

위에서 살펴보았던 무역거래 흐름을 다시 따라가면서 중요한 포인트들을 이야기해 보기로 하자.

예를 들어서 설명하여야 할 텐데, 우리나라가 수출국가이고 A라는 업체는 터키의 B업체에 탁상용 계산기를 수출하기로 하였다. 계산기 하나당 단가는 10달러, 수량은 총 10,000개를 수출하기로 하였다고 하자. 대금결제는 터키에서 계산기를 수령하면 바로 결제하기로(일람출급) 하였다고 하자.

먼저 A업체와 B업체는 계약서(물품매도확약서, Offer Sheet)를 작성한다고 하였다. 그냥 이 상태로 수출상과 수입상이 거래를 하기에는 위에서 이야기했던 것처럼 상호 간의 신뢰관계, 국가에 대한 신뢰, 상이한 상관습제도, 대금결제에 대한 리스크 등이 있어서, 안전하고 신뢰할 수 있는 은행을 등장인물로 선택하게 된다.

즉, 우리나라의 A업체 입장에서는 계산기를 수출하고 나중에 B업체로부터 대금을 수취하여야 하는데, B업체가 나중에 대금결제를 안전하게 해 줄지 여부에 대해서 100% 신뢰도를 가지고 있지 못하니까 은행을 통해서 신용장을 개설해서 거래하자고 하는 것이다. 나중에 B업체가 결제를 못하게 되면 개설은행이 대신 물품대금을 지급해 준다는 것이 신용장이기 때문이다. 그래서 B업체는 자신이 거래하고 있는 은행으로 가서 신용장 개설신청을 하게 된다. 이때 은행에 가보면 '신용장개설신청서'라는 양식이 있는데, 이 양식을 작성해서 신용장개설을 담당하는 은행원에게 제출하고, 은행은 B업체의 요청대로 신용장개설업무를 담당하게 된다. 이때 적용되어지는 신용장의 특성이 '독립성'이라는 특징이다. 처음에 계약했었던 계약서(Offer Sheet)도 은행에서 함께 검토를 하지만, 그 계약서 내용과는 은행에서 전혀 상관없이 신용장 개설신청서 양식에 의해서 신용장을 발행하게 되는데, 그 이전의 어떠한 계약과도 관계없이 독립적으로 신용장 업무는 이루어진다는 특징이 바로 독립성이었다.

이제 B업체의 요청에 의해 개설은행에서 개설되어진 신용장은 은행 간의 경로를 통해서 한국의 A업체에게 전달이 되어져야 A업체가 물품을 수량대로 수출할 수 있다. 어떻게 A업체에게 전달이 되어질까? 이때 등장하는 은행이 '통지은행'이라는 은행이다. 통상 수출상의 나라에 있는 은행을 정해서, 그 은행으로 개설은행이 신용장을 보내게 된다.

이제 B업체는 신용장도 개설했고, 개설된 신용장에 따라 계산기만 오면 되는 단계로 물품이

오기를 기다리기 시작할 것이다. 한편, 신용장은 통지은행을 통해서 A업체에게 전달이 되어지는데, 전달받은 A업체는 거래조건에 맞는 신용장이 잘 개설되었는지 확인하고 이상이 없음을 확인한 후에, 신용장에 정해진 대로 물품(계산기)을 준비하고 통상 선박을 통해서 터키로 운송을 하게 된다.

위에서 계산기 하나당 단가를 10달러라고 정했다고 했다. 이 물건의 수출가격(단가)은 조건에 따라 몇 가지 가격의 형태로 나뉘게 된다. 먼저, 계산기를 적재한 선박이 인천항에서 터키 항구로 이동을 할 텐데, 인도양을 거치면서 태풍을 만날 수도 있고, 해적을 만날 수도 있을 것이다.

A업체와 B업체는 처음에 계약서(Offer Sheet)에서 수출단가를 결정할 때, 수출상의 역할을 선적하기 직전까지만 안전하게 배달을 해 달라고 할 수 있다. 그다음 선적하는 것은 선박회사에서 할 것이고, 운항 중간에 만날 수 있는 천재지변 등은 수입상인 B업체가 알아서 하겠다는 것이다. 그렇다면, A업체의 입장에서는 부담이 한결 줄어든다. 선박있는 항구까지만 배달해 주면 그 역할이 끝나기 때문이다. 이때는 그만큼 수출상의 입장에서는 단가를 싸게 팔 수도 있다. 비용이 적게 들어가기 때문이다. 이 가격조건을 FOB(Free On Board) 가격조건이라고 한다.

다음은, B업체가 선박에 적재를 할 때까지는 수출상에게 책임을 져 달라고 할 수도 있다. 역시 운항 중간에 만날 천재지변에 대해서는 수입상이 알아서 하겠다는 것이다. 이 가격조건은 CNF(Cost & Freight) 가격조건이라고 한다.

또 다음은 B업체가 수출상에게 적재하는데 소요되어지는 비용부담과 함께, 해상운송에 대해서도 책임을 져 달라고 할 수도 있다. 이 경우는 도착지인 터키 항구에 안전하게 도착이 되어지는 경우를 전제로 한 경우라고 할 수 있다. 결국, 도착지인 터키항구까지 안전하게 물건을 배달해 달라는 것이다. 이 가격조건을 CIF(Cost, Insurance & Freight) 가격조건이라고 한다.

이렇게 어느 영역까지 수출상이 안전운송에 대한 책임을 지느냐에 따라, 수출단가가 변동되어질 수 있을 것이다. A업체의 경우에는 FOB 조건일 경우에는 계산기 하나를 8달러에 수출할 수 있을 것이고, CNF 조건이라면 9달러, CIF 조건이라면 10달러라는 식으로, 조건에 따라서 책임부담이 달라지기 때문에 처음에 Offer Sheet를 작성할 때 차등된 가격으로 B업체와 협상을 하게 될 것이다. 이것이 수출단가의 '가격조건'에 대한 내용이다.

위의 경우에는 단가를 10달러라고 했는데, 계약서에서부터 CIF 조건으로 협의를 한 결과라고 하자. 그러면, 이제 가격조건에 대한 내용이 이해가 되어질 것이다. 이제 A업체는 물건이 안전하게 인천항에서 선적이 되어졌는지까지도 확인해야 하고, 또 운송 중에 천재지변에 대비해서 해상운송보험까지도 가입해야 한다는 것이다. 반대로 수입상인 B 의 입장에서는 단가는 조금 비싸게 수입을 하게 되지만, 터키 항구까지 안전하게 물품이 도착할 것이 모두 안전장치로 보장이 되어있다는 것이다.

이제 A업체는 선박에 선적을 완료하고 선박회사로부터 안전하게 선적되었다는 증명서를 발급받게 된다. 이 증명서를 "선적선하증권"이라고 하고 영어로는 "B/L(Bill of Lading)"이라고 한다. 이 증권은 중요한 증권이라고 했는데, 유가증권으로 금전적인 가치를 가지고 있는 중요서류이다. 또, 해상운송 보험도 가입하고 "보험증권"도 발급받았다. 실질적으로 물품을 수출하는 데 있어서 행동으로 취할 일은 이제 다 마친 셈이다. 이제 수입상에게 계산기가 전달이 되어질 것이고, B업체가 결제를 하게 되면 대금만 수취하면 된다.

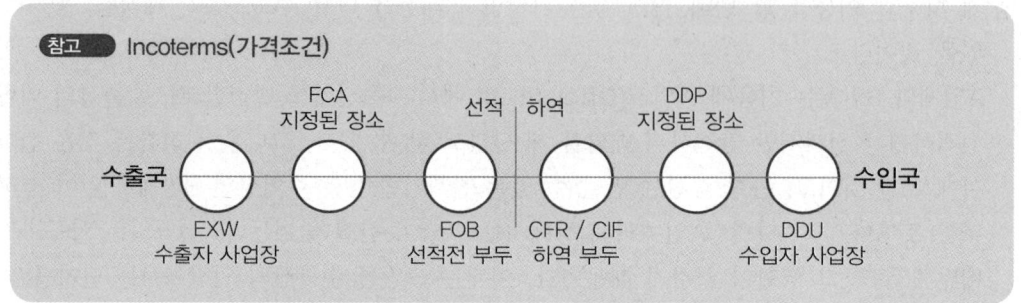

그런데, 이렇게 국가 간의 거래에서 선박으로 운송할 경우에는 운송시간이 걸리게 된다. 5일이 걸릴 수도 있고, 10일이 걸릴 수도 있을 것이다. 물건이 도착하고 수입상이 결제를 할 때까지 수출상인 A업체는 대금을 지급받지 못한 채 기다려야 하는 것이다. 그런데, 경우에 따라서 A업체의 입장에서는 빨리 수출대금을 회수하여 다른 물품도 또 만들어야 하는 등 유동성을 확보할 필요가 생길 수도 있다.

그래서 A업체는 수출신용장, 신용장에서 언급된 서류들(선적선하증권, 보험증권, 상품명세서, 포장명세서 등)을 준비하여, A은행의 거래은행으로 간다. 은행으로 가서, 준비된 서류들을 제출하며, 사정이 여차여차하니 미리 수출대금을 융통해 줄 수 없겠냐는 문의를 하게 된다. 은행에서는 준비된 서류(신용장을 포함한 신용장에서 정하고 있는 제반서류)를 확인하고, 서류상에 이상이 없다는 전제하에 수출대금을 미리 융통을 해 주게 된다. 이렇게 준비되어진 서류를 철저히 확인하고 수출상의 거래은행에서 수출상에게 수출대금을 미리 융통해주는 과정을 "매입(Negotiation, Nego)"이라고 한다.

여기에서 또 신용장의 중요한 특징이 하나 등장하게 된다. 바로 "추상성"이다. 은행은 실제 물건이 선적이 잘 되었는지, 포장박스 안에 계산기가 들어있는지, 아니면 엉뚱한 물건이 들어있는지, 선박은 실제로 터키로 가는 선박이 맞는지… 등등 수출행위에 대한 실질적인 내용은 확인할 수도 없고 확인할 방법도 없기 때문에, 오직 "서류"에 의해서만 확인할 수 있도록 하고, 서류에 의한 거래로만 완벽하다면 그 신용장과 그로부터 발생한 모든 거래는 완벽할 것이라고 하는 추상적인 판단을 하게 된다. 이것을 신용장의 "추상성"이라고 하고, 매입은행에 일종의 면죄부(?)를 주게 되는 것이다.

이제 매입의뢰를 한 A업체와 매입은행 간의 행위를 보도록 하자. 매입은행은 신용장의 추상성의 원칙하에 실제로 물품이 맞게 선적이 되었는지, 실제 출발은 잘했는지는 확인할 수 없지만, 대신 서류만큼은 정확하게 확인할 의무를 가지고 있다. 정확하게 확인한 결과, 신용장에서 정한대로 모든 서류가 완벽하게 갖추어졌다고 최종 판단이 서게 되면, 이제 수출상인 A업체에게 수출대금을 미리 지급하게 된다. 대신, 나중에 매입은행으로 결제가 되어질 수출대금이 실제 결제가 되어지는데 걸리는 시일이 소요되므로, 그 시일만큼은 이자의 성격으로 미리 차감하고 지급하게 된다.

이때 이자의 성격으로 나중에 실제 결제되어질 기간(위에서 통상 10일이라고 하였다)까지 적용되어지는 수수료율을 "환가료(Exchange Commission)"라고 한다. "환가료"는 외국환은행이 부담해야 하는 일정기간의 자금부담에 대해서 미리 고객에게 징수하는 수수료라는 개념이다. 국내 대출 등 금융거래에서는 통상 "이자", "이자율"이라는 개념이 기간에 대한 화폐의 가치를 이야기하는데, 외국환 거래를 함에 있어서는 이 환가료(율)이라는 개념은 국내거래에서의 이자(율)과 같은 개념으로 이해해도 좋겠다.

10달러를 단가로 10,000개를 수출한다고 하였다. 그러면 나중에 수출대금으로 결제가 되어질 금액은 10만 달러이다. 이 10만 달러라는 외환의 가치를 매입은행에서는 "매입"하는 것이고, 수출상인 A업체의 입장에서는 외환을 "매도"하는 것이다. 고객이 지금 은행으로 가지고 온 것은 외화현금이 아니다. 나중에 국내로 결제되어질 때에도 전신환으로 결제되어질 것이다. 그러면, 앞에서 환율을 이야기할 때 공부했듯이, 이때 어떤 환율이 적용되어져야 할까? 바로 "송금 받을 때" 환율이 적용되어질 것이다.

그러면 환가료율을 연 5%라고 하고, 나중에 결제되어질 때까지 걸리는 시일이 8일이라고 하고, 매입일자의 매매기준율은 달러당 1,050원이고, 송금 받을 때 환율은 1,040원이라고 하자. 은행에서는 어떻게 계산해서 A업체에게 수출대금을 미리 지급하게 될까?

매입원금(가) : U$100,000 × ₩1,040 = ₩104,000,000
환 가 료(나) : U$100,000 × ₩1,050 × 5% × 8 / 360 = ₩116,666(원 미만 절사)

이렇게 매입원금(가)에서 환가료(나)부분을 차감하면, ₩103,883,334을 매입은행에서 A업체에게 미리 지급해 주는 것이다(실제에는 이 환가료 외에도 추가로 크지 않은 수수료가 발생할 수 있으며, 여기서는 환가료 부분을 설명하기 위해서 다른 수수료 부분은 고려하지 않은 경우이다).

여기서, 환가료를 계산할 때에는 "송금 보낼 때" 환율이 적용되는 것이 아니라, "매매기준율"이 적용된다는 점, 또 기간을 계산할 때 1년을 365일이 아니라 360일로 계산하고 있다는 점을 알아야겠다. 원화 예금이나 대출이자를 계산할 때에는 앞에서 모두 365일을 기준으로 한다고 했는데, 외화의 경우에는 1년을 360일로 계산하는 것을 규칙으로 한다. 단, 예외적으로 GBP(영국파운드), AUD(호주달러), NZD(뉴질랜드달러), HKD(홍콩달러)의 경우에는 1년을 365일로 환산한다.

그러면 A업체는 수출대금을 100% 완전하게는 지급받지 못하지만, 미리 일정 수수료율을 차감한 금액으로 외화를 매도하고 원화를 수취하게 되고, 다른 물품의 구매, 생산 등에 활용할 수 있도록 유동성도 확보하게 된다. 이제 수출대금을 지급해준 매입은행이 대금이 결제되어 질 기간 동안 자금부담을 가지게 된다.

매입은행은 수출대금을 이렇게 A업체에게 지급해 준 후에, 수출과 관련된 서류 일체를 DHL 등 국제우편으로 터키 개설은행으로 보내면서, 결제해 줄 것을 요청하게 된다. 개설은행은 매입은행으로부터 보내온 신용장, 환어음, 선적선하증권, 보험증권, 상품명세서, 포장명세서 등 관련된 서류 일체가 정확한지 검토하고, 역시 서류상에 이상이 없다면 수입상의 대금결제와 상관없이 개설은행 측으로 대금결제를 바로 해 줘야 한다. 또한, 수입상인 B 업체로도 연락을 취하여 선적서류가 모두 도착하였으니, 수입대금을 결제하고 선적서류를 받아가서 터키 항구에 와있는 계산기를 인도받으라고 통지를 할 것이다.

여기서도 또한 신용장의 "추상성"이 나타나는 부분이다. 개설은행이 물건이 하자가 있는지 없는지를 확인하고 매입은행으로 결제를 해 주는 것이 아니라, 서류가 하자가 있는지 없는지를 확인하고 결제를 해 주는 것이다. 이렇게 신용장을 통한 무역거래에 은행이 개입하게 되면, 은행이 물품의 선적과 인도 등 따라다니면서 확인할 수 없는 관계로, 신용장의 '추상성'이 은행에서는 중요한 특성이 되는 것이다.

이 과정에서 "수입화물선취보증", "연체", "외화결제" 등등 다양한 예외적인 사례가 많이 나타나지만, 여기서는 사례를 가장 단순화시켜서, 중요한 몇 가지만 살펴보았다. 왜 신용장은 개설이 되는지, 신용장은 어디서 어디로 어떻게 전달이 되는지, 수출물품의 단가는 어떻게 결정되어지고 어떤 종류가 있는지, 매입이라는 것이 무엇인지, 수입대금의 결제는 어떻게 이루어지는지 등, 무역거래에 있어서 은행이 개입하게 되는, 중요한 과정들만 이야기를 하였다. 고객의 입장에서 은행에 가면 "네고, 매입, 환가료, 수출, 수입, 결제, 신용장(L/C) 개설" 등 이런 표현들을 가끔 듣게 되는데, 이 또한 무슨 말인지 이제 별로 어렵지 않을 것이라 생각된다.

> **참고 표준우편일수**
>
> 은행은 수출환어음을 매입업무는 실제 수출물품이 얼마의 기간 후에 수입국에 도착하는지, 또 수입상에게 전달되는지와 무관하게, 서류상의 거래에만 의존한다. 이를 신용장의 추상성의 특징이라 하였다. 표준적으로 국가 간의 우편이 도달하는 시간을 신용장통일규칙과 국제 기준에 의해 8일로 보고 있다. 따라서 은행이 신용장방식으로 매입한 수출환어음은 실제 물품의 도착과 관계없이, 서류는 개설은행(수입국)으로 8일 만에 도착할 것이고, 8일 후에는 개설은행 역시 서류상에 문제가 없으면 매입은행으로 대금을 결제해야 한다. 이를 표준우편일수라 한다. 단, 일본 엔화(JPY), 홍콩 달러화(HKD), 싱가포르 달러화(SGD), 말레이시아 링기트화(MYR), 태국 바트화(THB), 인도네시아 루피아화(IDR)의 경우에는 7일로 본다. 은행에서는 표준우편일수와 관계없이 신용장방식 수출환어음 매입의 경우에는 모두 8일을 기준으로 계산한다.

5. 은행의 신용장 업무 용어정리

■ **국제상업회의소(ICC, International Chamber of Commerce)**

1차 세계대전 이후 세계경제의 부흥을 위해서 1919년에 국제 민간기구로 설립되었으며, 현재 130여 개 국가의 기업들과 단체에서 이 각국의 회원사로 가입되어있다. 주로 신용장통일규칙을 포함한 상업, 금융기관간의 거래, 물류운송, 무역, 상관습 등에 대한 규칙을 다루고 있고, 다양한 분야에 대한 조사, 연구활동도 실시하고 있다. 국제상업회의소는 프랑스 파리에 소재하고 있고, 우리나라는 1951년도에 가입하였다.

■ **신용장통일규칙(Uniform Customs and Practice for Documentary Credits)**

수출입거래에서 신용장 업무를 취급하는 데 있어서 지켜야 할 준수사항과 신용장에 대한 해석기준을 정한 국제적인 통일규칙을 말한다. 각국의 상관습이나 무역거래제도 등이 상이하기 때문에 국제적인 거래를 하는 데 있어서 이러한 통일된 규칙의 필요성에 따라 만들어진 규칙으로, 신용장 통일규칙을 간단히 UCP라고도 한다. 국제상업회의소에서 신용장통일규칙을 제정 및 개정하며, 현재는 가장 최근에 개정된 6차 개정판으로 UCP600을 국제적으로 사용하고 있다.

■ **계약서 또는 물품매도확약서(Offer Sheet)**

무역거래를 위해서는 수출상과 수입상이 무역거래에 대한 계약을 우선적으로 체결하게 된다. 이때 작성되어지는 서명이 된 문서를 통상 '계약서(Offer Sheet)'라고 한다(또는 '물품매도확약서'라고도 한다). 계약서(Offer Sheet)에는 보통의 경우, 무역거래 물품과 수량에 대한 내용, 가격조건 및 단가에 대한 내용, 운송방법에 대한 내용, 대금결제에 대한 내용, 계약일자 등 계약사항에 대해서 중요하고도 개괄적인 내용으로 작성이 되어진다. 보통의 경우에는 서류 1~2페이지 내외로 작성이 되어지지만, 복잡한 경우에는 여러 페이지가 작성이 되어지기도 한다.

수출국가(또는 수입국가) 내에서 격지에 있는 수입국가(또는 수출국가)의 수입상(또는 수출상)의 의뢰를 받고 수입상(또는 수출상)을 대리하여 수출상(또는 수입상)과 계약서를 체결하고 수출입계약을 대리하는 소규모 무역대리업자를 흔히 '오퍼상(商)'이라고 표현한다.

■ **수출상(Beneficiary)**

수출상은 영어로는 'Beneficiary'라고 표현하는데, 신용장에서 이렇게 표현하고, 그 의미는 '수익자'라는 의미로 해석을 하면 된다.

■ **수입상(Buyer, Opener, Applicant)**

수입상은 여러 가지 표현으로 사용이 되어진다. 통상 Applicant라는 표현이 신용장에서는 많이 사용되어진다.

■ 개설은행(Opening Bank)

개설은행은 영어로는 'Opening Bank'라고 적고, 신용장을 개설하는 수입상측의 거래은행을 말한다.

■ 매입은행(Negotiation Bank)

신용장 개설 후 통지가 이루어지면 수출상은 신용장 조건대로 수출물품을 선적한 후에, 신용장의 조건대로 모든 서류를 완벽히 갖추어서 수출상의 거래은행에 수출금융지원(수출대금융통)을 하게 되는데 이 과정을 '매입(Negotiation 또는 Nego)'이라고 설명하였고, 이 과정에 참여하는 수출상의 거래은행을 매입은행이라고 한다.

■ 통지은행(Advising Bank)

수입상이 개설은행에 신용장 발행을 의뢰하면, 개설은행은 신용장을 개설하여 수출상에게 통지를 해야 하는데, 격지에 있는 수출상에게 바로 통지를 하기가 현실적으로는 쉽지 않기 때문에, 은행 간의 경로를 통해 수출상의 국가 안에 있는 특정은행(통상 개설은행과 환거래계약이 되어있는 은행)을 통하여 수출상에게 통지가 되어진다. 이때 수출상의 국가안에서 신용장이 통지가 되어지는 경로에 있는 은행을 '통지은행(Advising Bank)'이라고 한다.

■ 결제은행(Reimbursement Bank)

매입은행과 개설은행은 서로 환거래계약이 체결되어있을 수도 있고 그렇지 않을 수도 있는데, 서로 환거래계약이 체결되어있지 않는 경우에는 공통의 환거래계약을 체결하고 있는 제3의 은행(글로벌 대형은행)을 '결제은행'으로 지정하고 신용장 거래를 하게 된다. 이때 개설은행과 매입은행과의 신용장대금 결제과정에서 관여가 되어지는 은행을 '결제은행'이라고 한다.

■ 선하증권(Bill of Lading, B/L)

수출상이 수출물품을 선박에 선적을 완료한 후 선박회사로부터 선적완료에 대한 증명서 형태로 받는 서류를 '선하증권'이라고 한다. 이 선하증권은 유가증권으로서 아주 중요한 서류라고 위에서도 이야기했는데, 선하증권의 종류나 형태도 다양하다. 여기서는 선적후 증명서 형태로 수출상이 선박회사로부터 받는 영수증 개념의 중요서류이고, 유통이 가능한 유가증권으로서의 성격을 지닌 서류라는 점으로만 이해를 하고 넘어가도록 하자.

■ 배서(Endorsement)

배서는 유가증권에서 사용되는 간단한 양도방법이다. 보통 어음이나 유가증권의 뒷면에 일정사항을 기재하여 타인에게 교부가 되어지는 형태라고 하여, '배서(背書)'라고 표현한다. 수출입거래에서는 보통 수출상이 발행하는 환어음이나 유가증권으로 유통되는 선하증권(B/L)이 배서의 대상이 된다.

■ 환적(Transshipment) / 복합운송(Combined Transport)

수출입거래에서 선적과 인도는 항상 항구를 기준으로만 되어지는 것은 아니다. 경우에 따라서 수출지역은 항구에서 출발하더라도 최종 목적지는 내륙지역이 될 수도 있기 때문이다. 예를 들어, 우리나라 서울에서 수출하여 미국 시카고로 수출이 되어진다면, 인천항에서 선박으로 출발하여 샌프란시스코 항구까지는 선박으로 운송이 될 수 있지만, 시카고까지는 내륙지역이라 선박으로 계속 운송이 불가능하다. 이럴 경우에는 샌프란시스코에서 다시 육상운송수단인 철도나 항공운송수단인 비행기가 이용이 되어야 하는데, 이렇게 육상, 해상, 항공의 운송수단이 두 가지 이상 섞여서 운송되어지는 경우를 '복합운송'이라고 한다.

반면, 인천항에서 출발하여 샌프란시스코를 목적지로 하여 운송이 되는데, 인천에서 동경까지는 A선박이, 동경에서 샌프란시스코 항구까지는 B선박이 운송하는 경우에는 선박만 바뀌었지, 운송수단이 복합적인 것이 아니므로 '복합운송'이라고 하지 않고 '단일운송'으로 해석하고, 이런 운송의 형태를 '환적'이라고 하는데, 환적은 이같이 동일한 운송수단으로 목적지까지 운송이 되어지면서 중간에 선적을 한번 이상 옮기는 경우도 포함되고, 위에서 설명한 복합운송의 경우도 환적에 포함된다.

■ 분할선적(Partial Shipment) / 할부선적(Installment Shipment)

수출입거래에서 예를 들어 H자동차가 러시아로 자동차를 1,000대 수출하는 계약을 체결하였다고 하자. 이 경우에 한꺼번에 1,000대를 모두 선적하여 수출하는 것이 아니라, 100대씩 또는 200대씩 나눠서 분할로 선적하여 수출하는 경우가 있을 수 있다. 200대씩 나눈다면 총 5회차로 나눠서 자동차가 운송이 될 것이다. 이렇게 수출 신용장상의 수출물품을 한꺼번에 선적하여 수출하는 것이 아니라, 정해진 수량 안에서 분할하여 선적하고 수출하는 것을 '분할선적'이라고 한다. 신용장 통일규칙에서는 분할선적에 대해서 금지하는 문구를 사용하지 않는 한, 분할선적은 허용되어지는 것으로 인정하고 있다.

'할부선적'은 아예 신용장상에 선적일자와 선적수량을 나눠서 정해 놓은 경우이다. 위의 예라면 몇월 몇일에 200대, 또 다음 몇월 몇일에 200대… 이런 식으로 신용장상에서 정해 놓은 경우이다. 분할선적은 수입상과 수출상의 포괄적인 수출입물품의 수량계약 하에서, 수출상의 편의에 의해 이루어지는 선적방법이라고 한다면, 할부선적은 수입상과 수출상이 특정시점 시점을 신용장상에 미리 정해 놓았다는 측면에서 서로 다른 내용이다. 단, 할부선적을 정해놓은 신용장의 경우 할부선적분 중에서 어느 부분에서 정해진 분할선적 기간 내에 선적을 이행하지 못하면 그 선적분은 물론이고 그 이후에 선적할 선적분까지 모두 무효가 되어지므로 신용장의 해석 및 선적에 주의를 기울여야 한다.

■ 항공운송장(AWB, Air Way Bill)

수출입 거래에서 화물의 운송은 반드시 선박으로만 이루어지는 것은 아니다. 선박으로 운송이 되어질 경우에는 선박회사에서 선하증권이라는 유가증권 형태의 선적증명서를 발급해 준다고 했는데, 항공운송의 경우에도 마찬가지로 항공회사에서 화물 수취가 되었다는 화물수취 증명서류를 발급해 준다. 항공운송의 경우 항공사에서 발행해 주는 이 수취 증명서를 '항공운송장'이라고 한다. 단, 항공운송장은 선하증권과 달리 유가증권의 기능은 하지 못하며, 물품에 대한 수취증명서로서의 기능만 하고, 보통의 서류가 원본이 1부 발행되는데 반해서 항공운송장은 원본만 3부가 발행이 된다.

■ 환가료(Exchange Commission)

환가료는 외화자금에 대해서 거래관계에서 정해지는 일정기간 동안 이자부담에 대한 보상의 성격으로 부가되어지는 수수료를 말한다. "환가료"는 외국환은행이 부담해야 하는 일정기간의 자금부담에 대해서 미리 고객에게 징수하는 수수료라는 개념이다. 국내 대출 등 금융거래에서는 통상 "이자", "이자율"이라는 개념이 기간에 대한 화폐의 가치를 이야기하는데, 외국환 거래를 함에 있어서는 이 환가료(율)이라는 개념은 국내거래에서의 이자(율)과 같은 개념으로 이해해도 좋겠다.

매입과정에서 이 "환가료"가 발생하는데, 매입은행이 매입 후 대금이 결제되어질 때까지의 기간 동안 부담하는 자금부담에 대해서 미리 정해진 "환가료율"에 따라 수출상에게 징수하고, 매입대금을 출금해 주게 된다. 이때 적용되어지는 정해진 일정기간동안 외화자금에 대한 자금부담의 보상형태로 은행이 수취하게 되는 수수료 개념이 환가료인 것이다.

■ 환거래은행(Correspondent Bank)

다른 나라와의 수출입거래에 있어서 개설은행, 매입은행 등 은행이 중간에 개입하게 되는데, 은행 간에 타국의 은행과의 환거래 계약이 체결되어있는 은행이 있고, 그렇지 않은 은행들도 있을 것이다. 이때 타국에 있는 은행과 외환거래에 대한 계약이 체결되어있는 은행을 "환거래은행"이라고 하는데, 환거래은행에는 각 은행이 서로 자금결제를 위한 예치금계정까지 두고 있느냐, 아니면 예치금계정은 두고 있지 않고 단순한 환거래계약을 체결하고 있느냐에 따라 "예치환거래은행(Depository Correspondent Bank)"과 "무예치환거래은행(Non-Depository Correspondent Bank)"으로 다시 나눌 수 있다.

■ 가격조건(Price Terms)

수출입거래에 있어서 가격조건은 수출상과 수입상에 있어서 아주 중요한 변수가 되어질 수 있다. 수출상의 입장에서 보면 가격은 통상 제조원가에 부대비용을 더하고, 거기에 다시 희망이익을 더한 금액으로 가격을 제시하게 될 텐데, 제조원가와 희망이익을 제외한 '부대비용'에 따라 가격조건은 달라질 수 있다고 위에서 설명하였다. '부대비용'에 선박운임을 포함할지에 따라, 또 목적지까지의 보험료를 포함할지에 따라, FOB, CNF, CIF 등의 가격조건으로 표시한다고 위에서 설명하였다.

■ 일람출급(一覽出給)신용장 (At Sight L/C 또는 At Sight Credit)

'일람'이라는 표현은 '처음 보자마자' 또는 '처음 보는즉시'라는 의미로 해석할 수 있고, '출급'이라는 표현은 '결제'라는 의미로 해석할 수 있다. 수출상이 신용장 조건에 맞도록 서류를 완전히 준비해서 신용장 개설은행으로 송부를 하게 되면, 이제 수입상이 결제를 해야 하는데, 이 결제하는 시기가 '즉시'라는 것이다.

통상 수출상과 수입상은 다른 나라에 위치하고 있어서 수출상이 물건을 선적 후 수입상에게 보낸 후에, 이제 대금결제를 요구해야 할 텐데, 대금의 결제는 신용장에 제시되어있는 조건에 하자가 없도록 준비해야 하고, 이렇게 준비되어진 서류를 수출상이 거래하는 은행을 통해서 신용장 개설은행으로 보낸다. 신용장 개설은행은 수출상의 거래은행으로부터 보내져 온 서류와 처음에 개설한 신용장과의 대조를 통해서 문제가 없다는 것을 확인하였을 경우에는 즉시 결제해야 한다는 대금결제조건의 신용장이 일람출급 신용장이다.

■ 기한부(期限附) 신용장 (Usance L/C 또는 Usance Credit)

위의 일람출급 신용장과는 달리, 수출상의 거래은행을 통해서 서류가 개설은행으로 보내졌을 때, 개설은행이 '즉시' 결제하는 것이 아니라, 신용장의 조건대로 일정기간 동안 대금결제를 유예하는 내용의 신용장 형태이다. 예를 들어 선적서류 도착 후 60일 이후에 대금결제를 하기로 신용장에 정한 경우라면, 개설은행으로 서류가 도착한 날로부터 60일 이후에 개설은행은 수출상 거래은행 쪽으로 결제를 하게 된다.

■ 쉬퍼스 유산스(Shipper's Usance) / 뱅커스 유산스(Banker's Usance)

위에서 설명한 기한부신용장(Usance) 결제방식은 다시 두 가지로 나뉘는데 쉬퍼스 유산스와 뱅커스 유산스로 나누어진다. 유산스는 수입신용장이 수출상의 매입과정 및 수입국가의 개설은행으로 전달이 되었을 때, 만기 결제일이 일정기간 이후의 날짜로 정해지는 결제방식이라고 하였고, 즉시 결제를 해야 하는 일람출급 방식과는 다른 점이라고 위에서 설명하였다. 이렇게 선적서류 도착 후 만기까지의 기간이 만약 60일이라고 한다면, 60일 후에 수입상이 개설은행에 결제하고, 개설은행은 다시 상환은행(결제은행)으로 결제하고, 상환은행(결제은행)은 다시 매입은행으로 결제하는 방식이 쉬퍼스 유산스이다. 물론 이전에 수출상은 매입은행을 통해서 만기까지의 기간에 대한 자금부담을 부담하는 조건으로 매입을 함으로써, 매입은행은 자금부담에 대해서 자유로워지고, 결국 만기까지의 자금부담은 수출상이 부담하게 된다. 이렇게 수출상(Shipper)이 기간 동안의 자금부담을 하게 되는 유산스방식을 쉬퍼스 유산스라고 한다.

반면, 유산스 결제방식의 선적서류가 수입 개설은행으도 도착했을 때, 개설은행은 결제은행 및 매입은행 측으로 일람출급방식으로 결제해주고, 수입상으로부터 만기까지 60일이 경과한 이후에 결제를 받는 방식이 있는데, 이 경우에는 자금부담을 개설은행이 한다고 하여 뱅커스 유산스 방식이라고 불린다. 이때는 수출상은 매입 시에 환가료 적용기간을 만기까지

60일로 계산하여 지급하는 것이 아니라, 일람출급과 같이 10일 수준의 환가료를 지급하고 매입자금을 출금하게 된다. 수입 개설은행이 부담한 만기까지의 기간에 대한 대가는 만기 후 수입상이 수입대금 결제 시 수입어음결제이자를 납부하게 된다.

■ 내국(內國) 신용장(Local L/C 또는 Local Credit)

외국으로 수출을 하는 경우에 수입상 측으로부터 신용장을 받았다면, 거기에 맞게 제품을 만들어서 수출을 해야 할 텐데 동일한 국가 내에서 다시 원재료 공급자로부터 물건을 구매하여야 할 것이다. 이렇게 원수출업자의 내국에서의 원재료 구입 등을 원활히 하기 위해서, 원신용장(Original L/C)을 근거로 내국에서 원재료 등 공급업자를 상대로 발행하는 신용장을 내국 신용장이라고 한다. 이 내국 신용장은 수출용 원자재의 국내조달을 원활히 하고, 수출상품의 생산과 제조 및 공급을 원활히 하기위한 무역금융제도의 일종이라고 볼 수 있다.

■ 무역금융

정부에서 무역을 장려하기 위해서 무역을 하는 업체에게 지원해주는 금융제도를 통틀어 무역금융이라고 할 수 있다. 무역금융에는 수출업자를 지원하기 위한 수출금융이 있고, 또 수입업자를 지원하기 위한 수입금융이 있다.

수출금융의 경우에는 수출을 장려하기 위한 국내 원재료 조달을 위한 원재료 구매자금, 제조자금, 선적자금 등의 자금소요를 정책적으로 지원해 주는 경우를 들 수 있고, 수입금융의 경우에는 원자재 또는 상품이나 제품의 수입 시에 발생할 수 있는 대금결제를 위한 자금소요, 재고관리에 대한 자금소요 등을 정책적으로 지원해 주는 경우를 들 수 있다.

결과적으로 무역금융이라는 것은 광의로 해석하면, 국가적인 차원에서 무역업체에게 은행을 통해서 저리의 금융을 지원해줌으로써 무역을 장려하기 위한 총체적인 금융제도라고 정의내릴 수 있다.

■ 대체료

은행의 입장에서 외국환의 매입(수취) 또는 매도(지급) 시에 원화를 매개로 하지 않고 해당 통화 자체로 매입(수취) 또는 매도(지급) 시에 발생하는 수수료의 개념이다. 원화를 매개할 때에는 앞에서 '포지션' 상황이 발생한다고 했는데, 이렇게 외국환의 매입(수취) 또는 매도(지급) 시에 포지션이 발생하지 않는 해당통화 자체의 거래 행위 시에 발생하는 수수료이다. 예를 들어 외국에서 달러화로 송금이 들어온 달러자금을 원화로 환전 시에는 '포지션'이 발생하여 이 대체료가 발생하지 않으나, 원화로 환전하는 것이 아니라 고객이 외화(달러)통장에 그대로 달러자금을 입금하는 경우에는 이 대체료가 수수료로 발생하게 된다. 이런 거래 시에 발생하는 수수료가 '대체료'이다.

■ 보험증권(Insurance Policy) / 보험증명서(Certificate of Insurance)

수출입거래에서 가격조건이 CIF 조건일 경우 수출상은 해상보험을 가입하여야 한다. 이때, 보험회사에서 당해 수출건에 대해 특정하여 발급하는 보험서류를 '보험증권'이라고 표현하고, 포괄적으로 일정기간 동안 보험에 가입되어있음을 증명하는 서류를 발급해 줄 수 있는데 이 서류를 '보험증명서'라고 한다. 보험증명서는 수출품 선적 시에 건건이 발행해야 하는 보험증권과는 달리, 포괄적인 증명속에서 약식으로 발행하는 형태로 건건이 보험계약을 체결해야 하는 번거로움이나 관련된 비용을 절감할 수 있다. 신용장통일규칙에서는 보험증권과 함께 보험증명서도 은행에서 수리할 수 있는 보험서류로 인정하고 있다.

■ 부보

수출입거래에서 가격조건이 CIF 가격조건일 경우에는 수출상이 해상보험에 가입해야 한다. 이때 보험에 가입하는 행위를 '부보(付保)'라고 표현하는데, '부보일자'라고 표현하는 것은 보험에 가입한 날짜(보험증서가 발급된 날짜)를 의미하게 된다.

■ 수입화물선취보증(L/G, Letter of Guarantee)

수출입거래에서 수출물품은 신용장에서 정한 수입국가의 지정된 항구로 도착했는데, 은행을 통한 선적서류가 아직 수출국가의 매입은행을 통하여 수입국가의 개설은행으로 도착하지 않았을 경우가 발생할 수 있는데, 이럴 경우 수입상은 서류가 개설은행으로 도착하기를 기다리기보다는 일단 도착한 수입물품을 먼저 찾을 필요가 생기게 된다. 이때, 수입상은 개설은행에 나중에 서류가 도착하면 정상적으로 대금결제할 것을 서약한 후, 개설은행으로부터 '수입화물선취보증서(L/G)'를 발급받아 도착한 수입물품을 우선적으로 인수할 수 있게 된다. 이때 은행에서 처리해 주는 업무가 수입화물선취보증서 발급업무이다.

■ SWIFT(Society for Worldwide Interbank Financial Telecommunication)

외국환 은행 간의 국제간 자금결제업무나 기타 통신업무 등을 신송, 정확하게 수행하기 위해서 조직된 국제 은행 간 데이터 통신 시스템을 말한다. 각국의 주요은행을 네트워크로 연결하여 은행 상호 간의 송금업무, 지급결제업무 등을 위한 데이터통신의 교환을 위주로 하고 있다. 국제 비영리 조직으로 국내은행들도 모두 이 SWIFT 시스템에 가입되어있고, 은행에서는 이 SWIFT 시스템을 은행 간 송금, 지급 및 결제업무, 신용장 개설 및 통지 업무 등에 많이 활용하고 있다.

■ 매입(Nego, Negotiation)

은행이라는 중개기관이 없다면 수출상은 수출물품을 선적완료한 후 수출대금이 완전히 결제되어지기까지 대금회수를 하지 못하고 기다려야 할 텐데, 매입은행이라는 중개기관의 존재로 인해서, 수출상은 유동성확보 등을 위해서 수출대금을 미리 융통을 할 수가 있게 된다. 이 과정을 "매입"이라고 하고, 영어로는 "Negotiation" 또는 줄여서 "Nego"라고 표현한다.

■ 포페이팅(Forfaiting)

비교적 최근에 수출거래에서 일어나는 수출상의 수출대금 회수형태로, 앞에서 "매입"에 대한 과정을 통해서 수출상이 대금을 회수했다면, 포페이팅은 "매입"과정을 통하는 것이 아니라, "어음할인"과정을 통해서 수출대금을 회수하는 형태이다. "매입"은 나중에 수입상의 대금결제가 완료되어질 때까지 수출대금 및 수출과정에 대한 책임이 수출상에게도 계속 잔존하고 있는 반면에, "포페이팅"은 수출 후 환어음을 작성하여 매입은행에서 미리 정해진 고정금리로 어음을 할인하는 과정을 거침으로써, 그 이후에 일어나는 수출과 관련된 모든 책임과 권리를 매입은행 측으로 넘기고 수출대금 회수절차를 종료하는 것이다. 그래서 "무소구조건 수출환어음 매입"이라고 표현하기도 한다.

포페이팅은 매입에 비해서 할인료가 높고, 부대비용이 상대적으로 높아 수입상의 입장에서 수입단가가 올라가는 단점이 있고, 수출상은 포페이팅 거래를 위해서 수입상에게 미리 대금결제를 위한 소정의 지급보증 관련서류도 요구하게 된다. 또 포페이팅 거래에 대한 법률적 제도가 완비되지 못한 상태로 분쟁발생 시 신속한 법적 해결이 곤란한 단점도 있다. 반면, 수출상은 수입상의 대금결제 지연이나 거절 등에 대한 부담을 일시에 넘기게 됨으로써 대금결제 시까지의 부담으로부터 자유로울 수 있다.

■ 클린매입(Clean Nego, Clean Negotiation) / 하자매입(L/G Nego, L/G Negotiation)

수출입거래에서 신용장의 특징으로 독립성과 추상성에 대해서 설명을 했었다. 신용장거래는 서류에 의한 거래로 실제 물품에 대해서는 책임소재를 따질 수 없다는 것을 설명했는데, 수출상이 이렇게 신용장의 조건(예를 들어, 선적일자, 환적, 분할선적, 단가, 부보일자 등)과 일치하는 선적서류를 준비해서 매입은행에 매입을 의뢰하는 경우를 '클린매입'이라고 한다. 반면, 위에서 언급한 신용장의 조건과 어느 것 하나라도 일치하지 않은 상태에서 매입은행에 매입을 의뢰하면, 매입은행은 신용장의 독립성과 추상성에 의해서 나중에 개설은행으로부터 정상적으로 결제를 받지 못하고 부도(Unpaid)처리가 되어질 수 있으므로, 미리 수출상에게 그렇게 될 수 있음을 설명하고, 그렇게 부도처리가 되어지는 경우에는 매입대금을 즉시 반환하겠다는 소정의 보증서(L/G, Letter of Guarantee)를 받은 후에 조건부로 매입업무를 처리하는 경우를 '하자매입'이라고 한다.

여기에서도 보증서(L/G)라는 표현이 나오는데, 수입상이 수입화물선취보증 시에 나오는 보증서(L/G)와는 영어용어만 같을 뿐, 내용은 완전히 별개의 내용이다.

2019년 주요 이슈

PART 01 금융일반과 글로벌 경제
PART 02 국내 경제와 사회
PART 03 국내 금융과 은행
PART 04 은행업무와 직무지식

금융일반과 글로벌 경제

1. 베트남 사회와 경제

1900년대 이후의 베트남을 알기 위해서는 먼저 지리적 배경과 인도차이나 전쟁에 대해 알아야 한다.

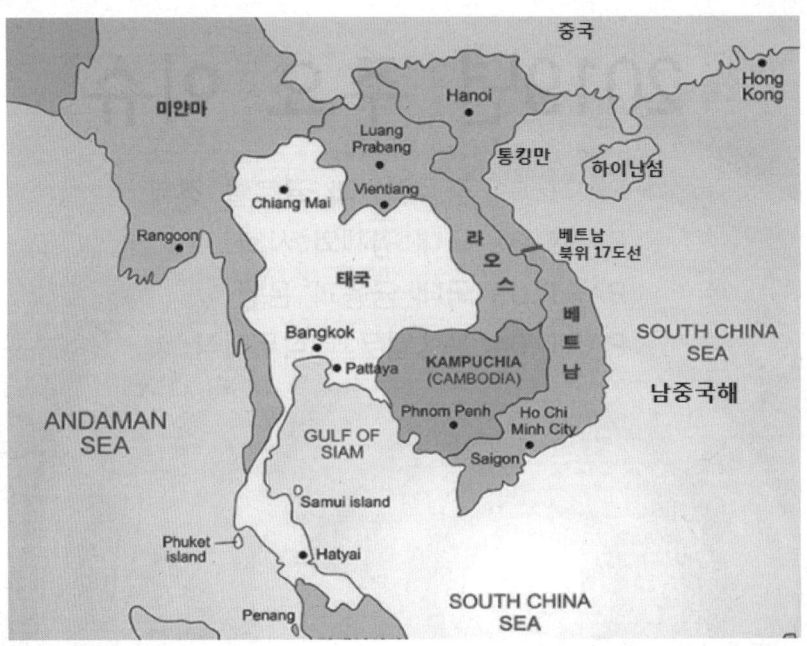

베트남은 중세 이후 프랑스의 지배를 받았던 나라이다. 당시 프랑스가 중국으로의 진출을 위한 교두보로 1800년대 베트남에 진출한 이래, 프랑스의 지배를 반대하는 베트남 국민들의 항거에도 불구하고, 1885년 베트남을 지배하게 된다. 2차 세계대전 당시 일본이 중국을 지나 인도차이나반도까지 진출하면서 베트남에 진출하였고, 베트남은 프랑스로부터 독립되는 듯하였으나, 1945년 일본 패전과 함께 프랑스는 당시 인도차이나반도에서 지배를 하였던 베트남, 캄보디아, 라오스 3국의 독립을 인정하지 않고 재지배를 위해 일으킨 전쟁이 "인도차이나 전쟁(1945~1954)"이다.

미국의 개입으로 인도차이나전쟁의 결과 제네바 휴전협정으로 베트남 영토는 북위 17도선을 기준으로 남베트남과 북베트남이 갈라지게 되고, 북베트남은 하노이를 주요 거점으로 하며 당시 소련과 중국의 계보를 잇는 공산정권이 들어서게 되고, 남베트남은 당시 사이공(현재

호치민 시)을 주요 거점으로 하면서 친미 자유주의 정권이 들어서게 된다. 이때 북베트남의 공산정권의 지도자가 베트남의 현대사적 영웅으로 불리는 "호치민"이었으며, 남베트남은 지도자 "지엠"이 미국을 등에 업고 자유정권 지도자가 된다. 이때 남베트남 지역에서 북베트남 정권을 추종하는 세력을 "남베트남민족해방전선(National Liberation Front : 약칭 NLF)"이라고 한다.

NLF를 "베트콩"이라는 호칭을 썼었는데, "베트콩(Viet Cong)"은 "베트남공산(越南共産)"의 약칭인 "베트콩(越共)"을 지엠 대통령이 경멸적으로 호칭한데서 유래되었던 표현이라고 한다. 초기 베트남전쟁은 인도차이나전쟁 종결 후 남베트남의 NLF 세력과 남베트남 친미정권과의 게릴라식 내전으로 시작되었다. 지도자 호치민이 통치하는 북베트남은 공식적으로는 초기 베트남전쟁에 개입하지 않았지만, 남베트남의 NLF에 대한 비공식적인 지원이 있었다고 한다. 미국의 입장에서는 인도차이나 반도가 공산화가 되는 것을 방지하기 위해 지엠 정부를 앞세워 군사적 지원을 하면서 초기 베트남전쟁에 참여하고 있었다.

베트남 전쟁 기간을 1960년에서 1975년까지라고 하는데, 1960년부터 남베트남 지역에서의 내전, 교전이 시작되었던 것이다. 북베트남과 소련, 중국 등 공산국가들의 지원을 받았던 남베트남의 NLF 세력과 미국 등 자유주의 지원을 받았던 지엠 정부와의 전쟁이었다. 이후 1964년에 북베트남 지역인 통킹 만에 주둔하고 있던 미군 함정이 북베트남 공격을 받게 된다. 이를 "통킹 만 사건"이라고 하는데, 이 사건을 계기로 미국은 그동안 명분이 없었던 북베트남에 대한 공격을 공식화하게 되고, 베트남전쟁은 "미국과 지엠 정부" 대(對) "NLF와 북베트남"으로 확대되었고, 우리나라도 베트남전쟁에서 미국을 지원하기 위해 1960년대 후반 의무병, 지원병뿐만 아니라 전투병까지 파병 보내게 된다. (당시 통킹 만 사건은 그로부터 7년 후 미국의 조작극이었다는 문서가 미국에서 알려져 글로벌 사회에 충격을 주기도 하였고, 베트남전쟁에 대한 미국에 대한 비난 여론이 더욱 커지는 계기가 되기도 하였다.)

당시 북베트남 정권의 혁명적 지도자 호치민은 베트남전쟁이 진행되던 1969년 심장병으로 급사하였고, 미국은 민주당의 존 F 케네디 대통령 사망(1963) 이후 공화당의 리처드 닉슨 대통령(1969~1974)하에서 베트남전쟁에 대해 공격적인 대응보다는 명예로운 후퇴를 고민하며, 1970년대에 들어서면서 베트남전쟁은 후반으로 치닫게 된다. 결국 1975년 미군이 철수를 하면서, 미국은 2차 세계대전 이후 참여한 전쟁에서 승리하지 못한 첫 번째 전쟁으로 베트남전쟁 역사를 적은 오점을 남기게 되었고, 베트남은 1976년 북베트남 방식으로 통일되어 공산정권이 들어서게 된다.

역시 2차 세계대전 이후 가장 참혹했던 전쟁으로 꼽히는 15년간의 베트남 전쟁은 베트남 지역에 엄청난 사회기반 시설의 파괴와 경제력 침체라는 결과를 가져오게 되었다. 추가로 베트남의 지리적 특징이 남북으로 긴 안남산맥과 좁고 긴 영토도 국토재건에 더욱 어려움을 가중시켰을 것으로 보인다. 베트남이 이렇게 통일된 후에 북베트남의 근거지였던 "하노이"를 수도로 하였으며, 남베트남의 거점도시였던 "사이공"은 "호치민"으로 도시 이름을 바꾸었고, 공산주의식 재건과 개발을 시도해 가게 되었다. (현재 베트남에서 가장 큰 도시는 수도인 하노이가 아니고 호치민 시이며, 남북 개발계획에 따라 하노이에 대한 개발계획을 추진하고 있다.)

베트남은 "베트남 사회주의 공화국"으로 대통령이라는 호칭이 아닌 주석제를 사용하며, 총 인구는 약 9,500만 명, 국토 면적은 한반도 전체 면적의 약 1.5배, 베트남 공산당이 국가와 관련된 주요 의사결정을 집행하는 사회주의 국가체제이다. 베트남전쟁 이후 1980년대에 들면서 베트남은 주위 국가들과 함께 경제적, 정치적 혼란과 어려움을 거치면서 1986년에 공산당 정권은 "변경한다"는 의미의 "도이(doi)"와 "새롭게"라는 의미의 "모이(moi)"를 합쳐 "도이 모이" 정책을 슬로건으로 하여, 공산당 1당 체제를 유지하면서 사회주의적 경제발전을 위한 국가적 개방, 개혁정책을 실시하게 된다. 당시 개혁, 개방을 외쳤던 덩샤오핑의 중국과 달리 정부(공산당)에서 직접 외국기업과 투자자를 선정하고, 공산당(베트남 정부) 위주로 개혁개방 정책을 이끌어 간 것이다.

베트남 전쟁은 미국이 참전한 전쟁 중 미국이 승리하지 못한 유일한 전쟁으로 유명하다. 물론 우리나라도 당시 미국을 도와 베트남 전쟁에 참전하였고, 이른바 "고엽제"로도 유명한 전쟁이다. 미국의 패전 이후 1980년대의 미국은 쌍둥이 적자로 힘들었던 시기였고, 또한 베트남에 대해 우호적일 수 없는 입장으로, 베트남의 도이모이 정책은 글로벌 투자를 쉽게 이끌어내지 못하였다. 지지부진하던 도이 모이 정책 초기 실시 이후 추가적으로 베트남은 1992년에 헌법 개정을 통해 시장경제를 도입하였고, 1995년에는 미국과 다시 국교를 수립함으로써, 베트남의 개혁과 개방은 이후 사회주의 국가로서 중국에 이어 또 하나의 모범적인 사례를 남기는 역사가 되었다.

체제는 사회주의지만 개혁과 개방에 성공한 베트남은 현재 동남아시아 지역에서 미국과 가장 우호적인 정치, 경제관계를 맺고 있는 나라로 발전해 왔다. 1995년 미국과 국교정상화를 이루면서 베트남의 도이 모이 정책은 번영을 만들기 시작한다. 베트남 무역액은 급증하기 시작하였고, 2007년 세계무역기구(WTO)에 가입하면서 무역액은 도이 모이 정책 도입 이전보다 20배 이상 늘어나게 된다. 현재 베트남은 동남아시아 국가들 중에서 미국과 가장 협력적인 외교관계를 맺고 있다. 또한 2017년 6.8%의 경제 성장률을 달성하는 등 우리나라, 중국, 일본 등의 신남방정책의 핵심국가로도 주목받고 있는 나라가 되고 있다.

2017년 말 현재 베트남의 GDP는 2,400억 달러 수준으로 글로벌 47위에 랭크되어 있고, 총 무역(수출+수입) 규모는 4천억 달러 수준을 기록하고 있다. 우리나라 GDP가 1조 5천억 달러로 베트남의 약 6배, 무역규모는 1조 달러로 약 2.5배 수준인 셈이다. 베트남의 주요 수입국은 "중국 > 한국 > 일본 > 대만 > 태국"의 순이고, 주요 수출국은 "미국 > 중국 > 일본 > 한국 > 홍콩"의 순으로 집계되고 있다. 2015년에는 우리나라와 FTA를 체결하기도 하였으며, 도이 모이 정책 실천 이후 최근의 경제성장률은 6%대를 넘어서고 있다.

2017년 다낭(북위 17도선 인근의 남베트남 지역)에서 APEC 정상회의를 개최한 베트남은

"신(新) 도이 모이" 정책으로 불리는 친기업 정책을 발표하였다. 글로벌 수준에 뒤처진 베트남 관행을 고쳐야만 지속적인 경제 발전을 기대할 수 있다는 생각에 비즈니스 환경을 획기적으로 개선하고 20% 법인세율을 15%대 수준으로 인하하는 방안을 주된 내용으로 담고 있다. 글로벌 각국의 법인세 인하 추세와 보조를 맞추면서 외국 기업의 투자유치 확대를 위한 포석이 없으면, 미얀마와 인도 등 경쟁국으로 투자가 몰리고 베트남이 소외될 수 있다는 점을 인식하여, 다시 재도약의 기회를 만들고자 하는 것이다. 2017년 이후 베트남 주식시장은 활황세를 보이고 있고, 베트남의 펀드 수익률은 인근 동남아 국가뿐 아니라 중국보다 높은 상황이다.

2. 미국의 감세정책과 래퍼곡선

2017년 12월에 통과된 미국의 세법에 따르면, 미국의 최고 한계세율은 37%로 정해져 있다고 한다.

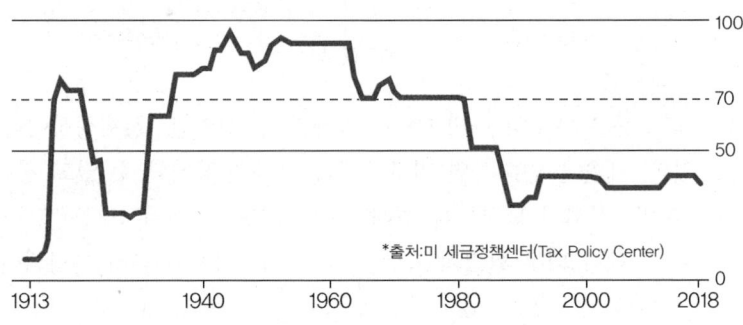

▲ 미국의 최고 한계세율(단위 : %)[1]

2018년 11월 미국의 중간선거에서 뉴욕주에 출마해 당선된 민주당의 "알렉산드리아 오카시오-코르테즈"는 29세 여성 하원의원으로 최연소 여성의원으로 기록되어 있다. 오카시오-코르테즈는 2019년 1월 미국의 시사 방송프로그램인 "60minutes"에 출연해 미국의 부자증세 정책의 필요성에 대해 주장하였다. 미국의 한계세율이 37%로 정해져 있는데 대해 이를 60~70% 수준으로 적용하면 세수가 증가하면서 2030년대 미국의 경제에 도움이 될 수 있을 것이라는 주장이었다. 이후 2019년 2월에는 버클리 캘리포니아 대학의 "가브리엘 주크만" 교수가 발표한 미국의 불평등에 대한 보고서에서 "미국의 가장 부유한 400명이 소유한 부가 하위 60%에 속하는 성인 1억 5,000만명보다 더 많다"는 부의 불평등 심화현상을 언급하면서, 부자증세와 최고 소득세율 인상에 대한 논란이 뜨거워지고 있다고 한다.

미국의 최고 소득세율(한계세율)에 대한 위의 그래프를 보면 미국 연방제도가 만들어진 1913년 이후 70%대까지 올랐던 세율이 1929년 대공황을 거치면서 30%대로 하락하였고,

---

[1] 자료 : 내일신문, 2019년 1월

다시 2차 세계대전 이후 1960년대까지 최고 94%를 기록한 해도 있었다. 이후 1980년대 레이거노믹스라고 불리는 감세정책으로 한계세율은 30%대로 하락하였고, 이후 30~40% 수준에서 박스권을 형성하며 횡보하고 있는 상황이다.

논란의 핵심은 "경제성장"과 "불평등", "민주주의와 사회주의"라는 거대한 극단의 종착역 안에 "정부의 역할과 세금정책"이라는 과정이 있는 것이다.

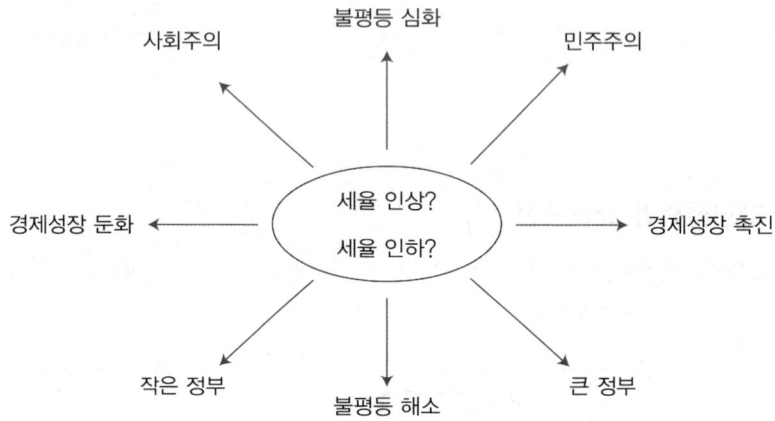

세율을 높이면 불평등은 해소하는 방향으로 작용할 수 있지만, 경제성장이나 민주주의 이념이 퇴조할 수 있다. 세율을 인하하면 민주주의의 이념을 장려할 수 있고 경제성장을 촉진시키는 측면이 있지만, 경제적 불평등을 초래할 수 있다는 트레이드오프(Trade-off) 현상들이 존재함으로써, 시대나 외부 환경적 요인에 따라 세금정책이 달리 운영되어 왔을 것이라고 보인다.

전통적으로 미국의 보수진영인 공화당 측에서는 민주주의 옹호와 함께 경제학적 사조는 고전학파 경제학을 우선시하는 측면이 있고, 미국의 진보진영인 민주당 측에서는 사회주의에 대한 건전한 수용성과 함께 경제학적 사조는 케인즈학파 경제학을 우선시하는 측면이 있다. 따라서 1980년대 래퍼 곡선(Laffer Curve)으로 감세정책을 유도했던 레이건 대통령도 공화당 출신이었고, 현재의 트럼프 대통령도 대선 준비 당시 감세정책을 공약으로 내 걸었었다. 이런 감세정책의 경제학적 사조는 고전학파 경제학의 "시장 자율조정 기능"에 기반을 두고 있다고 할 수 있다. 반면 부자 증세를 통한 불평등 해소를 주장하고 있는 민주당 측의 입장에서는 사회주의 진영에 대한 건전한 수용성, 불평등 해소 등을 근거로 케인즈 경제학의 "정부의 역할론"에 비중을 두고 있는 모습이다. 이번 부자증세론을 주장하고 나온 의원도 미국의 민주당 초선 의원이다.

한편 2018년도 미국의 경제성장률은 연간 2.9% 수준으로 집계되었다고 한다. 2017년 당시 IMF 등 국제기구에서 예측한 미국의 2018년 경제성장률은 2.5% 수준이었는데 이를 훨씬 상회하였던 것이며, 전임 오바마 정부 시절 최대 경제성장률을 달성하였던 2011년도의 연

2.9% 성장과 동일한 수치를 기록하게 되었다. 현재의 트럼프 정부에서는 감세정책을 통한 실질적 경제성장의 효과가 있었음을 주장하고 있으며, 감세정책 한 가지 이유만은 아니겠지만 2018년 연간 경제성장률이 오바마 정부 시절 최고치와 동일한 2.9%를 달성할 수 있었다고 설명하고 있다. 이런 백악관 측의 입장으로만 이해해 보면 미국의 부자증세 문제는 논란은 될 수 있겠지만, 정책적 실천으로 이어지기는 그리 쉽지 않아 보이는 것도 사실이다.

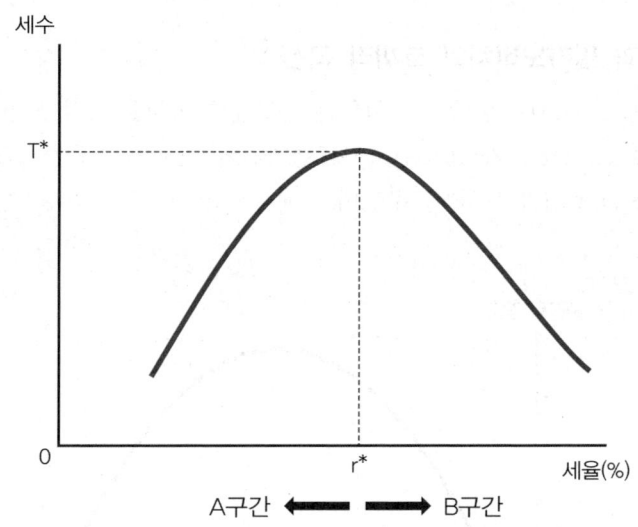

위의 그래프는 1980년대 당시 유명했던 아서 래퍼(Arthur Laffer) 교수의 래퍼 곡선이다. 특정 세율(r^*)에 이르기까지는 세율을 올리면 세수도 증가하는 구간이 되지만(A구간), 세율이 특정 세율(r^*)를 넘어서면 근로자나 기업가의 근로의욕 저하, 기업의욕 저하, 사업장의 해외 이전, 탈세 등의 영향으로 정부의 세수가 줄어들게 된다(B구간)는 이론이다. 결론은 현재 미국의 최고 한계세율이 37% 수준이라면, 이 세율이 위의 래퍼 곡선에서 A구간에 속하는지, B구간에 속하는지에 대한 논란인 것이다. 이에 대한 객관적이고 계량적인 근거는 주장하는 측에 따라 달라지기 때문에 사실적(fact)인 요인은 평가할 수 없으며, 결국 정책 입안자와 결정자의 주관적 의사결정이 배제되지 못하는 것이다.

세율의 인하를 주장하였던 고전파 경제학에 기반을 둔 미국 공화당의 입장에서는 세율 인하로 인해 세수가 오히려 증대되었고 경제성장도 달성할 수 있었다고 주장한다. 그러나 이 시기에는 부의 불평등이 심화되었다는 비판을 피하기는 어려워 보인다. 반면 세율을 좀 더 높여도 된다는 민주당의 입장에서는 부의 불평등을 완화시킬 수는 있을지 모르지만, 고유한 시장기능, 개인과 경제주체의 사적 권리를 최대한 보장하는 시장 민주주의 기능을 강조하는 입장에 의해 비판을 받고 있는 것이다. 그런 측면에서 현재 공화당 정부에서는 이번 논란이 기간을 두고 길게 이어질 수 있는 정치적 논란으로 이어질 수는 있지만, 빠른 시간 내에 정책적 실천으로 자리잡기에는 무리가 있어 보인다.

국내 경제와 사회

1. 쿠즈네츠 곡선과 밀라노비치의 코끼리 곡선

경기순환 이론으로 약 20년을 주기로 한다는 쿠즈네츠 파동을 주장한 러시아계 경제학자인 쿠즈네츠 교수(1901~1985)가 1913년~1948년까지의 미국의 소득격차를 조사하여 발표한 곡선을 쿠즈네츠 곡선이라고 한다. 쿠즈네츠 교수는 이 이론으로 1971년 노벨 경제학상을 받게 된다.

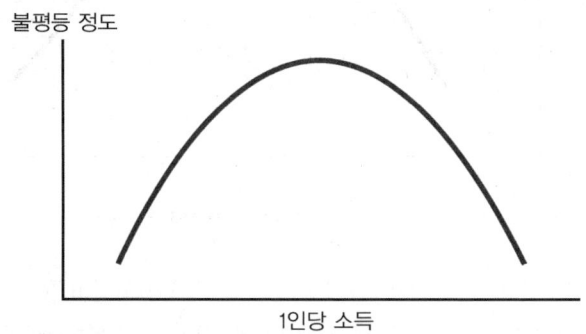

쿠즈네츠 곡선의 모양은 위의 그래프와 같이 단순하다. 횡축에 1인당 소득을 놓고 종축에 불평등 정도를 두고 1910~1940년대까지 약 35년간 미국의 상황에 대해 통계조사를 해 보았더니 위와 같은 역U자형 그래프가 나오게 되었다는 것이다. 이는 경제발전에 대해 무지한 후진국에서 선진국, 또는 소득이 증가하면서 부의 불평등 정도는 우상향하는 정(+)의 관계를 가지고 있다가, 어느 지점을 통과하면서 1인당 소득이 상승하게 되면 부의 불평등 정도도 오히려 감소하게 된다는 것이다.

이 이론을 경제성장과 환경문제에 접목한 것을 "환경 쿠즈네츠 곡선"이라고 한다. 후진국의 경우 발전이 되지 않아 환경오염도 없고 깨끗한 환경을 보존하는 상태에서 경제성장이 이루어지면서 환경오염 문제도 상승하게 된다. 또 고도의 경제성장이 이루어지면서 어느 지점을 통과하면서부터는 경제력을 가진 개인들이 다시 환경문제의 중요성을 인식하여 경제성장과 함께 환경오염이 줄어들게 된다는 것이다. 환경 쿠즈네츠 곡선도 쿠즈네츠 곡선과 동일한 모양을 가지며 논리적 설득력을 얻고 있는 모형으로 자리잡게 되었다.

쿠즈네츠 교수의 이런 이론에 대해 그의 노벨 경제학상 수상 이후 다른 소득불평등 경제학자들에 의해 비판을 받는 위치에 놓이게 되었다. 1930~1940년대 당시 미국의 부의 불평등 정도가 낮아진 것이 쿠즈네츠 교수가 주장하듯이 실질적인 평등도의 향상(상향 평준화)이 아니라, 대공황을 거치면서 미국경제가 충격을 받으면서 부의 분배상황이 하향 평준화하면서 불평등도가 낮아지게 되었다는 것이다. 이렇게 경제시스템 외부의 일시적 충격에 의해 불평등도가 낮아진 일시적 상황을 역사적 진리처럼 받아들일 수 없다는 의미이다. 그럼에도 불구하고 환경 쿠즈네츠 곡선은 실증적 데이터로 설득력을 계속 얻고 있다.

뉴욕 시립대의 브랑코 밀라노비치 교수는 최근 선진국을 중심으로 세계화의 결과에 따라 불평등이 다시 악화되고 있으며, 쿠즈네츠 곡선이 한번 순환으로 끝나는 것이 아니라 불평등이 다시 상승하는 파동 형태를 띄게 된다는 주장을 펼치게 되며, 이 이론의 결과로 나온 그래프를 코끼리 곡선(Elephant graph)이라고 한다.

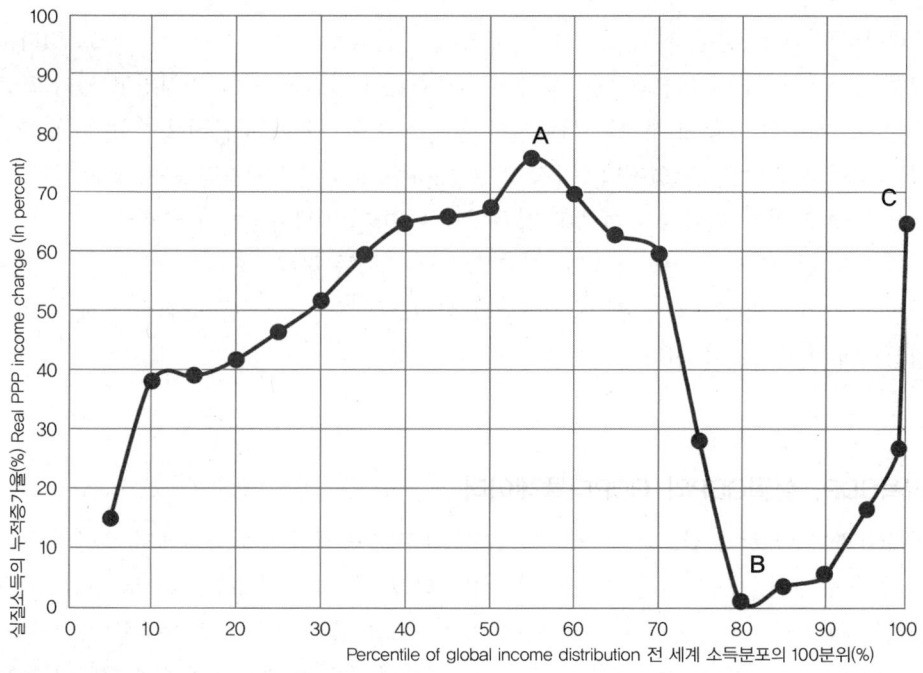

위와 같은 형태의 그래프를 밀라노비치 교수의 코끼리 곡선이라고 한다. 횡축에는 소득분포 100분위를 두고 종축에는 실질소득의 누적증가율을 둔다. 코끼리 곡선은 세계화가 활발히 진행되었던 1988년~2011년까지 전 세계인을 소득수준에 따라 100분위로 줄 세웠을 때(횡축) 실질소득 증가율(종축)이 얼마인지를 보여주는 곡선이다.

코끼리 곡선의 A지점은 대부분 중국, 인도, 태국 등 신흥국가의 국민으로 구성되고 있으며 실질소득의 증가율이 가장 높은 그룹으로 형성되고 있으나 전 세계 소득분포 100분위에는 중간 정도의 위치를 차지하고 있어 선진국들의 중산층에 비해서는 빈곤하다. B지점은 서유럽, 미국, 오세아니아, 일본 등 대부분 고소득국가인 OECD 회원국 국민으로 구성되고 있다. B지점은 A지점 사람들보다 부유하지만 실질소득이 전혀 증가하지 않고 있는 구간이다.

C지점은 세계 각국 최고 부유층을 나타내고 있다. 미국, 유럽 등 선진국의 국민이 많으며 전 세계 소득분포 최상위 그룹을 형성하면서 실질소득 증가율도 급상승하는 그룹이다.

위의 코끼리 곡선의 시사점을 정확히 해석하기 위해서는 A지점에서 B지점으로 급격히 하락하는 상황과, 다시 B지점에서 C지점으로 급격히 상승하는 상황에 주목해야 한다. 신흥국 국민들의 실질소득이 증가하면서 소득 백분위도 증가하는 상황이 되는데, 갑자기 실질소득 증가율이 뚝 떨어지는(A⇒B) 상황이 발생하게 된다. 이를 경제학자들은 중진국의 함정이라고 논리적 설명을 하고 있다. 선진국으로 도약하기 직전에 중진국 상태를 벗어나지 못하면서 성장이 정체되는 상황을 말한다. B지점에서 C지점으로 변화하는 부분은 소득 100분위를 높이면서 실질소득 증가도 급격히 상승하는 최고 부자 계층의 경제력 집중도가 심화되고 있다는 양극화이론을 설명하는 부분이다.

우리나라의 경우 일부 최고 소득층은 코끼리 곡선의 C지점 근처에 위치하고 있다고 볼 수 있다. 대부분의 중산층 또는 중상위층의 국민들은 B지점 근처에 위치하고 있다고 볼 수 있고, 일부 계층은 그렇게 부자는 아니지만 실질소득 증가율이 꾸준히 증가하는 A지점 근처에 있는 국민들도 있을 수 있지만, 가장 많은 대다수의 국민은 B지점 근처에서 실질소득 정체 현상을 겪고 있을 것이라고 예측해 볼 수 있다. 마지막 C지점에서 코끼리의 코가 높아지는 것이 부의 불평등한 집중현상을 보여주고 있으며, 소득 불평등과 양극화에 대한 해법은 코끼리 곡선의 마지막 C지점에 있는 국민들의 실질소득 증가율을 좀 낮춰서 분배가 조금 더 형평성있게 이루어져야 한다는 것이다.

2. 명목GDP, 실질GDP와 GDP디플레이터

명목GDP가 있고, 실질GDP가 있는데, 명목GDP는 당해연도에 국내에서 생산된 최종생산물의 수량과 가격을 곱하여 산출하며 경상GDP라고도 한다. 명목GDP는 두 기간 사이에서 발생하는 물가상승 요인을 포함하게 되어 경제규모의 실질적인 성장 여부를 파악하기는 어렵다. 이런 난점을 제거하기 위해 통계에서는 기준년도를 정해놓고 기준년도의 가격으로 환산한 GDP를 계산하는데, 이를 실질GDP라고 한다. 기준년도를 2010년으로 가정할 경우, 2010년도의 가격과 2018년도의 최종생산물을 곱하여 산출하는 것이 2018년도의 실질GDP가 된다. 이와 마찬가지로 2010년도의 가격과 2017년도의 최종생산물을 곱한 것이 2017년도의 실질GDP가 된다.

- 2017년도 명목GDP = Σ(2017년 최종생산물 × 2017년 가격)
- 2018년도 명목GDP = Σ(2018년 최종생산물 × 2018년 가격)
- 2017년도 실질GDP = Σ(2017년 최종생산물 × 2010년 가격)
- 2018년도 실질GDP = Σ(2018년 최종생산물 × 2010년 가격)

아래와 같은 예를 들어 보자. 어떤 나라가 빵과 우유만 생산한다고 하자. 이 나라의 생산량과 가격은 아래와 같다.

(단위 : 개, 원)

구분	2017		2018	
	생산량	가격	생산량	가격
빵	1,000	1,000	1,200	1,500
우유	500	500	600	700

(주) 기준년도 : 2017년도

위와 같은 상황에서 이 나라의 2017년, 2018년의 명목GDP와 실질GDP를 구해 보자.

- 2017년 명목GDP
  빵 : 1,000개×1,000원=1,000,000원
  우유 : 500개×500원=250,000원

- 2018년 명목GDP
  빵 : 1,200개×1,500원=1,800,000원
  우유 : 600개×700원=420,000원

위의 계산과 같이 2017년도의 명목GDP는 1,250,000원이 되고, 2018년도의 명목GDP는 2,220,000원이 된다. 명목GDP는 연간 77.6%가 증가하고 있다. 77.6%가 이 나라의 경제성장률이냐에 대해 다시 생각을 해 보니, 이 상황은 물가가 상승해서 77.6%라는 결과치가 나온 것이지 실제 이 나라의 경제상황이 나아진 게 아니라는 점을 발견할 수 있다. 그러면 이나라의 경제상황이 변화되고 있는 것은 어떻게 계산해야 하는가에 대한 고민에서 "실질GDP"라는 개념이 등장한다. 실질GDP는 비교년도의 생산물을 기준년도의 가격으로 곱하여 계산한다.

- 2017년의 실질GDP는 기준년도이기 때문에 명목GDP인 1,250,000원과 동일하다.
- 2018년 실질GDP
  빵 : 1,200개×1,000원=1,200,000원
  우유 : 600개×500원=300,000원

비교년도인 2018년의 생산물을 기준년도의 가격(빵 1,000원, 우유 500원)으로 곱하여 계산한 결과는 1,500,000원이 된다. 이런 계산 결과치를 "실질GDP"라고 한다. 실질GDP는 기준년도와 비교년도 사이의 물가상승 요인을 배제하고, 순수하게 생산량(생산능력)이 얼마나 증가하고 있는지를 보여주는 지표이며, 기준년도에 비해 빵과 우유가 각각 생산량이 20%씩 증가하였고, 실질GDP도 20% 증가하게 된다.

계산 : 1,500,000원 / 1,250,000원=1.2

어떤 기간의 GDP디플레이터는 해당 기간의 (명목GDP/실질GDP)로 계산된다. 기준년도인 2017년의 GDP디플레이터는 명목GDP와 실질GDP가 동일하기 때문에 당연히 1이 된다. 그러나 2018년의 GDP디플레이터는 (2,220,000원/1,500,000원)이 되어 1.48의 결과가 나오게 된다. 즉 48%만큼 뭔가가 증가하고 있다는 것이다. 48%라는 속성을 보니 이건 2017년 가격 대비 2018년도의 가격이 오른 효과이고, 결국 GDP디플레이터는 물가수준의 변화를 보여주는 지표가 된다.

이제 위의 나라에서 수출입 교역을 한다고 하면, 수출품의 가격과 수입품의 가격이 명목GDP에 반영이 될 것이고, 실질GDP에는 기준년도의 수출입 품목의 가격이 반영됨으로써, 비교년도의 GDP디플레이터에는 수출단가 상승과 하락, 수입단가 상승과 하락, 국내물가의 상승과 하락이 모두 반영되는 복합적인 물가지수가 산정이 될 것이다. 이렇게 GDP디플레이터는 단순히 국내 물가수준만 보여주는 것이 아니라, 수출입 단가의 변화 등 교역조건이 어떻게 바뀌고 있는지도 복합적으로 반영된 물가지수로 인식되고 있다. 또 수출입의 경우에는 원화로 환산하기 위한 환율도 포함되기 때문에 GDP디플레이터라는 경제지표는 환율 변동분까지 포함되는 개념이 되고 있다.

- 국민소득의 항등식 : $Y=C+I+G+(X-M)$
  (Y : 국민소득, C : 소비, I : 투자, G : 정부지출, X : 수출, M : 수입)

국민소득의 항등식에서 수출물가의 상승은 명목수출을 증가시키고 수입물가의 상승은 명목수입을 증가시킨다. GDP디플레이터는 명목GDP를 실질GDP로 나눈 값으로, 수출물가의 상승은 명목GDP값을 상승시켜 GDP디플레이터도 상승키는 요인으로 작용하지만, 수입물가의 상승은 명목GDP에서 차감(-)항목인 명목수입을 증가시켜 GDP디플레이터를 하락시키는 요인으로 작용하게 된다.

이제 다음 뉴스 기사 일부를 다시 읽어보도록 하자.

> 한국은행 관계자는 "지난해 1분기부터 3분기까지 GDP디플레이터는 전년동기대비 0.5% 정도 상승했는데, 지출항목별로 보면 수출물가가 0.6%밖에 오르지 않은 반면 수입물가는 3.8% 상

> 승하면서 디플레이터가 낮아진 것으로 분석된다"고 말했다. 지난해 두바이유 가격은 배럴당 69.66달러로 2017년(53.18달러)에 비해 약 30% 가량 올랐다. 수입물가 상승은 GDP디플레이터를 낮추는 요인이다.
>
> – 머니투데이, 2019년, 일부 인용

수입물가의 상승은 GDP디플레이터를 하락시키는 요인으로 작용한다는 내용이 이해가 되어야 하고, GDP디플레이터는 대표적인 물가지표이지만, 순수한 국내 물가수준을 나타내는 지표는 아니며, 환율, 수출물가, 수입물가, 국내 물가수준 등이 종합적으로 반영되고 있다. 이 중에서 수출분야만 별도로 떼어내 수출 GDP디플레이터도 계산해 낼 수 있고, 투자 분야만 별도로 떼어내 투자 GDP디플레이터 등을 계산해 낼 수도 있다.

3. 세대와 관련된 시사용어

■ **딩크(DINK, Double Income No Kids)족**
결혼 후 맞벌이를 지향하고 출산과 자녀에 구속되지 않으려 하는 등의 문화를 즐기는 세대와 부류를 말한다.

■ **통크(TONK, Two Only No Kids)족**
결혼 등으로 자녀를 독립시킨 뒤 노부모 둘만 남은 황혼 문화를 맞이하는 세대를 말한다.

■ **싱크(SINK, Single Income No Kids)족**
맞벌이가 아닌 외벌이 부부이면서 아이를 갖지 않는 문화를 추구하는 부류를 말한다.

■ **듀크(DEWK, Dual Employed With Kids)족**
자녀를 두고 있는 고소득 맞벌이 부부 문화를 추구하는 부류를 말한다.

■ **딘트(DINT, Double Income No Time)족**
더블 인컴(Double Income)과 노 타임(No Time)의 합성어로, 맞벌이를 통해 가계수입은 증가하시만 사회생활, 직장생활 등으로 시간적 여유가 부족한 전문직 직장인 문화를 추구하는 부류와 세대를 말한다.

■ **여피(Yuppie)족**
Young(젊음), Urban(도시형), Professional(전문직)의 첫 글자를 딴 "YUP"에 히피(Hippie)를 붙여 만든 신조어로, 도시에서 전문직에 종사하는 고수입의 젊은 인텔리를 뜻하는 말로 꼭 여성만을 지칭하지는 않는다.

■ 더피(Duppie)족

Depressed(의기소침한), Urban(도시형), Professional(전문직)의 첫 글자를 딴 "DUP"에 히피(Hippie)를 붙여 만든 신조어로, 고용사정이 악화되면서 생긴 "의기소침한(궁핍한) 도시 근교에 거주하는 엘리트층"을 뜻하는 말이다. 더피족은 여피(Yuppie)족, 즉 대도시 근교에 거주하는 부유한 젊은 엘리트층에서 "젊은(young)" 대신 "의기소침한, 궁핍한 (depressed)"이라는 수식어를 사용해 만든 신조어이다.

■ 퍼플칼라(Purple Collar)

사무직을 의미하는 화이트칼라(White Collar), 생산직을 의미하는 블루칼라(Blue Collar)의 중간개념으로, 일과 가정의 조화를 위해 여건에 따라 근로시간과 장소를 탄력적으로 조정하는 근로자들을 의미한다. 원하는 시간과 장소에서 근로를 하지만, 직업의 안정성에는 문제가 없는 근로형태를 의미하며, 시대적인 변화에 따라 유연근무제, 시간제근로자, 선택근무제, 재택근무제 등으로 나타나기도 한다. 퍼플칼라 근로자들에게 제공되는 일자리를 "퍼플잡(Purple Job)"이라고도 한다.

■ 욘(Yawns)족

젊고 부자이지만 소박하고 평범한(Young And Wealthy but Normal) 생활을 하는 사람들을 의미한다. 일확천금으로 부자가 되었더라도 호화생활보다는 소박하게 생활하면서 자선사업, 봉사활동 등의 활동들을 함께 해 나가는 사람들을 말한다.

■ 보보스(Bobos)족

부르주아(Bourgeois)와 보헤미안(Bohemian)의 합성어로, 부르주아의 물질적 실리와 보헤미안의 정신적 풍요를 동시에 누리는 상류 계층을 의미한다. 보헤미안이란 단어는 한때 집시(유랑민족)를 의미하기도 하였지만, 19세기 이후 자유분방한 생활을 하는 예술가, 문학가 등의 지식인을 가리키는 단어로 활용되기 시작하였다.

■ 핑프족

핑거 프린세스(Finger Princess) 또는 핑거 프린스(Finger Prince)라는 단어를 줄인 표현으로, 간단한 정보나 자료조사 등도 본인이 직접 찾아보거나 해결하려 하지 않고, 인터넷이나 주변 지인들에게 물어보는 사람들을 가리킨다.

■ 스몸비(Smombie)족

스마트폰(Smart-Phone)과 좀비(Zombie)의 합성어로, 거리에서 스마트폰을 계속 보면서 걸어 다니는 사람들을 말한다.

■ 디지털 디톡스(Digital Detox)

디톡스(Detox)는 해독, 또는 제독이라는 의미의 독을 제거한다는 의미를 가지고 있다. 디지털 중독이 심화됨에 따라 디지털 중독을 벗어나기 위한 각종 행동, 소비패턴 등을 의미한다. 디지털 디톡스를 아이디어로 하여 나온 앱(App)들도 있다.

■ 펫코노미(Petconomy)

반려동물이 인기를 누리며 유행처럼 번지면서 반려동물을 경제적 매개로 한 시장 또는 산업을 말한다.

■ 에펠탑효과

파리의 시민들은 좋으나 싫으나 아침에 일어나면 에펠탑을 볼 수밖에 없어서, 자신도 모르게 생활 속에서 에펠탑에 대해 익숙해지고 좋아하게 된다는 의미에서 나온 표현이다. 처음에는 무관심하거나 흥미 없던 일이나 현상들이 계속적인 접촉과 접근, 반복의 효과로 인해 호감도가 높아지는 현상을 말한다.

■ O2O / O4O

O2O(Online To Offline)는 온라인 비즈니스를 오프라인으로 옮기는 형태로 온라인과 오프라인의 결합형태의 비즈니스 구조를 의미한다. 우리나라에서는 "카카오택시, 여기 어때, 배달의 민족" 등이 O2O 비즈니스의 사례였다.

O4O(Online For Offline)는 오프라인을 위한 온라인 비즈니스를 말한다. O2O처럼 오프라인과 온라인의 결합에 대한 의미는 동일하지만, O4O는 궁극적인 목적이 오프라인 비즈니스에 있다는 점이 차이점이라고 할 수 있다. 외국의 사례지만 "아마존고" 같이 궁극적으로 오프라인에서의 비즈니스가 위주가 되는 비즈니스 형태를 사례로 들 수 있다.

■ 베이비붐 세대

각 나라마다 베이비붐 세대에 대한 시대적인 정의를 달리하고 있지만, 우리나라에서는 한국전쟁 이후인 1955~1963년 사이에 태어난 세대를 말한다. 미국의 경우에는 2차 세계대전 이후인 1946~1965년 사이, 일본의 경우에는 역시 2차 세계대전 이후인 1947~1949년 사이에 태어난 세대를 말한다. 이들의 공통점은 전쟁으로 인해 미루어졌던 결혼과 혼인이 한꺼번에 이루어지면서 출산율이 높았던 세대라는 점이다.

■ 386세대

우리나라에서 이 표현이 나왔던 1990년대를 기준으로 당시 30대이면서, 80년대에 대학생활을 거친, 60년대에 태어난 세대를 말한다. 1980년대에 대학생활을 하면서 학생운동, 민주화운동을 심하게 겪었던 세대이다. 2000년대에 들어서는 486세대라고 하여 "40대에 들어선 386세대"라는 의미로 불리기도 하였다. 또 2010년대에는 50대에 들어서면서 586세라고도 불린다.

■ X 세대

우리나라에서 X 세대는 1960년대 후반부터 1970년대 중반까지 태어나서 1990년대 초중반에 신세대로 불렸던 세대를 말한다. 이 세대는 어렸을 때는 우리나라에 TV가 보급되면서 TV의 영향을 받다가, 성인이 되면서 컴퓨터에 영향을 받았던 세대이다. "X"라는 글자는 미지의 변수를 의미하며 "마땅하게 정의할 용어가 없다", 또 경우에 따라서는 "이해하기 힘들다"는 의미를 가지고 있으며, 구속이나 관념의 틀에 얽매이지 않고, 자유롭게 생각하고 자신의 뜻대로 행동하는 특성을 지닌 세대이다.

■ N 세대

네트워크, 통신망을 의미하는 "Net"이라는 단어를 의미하는 세대로 1970년대 중반 이후부터 1979년까지 태어난 경제적, 문화적 혜택을 누리며 컴퓨터에 익숙한 세대를 의미한다.

■ Y 세대 (밀레니엄 세대, 밀레니얼 세대, 에코세대, M세대)

1980년대 초반~1990년대 중반까지 태어난 세대를 말한다. 이들은 베이비붐 세대가 낳은 세대라는 의미로 에코(메아리)세대라고 불리며, 2000년대에 주역이 될 세대라고 하여 밀레니엄 세대, 밀레니얼 세대라고도 불린다. 또 모바일 기기를 주요 생활수단으로 하고 있다고 하여 모바일(Mobile)을 의미하는 M 세대라고도 불린다.

■ 88만원 세대

1998년 IMF 시기부터 2008년 금융위기 사이에 20대를 맞이하여 최저임금을 받으면서 사회생활을 시작해야 했던 당시 20대 세대를 말한다.

■ Z 세대

X 세대의 부모를 둔 X 세대의 자녀세대로 1990년대 중반부터 2000년대 중반까지 태어난 세대로, 이들은 어렸을 때부터 아날로그 경험이 없고 디지털 환경에서만 자라온 세대로 특징을 "디지털 원주민(Digital Native)"이라고 할 수 있다.

PART 03 국내 금융과 은행

1. 채권(1) : 채권의 종류와 우리나라의 국채제도

채권이란 누군가 자금이 필요한 주체가 증서를 발행하고 자금을 투자하는 주체가 증서를 매입하면서 이루어지는 금융거래이다. 자금을 필요로 하는 경제주체에 대표적으로 중앙정부(국가)가 있고, 또 지방정부, 공공기관, 기업 등이 있다. 물론 개인도 있을 수 있지만 개인이 발행하는 채권을 사채(私債)라고 하여 "채무증서, 차용증"에 준하는 증서이며, 이에 대해서는 공식적이고 양성화된 유통시장은 운영하지 않는다. 발행기관에 따른 채권의 종류를 구분해 보면 아래와 같이 표시할 수 있다.

> 1. 국채
>   1) 국고채 : 중앙정부 발행
>   2) 국민주택채권 : 중앙정부 발행
>   3) 외국환평형기금채권(외평채) : 중앙정부 발행
>   4) 재정증권 : 중앙정부 발행
> 2. 공채
>   1) 지방채 : 지방정부 발행
>   2) 특수채 : 공공기관이 발행하는 특수목적 채권
> 3. 통안채 : 한국은행 발행
> 4. 금융채
>   1) 은행채 : 은행 발행
>   2) 카드채 : 카드회사 발행
>   3) 산업금융채권(산금채) : 산업은행 발행
>   4) 중소기업금융채권(중금채) : 기업은행 발행
> 5. 회사채 : 일반 주식회사 발행

> **참고   특수채**
> 한국토지공사가 발행하는 토지개발채권, 한국도로공사가 발행하는 한국도로공사채권, 한국전력공사가 발행하는 한국전력공사채권, 한국전기통신공사가 발행하는 전신전화채권 등이 있다.

"국고채"에 대해 좀 더 알아보도록 하자. 국고채는 정부가 공공사업, 공적지출을 수행할 때 필요한 자금을 조달하는 것을 목적으로 기획재정부가 관리하는 "공공자금관리기금"이 상환의무를 지고 발행되는 채권이다. 국고채는 국채법에 따라 기획재정부장관이 각 부처로부터 발행 요청을 받아 발행계획을 작성한 뒤 국회의 심의와 의결을 거쳐 정부의 위탁을 받은 한국은행에서 발행하고 한국은행의 자체전산망을 통한 경쟁입찰을 통해 발행된 이후 한국거래소 등 공개시장에서 유통된다. 국고채는 국가가 보증하는 채권인 만큼 리스크는 없다고 해도 좋고, 다른 채권에 비해 수익률이 낮다. 현재 국고채 수익률은 회사채 수익률과 함께 대표적인 채권금리나 시장금리의 지표로 사용되고 있다.

정부는 매년 예산이 확정되면 1년 동안 발행할 국고채 발행규모를 1월 중에 발표하고, 또 매월 말에는 다음 달에 발행할 국고채 발행규모를 발표하고 있다. 이렇게 발행되는 국고채는 경쟁 입찰을 통해 시장에 소화되며, 입찰에는 은행과 증권사 중에서 국가가 선정한 국고채전문딜러들만 참여할 수 있다. 직접 입찰에 참여하지 못하는 나머지 금융회사들과 개인, 외국인 투자자 등은 국고채전문딜러를 통한 간접투자는 허용되고 있다. 국고채의 표면금리는 입찰을 통해 정해지는데, 국고채전문딜러들은 시중 실세금리를 고려해 입찰에 응하고, 입찰을 통해 직, 간접적인 투자자들에게 국고채가 소화되는 과정을 거치면서 국고채는 발행된다.

> **참고** **공공자금관리기금**
>
> 기금, 우체국 예금 등과 같은 자금을 통합관리하여 이를 재정융자 등 공공목적에 활용하고 국채발행 및 상환 등을 효율적으로 관리하기 위하여 1994년에 신설된 기금이다. 조성된 재원은 우선적으로 재정투융자 사업에 사용하고 국공채 매입과 정책금융을 재정에서 부담하는 재원에도 충당한다. 외국의 경우 일본은 "자금운용기금"에서 예산 기금 공제조합 등 공공부문의 여유자금을 예탁 받아 투융자 재원으로 충당하고 있고, 영국도 "국가융자기금"을 두고 있다. 공무원 연금기금, 국민체육 진흥기금, 우체국 예금 등을 원칙적으로 공공자금관리기금에 예탁하도록 공공자금관리기금법에서 규정하고 있다.

국고채전문딜러(Primary Dealer, PD) 제도는 국고채 발행시장에서 국고채 인수 등에 관하여 우선적인 권리를 부여받는 대신 국고채 유통시장에서 시장조성자로서의 의무를 수행하는 기관으로 기획재정부에서 선정한다. 또 경쟁력있는 국고채전문딜러 육성을 위해 2011년부터 예비국고채전문딜러(Preliminary Primary Dealer, PPD) 제도를 도입하여 운영하고 있다. 이에 따라 국고채전문딜러(PD) 지정을 원하는 금융기관은 예비국고채전문딜러(PPD)로 우선 지정이 되어야 하며, PPD 지정 후 의무이행 상황 및 실적에 따라 PD로 승격되는 구조를 가지고 있다. 2019년 5월 1일 현재 기획재정부는 17개의 PD사와 5개의 PPD사를 지정하고 있다.

> **참고** PD, PPD 현황 (2019. 5. 1 기준)
>
> 1) PD 17개사
>   - 증권회사(10개사) : 교보증권, 대신증권, DB금융투자, 메리츠종금증권, 미래에셋대우, 삼성증권, 신한금융투자, 한국투자증권, KB증권, NH투자증권
>   - 은행(7개사) : 산업은행, 중소기업은행, 농협은행, 국민은행, KEB하나은행, SC제일은행, 크레디 아그리콜(서울지점)
> 2) PPD 5개사 : BNP파리바은행, ING은행, SK증권, 유안타증권, JP모건체이스은행

국고채는 한꺼번에 상환부담이 몰리는 것을 방지하기 위해 만기별로 1년, 3년, 5년, 10년, 30년까지 5종류의 채권을 발행한다. 국고채는 만기 고정금리부 채권, 물가연동 국고채권 등의 형태로 채권시장에서 거래되고 있는데, 그 중에서 3년 만기 국고채가 유통물량이 가장 많아 3년 만기 국고채 유통수익률은 대표적인 시장금리 중의 하나로, 우리나라의 시중자금 사정을 나타내는 지표금리로 사용되고 있다. 한편 국고채가 유통되는 시장은 정규 장내시장으로 한국거래소 내 "국채전문유통시장"이 있으며, 개인 간의 거래가 이뤄지는 장외시장으로 나눌 수 있다.

> **참고** 국채전문유통시장
>
> 거래소가 국고채시장 활성화 및 거래투명성 제고를 위해 정부의 정책적인 지원을 받아 1999년 3월에 개설한 국채 전자거래시장이다. 주요 시장참가자는 거래소의 채무증권회원인가를 취득한 은행과 금융투자회사이고, 연금, 보험, 기금 등의 기타 금융기관 및 일반투자자도 위탁참여가 가능하다. 거래대상채권은 국고채, 통안증권, 예금보험공사채권이나, 국고채가 거래의 대부분을 차지하고 있으며, 매매수량단위는 10억 원의 정수배로 정하며, 가격 호가단위는 1원 단위로 정하고 있다.

기획재정부 홈페이지 하단에 있는 "기획재정부 운영사이트"들 중에서 "국채시장" 사이트[2]를 찾아 들어가면 기획재정부 국채과에서 매년 초 당해년도 국고채 발행계획, 또 다음달 발행계획 및 지난달 발행결과에 대한 발표 자료들을 볼 수 있다.

이제 다음 뉴스기사를 보도록 하자. 아래와 같은 뉴스기사들이 매월 말 나오게 된다. 아래 뉴스 내용을 보면 기획재정부에서 국고채로 2019년 4월에 7조 3,500억원 규모를 발행한다는 내용이다.

---

[2] 국채시장 사이트 : http://ktb.moef.go.kr/main.do

> ### 기재부, 4월 국고채 7조3500억원 발행
> (파이낸스투데이, 2019-3-28 / 일부인용)
>
> 기획재정부는 오는 4월 7조3500억원 규모의 국고채를 경쟁 입찰 방식으로 발행할 계획이라고 28일 밝혔다.
> 다음달 기재부가 발행하는 국고채는 만기별로 △3년물 1조4500억원(4월 2일 매출) △5년물 1조4500억원(4월 9일 매출) △10년물 1조7500억원(4월 16일 매출) △20년물 5000억원(4월 23일 매출) △30년물 1조7000억원(4월 3일 매출) △50년물 5000억원(4월 15일 매출)이다.
> 3년물 국고채의 경우 8500억원은 통합 발행, 6000억원은 신규발행 되며, 10년물은 1조원이 통합 발행, 7500억원이 신규발행 되며 일반인이 입찰에 참가한 경우(50년물 제외) 경쟁 입찰 발행예정금액의 20%, 1조3700억원 한도 내에서 우선 배정한다.
> 각 국고채 전문딜러(PD)는 경쟁 입찰 낙찰금액의 5~30% 범위 내에서 낙찰일 이후 3영업일 이내에 추가 인수가 가능하다.

2. 채권(2) : 채권의 수익률, 미래가치와 현재가치, 듀레이션

채권 분야에서 취업준비생들에게 가장 어렵게 다가오는 부분이 "용어에 대한 이해"와 "금리, 수익률" 부분일 것이다. 이제 이 부분을 보도록 하자.

A회사가 1억원의 자금을 조달하기 위해 채권을 발행한다. 조건은 아래와 같다.

> - 발행일 : 2019년 5월 1일
> - 만기일 : 2020년 5월 1일 (1년 만기)
> - 액면금액 : 1억원
> - 표면금리 : 연 4%
> - 이자지급 : 매3개월마다 1%씩 4회 지급
> - 발행당시 시장금리 : 연 6% (1년제 은행 정기예금 금리)

이 경우 발행가는 어떻게 되어야 할까?
먼저 할인발행, 할증발행부터 보도록 하자. 위의 예에서 액면가는 1억원, 표면금리는 연 4%로 매 3개월마다 1%(1백만원)씩 이자를 지급한다는 내용이다. 투자자의 입장에서 생각을 해보면 1년제 은행 정기예금 금리가 연 6%를 받을 수 있는데, 이 채권을 1억원을 주고 사서는 1년에 4백만원밖에 못 받는다는 것이다. 그렇다면 이 채권을 1억원을 주고는 사지 않는다는 것이고, 적어도 9,800만원 수준 또는 그 이하가 되어야 한다는 것이다. 이 채권이 팔리기 위해 발행회사는 9,800만원 또는 그 이하로 발행가격을 만들어야 하고, 이런 경우를 액면가

대비 "할인발행"이라고 한다. 할인발행은 통상 시장금리보다 회사채의 표면금리가 낮을 때 활용된다. 대부분의 회사채 발행은 할인발행 방식으로 발행된다.

반대로 위의 경우에 시장금리가 연 1%라고 해 보자. 그러면 이 회사의 신용도만 괜찮고 만기 상환리스크만 없다면 1억원을 주고 사더라도 연 4%의 표면이자율을 준다는 것이니, 많은 투자자들이 이 회사의 채권을 사려고 할 것이다. 이런 경우에는 발행회사에서 "할증발행"이라는 방법을 취할 수도 있다. 표면금리 자체가 높게 주니, 그만큼 비싸게 사라는 것이다. 예를 들어 이 회사채를 1억2백만원으로 발행가격을 정했다고 해 보자. 투자자는 1억2백만원을 투자해서 만기에 1억원(액면금액)을 받고, 1년간 4백만원의 이자를 받는다. 즉 1억2백만원으로 총 수익 2백만원을 얻는 셈이다. 그래도 시장금리보다 높을 수 있으니, 투자가능성은 열려있고, 이렇게 발행되는 방식을 "할증발행"이라고 한다. 할증발행은 통상 시장금리보다 회사채 표면금리가 높은 경우에 활용된다.

이제 "현재가치"와 "미래가치"에 대한 개념을 보도록 하자. 1억원이 있고, 시장금리가 연 4%일 때, 이 1억원의 1년 후의 가치를 계산하는 것이 "미래가치(FV)"이고, 반대로 1년 후의 1억이 되기 위해 현재 얼마가 있어야 하는지를 계산하는 것이 "현재가치(PV)"이다.

> 미래가치 = 현재원금 × (1+시장금리)
> 현재가치 = 미래가치 / (1+시장금리)

위의 공식이 가장 기본적인 공식이다. 1억원에 대한 1년 후 미래가치는 "1억원×1.04"로 계산해서 1억 4백만원이 된다. 반대로 시장금리가 연 4%일 때 1년 후 1억 4백만원이 되기 위해서는 현재 1억원이 있어야 한다는 것이다.

위의 공식에서 현재가치가 정해져있고, 미래가치가 정해져있다면 양 변을 일치시켜주는 시장금리를 구해볼 수 있을 것이다. 이 "시장금리" 부분이 수익률 개념이 되는데, 현재가치와 미래가치를 일치시켜주는 이자율의 개념이다. 만약 현재 채권 매입가격(현재가치)이 1억원이고, 1년 만기 후 원리금으로 총 받게 되는 미래가치가 1억 4백만원일 때, 이 거래를 등가(等價)시켜주는 이자율을 구할 수 있을 것이다.

이제 이 거래의 기간이 3년이라고 해 보자. 1년 단위로 복리가 되는 구조라면, 3년 후의 미래가치는 아래와 같이 구해질 것이다.

> − 1년 후 미래가치 = 현재원금 × (1+시장금리)
> − 2년 후 미래가치 = 1년 후 미래가치 × (1+시장금리) = 현재원금 × $(1+시장금리)^2$
> − 3년 후 미래가치 = 2년 후 미래가치 × (1+시장금리) = 현재원금 × $(1+시장금리)^3$
> − 현재원금(현재가치) = 2년 후 미래가치 / $(1+시장금리)^2$
> − 현재원금(현재가치) = n년 후 미래가치 / $(1+시장금리)^n$

1년 후 받을 미래가치를 현재가치로 환산하고, 2년 후 받을 미래가치를 현재가로 환산하고, 3년 후 받을 미래가치를 현재가치로 환산해서 모두 더한 값과 같다. 이때 시장금리는 모두 연금리를 기준으로 한다.

$$\text{현재가치} = \text{1년 후 받을 금액} / (1+\text{시장금리}) + \text{2년 후 받을 금액} / (1+\text{시장금리})^2 + \text{3년 후 받을 금액} / (1+\text{시장금리})^3$$

이제 이 거래가 분기별로 일어나서 3년 만기로 총 12회 일어난다고 해 보자.

$$\text{현재가치} = \text{3개월 후 금액} / (1+\text{시장금리}/4) + \text{6개월 후 금액} / (1+\text{시장금리}/4)^2 + \cdots + \text{36개월 후 금액} / (1+\text{시장금리}/4)^{12}$$

이제 아래와 같은 일반적인 공식이 도출된다. 아래의 일반적인 공식은 채권가격에 대한 공식으로 만기 시까지의 미래 현금흐름을 모두 현재가치로 환산한 값을 의미한다.

$$\text{현재가치(채권가격)} = \text{수익}(1) / (1+r)^1 + \text{수익}(2) / (1+r)^2 + \cdots + \text{수익}(n) / (1+r)^n$$
$(r = \text{연 수익률})$

이제 위에서 채권발행의 예를 들었던 내용으로 다시 돌아가서 가장 쉬운 사례부터 보기로 하자. (계산 편의상 원단위 미만은 모두 절사하기로 한다.)

[Case 1] 중간 이자지급 없이 만기 일시상환 방식이고, 시장금리가 연 4%라고 하면 만기 1억원의 채권은 현재가치가 얼마인가?

$$\text{현재가치} = 100{,}000{,}000 / (1+0.04) = 96{,}153{,}846$$

[Case 2] 위의 사례에서 시장금리가 연 6%라고 하면 만기 1억원의 채권은 얼마에 발행되어야 할까?

$$\text{현재가치} = 100{,}000{,}000 / (1+0.06) = 94{,}339{,}622$$

일단 여기서 두 가지 사실을 짚고 넘어가도록 하자.

첫째, 위와 같이 계산한 채권의 현재가치는 채권발행의 기준금액이 될 수 있다. 즉 시장금리가 6%일 때 94,339,622원보다 채권가격이 낮아야 투자자들이 투자를 할 것이며, 만약 이보다 높다면 투자자들은 채권을 사기보다는 다른 투자처를 찾을 것이다.

둘째, 시장금리가 높을수록 채권의 발행가격이 낮아진다는 점이다. 시장금리와 채권의 가격이 반비례한다는 것은 위와 같이 이 공식에서도 유추가 된다.

[Case 3] 시장금리가 연 4%이고, 중간에 이자지급 없이 만기에 이자를 한번 지급하는데, 연 2%의 금리로 지급한다. 이때 현재가치 계산은?

$$현재가치 = (100,000,000 + 2,000,000) / (1 + 0.04) = 98,076,923$$

[Case 4] 시장금리가 연 4%이고, 표면이자(액면이자)는 연 2%로 매 6개월마다 1,000,000원씩 지급한다고 하자. 이때 현재가치 계산은?

$$현재가치 = 1,000,000 / (1+0.02) + (100,000,000 + 1,000,000) / (1+0.02)^2 = 98,058,439$$

㈜ 분모에 0.02가 들어가는 것은 연 4%를 6개월 단위로 2회 나눠 지급한다는 의미이다.

즉, 현재 98,058,439원으로 채권을 사면 시장금리 연 4% 하에서 6개월에 한번씩 1,000,000원씩 받고, 만기에 1억원을 상환받게 된다는 것이다. 또 위의 [Case 3]에서는 다른 상황은 동일하지만 중간에 이자지급이 없는 경우의 현재가치로 98,076,923원이다. 즉 중간에 이자지급이 있는 경우가 실제 실효이자가 더 높다는 것(현재가치가 더 낮다는 것)을 알 수 있다. [Case 4]의 경우에 있어서 실제 투자자의 실 수익률은 얼마나 되는지 계산해 보기로 하자.

$$수익률 = (미래가치 / 현재가치 \times 100)으로 단순 계산해 보면,$$
$$= 102,000,000 / 98,058,439$$
$$= 4.02\%$$

여기에서 두 가지를 다시 언급하고 넘어가도록 하자.

첫째, 위에서 나온 4.02%가 투자자 입장에서는 실제 수익률이자, 채권수익률이다. 채권수익률이라는 이 개념은 흔히 "채권금리"라고도 하며, 뉴스 등에서는 함께 혼용되는 표현이다.

둘째, 6개월마다 지급하는 1,000,000원의 의미는 쿠폰금리(표면금리)에 대한 이자라고 하는데, 위의 경우는 표면금리 연 2.0%로 정해졌다는 의미이다. 연 2.0%니까 6개월에 1%씩 지급하는 것이고, 그 금액이 1,000,000원이 된다.

그렇다면 위의 경우는 1년 만기 액면금액 100,000,000원인 채권을 표면금리(쿠폰금리)를 연 2.0%로 하고, 이자는 6개월에 한 번씩 지급하며, 실제 시장금리가 연 4.0%일 때 채권을 발행하는 기준가격이 되는 셈이다.

[Case 5] 위의 경우에서 이제 만기 1억원인 채권을 발행하는데, 시장금리가 연 4%이고, 표면금리를 연 2.0%로 하며, 이자지급은 매 3개월마다 한 번씩 한다면, 현재가치는?

> 현재가치 = 500,000 / (1+0.01)^1 + 500,000 / (1+0.01)^2 + 500,000 / (1+0.01)^3 + (100,000,000 + 500,000) / (1+0.01)^4
> = 98,049,017
>
> ㈜ 분자에 500,000원이 들어가는 이유는 표면금리 2%(연간 2,000,000원)을 4회 분할지급한다는 의미이며, 분모에 0.01(1.0%)가 들어가는 이유는 시장금리 연 4%의 3개월 분(1/4)에 해당하는 금리이다.

즉 매 3개월마다 표면금리 연2%에 해당하는 이자 500,000원을 후급으로 지급하면서 시장금리 수준인 연 4%의 금리를 적용하는 만기 1억원이라는 채권은 현재가치가 98,049,017원이라는 것이다. 채권 발행가격을 98,049,017원으로 결정하면 연 2%의 표면금리(매 3개월에 1%씩 지급)와 연 4%의 시장금리 하에서 1년 후 1억원의 가치와 동일하게 된다는 것이다. 그렇다면 발행회사는 발행가격을 이렇게 표면금리와 시장금리를 기준으로 정했을 때 이 채권이 실제로 시장에서 매매가 될 수 있을까? 여기에 대한 변수는 보유기간 중에 시장금리가 상승하는 시기인지, 하락하는 시기인지, 또 이 발행회사의 신용도가 어떻게 되는지, 다른 대체 투자수단의 존재 여부 등 여러 가지 변수에 의해 영향을 받을 것이다. 안전한 국채라면 기준가격인 현재가치 금액보다 더 높은 가격으로 발행가격을 책정해도 거래가 되겠지만, 신용도가 낮은 회사라면 당연히 위에서 계산했던 현재가치 금액보다 낮아야 구매자가 나타날 것이다.

위의 [Case 5]에서 발행회사의 신용도가 높지 않아 97,000,000원으로 발행가격을 정했다고 해 보자. 이제 97,000,000원으로 투자하는 투자자는 만기에 얼마나 수익이 생길까?

> 미래가치 = 현재원금 × (1+시장금리)

단순하게 보더라도 위의 공식에서 현재원금은 97,000,000원이고, 미래가치는 102,000,000원이 될 것이다. (원금 1억원에 매 3개월씩 5십만원씩 받은 2백만원을 합친 금액이다.) 단순하게 보더라도 5.15% 수준의 수익률이 나온다. 이 채권의 표면금리는 연 2%였는데, 실제 수익률은 5.15%라는 것이다. 이렇게 나오는 수익률의 개념이 "채권수익률", "채권의 시장수익률", "채권 시장금리"라고 한다. 통상 언론이나 뉴스에서 나오는 채권수익률, 채권금리라는 표현은 바로 이 "채권수익률"을 의미한다.

> **참고** 듀레이션(Duration)
>
> 듀레이션의 정의는 "현재가치로 환산한 채권의 가중 평균된 상환기간"이라고 할 수 있다. 현재가치로 환산한 채권의 원금을 회수할 수 있는 기간을 의미하며, 예를 들어 1년 만기 중도이자지급이 없는 채권의 경우 원금회수는 만기가 되어야 하므로, 듀레이션의 값은 1을 보이고, 1년이 있어야 원금이 회수된다는 것이다. 분기마다 이자를 지급하는 3년 만기 채권의 듀레이션(D)의 값은 보통 "2<D<3"의 값을 갖게 된다. 이런 듀레이션 값은 표면금리, 시장금리, 채권수익률, 채권의 만기에 영향을 받는다.
> 일반적으로 듀레이션은 채권의 만기가 길수록 듀레이션은 길어지고, 채권수익률이 낮을수록 듀레이션은 길어지고, 표면금리가 낮을수록 듀레이션은 길어지고, 이자지급빈도가 낮을수록 듀레이션은 길어지고, 중간의 이자지급이 없는 무이표채인 경우 듀레이션은 만기와 일치하게 된다.
> 일반적인 잔존만기로부터 시작하는 채권의 듀레이션 이론은 시장금리 대비 보유중인 채권의 가격(수익률)이 얼마나 적정하냐를 나타내는 민감도 지표로도 활용되며, 대규모 투자자 또는 국가 단위에서는 보유중인 채권의 평균적인 듀레이션을 가지고 채권자산의 포트폴리오를 구성하고 재편성할 수도 있다.

지금까지 언급한 채권에 대한 내용들이 이해가 되었다면 먼저 시장금리와 채권수익률(채권금리)과의 관계를 보도록 하자. 투자자의 입장에서는 은행에 시장금리로 예치를 하든, 채권에 투자하든 모두 수익률에 의존하게 된다. 시장금리보다 채권수익률이 더 높으면 채권에 투자할 것이고, 시장금리보다 채권수익률이 낮으면 은행으로 투자할 것이다. 따라서 시장금리와 채권수익률의 같은 방향으로 움직이며, 시장금리가 상승할 때는 채권수익률도 상승하고, 시장금리가 하락할 때는 채권수익률도 하락하게 된다.
아래 기사내용 일부를 보도록 하자.

> **국고채 3년물 금리 1.72%…2년반만에 기준금리 밑돌아**
> (매일경제, 2019년 3월 / 일부인용)
>
> 한국은행이 기준금리를 인하할 가능성이 있다는 기대감 때문에 국고채 3년물 금리가 2년6개월 만에 기준금리(1.75%)를 밑돌았다. 다만 채권 전문가들은 실제로 한은이 올해 금리를 인하할 가능성은 높지 않다고 보고 있다.
> 27일 금융투자협회 채권정보센터에 따르면 이날 국고채 3년물 금리는 전 거래일보다 4.1bp(1bp=0.01%포인트) 내린 1.722%를 기록했다. 이는 기준금리(1.75%)보다 낮은 수준이다.

위의 기사는 2019년 3월 우리나라 채권시장에 대한 내용을 보여주고 있다. 미국발 장단기 금리 역전현상, 미중 무역전쟁 격화, 국내 경기회복 지연에 따라 한국은행이 기준금리를 인하할 수도 있다는 내용에 따라 3년만기 국고채 금리도 하락하고 있다는 내용이다. 이렇게 시장금리가 하향세면 채권을 발행해서 자본을 조달하기 위해서는 표면금리도 낮아질 수 있고, 이에 따라 채권금리(채권수익률)도 내려갈 수 있다는 기사가 나오고 있는 것이다. 이렇게 시장금리 하락은 채권금리(채권수익률)도 하락시키게 되는 것이 일반적이다.

채권금리(채권수익률)가 낮다(높다)는 것은 유통시장에서 그만큼 채권의 매매가격이 상승한다(하락한다)는 것이다. 시장 금리 하락의 영향으로 채권 발행시장에서 과거 표면금리 2%로 발행하던 것을 이제 1.5%로 발행하게 된다는 것이다. 그러니 채권 유통시장에서는 기존에 표면금리 2%로 발행된 채권 보유자들이 보유채권을 보유하려 할 것이고, 매매를 한다면 가격을 올려서 팔아야 하는 것이다. 이런 이유로 유통시장에서도 시장금리와 채권의 가격은 반비례한다는 의미를 이해해 볼 수 있다. 채권수익률과 표면금리, 시장금리는 같은 방향으로 움직이는 것이 보통이며, 이에 반해 채권가격만 역의 관계가 되는 것이다.

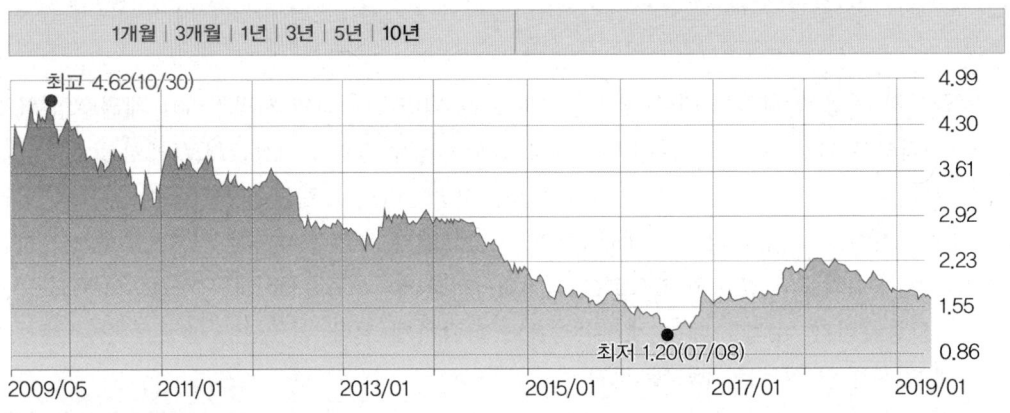

(자료 : 네이버금융)

위의 그래프는 최근 10년간 우리나라 국고채 3년물의 금리(수익률)를 나타내는 그래프이다. 우리나라에서 국고채 3년물은 시장실세금리를 가장 잘 반영하고 있는 지표 중에 은행 등 금융회사에서 참고삼는 중요한 지표 중에 하나이다. 2008년 금융위기 이후 당시 시장금리가 높아지면서 국고채 3년물 금리도 2009년에는 4.62%였던 적도 있었으나, 그 이후 글로벌 양적완화 정책으로 인해 계속 금리는 하락하는 추세를 보여주었고, 2016년 중순 최저 연 1.20%의 금리 수준을 기록하였다. 다시 이후 서서히 글로벌 금리인상의 여파를 타고 국고채 금리(수익률)도 상승하는 추세로 돌아서기도 하였으나, 2018년 미중 무역전쟁과 국내 경기의 영향으로 국고채 금리는 다시 하향세를 보이고 있는 상황이다.
국고채 금리(수익률)가 하락한다는 것은 시중금리가 하락하고 있다는 지표이며, 국고채 가격은 하루하루를 보면 상승할 수도 있고, 하락할 수도 있지만, 추세적인 흐름에서 상승하게 되는 것이 일반적이다.

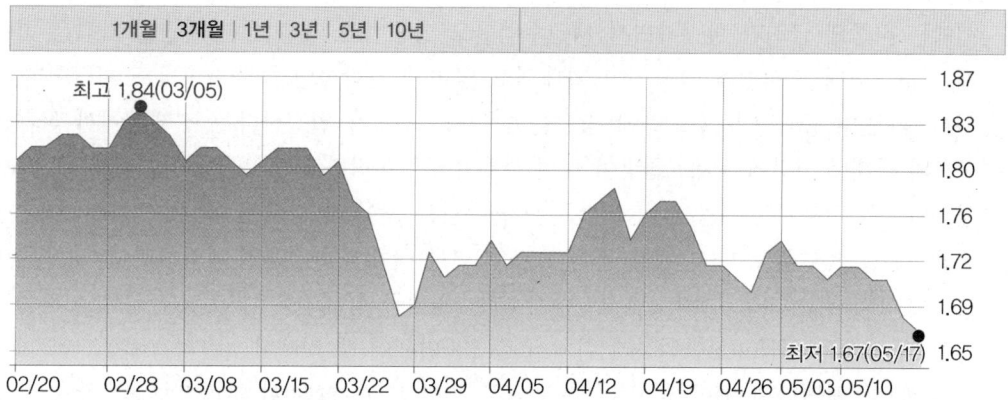

(자료 : 네이버금융)

위의 그래프는 최근 3개월간의 비교적 단기간 국고채 3년물의 수익률(금리)변화를 보여주는 그래프이다. 단기 추세적인 상황은 하락세를 보여주고 있고 이는 미중 무역전쟁 격화에 따른 글로벌 경기불안 심리고조, 국내 경기회복세 지연에 따른 금리인하 요인 상존이라는 이유로 국내 국고채 금리도 상승하지 못하고 하락세를 보이고 있는 상황이라는 점을 알 수 있다.

3. 채권(3) : 채권가격의 결정

채권의 수익률(가격)은 어떤 요인에 의해 결정될까? 크게 채권의 내적요인과 외적요인으로 나눠 영향을 받게 된다. 내적요인을 먼저 보도록 하자.
첫째, 채권의 잔존만기에 영향을 받는다. 잔존만기가 길수록 채권가격의 변동성이 확대되고 수익률은 높아질 수 있다. 반면 잔존만기가 짧을수록 채권가격의 변동성은 적어지고 수익률은 낮아지게 된다.
둘째, 발행주체의 신용위험에 따라 수익률은 영향을 받는다. 신용도가 높은 발행주체의 수익률은 낮고, 신용도가 낮은 발행주체의 채권 수익률은 높아지게 될 것이다. 이런 관점에서 국채는 채권 중에서 수익률이 가장 낮은 채권에 속한다.
셋째, 채권의 유동성에 영향을 받는다. 채권자체의 유동성이 높으면 수익률은 낮아지게 되고, 유동성이 낮으면 수익률은 높아지게 된다. 같은 1억 원이라고 하더라도 1만 원짜리 채권 1만장을 발행하는 것이, 1억 원짜리 채권 1장을 발행하는 것보다 유동성이 높아진다.

다음은 외적 요인을 보도록 하자.
첫째, 채권 수익률은 경기변동에 영향을 받는다. 경기 상승시기에는 전반적으로 실물 경제에 대한 소비와 투자가 활성화되면서 금융시장 투자자금이 실물시장으로 이동하는 경향을 보임에 따라 채권 가격은 하락하고 수익률은 상승하는 구조를 보이게 된다.
둘째, 통화정책과 시중의 유동성 및 시중금리에 영향을 받는다. 기준금리 인상 등 긴축정책 시에는 시중의 금리가 상승하면서 채권수익률도 상승하게 되고 반면 채권의 가격은 하락하게 된다. 반대로 시중의 유동성이 확대되고 금리가 하락하면 채권수익률도 하락한다.
셋째, 채권의 공급량과 수요량에 영향을 받는다. 수요가 일정하다는 전제하에서 국채발행 규모의 확대로 시장에 국채공급량이 늘면 국채가격은 하락하고 수익률은 상승하게 된다. 반면 양적완화의 경우처럼 시중의 국채를 국가가 매입을 많이 하게 되면 국채수익률은 하락한다.
국채 3년물 10년물로 다시 예를 들어 보자. 3년물 국채를 100만원 매입하였고, 표면금리가 10%(연 1회 지급)라고 하면 3년 후 받게 되는 원리금 합계액은 매년 10만원씩 이자를 3회 받고, 만기에는 원금 100만원까지 합쳐서 총 130만원이 될 것이다. (단리 기준) 만약 10년물 채권을 매입하였다면 10년 후 받는 총 원금은 원금 100만원과 이자 100만원을 합쳐 총 200만원이 될 것이다.
10년이라는 장기간의 기간 동안 시장금리도 계속 변동할 텐데, 매입 5년 후부터 시장금리가 5%로 하락하거나 반대로 15%로 상승한다고 해 보자. 투자기간 중에 금리가 하락한다면 10년물 투자자는 상대적으로 이익을 볼 수 있지만, 투자기간 중에 금리가 상승한다면 10년물 투자자는 상대적으로 손실을 보게 될 것이다.
그러면 시장에서 국채 10년물 금리(수익률)이 상승한다는 의미는 무엇일까? 채권금리(수익률)가 상승한다는 것은 채권가격이 하락한다는 것이고, 10년물에 대한 공급보다 수요가 적다는 것이다. 즉 시장에서 10년물 국채가 잘 팔리지 않는다는 것이고, 투자자는 10년물 국채에 투자를 기존에 비해 줄이고 있다는 것이다.
투자자는 이익이 생기면 투자를 할 텐데 10년물 국채에 투자를 줄인다는 것은 지금 국채 10년물을 현재 고시된 수익률로 매입을 하면 기대이익보다 기대손실이 더 크기 때문이라고 생각할 수 있다. 만약 그렇다면 앞으로 10년 내에 시장의 금리가 상승할 요인이 더 크기 때문인 것이다. 다른 조건이 변동이 없을 때 이렇게 10년물 국채금리가 상승한다는 것은 앞으로 10년간 금리는 현재보다 하락할 확률보다 상승할 확률이 높다고 판단할 때 나타나는 현상이다. 그러면서 국채 수요는 10년물보다 3년물 등 단기국채로 이동하면서 3년물 국채금리는 하락하고 10년물 국채금리는 상승하는 현상이 나타날 수 있을 것이다. 이런 상황은 향후 장기적으로 금리가 상승할 것으로 예측되니, 단기투자를 하면서 시장금리 상승 시 상승효과를 누리기 위한 투자방법이라고 할 수 있다.

국채 3년물의 경우도 마찬가지이다. 국채의 공급 등 외부적 여건이 일정한 경우에 앞으로 3년 내에 시장금리가 하락할 것이라고 예측한다면 현재 수익률로 국채 3년물에 대한 투자는 최적의 투자가 될 수 있지만, 3년 내에 시장금리가 상승하는 추세가 될 것으로 예측된다면 3년물 국채수요는 축소되고 3년물 국채가격 하락, 3년물 국채수익률 상승이라는 결과로 이어지게 될 것이다.

이렇게 정해진 만기기간 내에 시장의 금리가 어떻게 변동하게 될 것인지에 대한 예측은 해당 만기물 국채의 수요에 직접적인 영향을 미치게 된다. 향후 10년간 금리가 꾸준히 하락하게 될 것이라는 예측이 시장에 팽배하다면 국채 10년물에 대한 수요가 폭증하여, 10년물 국채 수익률은 하락하고 10년물 국채 가격은 급등하는 현상이 발생하게 될 것이다. 또 반대의 경우로 향후 10년 정도 시장금리가 꾸준히 상승할 것이라는 예측이 시장에서 지배적이라면 장기국채보다는 단기국채 쪽으로 수요가 늘면서 장기국채 수익률과 단기국채 수익률의 차이가 벌어지게 될 것이다.

반면 향후 10년 정도 기간에서 3년 정도까지는 금리가 계속 상승하다가 다시 횡보세를 보일 것이라고 예측하는 경우를 보면, 현재의 국채 수익률 수준에서 3년물 국채보다 10년물 국채 수요가 증가하면서 10년물 국채가격이 상승하고 3년물 국채가격은 하락할 수도 있을 것이다. 또한 국채수익률도 10년물 국채수익률은 상승폭을 줄이고 3년물 국채수익률이 가파르게 상승하는 그래프를 보일 수 있을 것이다.

이렇게 국채수익률의 변동은 해당기간 중의 시장금리 변동에 직접적인 영향을 받으며, 그 외에도 위에서 언급한 것처럼, 국채 공급량, 시장에서의 경기상황에 영향을 받게 될 것이다. 2018년 하반기 당시 미국 국채금리(수익률) 상승은 양적완화 종료와 함께 시중의 통화량 환수를 위한 국채발행 증가, 트럼프 정부의 재정지출 확대를 위한 국채발행 증가 등 시장에 국채 공급량이 증가하면서 가격이 하락하고 수익률이 상승하는 것도 중요한 원인 중에 하나로 지적되고 있다. 그러나 2019년 들어 미국 국채 수익률(금리)는 미중 무역전쟁, 글로벌 정세 불안정 등의 영향으로 하락(국채 가격 상승, 시장금리 하락)하는 상황을 보여주고 있다.

아래 기사를 보도록 하자.

美 국채금리·미국증시 금융주 '곤두박질'…원인은?

(초이스경제, 2019년 5월 / 일부인용)

7일(미국시각) 미국에서는 국채금리가 추락하고 금융주들이 급락했다. 미-중 무역전쟁 공포 심화, 유로존 성장률 전망 하향 등이 이 같은 흐름을 만들어 냈다. CNBC에 따르면 이날 미국 10년물 국채금리는 연 2.45%로 전일 대비 2.02%나 낮아졌다. 2년물 국채금리 역시 2.28%로 하루 전 보다 1.07% 떨어졌다. 국채 금리가 하락했다는 것은 국채 가격이 상승했다는 의미다.

> 미-중 무역전쟁 공포가 심화되면서 안전 자산 중 하나인 국채에 돈이 몰린 하루였다. 이날 다른 안전자산인 금, 일본 엔화의 가치가 오른 것과 맥을 같이했다.

위 기사를 보면 2019년 초부터 미국과 중국의 무역전쟁 심화 우려, 유로존 성장률 전망 하향 조정, 국제정세 불안정 등의 영향으로 투자자금이 안전자산(미 국채)으로 쏠리면서 국채가격이 상승하고 국채금리(수익률)는 하락하고 있다는 기사이다. 국채가격은 상승하고 국채수익률(금리)이 하락하면서 시장금리 하락까지 부추길 수 있다는 내용도 유추해볼 수 있다. 이런 현상이 나타나고 있는 이유는 국제정세 불안정, 미중 무역전쟁 격화에 대한 우려감, 유럽국가들의 경기회복세 지연 등으로 인한 투자불안 요인이 투자심리를 안전자산으로 옮기면서 생기는 현상이라 할 수 있다.

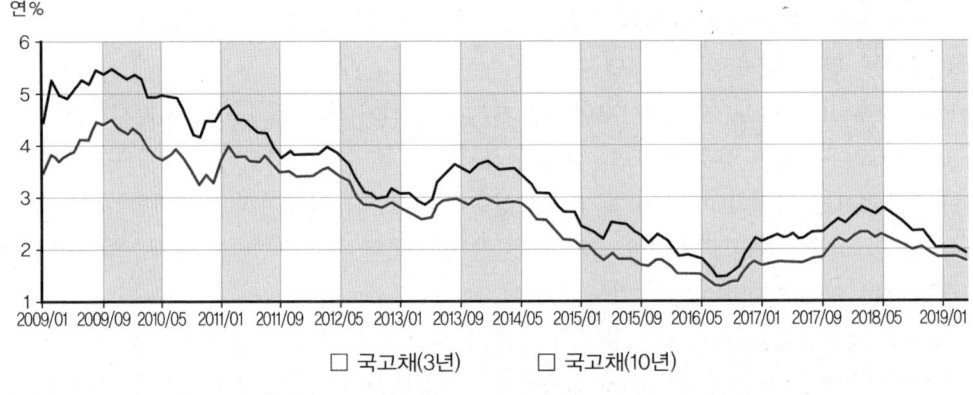

▲ 2008년~2019년까지 국고채 3년물, 10년물 수익률[3]

위의 그래프는 최근 10년간의 우리나라 국고채 수익률을 보여주고 있다. 국고채 금리가 가장 낮았던 2016년 이후 국고채 금리가 상승하다가 2018년부터 다시 하락세를 보이고 있다. 국고채 금리가 상승한다는 것은 시장금리 상승과 함께 국고채 가격은 하락한다는 의미이며, 국고채 금리가 하락한다는 것은 시장금리 하락과 함께 국고채 가격은 상승하고 있다는 의미이다. 2019년 들어 국고채 가격은 상승하고 있다는 것을 볼 수 있는 대목이다.

채권은 자금을 필요로 하는 국가 또는 기업(경우에 따라서는 개인)이 증서를 발행하여 일정기간 경과 후에 증서에 적힌 액면금액을 상환하기로 하고 투자자에게서 자금을 조달하는 수단으로 활용된다. 채권증서에는 액면금액과 상환일이 정해져 있다. 상환일 이전에 일정기간마다 정해진 금리(표면금리)로 이자를 지급하는 채권을 "이표채"라고 하고, 중간에 이자를 별도로 지급하지 않는 종류로 발행되는 채권을 "무이표채(또는 할인채)"라고 한다.

만약 A라는 회사가 1년을 만기로 1만원을 조달하기 위해 무이표채를 발행한다고 해보자. 무이표채니까 별도의 중간 이자는 지급하지 않고 1년 후 상환일에 가서 액면금액인 1만원을

---

[3] 자료 : 한국은행

지급한다는 것이다. 이때 시장이자율(대표적으로 은행의 정기예금 이자율)이 연 10%라고 하면 투자자는 1만원짜리 채권을 얼마로 투자해야 하느냐에 대한 문제이다. 이때 채권의 가격은 어떻게 결정되어야 할까? 현재투자금액은 채권가격의 기준이 되며, 다른 변수들을 고려하지 않을 경우 이론적인 채권가격이 될 수도 있다. 공식은 아래와 같다.

- ■ 만기후금액 = 현재투자금액 + (현재투자금액 × 1년간의 이자율)
- → 만기후금액 = 현재투자금액 × (1 + 1년간의 이자율)
- → 1만원 = 현재투자금액 × (1 + 0.10%)
- → 현재투자금액 = 1만원 / 1.10%
- → 현재투자금액 = 9,090.9원

즉 시장이자율이 10%라고 하면 투자자는 현재 채권가격이 최소한 9,090.9원보다 낮지 않는 이상 이 채권에 투자하지 않으려 할 것이다. 여기에는 추가로 발행주체의 신용도에도 영향을 받게 되며, 만기가 얼마나 멀리 있냐에 따라서도 영향을 받게 된다. 위의 계산에서 보면 다른 변수들은 고려하지 않더라도 일단 가장 민감하게 영향을 받는 것은 시장의 금리 부분임을 알 수 있다. 위의 사례에서는 현재투자금액이 다른 변수를 고려하지 않을 경우 현재의 채권가격이 되어야 할 것이다.

위의 사례에서 만약 시장금리가 하락한다고 해 보자. 현재 연 10.0%에서 연 5.0%로 하락한다면 채권가격은 상승하게 될 것이다. 반대로 시장금리가 상승한다면 채권가격은 하락할 것이다. 위의 경우에서 만약 채권 가격이 9,000원이라면 투자자는 9,000원을 투자하여 만기에 1만원을 상환 받게 된다. 이 투자자의 수익률은 연 11.1%가 된다. 물론 다른 리스크 요인을 감안하지 않았을 경우이다. 공식은 투자수익 1,000원을 투자원금 9,000원으로 나누면 된다. (공식 : 1,000원 / 9,000원 = 11.1%)

여기서 현재가치와 미래가치에 대한 중요한 공식이 나오게 되며, 채권에서 미래가치는 만기상환원금이 되며 현재가치는 시장금리만을 고려한 이론적인 채권가격이 된다.

- ■ 미래가치(F) = 현재가치(P) × (1+r), (r=시장금리)
- ■ 현재가치(P) = 미래가치(F) / (1+r), (r=시장금리)

이제 동일한 시장금리(연 10.0%) 하에서 무이표채가 아니라 이표채를 발행한다고 해 보자. 1년 후에 1만원의 액면금액을 상환하기로 하고, 표면금리 연 4.0%의 금리로 매 3개월마다 액면금액에 대해 이자를 지급한다고 해 보자. 연 4.0%를 지급하고 3개월마다 한번씩 지급하면 매 3개월마다 1.0%씩 이자를 지급한다는 것이고, 투자자는 액면금액 10,000원에 대해 매 3개월마다 100원씩 이자를 받게 된다는 것이다. (표면금리는 이자지급 금리를 말하며, 이자지급에만 영향을 미친다. 현재가치로 할인되는 금액은 항상 시장금리가 활용된다.)

위의 공식에 의하면 3개월 후의 미래가치 이자 100원은 현재가치(P)로 환산하면 아래와 같다. 현재가치(Present Value)는 "P"로, 미래가치(Future Value)는 "F"로 표시한다.

> P=100원 / (1.025)
> * 연 10.0%의 시장금리는 매 3개월마다 2.5%로 환산됨

6개월 후에 받는 이자 100원은 현재가치로 아래와 같이 계산된다. 3개월 단위로 재투자가 되기 때문에 아래와 같이 표시되며, 세부공식은 생략하도록 한다.

> P=100원 / (1.025)^2
> * 연 10.0%의 시장금리는 매 3개월마다 2.5%로 환산됨

이런 식으로 9개월 후의 100원의 현재가치, 12개월(만기) 후에는 액면원금 1만원을 상환받고 마지막 이자 100원까지 받게 되는데, 모두 현재가치로 환산하면 아래와 같이 계산할 수 있다. 만기를 1년으로 정하고 3개월(1년의 1/4) 단위로 이자를 지급하는 방식으로 계산하고 있으며, 만약 만기가 4년이고 이자를 1년단위로 지급한다면 항상 연금리를 기준으로 동일한 방식으로 계산할 수 있다.

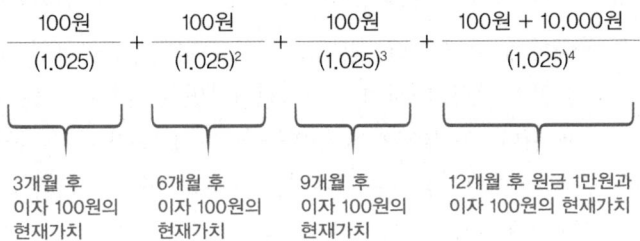

만약 이 채권의 만기가 4년이고 이자지급을 매 1년 단위로 하며, 표면금리는 연 4.0%이고 시장금리가 연 5.0%라면, 이 채권의 현재가치는 아래와 같은 공식으로 구해진다. 시장금리인 연 5.0라는 기준만 바뀔 뿐이지, 다른 내용은 변동이 없음을 볼 수 있다. (표면금리는 발행인이 투자자에게 이자지급의 기준이 되는 금리이며, 시장금리는 현재가치와 수익률을 판단하는 기준이 된다.)

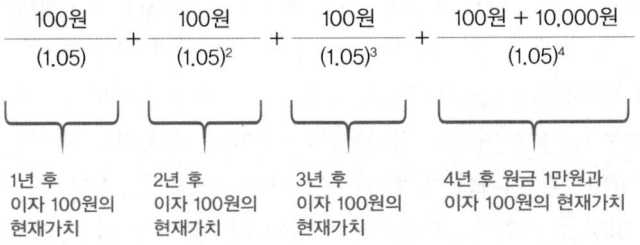

실제로 계산을 해 보면 위쪽 1년 만기로 매 3개월마다 이자를 지급하는 경우의 현재가치 계산이 9,435.7원이 된다. 즉 투자자의 입장에서 발행주체의 신용도나 기타 조건을 고려하지 않은 채 시장금리만을 고려한다면, 이 채권의 발행가격은 9,435.7원이 되어야 한다는 의미이다. 신용도나 다른 변수가 작용하지 않는다면 9,435.7원 이하에서 가격이 형성되어 투자하면 시장금리보다 높은 수익이 예상되며, 9,435.7원보다 높은가격에서는 굳이 투자 매력이 없다는 의미이기도 하다. 이 계산을 표로 나타내면 아래와 같다.

경과기간	3개월	6개월	9개월	12개월
이자 및 원금	100	100	100	100+10,000
이자 현재가치 (A)	97.56	95.18	92.86	90.60
원금 현재가치 (B)				9,059.51
채권 현재가치 (A+B)				9,435.70
할인(할증)액				564.30

즉 1만원이 액면가 원금인 위의 채권은 표면금리 4.0%, 시장금리가 10.0%라면 발행금액이 9,435.70원이 되어야 한다는 것이다. 위에서도 언급했지만 여기에 발행주체의 신용도, 시장금리 변동 상황, 만기까지의 기간 등 다른 변수들이 추가로 작용하게 되지만, 가장 중요한 변수인 시장금리, 표면금리만을 고려한 내용이다. 다른 변수들이 안정적이라는 전제하에 투자자는 이 채권을 9,435.70원 이하에서는 투자를 할 것이지만, 그 가격 이상으로 형성이 된다면 정상적인 투자자라면 투자를 꺼리게 될 것이다. 그리고 이때 할인액은 564.30원이 되며, 이렇게 할인되어 발행되는 채권을 "할인발행채권(할인채)"라고 한다.

위의 경우는 표면금리(연 4.0%)가 시장금리(연 10.0%)보다 낮은 경우였는데, 이번에는 표면금리가 시장금리보다 높은 경우를 보도록 하자. 위의 경우와 동일한 만기 1년짜리, 액면금액 1만원이고, 표면금리가 10.0%, 시장금리가 4.0%라면 어떻게 될까?

3개월 후에 표면금리 하에서 받는 첫 이자는 250원이 될 것이다. 1만원의 10%인 1천원을 3개월씩 나눠 지급하는 구조이다. 따라서 아래와 같은 구조가 될 것이다.

P = 250원 / (1.01)
* 연 4.0%의 시장금리는 매 3개월마다 1.0%로 환산됨

이런 방식으로 이자지급이 매 3개월마다 이루어지고, 만기에 원금 1만원까지 상환이 된다면 다음과 같은 결론이 도출된다.

경과기간	3개월	6개월	9개월	12개월
이자	250	250	250	250
원금				10,000
이자 현재가치	247.52	245.07	242.65	240.25
원금 현재가치				9,609.80
채권 현재가치				10,585.29
할인(할증)액				(585.29)

상환일에 1만원을 상환해야 하는 채권이 현재가치가 10,585.29원이 계산이 되며, 현재가치가 만기 액면금액을 상회하는 결과가 나오게 된다. 이렇게 표면금리가 시장금리를 상회하여 액면가보다 높은 발행가격을 형성하게 되고, 발행가격을 액면금액보다 높게 책정하는 경우를 "채권의 할증발행"이라고 한다. 채권의 할인발행은 "시장금리 > 표면금리"의 경우에, 채권의 할증발행은 "시장금리 < 표면금리"의 경우에 일어나게 된다.

4. 채권(4) : 채권과 장단기금리차

미국의 경우 장기 시장금리를 대표하는 지수는 10년 만기 미국 국채이고, 단기 시장금리를 대표하는 지수는 2년 만기 국채이다. 우리나라의 경우에는 장기금리는 10년 만기 국고채 금리가, 단기금리는 2년 만기 국고채가 없기 때문에 3년 만기 국고채가 대표적인 지표로 대신하고 있다. 또 장단기 금리 차에 대한 지표는 건설수주액, 종합주가지수, 소비자기대물가지수 등과 함께 경기선행지수로도 중요하게 활용되고 있다.

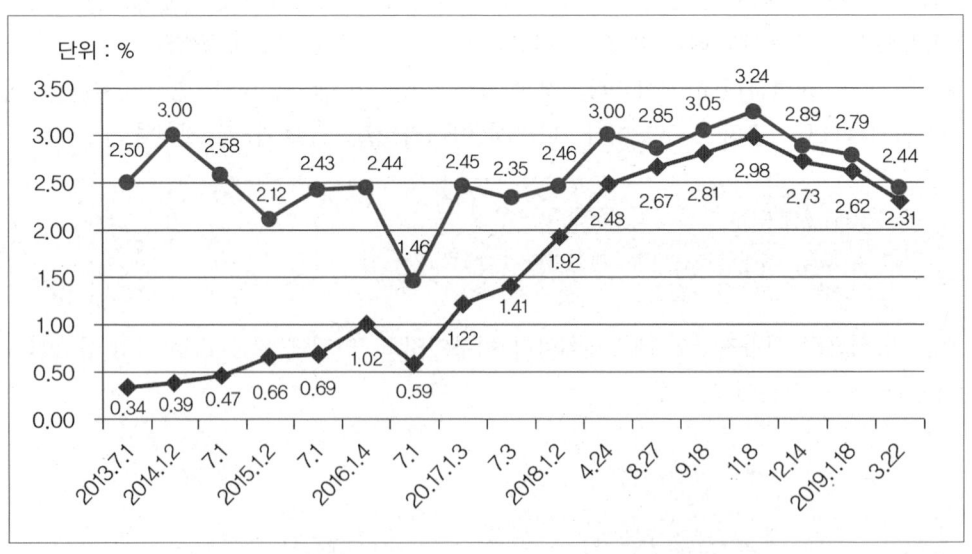

▲ 美 국채 2년물과 10년물의 금리 변동 추이[4]

위의 자료는 2013년 이후 약 5년 6개월간의 미국 2년 만기 국채와 10년 만기 국채 금리(수익률)를 나타낸 그래프이다. 미국이 2013년부터 양적완화 종료 신호를 보내기 시작하였고, 본격적으로 금리를 인상한 것은 2015년 12월부터였다는 점을 생각해보면 실제로 2013년부터 현재까지 장단기 금리차이는 계속 줄어들고 있음을 볼 수 있다. 차이가 가장 컸을 때가 2014년 초 약 2.6%포인트 정도였는데, 2019년 3월 현재 0.13%포인트로 격차가 줄어들고 있음을 볼 수 있다. 실제로 2019년 3월에는 미국의 10년물 국채와 3개월물 국채(초단기) 금리는 역전현상이 발생하기도 하였으나 아직 10년물 국채(대표적 장기금리)와 2년물 국채(대표적 단기금리) 금리의 역전현상은 일어나지 않고 있다.

장기국채 금리는 국채 유통시장에 참여하는 주체들의 장기적인 경기전망에 영향을 받는다. 즉 국채를 매입하는 주체가 장기적으로 경기가 호전되고 금리가 상승(국채가격 하락)할 것이라고 판단하면 현재 국채시장에서 장기 국채를 매입하지 않고 대기 포지션을 취할 것이다. 그러면 수요가 줄어드는 장기국채는 수익률은 상승하면서 가격은 하락하게 될 것이다. 반대로 장기적으로 경기가 악화되고 금리가 하락(국채가격 상승)할 것이라고 판단하면 현재 국채시장에서 장기 국채를 매입하면서 장기 국채 가격을 인상시키고 수익률은 하락시키는 일이 발생하게 될 것이다. 이렇게 장기국채(미국의 경우 10년 만기 국채)는 장기적인 경기전망과 금리전망이 현재의 수익률과 가격에 결정적인 영향을 미치게 된다.

반면 단기국채 금리는 상황이 조금 다르다. 장기적인 금리나 경기전망보다는 주로 단기적인 정책당국의 통화정책, 금리정책에 영향을 더 받게 된다. 미국에서 연준이 금리인상을 하면 금리인상이 장기적으로 경제에 영향을 어떻게 미칠지는 아직 불확실하기 때문에, 단기적으로 대출금리, 예금금리, 할부금리 등 단기금융시장에서 영향을 주로 미치며, 이 부분이 단기 국채시장에도 영향을 미치게 된다는 것이다. 즉 미국 연준이 연방기금금리를 인상하면 단기 국채시장으로도 영향을 미치면서 단기 국채인 2년 만기 국채 금리(수익률)을 끌어올리게 되고, 반대로 금리를 인하하면 2년 만기 국채금리도 내려가는 현상이 벌어지게 되는 것이다. 금리는 "화폐의 기간에 대한 금전적 가치"이기 때문에 금리는 기간이 지남에 따라 우상향할 수밖에 없는 속성을 가지고 있다. 따라서 장기 국채금리도 어떤 각도로든 우상향하는 그래프가 정상적인 경제상황에서 나타날 수 있는 가장 정상적인 경우라고 할 수 있다. 그런데 위의 그래프의 형태와 같이 횡보하는 현상은 무엇을 의미하는가? 시장에서 경제주체들이 장기 경제전망에 대해 긍정적이지 않다는 예측을 하고 있다는 것이다. 만약 경제주체들이 장기 경제전망을 긍정적으로 예측한다면 경제가 활성화되고, 생산과 소비가 늘게 되고, 물가안정을 위한 금리도 따라서 인상되는 예측을 했어야 하는데, 그렇지 못하기 때문에 위와 같이 장기 금리가 인상도, 인하도 아닌 횡보현상을 보여주고 있는 것이다.

이에 반해 단기국채 금리(수익률)가 소폭이나마 우상향하는 것은 주로 단기 금융정책, 연준의 금리인상에 영향을 많이 받기 때문이라 볼 수 있다. 단기적으로는 시장의 변화에 부응하

---

4) 자료 : 조세일보, 2019년 3월

기 위해 연준의 금리인상에 대해 은행, 부동산, 실물시장, 주식시장, 채권시장 등에서도 반응을 하면서 금리가 인상되는 모습을 보이고 있지만, 경제주체들은 장기적인 관점에서는 단기적인 변화에 부응하는 경제전망을 밝지 않게 가지고 있다는 점을 위의 그래프에서 볼 수 있는 것이다.

과거 2004년경에 미국 연준에서 그린스펀 의장은 물가안정을 위해 연방기금금리를 약 1년 6개월 동안 3.75%포인트를 인상시켰던 적이 있다. 이는 경기호조에 따른 물가안정을 위해 취한 연준의 통화정책 조치였다. 이렇게 연준에서 금리를 인상시키게 되면 시장에서는 우선적으로 단기금리가 인상이 되면서 장기금리도 따라 올라가고, 금리 인상은 시중의 유동성을 줄이면서 소비가 안정되고 물가도 안정되는 그런 전달경로를 계획하면서 금리를 인상시킨 것인데, 정작 당시 미국 시장에서는 급격한 정책금리의 인상에도 불구하고 장기 금리인 10년 만기 국채금리는 0.2%포인트 정도밖에 상승하지 않았던 적이 있다. 이를 두고 그린스펀 의장은 "왜 이럴까?"라며 궁금하다고 하여, 이를 "그린스펀의 수수께끼"라고 불렀다.

시간이 지나서 당시 발생했던 경제현상들을 살펴보니 당시 외환보유액이 풍부했던 중국 등 다른 나라들이 미국의 국채를 대량 매입하였다는 사실이 드러나게 되었다. 중국 등 외국들은 미국 금리가 다시 낮아질 것으로(미국 국채가격이 높아질 것으로) 예측하고 미국에서 발행하는 장기국채를 대량으로 매입하였던 것이다. 10년 만기 국채수요가 증가하면서 국채가격은 올라가고 국채금리(수익률)는 올라가지 못하고 이 때문에 정책금리를 그렇게 많이 올렸는데도 불구하고 10년 만기 국채금리는 0.2%포인트밖에 올라가지 못하였다는 사실을 발견하게 된 것이다. 이로써 그린스펀의 수수께끼는 풀렸던 일이 있다.

현재 미국의 장단기 금리차가 위의 그래프에서 보았듯이 저렇게 좁혀지고 있다면, 앞으로 10년물 국채금리와 2년물 국채금리의 차이로 주로 설명하는 장단기 금리차이가 역전되는 현상도 발생할 수 있지 않을까?

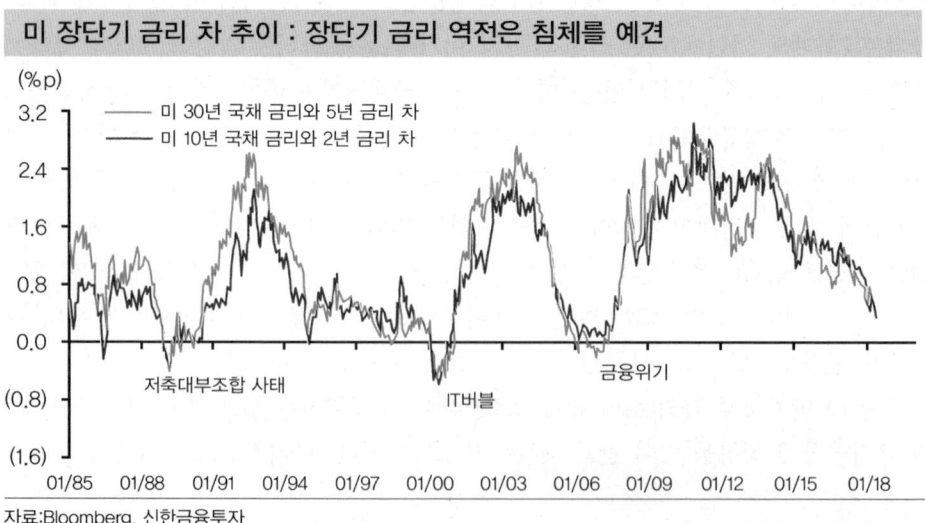

자료:Bloomberg, 신한금융투자

위의 그래프에서 은색 선은 10년 만기 국채와 2년 만기 국채의 금리차이를 나타낸 것이다. 금리가아기 X축인 0점 밑으로 하회하는 때가 단기금리가 장기금리보다 높았던 때이다. 미국에서는 1989~1990년 사이, 2000년 닷컴버블이라고 할 때, 2008년 금융위기 시기가 거의 장기금리와 단기금리 차이가 없거나, 단기금리가 장기금리보다 높았던 시기라고 그래프에서는 보여주고 있다. 또 현재 2014년 이후 2019년 상반기까지 계속 장단기 금리차이는 갭을 줄이고 있음을 볼 수 있고, X축을 곧 지나칠 것 같다는 예측이 나오기도 한다. 또 한편에서는 현재 미국의 장단기금리차가 축소되는 현상은 경기적인 일시적 현상이라고 예측을 하기도 한다.

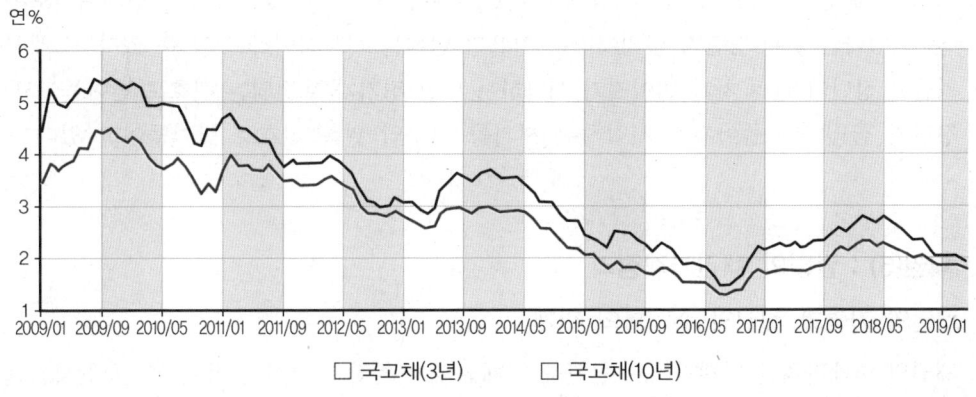

(자료 : 한국은행)

위의 그래프는 우리나라 3년 만기 국고채 금리와 10년 만기 국고채 금리의 2008년부터 2019년 초까지의 변화 그래프이다. 2016년 중순 한국은행 기준금리가 연1.25%로 역사상 최저 금리를 기록할 때 3년 만기 국고채 금리와 10년 만기 국고채 금리도 역사상 저점을 기록하면서 우리나라에서 장단기금리차를 축소시키기도 하였으나, 그 이후 다행히 금리역전 현상은 없고 2019년 현재 두 국고채 금리는 그 차이를 좁히고 있는 상황이다.

미국의 경우 10년 만기 국채와 2년 만기 국채금리가 역전되는 현상이 곧 발생할 수도 있다고 하여, 2020년에 금융위기설을 예측하는 전문가들도 있고, 2015년 12월 이후 정책금리 인상이 계속되는 미국이 단기금리가 장기금리를 역전시키는 현상을 방지하기 위해 3% 수준까지는 인상하더라도 더 이상은 인상하지 못할 것이라는 예측을 하기도 한다. 정책금리 인상은 단기 채권시장에 영향을 주기 때문인데, 장기금리가 안정적으로 우상향하지 못한 상황에서 단기 정책금리만 계속 상승시키면 결국 시장에서 단기 금리가 장기금리를 교차하는 현상이 발생하게 되고 금융시장이 불안해질 수 있기 때문이다.

장단기 금리차가 축소된다고 해서 당장 경기침체나 주식시장 혼란을 초래하지는 않는다. 전문가들은 금리차 축소 자체가 경기침체를 초래하기보다는 금리차 축소는 경기둔화의 신호가 될 수 있어 예의주시해야 할 상황이라고 언급하고 있다. 미국의 장단기 금리차 축소는 단기

금리가 장기금리보다 가파르게 상승했기 때문에 나타난 결과이다. 단기금리는 인플레이션과 연준의 연방기금금리(기준금리) 인상을 반영하는 반면, 장기금리는 향후 성장의 불확실성과 장기적 경제전망을 반영하기 때문이다. 현재 미국처럼 이런 장단기 금리차 축소 및 역전 위기는 정상적인 경제의 흐름을 보여주지는 못하고 있고, 경기둔화의 징조로 본다.

장단기 금리차의 축소가 지속되거나 단기금리가 장기금리를 추월하게 되면, 특히 단기 금융시장에서 유동성에 문제가 생길 수 있다. 단기금리가 높아지니 단기자금은 은행으로 묶이게 되고 단기자금시장이 경색되면 금융시장 참가자들에게도 신용에 문제가 생길 수 있으며, 이런 현상들이 금융시장의 위기로까지 번질 수 있다는 것이다. 결국 안정적이지 못한 경제상황으로 인해 경제주체들이 금융시장에서 혼란에 빠질 수 있고, 경기침체와 경제위기로까지 번질 수 있다는 것이 장단기 금리차라는 지표가 던지는 시사점이라고 할 수 있다. 그래서 전문가들은 장단기 금리 차가 벌어지기 시작하는 때를 경기가 호전되는 신호로 받아들이고 있고, 장단기 금리차가 좁아지기 시작하는 시기를 경기의 위축 신호로 받아들이고 있다.

5. 채권(5) : 말킬의 채권가격정리

1. 채권의 가격과 채권의 수익률의 관계

채권의 미래가치를 현재가치로 환산해서 채권의 이론적 가격이 결정된다고 했는데, 그 기본 구조는 아래와 같다고 하였다.

- 미래가치(F) = 현재가치(P) × (1+r), (r=시장금리)
- 현재가치(P) = 미래가치(F) / (1+r), (r=시장금리)

채권의 현재가치는 미래가치를 시장금리로 할인한 개념이고, 여기서 시장금리가 상승하면 현재가치는 하락하고, 시장금리가 하락하면 현재가치는 상승하는 기본 구조를 볼 수 있다. 이 내용만으로도 시장금리와 채권의 가격은 반비례한다는 내용을 알 수 있는데, 또 다른 관점에서 시장금리와 채권가격의 관계를 이해해 보도록 하자.

채권의 발행자가 시장금리 5%인 상황에서 1만원짜리 채권을 9,500원에 발행했다고 해보자. 또 현재 이 채권은 채권시장에서 가격을 형성하며 유통되고 있다고 하자. 이 상황에서 시장금리가 상승하면 다른 채권 발행자들은 비슷한 유형의 채권을 발행하여 발행가격을 결정하는데 기존 9,500원으로 발행했던 발행자에 비해 낮은 가격으로 결정하게 될 것이다. 시장금리가 올라가고 있으니 채권의 현재가치는 하락하게 되기 때문이다. 그러면 투자자의 입장에서는 유통시장에서 유통되고 있는 기존 채권과 새로이 발행된 채권 중에서 당연히 가격이 낮은 새로운 채권을 매입하려 할 것이다. 낮은 가격에 투자하여 수익률 효과를 더 기대할 수 있기 때문이다. 이때 기존 9,500원에 발행되어 유통되고 있는 채권은 가격이 떨어질 것이다. 수요가 몰리지 않기 때문이다. 이렇게 채권은 발행시장에서도, 유통시장에서도 시장금리와 역(逆)관계를 형성하게 된다.

2. 잔존기간과 수익률, 채권의 가격변동과의 관계

이 부분은 만기가 많이 남은 채권이 만기가 가까운 채권보다 가격변동이 심하다는 것인데, 사례를 들어 이해해 보도록 하자.

2년만기 채권과 3년만기 채권이 있다. 표면금리 3.0% 이고 시장금리는 10.0%인 상황에서 액면가 1만원짜리 채권을 가정하도록 한다.

경과기간	1년	2년	1년	2년	3년
이자	300.00	300.00	300.00	300.00	300.00
원금		10,000.00			10,000.00
이자 현재가치 (A)	272.73	247.93	272.73	247.93	225.39
원금 현재가치 (B)		8,264.46			7,513.15
채권 현재가치 (A+B)		8,785.12			8,259.20
계산식	- 이자현재가치 1년차 : 300 / (1.1) = 272.73 2년차 : 300 / (1.1)^2 = 247.93 - 원금 현재가치 2년차 : 10,000 / (1.1)^2 = 8,264.46 - 채권 현재가치 : 8,785.12		- 이자현재가치 1년차 : 300 / (1.1) = 272.73 2년차 : 300 / (1.1)^2 = 247.93 3년차 : 300 / (1.1)^3 = 225.39 - 원금 현재가치 3년차 : 10,000 / (1.1)^3 = 7,513.15 - 채권 현재가치 : 8,259.20		

위와 같이 계산해 보면 2년 만기 1만원 액면가격의 채권은 시장이자율 10%, 표면금리 3% 하에서 8,785.12원의 현재가치를 가지며, 3년만기 1만원 액면가격의 채권은 8,259.20원의 현재가치를 가진다. 이제 이 상황에서 시장금리가 10%에서 5%로 하락한다고 해 보자. 시장금리가 하락하니 채권의 가격은 상승하게 될 것이다. 2년만기 채권과 3년만기 채권은 각각 얼마의 가격(현재가치)으로 상승하게 될지에 대한 부분이다.

경과기간	1년	2년	1년	2년	3년
이자	300.00	300.00	300.00	300.00	300.00
원금		10,000.00			10,000.00
이자 현재가치 (A)	285.71	272.11	285.71	272.11	259.15
원금 현재가치 (B)		9,070.29			8,638.38
채권 현재가치 (A+B)		9,628.12			9,455.35

계산식	\- 이자현재가치
	  1년차 : $300 / (1.05) = 285.71$
	  2년차 : $300 / (1.05)^2 = 272.11$
	
	\- 원금 현재가치
	  2년차 : $10,000 / (1.05)^2 = 9,070.29$
	\- 채권 현재가치 : 9,628.12
			\- 이자현재가치
			  1년차 : $300 / (1.05) = 285.71$
			  2년차 : $300 / (1.05)^2 = 272.11$
			  3년차 : $300 / (1.05)^3 = 259.15$
			
			\- 원금 현재가치
			  3년차 : $10,000 / (1.05)^3 = 8,638.38$
			\- 채권 현재가치 : 9,455.35		

위와 같이 계산해 보면 2년 만기 1만원 액면가격의 채권은 시장이자율이 10%에서 5%로 하락할 때 9,628.12원의 현재가치(발행가)를 가지며, 3년만기 1만원 액면가격의 채권은 금리가 하락할 때 9,455.35원의 현재가치를 가진다.

2년만기 채권은 금리하락에 따라 (9,628.12원 - 8,785.12원)인 842.99원의 가격변동을 보인다. 반면 3년만기 채권은 금리하락에 따라 (9,455.35원 - 8,259.20원)인 1,196.15원의 가격변동을 보인다. 즉 시장금리가 하락할 때 채권의 가격은 상승하는데 2년만기 채권의 경우에는 842.99원 만큼 상승하는데 비해, 3년만기 채권은 1,196.15원 만큼 상승한다는 것이다. 이는 잔존기간이 길수록 시장금리 변화에 따른 채권의 가격변동이 커진다는 의미이다. 또 반대로 잔존기간이 짧거나 만기가 가까울수록 시장금리 변동에 대해 가격변동이 작다는 의미로 해석할 수 있다.

3. 잔존기간(만기)에 따른 채권의 가격변동

경제학에서는 "한계효용체감의 법칙"이 있다. 배고플 때 밥을 먹는 첫 숟가락의 효용은 크지만 그 이후로는 효용은 있지만 그 크기가 점점 작아진다는 의미로 해석되기도 한다. 위에서 봤던 사례를 확장하여 시장금리는 현재 5%라고 가정하고, 표면금리는 3% 그대로이며, 액면가는 1만원짜리 채권을 이제 4년만기로 발행한다고 해 보자.

위의 사례에서 2년만기로 발행할 경우에는 채권가격이 9,628.12원으로 계산되고, 3년만기로 발행할 경우 9,455.35원으로 발행하게 된다. 동일한 방식으로 4년만기로 발행하면 계산은 다음과 같을 것이다.

경과기간	1년	2년	3년	4년
이자	300.00	300.00	300.00	300.00
원금				10,000.00
이자 현재가치 (A)	285.71	272.11	259.15	246.81
원금 현재가치 (B)				8,227.02
채권 현재가치 (A+B)				9,290.81
계산식	<td colspan="4">- 이자현재가치 　1년차 : $300/(1.05) = 285.7$ 　2년차 : $300/(1.05)^2 = 272.11$ 　3년차 : $300/(1.05)^3 = 259.15$ 　4년차 : $300/(1.05)^4 = 246.81$ - 원금 현재가치 　4년차 : $10,000/(1.05)^4 = 8,227.02$ - 채권 현재가치 : 9,290.81</td>

이런 방식으로 다시 5년차까지 계산해 보면 아래와 같은 표를 만들어 볼 수 있다.

구분	2년만기	3년만기	4년만기	5년만기
현재가치	9,628.12원	9,455.35원	9,290.81원	9,134.10원
기간차액	-	172.77원	164.54원	156.71원

2년만기에서 3년만기로 바꾸는 데 채권의 가격은 172.77원이 하락한다. 기간이 길어질수록 현재가치(현재가)가 하락한다는 것인데, 그 차액이 172.77원이라는 것이다. 그런데 3년에서 4년으로 기간을 1년 늘리는데는 164.54원이 하락하고, 4년만기에서 5년만기로 변경하면 현재가치가 156.71원이 하락한다. 이 하락폭이 기간이 길어질수록 줄어든다는 의미이다. 잔존기간이 길어질수록 채권가격은 하락하는데 그 변동률은 체감한다는 것이다. 또 할증발행의 경우에도 잔존만기가 길어질수록 동일한 시장금리, 표면금리 하에서 현재가치의 변동률은 체감하게 된다.

4. 시장이자율(수익률) 변동에 따른 채권가격의 변동

시장이자율이 하락하거나 상승할 때 채권의 가격은 어떻게 변동하느냐에 대한 특성을 보도록 하자. 위에서 봤던 사례로 다시 보도록 하는데, 시장금리 10%하에서 액면가 1만원짜리 채권으로 표면금리 3%로 발행하고 만기는 2년으로 한다. 이 상황에서 시장금리가 5% 상승할 때 채권의 가격은 하락할텐데 얼마나 하락하는지, 또 시장금리가 동일한 폭인 5% 하락할 때 채권가격은 상승할텐데 얼마나 상승하는지 보도록 하자.

구분	시장금리 10%		시장금리 15%		시장금리 5%	
	1년	2년	1년	2년	1년	2년
이자	300.00	300.00	300.00	300.00	300.00	300.00
원금		1,0000.00		10,000.00		10,000.00
이자 현재가치	272.73	247.93	260.87	226.84	285.71	272.11
원금 현재가치		8,264.46		7,561.44		9,070.29
채권 현재가치		8,785.12		8,049.15		9,628.12

위의 표를 보면 시장금리 10%일 때 이 채권의 현재가치는 8,785.12원인데, 시장금리가 15%로 5%포인트 상승하게 되면 채권가격은 8,049.15원으로 하락한다는 것이다. 가격이 하락하는 폭은 735.97원이다. 그런데 시장금리 10%에서 동일하게 시장금리가 5%포인트 하락하여 시장금리가 5%가 되었다면 채권의 가치는 9,628.12원으로 상승하며, 그 상승폭은 842.99원이 됨을 볼 수 있다. 특정 시장이자율에서 동일한 폭으로 금리가 상승하거나 하락할 때 채권의 가격의 변동이 달라지는 것이다. 이를 "채권의 볼록성"이라고 한다.

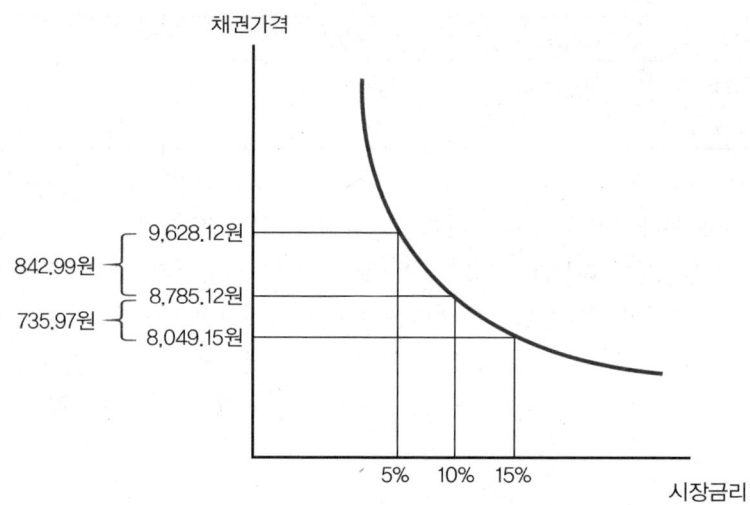

5. 표면이자율과 채권가격과의 관계

투자자의 입장에서 채권의 수익률은 만기까지 보유하는데 따르는 시장이자율에 의한 수익과 표면금리에 의한 기간별 이자수익의 합으로 나타난다. 일정한 수익률을 전제할 때 표면금리가 높다는 것은 그만큼 시장이자율에 의한 수익이 줄어든다는 것을 의미할 것이다.

위에서 봐 왔던 사례와 같이 계속 계산해 보도록 하자. 액면가 1만원, 만기 2년, 시장이자율 10%인 상태에서 표면금리가 2%라면 아래 표 (A)열의 경우가 될 것이다. (B)열은 동일한 조건에서 시장이자율이 15%로 상승하였을 경우이며, (C)열은 동일한 조건에서 시장이자율이 5%로 하락한 경우이다.

구분	시장금리 10% (A)		시장금리 15% (B)		시장금리 5% (C)	
	1년	2년	1년	2년	1년	2년
이자	200.00	200.00	200.00	200.00	200.00	200.00
원금		1,0000.00		10,000.00		10,000.00
이자 현재가치	181.82	165.29	173.91	151.23	190.48	181.41
원금 현재가치		8,264.46		7,561.44		9,070.29
채권 현재가치		8,611.57 (a)		7,886.58 (b)		9,442.18 (c)

이제 동일한 기준으로 표면금리가 4%인 경우를 표로 만들어 보자.

구분	시장금리 10% (A')		시장금리 15% (B')		시장금리 5% (C')	
	1년	2년	1년	2년	1년	2년
이자	400.00	400.00	400.00	400.00	400.00	400.00
원금		1,0000.00		10,000.00		10,000.00
이자 현재가치	363.64	330.58	347.83	302.46	380.95	362.81
원금 현재가치		8,264.46		7,561.44		9,070.29
채권 현재가치		8,958.68 (a')		8,211.72 (b')		9,814.06 (c')

표면금리가 2%인 경우 위의 표에서 시장금리가 5%포인트 상승했을 때 채권가격의 변동은 (a)-(b)로 계산이 될 것이며, 이 값이 724.99원이 된다. 또 시장금리가 5%포인트 하락하였을 경우에는 (a)-(c)로 계산하며 이번에는 채권가격이 830.61원이 상승하게 된다. 이 변동금액이 기준금액인 8,611.57원(a)에 대해 비율로 환산하면 각각 8.418%, 9.645%가 된다. 이번에는 표면금리가 4%인 경우 아래쪽 표를 보면 시장금리가 5%포인트 상승했을 때 채권가격의 변동은 (a')-(b')로 계산이 될 것이며, 이 값이 746.96원이 된다. 또 시장금리가 5%포인트 하락하였을 경우에는 (a')-(c')로 계산하며 이번에는 채권가격이 855.38원이 상승하게 된다. 이 변동금액이 기준금액인 8,958.68원(a')에 대해 비율로 환산하면 각각 8.338%, 9.548%가 된다.

다른 조건이 변동이 없을 경우 표면금리가 낮은 경우가 일정 시장금리 변동에 대해 채권가격 변동비율이 크다는 것을 알 수 있다. 반면 표면금리가 높은 경우에는 표면금리가 낮은 경우에 비해 시장금리 변동에 따른 채권가격 변동비율이 상대적으로 적다는 것을 알 수 있다. 이렇게 다른 조건이 일정할 경우 표면금리가 낮은 채권은 표면금리가 높은 채권에 비해 시장금리(시장수익률) 변동에 대한 채권가격 변동비율이 크다는 점을 알 수 있다.

이상 다섯 가지 채권의 속성에 대해 정리를 해 보았다. 위에서 정리한 다섯 가지의 채권의 속성이 채권으로 유명한 "말킬의 채권가격정리"에 대한 내용이다. 말킬의 채권가격정리 5법칙을 이제 보도록 하자. 지금까지 공부했던 내용들이 모두 5가지 채권가격정리로 정리되어 있다.

> 1. 채권가격과 채권의 수익률은 역의 관계를 가진다.
> 2. 채권의 잔존만기가 길수록 시장금리 변동에 대한 가격변동률은 커지며, 잔존만기가 짧을수록 시장금리 변동에 대한 가격변동률은 작아진다.
> 3. 잔존기간이 길어짐으로 인한 가격변동률은 체감한다.
> 4. 시장금리와 채권가격은 볼록성을 가지며, 시장금리 하락시에 채권가격의 변동폭이 시장금리 상승시 채권가격의 변동폭보다 크다.
> 5. 표면이자율이 높을수록 시장금리 변동에 따른 채권가격의 변동률은 작아지며, 표면이자율이 낮을수록 시장금리 변동에 따른 채권가격 변동률이 커진다.

PART 04 은행업무와 직무지식

1. 재무제표(1) : 재무제표의 종류와 이해

이론적인 관점에서 기업의 4대 재무제표라고 하면 재무상태표(대차대조표), 손익계산서, 현금흐름표, 이익잉여금처분계산서를 말한다. 실제로 은행권의 여신업무, 여신심사분석에서는 기업의 재무제표가 아주 많이 활용되기도 한다. 기업의 4대 재무제표에 대한 정의와 개념부터 보기로 하자.

> **참고** 4대 재무제표
> 1. 재무상태표(대차대조표) : 특정 시점에 기업이 보유하고 있는 자산, 부채, 자본에 대한 회계정보를 나타내는 회계보고서이다.
> 2. 손익계산서 : 일정 기간 동안 기업의 경영이나 영업성과를 나타내는 회계보고서이다.
> 3. 현금흐름표 : 일정 기간 동안 당기순이익을 포함한 기업의 현금흐름을 나타내는 회계보고서로 크게 영업활동으로 인한 현금흐름, 재무활동으로 인한 현금흐름, 투자활동으로 인한 현금흐름으로 구성된다.
> 4. 이익잉여금처분계산서 : 손익계산서에 나타나는 당기순이익(또는 결손금)이 어떻게 분배되고 있는지를 알려주는 회계보고서로, 결손시에는 "결손금처리계산서"로 보고된다.

재무상태표와 손익계산서에 대해서는 기본적으로 은행이나 기업에서의 회계, 재무 파트지원 시에 필기시험, 면접질문에 자주 나오는 내용이기도 하다. 특히 재무상태표와 손익계산서의 정의와 차이점에 대해 질문이 자주 나오는데, 재무상태표와 손익계산서의 차이점은 "특정 시점"이라고 하는 "Stock(일정 시점의 잔액)" 개념인지, "일정 기간 동안"이라고 하는 "Flow(일정기간의 흐름)" 개념인지가 두 회계보고서 차이의 핵심이라고 할 수 있다.

보통 기업은 1년에 한 번 "결산기"를 두게 되는데, 어느 시점을 결산시점으로 할 것인지를 먼저 정한다. 12월 말을 결산시점으로 두는 기업이 가장 많으며, 경우에 따라서는 3월 말, 6월 말, 9월 말을 결산기로 두는 기업들도 있다. 12월 말을 결산기로 두는 경우를 보면, 매년 12월 31일자 해당 기업의 예금, 재고자산, 거래처 외상금, 매출채권 등을 일제히 조사하여 12월 31일 현재 최종 잔액을 확정한다. 또 1월 1일부터 12월 31일까지 매출액 합계, 비용 합계, 은행 이자납부액 합계, 인건비 합계 등 해당 기간 중의 모든 회계 과정을 확정짓는 작업을 하게 되는데, 이를 기업체에서는 "결산업무"라고 하고, 주로 자금, 회계, 재무담당 부서에서 이 업무를 담당한다.

기업의 결산과 관련해서 기업의 규모에 따라 약식으로 세무사나 회계사의 결산서로 대체하는 경우가 있고, 해당 기업으로부터 독립된 외부감사인을 선정하여 결산을 받아야 하는 경우로 나뉜다. 외부감사인를 받아야 하는 경우를 "외부감사대상법인"이라 하고 줄여서 "외감대상법인"이라고도 한다. 이를 규정하는 법률은 "주식회사의 외부감사에 관한 법률"이며, 현재 동 법률에서 외부감사인을 선정하여 외부감사를 받아야 하는 경우를 아래와 같이 정하고 있다.

1. 직전 사업연도 말의 자산총액이 120억원 이상인 주식회사
2. 직전 사업연도 말의 부채총액이 70억원 이상이고 자산총액이 70억원 이상인 주식회사
3. 직전 사업연도 말의 종업원 수가 300명 이상이고 자산총액이 70억원 이상인 주식회사

재무상태표
(제 ○○기 20××년 12월 31일 현재)

주식회사 AAA (단위 : 원)

계정과목	금액	계정과목	금액
자산		부채	
유동자산	1,300	유동부채	1,000
현금 및 현금성 자산	200	매입채무	100
기타 금융자산	200	단기차입금	200
매출채권	300	유동성 장기차입금	200
기타채권	200	충당부채	200
재고자산	100	당기법인세 부채	100
당기법인제자산	200	기타 유동부채	200
기타 유동자산	100	비유동부채	300
비유동자산	700	장기차입금	100
장기 금융자산	100	확정급여부채	200
유형자산	200		
무형자산	200	부채 총계	1,300
기타 금융자산	100	자본	
기타 비유동자산	100		
		자본금	300
		자본잉여금	100
		자기주식	100
		기타손익누계액	100
		이익잉여금	100
		자본총계	700
자산 총계	2,000	**부채와 자본 총계**	2,000

재무상태표는 위와 같은 구조로 이루어져 있다. 왼쪽(차변)에는 자산이 기록되고, 오른쪽(대변)에는 부채와 자본이 기록되며, 항상 자산총계와 부채 및 자본총계는 일치하여야 한다.

이를 "대차평균의 원리" 또는 "대차대조표 등식"이라고도 한다.
자산과 부채, 자본의 주요 구성내용은 아래와 같다.

> ■ 자산, 부채, 자본의 구성과 계정과목
> 1. 자산
>   1) 유동자산
>   (1) 당좌자산 : 현금, 현금등가물, 단기금융상품, 단기매매증권, 선급금, 단기대여금, 미수금, 미수수익, 선급비용 등
>   (2) 재고자산 : 상품, 제품, 재공품, 원재료, 저장품 등
>   2) 비유동자산
>   (1) 투자자산 : 장기금융상품, 장기투자증권, 투자부동산 등
>   (2) 유형자산 : 토지, 건물, 구축물, 기계장치, 차량운반구, 비품, 건설중인자산 등
>   (3) 무형자산 : 산업재산권, 개발비, 광업권, 어업권, 특허권 등
>   (4) 기타 비유동자산
> 2. 부채
>   1) 유동부채 : 매입채무, 단기차입금, 미지급금, 선수금, 예수금, 미지급비용, 선수수익 등
>   2) 비유동부채 : 회사채, 장기차입금, 장기성매입채무, 퇴직급여충당금 등
> 3. 자본
>   1) 자본금 : 보통주자본금, 우선주자본금 등
>   2) 자본잉여금 : 주식발행초과금, 기타자본잉여금 등
>   3) 자본조정 : 자기주식, 주식할인발행차금, 주식매수선택권, 자기주식처분손실 등
>   4) 이익잉여금 : 법정적립금, 임의적립금, 미처분이익잉여금 등

재무상태표의 대변(부채, 자본)에서는 "어떤 방식으로 자금을 조달하였는지"에 대한 내용이 기록된다면, 차변(자산)에서는 조달된 자금을 "어디에 어떻게 사용하고 있는지"가 기록되고 있다. 그래서 재무상태표를 보면 기업의 일정시점(결산시점)을 기준으로 자금의 조달, 부채의 현황 등 자금조달부분과 이 자금을 자산적인 측면에서는 무슨 기계를 사고, 상품이나 제품 등 재고품은 얼마나 남아있고, 부동산이나 기계기구는 얼마나 보유하고 있는지 등을 알 수 있게 된다.

재무상태표에서 은행에서 중요하게 생각하는 항목들은 많겠지만, 대변에서는 자본금 구조와 부채구조가 중요하다. 회사규모에 비해 자본금 규모가 적절한지에 대한 판단, 기업이 자금을 조달하는데 장기부채가 많은지, 단기부채가 많은지, 또 재무제표 주석을 통해 알아야 할 정보이지만 부채는 주로 1금융권에서 차입하고 있는지, 2금융권에서 차입하고 있는지, 차입금리는 얼마 정도인지 등에 대한 정보는 이기업의 재무건전성에서 중요한 부분이라고 할 수 있을 것이다.

또 자산이 있는 차변에서는 현금성 유동자산(언제든지 현금화시킬 수 있는 긴급 유동자산)이 얼마나 되는지, 상품이나 제품을 만든 후 판매되지 않은 재고자산은 얼마나 많은지, 기업의 규모나 영업방향에 비해 부동산 자산은 얼마나 보유하고 있는지, 거래처에 판매를 하고 난 외상매출금 또는 매출채권은 얼마나 보유하고 있는지, 외부로부터 상환 받아야 할 채권 중에서는 단기채권이 많은지, 장기채권이 많은지 등에 대한 정보는 기업의 재무건전성을 파악하는 데 역시 중요한 정보가 될 것이다.

손익계산서
(제 ○○기 20××년 1월 1일 ~ 20××년 12월 31일)

주식회사 AAA (단위 : 원)

계정과목	금액
매출액	1,000
매출원가	800
매출이익	200
판매비와 일반관리비	100
인건비	50
복리후생비	20
임차료	10
수도광열비	10
감가상각비	10
영업이익	100
영업외수익	15
이자수익	10
잡이익	5
영업외비용	10
이자비용	6
잡비용	4
법인세차감전순이익	85
법인세 등	8
당기순이익	77

손익계산서는 위와 같은 구조로 이루어져 있다. 재무상태표는 결산기인 20XX년 12월 31일 현재라는 특정시점(결산기)을 기준으로 하고 있지만, 손익계산서는 20XX년 1월 1일부터 12월 31일까지라는 일정기간을 기준으로 하고 있다는 점이다. 위에서 설명한 재무상태표가 특정시점의 "Stock"개념인데 반해, 손익계산서는 일정기간의 흐름을 나타내는 "Flow"의 개념인 것이다.

손익계산서는 아래와 같은 구조를 가지고 있다는 점을 눈에 익혀 두도록 하자.

```
            매출액
          - 매출원가
          ─────────────
          = 매출이익
          - 판매비와 일반관리비
          ─────────────
          = 영업이익
          + 영업외수익 - 영업외비용
          ─────────────
          = 법인세차감전순이익
          - 법인세 등
          ─────────────
          = 당기순이익
```

기업에 대출을 해줘야 하는 은행의 입장에서 기업의 매출액과 당기순이익은 아주 중요한 의사결정 판단지표가 될 것이다. 거기에 매출원가 비중은 얼마나 높은지, 인건비나 관리비는 얼마나 건전한지, 비용구조가 너무 높은 건 아닌지, 금융회사에 대출을 받은 대출이자는 얼마나 비중을 차지하는지, 최종적인 당기순이익은 플러스(+)인지, 마이너스(-)인지 등에 대한 정보를 손익계산서를 통해 알 수 있다. 특히 2015년부터 좀비기업이라고 해서 영업이익으로 은행 대출이자(금융비용)을 감당하지 못하는 기업들을 칭했던 용어가 있다. 이 부분이 손익계산서를 보면 영업이익과 그 아래 영업외비용인 대출이자(금융비용)를 통해서 알 수 있는 부분이다. 또 은행에서는 한 기업의 재무자료만 보고 분석을 하는 것이 아니라, 동종업종, 경쟁기업, 산업평균 등 다양한 자료를 가지고 비교분석하면서 특정 기업에 대해 여신금액과 여신가능성 등을 결정하는 데 재무제표가 중요하게 활용되고 있다.

현금흐름표
(제 ○○기 20××년 1월 1일 ~ 20××년 12월 31일)

주식회사 AAA   (단위 : 원)

계정과목	금액
영업활동으로 인한 현금흐름	120
당기순이익	77
법인세비용차감전 계속사업이익	0
현금유출이 없는 비용등 가산	23
(현금유입이 없는 수익등 차감)	-20
영업활동으로 인한 자산부채변동	20
영업에서 창출된 현금흐름	10
기타영업활동으로 인한 현금흐름	10
투자활동으로 인한 현금흐름	20
투자활동으로 인한 현금유입액	25
(투자활동으로 인한 현금유출액)	-15
기타투자활동으로 인한 현금흐름	10
재무활동으로 인한 현금흐름	45
재무활동으로 인한 현금유입액	50
(재무활동으로 인한 현금유출액)	-10
기타재무활동으로 인한 현금흐름	5
현금 및 현금성자산의 증감	185
기초현금 및 현금성자산	50
기말현금 및 현금성자산	235

현금흐름표는 위의 그림과 같은 구조로 구성된다. 우선 손익계산서와 마찬가지로 20XX년 1월 1일~20XX년 12월 31일까지의 기간 동안 일어나는 현금흐름의 변화를 보이며, 일정기간(Flow)의 개념으로 일정시점(Stock)의 개념이 아닌 회계보고서이다.

현금흐름표의 구성은 크게 세 부분으로 나뉜다. 영업활동으로 인한 현금흐름, 투자활동으로 인한 현금흐름, 재무활동으로 인한 현금흐름이다. 영업활동으로 인한 현금흐름은 손익계산서의 마지막 항목인 당기순이익에서부터 출발한다. 당기순이익이 현금 또는 현금성자산으로 언제든지 현금화가 가능한 재원이 된다는 전제하에, 여기에서 영업활동과 관련해서 어떤 현금흐름이 있었는지를 보여주게 된다. 투자활동은 보증금, 금융자산 투자 등의 활동이 있을 수 있는데, 이런 활동으로 인해 현금이 얼마나 증감변동이 있었는지를 볼 수 있다. 재무활동은 장기대여금, 단기대여금, 기업대출, 주식발행, 채권발행 등의 활동을 통해 발생하는 현금의 증감변동을 알 수 있다.

기업의 현금흐름의 변화는 이렇게 세 가지 활동(영업활동, 투자활동, 재무활동)으로 발생하게 되며, 이 활동들을 거쳐 최종적으로 증감변동한 현금과 기초현금을 합쳐 기말현금으로 기록하게 된다. 따라서 맨 마지막의 기말현금은 재무상태표의 유동자산에 기록되는 현금과 일치해야 한다.

현금흐름표는 기업의 재무분석에서 여러가지 이유로 인해 중요하게 부각되고 있다. 첫째, 세 활동분야의 균형과 조화가 얼마나 이루어지고 있느냐에 대한 문제, 특히 영업활동으로 인한 현금흐름이 얼마나 건전하고 양호한지에 대한 문제가 고스란히 드러난다. 둘째, 불필요한 현금지출을 수반하는 투자활동이 이루어지고 있는지, 투자자산에 대한 투자이윤의 회수는 적절히 이루어지고 있는지에 대한 내용을 알 수 있다. 셋째, 재무활동은 주로 금융적 활동인데 대출이자, 사채이자 등 금융비용으로 현금이 얼마나 지출되고 있는지, 또 반대로 현금이 유입되는 재무활동을 하기도 하는지 등의 정보들이 나타나게 된다. 결국 유동성의 최첨단에 있는 기업의 보유현금이 얼마나 되는지, 현금보유량이 적절한지에 대한 판단이 이루어지게 된다.

"영업활동으로 인한 현금흐름"은 본업에서 얼마나 이익을 내고 있는지를 보여준다. 견실하게 성장하는 기업이라면 이익의 증가와 함께 현금도 증가한다. 이익을 올려 성장하는 기업이라면 보통 영업 현금흐름이 플러스가 되어야 한다. 이 숫자가 매년 꾸준하게 증가하고 있다면 바람직한 현금흐름을 보이고 있다고 할 수 있다.

"투자활동으로 인한 현금흐름"은 설비투자나 M&A 자금 등에 들인 자금상황을 파악할 수 있다. 설비 등에 돈을 투자하는 것이므로 투자 현금흐름은 마이너스가 되는 것이 보통이다. 이 현금흐름이 플러스가 된다는 것은 투자자금을 회수하고 있다는 의미가 되기 때문이다. 또한 금액뿐만 아니라 "어디에 투자하였는지"도 관심을 가져야 한다. 예를 들어 설비투자가 자사를 위한 투자라고 한다면, 투자 상품 매입은 타사에 대한 투자가 된다. 둘 다 투자라는 점에서는 다르지 않지만, 타사보다 자사에 투자하는 기업의 성장 잠재력이 높다고 할 수 있다.

"재무활동으로 인한 현금흐름"에서는 영업활동, 투자활동을 한 후에 현금이 남으면 그것을 부채상환에 충당할 수 있는데, 이런 현금흐름의 결과가 나타난다. 부채를 신규로 일으켰는지, 아니면 기존의 부채를 상환하고 있는지가 나타나며, 부채를 신규로 차입하고 있는 기업은 이 현금흐름이 플러스 값을 가지게 되고, 부채를 상환하고 있는 경우에는 마이너스 값을 가지게 된다.

보통의 경우 현금흐름표가 바람직한 구조를 가지기 위해서는 영업활동 현금흐름이 플러스(+), 투자활동 현금흐름이 마이너스(-), 재무활동 현금흐름이 마이너스(-) 값을 갖는 경우라고 전문가들은 말한다. 반면 영업활동 현금흐름에서 (-), 투자활동 현금흐름에서 (+), 재무활동 현금흐름에서 (+) 값을 가진다면 이 기업은 영업에서 발생한 손실을 투자자산 처분과 은행 부채를 통해 조달하고 있다는 것이 된다. 이렇게 현금흐름표는 전체적인 구성이 어떻게 되는지도 중요한 분석의 방법이 되기도 한다.

이익잉여금처분계산서
(제 ○○기 20××년 1월 1일 ~ 20××년 12월 31일)

주식회사 AAA (단위 : 원)

계정과목	금액
미처분 이익잉여금	153
전기이월 이익잉여금	80
전기오류수정이익	5
전기오류수정손실	3
미지급배당금	−10
당기순이익	75
임의적립금 등의 이입액	0
이입액	0
합계	153
이익잉여금 처분액	90
이익준비금	20
기업합리화적립금	20
배당금	10
사업확장적립금	20
배당평균적립금	20
차기이월 미처분 이익잉여금	63

기업의 영업활동 결과 손익계산서 마지막 항목에는 이익이 발생할 수도 있고, 손실이 발생할 수도 있다. 이익이 발생할 경우에는 이익잉여금을 회계처리 기준에 의해 어떻게 처리하고 있는지, 손실이 나고 있다면 손실은 어떻게 처리하고 있는지를 나타내는 표가 "이익잉여금처리계산서" 또는 "결손금처리계산서"이다. 보통의 경우라면 기업에서 이익잉여금이 발생하는 것이 바람직하지만, 불경기나 내외부적인 경제여건, 기업의 영업활동 여부에 따라 손실이 발생하기도 한다. 이익잉여금처분계산서를 통해서는 발생한 이익잉여금을 합리적인 회계기준에 의거해서 적절하게 처리하고 있는지를 볼 수 있게 된다.

이익잉여금처분계산서도 손익계산서나 현금흐름표와 마찬가지로 일정시점(Stock)의 개념이 아니라 일정기간(Flow)의 개념에 의한 회계보고서이다. 이익잉여금처분계산서를 보면 기업이 적절히 배당을 하고 있는지, 미래 사업을 위해 적절한 적립금을 쌓고 있는지, 이익에 대한 유보율은 적절한지, 이익잉여금을 투자활동으로 좀 더 활용해야 하는 것은 아닌지 등의 정보들을 파악할 수 있게 된다. 은행의 입장에서는 4대 재무제표 중에서 그나마 중요도가 조금은 떨어지는 회계보고서이며, 은행의 기업대출 업무에서는 재무상태표, 손익계산서, 현금흐름표를 가장 많이 분석하고 있다.

2. 재무제표(2) : 재무제표와 각종 재무비율

재무분석은 일반적인 장점으로는 기업의 재무제표를 구하는데 비용이 들지 않고, 계산이 어렵지 않아 적은 비용으로 기업의 지급능력, 안정성, 활동성, 수익성 등 다양한 정보를 파악해 볼 수 있다는 점을 들 수 있다. 반면 단점으로는 과거의 정보를 바탕으로 평가하고 있기 때문에 미래에 대한 예측이 어렵고, 기업간 비교를 위한 표준비교치를 만들기는 어렵다는 점, 재무비율에 대한 분석만으로는 기업경영에 대한 종합적인 분석이 쉽지 않다는 점을 들 수 있다.

1. 안정성 비율 (또는 유동성 비율)

안정성 비율 또는 유동성비율은 주로 재무상태표와 손익계산서를 통해서 분석이 가능하며, 기업이 단기 채무를 감당할 수 있는 여력, 경기변동과 같은 갑작스러운 상황에 대비할 수 있는 능력을 분석할 때 주로 사용된다.

■ 유동비율

> 유동비율(%) = 유동자산 / 유동부채 × 100

기업 단기부채를 상환하거나 감당해낼 수 있는 능력을 파악하는 데 주로 활용되는 지표이다. 건전하다는 평가를 받기 위해서는 100% 이상 유지해야하며, 200% 이상이면 상당히 양호한 상황이라고 볼 수 있다. 반면 자산의 규모(비상시 현금화할 수 있는 유동자산)보다 부채(비상시 1차적으로 상환해야 하는 부채)의 흐름이 더 크다면, 즉 유동비율이 100%보다 작다면 건전하지 못한 상환능력을 보유하고 있다고 평가하게 된다.

■ 당좌비율

> 당좌비율(%) = 당좌자산 / 유동부채 × 100
> = (유동자산 − 재고자산) / 유동부채 × 100

유동자산은 당좌자산과 재고자산으로 구성된다. 유동자산 중에서도 가장 현금화가 빨리 가능한 당좌자산(현금, 예금, 매출채권 등)이 유동부채 대비 얼마나 비중을 차지하는지에 대한 비율이다. 비상시 즉시 현금화가 가능한 자산이 즉시 상환해야 할 부채 대비 얼마나 비중을 차지하는지에 대한 지표로 높으면 높을수록 안정성이 양호하다고 할 수 있다.

■ 부채비율

> 부채비율(%) = 부채총액 / 자본총액 × 100

기업의 전체적인 재무구조를 파악할 수 있는 비율로, 자본총액 중에서 부채총액이 얼마나 차지하는지에 대한 비율로 평가한다. 부채비율은 낮을수록 좋지만, 경기가 호황일 경우 부채비율이 높더라도 레버리지 효과로 인해 부채를 통한 수익도 많이 낼 수 있기 때문에 시장 상황을 고려하여 판단해야 하며, 특히 동종업종 평균지표라든지 경쟁기업의 상황과 비교하면서 판단하는 것이 중요하다.

■ 순운전자본 대 총자본비율

$$순운전자본\ 대\ 총자본비율(\%) = 순운전자본\ /\ 총자본 \times 100$$
$$= (유동자산 - 유동부채)\ /\ 총자본 \times 100$$

순운전자본은 유동자산에서 유동부채를 차감하여 계산하며, 순운전자본은 실제적으로 단기간에 운용할 수 있는 자본을 나타낸다고 할 수 있다. 즉 실제적인 차원에서 단기간에 운용할 수 있는 자본의 크기가 총자본에서 차지하는 비율을 의미한다. 비율이 높을수록 안정성이 우수하다고 평가할 수 있다.

■ 매입채무 대 재고자산비율

$$매입채무\ 대\ 재고자산비율(\%) = 매입채무\ /\ 재고자산 \times 100$$

매입채무란 기업이 상품이나 재료를 외상으로 매입하는 경우 발생하는 채무이다. 즉 "외상매입금"이라고 할 수 있는데, 재고자산은 재료, 재공품, 완제품 등의 형태로 기업이 상품 판매 전의 단계로 보유하고 있는 자산을 의미한다. 따라서 이 비율이 높으면 판매해야 할 자산 가치대비 상환해야 할 부채의 가치가 높다는 의미로 안정성적인 측면에서 바람직스럽지 않다고 판단할 수 있다.

■ 이자보상비율

$$이자보상비율(\%) = 영업이익\ /\ 금융이자비용 \times 100$$

영업이익과 부채로부터 발생하는 금융이자비용을 비교해서, 금융이자 비용이 얼마나 부담이 되고 있는지, 영업이익은 금융이자 비용을 상환하는 데 충분한지 등의 안정성을 평가해 볼 수 있는 지표이다. 이자보상비율이 높을수록 이자비용을 감당하기에 충분한 영업이익을 만들고 있다는 의미이고, 반면 이자보상비율이 1보다 작다면 영업이익으로 이자비용도 감당하지 못한다는 의미로 기업이 영업이익 구조, 금융부채 구조에 문제가 있다고 평가할 수 있다. 실제로 2015년부터 2016년 사이 우리나라 대기업들의 구조조정 과정에서 이자보상비율이 1보다 낮은 기업들을 "좀비기업"이라고 칭하며, 구조조정 대상기업으로 선정하는 사례도 있었다.

2. 수익성 비율

기업이 자산이나 자본을 수익을 창출하는데 있어서 효율적으로 활용하고 있는지를 나타내는 지표라고 할 수 있다.

■ 총자산순이익율(ROA, Return on Assets)

> ROA(%) = 당기순이익 / 총자산 × 100

총자산이란 부채와 자본의 합계를 말한다. ROA는 자산총액 대비 얼마나 수익을 창출하고 있는지를 평가하는 지표로, 기업 경영의 대표적인 수익성 지표로 활용되고 있으며, 높으면 높을수록 수익성이 양호하다고 해석한다. 특히 동종업종대비 비교, 경쟁기업 비교 등은 유용하게 활용되고 있다.

■ 자기자본이익율(ROE, Return on Equity)

> ROE(%) = 당기순이익 / 자기자본 × 100

자기자본은 총자산에서 부채를 차감한 기업의 자본을 말한다. 기업이 자본금을 투자하여 자본금 대비 수익을 얼마나 창출하고 있는지를 나타내는 지표이다. 주식투자를 하고자하는 주주들의 입장에서는 특히 자본금 대비 당기순이익 비중인 ROE가 중요한 투자지표가 될 수 있다. 이 비율은 높으면 높을수록 수익성이 양호하다고 해석한다.

■ 매출액 순이익률

> 매출액 순이익률(%) = 당기순이익 / 매출액 × 100

매출액 대비 당기순이익의 비중이 얼마나 높은지를 나타내는 지표이다. 이 비율이 높다는 것은 손익계산서의 구조상 매출액과 당기순이익 중간에 있는 비용규모가 적다는 의미로, 비용의 효율성, 수익의 효율성을 나타내는 지표로 활용된다. 비율이 높을수록 수익성이 양호하다고 해석한다.

■ 매출액 영업이익률

> 매출액 영업이익률(%) = 영업이익 / 매출액 × 100

매출액 대비 영업이익의 비중이 얼마나 높은지를 나타내는 지표이다. 영업이익은 매출액에서 매출원가, 일반관리비, 판매비, 인건비 등을 차감한 이익으로, 기업의 주된 영업활동을 통해 발생한 이익을 말한다. 비율이 높을수록 수익성이 양호하다고 해석한다.

■ EBT, EBIT, EBITDA

- EBT : Earning Before Tax
- EBIT : Earning Before Interest, Tax
- EBITDA : Earning Before Interest, Tax, Depreciation & Amortization

이 용어들은 미국 등 글로벌 기업들의 손익계산서 구조에서 나오는 개념이다. 손익계산서 구조에서 외국에서는 마지막 당기순이익 바로 위에 세금(Tax)이 있고, 그 위에 금융비용인 이자(Interest)가 있고, 또 그 위에 감가상각(Depreciation & Amortization)이 있다. 아래 예시를 보자.

Income Statement for the Year Ending December 31, 2009	
Sales Revenue	$ 1,000,000
Salaries	(100,000)
Rent & Utilities	(100,000)
Depreciation	(50,000)
Operating Profit(EBIT)	$ 750,000
Interest Expense	(50,000)
Earnings Before Taxes (EBT)	$ 700,000
Taxes	(100,000)
Net Income	$ 600,000

위의 손익계산서(Income Statement)를 보면, 매출액(Sales)에서 급여, 관리비, 감가상각을 차감한 이익을 영업이익(Operating Profit, EBIT)라고 표현한다. 즉 EBIT는 당기순이익에서 이자와 세금을 더한 금액이 된다. EBIT에서 이자(Interest)를 차감하면 EBT가 된다. 또 EBT에서 마지막으로 세금(Tax)를 차감하면 당기순이익(Net Income)이 계산된다.

3. 활동성 비율

자산이나 매출액 등에 대한 주기를 평가하는 지표이다. 주로 "회전율"이라는 의미로 표현되며, 기업 활동이 얼마나 빠르게 움직이고 있는지를 나타내는 지표로 활용된다.

■ 총자산회전율

총자산회전율(회) = 매출액 / 총자산

매출액을 만들어내는데 총자산이 얼마나 빨리 회전하고 있는지를 나타내는 지표이다. 기업이 매출을 올리기 위해 자산을 얼마나 효율적으로 활용하고 있는지를 평가할 수 있고, 이 비율은 높으면 높을수록 활동성이 양호하다고 평가할 수 있다.

■ 재고자산회전율

> 재고재산회전율(회) = 매출액 / 재고자산
> 재고자산회전기간(일) = (재고자산×365일) / 매출액

재고자산이 얼마나 빨리 매출로 연결되고 있는지, 즉 판매되고 있는지를 알 수 있는 지표이다. 재고자산회전율이 높을수록 재고자산이 누적될 틈이 없이 빨리 매출로 연결되고 있다는 의미로 해석할 수 있고, 이 비율이 높을수록 활동성이 양호하다고 해석할 수 있다. 또한 재고자산이 통상 몇 일만에 1회전을 하게 되는지에 대한 공식도 재고자산회전기간을 통해 평가해 볼 수 있다.

■ 매출채권회전율

> 매출채권회전율(회) = 매출액 / 매출채권
> 매출채권회전기간(일) = (매출채권×365일) / 매출액

매출채권이란 기업이 외상으로 상품이나 제품을 판매한 대금을 말한다. 따라서 재고자산회전율의 경우와 같이 매출채권이 얼마나 빨리 매출액으로 연결되고 있는지를 나타내는 지표라고 할 수 있다. 매출채권이 낮고 매출액이 높을수록 회전율은 높아지며, 이 비율이 높을수록 기업의 활동성이 양호하다고 평가할 수 있다. 또한 매출채권이 통상 몇 일만에 1회전을 하게 되는지에 대한 공식도 매출채권회전기간을 통해 평가해 볼 수 있다.

4. 현금흐름표를 활용한 재무비율 분석

위에서 본 각종 안정성(유동성), 활동성, 수익성 비율들을 현금흐름표를 활용해서 간접적으로 분석해 볼 수도 있다.

■ 현금흐름표를 활용한 유동부채비율

> 유동부채비율(%) = 영업활동으로 인한 현금흐름 / 유동부채 × 100

기업의 부채에 대한 단기지급능력을 평가하는 지표로, 기업이 연중의 영업활동에서 획득하는 현금흐름이 유동부채에 비해 얼마만큼의 비중이 되는지를 분석해 볼 수 있다.

■ 현금흐름표를 활용한 총부채비율

> 총부채비율(%) = 영업활동으로 인한 현금흐름 / 총부채 × 100

기업의 총부채에서 영업활동으로 인한 현금흐름이 차지하는 비중이며, 또 기업의 모든 부채를 상환하는 데 있어서 영업활동으로 인한 현금흐름이 얼마나 충분한 상황인지에 대해 평가해 볼 수 있는 지표이다.

■ 현금흐름표를 활용한 이자보상비율

> 이자보상비율(%) = 영업활동으로 인한 현금흐름 / 순이자지급액 × 100

이자보상비율이란 당해 기업의 이자지급능력이 어느 정도인지 분석하는 비율이다. 현금흐름표(영업활동현금흐름)로도 이자보상비율을 위와 같이 참고로 계산하고 평가해 볼 수 있다.

3. 비은행 금융기업의 자본건전성 기준

은행의 BIS자기자본비율은 은행의 대출 등 위험자산에 위험(Risk)의 정도에 따른 가중치를 부여하여 위험가중자산 합계를 구한 후, 위험가중자산 대비 자기자본을 얼마나 충분히 보유하고 있는지를 나타내는 비율로 은행권의 대표적인 자본건전성을 측정하는 지표로 활용된다. 은행의 BIS비율은 특정 은행이 위험가중자산 대비 얼마나 자본의 건전성을 유지하고 있는지를 보여주는 지표인 것이다.

보험회사는 고객들이 가입하고 납부하는 보험료로 자금을 운용하고 운용자금을 재원으로 궁극적으로 보험만기 또는 보험사고시에 고객에게 보험료를 지급하는 구조가 기본 영업구조이다. 보험회사의 경우에는 자금운용의 건전성을 보는 대표적인 지표로 RBC비율이라는 개념을 활용한다. RBC비율(Risk-Based Capital ratio, 지급여력비율)은 보험계약자인 고객들이 일시에 보험금 지급을 요청하였을 때 보험사가 일시에 보험금을 지급할 수 있는 여력을 얼마나 가지고 있는지를 지표로 계산한 개념이다.

증권회사와 같은 금융투자업계의 경우에는 고객들이 주식, 채권, 파생상품 등 위험상품에 투자를 하게 되는데, 금융투자회사 고객들이 보유하고 있는 위험자산 대비 금융투자회사가 보유하고 있는 자본의 규모를 일정수준 이상 유지하도록 하는 규제를 사용하는데, 이를 "순자본비율(NCR, Net Capital Ratio)"이라고 한다. NCR 비율은 각종 금융상품을 다루는 금융투자업(증권회사)에서 회사가 가지고 있는 위험수준별 위험액을 산정하고, 현재 보유중인 자본대비 그 위험 자산 비율이 얼마나 되는지를 체크하여 일정 수준을 유지하도록 하는 규제이다.

■ 보험회사의 지급여력비율(RBC비율, Risk-Based Capital ratio)
- 공식 : RBC비율 = 가용자본 / 요구자본
  = 지급여력 가용자본 / 지급여력 기준금액
  = 전체 보험계약자가 보험금을 요구할 때 이를 가용자본으로 지급할 수 있는 여력
- 국제기준에서는 100%를 상회하도록 기준을 정하고 있지만, 국내에서 금융감독원은 각 보험사에 150% 이상을 유지하도록 권고하고 있다. 국내 생명보험사들은 2018년말 현재 평균 250~300% 수준의 RBC비율을 기록하고 있다.
- 2018년 현재 원가기준의 RBC비율로 계산하지만 2021년부터 IFRS17 기준 도입으로 시가방식의 신RBC 비율을 적용하는 "신 지급여력제도(K-ICS)"의 적용를 받게 된다. 2018년 하반기 현재 K-ICS 기준도입을 준비중에 있으며, 시가방식 기준으로 RBC비율을 환산하면 국내 보험사들은 현재보다 평균 100%포인트 가깝게 RBC비율이 하락할 수도 있다는 예측을 하고 있다.

■ 금융투자회사의 순자본비율(NCR비율, Net Capital Ratio)
- 증권사의 순자본비율 : (영업용순자본 - 총위험액) / 필요유지자기자본
- 자산운용사, 신탁사의 영업용순자본비율 : (영업용순자본) / 총위험액
- 금융투자업계는 1종 금융투자업자(증권사)와 2종 금융투자업자(자산운용사, 신탁사 등)의 경우를 나눠 증권사는 "순자본비율"이라고 부르고, 자산운영사와 신탁사 등에서는 "영업용순자본비율"이라고 부르며, 공식도 조금 다르게 운영하고 있다.
- 증권사의 순자본비율, 자산운용사 등의 영업용순자본비율은 높을수록 재무상태가 건전하다고 할 수 있으며, 우리나라의 경우 1종 금융투자업자인 증권사는 순자본비율을 100% 이상을 감독당국에서 권고하고 있고, 2종 금융투자업자에는 150%의 영업용순자본비율을 권고하고 있다.

구분	건전성 기준	산출 방식	적기시정조치		
			권고	요구	명령
1종 금융투자업자 (증권사)	순자본비율 (新NCR)	(영업용순자본 - 총위험액) / 필요유지자기자본	100%	50%	0%
2종 금융투자업자 (자산운용사, 신탁사)	영업용순자본비율 (現NCR)	영업용순자본 / 총위험액	150%	120%	100%

(자료 : 금융위원회, 2016년 9월)

대출을 주된 업으로 영위하는 카드사, 캐피털사, 리스사 등 여신전문금융회사(이하, 여전사)와 여전사를 대표하는 카드사의 경우에도 은행의 BIS자기자본비율을 원용해서 자본건전성 지표로 활용한다. 여전사는 "조정자기자본비율(조정BIS비율)"이라는 개념으로 자본건전성

을 측정한다.

> ■ 조정자기자본비율(조정BIS비율) = 조정자기자본 / 조정총자산
> - 조정자기자본 : 은행과 마찬가지로 기본자본과 보완자본으로 구성된다.
> - 조정총자산 : 총자산에서 단기성예금 등 일부항목을 차감한 자산의 규모

여전사들은 조정자기자본비율을 7% 이상 유지하도록 권고하고 있으며, 여전사 중에 카드사는 은행과 마찬가지로 조정자기자본비율을 8% 이상 유지하도록 권고되고 있다. 저축은행, 새마을금고, 신용협동조합 등 은행과 영업구조가 동일하게 예금, 대출업무를 취급하는 2금융권 금융회사들은 모두 은행과 동일한 BIS자기자본비율을 활용하여 8% 이상의 BIS비율을 유지하도록 자본건전성 규제를 적용받고 있다.

경제/경영/금융 테마21
(계산문제 대비) 핵심이론요약 및
출제예상 시사용어 테마5

PART 01 경제/경영/금융 테마21 (계산문제 대비) 핵심이론요약

1. 기회비용과 편익

■ 기회비용

만약 A라는 선택을 하면서 상대적으로 B, C, D라는 선택을 포기해야 한다면 B, C, D의 가치 중 가장 큰 가치가 선택 A의 기회비용이 된다. 만약 A의 가치가 100, B의 가치가 90, C의 가치가 80, D의 가치가 70이라면 기회비용은 (90+80+70)의 합인 240이 아니라, 그 중에 가장 큰 가치인 90이 된다.

> 기회비용 = 명시적 기회비용 + 암묵적 기회비용

- 명시적 기회비용 : A라는 선택을 하는 데 있어서 지출되는 화폐적 비용
- 암묵적 기회비용 : 그 시간에 B라는 선택을 포기하는 암묵적 기회비용

위의 이야기에서 선택 A를 하는데 1,000만큼 명시적 화폐비용이 지출된다면, 선택 A를 하는 데 있어 계산되는 총 기회비용의 합은 (1,000+90)으로 1,090이 된다.

■ 매몰비용

이미 비용으로 지출되어 어떤 선택을 하더라도 되돌릴 수 없는 비용을 말한다. 현실에서는 매몰비용과 기회비용의 구분이 모호할 때도 있지만, 경제학적인 매몰비용의 정의는 "어떤 선택을 하더라도 되돌릴 수 없는 비용"의 개념으로 이해하면 좋을 것이다.

■ 편익

비용 또는 기회비용이라는 투입비용을 들여 얻을 수 있는 경제적 가치를 "편익"이라고 한다.

> 순편익(암묵적 기회비용) = 편익 − 비용

2. 한계효용과 소비자균형

■ 한계효용 체감의 법칙 (고센의 제1법칙)

재화를 소비함에 있어서 한 단위 소비에 따른 한계효용은 첫 단위 소비 이후 계속해서 감소하는 현상을 "한계효용체감의 법칙"이라고 하며, 이 법칙을 발견한 독일의 경제학자인 고센(Gossen)의 이름을 따서 "고센의 제1법칙"이라고도 한다.

■ 한계효용균등의 법칙

소비자가 두 재화 이상의 소비조합을 소비함에 있어서, 주어진 소득 범위 내에서 각 재화의 단위가격(1원 또는 100원 등)당 한계효용이 동일하게 소비를 하면 총효용을 극대화시킬 수 있다는 법칙이다. 이를 "고센의 제2법칙"이라고도 한다.

- 한계효용균등의 법칙 공식
  : (X재의 한계효용 / X재의 가격) = (Y재의 한계효용 / Y재의 가격)

3. 수요함수와 탄력성

■ 주요 공식

$$\text{수요의 가격탄력성(\%)} = \frac{\text{수요량 변화율(\%)}}{\text{가격 변화율(\%)}} = \frac{\frac{\text{수요량 변동분}(\triangle Q)}{\text{원래 수요량}(Q)}}{\frac{\text{가격 변동분}(\triangle P)}{\text{원래 가격}(P)}} = \frac{P}{Q} \cdot \frac{\triangle Q}{\triangle P}$$

$$\text{수요의 소득탄력성(\%)} = \frac{\text{수요량 변화율(\%)}}{\text{소득 변화율(\%)}} = \frac{\frac{\text{수요량 변동분}(\triangle Q)}{\text{원래 수요량}(Q)}}{\frac{\text{소득 변동분}(\triangle I)}{\text{원래 소득}(I)}} = \frac{I}{Q} \cdot \frac{\triangle Q}{\triangle I}$$

$$\text{수요의 교차탄력성(\%)} = \frac{\text{B재 수요량의 변화율(\%)}}{\text{A재 가격의 변화율(\%)}} = \frac{\frac{\text{B재 수요량 변동분}}{\text{B재 원래의 수요량}}}{\frac{\text{B재 가격 변동분}}{\text{B재 원래의 가격}}}$$

■ 독립재, 보완재, 대체재

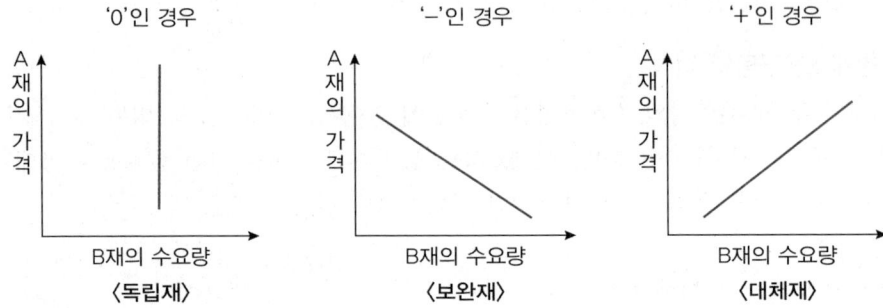

4. 비용함수와 생산자 균형

■ 개념정리
- 고정비용(FC) : 생산량과 연동되지 않는 비용으로 생산량과 관계없이 생산에 필요한 설비 등에 대해 기초적, 고정적으로 지출되는 비용
- 가변비용(VC) : 생산량을 증가시키거나 감소시킴에 따라 달라지는 비용

[POINT]
고정비용은 생산량과 관계없다는 것이 핵심이고, 가변비용은 생산량에 따라 달라진다는 것이 핵심이다.

- 총수입(TR) = 판매량(Q) × 판매가격(P)
- 총비용(TC) = 고정비용(FC) + 가변비용(VC)
- 이윤(π) = 총수입(TR) − 총비용(TC)
- 평균비용(AC) = 총비용(TC) / 생산량(Q)
- 평균고정비용(AFC) = 총고정비용(TFC) / 생산량(Q)

- 평균가변비용(AVC) = 총가변비용(TVC) / 생산량(Q)
- 한계비용(MC) = 총비용의 증가분(△TC) / 생산량의 증가분(△Q)

■ 한계생산력 균등의 법칙

$$\text{한계생산력 균등의 법칙} : \frac{\text{생산요소(1)의 한계생산성}}{\text{생산요소(1)의 가격}} = \frac{\text{생산요소(2)의 한계생산성}}{\text{생산요소(2)의 가격}}$$

■ 완전경쟁시장의 단기균형 조건

- 총수입(TR) = 가격(P) × 수량(Q)
- 평균수입(AR) = 총수입(TR) / 수량(Q) = P
- 한계수입(MR) = △TR / △Q = P
- MR = MC
→ P = AR = MR = MC

■ 독점기업의 단기균형 조건

- P = AR > MR = MC

5. 소득의 분배와 소득분배지표

■ 로렌츠 곡선과 지니계수
- 로렌츠 곡선 : 계층별 소득분포 자료에서 세로축은 소득의 누적 점유율, 가로축은 인구의 누적 점유율로 하여 나타낸 곡선이다. 소득분배가 공평할수록 로렌츠 곡선은 대각선에 근접하게 된다.
- 지니계수 : 로렌츠 곡선의 완전평등선이 만드는 직각 삼각형의 면적에서 완전평등선과 로렌츠 곡선이 만드는 반달형 모양의 면적이 차지하는 비중으로 계산한다.

■ 소득 10분위 분배율과 소득 5분위 배율
- 소득 10분위 분배율 : 소득계층 최하위 40%의 소득점유율이 최상위 20%의 소득점유율에서 차지하는 비중이다.

- 소득 5분위 배율 : 소득계층 최상위 20%의 소득 평균이 금액이 최하위 20%의 소득 평균 금액보다 몇 배나 큰지를 평가하는 지표이다.

6. GDP, GDP디플레이터와 경제성장

■ GDP의 계산
- 생산측면에서의 GDP(국내총생산) = 최종생산물의 시장가치의 합
  = 중간 생산단계에서의 각 부가가치의 합
- 분배측면에서의 GDP(국내총소득) = 임금 + 이자 + 지대 + 이윤
- 지출측면에서의 GDP(국내총지출) = 소비지출(C) + 투자지출(I) + 정부지출(G) + 순수출(X − M)

■ 소비함수와 저축함수
- 소비함수 : C = f(Y)
- 평균소비성향(APC) = C / Y
- 한계소비성향(MPC) = △C / △Y

- 저축함수 : S = f(Y)
- 평균저축성향(APS) = S / Y
- 한계저축성향(MPS) = △S / △Y

- 평균소비성향(APC) + 평균저축성향(APS) = C / Y + S / Y = 1
- 한계소비성향(MPC) + 한계저축성향(MPS) = △C / △Y + △S / △Y = 1

■ GDP와 GNP

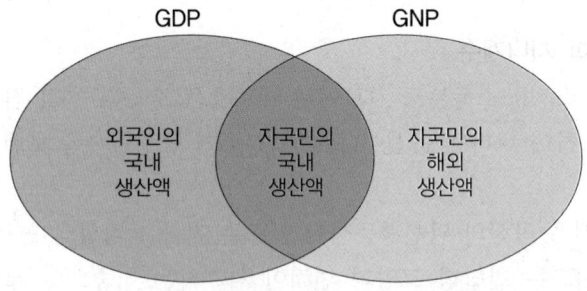

■ 명목GDP와 실질GDP
- 명목GDP = Σ(비교년도 생산량 × 비교년도 가격)

- 실질GDP = Σ(비교년도 생산량 × 기준년도 가격)

■ 잠재GDP와 GDP갭

- 잠재GDP : 한 나라에 부존하는 모든 생산요소가 정상적으로 고용될 경우 달성할 수 있는 최대의 GDP
- GDP갭 : 실제GDP − 잠재GDP
- GDP갭 < 0 : 생산요소가 정상적으로 활용되지 못해 실업이 존재하고 경기가 침체되고 있는 상태
- GDP갭 > 0 : 생산요소가 과잉 활용되고 있어 경기가 과열된 상태

■ GDP디플레이터

- GDP디플레이터(%) = (명목GDP / 실질GDP) × 100

■ 경제성장률

- 경제성장률 = 실질GDP 성장률

7. 물가와 실업

■ 주요 공식

- 물가상승률(%) = $\dfrac{\text{당기 물가지수} - \text{전기 물가지수}}{\text{전기 물가지수}} \times 100$

- 실업률(%) = $\dfrac{\text{실업자수}}{\text{경제활동인구(취업자수} + \text{실업자수)}} \times 100$

- 취업률(%) = $\dfrac{\text{취업자수}}{\text{경제활동인구(취업자수} + \text{실업자수)}} \times 100$

- 경제활동참가율(%) = $\dfrac{\text{경제활동인구(취업자수} + \text{실업자수)}}{\text{생산가능인구}} \times 100$

- 고용률(%) = $\dfrac{\text{취업자수}}{\text{생산가능인구}} \times 100$

■ 실업의 종류

자발적 실업	마찰적 실업	정보의 부족, 구직과정에서 노동시장의 비효율성과 정보의 부족으로 인해 발생하는 일시적인 실업을 말한다. 마찰적 실업만 존재하는 경우를 "완전고용"상태라고 하며, 이 때의 실업률을 "자연실업률"이라고 한다.
	탐색적 실업	더 나은 일자리를 찾는 과정에서 생기는 일시적인 실업을 탐색적 실업이라고 한다.
비자발적 실업	경기적 실업	유효수요의 부족으로 인한 불경기, 경기침체, 생산감소 등의 원인으로 기업의 고용감소가 이어지고 실업이 발생하는 경우를 말한다. "케인즈적 실업"이라고도 한다.
	구조적 실업	산업구조의 변화로 인해 노동력의 수요, 공급의 불일치가 발생하고, 산업간, 지역간 노동의 이동에 대한 제약 등으로 인해 발생하는 실업을 말한다.
	계절적 실업	특정 계절적 요인으로 노동의 수요 감소로 인해 발생하는 실업을 말한다. 겨울철의 건설 근로자, 농민, 식음료업 등의 경우를 예로 들 수 있다.
	기술적 실업	생산성, 기술의 진보에 따라 노동의 수요가 감소하여 발생하는 실업으로, 노동절약형 기술진보의 영향력을 받는 경우에 발생하는 실업을 말한다.

8. 화폐와 통화량

■ 고전학파의 화폐수량설

$$MV = PY$$
(M : 통화량, V : 화폐유통속도, P : 물가, Y : 국민소득)

$$\triangle M/M + \triangle V/V = \triangle P/P + \triangle Y/Y$$
($\triangle M/M$: 통화공급증가율, $\triangle V/V$: 화폐유통속도증가율,
$\triangle P/P$: 물가상승률, $\triangle Y/Y$: 경제성장률)
→ 통화공급증가율 + 화폐유통속도증가율 = 물가상승률 + 경제성장률

■ 본원통화의 구성

본원통화(10억)			
현금통화(2억)	시중은행 예치금(시재금)(7억)		중앙은행 지급준비예치금(1억)
	화폐발행잔액(9억)		

■ 신용창조승수

> 신용창조승수 = 1 / 지급준비율

■ 통화승수와 화폐유통속도

- 통화승수 = 통화량(M2) / 본원통화
- 본원통화 = 화폐발행 잔액 + 중앙은행이 예치중인 지급준비금
  = 시중에 유통되는 통화량 전체 + 중앙은행이 예치중인 지급준비금
  = (민간보유 현금 + 금융기관보유 현금) + 중앙은행이 예치중인 지급준비금
- 화폐유통속도 = 국내총생산(GDP) / 통화량(M2)

■ 전환사채(CB), 신주인수권부사채(BW), 교환사채(EB)

- 전환사채 : 발행당시에는 일반 회사채의 형태로 발행되나 일정 기간이 경과한 후 채권보유자의 청구에 의해 발행회사의 주식으로 전환할 수 있는 권리가 부여된 채권이다. 채권이 주식으로 전환되면 채권으로서의 권리, 의무 관계는 소멸되며, 주식 발행회사(채권 발행회사)는 부채비율이 낮아지고 주식이 증가(자본금 증가)한다.
- 신주인수권부사채 : 채권 보유자(권리자)에게 일정한 기간 후에 일정한 조건(가격)으로 채권 발행회사의 신주를 인수할 수 있는 권리를 부여한 채권이다.
- 교환사채 : 채권 보유자(권리자)가 정해진 기간 내에 채권을 주식으로 교환하기를 청구할 경우 발행회사가 보유하고 있는 주식으로 교환할 수 있도록 권리가 부여된 채권이다.

■ 국제채권의 종류

발행주체	발행국가	표시통화	국제채권
외국기업	한국	원화	아리랑본드
		외화	김치본드
	일본	엔화	사무라이본드
		외화	쇼군본드
	홍콩	외화(위안화)	딤섬본드
	중국	위안화	판다본드
	미국	달러화	양키본드
	영국	파운드화	불독본드
	호주	호주달러화	캥거루본드
	유럽	외화(달러화)	유로달러본드
	네덜란드	크로네화	렘브란트본드

	뉴질랜드	뉴질랜드달러화	키위본드
	대만	외화(달러화, 위안화)	포모사본드

9. 환율결정 이론

■ 구매력 평가설

환율은 양국 통화의 구매력이 같아지는 수준에서 결정되며, 양국의 물가 수준이 차이가 생기면 구매력에 차이가 생기므로 물가수준이 변하는 만큼 상대적으로 환율이 변동한다는 이론이다. 대표적인 예로는 "빅맥지수"가 있다.

> 환율변동률 = 자국의 물가상승률 − 상대국의 물가상승률

■ 이자율 평가설

국가 간 완전한 자본이동, 양국에서의 동일한 투자수익률, 거래비용이 별도로 존재하지 않는다고 가정하면 투자 이익률(이자율)이 높은 곳으로 외화가 이동하여 환율을 변화시킨다는 이론이다.

> 환율변동률 = 국내 이자율 − 상대국 이자율

■ 실질환율

실질환율은 한 나라의 화폐가 상대국 화폐에 비해 실질적으로 어느 정도의 구매력을 갖고 있는지를 나타내는 환율 지표이다. 실질환율은 상대국의 상품 한 단위를 수입하기 위해 자국이 수출해야 할 동일한 상품의 단위 수를 말한다. 따라서 단위는 명목환율처럼 "원", "달러" 등의 통화단위가 되는 것이 아니라, 비교대상이 되는 상품의 단위로 "개", "Kg" 등이 된다.

> 실질환율 = 명목환율 × (상대국의 가격 / 자국의 가격)

실질환율의 의미는 상대국의 상품 한 단위를 수입할 때 필요한 금액(예를 들어, 달러)를 마련하기 위해 자국이 수출해야 하는 동일한 상품의 양이 얼마인지를 보여주는 환율로, 현실적으로는 "교역조건"과 같은 의미로 해석해도 무방하다.

실질환율은 100을 곱해서 100을 기준으로 나타내기도 하며, 실질환율이 0.9(100을 기준으

로 했을 때에는 90)라는 의미는 달러의 구매력을 1(또는 100)로 했을 때, 원화의 구매력은 0.9(또는 90)라는 의미이고, 실질환율이 1.1(100을 기준으로 했을 때에는 110)라는 의미는 달러의 구매력을 1(또는 100)로 했을 때, 원화의 구매력은 1.1(또는 110)이라는 의미이다.

10. 손익분기점 분석

■ 공헌이익과 공헌이익률

• 공헌이익

```
이익 = 총수익 － 총원가
     = (단위당 판매가격 × 판매량) － (단위당 변동원가 × 판매량) － 총고정원가
     = (단위당 판매가격 － 단위당 변동원가) × 판매량 － 총고정원가
     = 총공헌이익 － 총고정원가
→ 총공헌이익 = (단위당 판매가격 － 단위당 변동원가) × 판매량
→ 공헌이익 = 단위당 판매가격 － 단위당 변동원가
```

• 공헌이익률

```
공헌이익률 = 단위당 공헌이익 / 단위당 판매가격
         = (단위당 판매가격 － 단위당 변동원가) / 단위당 판매가격
         = 총공헌이익 / 총매출액
         = (총매출액 － 총변동원가) / 총매출액
         = 1 － (총변동원가 / 총매출액)
         = 1 － 변동비율(V/P)
```

■ 손익분기점(BEP)

• 손익분기점 : 영업이익이 제로(0)가 되는 매출수준을 말한다. 수식으로는 "총수입(TR) － 총비용(TC) = 0"이 되는 매출 수준, 즉 "총수입(TR) = 총비용(TC)"이 되는 매출 수준을 말한다.

- TR = P × Q
- TC = FC + VC
- VC = V × Q

- TR=TC
→ (P×Q)=FC+(V×Q)
→ (P×Q)-(V×Q)=FC
→ Q (P-V)=FC
→ Q=FC/(P-V)=고정비/공헌이익

11. 가중평균과 환율의 결정

■ **가중평균의 개념**

어떤 자료 또는 값들의 평균을 구할 때 값의 중요도나 영향 정도에 따라 가중치를 달리 반영하여 구한 평균값을 말한다.

A라는 학생이 체육 실기시험으로 스포츠학과로 진학하는데 실기 과목으로 축구, 야구, 농구 점수를 본다고 하자. A 학생의 축구, 야구, 농구 성적점수는 아래와 같다.

종목	축구	야구	농구	평균
점수	90	80	70	80

위와 같이 평균을 구한 점수를 "산술평균"이라고 한다. 이 학생이 대학교를 두 군데 지원하는데, 두 대학교의 각 과목별 가중치가 다르고, 두 대학교는 가중치로 환산한 점수가 높은 지원자를 우선 합격 대상으로 한다.

종목	축구	야구	농구	합계
점수	90	80	70	240
(가)대학교의 가중치	40	30	30	100
(나)대학교의 가중치	30	30	40	100

A 학생의 각 과목별 가중치를 반영한(곱한) 점수를 보면 아래와 같다.

종목	축구	야구	농구	합계
점수	90	80	70	240
(가)대학교 지원 시	36	24	21	81
(나)대학교의 가중치	27	24	28	79

이런 방식으로 구한 "81점", "79점"과 같은 평균값을 "가중평균"이라고 한다. 가중평균은 각 자료 값에 자료별 가중치를 곱하여 계산한다.

일상 또는 금융에서 가중평균이 이용되는 경우를 몇 가지 보도록 하자.

■ 가중평균으로 환율을 구하는 문제

은행에서는 환율을 구할 때 가중평균을 활용하여 계산한다. 아래와 같은 단순 모형에서 은행은 A, B, C 은행이 있고, 세 은행이 어떤 영업일에 서로 외환(달러)를 아래와 같이 상대은행과 거래를 하였다고 하자.

구분		거래량(U$)	거래환율(₩)
A은행 매도	B은행 매수	1,000	1,000.00
B은행 매도	C은행 매수	2,000	1,100.00

위의 경우 총 거래량은 3,000달러이고, 산술평균 거래 환율은 1,050원이다. 은행에서는 이 날 은행들끼리 거래한 외환(달러)의 평균값으로 그 다음날 매매기준율로 정하는데, 이때 기준이 되는 "평균"의 개념이 "산술평균"이 아니라 "가중평균"이다.

이제 위의 거래에 대해 가중평균 거래환율을 구해 보자. 총 거래량 중의 1/3은 1,000달러에 거래가 되었고, 2/3는 1,100달러에 거래가 되었다.

> 가중평균 거래환율 = (1,000달러 / 3,000달러 × 1,000원) + (2,000달러 / 3,000달러 × 1,100원)
> = 333.3333... + 733.333.... = 1,066.6666..

이렇게 계산되는 "1,066.67원"이 그 다음 날 은행들의 매매기준율이 되는 방식이다.

12. 가중평균과 예대마진

■ 가중평균으로 은행의 예대마진을 구하는 문제

은행에서는 예금금리 평균, 대출금리 평균을 구할 때에도 "가중평균"을 이용한다. 아래와 같은 가상은행의 단순 모델을 가정해 보자.

구분	예금
A 은행	보통예금 40억원 (평균금리 연 1.0%) 정기예금 60억원 (평균금리 연 3.0%)

A 은행의 예금이 위와 같이 단순한 경우를 가정해 보면, 예금금리의 "산술평균"은 2.0%이다. 그러나 가중평균으로 계산한다고 하였다.

> 가중평균 예금금리 = (40억원 / 100억원 × 1.0%) + (60억원 / 100억원 × 3.0%)
> = 0.4% + 1.8% = 2.2%

대출금리도 마찬가지로 가중평균 금리로 계산한다. 아래와 같이 단순한 구조를 예로 들어보자.

구분	대출
A 은행	기업대출 40억원 (평균금리 3.0%) 개인대출 60억원 (평균금리 5.0%)

이 경우에도 마찬가지로 산술평균 대출 금리인 4.0%로 은행의 평균 대출 금리를 산정하는 것이 아니라, 가중평균 대출 금리를 활용한다. 가중평균 대출 금리를 구해 보면 아래와 같다.

> 가중평균 대출금리 = (40억원 / 100억원 × 3.0%) + (60억원 / 100억원 × 5.0%)
> = 1.2% + 3.0% = 4.2%

은행에서 발표하고 또 뉴스나 언론에 나오는 "예대마진"이라는 용어는 "가중평균 대출금리"에서 "가중평균 예금금리"를 차감한 금리차이를 말한다. "예대마진"은 은행의 중요한 수익성 지표로 활용되고 있다.

13. 가중평균 공헌이익률

■ 가중평균 공헌이익률

손익분기점 분석에서 공헌이익률에 대한 개념이 있는데, 여기서도 가중평균의 개념이 등장한다. "가중평균 공헌이익률"이 그것인데, 가중평균 공헌이익률은 각 상품의 공헌이익률에 매출액 구성 비율을 곱하여 계산한다.

> 가중평균 공헌이익률 = Σ(상품별 공헌이익률 × 상품별 판매비중)
> (공헌이익은 (단위당 판매가격 − 단위당 변동원가)의 개념이다.)

아래와 같은 필기구를 만들어 판매하는 기업의 판매상황을 가정해 보자.

구분	볼펜	만년필	샤프	합계
매출액	120만원	180만원	100만원	400만원
변동비	40만원	110만원	50만원	200만원
공헌이익	80만원	70만원	50만원	200만원

이 기업의 가중평균 공헌이익률과 관련된 손익분기점까지 구해 보자(단, 이 기업의 고정비용은 680만원이다).

구분	볼펜	만년필	샤프	합계
매출액	120만원	180만원	100만원	400만원
매출액 비중	120 / 400	180 / 400	100 / 400	
변동비	40만원	110만원	50만원	200만원
공헌이익	80만원	70만원	50만원	200만원
공헌이익 비중	80 / 200	70 / 200	50 / 200	

> 가중평균 공헌이익률
> $= (80/200 \times 120/400) + (70/200 \times 180/400) + (50/200 \times 100/450)$
> $= 0.34$

가중평균 공헌이익률이 0.34라는 의미는 (단위당 판매가격 − 단위당 변동원가)의 가중치가 0.34라는 말이다. 즉 단위당 판매가격이 100원일 때 단위당 변동원가는 66원이고, 그 차액 34원이 가중평균 공헌이익이라는 것이다.

> 손익분기점 매출액 = 고정비용 / 가중평균 공헌이익률
> $= 680$만원 $/ 0.34$
> $= 2{,}000$만원

가중평균 공헌이익률에 의한 상품별 매출과 손익분기점 매출액은 아래와 같다.

구분	볼펜	만년필	샤프	합계
손익분기점 매출액		2,000만원		−
매출액 비중	120 / 400	180 / 400	100 / 400	1
손익분기점 매출액	600만원	900만원	500만원	2,000만원

이 기업의 가중평균 공헌이익률을 기준으로 한 손익분기점 매출액은 2,000만원이 되고, 2,000만원의 매출구성은 볼펜, 만년필, 샤프가 각각 600만원, 900만원, 500만원으로 구성될 때 손익분기점이 달성된다는 것이다.

14. 가중평균 자본비용(WACC)

■ 가중평균 자본비용(WACC)

"가중평균 자본비용(WACC, Weighted Average Cost of Capital)은 기업의 자본을 형성하는 각각의 자본의 비용을 자본구성 비율에 따라 가중 평균하여 구한 비용을 말한다. 일반적으로 기업의 자본비용은 가중평균 자본비용을 의미한다.

기업의 자본계정은 크게 "자기자본(자본)"과 "타인자본(부채)"이 있다. 가중평균 자본비용이 5%라는 것은 자산(타인자본+자기자본)이 100억이면 1년에 지출되는 자본비용이 5억이라는 의미이다.

- 가중평균 자본비용=(부채비용×부채비중)+(자기자본비용×자본비중)
- 부채비용=평균 이자비용×(1-법인세율)

(1) CAPM 방식에 의한 자기자본비용
- 자기자본비용=무위험이자율(안전자산수익률)+주식베타×위험프리미엄
  =무위험이자율+주식베타×(시장수익률-무위험이자율)

(2) 배당평가 방식에 의한 자기자본비용
- 자기자본비용=배당금 / 주가

배당평가 방식에 의한 자기자본비용 계산으로 가중평균 자본비용을 구해보도록 하자. 어떤 기업이 우선주에 투자하는 투자자들에게 10%의 배당을, 보통 주식에는 7%를, 회사채에는 5%의 금리를 지급하기로 하였고, 이 기업의 우선주의 비중이 10%, 보통주는 50%, 회사채는 40%의 비중을 가지고 있다고 하자. 이 기업의 가중평균 자본비용은 아래와 같이 계산한다.

- 가중평균 자본비용=(부채비용×부채비중)+(자기자본비용×자본비중)
  =(10%×10/100)+(7%×50/100)+(5%×40/100)
  =1%+3.5%+2.0%
  =6.5%

15. 주식시장과 투자지표

■ EPS, PER

- EPS(주당순이익) = 당기순이익 / 주식수

  주식 1주 당 이익을 얼마나 창출했는지를 나타내는 지표로 EPS가 높을수록 주식의 투자가치가 높다고 해석할 수 있다. 단위는 "원"이다.

- PER(주가수익비율) = 주식가격 / EPS

  단위는 "배"로 부른다. 통상 동종 업종대비 PER가 어느 수준인지로 주식의 가치, 회사의 가치를 평가하며, 동종 업종의 평균 또는 경쟁회사의 PER보다 높다면 해당 회사의 주식가치 또는 회사가치는 고평가 되고 있다고 평가하기도 한다. 동종업종 대비 PER가 낮은 주식은 주가 상승의 가능성이 그만큼 크다고 할 수 있다.

■ BPS, PBR

- BPS(주당순자산가치) = 기업의 순자산 / 주식수 = (총자산-부채) / 주식수

  단위는 "원"이다. 주식 1주 당 순자산이 얼마인지를 보여주는 지표이고, BPS가 높을수록 재무건전성 측면에서 투자가치가 높은 기업이라고 할 수 있다.

- PBR(주가순자산비율) = 주식가격 / BPS

  단위는 "배"로 부른다. PBR은 1을 기준으로 1보다 높다는 것은 순자산 가치에 비해 주식가격이 고평가되고 있다는 것을 의미하고, PBR이 1보다 낮다는 것은 기업의 주식가격이 순자산가치에 비해 저평가되고 있다는 것을 의미한다.

■ 배당성향, 배당수익률

- 배당성향 = 배당금 총액 / 당기순이익
- 배당수익률 = (1주당 배당금 / 주가) × 100

16. 재무제표와 주요 재무비율

■ 재무비율 개괄

구분	의미	주요 비율
유동성비율	기업의 단기채무 상환능력 평가	유동비율, 현금비율 등
안전성비율	기업의 장기채무 상환능력 평가	부채비율, 자기자본비율, 이자보상비율 등

활동성비율	기업 자산운용의 효율성 평가	매출채권회전율, 재고자산회전율 등
수익성비율	기업의 경영성과 및 수익성 평가	매출액이익률, 총자산이익률 등
성장성비율	기업의 자산 또는 수익성의 연간 성장률 평가	매출액증가율, 총자산증가율, 순이익증가율 등

■ 유동성비율, 안정성비율

- 유동비율(%) = 유동자산 / 유동부채 × 100
- 당좌비율(%) = 당좌자산 / 유동부채 × 100
  = (유동자산 − 재고자산) / 유동부채 × 100
- 부채비율(%) = 부채총액 / 자본총액 × 100
- 순운전자본 대 총자본비율(%) = 순운전자본 / 총자본 × 100
  = (유동자산 − 유동부채) / 총자본 × 100
- 매입채무 대 재고자산비율(%) = 매입채무 / 재고자산 × 100
- 이자보상비율(%) = 영업이익 / 금융이자비용 × 100

■ 활동성비율

- 총자산회전율(회) = 총자본회전율(회) = 매출액 / 총자산 = 매출액 / 총자본
- 재고재산회전율(회) = 매출액 / 재고자산
- 재고자산회전기간(일) = (재고자산 × 365일) / 매출액
- 매출채권회전율(회) = 매출액 / 매출채권
- 매출채권회전기간(일) = (매출채권 × 365일) / 매출액

■ 수익성비율

- 총자산순이익율(ROA, Return on Assets)(%) = 당기순이익 / 총자산 × 100
- 자기자본이익율(ROE, Return on Equity)(%) = 당기순이익 / 자기자본 × 100
- 매출액 순이익률(%) = 당기순이익 / 매출액 × 100
- 매출액 영업이익률(%) = 영업이익 / 매출액 × 100

[참고] 영문 손익계산서의 수익성 비율

- EBT : Earning Before Tax
- EBIT : Earning Before Interest, Tax
- EBITDA : Earning Before Interest, Tax, Depreciation & Amortization

17. 파생상품과 옵션

■ 옵션관련 개념
- 옵션 : 거래 대상이 되는 기초자산을 만기일 또는 그 이전에 미리 약정된 가격으로 정해진 수량을 사거나 팔 수 있는 권리이다.
- 옵션 매수자 : 옵션 프리미엄을 주고 옵션을 매수한 매수자는 조건이 유리할 때는 권리를 행사하여 이익을 취하게 되고, 조건이 불리한 상황에서는 권리를 포기할 수 있다. 권리를 포기할 때에는 옵션 프리미엄만큼의 손실이 발생한다.
- 옵션 매도자 : 옵션 프리미엄을 받고 옵션을 매도한 매도자는 옵션 매수자가 권리를 행사하면 그 권리에 대응하는 의무를 지게 되는 주체이다. 대부분의 경우 옵션 매도자는 매수자가 권리를 행사하면 손실이 발생하게 되고, 매수자가 권리를 포기하면 옵션 프리미엄만큼의 이익이 발생한다.
- 콜옵션(Call Option) : 옵션 보유자가 특정 기초자산을 살 수 있는 권리이다.
- 풋옵션(Put Option) : 옵션 보유자가 특정 기초자산을 팔 수 있는 권리이다.

18. 예금자보호제도

■ 예금보호한도
- 예금자 1인당 원리금 합계 기준 세전 5천만 원까지 보호한다.
- 2015년부터 예금보호대상 금융상품으로 운용되는 확정기여형 퇴직연금제도 또는 개인형 퇴직연금제도의 적립금을 합하여 가입자 1인당 최고 세전 5천만원까지 다른 예금과 별도로 보호한다.
- 퇴직연금의 경우 "확정급여형(DB형)"과 "확정기여형(DC형)"이 있는데, 확정급여형 퇴직연금은 운용 회사가 별도로 책임을 지고 있기 때문에 국가 차원에서 별도로 보장을 하지 않아도 되며 예금자보호대상에서 제외하며, 확정기여형의 경우 개인이 책임을 지고 운용하지만 운용상품이 예금자보호대상 상품으로 운용되는 경우에 한해 보호한다.
- 개인형 퇴직연금(IRP) 상품은 예금자보호대상 상품에 투자하는 경우에 한하여 보호한다.
- 퇴직연금 보호 차원에서 확정기여형 퇴직연금과 개인형 퇴직연금을 합쳐 1인당 최고 세전 5천만원까지 예금과 별도로 보장된다.
- "예금자 1인"이라함은 개인뿐만 아니라 법인도 대상이 된다.

■ **예금보호가 되지 않는 은행의 상품**
- 양도성예금증서(CD), 환매조건부채권(RP)
- 금융투자상품(수익증권, 뮤추얼펀드, MMF 등)
- 특정금전신탁 등 실적배당형 신탁
- 은행 발행채권
- 주택청약저축, 주택청약종합저축 등(주택청약저축, 주택청약종합저축의 경우 예금보험공사의 보호대상 상품이 아니고, 정부에서 별도로 보호)

■ **저축은행의 예금보호**
- 보호 대상 : 보통예금, 저축예금, 정기예금, 정기적금, 신용부금, 표지어음, 상호저축은행 중앙회 발행 자기앞수표 등
- 비보호 대상 : 저축은행 발행채권(후순위채권 등) 등

■ **농협은행, 수협은행, 지역(단위)농협, 지역(단위)수협의 예금보호**
농협은행 및 수협은행 본, 지점의 예금은 예금자보호법에 따라 예금자 1인당 5천만원까지 보호된다. 그러나 농, 수협 지역(단위)조합의 예금은 예금자보호법에 따른 보호대상이 아니며, 대신 각 농협중앙회나 수협중앙회가 자체적으로 설치, 운영하는 "상호금융예금자보호기금"을 통해 보호하고 있다.

■ **새마을금고, 신용협동조합(신협)의 예금보호**
새마을금고는 예금자보호법에 따라 보호대상금융회사가 아니므로 새마을금고에서 취급하는 예금은 보호대상이 아니다. 새마을금고 예금의 경우 "새마을금고법", 신용협동조합은 "신용협동조합법"에 따라 각 중앙회에 설치된 예금자보호 준비금을 통해서 별도 기준으로 보호하고 있다. 보호한도는 예금보험공사와 동일하게 1인당 최대 원금과 소정의 이자를 합쳐 5천만 원까지로 정하고 있다.

■ **우체국 상품의 예금보호**
우체국 취급 금융상품의 경우 "우체국 예금 보험에 관한 법률"에 의해 정부가 별도로 지급을 보장하고 있다. 우체국 예금은 정부에서 금액과 관계없이 우체국 예금보험에 관한 법률 4조에 따라 원금과 이자를 보호한다. 운영주체가 정부라는 점, 우체국이 다른 은행이나 금융회사처럼 투자 상품을 운영하지 않으며 요구불예금과 저축성예금으로만 운영하고 있다는 점 등이 예금자보호를 강화하는 이유가 되기도 한다.

19. 여신자산 건전성 분류와 부실채권비율

■ 금융감독원의 여신자산 건전성 분류 기준

1. 정상 : 경영내용, 재무상태 및 미래현금흐름 등을 감안할 때 채무상환능력이 양호하여 채권 회수에 문제가 없는 것으로 판단되는 거래처(정상거래처)에 대한 자산
2. 요주의 : 1개월 이상 3개월 미만 연체대출채권을 보유하고 있는 거래처에 대한 자산
3. 고정
   - 3월 이상 연체대출채권을 보유하고 있는 거래처에 대한 자산 중 회수예상가액 해당 부분
   - 최종부도 발생, 청산·파산절차 진행 또는 폐업 등의 사유로 채권회수에 심각한 위험이 존재하는 것으로 판단되는 거래처에 대한 자산 중 회수예상가액 해당부분
   - "회수의문거래처" 및 "추정손실거래처"에 대한 자산 중 회수예상가액 해당부분
4. 회수의문 : 3개월 이상 12개월 미만 연체대출채권을 보유하고 있는 거래처에 대한 자산 중 회수예상가액 초과부분
5. 추정손실
   - 12개월 이상 연체대출채권을 보유하고 있는 거래처에 대한 자산 중 회수예상가액 초과부분
   - 최종부도 발생, 청산·파산절차 진행 또는 폐업 등의 사유로 채권회수에 심각한 위험이 존재하는 것으로 판단되는 거래처에 대한 자산 중 회수예상가액 초과부분

20. 부동산과 LTV, DTI 등 각종 지표

■ LTV(Loan to Value Ratio : 주택담보비율)

주택(아파트)의 담보가치를 평가해서 대출을 받을 수 있는 비율을 뜻한다. 예를 들어 40%의 LTV 규제를 적용받는 지역에서 신규 주택담보대출을 받고자 한다면, 아파트 가치(시가가 아니라 공시지가 기준)가 10억일 경우 4억까지 대출이 가능하다는 의미이다.

■ DTI(Debt to Income Ratio : 총부채상환비율)

차주의 금융부채 원리금 상환액(기존 대출의 이자상환액＋해당 대출의 원리금 상환액)이 연간 총소득에서 차지하는 비율을 말한다. DTI가 40%라면 소득대비 40% 이내에서 원리금 상환액이 이루어져야 한다는 의미이다.

$$DTI = (신규\ 주담대\ 원리금 + 기존\ 주담대\ 이자 + 기타대출\ 이자)\ /\ 연소득$$

■ 신DTI

2018년 1월부터 새로이 적용되는 규제로 DTI의 일부 개념을 강화한 조건으로 적용된다.

구분	기존 DTI	신DTI
원리금 산정 기준	기존대출의 이자 상환액만 산정	기존대출의 원리금 상환액을 모두 산정
소득 금액 산정	직전 1년치 기준	직전 2년치 기준

$$신DTI = (기존\ 및\ 신규\ 주담대\ 원리금 + 기타대출\ 이자)\ /\ 연소득$$

■ DSR(Debt Service Ratio : 총부채 원리금 상환비율)

DSR과 DTI의 기본적인 개념은 동일하다. 즉 개인의 가처분소득대비 대출 원리금 상환 능력을 평가하는 지표이다. 신DTI에 비해서는 기타 대출의 경우 이자금액만 적용되는 것이 아니라 모든 원리금이 함께 적용된다.

$$DSR = 전\ 금융권\ 대출의\ 연간\ 원리금\ 상환액\ /\ 연소득$$

■ RTI(Rent To Interest Ratio : 임대업 이자상환비율)

부동산 임대업자들의 부채를 관리하기 위한 비율로 2018년 3월부터 도입되었다. 비율 규제는 주택 임대업의 경우 RTI 비율이 1.25 이상의 경우에, 비주택 임대업은 1.5 이상의 경우에 대해 대출이 허용되도록 하였다.

$$RTI = 연간\ 부동산\ 임대소득\ /\ 연\ 이자비용\ (기존\ 임대건물\ 대출\ 이자\ 포함)$$

■ LTI(Loan To Income Ratio : 소득대비 대출비율)

RTI와 함께 자영업자 대출을 규제하기 위한 비율이며 2018년 3월부터 적용하고 있다. 주택담보대출의 DTI와 의미가 비슷한 규제로 자영업자의 총소득으로 대출을 감당할 수 있는 지표로 활용된다.

$$LTI = 전\ 금융권\ 대출\ 합계액\ /\ 자영업자의\ 영업이익\ 및\ 근로소득\ 합계한\ 총\ 소득$$

■ 전월세 전환율

전월세전환율은 전세금을 월세로 전환할 때 적용하는 비율을 말한다. 주택의 주인(임대인)이 세입자(임차인)에게 전세로 임대하였다가 월세로 전환할 경우 또는 반대의 경우에도 적용된다.

• 공식

> 보증금차액 × 전월세전환율 = 월세 × 12
> → 전월세전환율 = (월세 × 12) / 보증금차액
> → 월세 = (보증금차액 × 전월세전환율) / 12

• 전월세 전환율의 제한 규제

> 주택임대차보호법 제7조의2(월차임 전환 시 산정률의 제한)
> 보증금의 전부 또는 일부를 월 단위의 차임으로 전환하는 경우에는 그 전환되는 금액에 다음 각 호 중 낮은 비율을 곱한 월차임(月借賃)의 범위를 초과할 수 없다.
> 1. 「은행법」에 따른 은행에서 적용하는 대출금리와 해당 지역의 경제 여건 등을 고려하여 대통령령으로 정하는 비율
> 2. 한국은행에서 공시한 기준금리에 대통령령으로 정하는 이율을 더한 비율
>
> 주택임대차보호법시행령 제9조(월차임 전환 시 산정률)
> ① 법 제7조의2 제1호에서 "대통령령으로 정하는 비율"이란 연 1할을 말한다.
> ② 법 제7조의2 제2호에서 "대통령령으로 정하는 이율"이란 연 3.5퍼센트를 말한다.

21. 현재가치, 미래가치, 채권

■ 현재가치와 미래가치

- $PV = FV / (1+r)^n$
- $FV = PV \times (1+r)^n$
  (PV : 현재가치, FV : 미래가치, r : 이자율, n : 기간)

■ 듀레이션(Duration)

• 정의 : 현재가치로 환산한 채권의 가중 평균된 상환기간

- 일반적으로 듀레이션은 채권의 만기가 길수록 듀레이션은 길어지고, 채권수익률이 낮을수록 듀레이션은 길어지고, 표면금리가 낮을수록 듀레이션은 길어지고, 이자지급빈도가 낮을수록 듀레이션은 길어지고, 중간의 이자지급이 없는 무이표채인 경우 듀레이션은 만기와 일치하게 된다.

> • 듀레이션 = Σ(시점 × 현재가치) / 채권 액면가

■ 채권 가격의 결정요인

- 채권의 잔존만기에 영향을 받는다. 잔존만기가 길수록 채권가격은 낮아지고, 잔존만기가 짧을수록 채권가격은 높아진다.
- 발행주체의 신용위험에 영향을 받는다. 신용도가 높으면 채권가격은 높아지고, 신용도가 낮으면 채권가격은 낮아진다.
- 채권의 유동성에 영향을 받는다. 채권자체의 유동성이 높으면 채권가격은 높아지고, 유동성이 낮으면 채권가격은 낮아진다.
- 경기변동에 영향을 받는다. 경기 상승시기에는 전반적으로 채권가격은 하락하고, 경기 하락기에는 채권가격이 상승한다.
- 통화정책과 시중의 유동성 및 시중금리에 영향을 받는다. 기준금리 인상 등 긴축정책 시에는 시중의 금리가 상승하면서 채권가격은 하락하고, 반대로 시중의 유동성이 확대되고 금리가 하락하면 채권가격은 상승한다.
- 채권의 공급량과 수요량에 영향을 받는다. 수요가 일정하다는 전제하에서 시장에 채권 공급량이 늘면 채권가격은 하락하고, 채권공급량이 줄면 채권가격은 상승한다.

■ 말킬의 채권가격 정리

> 1. 채권가격과 채권의 수익률(금리)은 역의 관계를 가진다.
> 2. 채권의 잔존만기가 길수록 시장금리 변동에 대한 가격변동률은 커지며, 잔존만기가 짧을수록 시장금리 변동에 대한 가격변동률은 작아진다.
> 3. 잔존기간이 길어짐으로 인한 가격변동률은 체감한다.
> 4. 시장금리와 채권가격은 볼록성을 가지며, 시장금리 하락 시에 채권가격의 변동 폭이 시장금리 상승 시 채권가격의 변동 폭보다 크다.
> 5. 표면이자율이 높을수록 시장금리 변동에 따른 채권가격의 변동률은 작아지며, 표면이자율이 낮을수록 시장금리 변동에 따른 채권가격 변동률이 커진다.

PART 02 출제예상 시사용어 테마5

22. 기타 금융지식과 상식

■ **2020년 최저임금**

2019년 시급(8,350원) 대비 2.9% 인상된 시급 8,590원이 적용되고 있다. 월급 기준으로는 1,795,310원이다.

■ **주휴수당**
- 1주 기준으로 15시간 이상 일하는 노동자에게 1주일의 하루에 해당하는 유급휴일을 주도록 하고 있으며, 주휴수당은 주휴일에 지급해야 하는 수당을 말한다.
- 주휴수당의 계산 : (1주간 근로시간 / 40시간) × 8시간 × 약정시급

■ **중위소득과 중산층**
- 평균값(Average 또는 Mean) : 개별 관측치 값을 모두 더해서 관측치 개수로 나눈 값
- 중위값(Median) : 전체 관측치의 개수를 기준으로 중간에 위치하고 있는 값이다. 관측치(N)가 홀수 개일 경우에는 "(N+1)/2"의 위치에 있는 값으로 구하며, 관측치(N)가 짝수 개일 경우에는 "N/2" 값과 "(N+1)/2" 값의 산술평균값으로 구한다.
- 최빈값(Mode) : 관측 중에서 가장 많은 도수를 보이는 값을 최빈값이라고 하며, 최빈값은 표본의 크기가 작으면 없을 수도 있고, 또 최빈값이 두 개 이상일 수도 있다.
- 중산층 : OECD와 우리나라 중산층 통계에서는 "중위값(Median)"을 사용한다. OECD 기준으로 중산층의 정의는 "중위소득(Median)을 기준으로 50~150%의 소득 구간에 있는 국민들의 집단"으로 하고 있다.

23. 마케팅 용어 정리

■ 니치마케팅(Niche Marketing)

니치란 "틈새"라는 의미이고, 니치 마케팅은 틈새를 공략하는 마케팅 전략을 말한다. 다른 기업이 아직 파악하지 못하고 있는 틈새 시장, 빈틈을 찾아서 그 곳을 공략하는 것으로, 예를 들면 건강에 높은 관심을 지닌 여성의 건강음료를 기획하여 성공을 거둔 것 등을 들 수 있다.

■ 앰부시마케팅(Ambush Marketing)

앰부시(Ambush)는 "매복"을 의미한다. 게릴라마케팅의 일환으로 교묘하게 규제를 피해 가는 마케팅 기법을 말한다. "매복 마케팅"이라고도 하며, 사례로는 대형 스포츠 이벤트에서 공식 후원사가 아니면서도 TV 광고 등을 활용해 공식 스폰서인 듯한 효과를 주면서 홍보하는 방식을 말한다.

■ 스텔스마케팅(Stealth Marketing)

게릴라마케팅의 일환으로 레이더에 포착되지 않는 스텔스 전투기처럼 소비자의 생활 속에 파고들어 그들이 알아채지 못하는 사이에 제품을 홍보하는 마케팅 기법이다. 예를 들어 대중교통을 이용하면서 홍보요원들이 상품에 관한 이야기를 자연스럽게 나눔으로써 주위 잠재적 소비자들로 하여금 은연 중에 구매욕구를 일으키도록 하는 방식을 들 수 있다.

■ 코즈마케팅(Cause Marketing)

기업이 추구하는 사익(私益)과 사회가 추구하는 공익(公益)을 동시에 추구하는 마케팅으로, 코카콜라가 지구 온난화로 생존환경을 위협받고 있는 북극곰을 돕자는 취지로 2011년에 시작한 광고 캠페인, 우리나라의 경우 CJ제일제당이 2012년부터 '미네워터' 생수를 구매하는 소비자들이 QR코드를 찍으면 아프리카 어린이들이 마시는 물에 대해 정수비용 100원을 기부하는 등의 마케팅을 들 수 있다.

■ 넛지마케팅(Nudge Marketing)

소비자가 선택을 함에 있어서 좀 더 유연한 방식으로 구매의사결정을 할 수 있도록 마케팅을 하는 방식을 말한다. 소비자들을 기업이 원하는 방향으로 구매 유도를 하되 선택의 자유는 소비자에게 최대한 보장하는 등의 방식이다.

■ 래디컬마케팅(Radical Marketing)

게릴라 마케팅의 일환으로 예상치 못한 방향으로 튀는 마케팅 전략을 말한다. 특히 불황기, 불확실성이 심한 시기에는 전통적인 마케팅 방법이 통하지 않으며, 이런 게릴라 마케팅이

효과를 볼 수도 있다. 소수 정예의 조직, 상식을 뛰어넘는 기발한 아이디어 등 기존의 방식과는 다른 튀는 마케팅 방식을 말한다.

24. 시사 법칙

■ 파킨슨의 법칙(Parkinson's Law)
공무원의 수는 공무원의 업무량과 관계없이 늘어나는 속성을 가지고 있다는 법칙이다. 공무원들은 자신이 몸담고 있는 조직원이 늘어나고 담당하는 예산이 늘어나는 등 조직이 커지기를 바라는 속성이 있기 때문에 공무원 수는 업무량과 관계없이 늘어나는 속성을 가지고 있다고 설명한다.

■ 그레셤의 법칙(Gresham's law)
"악화(惡貨)가 양화(良貨)를 구축(驅逐)한다"는 의미로, 가치가 낮거나 질이 낮은 것이 가치가 높고 질이 높은 것을 몰아내게 되는 현상이다. 불법 다운로드가 가능한 영화나 음원시장이 합법적으로 영화를 보거나 음원을 다운받는 경우보다 많아 합법적 시장의 규모가 줄어드는 현상이 대표적인 사례라고 할 수 있다.

■ 무어의 법칙(Moore's law)
인텔의 창립자 고든 무어가 1965년에 향후 최소 10년간 마이크로칩의 성능이 매 1년마다 두 배씩 좋아질 것이라고 주장한 데에서 일컬어지는 경험법칙이다. 이후 1975년에 1년에서 2년으로 수정하면서 무어의 법칙은 "마이크로칩의 성능이 2년마다 두 배씩 좋아질 것"이라는 법칙으로 알려지게 되었다.

■ 머피의 법칙(Murphy's Law)
세상일은 대부분 안 좋은 쪽으로 일어나는 경향이 있다는 법칙, 일이 잘 풀리지 않고 꼬여가는 현상이 나타날 때 자주 사용하는 법칙이다. 세차만 하면 비가 오거나, 택시타고 급히 약속장소를 갔는데 약속장소가 바뀌었다는 등의 사례이다.

■ 샐리의 법칙(Sally's Law)
머피의 법칙과 반대되는 경우로 우연히 좋은 일들만 생기는 경우를 말한다. 지각을 했는데 그날따라 출석을 부르지 않았을 때 등이다. "뒤로 넘어져도 코가 깨진다"는 표현을 머피의 법칙으로 말할 수 있다면, "뒤로 넘어지면 지갑을 줍는다"는 표현은 샐리의 법칙으로 말할 수 있다. 반면 줄리의 법칙(Jully's Law)은 "우연"보다는 "간절한 의지"로 행운이나 성공을 가져오는 경우를 말한다.

■ 피터의 법칙(Peter's Principle)
조직의 승진이론에서 많이 언급되는 이론으로 승진 시 적임자를 찾을 때 업무성과가 좋은 직원을 승진시키다 보니 업무성과가 좋은 직원들은 결국 본인의 직무수행 능력보다 높거나 직무수행능력과 부합하지 않은 자리까지 승진하게 되고, 이 현상은 결국 조직원 대다수를 무능한 사람으로 만들 수 있다는 법칙이다.

■ 얀테의 법칙(Jante's Law)
덴마크, 노르웨이 등 북유럽의 노르딕 민족에게 내려오는 법칙으로 "보통사람의 법칙"이라고도 한다. 자기 자신을 특별하거나 지나치게 뛰어난 사람으로 생각하지 말라는 생활법칙을 말하는데, 공동체 사회에서 사적인 성공에 몰두하기 보다는 집단과 공동체 이익을 중요시하는 표현으로 알려져온 법칙이다.

■ 메이어의 법칙(Meyer's Law)
일을 복잡하게 만드는 것은 간단하고 쉬운 일이지만, 일을 간단하고 쉽게 만드는 것은 어렵고 복잡하다는 법칙이다.

■ 메트칼프의 법칙(Metcalfe's Law)
인터넷 등 통신 네트워크가 확장되면 그 구축비용은 이용자 수에 비례해 증가하지만, 네트워크의 가치는 이용자 수의 제곱에 비례하여 기하급수적으로 증가한다는 법칙이다.

■ 롱테일법칙(Long Tail theory)
파레토법칙은 20%의 고객이나 상품이 총 매출의 80%를 창출한다는 법칙으로, "성과의 80%는 상위 20%에 의하여 만들어진다"는 이론이다. 반면 롱테일법칙은 파레토법칙과는 반대로 80%의 사소한 다수가 20%의 핵심 소수보다 뛰어난 가치를 창출한다는 이론으로서 "역(逆) 파레토법칙"이라고도 한다.

■ 하인리히의 법칙(Heinrich's law)
1931년에 하인리히가 미국의 보험회사의 손실통제 부서에서 근무하고 있을 때 발견한 법칙으로 산업재해 예방과 관련한 법칙이다. 흔히 1:29:300의 법칙이라고도 하며, 큰 사고는 우연히 또는 어느 순간 갑작스럽게 발생하는 것이 아니라 그 이전에 반드시 경미한 사고들이 반복되는 과정 속에서 발생한다는 것을 실증적으로 밝힌 법칙이다.

■ 메라비언의 법칙(The Law of Mehrabian)
한 사람이 다른 사람으로부터 받는 이미지는 시각 요소가 55%, 청각 요소가 38%, 언어 요소가 7%에 이른다는 법칙이다. 언어 요소는 말하는 내용을 의미하며, 상대방이 하는 말의 내용은 7% 정도로 영향을 미치며, 상대방과의 관계에서 언어(말의 내용) 외의 요소가 93%를 차지한다는 점을 시사하고 있다.

25. 시사 효과

■ 펭귄 효과(Penguin Effect)
한 마리의 펭귄이 먼저 바다에 뛰어들면 다른 펭귄들도 연달아 바다에 뛰어 들어가는 펭귄의 습성에서 비롯된 용어로, 다른 사람이 상품을 구매하면 따라서 구매하는 행태를 말한다.

■ 루돌프 효과(Rudolph Effect)
조직 내에서 아웃사이더, 요주의 인물로 불리기도 하지만 이들이 독창적이면서도 조직문화에 얽매이지 않는 사고를 통해 조직에 기여가 되는 효과를 말한다.

■ 메디치효과
메디치효과는 15세기 중세 이탈리아 메디치 가문에서 유래되었다. 당시 메디치 가문은 문학, 철학, 과학 등 여러 분야 전문가들이 함께 소통할 수 있도록 각종 지원을 아끼지 않았고, 메디치 가문에 의해 모인 예술가, 철학자, 과학자, 문학자들은 각자 전문 분야의 벽을 허물고 서로의 재능을 융합해 큰 시너지를 발휘하였다. 그 결과 이탈리아가 르네상스 시대를 맞이하게 되었다는 데에서 이런 융복합 효과를 "메디치효과"라고 한다.

■ 링겔만효과(Ringelmann Effect)
집단 속에 참여하는 개인의 수가 늘어갈수록 성과에 대한 1인당 공헌도는 떨어지는 현상을 말한다. 한 명의 힘이 1인 상태에서 10명이 줄다리기를 하면 힘의 총합은 10이 나와야 하고 한 명의 힘의 크기 평균도 1이 나와야 하지만, 힘의 크기가 열 명의 합인 10이 나오지 않고 10보다 작게 나오며 각 한 명씩의 힘도 1보다 작게 나온다는 법칙이다.

■ 피그말리온 효과(Pygmalion Effect)
피그말리온이라는 사람이 자기가 만든 여자 조각상을 너무도 사랑했기 때문에 그 조각이 진짜 여자가 되었다고 해서 나온 효과로, 긍정적으로 기대하면 그 기대에 부응하는 행동을 하게 된다는 효과

■ 낙인(Stigma) 효과
피그말리온 효과와는 반대로 나쁘다고 부정적인 낙인이 찍히게 되면 그 낙인에 걸맞은 부정적인 행동을 한다는 효과

■ 위약(Placebo) 효과(플라시보 효과)
감기약이라고 생각하고 먹은 사탕으로 인해 감기가 나아지는 효과로, 가짜약이 진짜 약처럼 정신적, 신체적 변화를 일으키는 효과

■ 자이가르니크(Zeigarnik) 효과
발견자의 이름을 딴 효과로, 첫사랑은 잊을 수 없는 것처럼 미완성 미션에 대한 기억이 완성 미션에 대한 기억보다 더 강하게 남는 효과

■ 후광(Halo) 효과
어떤 사람이 보여준 한 가지 장점이나 매력 때문에 다른 특성들도 좋게 평가되거나 좋을 것이라고 평가하는 효과

■ 악마(Devil) 효과
후광효과와 반대의 효과로 보여준 한 가지 단점이나 실수로 인해 추가적으로 다른 측면까지 부정적으로 평가되는 효과

■ 초두(Primacy) 효과
만남에서 첫인상이 중요한 것처럼 먼저 제시된 정보가 나중에 들어온 정보보다 전반적인 인상 형성에 강력한 영향을 미치는 효과

■ 스티그마 효과(Stigma Effect)
타인에게 무시당하거나 부정적인 방향으로 낙인이 찍히게 되면 실제로 좋지 않은 방향으로 나아가게 되는 현상으로, 피그말리온 효과의 반대 개념이라 할 수 있다.

■ 사일로 효과(Silos Effect)
기업이나 조직에서 부서들이 서로 다른 부서와 담을 쌓고 내부 이익만을 추구하는 현상을 말한다. 조직간 장벽이 높아지고 부서 이기주의가 심해지는 현상이다.

■ 로젠탈 효과(Rosenthal Effect)
칭찬은 고래도 춤추게 한다는 의미로, 칭찬을 하면 결과가 긍정적으로 나타나게 된다는 효과이다.

■ 펠츠만 효과(Feltsman effect)
1976년 시카고대학의 펠츠만 교수가 발표한 이론으로 "안전의 역설"이라고도 한다. 안전을 도모할수록 위험해진다는 의미로, 안전벨트 착용을 의무화했지만 교통사고와 사망자수는 늘어났다는 통계치로 검증되었던 효과이다.

■ 레드퀸 효과(Red Queen Effect)
변화하려고 하지만 주변 환경과 경쟁상대도 역시 끊임없이 변화를 시도하기 때문에 상대방을 앞지르기 위해서는 그 이상을 노력해야 한다는 현상을 말한다.

■ 방사(Radiation) 효과
예쁜 여자랑 다니는 못생긴 남자는 뭔가 다른 특별한 게 있을 것이라고 보는 것처럼, 매력

있는 파트너와 함께 있을 때 사회적 지위나 자존심이 고양되는 효과이다.

■ 대비(Contrast) 효과

방사 효과와는 반대로 여자들이 자기보다 예쁜 친구와는 될 수 있는 대로 같이 미팅에 안 나가는 경우가 있는 것처럼 너무 매력적인 상대와 함께 있으면 그 사람과 비교되어 평가절하되는 효과이다.

■ 맥락(Context) 효과

처음에 제시된 정보가 나중에 들어오는 정보들의 처리 지침을 만들고 전반적인 맥락을 제공하는 효과이다. 성실한 사람이 머리가 좋으면 머리 좋은 게 지혜로운 것으로 해석되고, 이기적인 사람이 머리가 좋으면 교활한 것으로 해석되는 등의 사례이다.

■ 더닝크루거효과(Dunning-Kruger effect)

능력이 없거나 무지한 사람이 잘못된 결정을 내려 잘못된 결론에 도달하더라도 무지함으로 인해 자신의 실수를 알아차리지 못하는 현상을 말한다. 흔히 "무식하면 용감하다"라는 말로 표현되는 심리효과이다.

■ 피노키오효과(Pinocchio Effect)

거짓말을 반복하면 점점 더 정도가 심한 거짓말을 하게 되는 현상

■ 프로도효과(Frodo Effet)

대작 영화 "반지의 제왕"은 3부작이 모두 뉴질랜드에서 촬영되었다. 이 결과로 뉴질랜드는 신흥 관광 명소가 되었고 경제적 수익도 크게 얻었는데, 뉴질랜드가 영화 촬영 덕분에 막대한 경제적 이익을 얻은 현상을 "반지의 제왕" 영화의 주인공인 "프로도(Frodo)"의 이름을 따서 "프로도(Frodo) 효과"라고 한다.

■ 스트라이샌드효과(Streisand Effect)

미국의 사진작가가 2002년부터 캘리포니아 해안이 침식되는 현상을 항공사진으로 촬영하고 이를 사이트에 공개하는 프로젝트를 진행하였다. 그런데 이 해안에 미국의 연예인인 바브라 스트라이샌드의 저택이 있었고, 저택이 찍힌 사진이 공개되면서 스트라이샌드는 사생활 침해를 이유로 사진작가와 사이트를 상대로 사진 삭제와 손해배상 청구 소송을 제기하였다. 뉴스를 통해 이 사실이 보도되자 호기심이 생긴 시민들은 스트라이샌드 저택을 검색하였고, 소송 이전에 6건에 불과했던 조회기록은 소송 이후 42만건이 조회되었고, 스트라이샌드는 소송에도 패소하였다. 가만히 내버려뒀으면 별다른 이슈가 되지 않았을 사안인데 소송을 제기하면서 세상 사람들이 다 알게 되는 효과를 "스트라이샌드효과"라고 한다.

■ 확산효과(Spread Effect)

부유한 지역의 성장으로 인근의 빈곤지역의 산출에 미치는 긍정적인 영향을 "확산효과"라고

한다. 반대로 빈곤지역에서 부유한 지역으로 투자나 수익의 증대를 노려 인구가 이동하거나 생산력, 자본이 이동하는 현상을 "역류효과(Backflow Effect)"라고 한다.

■ 베르테르효과(Werther Effect)

유명인 또는 평소 존경하거나 따르던 인물이 자살할 경우 그 인물과 자신을 동일시해서 이어서 자살을 시도하는 현상이 나타나는데 이런 현상으로 유명인이 자살하면 뒤이어 자살률이 높아지는 현상을 말한다.

■ 파파게노효과(Papageno Effect)

베르테르효과와 반대되는 의미를 가지고 있으며, 유명인의 자살 등 언론의 보도를 자제하고 삶에 대한 긍정적 유인을 많이 노출시킴으로써, 유명인의 자살 이후에도 자살률을 줄이도록 노력하는 현상이나 효과를 말한다. 즉 파파게노 효과란 극단적인 선택으로 사망한 이들의 언론보도를 자제하고 신중한 보도를 함으로써 연이은 자살을 예방할 수 있는 효과를 의미한다.

■ 풍차(Windmill) 효과

재테크와 관련된 용어로 적은 금액이라도 적금을 매월 조금씩 나눠서 신규로 하나씩 가입하면 만기도 한꺼번에 돌아오는 것이 아니라 매월 돌아오면서 유동성이 매월 나아지는 현상을 말한다.

■ 카페라테(Cafe Latte) 효과

재테크와 관련된 용어로 적은 금액이라도 오랫동안 저축하면 목돈이 되는 현상으로 식사 후 흔하게 마시는 카페라테 한 잔 값을 매일 저축을 하면 나중에 목돈이 될 수 있다는 내용이다.

26. 시사 용어

■ 코요테 모멘트

만화 캐릭터로 나오는 코요테가 만화속에서 숙적으로 등장하는 로드 러너를 잡기 위해 온갖 함정들을 만들지만 로드러너의 속도를 앞서지 못해 코요테가 항상 위기에 처하는 상황에 빠지게 된다. 만화속에서 로드러너를 잡기 위해 절벽 끝까지 뒤쫓아 가지만 어느 순간 허공에 떠있다는 것을 깨닫게 되면서 추락하는 순간을 "코요테 모멘트"라고 한다.

2006년 노벨경제학상 수상자인 폴 크루그먼(Paul Krugman)이 코요테 모멘트를 거론하며 세계 경제의 큰 타격을 경고하기도 하였고, 2020년에는 경제 비관론자인 예일대의 스티븐

로치(Stephen Roach) 교수가 코로나바이러스감염증(COVID-19) 쇼크가 코요테 모멘트가 되고 있다며 경기침체를 전망하였다.

■ 디지털 테라퓨틱스(Digital Therapeutics)

"디지털 치료법", "디지털 치료제"라고도 번역되며, 디지털 기술과 의학적 치료법(치료제)의 융합된 형태라는 개념이다. 2017년 9월에 미국에서 FDA로부터 환자치료 용도로 첫 판매 허가를 받은 "피어 테라퓨틱스(Pear Therapeutics)"사의 소프트웨어 프로그램인 "리셋(reSET)"을 디지털 테라퓨틱스 상용화의 첫 시도로 본다.

■ 핑크 타이드(Pink Tide)

번역하면 "분홍 물결"이라는 의미이다. 선명한 공산주의화가 확대되는 현상을 의미하는 "레드 타이드(Red Tide)"에 빗대어 표현한 용어로, 온건한 사회주의가 확산되는 현상을 의미한다.

■ 메르코엑시트(Mercoexit)

브라질, 아르헨티나, 우루과이, 파라과이가 정회원국으로 참여하고 있는 남미공동시장인 "메르코수르(Mercosur)"에서 일부 회원국이 빠져나가는 현상을 의미하며, 영국의 EU탈퇴를 의미하는 브렉시트(Brexit)에서 가져온 표현이다.

■ 링크세(Link Tax)

유럽연합 지역에서 구글이나 페이스북 등 글로벌 기업들이 언론사 뉴스를 링크하면서 플랫폼 비즈니스를 유지하는데 대해 대가로 부과하는 세금을 말한다. 2019년 3월에 유럽연합에서 관련 지침을 의결하였으며 프랑스에서 먼저 적용하기로 하였으나, 구글과 링크세 납부와 회피 사이에서 크게 부딪치고 있는 상황이다.

■ 사이퍼펑크

다국적 기업과 정부 권력의 대규모 감시와 검열에 맞서 자유와 프라이버시를 지키기 위한 방안으로 강력한 암호 기술을 활용하는 활동가들 집단을 말한다. 블록체인기술을 통해 감시와 검열에 맞서기 위해 개발한 강력한 암호기술에서 비롯되었다.

■ 빅 블러(Big blur)

"블러(blur)"는 "흐릿해진다"는 의미를 가진 영어 단어인데, 미래학자인 스탠 데이비스가 1999년 "블러 : 연결 경제에서의 변화의 속도"라는 저서에서 이 단어를 사용하였다. 스마트폰을 통해 오프라인에서 영업 중인 사업자와 실소비자를 연결해 주는 O2O(Online to Offline : 온라인과 오프라인 연결 서비스) 산업도 빅 블러 현상의 사례라고 할 수 있다.

■ 휘슬 블로어(Whistle-blower)

양심선언 또는 내부고발이라고 불리며, 기업이나 정부기관 내에 근무하는 조직의 구성원이나 구성원이었던 사람이 조직 내부에서 저질러지는 부정, 부패, 비리 등을 알게 되어 이를 시정하고자 내부고발을 하는 것을 말한다.

■ 필리버스터(Filibuster)
국회에서 소수파 의원들이 다수파의 독주를 막거나 기타 합법적인 방법과 수단을 동원해 의사진행을 고의로 방해하는 행위를 말한다.

■ 빅배스(Big Bath) 또는 빅베스
어원은 구석구석 묵은 때를 한꺼번에 청소한다는 대청소의 의미에서 비롯되었다. 통상 새로 부임하는 기업의 경영자가 전임 경영자의 재임기간 동안에 이루어진 재무적 손실이나 부실 요소를 회계장부상에 최대한 반영함으로써 경영상의 과오를 전임 경영자의 공과로 넘기는 행위를 의미한다.

■ 네 마녀의 날(Quadruple Witching Day)
주가지수옵션, 주가지수선물, 개별주식옵션, 개별주식선물의 네 가지 파생상품이 동시에 만기가 되는 날로, 주식 현물은 만기가 별도로 없지만 파생상품(선물, 옵션)은 만기에 반드시 거래를 해야만 한다. 이로 인해 팔기로 한 계약이 행사가 되면 현물시장에서 매도세로 이어지면서 현물 주식 가격이 하락하기도 하고, 사기로 한 계약을 행사하면 현물 주식시장에서 주식 가격이 상승하기도 한다. 또 행사하지 않을 경우 조용히 넘어가는 경우도 있다. 미국은 우리나라와 달리 3, 6, 9, 12월의 세 번째 금요일이 네 마녀의 날이다.

■ 빅브라더(Big Brother)
독점화된 중앙 정보를 활용하여 사회를 통제하는 권력화된 정부의 관리체제, 정부 또는 그러한 사회체제를 말하며, 영국의 소설가인 "조지 오웰"의 소설 "1984년"에서 비롯된 용어이다.

■ 판옵티콘 또는 파놉티콘(Panopticon)
원형 감옥의 형태로 감옥 내부 중앙의 원형감시탑에서 각 수용실을 모두 관리, 파악이 가능하게 설계된 것이 특징이다. 1790년대 영국의 철학자 벤담이 고안한 효율적 관리가 가능한 감옥의 형태이다. 감시 교도관(권력)이 자신을 드러내지는 않지만 수용자(국민)는 항상 감시당하고 있는 상태, 즉 교도관(권력)의 존재가 드러나지 않지만 끊임없이 수용자(국민)들은 감시되는 상태를 그 핵심 개념으로 한다. 빅브라더가 감시, 관리하는 사회구조를 파놉티콘에 비유하기도 하며, 두 용어는 동일한 의미로 자주 사용된다.

■ 시놉티콘(Synopticon)
파놉티콘의 반대되는 개념으로 감시에 대한 역감시, 권력에 대한 역감시의 의미로 쓰인다. 정부권력을 감시, 견제하기 위한 국회나 언론의 기능 등이 시놉티콘의 사례라 할 수 있다.

■ 아이웨이(IWeigh) 운동
몸무게, 외모 등을 기준으로 사람의 가치를 평가하는 사회적 풍조를 반대하는 운동으로, 사회가 정해놓은 기준으로 자기 자신을 평가하지 말고 스스로의 소중한 가치를 인정하자는 운동이다. 영국 출신의 모델 겸 방송인인 자밀라 자밀(Jameela Jamil)이 인스타그램에 계정을 만들면서 시작되었다.

■ 제노포비아
나르시시즘의 집단적 현상으로 인해 나타날 수 있는 외국인, 이방인 혐오증.
(제노포비아 사례 : 유럽에서의 중동 난민 배격, 미국에서의 불법 난민 불허, 제주도에서의 예멘 난민 배척현상 등)

■ 블랙스완(Black Swan)
발생가능성이 낮은 일이지만 일단 발생하면 엄청난 충격과 파급효과를 가져오는 사건을 말한다. 미국 뉴욕대의 나심 니콜라스 교수가 2007년 그의 저서인 "블랙스완(The Black Swan)"이라는 책을 통해 2008년 글로벌 금융위기에 대한 경고를 알렸다고 해서 유명해진 표현이다.

■ 그린스완(Green Swan)
기후 변화나 환경적 요인으로 인해 맞이할 수 있는 경제(금융) 위기를 말한다. 예상치 못한 경제 위기를 뜻하는 "블랙스완"을 변형한 표현으로 국제결제은행(BIS)에서 처음으로 사용하였다.

■ 투키디데스함정(Tuchididdes Trap)
아테네의 장군인 투키디데스(Thukydides)가 "펠로폰네소스 전쟁사"라는 역사서에서 주장했던 내용으로, 기존 패권국가와 급속한 속도로 부상하는 신흥 강대국은 결국 부딪칠 수밖에 없다는 내용이다. 2000년대 이후 기존 패권국가인 미국과 급속히 떠오르는 중국의 사이에서 결국 패권다툼이 일어날 수밖에 없다는 데서 많이 사용되고 있는 표현이다.

■ 사보타주(Sabotage)
노동시장에서는 흔히 "태업(怠業)"으로 번역하는데, 실제로는 태업보다 넓은 내용도 포함하고 있다. 태업은 파업과는 달리 노동자가 고용주에 대해 노무제공을 전면적으로 거부하는 것이 아니라 형식상으로는 취업태세를 취하면서 몰래 작업능률을 저하시키는 것을 말한다. 사보타주는 이러한 태업에 그치지 않고 쟁의 중에 기계나 원료를 고의적으로 파손하는 행위도 포함한다. 즉 정치, 군사적인 목적으로 상대방의 파괴, 파멸을 목적으로 한 계획적인 방해 행위를 말한다.

■ 나고야의정서

나고야의정서는 다른 나라의 유전자원을 활용할 때 그 나라의 사전 승인을 받아야 하고 그로 인해 발생 된 이익을 공유해야 한다는 국제적인 협약이다. 2014년 10월 12일 발효되었고, 우리나라는 2016년 10월 25일 의정서 비준안을 의결하였고, 2018년 8월부터 본격 시행되었다.

■ 붉은깃발법(Red Flag Act)

19세기 말 영국의 빅토리아 여왕 시절 새롭게 발전하는 자동차 산업에 비해 전통적인 마차 산업을 보호하기 위해 만들어진 법이다. 새롭게 개발되는 자동차 속도를 기존의 마차 속도에 맞추려고 자동차 앞에서 사람이 붉은 깃발을 흔들게 했다는데서 유래된 법으로, 이후 영국의 자동차 산업은 독일과 미국에 뒤처지게 되었다.

■ 다크 넛지(Dark Nudge)

팔꿈치로 툭툭 옆구리를 치듯이 소비자의 비합리적인 구매를 유도하는 상술을 지칭하는 신조어로, 처음에 홍보한 것과 다르게 부가적인 비용을 요구하거나 소비자에게 별도의 고지 없이 자동으로 추가요금을 부과하는 상술 등이 사례이다.

■ 벨벳 혁명(Velvet Revolution)

자유주의 진영과 공산주의 진영의 이념전쟁에서 피 한 방울 흘리지 않는 무혈 투쟁과 혁명을 통해 자유주의 진영의 승리로 이끈 혁명을 의미한다. 체코에서 유래되어 무혈혁명을 이끈 하벨은 초대 대통령이 되었으며, 이후 글로벌에서는 2003년 그루지야 혁명 등 무혈혁명 사례를 "그루지야의 벨벳 혁명"이라 부르며, 벨벳 혁명이라는 단어를 일반명사화하고 있다.

■ 캥거루 재판(Kangaroo Court)

정확한 어원은 밝혀지지 않고 있지만, 인민재판, 상식적으로 수긍할 수 없는 엉터리재판 등의 의미로 쓰인다. 인터넷상에서는 개인 정보를 게시판 등에 공개하고 비판, 비방 등 사이버 폭력을 가하는 행위도 캥거루 재판이라고 할 수 있다.

■ 소버노믹스(Sobernomics)

영어로 "sober(술 취하지 않은)"이라는 단어와 "economics(경제)"라는 단어의 합성어로, 술을 마시지 않은 상태에서 모임을 갖는 등의 경제활동, 술을 마시지 않는 사람들을 대상으로 한 마케팅 트렌드나 경제현상 트렌드를 말한다.

미스터뱅 은행권 필기대비 경제/금융상식 핵심이론서	
발 행 일	2021년 6월 1일 개정5판 1쇄
저 자	류수환
발 행 인	임재환
발 행 처	와우패스
등 록	제12-563호(2008.1.28.)
주 소	서울시 구로구 디지털로34길 27 대륭포스트타워 3차 601호
전 화	1600-0072 (학습 및 교재 문의) / 02-2023-8788 (현매거래 문의)
팩 스	02-6020-8590 (위탁 및 현매거래)
I S B N	978-89-6613-728-2 (14320) 978-89-6613-727-5 (전 2권)

※ 정가는 뒤표지에 있습니다.
※ 낙장이나 파본은 교환해 드립니다.
※ 문의 : www.wowpass.com